麦读
MyRead

走向上的路　追求正义与智慧

民法简明教程

（重排校订版）

民法简明教程

（重排校订版）

张俊浩　编著

朱庆育　吴香香　张馨予　朱李圣　校订

中国民主法制出版社
全国百佳图书出版单位

本书出版受南京大学文科中长期专项研究资金资助

高山流水待子期

冯　珏[*]

朱庆育老师经常说，我是最受张老师关爱的学生，受老师教益最厚，因此把梳理老师学术思想的重任交给了我。我思忖良久，竟无从下笔。我的见识和学养，实难与张老师的影响分割开来，因置身其中，故难以远观。

我的民法学学习和研究之路，是从《民法学原理》开始的。[1]如同多数本科生，我延续着高中以来的学习进路，将《民法学原理》的"知识"奉为当然，根本体会不出这些"知识"对于当时的民法学来说是多么的不平凡。现在想来，尤其是《民法学原理》对民法意义、理念与性格的阐发，非对民法之文化性、历史性以及民法于中国社会发展的重要价值有深切体悟者，不能发也。在当时社会主义国家的法律都是公法的意识形态下，旗帜鲜明地提出民法是私法，将意思自治原则的核心地位贯彻于民法的各个部分，具有非常重要的"破局"意义，也为我们这些学子奠定了民法的"根"与"魂"。

张老师有着渊博的学识和深厚的文化底蕴。他得知我是江苏昆山人，就兴致勃勃地告诉我，古时松江府治所离昆山不远，并对昆曲的艺术成就赞不绝口。他时常聊起京派文化和海派文化的不同，认为海派文化善出"工匠"，京派文化能出"大师"，但也教导我要懂得欣赏各地的文化，无论是北方的雄浑大气还是南方的精致小巧。

张老师对学生是极好的。张老师在6号楼的一间宿舍，成为学生们碰撞思想、启迪智慧的摇篮。据说张老师时常会去学生宿舍"抓"学生，然后就是师生一起到6号楼畅谈，时常是更深露重时，张老师才不得不"赶"学生回去休息。我是女生，没有这样的经历，但也让老师耗费了很多心血。张老师不断地启发、鼓励我独立思考和判断。张老师让我去听金渝林老师的著作权法课，让我尤其注意金老师是如何提出问题的，此后金老师成为另一位对我影响甚深的老师。张老师带我参加过两次学术研讨会。一次是米健老师于2006年举办的关于法律行为概念的中文译法的研讨会，米健老师主张用"法律交易"替代"法律行为"的通常译法。彼时我尚在读博士，会

---

　*　中国政法大学2001级民商法学硕士研究生，师从张俊浩教授。现为中国社会科学院编审，《法学研究》副主编。

　〔1〕《民法学原理》第1版、第2版、第3版，均由中国政法大学出版社分别于1991年、1997年和2000年出版。

后张老师问我的想法，怎么回答的已全然不记得了。另一次是刘春田老师于2011年举办的关于方正倩体字库能否构成作品的研讨会。此时我已留在法学所工作，但我对自己的观点仍不自信，不敢在会上主动发言。会后，张老师语重心长地说："你不想说点什么吗？学术研究要有自信，要有勇气，要勇于发表自己的观点。"张老师的话至今回响在耳畔，时刻提醒和鼓励着我。

张老师是一位纯粹的学者，毕生致力于思考。思考是孤独的，"独上高楼，望尽天涯路"；思考是艰辛的，"衣带渐宽终不悔，为伊消得人憔悴"；思考是快乐的，"蓦然回首，那人却在，灯火阑珊处"。思考永无止境。张老师终其一生，都在思考民法学的基础理论问题，此处仅举三例。

第一，民法是行为规范还是裁判规范？ 根据规范对象之不同，法律规范有行为规范与裁判规范之分：行为规范以行为人为拘束对象，裁判规范则拘束裁判者。我国通说认为，民法规范兼具行为规范与裁判规范双重性质。

张老师旗帜鲜明地主张民法是裁判规范，而非行为规范。民法是裁判规范，意味着它是供裁判者使用的，据以解决民事纠纷，故民事法律规范的重述应致力于用妥善定义的法学概念精确地表述裁判规范。民法不是行为规范，意味着它不是用以规范普通民众行止的，故民事法律规范的重述无须过多考虑普通民众的阅读体验，无须担心法学概念对生活的"强奸"。因此，引入法律行为概念，就必然要求同时引入物权行为概念，张老师拥趸物权行为理论，就不难理解了。

那么，张老师为什么认为民法不是行为规范？这恐怕源于张老师对民事生活秩序的独有认识。那些"生活在民法中"的普通民众，究竟是如何开展民事活动，建立所有权关系、婚姻关系、契约关系等民事关系的？张老师的看法是，回答这一问题，需要区分"自生自发的秩序"与"建构的秩序"。这一区分来自哈耶克的《法律、立法与自由》。[1]哈耶克所说的"法律"（laws），主要是指历史演进而来的英美普通法。普通法的主要调整领域是私法，按哈耶克的划分，刑法也属于私法，因为刑法主要也是历史演进的结果。哈耶克所说的"立法"（legislation），主要是立法机关制定的"公法"，这种"公法"是立法者为追求特定目的而建构的结果，但存在扭曲市场和个人自由的风险。[2]由此，"法律"代表了"自生自发的秩序"，而"立法"则代表了"建构的秩序"。从两种秩序的区分理论出发，张老师认为，民法学的主要任务，是在自生自发的秩序中"发现"据以维系该种秩序的规范，并将之重述出来供裁判者使用。

从知识论上看，这一思想深受哈耶克"有限理性"的启发。[3]在哈耶克看来，"自

---

〔1〕 参见［英］弗里德利希·冯·哈耶克：《法律、立法与自由》（第一卷），邓正来等译，中国大百科全书出版社2000年版，第55页。

〔2〕 参见上引哈耶克书，第208—209页。

〔3〕 哈耶克以其知识分散论为依据，指出了人类理性所具有的有限性。这种"有限理性"的观点源自苏格兰启蒙运动思想的阐发。参见［英］弗里德利希·冯·哈耶克：《个人主义与经济秩序》，邓正来编译，复旦大学出版社2012年版，第7页。

生自发的秩序"的形成,不是因为人们依自己的理性按行为规范的要求行事,而是依赖于一种介于"理性与本能之间"的行为模式的习得。[1]人类理性的有限性,既是"看不见的手"得以发挥作用的深层原因,也是民法学以意思自治为基本原则的知识论基础。这一思想也契合人们的经验。举例而言,《民法典》实施后,虽然开展了多种形式的普法活动,但是1260条的篇幅,期待民众都读上几遍,然后据以开展各种民事活动,几乎是天方夜谭。哪怕是专门研究民法的学者,恐怕也做不到一字不落地把《民法典》背出来。然而,这并不妨碍普通民众照常开展民事活动。何以如此?因为民事交往如何达致公平正义,民事活动如何开展,是不需要专门学习的,而是由内化于中国民众的文化基因决定、是每个中国人从小就耳濡目染的。从孩提时代起,父母就会不断地提出各种涉及人际交往的规则要求,这些要求多为禁止性的,[2]如"不能打人""不能骂人""不能撒谎",孩子虽尚不具备理性,但可以在一定程度上理解和习得这些行为要求并内化于自己的行动。毕业多年后,张老师经常会亲切地问起我的孩子多大了,告诉我孩子是如何慢慢成长又飞跃发展的,然后又会谈起孩子正是在理性与本能之间习得规范要求的。[3]

毋庸讳言,张老师的上述思想,学界赞同者寥寥。事实上,除三两好友和些许学生外,张老师也很少与人交流自己的这些思想。张老师的终身挚友、长期与张老师进行学术对话的金渝林教授曾质疑民法的裁判规范性质:法律规范旨在调整人的行为,法律规范作用于人的行为,是法律规范的基本性质。因此,不存在仅作为裁判规范存在的法律规范。这一质疑直击法律规范概念本身,具有相当的震撼力。为了回应这一来自更高的法哲学层面的质疑,张老师专门讲授了一个学年的法理学课程,期待从法理学层面反观自己构建的民法总论。张老师的初步回应是,私法的产生方式与公法不同,私法不是人为设计的,而是自生自发演进的,私法就存在于人们的日常行为之中。这仍是坚持了哈耶克关于秩序、理性的认识和分类。客观地说,张老师尚未完全回应这一质疑,但他极其认真地对待他人的质疑,穷其一生都在思考。

从理论上说,如果法律规范本身就是行为规范,就无法进一步区分行为规范与裁判规范。在拉伦茨的《法学方法论》中,其实还有另一种作为个案规范的裁判规范,与之相对的概念,是制定法规范。[4]制定法具有抽象性,它与待解决的具体个案之间

---

〔1〕 参见[英]弗里德里希·奥古斯特·冯·哈耶克:《致命的自负》,冯克利等译,中国社会科学出版社2000年版,第23页。

〔2〕 正如朱庆育所言,"由于私法自治理念,民法规范呈现出明显的容让自治之性质,它们或者由当事人选择适用,或者只对行为进行消极控制,几乎不作积极行为之指令。换言之,此等规范皆非积极行为规范"。朱庆育:《私法自治与民法规范——凯尔森规范理论的修正性运用》,载《中外法学》2012年第3期,第463页。

〔3〕 朱庆育也赞同民法规范不是行为规范,其理由主要在于,"民法主要由任意规范构成,并不要求得到当事人遵循,故不宜将其归诸行为规范之列"。见上引朱庆育文,第470页。

〔4〕 参见[德]卡尔·拉伦茨:《法学方法论》,黄家镇译,商务印书馆2020年版,第176页(米勒)、第178页(克里斯滕森)、第188—191页(菲肯切尔)。

隔着千山万水，因而无法直接作为法律三段论的大前提。为了在个案裁判中适用法律三段论，就需要构造能够涵摄个案事实的大前提，即个案规范或裁判规范。个案规范是从一般规范出发，不断面向个案事实进行具体化后形成的规范。有学者认为这是一个制定法的解释过程，也有学者认为个案规范是法官的创造，是一个新创造的规范。无论如何，只有这样的个案规范，才能用作三段论的大前提，然后将案件事实作为小前提涵摄到大前提中去，最后得出裁判结论。

如此界定的裁判规范，与张老师理解的裁判规范是不同的。张老师理解的裁判规范是供法官在裁判中适用的规范，这种裁判规范主要仍是由立法者提供的(制定法规范)，用来检省同时也是约束法官的"找法"活动。这种裁判规范具备规范的一般性和抽象性。而拉伦茨《法学方法论》中介绍的裁判规范，是法官在裁判活动中将一般规范(制定法规范)具体化后形成的个案规范。这种裁判规范的抽象程度较低，不加以进一步抽象，无法具备规范的一般性。可与之类比的是凯尔森的个别规范的理论，法官在上位规范授权的范围内，形成的正是一种个别规范。不仅如此，依凯尔森的理论，法律行为也是一种个别规范。

张老师说，民法学的研究，头要顶在哲学层面。的确，民法是行为规范还是裁判规范，最终取决于我们对于法、对于规范等基本概念的认识和理解，以及法来自何处、法是客观的还是主观的等元问题的基本立场和看法。这正是从民法总论出发，向更高层次的法哲学的追问。在张老师看来，所谓法哲学，就是法学家问，哲学家答。

第二，法律行为是否具有合法性？ 20世纪90年代，法律行为的合法性问题逐渐得到学界的关注和讨论。正如董安生总结的，关于法律行为概念之理解，基本上可划分为两种立场：一是主张法律行为具有合法性质，唯有效法律行为始得称为法律行为；二是不以合法性为特征，只强调法律行为中的设权意图，故而无效法律行为与可撤销法律行为皆在其列。[1]

法律行为的合法性，首先来自法律事实的划分。能够引起法律关系变动的法律事实，可以分为行为和事件，行为又可以分为合法行为与不法行为，合法行为进一步区分为表示行为与非表示行为，在表示行为之下才区分依意思表示发生法律效果的法律行为与非依意思表示发生法律效果的观念表示和情感表示行为。在这一由法学家发展出的概念体系之下，法律行为属于合法行为，并无疑问。正如朱庆育老师指出的，现代法律行为概念为萨维尼以降的学说汇纂法学系统阐发。在此阶段，包括萨维尼本人在内的学说汇纂法学家未再刻意突出法律行为的合法性，而是致力于发掘其意志决定性质，不过，至少从普赫塔开始，法律事实的分类体系中，法律行为即已和不法(违法)行为处于同一位阶，共同构成法律上的行为之下位概念。法律行为与不法(违法)行为对立，这一逻辑结构表明，法律行为非属不法(违法)行为。[2]

---

〔1〕 董安生：《民事法律行为——合同、遗嘱和婚姻行为的一般规则》，中国人民大学出版社1994年版，第90页以下。

〔2〕 朱庆育：《法律行为概念疏证》，载《中外法学》2008年第3期，第355—356页。

但是，法律行为的合法性也受到学者的质疑，因为"无效法律行为"与法律行为的合法性之间存在矛盾。如果法律行为一定是合法的，怎么可能因违反法律的强制性规定或者公序良俗而无效呢？法律行为的合法性问题在一定程度上影响了《民法通则》的立法用语。《民法通则》使用"民事行为"作为民事法律行为的上位概念，将民事法律行为定义为合法行为，将传统民法的"无效法律行为"改称为"无效民事行为"，将传统民法的"可撤销法律行为"改称为"可撤销民事行为"。对于《民法通则》的这一创新，学界有不少批评意见。[1]

张老师对上述质疑进行了反驳。他认为，法律行为的合法性与无效法律行为之间并不存在不可化解的矛盾。张老师指出，无效法律行为和可撤销法律行为"这两个被非议的语词，具有储藏特别信息的修辞价值，而不存在什么自相矛盾"，"其实，在我们的语言中，类似的修辞用法并非罕见，例如'假革命''假党员''未婚妻'就是。如均目为语义矛盾，岂不等于放弃了一种颇有价值的修辞手段？"[2]

作为法律行为具有合法性的立论，张老师指出，法律行为以意思表示为要素，并依意思表示发生法律效果，若是不合法，又怎可能发生这种法律效果呢？法律行为依当事人的意思表示发生效力，是当事人"为自己立法"，[3]成为调整当事人之间权利义务的"个别规范"，按凯尔森的理论，这种"个别规范"因得到了上位规范的授权而具有效力。既然如此，作为"个别规范"的法律行为也当然应该是合法的。

然而，反对者从另一个角度观察法律行为，强调法律行为是当事人意思自治的手段和工具，法律行为能否依当事人的意思发生法律效果，仍须经过法律秩序的评价。只有经法律秩序的评价，没有违反法律的强制性规定，也没有违背公序良俗，法律行为才得真正地依当事人的意思发生法律效果，成为当事人给自己立的"法"。这种评价的结果就包括法律行为无效或可撤销的可能性。

由此，这里涉及两次评价：第一次评价是依法律秩序评价法律行为的效力，按凯尔森的理论，即法律行为得到上位规范授权的过程；第二次评价是依获得法律秩序认可的法律行为具体确定权利义务，即将法律行为本身作为规则。[4]论者对不同评

---

〔1〕 例如，寇志新教授指出，即使将无效行为以民事行为相称，问题依然未能得到解决，因为，部分无效的行为，以及可撤销(可变更)但超过除斥期间却未作撤销(变更)的行为，究竟属于"民事法律行为"还是"民事行为"，令人困惑。参见寇志新：《民法总论》，中国政法大学出版社2000年版，第190页。转引自朱庆育：《民法总论》，北京大学出版社2013年版，第99页。《民法通则》用"民事法律行为"取代"法律行为"，则是受到法理学将法律行为作为各部门法共通概念的影响。包括张老师在内的民法学者则推崇法律行为作为私法自治工具的价值，极力捍卫"法律行为"术语的尊严。

〔2〕 张俊浩主编：《民法学原理》(上册)，中国政法大学出版社2000年版，第227页。

〔3〕 弗卢梅则认为，通过私法自治形成法律关系的行为不构成造法行为。但他承认，只要获得法律秩序的充分认可，私法自治的设权行为就会产生类似造法的效力。[德]维尔纳·弗卢梅：《法律行为论》，迟颖译，法律出版社2013年版，第6页。

〔4〕 对此，弗卢梅说得比较清楚："法律关系基于实施法律行为的一人或多人共同制定的因获得法律秩序的认可而生效的规则所形成。"[德]维尔纳·弗卢梅：《法律行为论》，迟颖译，法律出版社2013年版，第28页。

价阶段的强调，导致对法律行为性质的不同认识。强调法律行为本身成为规范，就必然承认法律行为的合法性，因为规范当然是合法的，正如财产权当然是合法的一样。张老师持坚定的合法行为说："法律行为作为法律概念，存在于法律规范层面，是作为评价生活事实层面的行为构成(或者不能构成)法律行为的标准而存在的。既然属于规范，也就当然具备合法性——该合法性是由规范赋予的。当我们讨论作为规范的法律行为时，合法性已成为前提条件。"[1]在《民法简明教程》中，张老师重申："法律行为在本质上属于当事人为自己制定的规范，而不是生活事实。同时，在纠纷依诉解决中，法院也要采为裁判规范。既然为法律规范，那么，便应以合法性为要件。行为标的有违法律或者公序良俗，是无从依其意思表示内容生效的。"当然，法律行为是法律事实的一种(且是具有意志决定性的行为)，仅在通过第一次评价后，才成为当事人据以开展民事活动的个别规范，具有规范品格。着眼于法律秩序对于法律行为的评价，就会考虑某法律行为不被法律秩序认可的可能性，这是至今仍有相当部分论者反对法律行为之合法性的原因所在。

为彻底解决无效法律行为与法律行为合法性的矛盾，张老师试图将无效法律行为、可撤销法律行为排除在法律行为的范围之外。对于未被法律秩序认可的法律行为，因不符合法律行为的合法性要件，并非真正的法律行为，所以张老师将之称为"不真正法律行为"。这一重新划分概念的尝试，尚待学界检验。法律秩序对于法律行为的效力评价，采取的是一种"事后"的方式，法律秩序原则上认可法律行为的效力，仅在例外情形才作否定评价。这种尊重私法自治的立法技术，导致很难在一开始就将无效法律行为与可撤销法律行为排除在法律行为的范围之外。[2]

法律行为的合法性问题，时隔30年，在《民法典》编纂过程中又引起学者的关注和讨论。[3]虽然《民法典》不再强调法律行为是合法行为，使用"无效民事法律行为"(而非"无效民事行为")、"可撤销民事法律行为"(而非"可撤销民事行为")的用语，但也只是暂时平息了争议，学者们仍各执己见。问题的真正解决，尚待在理论层面全面检讨正反两方的理由，并给出更有力的论证。

第三，"信息产"能否成为知识产权的"对象一般"？张老师认为，研究民法，必须研究知识产权，因为知识产权作为一种绝对财产权，可以成为物权的参照，对两者的研究相得益彰。因此，张老师是国内较早从事知识产权法研究的学者之一。

尽管《成立世界知识产权组织公约》试图用"源自智力活动"来揭示知识产权的"客体一般"，对于文学、艺术和科学作品、演艺表演、音像制品、广播电视节目以及专利，这一定性可能是成立的，但对商标却不行。张老师多次强调，对知识产权的本质我们尚知之无多；知识产权还仅是用以合称著作权、专利权以及商事标记权等

---

〔1〕 张俊浩主编：《民法学原理》（上册），中国政法大学出版社2000年版，第221页。

〔2〕 将无效法律行为排除在法律行为的范围之外，可能也无法妥当处理部分有效、部分无效，以及无效法律行为的转换、无效法律行为的撤销等问题。

〔3〕 参见杨代雄：《法律行为论》，北京大学出版社2021年版，第44—47页。

基于"信息产"的权利的语词,而未形成概念。也就是说,知识产权仅是多种权利(主要包括在智慧产品上的权利和在商事标记上的权利)的集合,这一集合的基本原理,还未被揭示出来。

张老师尝试将知识产权的对象统一界定为"信息产",与之相对应,物权的对象是"物质产"。信息同质料、能量一样,是构成物质世界的要素。[1]张老师对"信息产"作了界定:"信息产指法律肯认的公开性信息型资源,包括智慧产品和商事标记",但同时指出,"迄今为止,法学对信息产的认识还很有限。尽管立法和司法已经验地肯认了著作权、专利权、商事标记权以及与禁止不正当竞争有关的知识产权,但这些权利,是各自独立发育出来的,其传统并不相同,也无共同的价值原则。而且,知识产权的对象一般究竟是什么,尽管我们定位于信息产,试图揭示其共性,但信息产的本质何在,则还缺乏深入认识。对于有些权利类型的对象究为何物,例如原产地名称权、免受不正当竞争侵害的权利,我们还所知甚少。既然连对象一般都无知识,又遑论其他!"[2]

"信息产"是尝试性的概念。[3]一方面,"产"、"财产"与"资源"是什么关系?"信息产"与"物质产"有何差别?信息成为权利对象的原理与物质成为权利对象的原理有何不同?这些均有待研究。另一方面,张老师在《民法学原理》中,曾将智慧产品视为"有用的信号集合",而思想与表达的二分,又是著作权法的基本原理。因此,信息与信号是什么关系,恐怕还需从信息论的角度展开进一步研究。[4]为此,张老师在70多岁的高龄并且发生过脑卒中的情况下,仍然坚持阅读信息科学与技术方面的书籍。[5]张老师也特别关注哲学尤其是信息哲学的研究进展,期待哲学上对于信息的关注和研究能够给予法学以启发。在个人信息保护、数据权属和流通利用相关研究如火如荼的今天,数据与信息的关系、数据权利能否参照知识产权来构建等问题,均有待论者回到信息论、信息哲学中,继续回答信息与信号(数据)能否区分、

---

〔1〕 刘春田:《知识财产权解析》,载《中国社会科学》2003年第4期,第115页。

〔2〕 当然,知识产权学者从未停止过对知识产权"对象一般"以及知识产权内涵与外延的探寻。参见刘春田:《商标概念新解——"商"是民法学上的又一发现》,载《贸法通》微信公众号2021年10月26日。

〔3〕 刘春田教授指出,在日本、澳大利亚乃至中国,都有把知识产权等同于信息产权的观点。参见刘春田:《知识财产权解析》,载《中国社会科学》2003年第4期,第115页。张老师在后来的《知识产权法导论讲稿大纲》中,又进一步尝试将"知识产"作为知识产权的对象一般,并用专节作了较为详细的论述。

〔4〕 总体而言,张老师更多地使用"信息"。张老师曾指出,"人类的审美和学习活动,被归结为信息的接收和解读。此一消费活动,并不磨损或灭失客体。这就意味着,任何智慧产品,对于全人类来说,只有一件即为已足,而无须重复生产"。张俊浩主编:《民法学原理》(下册),中国政法大学出版社2000年版,第543页。

〔5〕 通信、编码和处理,是信息论(信息技术)的主题。通信和编码都是解决信息的传输问题,而信息的采集也越来越受到重视。信息论的核心是数学。

如何区分，[1]信息能否成为权利对象、信息如何成为权利对象等基础理论问题。

张老师对民法学基础理论问题的思考，是体系性的。张老师一生致力于建立更优的民法学理论模型，孜孜以求，从不懈怠。对于民法作为裁判规范的执着，是为了给民法学理论体系的展开确立一个坚实的根基；对于法律行为合法性的坚持，是为了贯彻民事主体的自由意志、强调民事主体能够为自己立"法"；对于知识产权"对象一般"的探索，是为了追求覆盖更为周延、划分更为合理的民事权利体系。张老师不断地修正自己的理论模型，不断地调整民法学基本概念的划分，这在张老师不断修改的授课大纲中体现得非常明显。划分是一种"从上到下"的分析思路，与"从下到上"的类型建构不同。张老师正是在对权利和法律行为的划分中，论证物权行为概念的必要性的。张老师头脑中的民法学理论模型是如此稳固，以至于要加入任何新的元素，都是非常困难的。张老师的读书也由此颇具特色，他时常会按自己的理解重新表述书中的观点，因为他只有自己真正理解了，才能放到自己的知识体系中去；或者反过来，只有能放入自己的知识体系中，他才能真正理解。

张老师非常善于用形象的语言或比喻将抽象的、深奥的道理说清楚。张老师将分析问题比喻为"掰馒头"，北方的馒头个大，一口吃不下去，所以要掰成一小块儿一小块儿的，同样，复杂问题一下子解决不了，所以必须拆分成一个个简单问题，逐步加以解决。这个比喻后来又进一步发展为"曹冲称象"，一头完整的大象难以称重，曹冲机智地把大象的重量转换为石块的重量并拆分称重，法学问题的解决，何尝不需要这样的"灵机"，将复杂难解的问题转换为简单可分的问题。张老师曾说，孙悟空之所以本领高强，正因为他"跳出三界外，不在五行中"，一下子就把"只缘身在此山中"的哲理说透了。

张老师对民法学基础理论的研究，也把"工夫"下在"诗"外。民法学理论体系不仅离不开内部的概念、结构、原则、理念，也离不开与法学其他学科的关系构建和来自其他领域的智识给养。张老师力求打通民事实体法和程序法，亲自讲授民事诉讼法课程；张老师也讲授法理学、知识产权法课程，已如前述。张老师热爱讲课，讲课能激发他的灵感，打通他的思想脉络，所以讲课是他研究的另一种方式。张老师的视野极为开阔，广泛涉猎哲学、经济学、心理学、语言学等可能给法学以启发和给养的学科领域，以此涵养他"钟爱一生"的民法学。

张老师对民法学基础理论问题的长期思考，在一定程度上反映在他主编的《民法学原理》和编著的《民法简明教程》中。两书的再版，使张老师的思考有了新的形

---

〔1〕 思想只有表达出来，才为人所知，而表达也必定以某种思想、情感、审美、情趣、观念或意欲为内容。与之类似，大数据之所以成为新的生产资料，是基于从大数据中挖掘出新的信息（知识）的可能性。对人类来说，有价值的是信息、知识、审美、情趣、思想、情感等，而非承载这些内容的表达、信号或符号。吊诡的是，脱离了表达、信号或符号这些形式（载体），信息、知识、审美、情趣、思想、情感等又是看不见、摸不着的，所以权利似乎只能设定于表达、信号或符号等形式之上。无法破译的密码，只是一堆无意义的符号；而一本"无字天书"，则是"大道无形"，只能由读书者自行感悟。关于信息与信号（知识、符号）的关系，刘春田教授也有自己独到的理解。参见刘春田：《知识财产权解析》，载《中国社会科学》2003年第4期，第115—117页。

式(载体)，能够流淌在时间的长河中，静待后人。遗憾的是，两书成书时间较早，未能反映张老师后来的学术思想发展。张老师虽曾虑及重修《民法学原理》，但终未实施；张老师虽曾努力将其知识产权法授课讲稿和物权法授课讲稿整理成书，但因身体原因憾而未竟。但张老师的思想高山流水，张老师的文字精准练达，学生不才，岂敢续之，所能做的，仅是勉力分享张老师的思想而已。

朱自清曾感慨，我们赤裸裸地来到这个世界，转眼间又将赤裸裸地离开，如此匆匆的一遭，究竟能给这个世界留下什么？我想，张俊浩老师给这个世界留下的，就是他的思想和思考。正如苏东坡的"把酒问青天"跨越千年与屈原相和，若张老师的思想能够启迪后来者跨越时空的回应，将是对一位思考者最好的缅怀与追思。

2024年6月28日于东皇城根

目　　录

高山流水待子期 ·· 001

第一章　绪论 ·· 001
　　第一节　民法的意义 ·· 001
　　第二节　民法与商品经济 ·· 005
　　第三节　民法的理念 ·· 008
第二章　民法的渊源和规范解释 ··· 014
　　第一节　我国民法的渊源 ·· 014
　　第二节　民法规范的解释 ·· 016
第三章　民事法律关系 ·· 019
　　第一节　民事法律关系的概念 ··· 019
　　第二节　民事法律关系的要素 ··· 021
　　第三节　权利、义务与责任 ·· 023
　　第四节　民事法律关系的发生、变更和消灭 ·· 028
　　第五节　权利的行使和保护 ·· 031
第四章　自然人 ··· 033
　　第一节　概说 ·· 033
　　第二节　自然人的权利能力 ·· 034
　　第三节　自然人的行为能力 ·· 038
　　第四节　监护与宣告失踪 ·· 039
　　第五节　住所 ·· 042
　　第六节　个体工商户和农村承包经营户 ··· 042
　　第七节　个人合伙 ·· 044
第五章　法人 ·· 047
　　第一节　概说 ·· 047
　　第二节　法人的民事能力 ·· 050
　　第三节　法人的分类 ·· 052
　　第四节　法人的设立、变更和终止 ·· 054

　　第五节　法人联营 ·· 056
第六章　法律行为 ·· 057
　　第一节　法律行为的意义 ·· 057
　　第二节　法律行为的类型 ·· 059
　　第三节　法律行为的有效要件 ·· 061
　　第四节　法律行为的无效 ·· 063
　　第五节　法律行为的变更和撤销 ·· 068
　　第六节　法律行为被确认无效和撤销的效果 ··· 072
　　第七节　法律行为的附款 ·· 073
第七章　代理 ··· 077
　　第一节　代理的意义与要件 ··· 077
　　第二节　代理权 ··· 083
　　第三节　无权代理 ·· 085
第八章　诉讼时效 ·· 089
　　第一节　概说 ··· 089
　　第二节　诉讼时效的要件与效果 ·· 092
　　第三节　诉讼时效期间 ··· 094
第九章　物权总论 ·· 101
　　第一节　物权法 ·· 101
　　第二节　物 ··· 103
　　第三节　物权 ··· 107
第十章　所有权论 ·· 119
　　第一节　概说 ··· 119
　　第二节　不动产所有权 ··· 122
　　第三节　动产所有权 ··· 128
　　第四节　共有 ··· 132
第十一章　用益物权论 ·· 136
　　第一节　概说 ··· 136
　　第二节　地上权 ·· 138
　　第三节　耕作权 ·· 140
　　第四节　典权 ··· 142
第十二章　担保物权论 ·· 145
　　第一节　概说 ··· 145
　　第二节　抵押权 ·· 150
　　第三节　质权 ··· 156

第四节　留置权 ·· 161

第十三章　知识产权导论 ·· 165
　　第一节　知识产权的意义 ·· 165
　　第二节　知识产权的类型 ·· 168

第十四章　著作权论 ·· 170
　　第一节　著作权及其对象 ·· 170
　　第二节　著作权的内容 ·· 175
　　第三节　著作权的取得 ·· 182
　　第四节　著作邻接权 ·· 185

第十五章　专利权论 ·· 190
　　第一节　概说 ·· 190
　　第二节　发明专利权 ·· 194
　　第三节　实用新型和外观设计专利权 ······························ 203

第十六章　商标权论 ·· 205
　　第一节　概说 ·· 205
　　第二节　商标的法律要件 ·· 210
　　第三节　商标权 ·· 213

第十七章　债权总论 ·· 222
　　第一节　概说 ·· 222
　　第二节　债的发生 ·· 225
　　第三节　债的类型 ·· 227
　　第四节　债的效力 ·· 234
　　第五节　债权的保全与担保 ······································ 243
　　第六节　债的变更与消灭 ·· 254

第十八章　合同之债总论 ·· 261
　　第一节　合同的意义与类型 ······································ 261
　　第二节　合同的成立 ·· 266

第十九章　移转物之所有权的合同之债 ·································· 274
　　第一节　买卖合同之债 ·· 274
　　第二节　互易与赠与合同之债 ···································· 283

第二十章　移转物之用益权的合同之债 ·································· 287
　　第一节　租赁合同之债 ·· 287
　　第二节　房屋租赁合同之债 ······································ 290

第二十一章　给予信用的合同之债 ···································· 292
　　第一节　消费借贷合同之债 ······································ 292

第二节 使用借贷合同之债 ┄┄┄┄┄┄┄┄┄┄┄┄┄┄ 295
第三节 融资租赁合同之债 ┄┄┄┄┄┄┄┄┄┄┄┄┄┄ 297

第二十二章 完成工作的合同之债 ┄┄┄┄┄┄┄┄┄┄┄ 302
第一节 承揽合同之债 ┄┄┄┄┄┄┄┄┄┄┄┄┄┄┄┄ 302
第二节 建设工程承揽合同之债 ┄┄┄┄┄┄┄┄┄┄┄ 306

第二十三章 提供服务的合同之债 ┄┄┄┄┄┄┄┄┄┄┄ 308
第一节 委任合同之债 ┄┄┄┄┄┄┄┄┄┄┄┄┄┄┄┄ 308
第二节 行纪合同之债 ┄┄┄┄┄┄┄┄┄┄┄┄┄┄┄┄ 312
第三节 居间合同之债 ┄┄┄┄┄┄┄┄┄┄┄┄┄┄┄┄ 315
第四节 运送合同之债 ┄┄┄┄┄┄┄┄┄┄┄┄┄┄┄┄ 317
第五节 保管合同之债 ┄┄┄┄┄┄┄┄┄┄┄┄┄┄┄┄ 324

第二十四章 技术合同之债 ┄┄┄┄┄┄┄┄┄┄┄┄┄┄┄ 333
第一节 技术开发合同之债 ┄┄┄┄┄┄┄┄┄┄┄┄┄┄ 333
第二节 技术开发合伙合同 ┄┄┄┄┄┄┄┄┄┄┄┄┄┄ 336
第三节 技术转让合同之债 ┄┄┄┄┄┄┄┄┄┄┄┄┄┄ 337
第四节 技术咨询与服务合同之债 ┄┄┄┄┄┄┄┄┄┄ 341

第二十五章 保险合同之债 ┄┄┄┄┄┄┄┄┄┄┄┄┄┄┄ 343
第一节 导言 ┄┄┄┄┄┄┄┄┄┄┄┄┄┄┄┄┄┄┄┄┄ 343
第二节 保险合同 ┄┄┄┄┄┄┄┄┄┄┄┄┄┄┄┄┄┄┄ 344
第三节 保险合同之债 ┄┄┄┄┄┄┄┄┄┄┄┄┄┄┄┄ 350

第二十六章 侵权行为之债 ┄┄┄┄┄┄┄┄┄┄┄┄┄┄┄ 355
第一节 导言 ┄┄┄┄┄┄┄┄┄┄┄┄┄┄┄┄┄┄┄┄┄ 355
第二节 侵权行为的法律要件 ┄┄┄┄┄┄┄┄┄┄┄┄ 357
第三节 特殊侵权行为 ┄┄┄┄┄┄┄┄┄┄┄┄┄┄┄┄ 362

第二十七章 继承权论 ┄┄┄┄┄┄┄┄┄┄┄┄┄┄┄┄┄┄ 370
第一节 遗产、继承与继承权 ┄┄┄┄┄┄┄┄┄┄┄┄ 370
第二节 遗嘱继承权 ┄┄┄┄┄┄┄┄┄┄┄┄┄┄┄┄┄ 383
第三节 法定继承权 ┄┄┄┄┄┄┄┄┄┄┄┄┄┄┄┄┄ 388
第四节 受遗赠权 ┄┄┄┄┄┄┄┄┄┄┄┄┄┄┄┄┄┄┄ 392
第五节 遗产的继承外分配 ┄┄┄┄┄┄┄┄┄┄┄┄┄┄ 395

附件一 知识产权法导论(讲稿大纲) ┄┄┄┄┄┄┄┄┄ 397
附件二 著作权论(讲稿大纲) ┄┄┄┄┄┄┄┄┄┄┄┄┄ 421
附件三 继承法(讲稿大纲) ┄┄┄┄┄┄┄┄┄┄┄┄┄┄ 445
编后记 ┄┄┄┄┄┄┄┄┄┄┄┄┄┄┄┄┄┄┄┄┄┄┄┄┄┄ 483

第一章　绪论

内容提要　民法以法律形式表述社会普通成员的彼此交往,其中包括对于市场经济制度的经典表述。民法起源于古代的罗马私法。随着商品生产尤其是市场经济的发展,民法传播到世界各地,包括中国。民法以身份平等、意思自治、诚实信用和过失责任为基本原则,以纠纷的得调解性和责任的同质救济性为特点。

第一节　民法的意义

一、民法的定义

(一)定义

民法是法律体系中调整社会普通成员之间人身关系和财产关系[1]的法律规范系统。

(二)定义的说明

1.民法是实体部门法

在法律体系中,民法属于实体部门法,调整实体权利义务关系,与调整诉讼当中的关系的程序法不同。

2.民法是调整社会普通成员之间相互关系的实体部门法

1)社会普通成员关系

当事人以社会普通成员的面目彼此对待和交往,互视对方为彼此资格和地位一样的同类,任何一方均不以强制者的面目出现——尽管他实际上可能具有这样的面目——彼此不形成权力—服从关系,这便是社会普通成员关系。此种关系,自罗马

---

〔1〕《民法通则》第2条我国民法对象的规定,其顺序为财产关系和人身关系。[对应《民法典》第2条:"民法调整平等主体的自然人、法人和非法人组织之间的人身关系和财产关系。"]此种顺序排列,容易给人以财产关系重于人身关系的印象。事实上,在民法的理念中,人法重于财产法,尽管我们坚持人格财产的两位一体性。而且,在罗马法的《法学阶梯》中,"人法"列为第一编,"物法"则列为第二编。此一顺序,也显示了人法重于物法的理念。故而我们在说明民法的对象时,将人身关系列于财产关系之前,以示人身关系的重要性。

法以来，被称为"私关系"。然而，我国今天的社会，不习惯那个"私"字。故而我们特别用"社会普通成员关系"来表述。

社会交往归纳为，要么是"人身关系"，要么是"财产关系"，或者兼而有之。

2）人身关系

人身关系是"人格关系"和"身份关系"的合称，亦即自然人基于彼此的人格和身份而形成的相互关系。

人格关系是自然人基于彼此的人格或者人格要素而形成的关系。在民法学，人格是自然人主体性要素的总称。此点与心理学以及伦理学等学科将人格定性为人的精神方面不同。民法学是取向于法律关系主体的主体性资格来定义人格的。所谓主体性要素，即人之所以作为人的要素。人格要素包括生命、身体、健康——可统称为物质要素，此外尚有姓名、肖像、名誉、荣誉、隐私等——可统称为精神要素。所有人格要素形成的肉体与精神的生命体，就是人格。人格的概念着眼于人的整体性结构。而人格要素则指其具体要素，着眼于成分。无论基于整体的人格，抑或人格要素，均可形成人格关系。人格关系的内容，归结为人格尊重，人格不得抛弃、不得转让和不得非法褫夺。

身份关系是自然人基于彼此身份而形成的相互关系。身份是自然人在社会群体中所处的据之适用特别规范的地位。申言之，对于身份不同的人，所适用的规范也不同；适用于特定身份人的规范，未必可适用于其他身份的人。在古代，"人事法"呈现强烈的身份色彩。随着近代解放运动和民主运动的进展，不平等身份已经基本消亡了，只留下夫妻、父母、子女、兄弟姐妹、祖父母、孙子女、外祖父母、外孙子女等身份以及监护人与被监护人等"亲属"身份。故而今天称身份，便仅指亲属和配偶。身份关系的内容是精神的和伦理的权力、权利和义务，但往往与财产形成或紧或松的联系。

身份关系原有平等型和权力服从型两种类型。在今天，社会普通成员之间的身份关系是平等型关系。普通成员对于同类的普通成员，彼此间当然视为平等。

3）财产关系

（1）财产关系的意义

财产关系是当事人基于财产而形成的相互关系。

（2）财产的意义及类型

所谓财产，是从归属或者流转的角度定义的经济资源，是经济资源在法律上的表现。马克思指出："财富的本质就在于财富主体的存在。"[1]可见，在经济学语境中，资源仅仅是对人类有用、稀缺和可支配的东西而已；而在法律上，则进一步回答：资源属于何人。归属或者主人的存在是资源转换为财产的必要条件。

财产须具备如下要件：

①有用性。有用即具有满足人们需要的功能。有用性是资源抑且财产的首要

---

〔1〕《马克思恩格斯全集》中文版第42卷，第115页。

属性,凡不具经济价值的事物,是不会被人们视为资源或者财产的。

②稀缺性。稀缺即供给的客观不足。稀缺也是资源抑且财产的重要属性,凡取之不尽、用之不竭的事物,也不会被人们视为资源或者财产。

③得支配性。作为财产的资源,必然是人力可以支配的东西。凡人力所不及的事物,纵使具有再大的价值,也无法作为财产。例如,大气、海洋、日月星辰等,即因其不为人力所能及,而不可能有主人,不能成为财产。

④须不属物质型人格要素。自然人的身体、器官等,也具有经济价值,但不能作为财产。因为它们均属主体的要素,永远只能作为目的,而不容他人支配。

在民法上,我们有时使用积极财产和消极财产的用语。

积极财产包括"实物""信息产""物理能""物上利益"以及债权。物是人的身体和器官之外、人力能够支配的物质资料和自然力。[1]信息产是受法律保护的信息型财产,例如文学艺术作品、专利技术和商标。物上利益指建立于他人之物上的合法利益,例如矿藏开采、渔业捕捞等利益。债权是请求他人实施特定行为以满足自己利益的权利,例如价金债权、货物债权等。

消极财产仅指债务。

财产也在经济利益总合的意义上被使用,例如法人财产、合伙财产、夫妻共有财产、遗产等,便均在此种意义上使用。

4) 社会普通成员之间的人身关系和财产关系

人身关系和财产关系,依其参加者的地位,区分为社会普通成员之间的关系和具有权力—服从关系的成员之间的关系。民法调整社会普通成员之间的人身关系和财产关系。该种人身关系的特点,是人格尊重和身份平等。而财产关系,其特点则在于尊重财产权,财产唯依当事人的意思而流转。公法则调整具有权力—服从关系的当事人之间的人身关系和财产关系。此种人身关系的特点,是当事人处于权力与服从的法律地位,其财产关系,则体现财产的公法分配与奖惩,其流转不以受命令者的意思为转移。

二、民法起源于罗马私法

民法不是中国法律文化中固有的内容,而起源和发育于公元前6世纪至公元6世纪欧洲罗马国的私法。罗马的法律坚持"公法"与"私法"的划分,私法是被界定为规整社会普通成员之间的关系,为个人利益确定条件和限度,表述他们彼此交往基本制度的法域。由于罗马是个城邦国家,居民的主要成分是市民。市民是那个社会的普通成员,从而私法也就直截了当地被称为"市民法"。由于独特的历史传统和希腊哲学的滋养,罗马私法表现了人类法律文明的惊人早熟。它近乎完美地表述

---

〔1〕 此处的定义并不严格。严格的定义应为"物是物质、能效力价值券型财产"。见本书第十一章第二节。

了社会普通成员彼此交往的基本制度，特别是商品生产和市场经济的一般条件。以至于恩格斯指出："罗马法是简单商品生产即资本主义前的商品生产的完善的法，但是它也包含着资本主义时期的大多数法权关系"，"是我们所知道的以私有制为基础的法律的最完备形式"，[1]"是商品生产者社会的第一个世界性法律"。[2]

罗马法所概括的基本制度和基本理念，对于欧洲大陆各国的私法产生了样板式的影响。这种影响历久不衰。在罗马帝国兴盛的当时自不必说，即使在其灭亡之后，该影响也同样巨大深远。从中世纪到文艺复兴时期，罗马私法逐渐成为所有拉丁民族和日耳曼民族的共同法。在资产阶级挣脱封建桎梏的斗争中，罗马私法更被当作锐利武器。随着资本主义市场经济的发展，罗马私法找到了空前广阔的用武之地，西欧大陆的各个资产阶级国家欣然继受了罗马私法，而且连"市民法"这一名称也原封不动地保留下来，用此命名它们的私法典。[3]那些国家的市民法典根据大为发展了的商品生产和交换，为民法充实了新经验和新制度，使得它从内容到形式都焕然一新。以1804年《法国民法典》和1896年《德国民法典》为代表，民法成为调整市场经济下的市民以及工厂、公司、银行相互之间的交往、相互之间的人身关系和财产关系的部门法。

在近代，市场经济被世界上的大多数国家所认同。于是，民法也就从其故乡欧洲，被引种到美澳亚非各国。我们中国，也早在一个世纪前开始了欧美法律的继受，其中包括民法。20世纪30年代，还制定了《中华民国民法》，条文有1225条之多，在"民国"诸法典中最称博大。后来，随着中华人民共和国的建立，包括民法在内，由国民党政权制定的一系列继受欧美的法律，被作为"伪法统"否定了。此后40来年，我国大陆一直实行计划经济，没有制定出民法典。因此，人民对于民法这一现代社会的基本部门法十分陌生，甚至不知为何物。1986年《中华人民共和国民法通则》（以下简称《民法通则》，为行文简洁，其他法律亦使用简称）出台。1992年党的十四大确定国家经济制度改行市场经济。民法成为经济生活和法律生活中的重要法律。但是，由于我们的人民缺乏民法的传统和亲身体验，一个时期之内，对于民法还不熟悉和理解，也就不足为怪了。

说到民法的那个"民"字，其实是在从欧洲语词翻译成汉字语词时对于"市民"的省译。[4]这一省略，使得具有特别含义的"市民法"变成了语义模糊含混的"民

---

〔1〕 恩格斯：《反杜林论》，载《马克思恩格斯选集》中文版第3卷，第143页。

〔2〕 恩格斯：《路德维希·费尔巴哈和德国古典哲学的终结》，载《马克思恩格斯选集》中文版第4卷，第248页。

〔3〕 西欧各国民法典，以《法国民法典》和《德国民法典》为代表，都称为"市民法典"。连法国大革命中震惊世界的"人权宣言"，其名称其实也是"人权和市民权宣言"。在资产阶级语汇中，"市民"是代表自由和平等理念的自豪的字眼。马克思、恩格斯：《德意志意识形态》，载《马克思恩格斯选集》中文版第1卷，第37页。

〔4〕 在欧洲语言中，民法被称为"市民法"（拉丁语jus civile、法语droit civil、德语bürgerliches recht，其含义均为"市民法"）。19世纪60年代，日本学者把它用汉字译为"民法"，"市"字给省略掉了。从此，日本和中国都把该法称为"民法"，而不是"市民法"。应当说，这一译法是很有问题的。人们之所以在初识民法时对它感到莫名其妙，与译法的不妥大有关系。

法"，以至于每个初次接触民法的同胞，都不免对那个莫名其妙的"民"字感到惑然。这不能不说是中日两国特有的憾事。

第二节　民法与商品经济

恩格斯指出："民法准则只是以法律形式表现了社会的经济生活条件。"[1]民法所表现的就是商品生产和交换的条件。

一、民法对商品生产与交换条件的表述

(一)分工与所有权

商品生产的首要条件是社会分工，正是分工使得原本结合在同一个人(或者同一个公社)身上的生产者与消费者的职能分离了。生产与消费必须通过交换才得以连结。也就是说，交换成为再生产过程不可或缺的环节。"与这种分工同时出现的还有分配，……其实，分工和私有制是两个同义语，讲的是同一件事情，一个是就活动而言，另一个是就活动的产品而言。"[2] "可由个人享有和行使的所有权"[3]是商品生产者亦即市民的安身立命的根本。"悠悠万事，惟此为大。"反映简单商品生产关系的罗马私法，把所有权作为全部财产制度的基础和首要原则。资产阶级大革命中，饱尝了专制王朝掠夺之苦的市民等级，把保障私有财产作为头等重要条款，写进了"人权和市民权宣言"(这里以法国为代表)。在近现代民法中，整个财产法的规范体系仍然以所有权为中心。所有权又是身份平等和意思自治的舞台。

(二)自由的商品生产者与权利能力

商品生产和交换，要求独立自由的主体，即生产和交换的担当者。只有独立自由的主体，才能成为劳动产品的所有人，才能按照自己的意思去交换。与此同时，他也必须把交换的对手当作与自己同类的独立自由的人，因而才需要进行交换。马克思指出："还在不发达的物物交换情况下，参加交换的个人就已经默认彼此是平等的个人，是他们用来交换的财物的所有者；他们还在彼此提供自己的财物、相互进

---

〔1〕 恩格斯：《路德维希·费尔巴哈和德国古典哲学的终结》，载《马克思恩格斯选集》中文版第4卷，第248页。

〔2〕 马克思、恩格斯：《德意志意识形态》，载《马克思恩格斯选集》中文版第1卷，第37页。

〔3〕 "可由个人享有和行使的所有权"与"须由自然形式的共同体享有的所有权"相比较而有意义。后者是人类历史的早期所有权形态。可由个人享有和行使的所有权的出现，应系人类历史的根本性进步。我们今天的所有权正是也仍是那样的形态。如无特别说明，本书所称的所有权，均指此种形态的所有权。

行交易的时候，就已经做到这一点了。"[1]又指出："交换，确立了主体之间的全面平等。"[2]交换规定了当事人的身份差异无须考虑。在交换世界中，一切人都作为抽象的市民而登场，而不分产业资本家、商业资本家、银行资本家或者社会主义企业；也不分业主和工人、店员和顾客；大家统统都是市民。他们有时作出卖人，有时又作买受人；有时作出贷人，有时又作借入人……如此自由无阻地变换自己的角色，从而彼此结合和交往。恩格斯指出："权利的公平和平等，是十八、十九世纪的市民[3]打算在封建的不公平、不平等的特权的废墟上建立他们的社会大厦的基石。劳动决定商品价值、劳动产品按照这个价值尺度在权利平等的商品所有者之间自由交换，这些……就是现代市民阶级[4]全部政治的、法律的和哲学的意识形态建立其上的现实基础。"[5]马克思甚至惊诧，自由和平等竟然成为"国民的牢固成见"[6]。资产阶级把它写进各种权利宣言，也就不足为怪了。对于上述抽象的市民资格，民法以"权利能力"制度予以表现，加以肯认。

（三）理性与行为能力

所谓理性，是人类了解宇宙、改善自身以及环境的能力。作为哲学用语，理性是与感性、知觉和欲望相对、进行逻辑推理的能力。但自启蒙运动以来，人们更多的是在人与上帝、人与自然的关系这种世界观的意义上使用该词，亦即作为人类了解自然和改善自身条件的能力来使用，并认为，知识、自由和幸福是理性人所追求的三大目标。理性人被作为商品经营者的抽象，作为社会交往当事人的资格概括。民法以行为能力和责任能力来表述体现理性人。

（四）契约与意思自治

商品生产的第四项条件是契约。彼此平等的市民进行商品交换，相互出让自己的商品及其所有权，换取对方的商品及其所有权，是一个双向选择过程。作为交换媒体的，就是契约。所谓契约，是交易当事人自愿达成的关于交换的合意。商品交换不但规定了主体的全面平等，而且还与所有权制度共同规定了契约和契约自由。市民尊奉私法自治理念去参与生活，必须把理性判断作为交往的心理前提。罗马市民法由此生发出"非依意思不负担义务"的理念。中世纪的教会法则把意思作为从逻辑上统一说明权利义务得丧变更的出发点。近代德国法学更以体系化为能事，抽

---

〔1〕 马克思：《评阿·瓦格纳的"政治经济学教科书"》，载《马克思恩格斯全集》中文版第19卷，第422—423页。

〔2〕 马克思：《政治经济学批判(1857—1858年草稿)》，载《马克思恩格斯全集》中文版第46卷(上)，第197页。

〔3〕 中文版译为"资产阶级"。但依其文义，应为"市民"。

〔4〕 同上注。

〔5〕 恩格斯：《马克思和洛贝尔图斯》，载《马克思恩格斯全集》中文版第21卷，第210页。

〔6〕 马克思：《资本论》，载《马克思恩格斯全集》中文版第23卷，第75页。

象出"法律行为"的概念,作为蕴含契约和其他以意思表示为要素的合法行为的一般概念,进而建立了体系化的法律行为制度,使之成为贯彻意思自治理念的锐利武器。资产阶级思想家,通过对市民社会的观察,奇想迭出,从市民平等、自由、所有权和契约中,升华出人权(自然权利)和宪法——社会契约的观念。欧洲北美的资产阶级革命更把观念上的东西转变为实证的国家制度。这不但说明市民权和契约制度的深远影响,而且足以证明马克思主义关于市民社会是政治国家的基础这一论断的正确性。

综上所述,我们可以说,市民法以法律形式表现了商品生产和交换的条件。然而不能由此反推,得出民法是商品关系法的结论。

二、民法、商法、经济法

商法,是西欧中世纪的商人在处理他们自己的法律事务中,逐渐发展起来的不同于当时通行的市民法以及教会法的独特法律制度。商法的本义,是适用于商人(属人主义)、调整商事活动的规范体系和司法制度(自治法院的组织与运作)。原来,当时的西欧处于非难市场经济的封建社会,民法更被天主教会赋予了保守的和非难经济人的浓重色彩。新兴的商人阶级感到束缚手脚,因而在其争得自治权的城市中,发育了作为交易制度法和商事组织法的商法,突出交易的效率和安全。在近代,当法典式立法运动到来时,法国、德国、比利时、西班牙等许多西欧国家,纷纷制定了"商法典",与市民法典并立。这种立法格局,被称为"民商分立"模式。然而,随着市民社会的发展,尤其是资产阶级革命,封建束缚和教会奴役之被否定,商人作为特别阶层以及商行为作为特别法律行为的制度价值,已经大大降低。加之审判权的国家垄断,独立的商人法院不复存在。因而在大陆法系国家的法学理论中,出现了关于民事商事予以统一法律调整的主张,以及关于吸收商法的方法和价值,丰富民法以及使之现代化的实践。这一努力,率先在瑞士民法典中得到体现。该法典规定了商号、商事登记、商事账簿、公司和票据等本属商法的内容,开创了"民商合一"的立法模式。其后,土耳其、巴西、意大利等国家及我国民国时代的立法,均采此模式。

唯应指出,商法是个并无确定内涵的语词,它所包括的范围在学说上也未形成共识。通常认为应包括公司、票据、海商等部分。

经济法是20世纪西欧提出的一个概念,在20世纪80年代,从当时苏联引进的为计划经济服务的经济法学在我国曾非常流行。我国以至于人们不知道或者不大知道民法是市场经济的基本法,而认为经济法才是。在今天,那种观念已成明日黄花。法学界对经济法的调整对象和性质尚无多少理性认识。在普通高等学校本科生法学专业目录中,也已删除了"经济法"专业。

第三节　民法的理念

从罗马法以来,市民法吸纳了人类文化的优秀思想成果,形成了权利神圣、身份平等和意思自治等基本理念。经过一千多年的历史演变,在西欧北美,它们业已实在化为市民的日常生活,或者如同马克思所说"成为国民的牢固成见"。

一、民法的传统理念

(一)权利神圣

权利神圣,指民事权利受到法律充分保障,任何人或者任何权威均不得侵犯,并且非依公正的司法程序,不得限制或者褫夺。

权利是历史的产物,既非神授,也非任何权力者所赐。民事权利系统是开放的,不得以"权利法定主义"来封闭(物权法定仅系上述原则的例外)。

无财产即无自由,所有权是财产权的基础。所有权神圣,为其他财产权的神圣奠定了逻辑基础。中国共产党的改革开放、发展生产力的政策,就是要使人民富起来,国家繁荣富强。

(二)身份平等

身份平等,即法律资格平等,权利能力平等。

平等不过是市民在相互交往中,彼此独立,不受对方支配,处于对等地位之义。与平等相关的价值是自由。平等本身不是目的,而只是实现自由的手段。另外,平等只能是在自由前提之下的平等。靠牺牲自由换取的平等,不是真正的平等。尚应指出,在民事生活中,平等只意味着竞赛起点以及机会的平等,而不是预设结果的平等。结果平等,是共产主义者理想中未来共产主义社会中的事情。在那一天到来之前,片面强调结果平等,特别是预设结果平等,只会窒息竞赛而制造变相特权。然而,结果平等也并非毫无价值,相反,它是检视竞赛规则是否合乎正义的重要标准之一,尽管不是唯一的标准。假使结果不平等超出了社会所认同的正义的范围,那么,修改竞赛规则的时机也就到来。无论宪法抑或法律,都不能一成不变,社会观念的演进,应当推动它们与时俱进,而不落伍。

(三)意思自治

意思自治,即当事人依照自己的理性判断,去设计自己的生活,管理自己的事务。人是有理性的,理性是意思自治的主观条件,是人类从进化获得的实现自治的主体性资源。同时,理性又是有限的。由于分工使然,知识总是分立的,个人所能掌握的知识是极其有限的。不看到人有理性,是不顾事实和悲观主义;不看到理性的有限性,而走上计划经济或者"科学主义",便是致命的自负。从来没有救世主,没有神仙和皇帝,也不可能通过诸如国家计划之类的东西,为每个人的幸福和发展作出无须自己费心操持的安排。意思自治是不可避免的,是历史唯物主义对人类处理自己事务的基本要求。

如上所述,理性是意思自治的主观条件。人既然有其理性,因而有条件、有能力通过自己的理性选择,通过自主参与,实现人生价值。这是历史唯物主义的基本观念。市场在资源配置上的不俗表现,使意思自治获得了经验的支撑。

意思自治从其积极面相上说,是自主参与与自主选择。从其消极面相上说,则包含两个方面:一是自己责任,即自主选择带来的后果与他人无涉;如果该后果归结为对他人须负的责任,那么也只能自己承担。二是过失责任,即咎由自取,咎由过失取。

所谓自己责任,即自主参与者对于参与所导致的结果的承担。承担是参与的必然逻辑。唯参与是自由的、自主的,故而结果便只能归于参与者。如果参与所带来的结果是财富,参与者当然取得该财富的所有权——这正是他孜孜以求的目标;相反,如果参与所带来的是损失,那么他也必须自觉承受——自己料事失误的风险,无由推卸或者转嫁他人。此外,如果在参与中,由于自己的过失而给他人带来损害,那么,参与者则须对受害人负其责任,即回复受害人权利的原状;当无法回复时,则予以财产补偿。所谓过失,是指加害行为实施之际未尽应有注意,以及虽尽注意却料事失误这两种心理状态。意思自治理念,一方面规定有过失的加害人必须对加害行为负责;另一方面也规定,加害人只对有过失的加害行为负责。这就是著名的"无过失即无责任"的原则,简称为"过失原则"。意思自治理念尊崇意思,向意思求责任。当代思想家哈耶克说:"课以责任,因此也就预设了人具有采取理性行动的能力,而课以责任的目的,则在于使他们的行动比在不负责任的情况下更具理性。它还预设了人具有某种最低限度的学习能力和预知的能力,亦即他们会受其对自己行动的种种后果的认识的引导。"[1]因此,有过失必负责任,无过失则无责任,其逻辑均在意思自治。同时,该理念认为,假如要求当事人就无过失的行为负责,无异于束缚自主参与者的手脚,这显然不合正义的要求,是不可理解而且危险的。

自己责任还含有否定连坐的积极价值。

二、我国民法的基本原则

《民法通则》第一章,以"基本原则"为标题,其中第3条规定:"当事人在民事活动

---

[1] [英]弗里德利希·冯·哈耶克:《自由秩序原理》(上),邓正来译,生活·读书·新知三联书店1997年版,第90页。

中的地位平等。"[1]第4条规定："民事活动应当遵循自愿、公平、等价有偿、诚实信用的原则。"[2]第5条规定："公民、法人的合法的民事权益受法律保护，任何组织和个人不得侵犯。"[3]这些规定，是研究我国民法基本原则的重要依据，具有不容忽视的地位。[4]

(一)身份平等原则

《民法通则》第3条规定："当事人在民事活动中的地位平等。"这就是身份平等原则的立法表现。该项原则的基本点是：

(1)自然人在民事活动中一律平等。其自然状况、政治经济状况的种种差别，均不影响其平等性。

(2)法人在民事活动中一律平等。其所有制性质、经营范围、行政级别和隶属关系，均不能阻碍市场竞争的平等地位和机会。

(3)自然人与法人在相互交往中彼此平等。法人与自然人都是民事活动的当事人，大公司、大财团、大工厂，也不得以势压人，个体工商户乃至普通自然人完全可以与之平等交往。

(二)意思自治原则

《民法通则》第4条规定，民事活动应当遵循"自愿"原则。自愿即自由自主，亦即意思自治。意思自由的目的，就是通过自主选择和自主参与，达成自我管理和自我发展。

(三)诚实信用原则

这一原则明确规定于《民法通则》第4条之中，其基本点是：

(1)行使权利和履行义务，应当自觉遵守优秀文化所体现的基本生活准则，不得违逆社会公德。

(2)不钻法律或者合同的空子。

(3)审判机关在法律适用中，要依诚实信用原则解释法律，解释当事人的意思表示。负起演进法律，填补法律漏洞的职责。

诚实信用原则是民法诸原则中的最高原则，同时又是内容最丰富的"透明"原

---

〔1〕 对应《民法典》第4条："民事主体在民事活动中的法律地位一律平等。"

〔2〕 对应《民法典》第5条、第6条、第7条。《民法典》第5条："民事主体从事民事活动，应当遵循自愿原则，按照自己的意思设立、变更、终止民事法律关系。"《民法典》第6条："民事主体从事民事活动，应当遵循公平原则，合理确定各方的权利和义务。"《民法典》第7条："民事主体从事民事活动，应当遵循诚信原则，秉持诚实，恪守承诺。"

〔3〕 对应《民法典》第3条："民事主体的人身权利、财产权利以及其他合法权益受法律保护，任何组织或者个人不得侵犯。"

〔4〕 然而，其中的"公平"和"等价有偿"却非基本原则。公平乃一切法律部门共同具有的原则，而非民法独具；等价有偿，则仅属财产关系中有偿合同领域的原则，既非全部财产关系的原则，更不是全部民事活动的原则。

则。它担负着协调法律与生活的重任,通过这一原则的贯彻,使相对稳定的法律,得以演进和补充,使之能够适应民事生活的发展,永葆青春,永不落伍。

(四)过失责任原则

所谓过失责任,是以过失作为"民事责任归属的必要主观条件"之义。责任归属的主题,端在责任课予的心理条件,亦即主观条件,而不及于客观条件。这是意思自治基本理念在责任问题上的具体化。理性而谨慎地行事,是意思自治的题中应有之义,是贯彻身份平等原则的必然要求。如果在意思自治实施中不慎而给邻人造成损害,就应当负责地去对待,回复其被侵权利的原状,以及赔偿损失,等等。课人以责任的根据,不是缘于损害,而是缘于过失,咎由过失而取:这犹如使蜡烛发光者,与其说是火,不如说是氧气一样[19世纪德国伟大法学家鲁道夫·耶林(Rudolf Jhering, 1818—1892)语]。

《民法通则》第106条规定:"Ⅰ.公民、法人违反合同或者不履行其他义务的,应当承担民事责任。Ⅱ.公民、法人由于过错侵害国家、集体财产,侵害他人财产、人身的,应当承担民事责任。Ⅲ.没有过错,但法律规定应当承担民事责任的,应当承担民事责任。"[1]该法明文确认了过失责任原则。[2]

---

〔1〕　对应《民法典》第176条和第1165条、第1166条。《民法典》第176条:"民事主体依照法律规定或者按照当事人约定,履行民事义务,承担民事责任。"《民法典》第1165条:"Ⅰ.行为人因过错侵害他人民事权益造成损害的,应当承担侵权责任。Ⅱ.依照法律规定推定行为人有过错,其不能证明自己没有过错的,应当承担侵权责任。"《民法典》第1166条:"行为人造成他人民事权益损害,不论行为人有无过错,法律规定应当承担侵权责任的,依照其规定。"《民法典》第176条自《民法总则》第176条而来,相较于《民法通则》第106条,主要修改之处是删去了第106条第2款和第3款的规定,认为这两款规定是侵权责任的归责原则或一般条款,不能统摄其他民法分则内容,已分别规定在第1165条和第1166条。参见最高人民法院民法典贯彻实施工作领导小组主编:《中华人民共和国民法典总则编理解与适用》(下),人民法院出版社2020年版,第877—878页。

〔2〕　然而,该条使用的表述是"过错",而不是"过失"。我们认为,这是有瑕疵的。在归责原则的论域,应当采用"过失"的用语,而不宜采用"过错"。因为,只有"过失",才传达了对于理性的诉求,才强调了归责的主观方面。而"过错"则易生歧义,使人往"客观违法性"的意义上去理解。而这样理解,显然与归责原则风马牛不相及。"过错"的含义是"可非难性",既包括主观上的可非难性,也包括客观上的可非难性,后者亦即"违法性"以及"不道德性"。值得注意的是,义项中的后一方面更为人们所习用。更有甚者,在立法和司法解释中,也往往在此一义项上使用该词。例如《婚姻法》第46条规定:"有下列情形之一,导致离婚的,无过错方有权请求损害赔偿:(一)重婚的;(二)有配偶者与他人同居的;(三)实施家庭暴力的;(四)虐待、遗弃家庭成员的。"[对应《民法典》第1091条:"有下列情形之一,导致离婚的,无过错方有权请求损害赔偿:(一)重婚;(二)与他人同居;(三)实施家庭暴力;(四)虐待、遗弃家庭成员;(五)其他重大过错。"该条增加了"其他重大过错"的兜底条款]此处的"过错",显然是指导致离婚结果的客观上的"可非难性",而不是并且也不可能是行为上的未尽注意义务。显然,这里的"过错"与过失无关。为免歧义计,还是采用传统的"过失"一词为好。有人会说,在民法归责中,不仅过失,故意也是必须负责的。而"过错"蕴含了过失和故意,因而比采用"过失"似更可取。我们以为,尽管"过失"不能蕴含故意,但举轻足以明重,过失即为已足,遑论故意。更何况"过失"一词,免除了使人望文生义附会到客观违法性意义上去之虞,这又非"过错"一词所能做到的。

三、民法调整手段的特点

（一）权利本位性

民法调整民事生活的基本方法，就是肯认当事人的正当利益，并且使之权利化、法律化，郑重地加以保护。权利这一概念，凝结了市民法对于个人价值的尊崇，对于市场制度的信心，同时表述了对于权力、特权和权势的冷静界定和怵惕之心。正因为如此，权利概念成为民法的核心概念，民法同时也就体现为权利的庞大体系。假使从民法中把权利概念抽掉，整个体系将顷刻坍塌。这一现象，学者称之为"权利本位"。

（二）身份平等性

民法表现为平等者的法。在今天，如果身份平等不能获得切实保障，社会主义的政治民主也难免沦为虚话。

（三）含有任意性规范的属性

民法规范中相当一部分属于任意性规范，在调整财产流转的债法中尤其如此。这是因为，平等主体之间设定权利义务关系，只能通过相互协商来实现。加之商品交换的复杂性和随机性，规定了尊重当事人主动精神的必要性，法律无须也不可能越俎代庖，为交换的当事人规定交换的具体内容和方式。制定示范性和备选性规范，允许当事人自主选择，享有意思自治的充分自由，这是极其明智和必要的调整手段。

（四）纠纷的得调解性

民事权利义务关系既然在大多数情况下是当事人协商建立的，这也就内在地规定了，当出现纠纷时，当事人可以通过协商加以解决。而当需要中立的第三人居中调停时，也应准许。人民法院处理民事纠纷，调解也是必须予以保护的权利。《民事诉讼法》第85条规定："人民法院审理民事案件，根据当事人自愿的原则，在事实清楚的基础上，分清是非，进行调解。"[1]

（五）责任的同质救济性

民法规范规定了不履行民事法律义务的人应当负担的民事责任。民事责任以回复被侵害权利的原来状况为要务；在回复原状不能时，则按照价值规律的要求，用金钱赔偿损失。显然，民事责任以对受害人的同质救济为宗旨、为特点。而同质救济，也就是直接救济。相形之下，通过追究加害人行政责任和刑事责任的途径来实现救

---

[1] 现为《民事诉讼法》（2023年修正）第96条。

济,尽管手段是严厉的,却不是对于受害人的救济,而是对于社会秩序和公共安全的救济,对于规范的权威性的救济,与民法大异其趣。

思考题:

1.为什么说民法以法律形式表现了商品生产的一般条件?

2.民法和发展社会主义市场经济有什么关系?

3.你对民法起源于罗马私法有什么见解?

第二章 民法的渊源和规范解释

内容提要 我国的民法制度体系,以《民法通则》为核心,以其他民事法律的系列为主干,以行政法规和司法补充为两翼,已经初具规模。在法律适用中,必须善于面向案件事实进行解释,以求准确贯彻规范的意旨。学习本章,应重点了解上述两个问题。

第一节 我国民法的渊源

民法的渊源,也称"民法的表现形式",指表述民法规范的国家公开文件。在学理上,有"形式民法"和"实质民法"之分:形式民法指遵奉市民法传统的国家中体系化的民事立法文件,即"民法典"。实质民法则指一切民事法律规范。我国民法典正在积极起草之中。目前,民法规范通过以下国家文件表现出来。

一、《民法通则》以及民事单行法律

《民法通则》规定了民事生活的共通原则和若干重要制度,例如民法的基本原则、权利能力和行为能力、公民、法人、法律行为、诉讼时效等。同时,对于所有权和限制物权、债权、知识产权和人身权以及民事责任,也作了纲领性的规定,从而充分肯定了改革开放在民事法律制度方面所取得的成果。在民法渊源中,《民法通则》处于指导和核心地位。此外,我国制定了民事单行法系列,包括《合同法》《担保法》《票据法》《公司法》《著作权法》《专利法》《商标法》《婚姻法》《收养法》《继承法》等。[1]应当注意的是,在其他法律中,也含有民法规范。例如,《全民所有制工业企业法》《企业破产法》《土地管理法》《城市房地产管理法》《草原法》《森林法》《矿产资源法》《水法》《渔业法》《中外合资经营企业法》《中外合作经营企业法》《外

---

〔1〕 我国《民法典》已于2021年1月1日起施行。《民法典》第一编为"总则",第二编为"物权",第三编为"合同",第四编为"人格权",第五编为"婚姻家庭",第六编为"继承",第七编为"侵权责任"。《民法通则》《合同法》《担保法》《婚姻法》《收养法》《继承法》均已随《民法典》的生效而被废止。

资企业法》《劳动法》《保险法》等法律中,均含有重要的民法规范。[1]

二、国务院制定和批准发布的民事法规

《民法通则》和民事单行法的规定,一般说来还比较原则,存有许多空白和漏洞。根据立法规划,有些是通过行政法规作出配套规定的,即法律的实施细则,如《著作权法》《专利法》《商标法》等法律的实施细则,以及《企业法人登记管理条例》《公司登记管理条例》《社会团体登记管理条例》等。[2]此外是单行行政法,如《计算机软件保护条例》《城乡个体工商户管理暂行条例》《城市私有房屋管理条例》等。[3]

三、地方性法规

即地方各级立法机关以及地方政府制定的法规和行政法规,在经济特区和一些经济发达地区,这类法规已有不少,其中有开创性的立法,必须给予足够关注。

四、民事政策

《民法通则》第6条规定:"民事活动必须遵守法律,法律没有规定的,应当遵守国家政策。"[4]在民法渊源上,"耕作权"是靠国家政策(中共中央和国务院会衔文件)肯认和调整的。另外,关于限制流通物和不流通物,也主要由政策加以规定。其他方面,也需同样注意。

五、最高人民法院的规范性文件

最高人民法院应审判之需,制作了若干系统性解释文件,其中重要的有1988年《关于贯彻执行〈中华人民共和国民法通则〉若干问题的意见(试行)》、1992年《关于审理专利纠纷案件若干问题的解答》、1993年《关于审理名誉权案件若干问题的解答》、1985年《关于贯彻执行〈中华人民共和国继承法〉若干问题的意见》、1999年《关于审理农业承包合同纠纷案件若干问题的规定(试行)》、1999年《关于适用〈中华人民共和国合同法〉若干问题的解释(一)》、2000年《关于审理票据纠纷案件若干问题

---

〔1〕《中外合资经营企业法》《中外合作经营企业法》《外资企业法》均被《外商投资法》所废止。

〔2〕《企业法人登记管理条例》与《公司登记管理条例》均被《市场主体登记管理条例》所废止。

〔3〕《城乡个体工商户管理暂行条例》已被《个体工商户条例》所废止,而《个体工商户条例》已被《促进个体工商户发展条例》所废止,《城市私有房屋管理条例》已被2008年《国务院关于废止部分行政法规的决定》所废止。

〔4〕 对应《民法典》第8条:"民事主体从事民事活动,不得违反法律,不得违背公序良俗。"本条未提及"国家政策"。

的规定》、2000年《关于适用〈中华人民共和国担保法〉若干问题的解释》、2001年《关于确定民事侵权精神损害赔偿责任若干问题的解释》等。[1]这些系统性文件,规定具体,操作性强。虽然在国家权力分配格局上有值得研究之处,但单就其规范制作的品质而言,有其不容忽视的成就。本书对最高人民法院的系统解释案多有引用。为行文简洁,相应简称为《民通意见》《合同法解释(一)》《继承法意见》等。此外,最高人民法院还针对个案进行解释和补充,它们发表在公开发行的《最高人民法院公报》上。

第二节　民法规范的解释

一、解释的意义

民法规范的解释,是阐明规范的确切含义和规范意旨,以资适用的专门作业。

法律解释,以其实施者为准,可以划分为立法解释、司法解释和学理解释。然而,就解释的具体目的来说,却都在于满足法律适用之需。本节讨论,以法律适用过程中解释的具体操作为限。

二、解释的必要性

法律解释的必要性,规定于法律适用过程中的一系列矛盾。这些矛盾主要有:规范的一般性与案件事实的具体性之间的矛盾;相对稳定的规范与生动多变的生活之间的矛盾;人的能力的有限性与案件事实的无限性之间的矛盾;规范的信息内容与文字传达之间的矛盾等。这些矛盾永远不会消失,解释也就有其深刻的存在依据。

民事实务的具体操作,归结为两项紧密相联的活动:第一,审查案件事实,运用法律原理加以评价,并使之抽象化,以便判断该事实是否就是可资适用的法律规范中"法律要件"部分所指的事物。第二,把可资适用的法律规范作为演绎推理的大前提,用其法律要件评价案件事实,以形成小前提,然后运用推理功夫,得出法律结论。上述前两项活动互相渗透,在操作上难以绝对分开。其中,寻找可资适用的法律规范,亦即"找法"又与审查案件事实形成互动关系。审查案件事实须以可资适用的法律规范去评价,如果找不到可资适用的规范,评价便无标准。而规范的寻找,又必须面向案件事实。这是一个反复尝试的过程。法律解释,就发生在这整个过程之中。当我们审查案件事实之后,依据民法体系的知识,找到一个也许可资适用的规范,而把它面向案件事实时,立即就会发现,那似乎清晰确定的规范,却原来并不

---

〔1〕 在这些规范性文件中,除《关于审理票据纠纷案件若干问题的规定》(2020年修正)以及《关于确定民事侵权精神损害赔偿责任若干问题的解释》(2020年修正)之外,其余规定均已被废止。

具体,对于待解决的案件来说,常常有不清晰而难以确定的地方,因而必须面向案件事实,推敲其具体要件,探求其规范意旨,使之具体化。规范中的法律效果部分也同样有待具体化。法律解释贯穿于法律适用的全过程,直到顺利得出既合乎逻辑又符合规范意旨的法律结论为止。

然而,我们经常听到这样的意见,应当使民事实务就像查词典一样简单易行。这种意见显然过于乐观了。且不说如同词典那样的法典或者法律全书是没有的,而且也不会有;即使就找法而言,如果没有对于民法原理的体系化理解,面对卷帙浩繁的法规,也无从下手;更何况还要对法律规范进行解释和补充呢!

三、解释的方法

(一)阐明规范含义

即对表现规范的文字含义,从词到句、段到款、条地加以阐释。这是法律解释的起点方法。凡遇到须加解释的法条、规范,首先应当采用这种方法。

(二)探求规范意旨

所谓规范意旨,是立法者预先储藏在法律规范中的价值,亦即借助该规范所欲达到的政策目的。我们知道,审判和仲裁的实质,在于利益的权衡和规范目的的实现。因此,法律解释的根本目的便在于探求拟适用规范的立法意旨。显然,这是比语义解释困难得多的任务。探求规范目的,就是在规范所调整的关系中,考察谁的利益是立法者想要特别予以保护的;是此方当事人的,还是彼方当事人的;是第三人的信赖利益,还是社会公共利益。最高人民法院《民通意见》的解释,就是极力探求规范意旨。例如,关于有权申请死亡宣告的利害关系人,其范围如何?应否划分位序?《民法通则》无相应规定。《民通意见》第25条第1款规定:"申请死亡宣告的利害关系人的顺序是:(一)配偶;(二)父母、子女;(三)兄弟姐妹、祖父母、外祖父母、孙子女、外孙子女;(四)其他有民事权利义务关系的人。"[1]上述位序,即利益保护的位序。又如《民法通则》规定个人合伙人必须"共同劳动",但《民通意见》依据个人合伙的实质,在于互为出资,经营共同事业并且共担风险,在其第46条解释为:"公民按照(合伙)协议提供资金或者实物,并约定参与合伙盈余分配,但不参与合伙经

---

〔1〕 对应《民法典总则编解释》第16条:"Ⅰ.人民法院审理宣告死亡案件时,被申请人的配偶、父母、子女,以及依据民法典第一千一百二十九条规定对被申请人有继承权的亲属应当认定为民法典第四十六条规定的利害关系人。Ⅱ.符合下列情形之一的,被申请人的其他近亲属,以及依据民法典第一千一百二十八条规定对被申请人有继承权的亲属应当认定为民法典第四十六条规定的利害关系人:(一)被申请人的配偶、父母、子女均已死亡或者下落不明的;(二)不申请宣告死亡不能保护其相应合法权益的。Ⅲ.被申请人的债权人、债务人、合伙人等民事主体不能认定为民法典第四十六条规定的利害关系人,但是不申请宣告死亡不能保护其相应合法权益的除外。"

营、劳动的，……视为合伙人。"[1]这样的例子相当多。我们在具体案件中，必须正确判断在相冲突的利益中，何人的利益最值得保护。所以应当根据具体情况，进行具体分析。既要运用民法原理，特别是民法的基本原则，又要充分考虑社会的价值观念和国家政策。最高人民法院对于《民法通则》《继承法》等法律的配套解释，提供了范例，我们应当仔细研究和借鉴。

探求规范意旨，应当运用逻辑工具。其具体方法包括：

（1）扩张解释。当法律条文，如果仅从字面理解，失之过窄，不足以反映规范意旨时，则通过扩充条文含义的办法，即作扩张解释。例如，上引《民通意见》关于个人合伙不必以共同劳动为要件的解释，即属扩张解释。

（2）缩小解释。当法律条文，如果仅从字面理解，含义过于宽泛时，即根据立法意旨，对其含义加以限缩，此为缩小解释。例如，《民法通则》第58条规定乘人之危，使对方在违背真实意思的情况下所为的行为无效。最高人民法院《民通意见》第70条解释为："一方当事人乘对方处于危难之机，为牟取不正当利益，迫使对方作出不真实的意思表示，严重损害对方利益的，可以认定为乘人之危。"[2]这一解释增加了"牟取不正当利益"和"严重损害对方利益"这样两项限制，即为缩小解释。

（3）反向解释。即运用反向推理方法，从条文含义的相反方向，推出合理解释的方法。如《民通意见》规定精神病人是无民事行为能力人和限制民事行为能力人。[3]然而，间歇性精神病人在非发病期间有无行为能力，应予明确。对此可以运用反向推理得出具有相应民事行为能力的结论。

（4）类推解释。即对于法律无直接规定的事项，选择关于类似事项的规定加以解释的方法。关于《合同法》无规定的合同，即无名合同，就应运用类推解释手法，寻找可资适用的规范。

思考题：

1.试述我国民法的渊源。

2.在法律解释中，如何探求规范意旨？

---

〔1〕 合伙人不必共同劳动。《民法典》第970条第2款规定："合伙事务由全体合伙人共同执行。按照合伙合同的约定或者全体合伙人的决定，可以委托一个或者数个合伙人执行合伙事务；其他合伙人不再执行合伙事务，但是有权监督执行情况。"

〔2〕 对应《民法典》第151条："一方利用对方处于危困状态、缺乏判断能力等情形，致使民事法律行为成立时显失公平的，受损害方有权请求人民法院或者仲裁机构予以撤销。"

〔3〕 对应《民法典》第21条第1款中的"不能辨认自己行为的成年人为无民事行为能力人"，第21条第2款中的"八周岁以上的未成年人不能辨认自己行为的，适用前款规定"以及第22条中的"不能完全辨认自己行为的成年人为限制民事行为能力人"。

第三章　民事法律关系

内容提要　民事法律关系是民法学的研究对象。民事权利能力者是这一关系的当事人,民事权利和义务构成关系的内容,而物、给付、信息产以及人格身份则作为关系的客体要素。民法规范源于生活又调整生活,它规定了能够引起民事法律关系发生、变更和终止的一系列法律条件。学习这一章,在掌握法律关系三要素的基础上,重要的是体会民事法律关系的方法论意义。

第一节　民事法律关系的概念

一、民事法律关系的意义

(一)定义

民事法律关系是经由民法规范调整,具有民事权利义务内容的法律关系。

(二)对定义的说明

1.民事法律关系属于法律关系的具体类型

生活事实层面的社会关系经由法律规范调整,被赋予法律上的权利义务内容,便成为法律关系。不同的部门法对于相应的社会关系进行调整,形成各有特点并且以各该部门法命名的法律关系。民事法律关系是由民法规范调整而产生的法律关系类型。

2.民事法律关系是充分民法规范法律要件的法律关系

民事法律关系区别于其他部门法调整形成的法律关系,在于充分民法规范的法律要件。而其他部门法的法律关系,则相应地充分各该部门法法律规范的法律要件。原来,一项法律规范,在逻辑上是由主词、规范模态词("应当""可以""不得"之中的一个)和谓词构成的。其中的主词表述了某种法律上必须具备的条件,即"法律要件",而谓词则表述了法律对该条件被充分之后的在法律上产生的效果,即"法律效果"。主词与谓词通过规范模态词结合成一个判断。一旦法律要件被生活事实所充分，那么，法律效果所体现的权利、义务或者责任之类的效果就会发生(或者变更、消灭)。每个判断，均体现着国家的态度。法律调整社会生活，实际上就是要把国家的某种态度(体系化的态度或者理念)贯彻到社会生活中去。这个过程并不神秘，首先是把其态度归纳为法律要件和法律效果，制成法律规范，然后就是适用。只要法律规范当中的法律要件被生活事实所充分，就会言出法随地把同项规范中的法律效果实现在社会生活当中，具体的当事人就取得权利、负担义务，或者被课以责任。民事法律关系是充分了民法规范法律要件的法律关系。

3.民事法律关系是以民事权利和义务为内容的人身关系和财产关系

民事法律关系区别于其他部门法法律关系的另一个地方，是它的内容是民法规范的法律效果部分所描述的，亦即民事权利和民事义务。故而民事法律关系是以民事权利和民事义务为内容的人身关系和财产关系。

二、民事法律关系的特征

民事法律关系与其他部门法的法律关系相比，具有以下一些特征：

(一)主体的私人性

关于这一特征，我们已经反复讨论过了。各种非民法的法律关系，例如行政法律关系、刑事法律关系和诉讼法律关系，它们的主体都不具有民事主体那样的私人性，亦即社会普通成员性。

(二)具有民事权利和民事义务的内容

如前所述，民事法律关系的内容是民事权利和民事义务，而其他法律关系的内容则是别的权利和义务。违反民事义务要承担的是民事责任，而违反其他部门法规范，则承担各该法律责任。民事法律责任是与其他部门的法律责任完全不同的。

(三)其产生具有一定的意定性

正常民事法律关系当中，有许多是当事人依其意思表示设定的。当然，民法规范对于意思表示规定了严格条件，并且进一步对于设定各种民事法律关系的意思表示规定了具体条件，如各种合同和遗嘱的条件。然而，只要遵循各该条件，当事人就可以依其意思表示设定民事法律关系。

三、研究民事法律关系的必要性和重要性

民事法律关系是民法规范予以规制的对象，也是民法学的研究对象。我们学习

民法学,主要是搞清民事法律关系的性质、类型、变动,以便使立法科学化,同时正确处理民事纠纷。民事审判实务要求解决民事纠纷的人,就像医生诊断病情那样,对于争议的关系迅速作出科学的定性定量分析,制定出合法、正确的解决方案。这种能力的养成,要靠民事法律关系原理的纯熟和实务上的锻炼。这种能力,也就是法官办案能力,它表现为,接受案件审理工作之后,能迅速辨别出原、被告之间有无民事法律关系,如果有,那么又是何种类型的民事法律关系,当事人中还应否有第三人,各当事人的权利义务是什么,应如何依法保护等。

第二节　民事法律关系的要素

民事法律关系如同其他法律关系一样,由主体、客体和内容这三项要素构成。

一、民事法律关系的主体

(一)民事法律关系主体的意义

民事法律关系的主体,是民事法律关系的参加者、当事人。

(二)民事权利能力

民事权利能力,是参加民事生活,享有权利和负担义务的法律资格。

在今天,每个自然人均具有民事权利能力,同时,法律肯认充分法人法律要件的团体为权利能力者。

权利能力,不仅是享有民事权利的资格,而且是负担义务的资格。

(三)民事行为能力

民事行为能力,是民事权利能力享有者能够以自己的行为设定民事权利和负担民事义务的法律资格。

此种资格之所以被称为"行为"能力,原因在于它是依自己行为设定权利和负担义务的资格。在以后的讨论中我们将会知道,此种得依当事人的意思发生法律效果的行为是"法律行为"。因此,行为能力实际上是独立实施健全的法律行为的资格。

民法以意思自治为基本原则,允许当事人依其意思设定权利、负担义务。设定权利的行为必须以标的确定和不违法的意思为要素。于是又需要有形成和表示自己的意思的资格,此种资格便是"意思能力"。意思能力是民事行为能力的心理前提。

当事人有时会故意或者过失地侵害他人利益,从而须负民事责任。使不法侵害他人利益的人对其行为负责，是秩序的要求。但是，基于意思自治原则，并非实施了不法加害行为的任何人均须负责，而是只有对行为的加害后果有识别能力和控制能力的人方始负责。此种须对加害行为负责的资格，便是责任能力。责任能力是与意思能力挂钩的。

二、民事法律关系的客体

(一)民事法律关系的客体与权利的对象

1.民事法律关系的客体

民事法律关系的客体，是民事主体据以形成该关系的事物。或者说，是民事权利和义务共同指向的对象。

法律关系客体是法律关系中的重要成分，是权利义务之所依，是主体相互交往的基石和利益所在。没有客体，主体便无从发生民事法律关系。恩格斯指出："经济学所研究的不是物，而是人与人之间的关系，归根到底是阶级和阶级之间的关系；可是这些关系总是同物结合着，并且作为物出现。"[1]这段话充分说明了研究物、研究法律关系客体的重要性。

2.权利的对象

法律关系的客体，在以权利为主题时，我们称之为权利义务的对象，或者更简称为权利的对象。

(二)民事法律关系客体的类型

民事法律关系的客体，依权利性质的不同而有不同。

1.财产与人身

财产权的对象是财产，而人身权的对象则是人身。

2.支配型财产权的对象

1) 物

物是社会财富的最终体现形式。人们正是在物上面形成所有权和地上权、耕作权、国营企业经营权、抵押权、留置权、典权等财产关系的。

2) 信息产

信息产是知识产权诸关系的客体。包括文学、艺术和科学作品、专利发明、专利实用新型、专利外观设计和商标等。

3.请求型财产权的对象

1) 给付

请求权的对象是给付。所谓给付，指满足请求权人利益的特定行为。包括作为

---

〔1〕 恩格斯：《卡尔·马克思〈政治经济学批判〉》，载《马克思恩格斯选集》中文版第2卷，第123页。

和不作为。请求权中的债权及其实现是交换行为的法律模型,民法通过该模型描述交换过程。交换被描述为一方请求他方实施特定给付,他方则有义务提供该给付的过程。

2)给付的标的

给付必有其"对象"。为了与法律关系的客体或者权利的对象在用语上相区别,我们称其为"标的"。依语言习惯,与"行为"搭配的语词是"标的"。给付的标的有三类,即物、信息产和人的活劳动。

三、民事法律关系的内容

民事法律关系的内容是主体之间基于客体所形成的具体联系,即民事权利和民事义务。民法规范对于社会关系进行调整,基本手段就是把体现在规范中的国家意志,具体化为当事人的民事权利和民事义务。正是它们成为民事法律关系的内容,如同纽带,把当事人在法律上联结起来。

民事法律关系的内容是民事权利、义务与责任。关于此一问题,我们将在本章第三节具体讨论。

第三节　权利、义务与责任

一、权利

(一)权利的意义

1.定义

权利是当事人旨在实现其正当利益的行为依据。

2.对定义的说明

1)权利是自由的具体依据

自由是人之所以为人的本质。自此一意义言,自由不取决于权利。然而,具体的行为自由,却须有其秩序所认可的依据,该依据就是权利。权利与意思挂钩,与自由挂钩,也就与人的本质挂钩。

2)权利是人的不可褫夺的正当利益在法律上的定型化

人的自由,又是为了追求和实现正当利益。法律之所以肯认权利,乃是使秩序所肯认的正当利益类型化。

3) 权利是自由的法律效力依据

自由需要保护。因而,公共组织和暴力设施是不可或缺的。在权利的思想史上,有认为权利是法律力量的表现的学说,即"法律之力"说。然而应当看到,权利作为意思的效力是更为深刻的,法律之力仅系其存在的形式。法律的功用在于必须保护基于自由的权利,使之真实确保,使之具有法律之力。然而,暴力或者强制力却非权利的本质。

(二)权利的类型

权利可作如下分类:

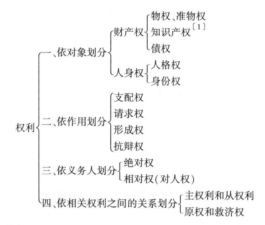

1.财产权与人身权

权利依其对象是财产抑或人身,划分为财产权和人身权。

1) 财产权

财产权是以财产为对象,具有经济利益内容的权利。属于财产权的有物权、债权、知识产权以及传统民法学叫作"准物权"的权利,后者有采矿权(《矿产资源法》有规定)、渔业权(《渔业法》有规定)、林木采伐权、狩猎权等。

2) 人身权

人身权是以主体的人格要素和身份为对象的权利。包括人格权和身份权。《民法通则》规定的自然人人格权有:生命权、健康权、姓名权、肖像权、名誉权、荣誉权、婚姻自由权。从其他法律推出的人格权尚有:身体权(《刑法》第234条、第235条)、自由权(《刑法》第238条、第239条)、隐私权(《刑法》第252条、第253条,《刑事诉

---

〔1〕 知识产权中的著作权,依我国《著作权法》的规定,既包括财产权的内容,又包括人身权的内容。另外,该法肯认法人得无条件地得作为作者。但依本书所信,该立法的定位值得研究。首先,法人之作为作者,宜仅限于不便于由参与创作的多人自然人行使权利的个别情形,如电影以及汇集作品,在此种场合,法人之作为作者亦仅为"代理"性地行使自然人多数作者的财产权利。另外,著作权宜仅为财产权,而作者的人身性权利,宜作为自然人人格权的内容。

讼法》第105条、[1]《民事诉讼法》第120条[2]）。《民法通则》和《婚姻法》规定的身份权有亲属权、配偶权、监护权。[3]

2.支配权、请求权、形成权与抗辩权

权利依其作用和性质，划分为支配权、请求权、形成权和抗辩权。

1）支配权

支配权是直接支配其对象而享有其利益的排他性权利。支配权包括人身权、财产权中的物权和知识产权。

2）请求权

请求权是得请求他人实施特定行为的权利。财产权中的合同债权、无因管理和不当得利债权，以及当物权、知识产权和人身权受到不法侵害时所产生的救济权，均属请求权。救济权与诉讼时效制度直接相关，诉讼时效仅适用于救济权（详见第八章）。

3）形成权

形成权是当事人以其单方的意思表示便可使之与他人形成民事法律关系，或者使既有的民事法律关系变更或者终止的民事权利。对所有权或者其他民事权利依法放弃的抛弃权，对无权代理的承认权，合同的解除权等，均属形成权。

4）抗辩权

抗辩权是阻止请求权效力的权利。

抗辩权虽主要是针对请求权，但又不以请求权为限。例如，也有对于抵销权（抵销权属于形成权）的抗辩权。在诉讼法上，也有抗辩权，包括关于权利未发生的抗辩，关于权利消灭的抗辩和关于权利排除的抗辩。在以上的诉讼法抗辩中，仅权利排除抗辩与民法上的抗辩权互为表里，并以后者为其依据。

3.绝对权和相对权

权利依其义务人，划分为绝对权与相对权。

1）绝对权

绝对权是以一切人为义务人，而其义务体现为尊重和容忍的权利。绝对权的义务人是不特定的一切人。唯其如此，该权利也被称为"对世权"，取其得对世界上任何人主张权利之义。绝对权的内容是请求义务人尊重和容忍，亦即不实施妨害行为。上面讨论的支配权，便属于绝对权。支配权是自权利的内容着眼，而绝对权则是自权利效力范围着眼。支配权的权利人可以直接支配标的而实现利益，无须义务人积极行为的

---

〔1〕　对应《刑事诉讼法》（2018年修正）第132条："Ⅰ.为了确定被害人、犯罪嫌疑人的某些特征、伤害情况或者生理状态，可以对人身进行检查，可以提取指纹信息，采集血液、尿液等生物样本。Ⅱ.犯罪嫌疑人如果拒绝检查，侦查人员认为必要的时候，可以强制检查。Ⅲ.检查妇女的身体，应当由女工作人员或者医师进行。"

〔2〕　对应《民事诉讼法》（2023年修正）第137条："Ⅰ.人民法院审理民事案件，除涉及国家秘密、个人隐私或者法律另有规定的以外，应当公开进行。Ⅱ.离婚案件，涉及商业秘密的案件，当事人申请不公开审理的，可以不公开审理。"

〔3〕　现在，亲属权、配偶权与监护权规定于《民法典》的"总则编"与"婚姻家庭编"。

介入和帮助。故而义务人也就无须特定化。支配权之所以是绝对权,其道理就在于此。

绝对权以一切人为义务人,一切人均负有尊重和容忍的义务。为使义务人知悉其义务存在并履行之,法定绝对权的享有和变动须公示。法定支配权包括物权与知识产权中的专利权和商标权。公示即权利享有和变动须有外在的、可观察的表征。物权的享有以占有为公示方式,而其变动,则依动产和不动产而有不同。动产物权的变动,其公示方式为交付;而不动产物权,其公示方式则为登记。知识产权中,专利权和商标权为法定绝对权,以登记(公告)方式公示。

2) 相对权

相对权是可以请求相对人实施一定行为的权利。

相对权的义务人为特定人。易言之,相对权是相对于某个义务人或者某几个义务人的权利。权利的相对性,无非是义务人的特定性。唯其如此,相对权又被称为"对人权"。相对权的内容主要是请求义务人给付,即协助权利人实现其利益,而不仅止于尊重和容忍。此点也成为相对权不同于绝对权的特点。

4.主权利和从权利

相关联的几项权利中依其相互关系可以分为主权利和从权利。主权利是相关联权利中不依赖其他权利而独立存在的权利。例如:甲贷款给乙,为确保乙将来还本付息,而要求乙为自己的债权设定保证人。于是乙找到丙,经协议,丙愿负保证义务,而与甲订立为乙作保证人的合同。在这两个相关联的合同法律关系中,甲与乙的关系属主关系。甲与丙的保证关系则是从关系。进而言之,甲对乙的借贷债权属主权利,甲对丙的保证债权则属从权利。

与主权利对应,相关联权利中须以主权利为前提的权利是从权利。在上例中,甲对丙的债权即属从权利。

5.原权与救济权

权利并不总是可以圆满实现,不会遭遇阻挠、妨害或者侵犯的。必须充分估计此种干扰和阻挠的危险,认识权利授予与权利保护的同等重要性。民法在赋予当事人权利的同时,也赋予权利人自己的力量或者请求国家力量予以保护的权利。后者的职能在于,当权利受到侵害时加以救援和帮助,因而依其功能称之为"救济权"。而被保护的权利则被称为"原权"。救济权的内容体现为回复原状请求权和损害赔偿请求权。如前所述,其作用性质属于请求权。诉讼时效以救济权为其适用对象。

二、义务

(一)义务的意义

1.定义

义务是旨在满足权利人的利益而应当实施行为的依据。

2.对定义的说明

1) 义务是课以约束的依据

在性质上，义务不体现为自由的依据，而是受约束的依据。此点使义务不同于权利，而与权利对立统一。

2) 义务体现为不利益

义务在经济上或者心理上不是体现为利益，而是"不利益"。此点使其不同于权利，而且与权利对立统一。唯应注意，义务不是对于负担者人格的拘束。

(二)义务的类型

1.积极义务与消极义务

积极义务是以特定作为为内容的义务。消极义务则是以特定不作为为内容的义务。

2.基本义务与附随义务

基本义务亦称"给付义务"，其内容由与之对应的请求权决定。请求权不同，给付义务便不同。附随义务是有名契约展开过程中依诚实信用原则产生的非基本义务，其内容通常如保密、照顾、防止损失扩大等。

(三)权利与义务的关系

1.权利与义务的对立统一

权利与义务是一对范畴，形成对立统一的关系。然而也有不对应义务的权利，例如形成权便无义务与之对应。

2.公法上的义务

不得滥用权利和不得侵害公共利益、公共秩序的要求，不属民事义务，而是公民或者团体作为社会的成员对于公共社会所负担的义务，即所谓"公法义务"。因此，认为权利本身就含有义务，是将民事义务和"公法义务"相混淆的结果。我们不赞成此种观点。

三、民事责任

(一)民事责任的意义

1.定义

民事责任是因违反义务而罹于强制执行的依据。

2.对定义的说明

1) 责任是强制执行的依据

责任的不履行，其后果是救济权人得依公力救济方式诉请执行机关予以强制执行。所谓"公力救济"，是通过公共强制力量予以救济的意思。与此对应，凡通过受害人自己的力量实施的救济，则为"自力救济"。而强制执行的依据即责任，而不是义务。

2）责任是不履行救济型义务的法律后果

责任属裁判规范当中的法律效果。在行为规范中，应当实施行为的依据为义务，而非责任。唯义务被当事人不法地不予履行时，责任方始发生。责任发生的依据在裁判规范之中。司法机关系依裁判规范而非依行为规范判处当事人以民事责任的。

3）责任是对社会秩序的公力救济

责任所对应的不是私权，而是公法上的制裁权。责任的判处和执行赖于公共力量乃至国家暴力。

（二）责任与义务的关系

责任是义务的担保。因为有责任作后盾，义务才有保障。

（三）《民法通则》规定的承担民事责任的方式

《民法通则》第134条规定了承担民事责任的方式："Ⅰ.承担民事责任的方式主要有：（一）停止侵害；（二）排除妨碍；（三）消除危险；（四）返还财产；（五）恢复原状；（六）修理、重作、更换；（七）赔偿损失；（八）支付违约金；（九）消除影响、恢复名誉；（十）赔礼道歉。Ⅱ.以上承担民事责任的方式，可以单独适用，也可以合并适用。Ⅲ.人民法院审理民事案件，除适用上述规定外，还可以予以训诫、责令具结悔过、收缴进行非法活动的财物和非法所得，并可以依照法律规定处以罚款、拘留。"[1]

第四节　民事法律关系的发生、变更和消灭

一、法律规范与权利变动

法律调整社会生活，就是认可并且根据立法政策制定法律规范，然后把它们适用到生活中去。法律适用的结果，使得某项法律规范当中所包含的法律条件被生活事实所充分，或者反过来说，生活事实符合了法律规定的条件，那么，该项法律规范当中所包含的法律效果也就面向生活事实而被具体化，并且对于该项生活事实所指向的当事

---

〔1〕　对应《民法典》第179条："Ⅰ.承担民事责任的方式主要有：（一）停止侵害；（二）排除危险；（四）返还财产；（五）恢复原状；（六）修理、重作、更换；（七）继续履行；（八）赔偿损失；（九）支付违约金；（十）消除影响、恢复名誉；（十一）赔礼道歉。Ⅱ.法律规定惩罚性赔偿的，依照其规定。Ⅲ.本条规定的承担民事责任的方式，可以单独适用，也可以合并适用。"

人发生效力,也就是说,被具体化了的民事权利或者民事义务被归属到那个人。由此可见,民事权利的取得,实际上正是某项法律规范被适用到社会生活中去的结果,进一步说,是该项法律规范当中的法律效果在社会生活中被具体化了,并且被归属到某个(或者某些)当事人名下了。

二、法律事实

法律规范当中的法律要件,由法律事实组合而成。法律事实是对生活事实的归纳和抽象。作为法律事实,它已经不再是社会生活中活生生的、具体的事件、状态、行为,而是一般化的,不针对任何人、任何事物的抽象概念了。例如,这样的一项法律规范:为自己合法建造房屋者,取得该屋所有权。这句话的前段就是法律要件,它包含了以下若干法律事实:须有房屋存在;须该屋是当事人建造的(亲自建造,或者请人建造);须建造合法(包括有基地使用权,有建筑规划批准书、施工许可证、竣工验收文件等)。上述法律事实中,房屋、建造、合法等,都是抽象的法律概念,而不是具体的生活事实。又如,这样的一项规范:死亡公民的遗产,由其继承人取得。其法律要件归结为如下法律事实:须有财产存在;须其权利人死亡;须死亡人有法定继承人,须死亡人就该财产的全部未立遗赠他人的有效遗嘱。这些事实,也都是抽象的法律概念。

法律事实类型繁多,其具体组合而构成法律要件,千姿百态。我们将在各项具体法律制度的讨论中再去说明。这里先把法律事实的类型列图如下,以便读者能有初步的印象。

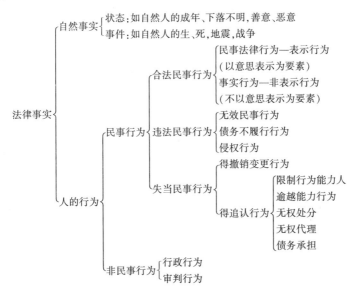

三、法律效果

法律规范中的法律效果部分，担负着表述民事能力、权利、义务、责任的功能。与法律要件共同表述，怎样的能力、权利、义务、责任被取得、被丧失或者发生变更。唯应注意，法律效果与法律要件一样，是抽象的、概念化的。例如，上文说明的取得房屋所有权的规范，其后段就是法律效果，包括了房屋所有权、取得等概念。在法律适用中，必须面向生活事实而使法律效果具体化，例如，怎样的房屋，其地理位置如何，所有人是谁，如何办理所有权登记等，均须具体化，以便使那建造了房屋的当事人，实际取得具体房屋的所有权，并且领取所有权证书。一项民事法律关系的发生、变更，是指具体的，其主体、客体和内容均属活生生的生活事实的活的关系。该关系乃是某项法律规范适用于社会生活的结果。法律规范当中所规定的法律要件，被具体的生活事实充分了，法律效果便被具体化为特定主体、客体和民事权利或者义务了。

四、权利取得

(一)权利取得的含义

所谓权利取得，是指某项权利归属到某个(或者某些)当事人的情形。

(二)取得的样态

1.原始取得

原始取得是不以他人既存的权利为前提而取得权利的情形。

原始取得是权利的绝对发生。例如，因建成房屋而取得该屋所有权、因合法捕鱼而取得鱼的所有权、因创出文学作品而取得作品的著作权、因国有化命令而取得被国有化财产的所有权等，便均是所有权的原始取得。

2.继受取得

继受取得是由前手权利人取得既存权利的情形。

继受取得是权利的相对发生，或者权利的移转，如买卖取得、继承取得等。

五、权利的变更与消灭

权利因对象的减损、变更等而变更，因对象消灭、主体消灭等原因而消灭。

第五节 权利的行使和保护

一、权利的行使

(一)权利行使的含义

权利行使,是权利人实施权利限定的行为,从而实现合法利益的过程。

(二)权利行使的指导原则

权利行使必须遵循下列原则:

(1)禁止权利滥用原则。禁止权利滥用这一民法基本原则,是针对权利行使而设的。民法以赋予当事人十分广泛的民事权利为重要特征,这就规定了必须有指导当事人正确行使权利的基本原则。禁止权利滥用便是担此重任的原则。

(2)公共秩序原则。行使民事权利,除了不得超出权利应有范围的要求之外,还必须尊重社会公德,不得破坏公共秩序,损害社会公共利益。

(3)诚实信用原则。行使民事权利,必须以诚实信用为最高准则。尤其在行使债权时,不得钻法律和合同的空子,而当不可抗力使债务人无法履行合同时,债务人有及时通知债权人的义务,以使债权人有所准备,免受不必要的损失;而债权人也须尽力行动,避免损失和防止损失扩大。

二、权利的保护

民法通过救济权制度和民事责任制度,对民事权利进行保护。当权利受到他人不法侵害或者确有侵害危险时,权利人便可行使救济权,他可以通过自己的努力实施自力救济,去制止侵害行为,回复被侵害权利的原来状态,或者进行正当防卫;与此同时,也可以请求国家行政主管机关或者人民法院予以救济,通过行政手段或者诉讼手段制止侵害行为,追究侵害人的民事责任,即实施公力救济。自力救济和公力救济可以单独运用,也可以同时或先后运用。

对于民事权利保护,我国有一套行之有效的行政救济系统,例如房管机关对于房屋所有权、出租承租权的管理和保护,土地管理机关对于土地所有权、地上权等土地物权的管理和保护,工商行政管理机关对企业法人、个体工商户主体资格以及经济合同的管理和保护,公安管理机关对于治安案件、道路交通肇事案件的管理,则对该案件涉及的人身权和财产权提供保护。此外,还有不少行政机关也具有保护民事权利的职能和有效手段。国家十分注重发挥行政系统对民事权利的保护职能,被害人也应当有效利用这一系统。

至于通过诉讼手段保护民事权利，属于《民事诉讼法》解决的问题，应由该课程加以讨论，我们仅仅指出，确认之诉、给付之诉和形成之诉是其主要的保护形式。

民事责任制度是对民事权利的保护。当事人行使救济权，无论自力救济，还是公力救济，最终要落实到追究不法侵害人的民事责任之上。国家强制力对民事权利真实性的保障，主要体现在这里，这一制度也是民法调整社会关系的重要内涵。

思考题：

1.什么是民事法律关系？它有哪些特征？

2.民事法律关系的要素如何？

3.民事权利能力和民事行为能力的联系与区别如何？

4.什么是民事权利、民事义务和民事责任？

5.什么是民事法律要件？

第四章　自然人

内容提要　自然人是个体型民事主体。其权利能力始于出生，终于死亡。对于长期下落不明者得依法宣告其死亡。自然人的行为能力在我国分为三档。对于行为能力欠缺者须设监护人，对于宣告失踪者须设财产代管人。自然人得依法取得商事权利能力——个体工商户和农村承包户。自然人得合伙经营共同事业。学习本章，应重点掌握行为能力、宣告死亡、个人合伙等问题。

第一节　概说

《民法通则》第二章的标题是"公民（自然人）"。从语法上解释，公民与自然人应为同义语。但同法第8条第2款却明定："本法关于公民的规定，适用于在中华人民共和国领域内的外国人、无国籍人，法律另有规定的除外。"[1]自然人有公民、外国公民和无国籍人之分。公民与自然人并不等同。1999年《合同法》已停止使用公民的概念，而改称自然人。

一、自然人的意义

自然人指自然规律所产生的人，亦即肉体与精神相统一的生命体。原来，民法上的主体只有自然人一种类型，人就是指自然人。后来，团体在民事活动中的地位日益重要，因而需要肯认其主体资格，在法律上把它看作"人"。于是产生了区别自然产生的人与法律制造的人的需要。人们根据这两种人产生方式的不同而相应称之为自然人与法人。从那时起，唯自然人是民事主体的历史终结了。

---

[1]　该款是属地原则的体现，现已废止。但《涉外民事关系法律适用法》对涉外民事关系的法律适用，有详细规定。在《民法通则》废止之前，根据新法优于旧法的原则，应适用《涉外民事关系法律适用法》，而非《民法通则》第8条第2款。

二、自然人与公民

公民指具有特定国国籍的自然人。公民是公法上的概念。

在公法上，除了公民以外，还有外国公民和无国籍人，后者都属非公民。非公民与本国公民在内国民法上的地位并不完全相同。

第二节　自然人的权利能力

一、自然人权利能力平等和不得抛弃

《民法通则》第10条规定："公民的民事权利能力一律平等。"[1]我国一切公民，不分性别、年龄、民族、职业、教育程度、财产状况、宗教信仰、居住期限等，一律具有平等的权利能力，一律平等地参与民事活动，享受权利，承担义务。

自然人的权利能力是其生存与发展的法律资格。失掉权利能力即无法活动于民事社会。因而权利能力既不可转让，也不可抛弃，非依法律规定并经公正程序，也不得限制与剥夺。

二、自然人权利能力的开始与终止

《民法通则》第9条规定："公民从出生时起到死亡时止，具有民事权利能力，依法享有民事权利，承担民事义务。"[2]这就是说，自然人的权利能力始于出生，终于死亡。

(一)出生

自然人因出生而当然具有民事权利能力。所谓当然，指不待主张，也无须履行任何手续。

出生指自然人脱离母体而有生命的事实。出生须具备两项条件，即"出"和"生"。"出"指脱离母体而成为独立体，"生"即有生命。至于生命存续时间的长短，并不影响权利能力的享有。

自然人出生时间，以户籍登记为准；无户籍证明者，以医院出具的出生证书为准；无以上证明者，则通过其他证据予以认定。

〔1〕　对应《民法典》第14条："自然人的民事权利能力一律平等。"
〔2〕　对应《民法典》第13条："自然人从出生时起到死亡时止，具有民事权利能力，依法享有民事权利，承担民事义务。"

胎儿虽尚未出生,但在特别条件下有予以保护的必要。我国《继承法》第28条规定:"遗产分割时,应当保留胎儿的继承份额。胎儿出生时是死体的,保留的份额按照法定继承办理。"[1]

(二)死亡

死亡指自然人生命的终止。死亡是自然人民事权利能力消灭的唯一原因。民法上为处理失踪人民事权利能力起见,设有宣告死亡制度。因此,通常意义的死亡也就相应被称为自然死亡。

关于死亡的时间,以呼吸和心跳均告停止之时为准。医学上也有主张以脑电波消灭作为死亡认定依据的,但尚待形成共识。

死亡是继承开始、遗嘱生效、人身保险金权以及遗偶再婚权发生的条件。在实务上有重要意义的是,相互有继承关系的几个人在同一事件中死亡,而不能确知死亡时间孰先孰后者,其死亡时间如何推定? 对此,最高人民法院《继承法意见》第2条有专门解释,[2]须予注意(详见本书第二十七章第一节)。

(三)宣告死亡

1.宣告死亡的意义

宣告死亡指自然人下落不明达到法定期间,经法定程序结束以其住所地为中心的民事法律关系的制度。

2.宣告死亡的法律要件

1)须下落不明

所谓下落不明,指离开最后居住地而无音讯的状况(《民通意见》第26条)。[3]

2)须达法定期间

法定期间有两类,即一般期间和特别期间。一般期间是适用于一般情况的期间,该期间为4年(《民法通则》第23条第1款第1项),[4]自音讯消失之次日起算(《民通

---

〔1〕 对应《民法典》第1155条:"遗产分割时,应当保留胎儿的继承份额。胎儿娩出时是死体的,保留的份额按照法定继承办理。"《继承法》第28条使用的是"出生",《民法典》第1155条使用的是"娩出",后者更为合理,因为"娩出"仅描述胎儿从母体脱离的物理过程,并不要求胎儿脱离母体时具有生命特征,从而可与"死体"的表述逻辑一致。

〔2〕 对应《民法典》第1121条第2款:"相互有继承关系的数人在同一事件中死亡,难以确定死亡时间的,推定没有其他继承人的人先死亡。都有其他继承人,辈份不同的,推定长辈先死亡;辈份相同的,推定同时死亡,相互不发生继承。"

〔3〕 对应《民法典》第41条:"自然人下落不明的时间自其失去音讯之日起计算。战争期间下落不明的,下落不明的时间自战争结束之日或者有关机关确定的下落不明之日起计算。"

〔4〕 对应《民法典》第46条第1款第1项:"自然人有下列情形之一的,利害关系人可以向人民法院申请宣告该自然人死亡:(一)下落不明满四年;……"

意见》第28条）。[1]特殊期间是适用于法定特别规定情况的期间，该期间为2年。[2]《民法通则》规定的特别情况为因意外事故所导致的下落不明，自事故发生之次日起算（《民法通则》第23条第1款第2项）。[3]但因战争下落不明者，仍适用一般期间，自战争结束之日起算（《民法通则》第23条第2款、《民通意见》第27条）。[4]

3）须经利害关系人申请

宣告自然人死亡，直接影响其近亲属以及债权人的利益，因而须经利害关系人申请，方可提起宣告死亡的程序。《民通意见》以司法解释的方式规定了利害关系人的范围和位序：(1)配偶；(2)父母、子女；(3)兄弟姐妹、祖父母、外祖父母、孙子女、外孙子女；(4)其他有民事权利义务关系的人（《民通意见》第25条）。[5]位序的效力是：(1)在先位序的人排除在后位序的人；(2)同位序人权利平等；(3)同位序人为多数人时，有一人申请即可。

---

〔1〕 对应《民法典》第41条第1句："自然人下落不明的时间自其失去音讯之日起计算。"将"次日"更改为"之日"的理由是，《民法典》第201条第1款已规定"按照年、月、日计算期间的，开始的当日不计入，自下一日开始计算"，若再称"次日"，未免惹人误解。参见黄薇主编：《中华人民共和国民法典总则编释义》，法律出版社2020年版，第109—110页。

〔2〕 对应《民法典》第46条第1款第2项："自然人有下列情形之一的，利害关系人可以向人民法院申请宣告该自然人死亡：……(二)因意外事件，下落不明满二年。"根据《民法典》第46条第2款："因意外事件下落不明，经有关机关证明该自然人不可能生存的，申请宣告死亡不受二年时间的限制。"

〔3〕 对应《民法典》第41条第1句："自然人下落不明的时间自其失去音讯之日起计算。"

〔4〕 对应《民法典》第41条第2句："战争期间下落不明的，下落不明的时间自战争结束之日或者有关机关确定的下落不明之日起计算。""或者有关机关确定的下落不明之日"是在《民法总则(草案)》三审后添加的，有代表提出，战争期间下落不明，若是参加军事行动的人员，"自战争结束之日"有其合理性，但这有忽视平民之虞，故增加了"有关机关确定的下落不明之日"。参见黄薇主编：《中华人民共和国民法典总则编释义》，法律出版社2020年版，第110页。关于此时的期间，根据《民法典总则编解释》第17条："自然人在战争期间下落不明的，利害关系人申请宣告死亡的期间适用民法典第四十六条第一款第一项的规定，自战争结束之日或者有关机关确定的下落不明之日起计算。"

〔5〕 对应《民法典总则编解释》第16条："Ⅰ.人民法院审理宣告死亡案件时，被申请人的配偶、父母、子女，以及依据民法典第一千一百二十九条规定对被申请人有继承权的亲属应当认定为民法典第四十六条规定的利害关系人。Ⅱ.符合下列情形之一的，被申请人的其他近亲属，以及依据民法典第一千一百二十八条规定对被申请人有继承权的亲属应当认定为民法典第四十六条规定的利害关系人：(一)被申请人的配偶、父母、子女均已死亡或者下落不明的；(二)不申请宣告死亡不能保护其相应合法权益的。Ⅲ.被申请人的债权人、债务人、合伙人等民事主体不能认定为民法典第四十六条规定的利害关系人，但是不申请宣告死亡不能保护其相应合法权益的除外。"该修改的背景是在司法解释的清理过程中，发现主要有三个方面的考量。首先，宣告死亡对当事人的利益，尤其是对配偶的身份利益影响巨大，故有必要作出顺序限制。其次，由于死亡宣告主要涉及继承人的利益问题，故在利害关系人的顺序上应体现继承顺序。此外，配偶、父母、子女均为第一顺位继承人，在申请顺序上没有必要将配偶置于父母、子女之前。最后，无论是否是近亲属者，除身份利益之外，均可能对死亡宣告具有其他合理利益，法秩序对此应有所回应。例如，失踪人所在单位若无权宣告死亡，就不得不继续支付失踪人的基本工资。再如，退休人员长期失踪而其配偶、子女不申请死亡宣告，社保机构照常定期向该长期失踪的退休人员账户汇付养老金、社保金。调和这些考量的结果是，不再严格规定申请死亡宣告的利害关系人的顺序，但为平衡各方当事人的利益，防止取消死亡宣告申请的顺序后又走向另一极端，也需对利害关系人申请宣告死亡作出必要限制，上述规定正是基于这一立法思路。参见贺荣主编：《最高人民法院民法典总则编司法解释理解与适用》，人民法院出版社2022年版，第261—262页。

4) 须由法院公告寻找

宣告死亡对被宣告人的利益影响甚为巨大,故而人民法院受理死亡宣告申请后须公告寻找,以为慎重。公告寻找的一般期间为一年,但因意外事故下落不明,经有关机关证明被申请人不可能生存的,其期间则为三个月(《民事诉讼法》第168条第1款)。[1]

5) 须经法院审理和宣告

上述第一项至第四项要件均被充分者,始可作出死亡宣告判决。

3. 宣告死亡的法律效力

1) 终止被宣告死亡人以其住所地为中心的民事法律关系。即在住所地,效力同于自然死亡,但以撤销死亡宣告为法定解除条件。

2) 假如被宣告死亡人仍在他处生存,宣告死亡的效力不及于该地,该人仍有民事权利能力和相应的民事行为能力。

4. 被宣告死亡人的死亡时间推定

被宣告死亡人的死亡时间为宣告死亡判决的宣告日(《民通意见》第36条)。[2]

5. 死亡宣告的撤销

当宣告死亡所依据的证据被证明不真实时,经生存的被宣告死亡人本人或其利害关系人申请,可撤销死亡宣告。

所谓宣告死亡所依据的证据不真实,指发现了被宣告死亡人尚生存的证据。例如,该人"重新出现",或者有人确知其没有死亡。利害关系人的范围同于死亡宣告,但却无位序限制。盖由于被宣告死亡人尚生存的事实,足以否定利害关系人的申请利益。法院受理撤销死亡宣告申请,经审理,确认撤销死亡宣告的法律要件已被充分,即应作出撤销该死亡宣告的裁定(《民法通则》第24条第1款)。[3]

死亡宣告撤销的效力是:(1)因宣告死亡而继承被撤销死亡宣告人的财产者,应当返还。(2)被撤销死亡宣告人的配偶已与他人结婚,其婚姻不受影响。即使再婚后又成为无配偶状态者,仍不能与被撤销死亡宣告人自动恢复夫妻关系。(3)被撤销死亡宣告人的子女在宣告死亡期间被他人合法收养者,该收养关系不因撤销死亡宣告而受影响。

---

[1] 现为《民事诉讼法》(2023年修正)第192条第1款。

[2] 对应《民法典》第48条:"被宣告死亡的人,人民法院宣告死亡的判决作出之日视为其死亡的日期;因意外事件下落不明宣告死亡的,意外事件发生之日视为其死亡的日期。"增加第2分句的理由是,对于因意外事件下落不明宣告死亡的情形,被申请宣告死亡的人真正死亡的概率很大,故以意外事件发生或结束之日较为妥适。同时,由于意外事件发生之日与结束之日对于被申请人的死亡概率而言并不悬殊,为免于生出何时作为意外事件结束之日的争论,故立法规定为"意外事件发生之日"。参见黄薇主编:《中华人民共和国民法典总则编释义》,法律出版社2020年版,第122—123页。

[3] 对应《民法典》第50条:"被宣告死亡的人重新出现,经本人或者利害关系人申请,人民法院应当撤销死亡宣告。"

第三节　自然人的行为能力

一、立法技术

自然人的行为能力，以意思能力为前提。而意思能力的有无及其品质，则属事实问题，最好是采取个案审查的办法，具体认定。然而，此种方式不具操作价值。立法技术采行的办法是：鉴于人的智力发育与年龄相关，而智力成熟的年龄可经由经验查知，因此，对于发育正常人采取年龄主义，即规定达到一定岁数者具有行为能力，低于一定岁数者则无行为能力。对于精神病人，则采个案审查制度。

二、《民法通则》的规定

（一）对于智力发育正常人的年龄主义

1.完全行为能力

完全行为能力是可以独立实施任何民事法律行为的行为能力。

完全行为能力人是：

1) 成年人。即年满18周岁者（《民法通则》第11条第1款）。[1]

2) 劳动成年者。依《民法通则》第11条第2款的规定，年满16周岁的未成年人因就业而有固定劳动收入，且其收入足以维持相当于当地群众一般水平生活者，视为完全行为能力人。[2]

2.无行为能力

无行为能力即无独立实施法律行为的能力。

不满10周岁的人是无行为能力人（《民法通则》第12条）。[3]他们不能独立实施法律行为。但对纯获利益，不负担义务且不损害他人的行为，仍可实施。如接受奖励、赠与和报酬。[4]此系旨在保护未成年人，使之不因智力发育未成熟勉强参加民事活动而遭受不必要的风险。

3.限制行为能力

限制行为能力是得独立实施生活上必要、标的适当且其结果能被其理解行为的资格。

---

〔1〕　对应《民法典》第17条第1句："十八周岁以上的自然人为成年人。"

〔2〕　对应《民法典》第18条第2款："十六周岁以上的未成年人，以自己的劳动收入为主要生活来源的，视为完全民事行为能力人。"

〔3〕　对应《民法典》第20条："不满八周岁的未成年人为无民事行为能力人……"

〔4〕　根据《民法典》第20条，无行为能力人只能"由其法定代理人代理实施民事法律行为"。

年满10周岁的未成年人是限制行为能力人。[1]

(二) 对于精神病人的个案确定主义

1.认定标准

无意思能力(无判断能力和自我保护能力,不能认识行为后果)者是无行为能力人。有部分意思能力(对比较复杂的事物或者比较重大的行为缺乏判断力和自我保护能力,且不能预见该行为后果)者是限制行为能力人。

2.对间歇型精神病人行为能力的认定

间歇型精神病人的行为能力,应依发病与未发病的情形具体认定。在未发病时,适用年龄主义,在其发病时,适用精神病人行为能力的认定。

3.行为能力宣告

《民法通则》第19条第1款规定,精神病人的利害关系人,得请求人民法院宣告精神病人为无民事行为能力人或者限制民事行为能力人。[2]此种宣告,仅属公示性质,而不是精神病人民事行为能力状况的法律要件。

第四节　监护与宣告失踪

无行为能力人和限制行为能力人虽然欠缺行为能力,但却不欠缺权利能力。因而应为其创造条件,使之得以参加民事生活。此即对行为能力欠缺者的救济制度。该制度包括三个方面:第一,为行为能力欠缺者设立监护人,以管理其事务;第二,法定代理人制度,由法定代理人代为实施法律行为;第三,定型化合同公平性的管理,使限制行为能力人在生活的必要范围内,可以无危险地参加该合同关系。此处所讨论者,及于监护和对宣告失踪人的事务管理。至于法定代理人和对定型化合同公平性的管理,则留待有关章节讨论。

一、监护

(一) 监护的意义

监护是对于未成年和精神病自然人设立专人保护其人身利益,监督其行为,并且管理其财产的法律制度。

纳入监护之下的自然人被称为"被监护人"。被赋予监护权的人则是"监护人"。

---

〔1〕 根据《民法典》第19条:"八周岁以上的未成年人为限制民事行为能力人……"

〔2〕 对应《民法典》第24条第1款:"不能辨认或者不能完全辨认自己行为的成年人,其利害关系人或者有关组织,可以向人民法院申请认定该成年人为无民事行为能力人或者限制民事行为能力人。"

（二）监护职责

（1）保护被监护人的人身利益，保护其身心健康，并且进行家庭教育和协助进行学校教育。

（2）监督被监护人的行为，特别是管制精神病人的危险行为。

（3）管理被监护人的财产。须注意的是"除为被监护人的利益外，不得处理被监护人的财产"（《民法通则》第18条)。[1]

（4）做被监护人的法定代理人。

监护人不尽监护职责，侵害被监护人利益者，须负其责任。人民法院得依有关人员或者单位的申请，依法撤销其监护权。

（三）对未成年人的监护

1.法定监护

1)意义。依照法定条件设定的监护，为法定监护。

2)法定监护人的范围和位序。依《民法通则》第16条的规定，第一位序监护人是未成年人的父母。在父母死亡或者无监护能力的场合，则由下列人员中有监护能力者担任：(1)祖父母、外祖父母；(2)兄、姐。[2]

3)设立法定监护依位序设立。有争议时，则报请未成年人父母所在单位，或者未成年人住所地的居(村)民委员会指定。对该指定不服者，则须诉请人民法院裁判。[3]

2.无因监护

未成年人关系密切的其他亲属或者朋友自愿担任监护人者，经未成年人父母所在单位，或者未成年人住所地的居(村)民委员会同意而为监护人，此种监护，为"无因监护"。

（四）对精神病人的监护

精神病人的法定监护人，依《民法通则》第17条的规定，其范围和位序是：(1)配偶；(2)父母；(3)成年子女；(4)其他近亲属。其设立程序同未成年人的法定监护。

---

〔1〕 对应《民法典》第35条第1款第2句："监护人除为维护被监护人利益外，不得处分被监护人的财产。"

〔2〕 对应《民法典》第27条："Ⅰ.父母是未成年子女的监护人。Ⅱ.未成年人的父母已经死亡或者没有监护能力的，由下列有监护能力的人按顺序担任监护人：(一)祖父母、外祖父母；(二)兄、姐；(三)其他愿意担任监护人的个人或者组织，但是须经未成年人住所地的居民委员会、村民委员会或者民政部门同意。"

〔3〕 对应《民法典》第31条第1款、第2款："Ⅰ.对监护人的确定有争议的，由被监护人住所地的居民委员会、村民委员会或者民政部门指定监护人，有关当事人对指定不服的，可以向人民法院申请指定监护人；有关当事人也可以直接向人民法院申请指定监护人。Ⅱ.居民委员会、村民委员会、民政部门或者人民法院应当尊重被监护人的真实意愿，按照最有利于被监护人的原则在依法具有监护资格的人中指定监护人。"

但有关组织是精神病人的所在单位或者住所地的居(村)民委员会。[1]

二、宣告失踪

(一)宣告失踪

1.宣告失踪的意义

宣告失踪是自然人下落不明达到法定期间,经法定程序宣告其为失踪人并为之设立财产管理人的法律制度。

2.宣告失踪的法律要件

1)须下落不明。

2)须下落不明达到法定期间。该期间为二年,自音讯消失之次日起算。

3)须利害关系人申请。

4)须法院公示寻找,公告期间为三个月。

5)须经法院判决宣告。

(二)对失踪人财产的管理

受失踪宣告的完全行为能力人,虽然其权利能力和行为能力不因失踪宣告而消灭,然而在其住所地,其行为能力显然欠缺,因而需要加以救济。救济之道是为之设置财产代管人,以管理其财产。至于无行为能力人或者限制行为能力人受失踪宣告,则因其原有监护人存在,该监护人作为法定代理人即有代管财产的职责,故而无须重复设置。此点应予注意。

财产代管人的权限是:(1)保存、管理和使用该财产;(2)代理完税偿债,支付赡养费、扶养费和抚育费。

(三)失踪宣告的撤销

受失踪宣告人复出,或者有人确知其下落,经其本人或者利害关系人申请,人民法院在查明事实后,应当撤销其失踪宣告。[2]

〔1〕 对应《民法典》第28条:"无民事行为能力或者限制民事行为能力的成年人,由下列有监护能力的人按顺序担任监护人:(一)配偶;(二)父母、子女;(三)其他近亲属;(四)其他愿意担任监护人的个人或者组织,但是须经被监护人住所地的居民委员会、村民委员会或者民政部门同意。"

〔2〕 对应《民法典》第45条第1款:"失踪人重新出现,经本人或者利害关系人申请,人民法院应当撤销失踪宣告。"删除"确知他的下落"的理由是知悉失踪人的下落可被"失踪人重新出现"囊括,参见黄薇主编:《中华人民共和国民法典总则编释义》,法律出版社2020年版,第116页。

第五节　住所

《民法通则》第15条规定："公民以他的户籍所在地的居住地为住所,经常居住地与住所不一致的,经常居住地视为住所。"[1]

住所是法律确认的自然人的中心生活场所。其要件是:

(1)须属自然人的经常居住地

居住地不是指居住物(住宅),而是指住宅所在的具体地理位置,在市镇,以门牌编号表示,在乡村,以自然村表示。所谓经常居住,指连续居住一年以上(《民通意见》第9条第1款)。[2]

(2)须属固定处所

以船舶为家的渔民或者海员,则以船籍地为住所。

(3)住所法定

①住所唯一原则。公民依法只有一个住所。②公民以经常居住地为住所。③如无相反证明,户籍登记簿上的住址即为经常居住地。当公民处于户口迁移中,未到新址落户,又无经常居住地者,仍以原户籍登记住址为其住所(《民通意见》第9条第2款)。[3]

第六节　个体工商户和农村承包经营户

个体工商户是自然人的商事主体资格,农村承包经营户是农村集体经济组织的经营层次,它们都是自然人的具体类型。对于"两户",《民法通则》第二章第四节作了专节规定。

一、个体工商户

(一)意义

个体工商户是经工商行政管理机关核准登记,从事工商业经营的个体劳动者。

---

　〔1〕　对应《民法典》第25条:"自然人以户籍登记或者其他有效身份登记记载的居所为住所;经常居所与住所不一致的,经常居所视为住所。"

　〔2〕　对应《民诉法解释》(2022年修正)第4条:"公民的经常居住地是指公民离开住所地至起诉时已连续居住一年以上的地方,但公民住院就医的地方除外。"

　〔3〕　对应《民诉法解释》(2022年修正)第7条:"当事人的户籍迁出后尚未落户,有经常居住地的,由该地人民法院管辖;没有经常居住地的,由其原户籍所在地人民法院管辖。"

(二)特征

(1)个体工商户是个体劳动者。即从事个体经营的有行为能力人。此处的"户",不是在户籍意义上使用,而是作为工商管理上的统计单位。

(2)个体工商户从事工商经营。依《城乡个体工商户管理暂行条例》第3条规定:"个体工商户可以在国家法律和政策允许的范围内,经营工业、手工业、建筑业、交通运输业、商业、饮食业、服务业、修理业及其他行业。"[1]

(3)须依法登记。个体工商户资格须经登记程序取得。依上述条例第2条,"有经营能力的城镇待业人员、农村村民以及国家政策允许的其他人员,可以申请从事个体工商业经营"[2]依上述条例第7条,经户籍地县级工商行政管理机关核准,领取营业执照,即为个体工商户。[3]

(4)个体工商户自管自业,业主亲自经营。他们虽然可以请三至五个帮手,有技术的还可带一至二名学徒,但并不雇工。这一特点,使个体工商户与私营企业区别开来,后者可以雇工8人以上。[4]

(5)个体工商户可以起字号。[5]

二、农村承包经营户

(一)意义

农村承包经营户是承包经营农村集体经济组织土地或者其他资源的社员或其家庭。

(二)特征

(1)农村承包经营户是农村集体经济组织的成员,而不是独立的个体劳动者。

(2)农村承包经营户的设立以承包经营合同为依据,以土地或者其他资源为承包标的,而以完成粮油等农产品的交售为主要义务。农村承包经营户的设立和存续、终止均无须工商行政管理机关核准登记。

---

〔1〕《促进个体工商户发展条例》第2条规定:"有经营能力的公民在中华人民共和国境内从事工商业经营,依法登记为个体工商户的,适用本条例。"

〔2〕 该规定已删除。

〔3〕 根据《市场主体登记管理条例》第5条:"Ⅰ.国务院市场监督管理部门主管全国市场主体登记管理工作。Ⅱ.县级以上地方人民政府市场监督管理部门主管本辖区市场主体登记管理工作,加强统筹指导和监督管理。"

〔4〕 该规定已删除。

〔5〕《民法典》第54条第2句规定:"个体工商户可以起字号。"

三、"两户"对债务的清偿

《民法通则》第29条规定："个体工商户、农村承包经营户的债务，个人经营的，以个人财产承担；家庭经营的，以家庭财产承担。"[1]这一规定说明：

(1)以个人名义申请登记的个体工商户和以个人名义承包的社员，个人经营、收益也归个人者，对债务负个人责任。

(2)上述"两户"，以家庭共同财产投资，或者收益的主要部分供家庭成员消费者，其债务由家庭共有财产清偿。

(3)在夫妻关系存续期间，一方从事个体工商户经营或者承包经营，其收入作为夫妻共有财产者，其债务由夫妻共有财产清偿。

(4)家庭全体成员共同出资、共同经营的"两户"，其债务由家庭共有财产清偿。

第七节　个人合伙

《民法通则》第二章第五节规定了"个人合伙"。所谓个人合伙，即公民的合伙或者自然人的合伙之义，以区别于法人的合伙(《民法通则》称之为"法人联营")。

一、合伙的概念

《民法通则》第30条规定："个人合伙是指两个以上公民按照协议，各自提供资金、实物、技术等，合伙经营、共同劳动。"[2]个人合伙有两种意义：一是作为法律行为，即合伙合同；二是作为经营实体，即作为合伙合同的法律效果之一，合伙人所组成的人与财产相结合的实体。上述《民法通则》条文，显然是在第二种意义上使用。因此，合伙可定义为两个以上自然人互约出资，经营共同事业的联合态。

二、合伙的特征

(1)合伙是两个以上的自然人基于出资而形成的联合态。合伙具有团体性，而区别于单一公民；合伙以互约出资，经营共同事业为目的，也有别于家庭，后者以夫妻

---

〔1〕　对应《民法典》第56条："Ⅰ.个体工商户的债务，个人经营的，以个人财产承担；家庭经营的，以家庭财产承担；无法区分的，以家庭财产承担。Ⅱ.农村承包经营户的债务，以从事农村土地承包经营的农户财产承担；事实上由农户部分成员经营的，以该部分成员的财产承担。"

〔2〕　对应《民法典》第967条："合伙合同是两个以上合伙人为了共同的事业目的，订立的共享利益、共担风险的协议。"

和亲属关系为纽带,而且也不以经营为目的;合伙不具备法人人格,从而又有别于法人。合伙虽然有成员、有组织,在这一点上类似社团法人;但是它仅仅是"准团体",其组织程度相当低,尚不足以在成员之外或者之上,升华出独立的法律人格。因而从性质上仍然属于自然人范畴。这一特点又规定了合伙财产只能由合伙人共同地作其所有人。

(2)合伙依合伙合同形成。此点甚明,无须多说。

(3)合伙人互为出资。合伙是由参加者互相出资,而形成经营共同事业的物质条件的。出资不以货币为限,实物或者技术也可以。

(4)合伙由合伙人共财共管。所谓"共财",是指合伙财产属全体合伙人共有。该财产由两部分组成,一是出资,二是经营的增值。所谓"共管",则指共同经营,即各个合伙人对于合伙事务,均有其决定权、执行权和监督权。《民法通则》第30条规定合伙人须"共同劳动",过于僵硬,已为最高人民法院《民通意见》第46条的解释所缓和。[1]

(5)合伙人对于合伙债务负无限和连带责任。这里的合伙债务,指合伙资产所不足清偿的债务。对于该债务,合伙人须负个人责任,亦即不以出资为限的责任,故称无限责任。全体合伙人对于债权人,又须共同地连带负责,故称连带责任。但各合伙人之间,仍按份额或者平等地分配该责任。

(6)合伙可以起字号。在民事活动中,可以以商号名义出现。而在民事诉讼中,商号也有当事人地位,而以负责人作为代表人。

三、合伙合同

(一)意义

即二人以上互约出资以经营共同事业的合同。

(二)基本条款

(1)出资义务。

(2)目的事业及其经营方式。

(3)盈余分配。

(4)债务承担。

(5)入伙和退伙。

---

〔1〕　合伙人可以不执行合伙事务。《民法典》第970条第2款规定:"合伙事务由全体合伙人共同执行。按照合伙合同的约定或者全体合伙人的决定,可以委托一个或者数个合伙人执行合伙事务;其他合伙人不再执行合伙事务,但是有权监督执行情况。"

(三)对合同条款的解释

(1)合同未约定债务承担方式者,合伙债务依照盈余分配比例承担。导致经营亏损的执行人,应承担其相应责任。

(2)对技术性劳务出资须合理作价;无法作价者,在债务承担上,可按其余合伙人的平均额度承担。

(3)对于入伙无约定者,须经全体合伙人接受,方准入伙。

(4)对于退伙无约定者,退伙应予准许。但因退伙而给其他合伙人造成损失者,则应依合同解除后的损害赔偿原则处理。

(5)退伙人对于其在伙期间的合伙债务,仍不能免其连带责任。

(6)退伙时对于出资实物有取回权;一次清退有困难者,可分批清退;返还原物确有困难者,诉请人民法院处理。人民法院可判定折价退还。

(7)对于盈余分配无约定者,以出资额占多数者(不限于一人出资额占多数)的意见为准。

思考题:

1.试述自然人权利能力的开始和终止。

2.自然死亡与宣告死亡有何异同?

3.《民法通则》规定的自然人的行为能力如何?

4.民事行为能力制度的社会价值何在?

5.什么是监护?如何为未成年人设立监护人?

6.宣告失踪与宣告死亡有何异同?

7.什么是自然人的住所?如何确定自然人的住所?

8.什么是个体工商户?个体工商户的债务如何处理?

9.什么是个人合伙?合伙人的责任如何?

第五章 法人

内容提要 法人是团体型民事主体。团体须具备法律规定的条件方能成为法人。法人的权利能力具有不同于自然人的特点,其行为则由代表机关实施。法人的设立、变更和终止须依法定程序。某些法人可以联合经营。学习本章应重点掌握法人的法律要件,特别是法人的财产性质、独立责任,以及法人代表人、法人的能力等方面的内容。

第一节 概说

一、法人的概念

(一)定义

法人是民法赋予权利能力的基于成员或者独立财产所形成的团体。

(二)对定义的说明

1.法人是团体

法人不是单个的自然人,而是团体。此系法人与自然人的根本区别。团体的形态有两类:一类由多个自然人投入财产组成,该自然人成为团体的成员。民法学称此类团体为"社团",其成员则被相应地称为"社员"。另一类系由捐助财产组成。所谓捐助财产,是为组建法人而献出、一俟该法人成立便归其所有的财产。此类团体无成员,其成立基础或本体只是一笔资金,但捐助人通过章程为资金的用益设定了宗旨,同时规定了执行机构,因而财产便由执行机构依照章程去管理运营。民法学鉴于这种团体没有社员,而以财产为成立基础,因而称之为"财团"。

2.法人是民法赋予权利能力者

民法肯认一定的团体为法人,赋予权利能力。此一特点,使法人同其他无权利能力的团体区分开来。生活中的团体很多,只有其中达到民法所规定的法人要件的那一部分,才被赋予法人资格。法人要件的基本点,就是保障团体达到必要的组织程度,能够如同完全行为能力自然人一样,自主选择,自主参与。易言之,团体只有组织得像完全行为能力自然人一样,方能充分法人的要件。合伙的组织程度则比较低,达不到法人的要件,故而不被赋予权利能力。

二、法人的法律要件

(一)社团法人与财团法人的共同要件

1.须有章程

所谓章程,是团体的设立人制作的旨在使团体据之组建以及组建后据之运作和存止的意思表示。章程是团体形成组织的规范性文件,无章程也无以成团体。章程不仅使团体据之组建形成,也是团体形成后贯彻设立宗旨、达成运行目的的规范。章程是法人的必备条件之一。基于此项要件,社团法人与合伙相区别。后者的要件中无须章程。《民法通则》第37条关于法人要件的规定中无关于章程的要件,其规定有欠周延。[1]

2.须有必要财产

财产是法人从事目的事业的物质基础。因此,由团体拥有的财产是法人成立和存续的必要条件。财产具体指运营场所、设备、技术和资金,等等。[2]财产尚须达到满足目的事业的必要规模,此即必要财产的含义。对于企业法人的注册资金数额,法律有明文规定,对于其他类型的法人,则无规定。

3.须有机关

法人作为团体,必须组织得像一个完全行为能力自然人一样,能够以自己的名义参与生活。团体满足上述要求的关键,即在设立机关。所谓机关,亦即团体的职能机构,如同自然人的思维器官和表述器官一样。自然人是通过大脑形成意思的,社团法人模仿人的大脑建立意思机关"社员大会",以形成团体的意思。在财团,由于法人的意思是固定在章程之中的,原则上不许更改,因而财团法人无须也不应设立意思机关。但无论社团法人抑或财团法人,均须建立"意思表示机关",对外发表意思,与他人交往,设定权利和负担义务。机关的要件,使法人区别于合伙,后者无机关。应注意,《民法通则》第37条关于法人要件的规定中使用了"组织机构"的表述,依本书所信,机关方为专门术语。

---

[1]《民法典》第58条第2款规定:"法人应当有自己的名称、组织机构、住所、财产或者经费。法人成立的具体条件和程序,依照法律、行政法规的规定。"

[2]《民法通则》第37条关于法人应当具备的要件中,既规定了"有必要的财产或者经费",又规定了"有自己的名称、组织机构和场所"(《民法典》第58条第2款删除了"必要的"之限制)。其中,"财产"和"经费"两个概念系包容关系,因而不可并列;而"场所"则属"财产"的形态之一,亦不应与财产并列。诚然,法人应有其场所,但宜表述为"法人须有独立财产。该项财产中须包括场所"。而且,场所与"名称"和"组织机构"并列地规定在一起,也是不妥的。

4.须依法设立

自然人因出生而成为"人",法人则通过设立行为而取得权利能力。该设立行为必须符合法律要求。依法设立首先是指须有该类法人的实体规范,例如设立公司法人须有"公司法",设立合作社法人须有"合作社法"。其次则指须有设立行为,包括形成章程、依章程投入资金、召开成立大会、选任机关担当者,以及申办法人登记(如果该类法人依法须登记的话)。依法设立的要件,使法人与合伙相区别,后者谈不上设立。

(二)社团法人的特别要件

1.须有社员

社团,顾名思义,是社员所组成的团体。因而社团须以社员为必要条件。此系它区别于财团的最明显之点。

2.须有意思机关

社团是社员共谋利益的工具,因而必须处于社员的控制之下。社员控制社团的设施就是社团的意思机关。此机关通常是社员大会,通过该会,社员的个别意思集中为统一意思。

(三)财团法人的特别要件

1.须有捐助财产

捐助财产是财团法人的成立基础。

2.须以公益事业为目的事业

财团法人依法只能从事公益事业,而不得以营利事业为目的。此乃其区别于社团法人之点。

三、法人的财产与责任

(一)法人的财产

法人的财产指法人作为所有人的财产。

(二)法人的责任

法人的责任,系指法人对其行为所导致的债务不能清偿时的责任。该责任当然只能由法人自己负担,而无从推诿他人。《民法通则》第37条、第41条、第51条,采用法人"独立承担民事责任"的表述,即示此义。[1]

---

〔1〕《民法典》第60条规定:"法人以其全部财产独立承担民事责任。"

四、法人的制度价值

如前所述，民事主体，本来只有自然人"一家"，别无他类。然而，随着经济和社会的发展，团体在公私生活中具有越来越重要的作用，不是自然人可以完全代替的。这些作用，在经济上集中体现为集资优势，能够借助团体集中资金，来兴办自然人或其家庭难以企及的事业；长存优势，自然人有寿命限制，难免"出师未捷身先死"之憾，父业子传也未必能够解决一切问题，而法人却可突破这种限制，而完成永续性事业；分险优势，团体在经营活动中遭遇的风险包括经营失利的风险，可以由团体本身承担，而不殃及其成员，也就是说，成员除了缴足出资之外，对于团体的债务，无须负直接责任(此点仅就有限公司而言)；管理优势，团体有条件集中众人智慧，超越财产所有人的限度，实施科学管理。总而言之，团体因有自然人所难具备的种种优势，而使它"适者生存"。为适应团体登上民事舞台的要求，法律技术归纳出了法人制度，升华团体人格，使之独立和超越于成员的人格，不受个别成员去留的影响。早在古代，就有了法人制度的萌芽。到产业革命时，商事团体的优势越来越显然，公司这种法人形态出现了，逐渐为法律所肯认。在今天，企业与产权、契约一起，成为市场制度的三大要素。在我国经济体制由计划经济向市场经济过渡中，法人制度具有十分重要的作用。建立"产权清晰、权责明确、政企分开、管理科学"的现代企业，被作为改革的基本政策，而法人正是民法对于现代企业的特有表现。

第二节　法人的民事能力

法人同自然人一样具有权利能力、行为能力和责任能力，不过有其不同于自然人的特点。

一、法人的权利能力

(一)法人权利能力的开始与终止

法人的权利能力始于成立，终于清算完结。自然人死亡时，有继承制度处理其未竟的财产关系。法人无继承，在其解散时，唯通过清算了结其财产关系。

(二)法人权利能力的限制

(1)性质上的限制。法人无从享有以自然人身体、心理和伦理为依据的权利。

(2)法律上的限制。国外立法例，通常规定公司法人不得担任其他公司的无限责任股东或者合伙人。我国《公司法》所规定的公司均为有限公司,实际上也有上述限制。[1]

(3) 目的上的限制。法人不得从事目的事业范围之外的活动。《民法通则》第42条规定:"企业法人应当在核准登记的经营范围内从事经营。"[2]《社会团体登记管理条例》规定,社会团体不得从事营利活动。[3]其他非营利法人亦应有此限制。

二、法人的行为能力

(一)法人是完全行为能力人

在法人,不存在如同自然人那样的无行为能力人和限制行为能力人。

(二)法人由代表机关实施法律行为

所谓代表,即以他人名义实施意思表示,表意人的人格为被代者的人格所吸收。代表机关的担当者须为完全行为能力自然人。代表机关的意思表示,就是法人的意思表示。

(三)法人的行为能力的范围

法人的行为能力,须以其权利能力的范围为范围,而不得超出范围。

三、法人的责任能力

(一)法人有无责任能力

责任能力以意思能力为前提,法人有意思能力,从而也有责任能力。

(二)法人责任

(1)法人须对代表机关担当者的行为负其责任。该担当者执行法人事务的行为就是法人的行为。倘该行为不法并且致人损害,则须由法人负担责任。《民法通则》第43条规定:"企业法人对它的法定代表人和其他工作人员的经营活动,承担民事

---

〔1〕《公司法》(2023年修订)第2条规定:"本法所称公司,是指依照本法在中华人民共和国境内设立的有限责任公司和股份有限公司。"

〔2〕 该规定已删除。《公司法》(2023年修订)第9条规定:"Ⅰ.公司的经营范围由公司章程规定。公司可以修改公司章程,变更经营范围。Ⅱ.公司的经营范围中属于法律、行政法规规定须经批准的项目,应当依法经过批准。"因此,公司的经营范围原则上可由公司自己决定。

〔3〕《社会团体登记管理条例》(2016年修订)第2条第1款规定:"本条例所称社会团体,是指中国公民自愿组成,为实现会员共同意愿,按照其章程开展活动的非营利性社会组织。"

责任。"[1]该规定虽然针对企业法人，但结合该法第121条来理解，[2]也适用于机关法人。自事理言，一切法人均应如此。人民法院在适用中应当作出扩张解释。

(2)法人对工作人员、执行事务人员的"职务侵权行为"负责。

(三)法人机关担当者和工作人员的个人责任

依《民法通则》第49条的规定，有下述情况之一者，除法人应承担责任外，对代表人以及其他工作人员得给以行政处分或罚款，构成犯罪者尚须负刑事责任：

(1)超出登记机关核准登记的经营范围从事非法经营；

(2)向登记机关、税务机关隐瞒真实情况、弄虚作假；

(3)抽逃资金、隐匿财产逃避债务；

(4)解散、被撤销、被宣告破产后，擅自处理财产；

(5)变更、终止时不及时申办登记和公告，使利害关系人遭受重大损失；

(6)从事法律禁止的其他活动，损害国家利益和社会公共利益。[3]

第三节　法人的分类

一、《民法通则》的分类

(一)企业法人

企业法人，指以生产经营为活动内容的法人。该法依据法人的所有制性质以及有无涉外因素，划分为全民所有制企业法人、集体所有制企业法人、私营企业法人、联营企业法人、中外合资经营企业法人、中外合作经营企业法人、外资企业法人等。企业法人的设立、变更和终止，须依《企业法人登记管理条例》及其施行细则办理登记。[4]唯应注意，在《民法通则》制定时，尚无《公司法》，故无关于公司为何种性质法人的规定。

(二)非企业法人

(1)机关法人。指依靠国家财政预算拨款的国家各级机关。机关法人不同于企

---

〔1〕 对应《民法典》第62条第1款"法定代表人因执行职务造成他人损害的，由法人承担民事责任"，以及《民法典》第1191条第1款第1句"用人单位的工作人员因执行工作任务造成他人损害的，由用人单位承担侵权责任"。

〔2〕 该规定已删除。

〔3〕 该规定已删除。

〔4〕 现须依《市场主体登记管理条例》及其实施细则办理登记。

业法人之点,主要是以行政命令设立,不需登记,不得经商。

(2)事业单位法人。指依靠国家预算拨款作全部或部分经费,从事各项社会事业的组织。事业单位法人以教科文卫事业为目的事业,此点使之不同于机关法人。

(3)社会团体法人。指由群众自行或国家倡导组织的从事社会活动的组织。如各种学会、协会、基金会、工会、共青团、妇联、宗教团体等。社会团体法人不同于事业单位法人之点,是目的事业为群众性社会活动,并且设立须向政府社情管理部门登记。

二、学理上的划分

关于法人的学理划分,先列图如下,然后再展开说明。

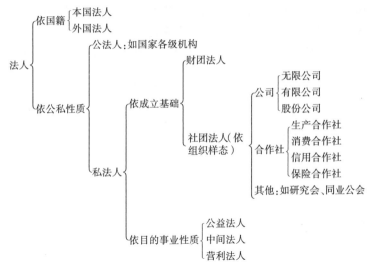

(一)公法人和私法人

当国家及其地方国家实体(如我国的省、市、县、乡等)参与民事生活时,即以公法人的面目出现。《民法通则》第50条所称的"机关法人",大体与"公法人"相当。[1]除公法人之外的法人,即为私法人。

(二)社团法人与财团法人

以人的集合为成立基础、有社员者,是社团法人;以捐助财产为成立基础,而无社员者,则为财团法人。财团法人的目的事业须以公益事业为限。

---

〔1〕 对应《民法典》第97条:"有独立经费的机关和承担行政职能的法定机构从成立之日起,具有机关法人资格,可以从事为履行职能所需要的民事活动。"

（三）营利法人、公益法人和中间法人

凡以营利事业为目的，获取利益并分配该利益于其社员的法人，为营利法人。以公益事业为目的的法人则为公益法人。既不宜归于营利法人，又难归于公益法人者，称作中间法人，学说认为合作社、工会、商会等是中间法人。

（四）本国法人与外国法人

依本国法设立并设住所于本国境内的法人，是本国法人。不属本国法人而为本国认可的法人则是外国法人。

（五）公司法人、合作社法人

依公司法设立的营利性社团法人为公司法人。我国《公司法》规定了有限公司、股份公司和国有独资公司三种公司形态。[1]奉行互助合作精神，既非营利又非公益法人的社团法人为合作社法人。所谓互助合作精神，指互助合作、共同经营、议决的一人一票、谋社员利益和发展的精神。

第四节　法人的设立、变更和终止

一、法人的设立

（一）设立的概念

法人设立是使法人依法产生的行为。法人是法律产生的人，因而须由自然人依照法人设立程序使之产生。当然，既有的法人亦得以设立人的资格设立新法人。

（二）设立的方式

（1）依照法律、法令或者行政命令设立。此种程序适用于《民法通则》规定的国家机关法人和由财产拨款作事业经费的事业单位法人。[2]

（2）登记设立。即依照企业法人和社会团体法人登记程序设立。此种程序适用于企业法人和社会团体法人。

---

〔1〕根据《公司法》（2023年修订）第168条第2款，国有独资公司是国家出资公司的子类型，国家出资公司包括国家出资的国有独资公司、国有资本控股公司，包括国家出资的有限责任公司、股份有限公司。

〔2〕依法不需要办理设立登记的法人类型有：机关法人（《民法典》第97条）、部分事业单位法人（《民法典》第88条）、部分社会团体法人（《民法典》第90条）、农村集体经济组织法人（《民法典》第99条）、合作经济组织法人（《民法典》第100条）、基层群众性自治组织法人（《民法典》第101条）。

(3)依照标准条例、章程设立。即国家以法规或统一章程规定法人条件和设立程序,凡充分其条件的组织依其程序取得法人资格。此种程序适用于各种合作社、妇联、工会等。

二、法人的变更

法人的变更指法人成立后,名称、住所、目的事业范围或隶属关系、注册资金、代表人等发生重大改变。《民法通则》第44条规定了企业法人的合并和分立两种重大变更。

法人的合并指两个以上的法人无须清算而归并为一个法人的情形。法人的分立则指一个法人分设为两个以上法人的情形。为了防止因法人的分立或合并而使原法人的权利义务无人承受的情况发生,《民法通则》规定,法人分立或合并后,原法人的权利和义务均由变更后存续的法人享有和承担。在分立,原法人的财产,包括债权和债务均按一定份额分别由分立后的各法人享有和承担。在合并,原有的几个法人的财产,包括债权债务等,均由合并后形成的法人享受和承担。[1]

企业法人,无论是分立、合并,抑或名称、住所、法定代表人、经济性质、经营范围、经营方式、注册资金、经营期限,以及增设或者撤销分支机构等,均须及时申办相应登记,并予以公告。以便第三人能及时了解变更情况,避免不必要的损失,同时也便于主管部门监督管理。[2]

三、法人的终止

(一)法人终止的意义

法人的终止指法人权利能力消灭。

(二)法人终止的原由

(1)依法被撤销。包括因法律、法令或者行政主管机关的命令而撤销。法人从事严重的违法活动者,政府主管机关可撤销其法人资格。

(2)解散。即自行解散。或由法人成员大会决议解散,或由法人的决策机构依照法律或法人章程的规定予以解散。

(3)依法宣告破产。这是指企业法人因资产不足以清偿到期债务时,依破产法规定的程序破产而使法人资格消灭的情形。

---

[1] 对应《民法典》第67条:"Ⅰ.法人合并的,其权利和义务由合并后的法人享有和承担。Ⅱ.法人分立的,其权利和义务由分立后的法人享有连带债权,承担连带债务,但是债权人和债务人另有约定的除外。"

[2]《民法典》第66条规定:"登记机关应当依法及时公示法人登记的有关信息。"

（4）其他原因。

（三）清算

《民法通则》第40条规定："法人终止，应当依法进行清算，停止清算范围外的活动。"[1]清算是指拟终止的法人清理其财产关系，了结债务，而使法人终止的程序。清算活动由清算人实施。企业法人自行解散，其清算人自行指定；被主管机关撤销者，由主管机关指定；破产者，则由管辖法院指定设立。

第五节　法人联营

法人之间联营，是经济体制改革中出现的新事物。为巩固和发展改革成果，《民法通则》第三章设专节规定了法人联营。其中第51条规定了多个法人共同设立新法人的联营。第52条规定了多个法人之间的合伙。第53条规定了狭义的联营，仅是某种资金、信息、技术、管理优势分享或者市场协调等方面的互惠合作合同。关于法人联营的具体法律制度，将会随着改革的实践而不断丰富和完善。[2]

目前，法人联营引发的纠纷不少，为便于该类案件的审理，最高人民法院在1990年11月发布了《关于审理联营合同纠纷案件若干问题的解答》。[3]

思考题：

1.什么是法人？法人的特征如何？

2.法人应当具备怎样的条件？

3.法人的民事权利能力有什么特点？

4.企业法人的设立程序如何？

5.法人合并与分立后，其债务如何承担？

6.法人的代表人和承包经营人发生变更，其债务如何承担？

7.企业法人应否对其代表人和工作人员的活动负民事责任？有何限制性法律规定？

---

〔1〕 对应《民法典》第70条第1款"法人解散的，除合并或者分立的情形外，清算义务人应当及时组成清算组进行清算"，以及第72条第1款"清算期间法人存续，但是不得从事与清算无关的活动"。

〔2〕《民法典》中不再单独规定法人联营。

〔3〕 该规定已废止。

第六章　法律行为

内容提要　法律行为是从逻辑上统一说明民事法律关系因意思表示而变动的概念。法律行为以行为人有行为能力、意思表示健全和标的合法妥当为有效要件。《民法通则》规定了民事行为无效和变更撤销的条件及效果。法律行为可以附条件、附期限。学习本章应在通晓全部内容的基础上,重点掌握法律行为的有效要件、民事行为的无效及变更撤销,以及法律行为的附款等问题。

第一节　法律行为的意义

"法律行为"[1]是德国式近代民法的标志性概念,它与意思自治理念相表里,是意思自治原则赖以贯彻的锐利武器。

一、法律行为的意义

(一)定义

法律行为是以意思表示为要素,并依该表示的内容发生法律效果的行为。[2]

(二)对定义的说明

1.法律行为属于行为

法律行为属于人的行为,而行为是人的有意识的活动。无意识的条件反射不属

---

〔1〕　法律行为本属民法学的固有术语,后来,虽有"诉讼法律行为"以及"行政法律行为"等用语出现,但是,一方面,均系模仿民法"法律行为"术语而来,另一方面,无论在哲学内涵上,抑或对意思自治理念的支撑上,均难望民法"法律行为"概念之项背。然而,中华人民共和国的民事立法中,出现了"民事法律行为"的用语。仰体其意义之余,本书深感捍卫"法律行为"术语尊严的必要和重要。本此信念,我们只用"法律行为"的术语,而不称"民事法律行为"。此点请读者留意。

〔2〕　《民法通则》第54条规定:"民事法律行为是公民或者法人设立、变更、终止民事权利和民事义务的合法行为。"[对应《民法典》第133条:"民事法律行为是民事主体通过意思表示设立、变更、终止民事法律关系的行为。"该定义不再强调法律行为的合法性,合法性只是法律行为的共相,但立法定义不在于探寻概念的共相本质,而是在于刻画构成要件。]该定义未揭明法律行为不同于其他合法民事行为概念的"种差"——以意思表示为要素。

人的行为。

2.法律行为属合法行为

有意见认为，从意思自治原则出发，法律行为应指且仅指行为人自我评价为能够发生民事法律效果的行为，而不宜以合法性为要件。因为，对行为的法律评价，应由是否准其发生法律效果的审查去担当。依本书所信，法律行为在本质上属于当事人为自己制定的规范，而不是生活事实。同时，在纠纷依诉解决中，法院也要采为裁判规范。既然为法律规范，那么，便应以合法性为要件。行为标的有违法律或者公序良俗，是无从依其意思表示内容生效的。

3.法律行为属表示行为

人的行为，依须否意思表示为要件，划分为表示行为与非表示行为。

表示行为是以意思表示为要素的民事行为。法律行为属之。作为表示行为，也就要求表意人须具行为能力。行为能力不适格者，是无从实施意思表示的。不以意思表示为要素的行为，则属非表示行为，民法学称之为"事实行为"。事实行为的法律效果由法律直接规定，而不由意思表示规定。

在多数情况下，法律行为仅由意思表示构成。但在特别情况下，例如要物行为和公示行为，则在意思表示之外，尚须其他要素齐备，方能构成法律行为，此点宜应注意。

4.法律行为是其效果规定于意思表示的行为

行为人在法律行为中所表述的目的，法律听任并保障其实现。此即意思自治原则的要求。法律行为的效果是由其意思表示规定的。

二、意思表示

(一)意思表示的意义

1.定义

意思表示是行为能力适格者发表其自由形成的私法效果目的的行为。

2.对定义的说明

1)意思表示是发表意思的行为

意思表示，顾名思义，是内心意思的发表行为或者宣示行为。

所谓意思，亦即表意人理性形成的追求特定目的的行为方案。意思形成于内心，然而唯其发表，方有法律意义。意思表示就是对内心意思的发表行为。

2)意思表示是发表私法效果意思的行为

意思表示所发表的意思，是关于权利义务得丧变更的意思。意思自治允许当事人依其意思表示设定权利，负担义务。法律行为的效果，是规定于其意思表示之中的。

3)意思表示是有意识地发表私法效果意思的行为

意思自治不仅要求意思的形成自由,而且其表示亦须自由。如果足以证明表示行为并非有意识地自由为之,例如在受人强制下不得已而签署契约,或者被人施以麻醉后被动地在契约书上按印,均不能构成对意思的表示。

4)意思表示是真实表达私法效果意思的行为

意思表示的含义,应以善意第三人的理解为准。意思表示在品质上必须达到,善意相对人所理解的意义与表意人的本意相一致。如果两者不相一致,例如错误、真意保留、通谋虚伪表示等,即不能构成意思表示。

5)表意人须行为能力适格

形成意思并且有意识地发表,均需行为能力。唯行为能力适格者,方谈得上意思表示。

(二)意思表示的类型

1.明示与默示

使用直接语汇实施的表示行为是明示。直接语汇包括口头语言、文字、表情语汇以及特定形体语汇。后者如举手招呼出租汽车,即为租用该车的表示。使用不可直接理解的语汇实施的表示行为,则为默示。对默示,相对人须参酌相关情况,经过推理方能解其意。

2.有相对人的表示与无相对人的表示

意思表示须向相对人实施者,是有相对人的表示。订立合同的要约与承诺、债务免除、合同解除、授予代理权等均属适例。相反,则是无相对人的表示。遗嘱和捐助行为均属之。有相对人的表示尚可进一步划分为对特定人的表示和对不特定人的表示;对话表示和非对话表示。

3.要式表示与非要式表示

明示的意思表示,依其是否须以法定或者约定的特别郑重方式实施,而划分为要式表示与非要式表示。为提醒当事人慎重其事,或为利害关系人得以知悉,以及为了保存证据,法律或者合同往往要求意思表示须以特别郑重的方式实施。此即要式表示。特别郑重方式有一般书面方式、公证书面方式和登记方式。凡无此项要求,行为人得随意选择表示方式者,则为非要式表示。基于意思自治理念,意思表示的方式以不要式为原则,以要式为例外。

第二节　法律行为的类型

法律行为依据不同的标准,可以划分为若干类型。这里,我们讨论其中的几种重要划分。

一、单方行为与多方行为

　　法律行为,依其意思表示的数目,分为单方行为与多方行为。由行为人一方意思表示构成的行为,是单方行为。例如,代理权授予、遗嘱、撤销权行使等。唯应注意,单方行为的"单",仅在说明意思表示属于行为人一方,而不意味着只能是一个人实施的行为。多方行为则是由多方意思表示构成的行为。多方行为又分为契约行为与共同行为。契约行为,其多个意思表示是对立统一地彼此结合的。所谓对立,系指标的的方向对立,如一方买,一方卖；一方借,一方贷等。共同行为,则其多方意思表示平行融合地相结合。易言之,标的方向同一。

二、财产行为与身份行为

　　法律行为,依其效果处于财产领域抑或身份领域,划分为财产行为和身份行为。
　　发生财产关系变动效果的行为是财产行为。财产行为可再划分为负担行为与处分行为。关于此一划分,我们下文将专项讨论。发生身份关系变动效果的行为是身份行为,可再划分为亲属行为与继承行为。前者如结婚、离婚、收养；后者则如遗嘱、接受继承与放弃继承。

三、负担行为与处分行为

　　财产行为,依其效果是否直接发生财产权移转或消灭的效果,而划分为负担行为与处分行为。
　　负担行为是发生债法上给付义务效果的财产行为,亦即使一方或者双方负担债务的行为,故而也称"债权行为"。负担行为生效后,尚须经由义务人的履行行为,方使权利人的利益实现,而无从直接发生财产权变动的效果。
　　处分行为是直接发生支配型财产权设定以及一切财产权变更或者消灭效果的行为。易言之,处分行为生效后,无须义务人的履行即直接发生财产权变动的效果。处分行为可再划分为物权行为和准物权行为。
　　物权行为是直接发生物权设定、移转或者消灭效果的处分行为。简言之,是以物权为处分对象的行为。物权行为有单独行为,如交付动产于他人以及抛弃所有权；也有契约,例如抵押权设定契约。
　　准物权行为是直接发生物权外支配型财产权设定,以及一切财产权移转或消灭效果的处分行为。简言之,是以准物权、债权和知识产权为处分对象的行为。如采矿权设定、债务免除、债权让与、权利设质等就是。

当物权行为与债权行为基于同一标的物存在时,二者的效力关系值得研究。从而有物权的公示与公信制度,以及德国法上物权行为独立性与无因性的制度。关于这方面的讨论,将在"物权总论"一章(第九章)中进行。

四、主行为与从行为

彼此关联的法律行为,依其是否具有独立性,划分为主行为与从行为。主行为是关联行为中无须相关行为存在即能成立的行为。从行为则须以相关行为为前提。例如,借贷契约与担保借款人履行债务的保证契约,构成关联行为,借贷契约为主行为,保证契约则为从行为。再如,买卖契约与违约金债权契约之间,买卖契约是主行为,违约金契约则是从行为。从行为既然以主行为为其前提,则与主行为同其命运:主行为若不成立、无效,被撤销,从行为即随其命运。

五、基本行为与补助行为

彼此关联的法律行为之间,依其有无独立的实质内容,划分为基本行为与补助行为。基本行为是关联行为中具有独立的实质内容但却以相关行为为要件的行为。例如,需法定代理人同意的限制行为能力人的行为。由于该行为有赖补助,故而又称"待补助行为"或"待追认行为"。补助行为是关联行为中不具有独立的实质内容、仅作为基本行为生效要件的行为。如上述法定代理人对于限制行为能力人所实施行为的"追认"(同意行为)。补助行为须以基本行为为前提,此点与从行为相同。但从行为具有独立的实质内容,补助行为却无之。

第三节 法律行为的有效要件

法律行为的有效要件,是该行为依其意思表示内容发生法律效力的必要条件。《民法通则》第55条集中规定了该要件。[1]包括行为能力适格、意思表示健全、标的合法妥当。我们现在就来具体讨论。

一、须行为能力适格

法律行为以意思表示为要素,因此,只有有行为能力的人方能实施。行为能力

---

[1] 对应《民法典》第143条:"具备下列条件的民事法律行为有效:(一)行为人具有相应的民事行为能力;(二)意思表示真实;(三)不违反法律、行政法规的强制性规定,不违背公序良俗。"

适格是法律对于法律行为的首要要求。它具体包括以下内容：

第一，自然人须具完全行为能力或者视为完全行为能力，方可独立实施法律行为。

第二，自然人中限制行为能力者，只能独立实施与其年龄、智力或者精神健康状况相适应的法律行为，或者经其法定代理人同意的其他法律行为。

第三，自然人中无行为能力者只能独立实施纯获利益、不负担义务，又不损害他人的法律行为。

第四，法人只能实施实现其目的事业所必要的法律行为。

二、须意思表示健全

此系对意思表示品质的要求，具体包括三个方面。

(一)意思形成自由

所谓意思形成自由，指意思由表意人独立形成，而并非他人不法强制(如胁迫、诈欺等)下形成。意思形成自由是保证意思表示真实的前提。

(二)意思表示自由

所谓意思表示自由，则指独立形成的意思在对外表示过程中也是自由的，也不是在屈从于他人不法强制的结果。

(三)意思表示真实

意思表示真实，指该表示被善意相对人理解的意义与表示人的本意相一致，而不存在诸如错误、伪装之类瑕疵的情形。

上述三个方面，互相联系，相辅相成。

三、须内容合法妥当

意思表示的内容应当不抵触强行性法律规定，不违背公共秩序和善良风俗。此系由法律行为的性质决定的，法律不听任标的违法或者不当的行为依其意思表示的内容发生效力。

此项要件主要指：

(一)须标的不抵触强行性法律规定

强行性规定种类繁多，法律行为均不得抵触。例如，不能以军火、毒品、淫秽品、受保护动植物等为交易对象,也不能以当事人并无经营权的限制流通物为交易对象,不得出售伪劣商品,雇工不得违反劳动法规,合同不得约定对造成人身伤害以及因故意或重大过失造成对方财产损失免责的条款,遗嘱不能取消缺乏劳动能力又没有生活来源的法定继承人的继承权,等等。关于法律的强行性规定,我们在研习中应注意掌握和熟悉。

(二)须标的不故意违背公共秩序和善良风俗

公共秩序和善良风俗,是人类社会的秩序性要素,而秩序则是人类生存和发展、特别是运用自己的知识达成目的的最重要条件。凡故意违背公共秩序和善良风俗的行为,均不能听任其依意思表示内容发生效力。但秩序与法律的强行性规定的效力不同。违反后者,是无条件地无效;违反前者,则以故意为条件地无效。此点须予注意。

第四节　法律行为的无效

一、概说

在实际生活中,有不少民事行为,乍看仿佛属于法律行为,但稍加考察,却发现它们欠缺法律行为的若干要件。对于其中欠缺根本性要件,严重影响交易安全者,法律便不承认其法律行为的性质,不使之依意思表示的内容发生权利义务得丧变更的效力。我们现在讨论的"法律行为的无效",指的就是这种情形。所谓"无效",指不发生法律行为的固有效力,亦即依其意思表示内容使权利义务得丧变更的效力。而不是说它们什么法律效力都没有。其实,此类行为能够引起专门的民事法律效力,这就是《民法通则》第61条规定的效力,其内容是返还原物和赔偿损失。[1]对于那些欠缺非根本性要件,可由当事人加以补救的,则给予当事人补救的机会,亦即允许他们变更、撤销或者追认。后者称之为"可变更、撤销的行为"和"效力未定行为"。而那些根本不能发生法律行为固有效力的行为,则相应称之为"无效的行为"。

本节只研究法律行为无效的问题。至于法律行为的变更和撤销,则在下一节讨论。

《民法通则》第58条规定:"Ⅰ.下列民事行为无效:(一)无民事行为能力人实施的;(二)限制民事行为能力人依法不能独立实施的;(三)一方以欺诈、胁迫的手段或者乘人之危,使对方在违背真实意思的情况下所为的;(四)恶意串通,损害国家、集

---

〔1〕 对应《民法典》第157条:"民事法律行为无效、被撤销或者确定不发生效力后,行为人因该行为取得的财产,应当予以返还;不能返还或者没有必要返还的,应当折价补偿。有过错的一方应当赔偿对方由此所受到的损失;各方都有过错的,应当各自承担相应的责任。法律另有规定的,依照其规定。"

体或者第三人利益的;(五)违反法律或者社会公共利益的;(六)经济合同违反国家指令性计划的(2009年8月27日删除);(七)以合法形式掩盖非法目的的。Ⅱ.无效的民事行为,从行为开始起就没有法律约束力。"[1]该条列举的行为,即属欠缺法律行为根本性要件、法律不承认其为法律行为,不赋予其法律行为固有效力的行为。

唯应注意,上述条文所列第二种行为,即"限制民事行为能力人依法不能独立实施的"行为,即"待补助行为"。并非当然无效,而是效力待定。学理上称之为"效力未定行为"。《民法通则》上述无效的规定,属于体系违反。此外,《合同法》对受诈欺、受胁迫两类合同,增加了"须损害国家利益"的要件(第52条第1项);对危难被乘合同的效力,则修正为得变更撤销(第54条第2款)。申言之,在合同行为,单是受诈欺和受胁迫,尚不足以无效,而须具备损害国家利益的要件,方属无效。而危难被乘合同,其效力则为可诉求变更撤销。《合同法》的上述规定,实际上是对《民法通则》相应规定的修改。[2]但由于该法只能对合同这种法律作规定,而不能对一般法律行为作规定,故而《民法通则》的相应规定仍旧存在,唯待该法修改方可变动。

二、无效行为各论

(一)无行为能力人实施的行为

无行为能力人实施的行为,不具备应有的意思表示,因而不发生法律行为固有的效力。

---

〔1〕《民法通则》第58条第1款对应《民法典》第144条"无民事行为能力人实施的民事法律行为无效"、第146条"Ⅰ.行为人与相对人以虚假的意思表示实施的民事法律行为无效。Ⅱ.以虚假的意思表示隐藏的民事法律行为的效力,依照有关法律规定处理"、第153条"Ⅰ.违反法律、行政法规的强制性规定的民事法律行为无效。但是,该强制性规定不导致该民事法律行为无效的除外。Ⅱ.违背公序良俗的民事法律行为无效"以及第154条"行为人与相对人恶意串通,损害他人合法权益的民事法律行为无效"。《民法典》中无效法律行为的类型范围小于《民法通则》第58条第1款:相对人欺诈(《民法典》第148条)、胁迫(《民法典》第150条)、危难被乘(《民法典》第151条)规定为可撤销,第三人欺诈是否可撤销视相对人是否善意而定(《民法典》第149条),限制行为能力人无法独立实施的法律行为为效力待定(《民法典》第145条)。《民法通则》第58条第2款对应《民法典》第155条"无效或者被撤销的民事法律行为自始没有法律约束力"。

〔2〕《合同法》第52条中的法律行为无效事由对应《民法典》第146条"Ⅰ.行为人与相对人以虚假的意思表示实施的民事法律行为无效。Ⅱ.以虚假的意思表示隐藏的民事法律行为的效力,依照有关法律规定处理"、第153条"Ⅰ.违反法律、行政法规的强制性规定的民事法律行为无效。但是,该强制性规定不导致该民事法律行为无效的除外。Ⅱ.违背公序良俗的民事法律行为无效"以及第154条"行为人与相对人恶意串通,损害他人合法权益的民事法律行为无效"。《合同法》第52条第1项"一方以欺诈、胁迫的手段订立合同,损害国家利益"可被《民法典》第153条第2款中的"违背公序良俗"吸收,《合同法》第52条第2项"恶意串通,损害国家、集体或者第三人利益"对应《民法典》第154条,《合同法》第52条第3项"以合法形式掩盖非法目的"对应《民法典》第146条,《合同法》第52条第4项可被《民法典》第153条第2款中的"违背公序良俗"吸收,《合同法》第52条第5项"违反法律、行政法规的强制性规定"对应《民法典》第153条第1款。

(二)受诈欺行为

1.诈欺与受诈欺行为

1)诈欺

诈欺,指故意将不真实事情表示于他人,以使之陷于错误的不法行为。

2)受诈欺行为

受诈欺行为,指因他人诈欺而陷于错误,进而作出的意思表示。此种行为的实施过程呈"诈欺"→"错误"→"意思表示"三个阶段。

2.受诈欺行为的法律要件

1)存在于诈欺人方面的要件——须有诈欺

(1)须有欺骗他人的行为

欺骗他人行为,包括虚构事实、歪曲事实或者隐匿事实诸样态。诈欺往往呈现为作为。而不作为,尤其是沉默,则须法律、合同或者商业习惯上课予告知义务时,方能构成诈欺。

(2)须有诈欺故意

诈欺故意,指欺骗他人的故意。此种故意包括两个层面:一是使相对人陷于错误的故意。即明知自己所表示的情事不真实,并且明知相对人因该行为有陷入错误的可能,而仍然实施行为的心理状态。二是使相对人基于错误而作出意思表示的故意。此两种故意,从根本上妨碍了受诈欺人意思形成的自由。

2)存在于受诈欺人方面的要件——须受诈欺而作出意思表示

(1)须受诈欺人因诈欺而陷于错误

受诈欺人陷于错误与诈欺之间须有因果关系。如果受诈欺人并不陷于错误,或者虽然陷于错误,但却非诈欺所致,则均不成立受诈欺行为。

(2)须受诈欺人因错误而作出意思表示

即错误与意思表示之间须有因果联系。如果受诈欺人虽然陷于错误,但并未因之作出意思表示;或者虽有意思表示,却非错误所致,受诈欺行为依然不能成立。

3)在意思表示内容方面——须损害国家利益

此系受诈欺合同无效的特别要件。依《合同法》第52条的规定,唯损害国家利益的受诈欺合同,方属无效。[1]

---

[1]　对应《民法典》第153条第2款:"违背公序良俗的民事法律行为无效。"《合同法》第52条第1项的重点在于"损害国家利益",而非通过"欺诈的手段",损害国家利益的行为被归属于违背公序良俗,故可被《民法典》第153条第2款所吸收。

（三）受胁迫行为

1.胁迫与受胁迫行为

1）胁迫

胁迫，指不正当地预告危害以使他人陷于恐惧的行为。

2）受胁迫行为

指因他人胁迫而陷于恐惧因而作出迎合胁迫人意思的表示行为。

2.受胁迫行为的法律要件

1）在胁迫人方面——须有胁迫行为

（1）须有胁迫行为

最高人民法院《民通意见》第69条解释道："以给公民及其亲友的生命健康、荣誉、名誉、财产等造成损害或者以给法人的荣誉、名誉、财产等造成损害为要挟，迫使对方作出违背真实的意思表示的，可以认定为胁迫行为。"

（2）须有胁迫故意

胁迫故意包括两个层面：一是使相对人产生恐惧的故意；二是使相对人因恐惧而作出迎合自己意思的表示的故意。欠缺其中任何一层，均不能成立。

（3）须预告危害属于不当

所谓不当，指违背诚实信用原则和公认道德准则之义。违法当然属于不当，但不当却不限于违法。例如，某甲对某乙说："如果不签订此项合同，则告发你所犯的罪行。"该预告并不违法，但却属不当，因为以干涉相对人的意思自由为目的。

2）在受胁迫人方面——须因受胁迫而作出迎合性意思表示

（1）须因受到胁迫而产生恐惧

如果胁迫人虽施以胁迫，但相对人并不因此恐惧；或虽有恐惧，但却非胁迫所致，则均不能构成受胁迫行为。

（2）须因恐惧作出迎合性意思表示

即胁迫人的意思表示与其恐惧之间须有因果联系。而且，其意思表示的内容，系迎合胁迫人意思。此两个方面必须同时存在，方属因恐惧作出的意思表示。如果被胁迫人并不因胁迫而恐惧，或纵生恐惧，但所实施行为却不迎合胁迫人的意思，仍不能构成受胁迫而实施的行为。因为，受胁迫而实施的行为，其瑕疵在于意思形成和表示均受到了不当干涉。

3）在意思表示内容方面——须损害国家利益

此系受胁迫合同无效的特别要件。依《合同法》第52条的规定，唯损害国家利益的受胁迫合同，方属无效。[1]

---

〔1〕 对应《民法典》第153条第2款："违背公序良俗的民事法律行为无效。"《合同法》第52条第1项的重点在于"损害国家利益"，而非通过"胁迫的手段"，损害国家利益的行为被归属于违背公序良俗，故可被《民法典》第153条第2款所吸收。

(四)恶意串通行为

恶意串通行为,指多个表意人合谋,旨在损害国家、集体或者第三人利益的不法行为。

该行为的法律要件是:

1.须表示行为与内心意思不一致

即所表示的不是行为人的真实意思。行为人内心中存在牟取不正当利益或损害他人的意思,却故意以合法行为为幌子。例如为逃避强制执行而把财产赠与他人,而当事人却没有出赠和受赠的意思。

2.须表意人了解其表示与意思不一致

此种不一致乃故意为之,而非出于过失。因过失形成的不一致称为"错误"。错误行为的效力是得变更撤销,而非当然无效。

3.须表意人与相对人恶意通谋

不但表意人单方面了解其表示虚伪,而且相对人也了解此一情况。通谋指双方就其虚伪表示有意思联络。

4.须损害国家、集体或者第三人的利益

通谋虚伪表示,依其瑕疵的严重性,本应无效。但《民法通则》却嫌不足,加上了"须损害国家、集体或者第三人的利益"的要件。其实,单是无法律依据地损害他人利益,便构成标的不法,已属无效行为。《民法通则》的规定画蛇添足。[1]

(五)违反法律或者故意违背公共秩序和善良风俗行为

法律行为的根本属性之一,在于意思表示内容的合法性。因此,意思表示如果违法,当然不属于法律行为。所谓违法,不仅指违反民法规范,也包括违反其他部门法的规范,同时包括违反国家政策,损害社会公共利益。[2]《民法通则》明定,违反国家指令性计划的经济合同,以合法形式掩盖非法目的的行为无效。以合法形式掩盖非法目的的民事行为,学理上称为伪装行为,它由表面行为与掩藏行为互为表里地构成。其表面行为因意思表示不真实而无效,而隐藏行为则因为内容违法而无效。[3]

---

〔1〕　对应《民法典》第154条:"行为人与相对人恶意串通,损害他人合法权益的民事法律行为无效。"

〔2〕　对应《民法典》第153条:"Ⅰ.违反法律、行政法规的强制性规定的民事法律行为无效。但是,该强制性规定不导致该民事法律行为无效的除外。Ⅱ.违背公序良俗的民事法律行为无效。"

〔3〕　对应《民法典》第146条:"Ⅰ.行为人与相对人以虚假的意思表示实施的民事法律行为无效。Ⅱ.以虚假的意思表示隐藏的民事法律行为的效力,依照有关法律规定处理。"与"合法形式掩盖非法目的"不同,表面行为不一定合法,隐藏行为也不一定不法。此外,通谋虚伪表示与恶意串通的区别在于,前者有两层行为,即表面行为与隐藏行为,而恶意串通可能只有一层行为。例如,第二买受人以诱使出卖人违反与第一买受人的合同为目的而与之订立合同,则出卖人与第二买受人之间的买卖合同为双方恶意串通,损害第一买受人的利益,根据《民法典》第154条,该合同无效,但此时并无隐藏行为。

三、法律行为的部分无效

一项法律行为中，如果仅其局部内容存在严重瑕疵，发生无效问题，而无瑕疵部分仍可独立设定、变更或者终止民事法律关系，那么，该行为的瑕疵部分属于无效，其余部分则仍有效。《民法通则》第60条规定："民事行为部分无效，不影响其他部分的效力的，其他部分仍然有效。"[1]例如，遗嘱未为无劳动能力又无生活来源的法定继承人保留必要的遗产份额，那么该遗嘱的这个部分无效。再如，合同中部分内容违法，而不违法的部分仍可成立的，该部分则仍然有效。

第五节　法律行为的变更和撤销

一、概说

对于欠缺非根本性要件的法律行为，民法规范给予当事人重新考虑和加以补救的机会，即赋予他们变更权和撤销权。此种行为，被称为得变更撤销行为。

《民法通则》第59条规定："I.下列民事行为，一方有权请求人民法院或者仲裁机关予以变更或者撤销：（一）行为人对行为内容有重大误解的；（二）显失公平的。II.被撤销的民事行为从行为开始起无效。"[2]《合同法》第54条规定："I.下列合同，当事人一方有权请求人民法院或者仲裁机构变更或者撤销：（一）因重大误解订立的；（二）在订立合同时显失公平的。II.一方以欺诈、胁迫的手段或者乘人之危，使对方在违背真实意思的情况下订立的合同，受损害方有权请求人民法院或者仲裁机构变更或者撤销。……"[3]该条将受诈欺、受胁迫和危难被乘合同的效力，均由《民法通

---

〔1〕　对应《民法典》第156条："民事法律行为部分无效，不影响其他部分效力的，其他部分仍然有效。"

〔2〕　《民法通则》第59条第1款第1项"行为人对行为内容有重大误解的"对应《民法典》第147条"基于重大误解实施的民事法律行为，行为人有权请求人民法院或者仲裁机构予以撤销"，《民法通则》第59条第1款第2项"显失公平的"对应《民法典》第151条中危难被乘的客观要件"致使民事法律行为成立时显失公平的"，《民法通则》第59条第2款对应《民法典》第155条"无效的或者被撤销的民事法律行为自始没有法律约束力"。

〔3〕　《合同法》第54条第1款第1项"因重大误解订立的"对应《民法典》第147条"基于重大误解实施的民事法律行为，行为人有权请求人民法院或者仲裁机构予以撤销"，《合同法》第54条第1款第2项"在订立合同时显失公平的"对应《民法典》第151条中危难被乘的客观要件"致使民事法律行为成立时显失公平的"，《合同法》第54条第2款中的"欺诈"对应《民法典》第148条"一方以欺诈手段，使对方在违背真实意思的情况下实施的民事法律行为，受欺诈方有权请求人民法院或者仲裁机构予以撤销"以及第149条"第三人实施欺诈行为，使一方在违背真实意思的情况下实施的民事法律行为，对方知道或者应当知道该欺诈行为的，受欺诈方有权请求人民法院或者仲裁机构予以撤销"（新增第三人欺诈），"胁迫"对应《民法典》第150条"一方或者第三人以胁迫手段，使对方在违背真实意思的情况下实施的民事法律行为，受胁迫方有权请求人民法院或者仲裁机构予以撤销"（新增第三人胁迫），"乘人之危"对应《民法典》第151条危难被乘的主观要件"一方利用对方处于危困状态、缺乏判断能力等情形"。

则》所规定的无效修改为得变更撤销。[1]

得变更撤销行为,在被变更或者撤销之前,具有法律行为的固有效力;而确定地不被变更撤销之后,则确定地有效;然而,当其被变更或撤销时,则溯及自始无效;而经变更者,则从变更起依其变更后的内容发生效力。

二、得变更撤销行为各论

整合《民法通则》和《合同法》的相关规定,我国民事立法规定的得变更撤销行为计有5种,即重大错误行为、显失公平行为、危难被乘行为、受诈欺而不损害国家利益行为以及受胁迫而不损害国家利益行为。现分别予以讨论。

(一)重大错误行为

1.错误与误解

1)错误

错误是因过失而使意思表示与其本意不一致行为。

2)误解

误解,指基于对他人意思表示的错误理解而实施的行为。

误解与错误不同。在误解,表意人的意思表示与其本意并无不合。误解的意思表示瑕疵,在于对所受领的相对人意思表示理解错误,从而其意思表示与相对人的本意不合。

然而,《民法通则》和《合同法》均未区分错误与误解,而混称为"重大误解行为(或合同)"。[2]

2.重大错误行为的要件

1)须有错误

如上所述,错误包括表意人方面的错误,也包括受意人的误解。其样态繁多,包括将意欲设定的法律关系性质表示或理解错误,如把出借当成赠与;行为标的的表示或理解错误,如将"汉英辞典"当成"英汉辞典";数目表示或理解错误,如把100000元当成10000元;将时间地点搞错;将当事人搞错;等等,不一而足。

2)须当事人不了解其错误

即当事人属无意中犯了错误。如属故意搞错,那构成虚伪行为,而不再是错误行为。

3)须错误性质严重

判断错误性质是否严重,须依社会共同经验,从一般人处于表意人的地位上、如无该错误则断不会实施该行为的标准来把握。最高人民法院《民通意见》第71条解释道:

---

[1]《民法典》中只存在"可撤销"效果。

[2]《民法典》第147条中称"基于重大误解实施的民事法律行为"。

"行为人因对行为的性质、对方当事人、标的物的品种、质量、规格和数量等的错误认识，使行为的后果与自己的意思相悖，并造成较大损失的，可以认定为重大误解。"[1]

（二）显失公平行为

1.显失公平行为的意义

显失公平行为，指内容明显违背公平原则的行为。

2.显失公平行为的法律要件

1）须属有偿行为

显失公平行为只发生于有偿行为，无偿行为则因其谈不上公平与否而无之。

2）须行为内容显失公平

显失公平指该行为所设定的财产上给付明显背离公平原则的情形。最高人民法院《民通意见》第72条解释道，一方当事人利用优势或者利用对方没有经验，致使双方的权利与义务明显违反公平、等价有偿原则的，可以认定为显失公平。平心而论，上述《民通意见》的补充性解释，实际上增加了"乘人之危"的要件。此一要件的增加，在事理上是不错的。但却使"显失公平"行为与"乘人之危"行为变得界限模糊了。问题出在《民法通则》第59条本身，而不在《民通意见》。事实上，与"乘人之危"隔裂的"显失公平"行为，是难以想象的，是个虚假的概念。[2]

3）须受害人出于急迫、轻率或者无经验

显失公平的受害人一方，在行为时有其自愿，然而此种自愿却有急迫、轻率或者无经验的背景。假如无上述背景，则断不会实施该行为。因而其自愿是有瑕疵的。为救济计，法律给予行为人一个变更或者撤销的补正机会。

（三）危难被乘行为

1.危难被乘行为的意义

危难被乘行为，指因危难处境被他人不正当利用而作出的内容严重不利于己的意思表示。危难被乘人的意思形成和表示，均受到了乘危人的不当干涉，违背了意思自由原则，因而法律不承认其为法律行为。

----

〔1〕 对应《民法典总则编解释》第19条第1款："行为人对行为的性质、对方当事人或者标的物的品种、质量、规格、价格、数量等产生错误认识，按照通常理解如果不发生该错误认识行为人就不会作出相应意思表示的，人民法院可以认定为民法典第一百四十七条规定的重大误解。"本款已不要求"造成较大损失"这一要件。

〔2〕《民法典》第151条将乘人之危与显失公平相结合，规定"一方利用对方处于危困状态、缺乏判断能力等情形，致使民事法律行为成立时显失公平的，受损害方有权请求人民法院或者仲裁机构予以撤销"。《民法通则》第59条第1款第2项规定的是"显失公平"，这是对给付与对待给付的等价性的客观评价。但交易奉行的是主观等值，故客观上的显失公平本身不足以推出法律行为具有效力瑕疵。另外，《民法通则》第58条第1款第3项规定了"乘人之危"，在表意人处于危困情形时，其主观效用评价会发生改变，这种改变不是相对人以不当方式引起的。如果相对人只是单纯利用了"对方处于危困状态、缺乏判断能力等情形"，而客观上并无显失公平的结果出现，则也不应认为法律行为具有效力瑕疵，否则会抑制表意人处于危难情形时的交易，从而导致难以脱困。因此，本条结合了乘人之危的主观要件与显失公平的客观要件，规定了危难被乘的法律行为效力瑕疵。

2.危难被乘行为的法律要件

1)在乘危人方面——须乘人之危

(1)须有乘人之危行为

乘人之危,指不当利用他人危难处境而遂私欲的行为。所谓危难处境,指经济上窘迫,以及生命、身体、健康、名誉、自由等方面面临或者陷于危险的态势。

(2)须有乘人之危故意

即须有使危难人迎合自己意思实施意思表示的故意。

2)在危难人方面——须作出迎合乘危人意思的意思表示

(1)须危难人有意思表示

即乘人之危与危难人的意思表示之间具有因果联系。危难人的意思表示是不得已而为之,是乘危人不当利用的结果。如果危难人临危不惧,岿然不动,是谈不上危难为人所乘行为的。

(2)须危难人的意思表示迎合乘危人意思

即危难人迎合乘危人的意思作出了意思表示。如果危难人并不迎合乘危人的意思,那么也不能构成危难被乘行为。

3)在意思表示标的方面——须后果对危难人严重不利

危难被乘行为,其内容须对表意人严重不利,亦即"显失公平"。只有如此,方确定地不能依意思表示的内容发生效力。

(四)受诈欺而不损害国家利益的合同

依《合同法》第52条的规定,受诈欺而损害国家利益的行为属无效行为,依第54条的规定,受诈欺而并不损害国家利益的行为则属得变更撤销行为。鉴于受诈欺行为已在本章第五节作过讨论,只要该行为不同时损害国家利益,其效力则为得变更撤销,故而无须赘述。[1]

(五)受胁迫而不损害国家利益合同

与受诈欺行为相同,依《合同法》第52条的规定,受胁迫而损害国家利益的行为属无效行为,依第54条的规定,不损害国家利益的受胁迫行为则属得变更撤销行为。鉴于受胁迫行为已于第五节作过讨论,而只要该行为不同时损害国家利益则其效力为得变更撤销,故而不再赘述。[2]

---

〔1〕　对应《民法典》第148条"一方以欺诈手段,使对方在违背真实意思的情况下实施的民事法律行为,受欺诈方有权请求人民法院或者仲裁机构予以撤销"以及第149条"第三人实施欺诈行为,使一方在违背真实意思的情况下实施的民事法律行为,对方知道或者应当知道该欺诈行为的,受欺诈方有权请求人民法院或者仲裁机构予以撤销"。(新增第三人欺诈)

〔2〕　对应《民法典》第150条:"一方或者第三人以胁迫手段,使对方在违背真实意思的情况下实施的民事法律行为,受胁迫方有权请求人民法院或者仲裁机构予以撤销。"(新增第三人胁迫)

三、变更与撤销

对于重大错误、显失公平行为、危难被乘以及受诈欺受胁迫却未损害国家利益的行为，法律赋予行为人以变更权和撤销权。变更指消除既有意思表示中的错误或者显失公平的成分，使之变为无瑕疵法律行为的作业。撤销即溯及地消灭既有行为的作业。

陷于不公平地位的行为人是变更权人和撤销权人。

变更权和撤销权均须依诉讼或仲裁程序行使。

变更权与撤销权在性质上属形成权，而形成权须有其除斥期间作为约束条件。依我国立法，该期间为一年，且为不变期间，无中止、中断和延长等可能。（最高人民法院《民通意见》第73条第2款规定："可变更或者可撤销的民事行为，自行为成立时起超过一年当事人才请求变更或者撤销的，人民法院不予保护。"《合同法》第55条第1项规定"具有撤销权的当事人自知道或者应当知道撤销事由之日起一年内没有行使撤销权"，该权利归于消灭。）[1]

第六节　法律行为被确认无效和撤销的效果

根据《民法通则》第61条的规定，[2]对于被确认无效和被撤销的法律行为，其处理原则是：

（一）如行为所设义务尚未履行

则因该义务已经消灭而无须履行。

（二）如所设义务已履行或在履行中

1.履行行为应予终止

因行为所设义务消灭，故而无须继续履行。

2.已履行部分依下列原则处理

1)返还原物

在给付财产的场合，受领财产的当事人一方应将原物返还于给付方。如果当事

---

〔1〕 对应《民法典》第152条："Ⅰ.有下列情形之一的，撤销权消灭：（一）当事人自知道或者应当知道撤销事由之日起一年内、重大误解的当事人自知道或者应当知道撤销事由之日起九十日内没有行使撤销权；（二）当事人受胁迫，自胁迫行为终止之日起一年内没有行使撤销权；（三）当事人知道撤销事由后明确表示或者以自己的行为表明放弃撤销权。Ⅱ.当事人自民事法律行为发生之日起五年内没有行使撤销权的，撤销权消灭。"

〔2〕 对应《民法典》第157条："民事法律行为无效、被撤销或者确定不发生效力后，行为人因该行为取得的财产，应当予以返还；不能返还或者没有必要返还的，应当折价补偿。有过错的一方应当赔偿对方由此所受到的损失；各方都有过错的，应当各自承担相应的责任。法律另有规定的，依照其规定。"

人双方对等地取得了财产,则应相互返还。

2)赔偿损失

(1)在给付财产的场合,如所受领财产已经处分或者毁损灭失而返还不能,则返还原物的义务转换为赔偿损失。

(2)如因行为被宣告无效或者撤销而给他方造成损失,则须予以赔偿。

第七节　法律行为的附款

一、法律行为附款的意义

(一)法律行为附款的定义

法律行为附款,指法律行为中用为控制该行为效力发生、存续或者消灭的专门意思表示。

(二)对定义的说明

1.附款是法律行为中意思表示的组成部分

附款存在于所附着的意思表示之中,属于该意思表示的组成部分。而并非先有一个无附款行为存在,然后再给它附加一个条件。另外,附款是表意人自己附加到意思表示之中的,而非他人不顾表意人的意愿硬塞进去的,也不是法律直接规定的。

2.附款的作用在于控制法律行为固有效力的发生、存续或消灭

附款的功能,在于控制所附着法律行为固有效力的发生、存续或者消灭。例如,甲住宅开发公司与乙建筑工程公司约定:甲公司将把今后5年的住宅建筑安装工程全部发包给乙公司,但乙公司正在施工的10座楼房,必须全部成为"全优工程",合同方能生效。取得"全优工程"就是所附条款,它是决定该承包法律行为是否发生效力的意思表示。

3.附款是未来性合法事实

附款决定法律行为效力的机制,是在意思表示中规定,某事实发生将如何,某事实不发生又将如何。因此附款须满足下列条件:

1)须为未来事实

已发生的事实无从控制法律行为效力的得丧,故而不能作为附款。

2)须为合法事实

违反法律,违反公共秩序和善良风俗的事实,不能作为附款。

3）须由表意人选定

附款属意定事实，法定事实则不属之。例如，遗嘱须因遗嘱人死亡而生效，虽然具有控制法律行为效力的作用，但却不是法律行为的附款。

（三）法律行为附款的类型

法律行为附款包括条件和期限两种类型。《民法通则》第62条规定："民事法律行为可以附条件……"[1]最高人民法院《民通意见》第76条，则以司法解释的形式肯认了法律行为的期限附款。[2]《合同法》第45条、[3]第46条[4]也规定了合同中条件和期限两种附款。法律行为的附款，是方便当事人灵活地控制法律行为效力发生或者终止的制度。

二、条件

（一）条件的意义

条件是以或然性未来事实设定的法律行为附款。

（二）对定义的说明

1.条件是法律行为的附款

条件是法律行为的附款的具体类型。法律行为附款的一切属性和特征，对条件均有效。

2.条件须为或然性事实附款

亦即其发生与否不确定的未来性事实。此点与期限不同，后者是必然事实。

（三）延缓条件与解除条件

条件依其作用，划分为延缓条件与解除条件。

1.延缓条件

延缓条件也称"停止条件"，是作用在于控制法律行为效力发生，使行为在约定

---

〔1〕 对应《民法典》第158条第1句："民事法律行为可以附条件，但是根据其性质不得附条件的除外。"

〔2〕 对应《民法典》第160条第2句与第3句："附生效期限的民事法律行为，自期限届至时生效。附终止期限的民事法律行为，自期限届满时失效。"

〔3〕《合同法》第45条第1款对应《民法典》第158条："民事法律行为可以附条件，但是根据其性质不得附条件的除外。附生效条件的民事法律行为，自条件成就时生效。附解除条件的民事法律行为，自条件成就时失效。"《合同法》第45条第2款"当事人为自己的利益不正当地阻止条件成就的，视为条件已成就；不正当地促成条件成就的，视为条件不成就"对应《民法典》第159条："附条件的民事法律行为，当事人为自己的利益不正当地阻止条件成就的，视为条件已经成就；不正当地促成条件成就的，视为条件不成就。"

〔4〕 对应《民法典》第160条："民事法律行为可以附期限，但是根据其性质不得附期限的除外。附生效期限的民事法律行为，自期限届至时生效。附终止期限的民事法律行为，自期限届满时失效。"

的事实出现时方始发生效力的条件。

2.解除条件

解除条件,是作用在于控制法律行为效力存续,使已经发生的效力在条件实现时终止的条件。

解除条件的作用,在于使所附着的已生效法律行为的效力归于消灭。如甲、乙订立房屋租赁合同,约定出租人甲的儿子结婚时合同终止。此即解除条件。

(四)条件的成就

条件的成就指作为条件的事实出现。在积极条件,以事实的出现(发生)为成就;而在消极条件,则以事实的不出现(不发生)为成就。

条件的不成就是作为条件的事实已经确定不能发生。在积极条件中,是指事实已经肯定不发生;在消极条件中,则指事实已经发生。

(五)条件对当事人的约束力

条件作为意思表示的组成部分,当然具有意思表示的效力,对于当事人自有其约束力。附延缓条件的法律行为,在条件成就时,使当事人一方取得权利,对他方,则负担义务。附解除条件的行为,条件成就时,便使当事人一方丧失权利,他方则解除义务或者回复权利。总之,条件的成就与否,对于当事人双方利害重大。条件的约束力,使当事人负有必须顺应条件的自然发展(听其自然),而不加以不当干预的义务,亦即不作为义务。如果当事人违背此项义务,恶意促成或者阻止作为条件的事实发生,那么,恶意促成条件成就的,视为条件不成就;恶意阻止条件成就的,视为条件已成就。

三、期限

(一)期限的意义

期限是以必然性未来事实设定的法律行为附款。

(二)始期和终期

期限依其控制作用,划分为始期和终期。

1.始期

始期是用为控制法律行为效力发生的期限。

在始期届至之前,法律行为的效力是休止的。期限到来,法律行为的效力方始发生。例如,双方约定,买卖的汽车在今年10月5日交货。

2.终期

终期是用为控制法律行为效力终止的期限。

在终期届至时，既有的效力便告终止。如约定租赁合同为期三年。自生效之日起三周年后的同一日历日，即为终期。

思考题：

1.什么是法律行为？

2.什么是意思表示？意思表示与法律行为的关系如何？

3.负担行为与处分行为的区别何在？

4.法律行为应当具备哪些条件？

5.《民法通则》规定的无效行为有哪些？试分别说明。

6.《民法通则》规定的得变更撤销行为有哪些？试分别说明其构成要件及变更、撤销权。

7.什么是附条件行为？试举例说明。

8.什么是附期限行为？试举例说明。

第七章　代理

内容提要　代理制度的价值，一方面是为无行为能力人和限制行为能力人参与民事生活提供条件，另一方面则是为完全行为能力自然人以及法人多方面、大空间、更有效地参与生活提供延伸性手段。代理的核心是代理权。学习本章应重点掌握代理的类型，代理权的性质、取得、行使和消灭等。从理论上，既能认识代理是发展商品经济不可缺少的工具，又能分清代理与无权代理的区别。

第一节　代理的意义与要件

一、代理的意义

（一）定义

代理是以本人名义实施或者受领意思表示，而意思表示的法律效果直接对本人发生的法律行为。[1]

（二）对定义的说明

1.代理关系涉及三方当事人

1）本人

本人亦称"被代理人"，是民事活动中需要他人意思表示予以帮助的人。

2）代理人

代理人是在代理活动中予本人以帮助，亦即代替实施意思表示的人。

3）第三人

第三人亦称"相对人"，是代理人对之实施意思表示或自其受领意思表示的人。

---

[1]《民法通则》第63条第2款给出了代理的定义："代理人在代理权限内，以被代理人的名义实施民事法律行为。被代理人对代理人的代理行为，承担民事责任。"［对应《民法典》第162条："代理人在代理权限内，以被代理人名义实施的民事法律行为，对被代理人发生效力。"］该定义大体可取，唯"承担民事责任"，依其本义，应指因不法行为而对受害人承担民事责任。但依该款的逻辑，却应为"取得法律效果"之义。

2.代理属于法律行为

代理在性质上属于法律行为,此点已为《民法通则》第63条第2款所明定。[1]

3.代理是向相对人为意思表示或自相对人受意思表示

意定代理的对象为有相对人行为。故其意思表示须向相对人实施,或自相对人受领意思表示。唯其如此,代理必定涉及第三人。法定代理另当别论。

4.代理须以本人名义实施

既为代理,则在行为之际须揭明其旨趣,亦即以本人名义实施行为。只有如此,代理的效果方直接对本人发生。如果并不揭明本人名义,便属行为人的自己行为。其效果无从对本人发生。此即代理的"显名主义"。唯应注意,在行为之际虽未揭明代理名义,但有其他情形足以推知行为人有此意思,并为相对人所明知或可得而知者,亦能成立代理。此即所谓"隐名代理"。与此对应,在行为之际即以本人名义实施的代理,则为"显名代理"。

5.代理的法律效果直接对本人发生

代理的效果,即代理中意思表示所描述的效果,该效果直接归于本人。所谓直接,系指自始并当然地对本人发生,而非先由代理人承受,然后再移转于本人。

二、代理的法律要件

(一)须充分法律行为的一般要件

代理既为法律行为,则其须充分法律行为的一般要件,自不待言。在立法例上,代理有显名主义与隐名主义之分。《民法通则》原采显名主义,但《合同法》则肯认隐名代理。由于两种代理在要件上有较大区别,故须分别加以讨论。

(二)代理的特别成立要件

1.须有第三人

代理必然涉及第三人,故而须有该方当事人存在。

2.须向第三人发出或自第三人受领意思表示

代理既属法律行为,即须实施意思表示。因而归结为向相对人发出意思表示,或者自相对人受领意思表示。此外,既为意思表示,即须充分意思表示的要件,始为成立和生效。若不能充分该要件,则不成立代理行为。

3.须以本人名义

代理人在代理之际,须以本人名义。此要件之必要,构成"显名主义"原则。《民

---

[1] 对应《民法典》第161条第1款:"民事主体可以通过代理人实施民事法律行为。"

法通则》第63条采严格显名原则，[1]迨于《合同法》第402条，[2]方肯认隐名代理。

(三)代理的特别生效要件

1.须以得代理行为为标的

1)须属法律行为

代理的标的须为法律行为，解释《民法通则》第63条第2款，可知此义。[3]

2)须属财产行为

身份行为的专属性质，决定了其不具代理性。结婚、离婚、收养及认领非婚生子女的行为，均不许代理。最高人民法院《民通意见》第78条解释道："凡是依法或者依双方的约定必须由本人亲自实施的民事行为，本人未亲自实施的，应当认定行为无效。"[4]

2.须依代理权

代理权是代理效果归诸本人的关键。所谓代理权，即得以本人名义实施法律行为，并使行为效果直接对于本人发生的法律资格。代理权系代理的核心要件，其他要件，多以之为前提。

须依代理权的含义有二：(1)须有代理权存在；(2)须在代理权的范围之内实施行为。《民法通则》第63条第2款规定："代理人在代理权限内，以被代理人的名义实施民事法律行为。被代理人对代理人的代理行为，承担民事责任。"[5]第64条第2款规定："委托代理人按照被代理人的委托行使代理权，法定代理人依照法律的规定行使代理权，指定代理人按照人民法院或者指定单位的指定行使代理权。"[6]上述规定，皆示明代理须谨依代理权内容和范围之旨。

3.须为本人计算

为本人计算，指代理行为须以本人利益为取向。此系代理权所存储的价值之所在。凡旨在侵害本人利益的行为，均不能构成代理。法定代理人的利己行为、自己契约和双方代理，均为法所不许。

---

〔1〕对应《民法典》第162条中的"以被代理人名义"。

〔2〕《合同法》第402条规定："受托人以自己的名义，在委托人的授权范围内与第三人订立的合同，第三人在订立合同时知道受托人与委托人之间的代理关系的，该合同直接约束委托人和第三人，但有确切证据证明该合同只约束受托人和第三人的除外。"［对应《民法典》第925条："受托人以自己的名义，在委托人的授权范围内与第三人订立的合同，第三人在订立合同时知道受托人与委托人之间的代理关系的，该合同直接约束委托人和第三人；但是，有确切证据证明该合同只约束受托人和第三人的除外。"］

〔3〕对应《民法典》第161条第1款："民事主体可以通过代理人实施民事法律行为。"

〔4〕对应《民法典》第161条第2款："依照法律规定、当事人约定或者民事法律行为的性质，应当由本人亲自实施的民事法律行为，不得代理。"

〔5〕对应《民法典》第162条："代理人在代理权限内，以被代理人名义实施的民事法律行为，对被代理人发生效力。"

〔6〕对应《民法典》第163条："Ⅰ.代理包括委托代理和法定代理。Ⅱ.委托代理人按照被代理人的委托行使代理权。法定代理人依照法律的规定行使代理权。"

法定代理人利用地位之便，实施利于自己却不利于被监护人的行为，是法律禁止的不为本人计算行为。《民法通则》第18条第1款规定："监护人……除为被监护人的利益外，不得处理被监护人的财产。"[1]

自己契约是代理人乘代理之便而自己与本人订立的契约。例如某甲授权某乙代售其屋，该乙却自己买下该屋是。契约乃双方法律行为，当事人通过竞争而实现其利益的对立统一；在自己契约，却被转换为代理人的单方行为，不仅契约的本质被阉割，而且，因竞争之被抽掉，亦难期其公正。

双方代理是代理人同时代理当事人双方订立契约的情形。例如，某甲授权某乙代购A物，而某丙则授权该乙出卖A物，乙同时代理甲与丙订立买卖A物的契约是。禁止双方代理的法理，与自己契约相同。

（四）隐名代理的特别要件

《合同法》第402条和第403条的规定，涉及隐名代理和外贸惯例中的"间接代理"（"行纪"），[2]故而更有讨论的必要。隐名代理的特别要件是：

1.须未以本人名义实施行为

以本人名义实施，即成显名代理，而不复为隐名代理了。

2.须相对人知道或可得而知行为的代理性质

代理在行为之际虽未以本人名义，但依其情形，若相对人知道或可得而知该行为为代理的情事，仍能成立代理。《合同法》第402条规定："受托人以自己的名义，在委托人的授权范围内与第三人订立的合同，第三人在订立合同时知道受托人与委托人之间的代理关系的，该合同直接约束委托人和第三人，但有确切证据证明该合同只约束受托人和第三人的除外。"[3]该条的不足是，仅列明第三人知道的要件，而未列明第三人对代理情事可得而知的要件。实际上，如果第三人可得而知，亦应成立隐名代理。

（五）《合同法》第403条所规定的受任人行为

《合同法》第403条第1款及第2款所规定的委任关系中受任人的行为如下："I.受托人以自己的名义与第三人订立合同时，第三人不知道受托人与委托人之间的代理关系的，受托人因第三人的原因对委托人不履行义务，受托人应当向委托人披露第三人，委托人因此可以行使受托人对第三人的权利，但第三人与受托人订立

---

〔1〕 对应《民法典》第35条第1款："监护人应当按照最有利于被监护人的原则履行监护职责。监护人除为维护被监护人的利益外，不得处分被监护人的财产。"

〔2〕《民法典》第925条规定的是隐名代理，《民法典》第926条规定的是间接代理。

〔3〕 对应《民法典》第925条："受托人以自己的名义，在委托人的授权范围内与第三人订立的合同，第三人在订立合同时知道受托人与委托人之间的代理关系的，该合同直接约束委托人和第三人；但是，有确切证据证明该合同只约束受托人和第三人的除外。"

合同时如果知道该委托人就不会订立合同的除外。Ⅱ.受托人因委托人的原因对第三人不履行义务,受托人应当向第三人披露委托人,第三人因此可以选择受托人或者委托人作为相对人主张其权利,但第三人不得变更选定的相对人。"[1]上述两款所规定的受任人以自己名义与第三人订立契约,在性质上非属市民法的隐名代理,而为外贸惯例中的间接代理,已如上述。

1.外贸惯例中的间接代理

外贸惯例中的间接代理,是代理人以自己名义与相对人订立契约,经相对人承认而使本人取代代理人地位参加该契约债务不履行事务处理的代理。

间接代理与隐名代理的区别是:在法律要件上,无须相对人知道或可得而知受任人的行为应属代理的法律要件,因而须以相对人承认为要件。在法律效果上,仅发生令本人取代代理人地位参加契约不履行事务处理的效果。而与隐名代理令本人自始承受代理的效果、作为所订立契约的当事人不同。

依《合同法》上述条文的规定,间接代理的效力是,以契约纠纷发生后受任人揭明"代理"名义且为第三人承认为要件,该契约即由委任人取代受任人在与第三人之间的契约中的地位,使该契约转变为委任人与第三人的之间的契约,使本人取得与相对人解决契约纠纷地位。

2.不获相对人承认的法律效果

如显名后不获第三人承认,则为市民法上的间接代理,亦即"行纪"。

三、代理的类型

(一)意定代理与法定代理

代理依其代理权发生的条件,划分为意定代理与法定代理。

1.意定代理

意定代理是基于本人代理权授予的意思而生的代理。例如,甲工厂授权乙外贸公司代购某项进口原料。"意定代理",《民法通则》称之为"委托代理"。[2]依本书所信,"意定代理"语义较委托代理精确。

依照劳动或雇佣关系中的职务而取得代理权,是所谓"职务代理"。如商店售

---

[1] 对应《民法典》第926条:"Ⅰ.受托人以自己的名义与第三人订立合同时,第三人不知道受托人与委托人之间的代理关系的,受托人因第三人的原因对委托人不履行义务,受托人应当向委托人披露第三人,委托人因此可以行使受托人对第三人的权利。但是,第三人与受托人订立合同时如果知道该委托人就不会订立合同的除外。Ⅱ.受托人因委托人的原因对第三人不履行义务,受托人应当向第三人披露委托人,第三人因此可以选择受托人或者委托人作为相对人主张其权利,但是第三人不得变更选定的相对人。Ⅲ.委托人行使受托人对第三人的权利的,第三人可以向委托人主张其对受托人的抗辩。第三人选定委托人作为其相对人的,委托人可以向第三人主张其对受托人的抗辩以及受托人对第三人的抗辩。"

[2] 《民法典》中亦称之为"委托代理"(《民法典》第一编第七章第二节即为"委托代理")。

货员依其职务售货、公共汽车的售票员售票、工厂的采购员为该厂订立购货契约。职务代理的代理权也因授权行为而取得，因而属意定代理的具体类型。

2.法定代理

法定代理是因法律规定的身份或者资格而取得代理权的代理。《民法通则》第14条规定："无民事行为能力人、限制民事行为能力人的监护人是他的法定代理人。"[1]第16条、[2]第17条[3]尚规定了法定代理的有关要求。该法第64条第2款所称的指定代理，乃是法定代理的具体形态。[4]

（二）单独代理与共同代理

代理依其代理权属于一人抑或多人，划分为单独代理与共同代理。

1.单独代理

单独代理是代理权属于一人的代理。无论意定代理抑或法定代理，均可产生单独代理。

2.共同代理

共同代理是代理权属于两个以上的人的代理。共同代理与单独代理的区别，仅在代理权共同地属于两个以上的人。共同代理人之间，形成共同关系，其代理权应共同行使。

（三）本代理与复代理

本人为同一人的相关联的代理，依其代理人的选任者是本人抑或代理人，划分为本代理与复代理。

1.本代理

本代理是代理人由本人选任或者依照法律规定而产生的代理。

2.复代理

复代理是代理人基于复任权而选任的代理人所实施的代理。例如，甲代理乙采购货物，又选任丙也为乙采购货物，丙即为复代理人，丙的代理行为即为复代理。唯应注意，复代理人仍属本人的代理人，而非代理人的代理人。因为，如属于后者，即无从称为复代理人。

---

〔1〕 对应《民法典》第23条："无民事行为能力人、限制民事行为能力人的监护人是其法定代理人。"

〔2〕 对应《民法典》第27条："Ⅰ.父母是未成年子女的监护人。Ⅱ.未成年人的父母已经死亡或者没有监护能力的，由下列有监护能力的人按顺序担任监护人：（一）祖父母、外祖父母；（二）兄、姐；（三）其他愿意担任监护人的个人或者组织，但是须经未成年人住所地的居民委员会、村民委员会或者民政部门同意。"

〔3〕 对应《民法典》第28条："无民事行为能力或者限制民事行为能力的成年人，由下列有监护能力的人按顺序担任监护人：（一）配偶；（二）父母、子女；（三）其他近亲属；（四）其他愿意担任监护人的个人或者组织，但是须经被监护人住所地的居民委员会、村民委员会或者民政部门同意。"

〔4〕《民法典》中未单独规定"指定代理"。

第二节　代理权

一、代理权的意义

代理权是得以本人名义为意思表示或者受意思表示，而其效果直接对本人发生的法律资格。

代理权名为权利，实为权限。因为：

(1)代理权只是得据之实施代理行为的法律资格，其内容既包含权利，又包含义务，显然并非纯权利，而属资格。(2)代理权要求代理人据之实施行为之际，须为本人计算，其效果直接归属于本人。质言之，代理权与代理人自己的利益并无必然联系。与行为人利益无关的地位，其不属权利，而属权限，自不待言。《民法通则》第65条第2款使用了"权限"的用语，殊为准确。[1]

二、代理权的发生

(一)法定代理权的发生

法定代理权因具备法律规定的地位而当然发生，亲权人(未成年人的父母是未成年人的"亲权人")、监护人是未成年人或者成年精神病人的法定代理人。

(二)意定代理权的发生

意定代理权经由本人的授权行为而发生。此种授权行为，系有相对人的单方法律行为，仅由本人的意思表示即可成立。

三、代理权的范围

代理行为，须在代理权的范围之内实施，方属有效；如逾越代理权的范围，则构成代理权的滥用。认定代理权范围的界限，在法定代理，应以法律规定为准；在意定代理，则以授权的意思表示为准。如其意思不明，则须予以解释。在实务上，有以所谓"空白委任状"、概括授权"介绍信"，以及盖有本人名章的空白定型化合同书授权者。对此种授权行为，不宜解释为代理权漫无限制，而应斟酌本人与代理人的基础法律关系以及附随情况，慎重解释。《民法通则》第65条第2款规定："书面委托代理的授权委托书应当载明代理人的姓名或者名称、代理事项、权限和期间，并由委

---

[1]《民法典》第162条中使用的也是"权限"一词。

托人签名或者盖章。"[1]第3款规定："委托书授权不明的,被代理人应当向第三人承担民事责任,代理人负连带责任。"[2]

允许作为代理标的的行为,须为合法行为。《民法通则》第67条规定："代理人知道被委托代理的事项违法仍然进行代理活动的,或者被代理人知道代理人的代理行为违法不表示反对的,由被代理人和代理人负连带责任。"[3]

四、代理权的消灭

(一)代理权部分消灭

代理权部分消灭,通常发生在意定代理,其情形为代理权限缩。是对既有代理权内容或者范围的限制与收缩。而一旦限缩,被排除在外的原有权限即告消灭。例如,甲公司原授权乙商店代购代销商品,后把代理权限为代销,其代购权即消灭。

(二)代理权全部消灭

代理权全部消灭,既发生于意定代理,也发生于法定代理。《民法通则》第69条[4]和第70条[5]作了规定。其要件可归纳为:

1.意定法定代理的共同要件

1)本人死亡或法人终止。本人既已死亡、终止,代理权原则上即应消灭。但依最高人民法院《民通意见》第82条,在下列场合,却不终止:(1)代理人非因过失而不知本人死亡;(2)法律或基本法律关系有不因本人死亡而终止代理权的规定或约定;(3)代理人负有紧急处置代理事务的义务。[6]

2)代理人死亡。代理人死亡,代理权即失去其担当者,从而当然消灭。

3)代理人沦为无行为能力人。代理人沦为无行为能力人,即当然丧失执行代理事务的能力,其代理权不得不消灭。然而,仅一时陷于无意思能力状态,尚不足以充

---

[1] 对应《民法典》第165条："委托代理授权采用书面形式的,授权委托书应当载明代理人的姓名或者名称、代理事项、权限和期限,并由被代理人签名或者盖章。"

[2] 该规定已删除。

[3] 对应《民法典》第167条："代理人知道或者应当知道代理事项违法仍然实施代理行为,或者被代理人知道或者应当知道代理人的代理行为违法未作反对表示的,被代理人和代理人应当承担连带责任。"

[4] 对应《民法典》第173条："有下列情形之一的,委托代理终止:(一)代理期限届满或者代理事务完成;(二)被代理人取消委托或者代理人辞去委托;(三)代理人丧失民事行为能力;(四)代理人或者被代理人死亡;(五)作为代理人或者被代理人的法人、非法人组织终止。"

[5] 对应《民法典》第175条："有下列情形之一的,法定代理终止:(一)被代理人取得或者恢复完全民事行为能力;(二)代理人丧失民事行为能力;(三)代理人或者被代理人死亡;(四)法律规定的其他情形。"

[6] 对应《民法典》第174条："Ⅰ.被代理人死亡后,有下列情形之一的,委托代理人实施的代理行为有效:(一)代理人不知道且不应当知道被代理人死亡;(二)被代理人的继承人予以承认;(三)授权中明确代理权在代理事务完成时终止;(四)被代理人死亡前已经实施,为了被代理人的继承人的利益继续代理。Ⅱ.作为被代理人的法人、非法人组织终止的,参照适用前款规定。"

分此项要件。

2.意定代理的特别要件

1)代理事务完成。代理事务完成,代理权即无存在必要,故应消灭。

2)代理权附有终期而期限届满。期限届满当然构成代理权终止的条件。

3)本人破产。破产人的行为能力已经缩小到清算的必要范围之内。而清算事务则由清算人执行,无庸原代理人插手。故在本人破产时,其授予他人的代理权即不得不终止。

4)代理人破产。其情形与要件三相同。而且破产人也难为本人继续信任,故而其代理权不得不消灭。

5)代理权被全部撤回。《民法通则》第69条称为"取消委托"。[1]

6)代理人辞卸代理权。《民法通则》第69条称为"辞去委托"。[2]

3.法定代理的特别要件

1)本人取得或者恢复完全行为能力。

2)监护人资格被撤销。法定代理人既然以监护人资格为前提,故监护人资格被撤销,当然无从保有法定代理人地位。

第三节　无权代理

一、无权代理的意义

无权代理指非基于代理权而以本人名义实施的旨在归属其法律效果于本人的行为。

《民法通则》第66条第1款规定:"没有代理权、超越代理权或者代理权终止后的行为,只有经过被代理人的追认,被代理人才承担民事责任。未经追认的行为,由行为人承担民事责任。本人知道他人以本人名义实施民事行为而不作否认表示的,视为同意。"[3]此即关于无权代理的基本规定。

---

〔1〕　对应《民法典》第173条第2项中的"被代理人取消委托"。

〔2〕　对应《民法典》第173条第2项中的"代理人辞去委托"。

〔3〕　《民法通则》第66条第1款第1句"没有代理仅、超越代理权或者代理权终止后的行为,只有经过被代理人的追认,被代理人才承担民事责任"对应《民法典》第171条第1款"行为人没有代理权、超越代理权或者代理权终止后,仍然实施代理行为,未经被代理人追认的,对被代理人不发生效力",第2句"未经追认的行为,由行为人承担民事责任"对应《民法典》第171条第3款"行为人实施的行为未被追认的,善意相对人有权请求行为人履行债务或者就其受到的损害请求行为人赔偿。但是,赔偿的范围不得超过被代理人追认时相对人所能获得的利益",第3句"本人知道他人以本人名义实施民事行为而不作否认表示的,视为同意"已删除。

二、表现代理

（一）意义

表现代理是因本人的行为造成了足以令人相信某人具有代理权的外观，本人须对之负授权人责任的代理。

《合同法》第49条明确规定了此种代理。此外，《民法通则》第66条第1款及第4款实质上也是关于表现代理的规定。[1]

（二）类型

1. 授权表示型表现代理

授权表示型表现代理，是以自己的行为表示授予他人代理权，或者知悉他人以其代理人名义实施行为而不作反对表示，从而须对之负授权人之责的表现代理。但是，第三人明知或者应知其无代理权者，不在此限。《民法通则》第66条第4款规定："第三人知道行为人没有代理权……还与行为人实施民事行为给他人造成损害的，由第三人和行为人负连带责任。"对该款进行反向解释，那么，若第三人善意不知行为人无代理权，且因本人的行为导致足以令人信其有代理权的情形，即应成立授权表示型表现代理。[2]此外，《民法通则》第66条第1款也规定"本人知道他人以本人名义实施民事行为而不作否认表示的，视为同意"（此处"同意"应指"承认"）。[3]

2. 权限逾越型表现代理

权限逾越型表现代理，即代理权嗣后被限缩，却因限权人的行为造成足以令人信其未被限缩的外观而发生的表现代理。此型表现代理的规范，可自《民法通则》第66条第4款之反向解释，并参酌民法规范的体系因素而推出。[4]

3. 权限延续型表现代理

权限延续型表现代理，即代理权被全部撤回，却因撤权人的行为造成足以令人信其代理权存续的外观，而发生的表现代理。此型表现代理的规范，也可自《民法通则》第66条第4款之反向解释，并参酌民法规范的体系因素推出。[5]

---

[1]《民法典》第172条规定："行为人没有代理权、超越代理权或者代理权终止后，仍然实施代理行为，相对人有理由相信行为人有代理权的，代理行为有效。"

[2] 对应《民法典》第172条中"行为人没有代理权……仍然实施代理行为，相对人有理由相信行为人有代理权的，代理行为有效"。

[3] 该规定已删除。

[4] 对应《民法典》第172条中"行为人……超越代理权……仍然实施代理行为，相对人有理由相信行为人有代理权的，代理行为有效"。

[5] 对应《民法典》第172条中"行为人……代理权终止后，仍然实施代理行为，相对人有理由相信行为人有代理权的，代理行为有效"。

三、狭义无权代理

(一)意义

无代理权而以本人名义实施行为且不能充分表现代理要件者,为狭义无权代理。此种无权代理,又称真正无权代理。

(二)效果

1.在本人与相对人之间

1)本人有追认权

《民法通则》第66条第1款规定:无权代理"只有经过被代理人的追认,被代理人才承担民事责任"。[1]此即本人享有追认权的规范依据。"未经追认的行为,由行为人承担民事责任。"[2]即本人并无追认义务。

追认权属于形成权。其行使,原则上明示默示均无不可。但对默示,《民法通则》与《合同法》的规定不尽相同。《民法通则》第66条第1款规定:"……本人知道他人以本人名义实施民事行为而不作否认表示的,视为同意。"[3]依此规定,默示的法定解释为"追认"。而依《合同法》第48条第2款:"相对人可以催告被代理人在一个月内予以追认。被代理人未作表示的,视为拒绝追认。……"[4]默示的法定含义却是"不予追认"。似乎彼此矛盾。其实,二者并无矛盾。《民法通则》的规定适用于无催告场合,而在有催告场合,则适用《合同法》的规定。

2)相对人有催告权

《合同法》第48条第2款规定:"相对人可以催告被代理人在一个月内予以追认。……"[5]

3)相对人有撤回权

在本人未为承认之时,相对人有撤回权。我国《合同法》第48条第2款规定:"……合同被追认之前,善意相对人有撤销的权利。撤销应当以通知的方式作出。"[6]该款所称之"撤销",自逻辑言之,应为撤回,即将意思表示撤回之义,而与法律行

---

〔1〕 对应《民法典》第171条第1款中"未经被代理人追认的,对被代理人不发生效力"。

〔2〕 对应《民法典》第171条第3款:"行为人实施的行为未被追认的,善意相对人有权请求行为人履行债务或者就其受到的损害请求行为人赔偿。但是,赔偿的范围不得超过被代理人追认时相对人所能获得的利益。"

〔3〕 该规定已删除。

〔4〕 对应《民法典》第171条第2款第1句与第2句:"相对人可以催告被代理人自收到通知之日起三十日内予以追认。被代理人未作表示的,视为拒绝追认。"

〔5〕 对应《民法典》第171条第2款第1句:"相对人可以催告被代理人自收到通知之日起三十日内予以追认。"

〔6〕 对应《民法典》第171条第2款第3句与第4句:"行为人实施的行为被追认前,善意相对人有撤销的权利。撤销应当以通知的方式作出。"

为之撤销不同。

2.在无权代理人与相对人之间

1）在无权代理经本人追认场合

无权代理如经本人承认，即溯及行为之时转换为真正代理。无权代理人与相对人之间便不生效果归属关系。

2）在无权代理不获本人追认场合

如果本人对无权代理不予追认，无权代理人对于善意相对人，即有《民法通则》第59条及第61条所规定的责任。[1]

3.在本人与无权代理人之间

1）无因管理

无权代理行为，如果事实上系为本人利益计算，本人与"代理人"之间即成立无因管理，而适用无因管理的规定；若本人承认管理事务，则适用关于委任合同的规定。

2）侵权行为

若无权代理事实上对于本人不利益，并使其受有损害，即构成侵权行为，须依《民法通则》第61条、第106条、第117条之规定，对本人负其责任。[2]

思考题：

1.什么是代理？其特征如何？

2.什么性质的行为不适用代理？

3.代理和法人代表人的职权行为有何不同？

4.代理有哪些种类？并试述各类型。

5.什么是无权代理？它有哪些种类？对无权代理可有哪些处理方式？

---

〔1〕 无权代理人对于善意第三人的权利已明确规定于《民法典》第171条第3款："行为人实施的行为未被追认的，善意相对人有权请求行为人履行债务或者就其受到的损害请求行为人赔偿。但是，赔偿的范围不得超过被代理人追认时相对人所能获得的利益。"

〔2〕 对应《民法典》第164条第2款"代理人和相对人恶意串通，损害被代理人合法权益的，代理人和相对人应当承担连带责任"，以及第171条第4款"相对人知道或者应当知道行为人无权代理的，相对人和行为人按照各自的过错承担责任"。

第八章　诉讼时效

内容提要　诉讼时效制度的价值在于督促当事人及时行使救济权,加速民事流转,稳定财产关系,以及利于诉讼便于取证。诉讼时效的中心点是适用的权利类型、法律要件、法律效果与时间。学习中应注意掌握这些内容。

第一节　概说

一、诉讼时效的意义

(一)定义

诉讼时效是债权人怠于行使权利的状态持续到法定期间,其公力救济权归于消灭的制度。

(二)说明

1.诉讼时效是消灭时效

诉讼时效的效果,在于消灭一定权利,故而属于消灭时效,而与因法定占有事实的存续达于法定期间而使占有人取得权利的"取得时效"不同。取得时效是罗马法以来所有权上的制度,指非权利人善意、和平和公开占有他人的物达到法定期间,即取得该物所有权的时效制度。我国立法未肯认取得时效。

2.诉讼时效是以救济权怠于行使为要件的时效

如上所述,市民法有两种时效,即取得时效与消灭时效。其中取得时效适用于物权,消灭时效则适用于请求权,故而诉讼时效以请求权人怠于行使权利,且其怠于状态达到法定期间为要件。然而,请求权是个庞大的体系,并非全部请求权皆适用诉讼时效,而仅其中的债权性救济权方适用之(关于此点,将在下文讨论),故而诉讼时效以救济权怠于行使为要件。

3.诉讼时效是消灭债权性救济权的时效

诉讼时效的效力在于消灭怠于行使的债权性救济权。详细讨论让诸本章第二节第二目"罹于诉讼时效的法律效果"。

二、诉讼时效的对象

诉讼时效适用于何种类型的权利,事关诉讼时效制度的价值,必须究明。

(一)诉讼时效的对象应为请求权

民法学理论认为,诉讼时效以请求权为其对象,而不适用于支配权。这是因为,唯请求权,其行使方有法律督促的必要。请求权须义务人的给付来实现。其行使关涉义务人的利益。如果权利人在相当长的期间内不行使权利,不免产生意欲抛弃权利、义务人无须给付的外观。长此以往,便足以令法律关系不稳定,从而法律有予以督促的必要。支配权则不同,其实现仅需权利人的单方行为,而无须义务人的给付。其行使与否,完全是权利人一己的私事,从而无须法律予以督促。

关于诉讼时效适用的权利类型,《民法通则》无明确规定,但可以由解释间接探知。该法第139条规定:"在诉讼时效期间的最后六个月内,因不可抗力或者其他障碍不能行使请求权的,诉讼时效中止。……"[1]该条使用了"不能行使请求权"的表述,间接表明诉讼时效的对象为请求权。此外,第138条规定:"超过诉讼时效期间,当事人自愿履行的,不受诉讼时效限制。"[2]须义务人履行的权利,肯定为请求权。此条也间接说明了诉讼时效的对象为请求权。第140条规定:"诉讼时效因提起诉讼、当事人一方提出要求或者同意履行义务而中断。……"[3]"提出要求或者同意履行义务"的用语,也间接说明了诉讼时效的对象为请求权。其他条文,也反复涉及了此一问题。

(二)诉讼时效的对象应为救济权型请求权

诉讼时效是督促当事人及时行使救济权的制度,因而仅对救济权有其适用。作为原权,在其受到侵害时自有救济权以为保护,故而无须只要行使为其固有的救济权,即能得到救济。《民法通则》第135条规定"向人民法院请求保护民事权利的诉讼时效期间为二年",[4]既言"请求保护民事权利",即已揭明,诉讼时效是与救济

---

〔1〕 对应《民法典》第194条第1款:"在诉讼时效期间的最后六个月内,因下列障碍,不能行使请求权的,诉讼时效中止:(一)不可抗力;(二)无民事行为能力人或者限制民事行为能力人没有法定代理人,或者法定代理人死亡、丧失民事行为能力、丧失代理权;(三)继承开始后未确定继承人或者遗产管理人;(四)权利人被义务人或者其他人控制;(五)其他导致权利人不能行使请求权的障碍。"

〔2〕 对应《民法典》第192条第2款:"诉讼时效期间届满后,义务人同意履行的,不得以诉讼时效期间届满为由抗辩;义务人已经自愿履行的,不得请求返还。"

〔3〕 对应《民法典》第195条:"有下列情形之一的,诉讼时效中断,从中断、有关程序终结时起,诉讼时效期间重新计算:(一)权利人向义务人提出履行请求;(二)义务人同意履行义务;(三)权利人提起诉讼或者申请仲裁;(四)与提起诉讼或者申请仲裁具有同等效力的其他情形。"

〔4〕 对应《民法典》第188条第1款:"向人民法院请求保护民事权利的诉讼时效期间为三年。法律另有规定的,依照其规定。"

权相对应的制度。第137条规定："诉讼时效期间从知道或者应当知道权利被侵害时起计算。但是，从权利被侵害之日起超过二十年的，人民法院不予保护。……"[1]以知道或者应当知道权利被侵害作为时效期间的始点，亦即以契约债权以及侵权型债权得行使之时作为始点。该条暗含了诉讼时效的对象为救济权。

(三)诉讼时效的对象应为财产权型救济权

诉讼时效系以财产权为客体的制度，人身权的利益事关自然人的生命和自由，不容褫夺，当然不适用因不及时行使便罹于消灭的诉讼时效。此外，基于身份而生的请求权，尽管其性质亦为财产性请求权，但却系该身份权的权能，因而属于身份权的要素，故不适用诉讼时效。

(四)诉讼时效的对象应为债权性救济权

救济权依其效力，划分为支配权性救济权和债权性救济权。前者的效力在于回复被侵害支配权的圆满状态，强调返还原物、停止侵害和排除妨害。后者则强调债权的金钱补偿。诉讼时效不应适用于支配权上的救济权。因为，支配权上救济权，包括停止侵害、排除妨害、防止妨害、回复原状和返还原物等项救济权，若许其单独罹于时效，则其原权难免有名无实。例如，当物被他人侵夺，若其返还请求权罹于时效而消灭，所有权人不得求为公力救济，其所有权必当名存实亡。可见，诉讼时效的对象应为债权性救济权，包括侵权行为所生的赔偿请求权以及对债权的补正给付、赔偿损失请求权。

三、诉讼时效的制度价值

(一)维护交易秩序和交易安全

请求权人长期怠于行使权利，即不免使人疑其有放弃该权利的意思。如果听任此种状态存在，便易使法律关系处于不稳定状态。相反，法律明确规定权利保护期间，则有助于法律关系的及时清结，有利于交易秩序和交易安全。

(二)促进救济权行使的速度

诉讼时效有催促救济权人及时行使权利的积极意义，这既不增加权利人的负担，也不增加义务人的义务，而只能提高权利行使的效率。

---

〔1〕　对应《民法典》第188条第2款："诉讼时效期间自权利人知道或者应当知道权利受到损害以及义务人之日起计算。法律另有规定的，依照其规定。但是，自权利受到损害之日起超过二十年的，人民法院不予保护，有特殊情况的，人民法院可以根据权利人的申请决定延长。"

（三）降低诉讼中的证明费用

另外，听任权利人长期怠于行使权利的状态存在，也对诉讼构成威胁。如果权利人在年代久远之后，诉求保护其权利，必然带来证据上的困难。远不如及时了结法律关系的好。

第二节　诉讼时效的要件与效果

一、诉讼时效的法律要件

（一）须有债权性救济权存在

如第一节所述，诉讼时效的对象为债权性救济权。因此，该类救济权存在，成为诉讼时效的首要条件。

（二）须有债权性救济权怠于行使的事实

1.须有救济权不行使事实

救济权怠于行使，是故意过失不行使权利的状态。因此，权利不行使的事实存在，是权利怠于行使的核心要件。

2.须权利人知道其救济权存在

知晓自己的权利存在，是行使该项权利的前提。如果权利人并不知道或者不应知道自己有该项救济权，怠于行使无从谈起。唯其如此，诉讼时效期间是从权利人知道或者应当知道自己的权利被侵害之时起开始计算的。尽管二者未必同一，但距离却不大。

3.须救济权行使可能

1）须客观可能

"救济权行使可能"＋"不行使"，方为权利怠于行使。如果权利行使在客观上并不可能，怠于行使也无从谈起。不可抗力、法定代理人缺位、继承开始后继承人或者遗嘱执行人缺位等，是障碍救济权行使的事由。因而，须上述事由均不存在。

2）须最后阶段可能

如果诉讼时效期间开始计算后，发生了行使不能，亦即"嗣后不能"，未必影响诉讼时效的完成。但发生在诉讼时效期间的最后阶段的不能，则当别论。因为，此时如不对权利人予以特别优待，则可能对该方过分不公，因而最后阶段的行使不能，便阻止诉讼时效的完成。"诉讼时效期间中止"便是处理此一问题。《民法通则》第

139条规定,在诉讼时效期间的最后六个月,发生障碍请求权行使的事由,便使诉讼时效中止。[1]

(三)须债权性救济权怠于行使的状态持续达到法定期间

1.须救济权怠于行使状态持续

怠于行使救济权的状态构成诉讼时效的基础,而该事实必须不中断地持续,而不得有反于诉讼时效基础的事实掺杂其间。权利行使、债务人认诺等,即属反于诉讼时效基础的事实。此即引出诉讼时效期间中断问题。

2.须救济权怠于行使状态达到法定期间

上述怠于行使救济权的状态必须达到法律所规定的期间,诉讼时效方始完成。与此相反,如果权利人怠于行使权利的状态的持续,尚未达到法定期间,而突然改而行使权利,那么,即造成怠于行使权利状态的中断。"诉讼时效中断",便是专门处理此一问题的制度。

二、罹于诉讼时效的法律效果

《民法通则》关于诉讼时效效果的规定,主要为第135条的"向人民法院请求保护民事权利的诉讼时效期间为二年",[2]第137条的"诉讼时效期间从知道或者应当知道权利被侵害时起计算。但是,从权利被侵害之日起超过二十年的,人民法院不予保护",[3]以及第138条的"超过诉讼时效期间,当事人自愿履行的,不受诉讼时效限制"。[4]如上文所述,整合各该条文,可知该法所规定的诉讼时效的效果为债权性救济权消灭。申言之,对于事实上已经过诉讼时效的救济权,权利人仍有权提起诉讼。因为罹于诉讼时效的效果不是消灭起诉权。法院亦应立案,而不得以诉讼时效经过为由不予立案。因为,未经审理,无从查明诉讼时效期间是否经过的事实。但是,经审理,如果认定诉讼时效期间确已经过,则须判决驳回诉讼请求。另外,由于罹于诉讼时效的效果仅在消灭救济权,而不消灭原债权,故而,债务人仍可履行债务。债权人亦有给付受领和保有权。当债务人因不知罹于诉讼时效其事履行债务之后,方得知其事而诉求给付无效者,法院不应保护。盖因债权作为原权并未消灭,债权人有给付受领和保有权故也。

〔1〕 对应《民法典》第194条中诉讼时效的中止事由。

〔2〕 对应《民法典》第188条第1款:"向人民法院请求保护民事权利的诉讼时效期间为三年。法律另有规定的,依照其规定。"

〔3〕 对应《民法典》第188条第2款:"诉讼时效期间自权利人知道或者应当知道权利受到损害以及义务人之日起计算。法律另有规定的,依照其规定。但是,自权利受到损害之日起超过二十年的,人民法院不予保护,有特殊情况的,人民法院可以根据权利人的申请决定延长。"

〔4〕 对应《民法典》第192条第2款:"诉讼时效期间届满后,义务人同意履行的,不得以诉讼时效期间届满为由抗辩;义务人已经自愿履行的,不得请求返还。"

第三节 诉讼时效期间

一、诉讼时效期间的性质

(一)总说

1.法定性

诉讼时效期间是法定期间，既不同于契约约定的期间，也不同于作为法律行为附款的期限(附期限法律行为所附的期限)。

2.强制性

诉讼时效期间不仅是法定的，而且是强制的，当事人必须遵守，法院也必须适用。当事人不得以意思表示展缩变更。

3.得延展性

诉讼时效期间可以延长，这是它与"除斥期间"的区别之一，后者属不变期间。唯应注意，此项延展的决定权，属司法权，由法院享有和行使。[1]

(二)与除斥期间的区别

1.制度价值上的区别

诉讼时效的制度价值是消灭怠于行使的债权性救济权，消除权利的不稳定状态，从而形成新秩序。质言之，诉讼时效旨在维持新生秩序。除斥期间则在于消灭形成权，消除权利的不稳定状态，从而令原有秩序得以继续存在。质言之，除斥期间旨在维持原秩序。

2.要件上的区别

1)诉讼时效的对象是请求权(救济权属于请求权的具体类型)，而除斥期间的对象却是形成权。

2)诉讼时效以"救济权怠于行使"＋"期间经过"为要件，而除斥期间则为形成权的预定期间，仅须期间的经过为已足，而无权利怠于行使问题。

3)诉讼时效期间的始点，为请求权怠于行使日，而除斥期间的始点，则为形成权发生日。

3.性质上的区别

诉讼时效期间与除斥期间虽均为法定期间和强制期间，但除斥期间属不变期间，纵司法机关也无权使之延展。诉讼时效期间则属可变期间，在法定条件下，司法机关得斟酌情形予以延长。此外，诉讼时效有中止和中断两项制度，除斥期间则

---

[1] 对应《民法典》第188条第2款中的"有特殊情况的，人民法院可以根据权利人的申请决定延长"。

无之。

(三) 与其他法定期间的区别

民法上尚有其他法定期间,例如知识产权对象的存续期间,《担保法》第25条、第26条规定保证责任的法律推定期间[1]等。以上期间的对象均非债权性救济权,且各有其制度价值,而与诉讼时效不同。

二、诉讼时效期间的始点

(一) 总说

诉讼时效期间的始点,自逻辑言之,应为债权性救济权怠于行使日。然而,怠于行使属心理现象,未必有外部表征,因而难于认定。故以救济权能行使之日替代。《民法通则》第137条规定:"诉讼时效期间从知道或者应当知道权利被侵害时起计算。但是,从权利被侵害之日起超过二十年的,人民法院不予保护。……"[2]

(二) 始点的法律要件

1.须权利人知道或者应当知道其救济权存在

如上所述,诉讼时效期间的起点,应为救济权怠于行使日,不过因其难于认定,而退而求其次地代之以救济权可行使日,而可行使与否,又以权利人知悉权利存在为前提。故而诉讼时效期间的首要条件,是救济权人知悉其权利存在。

2.须救济权行使可能

尤指知悉债务人为谁人,其居止何处,以及得向其为主张。此乃请求权的对人权性质所决定的。在原权型债权及其救济权,其债务人为谁,通常是明晰的。但在物权、知识产权或者人身权上损害赔偿救济权,情况则要复杂。救济权人未必知悉债务人为谁,从而必待请求权人知悉其人,为诉讼时效期间的起点。不过对长期不知谁为侵权行为责任人的情形,法律又不可无限期地等待。而宜规定一个最长容忍期间。《民法通则》第137条规定:"诉讼时效期间从知道或者应当知道权利被侵害时起计算。但是,从权利被侵害之日起超过二十年的,人民法院不予保护。有特殊情况的,人民

---

〔1〕《担保法》第25条第1款:"一般保证的保证人与债权人未约定保证期间的,保证期间为主债务履行期届满之日起六个月。"第26条第1款:"连带责任保证的保证人与债权人未约定保证期间的,债权人有权自主债务履行期届满之日起六个月内要求保证人承担保证责任。"法定责任期间,既不是诉讼时效期间,也不是除斥期间。[这两条对应《民法典》第692条第2款第2分句:"没有约定或者约定不明确的,保证期间为主债务履行期限届满之日起六个月。"]

〔2〕对应《民法典》第188条第2款:"诉讼时效期间自权利人知道或者应当知道权利受到损害以及义务人之日起计算。法律另有规定的,依照其规定。但是,自权利受到损害之日起超过二十年的,人民法院不予保护,有特殊情况的,人民法院可以根据权利人的申请决定延长。"

法院可以延长诉讼时效期间。"[1]此即我国民事立法规定的最长容忍期间。

（三）关于始点的类型研究

对时效期间始点，须归纳类型，使要件面向类型而具体化。

1.对清偿期无约定之债权

此类债权，其始点应为债权成立日。虽然债权成立日并非债权实现日，更非救济权成立日，然而，此类债权在成立后的合理期间即开始实现，而该合理期间往往较短。因此，以债权成立日作为诉讼时效期间的始点，误差不会太大，因而是唯一可行的选择。

2.对清偿期有约定之债权

此类债权，其诉讼时效期间始点应为债权届满日。因为，该日正是请求权实现日。

3.附停止条件之债权

此类债权，其诉讼时效期间的始点应为所附条件成就日。盖因停止条件成就，债权方为既得权，而此前尚属期待权矣。

4.侵权赔偿债权

此类救济权的始点为权利人知道或应当知道权利遭受侵害、加害人且对该人主张救济可能之日。其中，因人身受伤害而生的赔偿请求权，在伤害明显情形，应为受伤害之日。如果伤害不明，或者未能及时发现，以及虽知伤害存在，但伤害所致损失尚难确定的情形下，应为伤势确诊之日。关于此点，最高人民法院《民通意见》第168条著有解释，[2]可资赞同。

三、诉讼时效期间的类型

（一）一般期间

即《民法通则》第135条规定的期间，其规定是："向人民法院请求保护民事权利的诉讼时效期间为二年……"[3]

（二）特殊期间

即立法规定了特别适用条件的期间。目前有以下几种：

---

〔1〕 对应《民法典》第188条第2款："诉讼时效期间自权利人知道或者应当知道权利受到损害以及义务人之日起计算。法律另有规定的，依照其规定。但是，自权利受到损害之日起超过二十年的，人民法院不予保护，有特殊情况的，人民法院可以根据权利人的申请决定延长。"

〔2〕 最高人民法院《民通意见》第168条："人身损害赔偿的诉讼时效期间，伤害明显的，从受伤害之日起算；伤害当时未曾发现，后经检查确诊并能证明是由侵害引起的，从伤势确诊之日起算。"〔该规定已删除。〕

〔3〕 对应《民法典》第188条第1款："向人民法院请求保护民事权利的诉讼时效期间为三年。法律另有规定的，依照其规定。"

1.《民法通则》规定的一年期间

《民法通则》第136条的规定。该条规定："下列的诉讼时效期间为一年：(一)身体受到伤害要求赔偿的；……(三)延付或者拒付租金的；(四)寄存财物被丢失或者损毁的。"[1][2]

2.其他法律、法规规定的特殊期间

如《环境保护法》第42条规定的因环境污染的损害赔偿请求权，其诉讼时效期间为三年。[3]《保险法》第26条规定的人寿保险的保险金请求权，其诉讼时效期间为五年。

四、诉讼时效期间的延展

(一)意义

诉讼时效期间延展，是在诉讼中法院因应保护当事人权利的必要，依法对诉讼时效期间的延展。《民法通则》第137条规定："诉讼时效期间从知道或者应当知道权利被侵害时起计算。但是，从权利被侵害之日起超过二十年的，人民法院不予保护。有特殊情况的，人民法院可以延长诉讼时效期间。"最高人民法院《民通意见》第175条解释道："民法通则第一百三十五条、第一百三十六条规定的诉讼时效期间，可以适用民法通则有关中断、中止和延长的规定。……"

(二)法律要件

1.须有不延展即不足以保护当事人救济权的特殊情况

特殊情况的类型和范围，属法院自由裁量问题，由法院在诉中自由裁量。

2.须依诉实施

即主张有应予延长事由的人须诉请人民法院予以延长。

五、诉讼时效期间的中止

(一)意义

诉讼时效期间中止，是在诉讼时效进行中有障碍救济权行使的事由发生，而使

---

〔1〕 这些关于短期时效的规定已删除。

〔2〕 本来，《民法通则》第136条尚规定"(二)出售质量不合格的商品未声明"其诉讼时效期间也为一年，但是《产品质量法》(1993.2)第33条规定"因产品存在缺陷造成损害要求赔偿的诉讼时效期间为二年"。[对应《产品质量法》(2018年修正)第45条第1款："因产品存在缺陷造成损害要求赔偿的诉讼时效期间为二年，自当事人知道或者应当知道其权益受到损害时起计算。"]依特别法优于普通法的原则，《民法通则》的上述规定已被《产品质量法》的规定所修改。

〔3〕 现为《环境保护法》(2014年修订)第66条。

进行中的诉讼时效期间暂时休止的情形。依我国《民法通则》规定，该事由须发生于诉讼时效期间的最后六个月。[1]

(二)法律要件

1.须诉讼时效期间业已启动

诉讼时效期间的中止，须期间处于运行中。倘若期间尚未启动，自无中止之可言。

2.须有障碍救济权行使事件发生

所谓障碍救济权行使的事件，指导致救济权行使客观不能或者不便的事件。包括不可抗力，以及行为能力欠缺者的法定代理人出缺等。[2]法定代理人出缺，当然障碍被代理人行使救济权。

3.须障碍事件发生于诉讼时效期间的最后六个月

《民法通则》第139条规定："在诉讼时效期间的最后六个月内，因不可抗力或者其他障碍不能行使请求权的，诉讼时效中止。……"[3]障碍救济权行使的事由必须发生于诉讼时效期间的最后六个月内，方有诉讼时效中止的适用。在此前发生的同性质事件，则不适用之。此系因为在诉讼时效期间的最后六个月，对救济权的行使已相当急迫，非此前期间可比。因而应当确保该期间的足质足量。在此期间，如果发生障碍救济权行使事件，即应使期间的计时中止，待事由结束后再接续计算。

(三)法律效果

中止事件所障碍的权利行使期间，不计入诉讼时效期间的最后六个月。亦即待事件结束后才继续计算诉讼时效期间。《民法通则》第139条后段规定："从中止时效的原因消除之日起，诉讼时效期间继续计算。"[4]

---

〔1〕 对应《民法典》第194条第1款中"在诉讼时效期间的最后六个月内，因下列障碍，不能行使请求权的，诉讼时效中止：……"

〔2〕 最高人民法院《民通意见》第172条："在诉讼时效期间的最后六个月内，权利被侵害的无民事行为能力人、限制民事行为能力人没有法定代理人，或者法定代理人死亡、丧失代理权，或者法定代理人本人丧失行为能力的，可以认定为因其他障碍不能行使请求权，适用诉讼时效中止。"〔对应《民法典》第194条第1款第2项："在诉讼时效期间的最后六个月内，因下列障碍，不能行使请求权的，诉讼时效中止：……(二)无民事行为能力人或者限制民事行为能力人没有法定代理人，或者法定代理人死亡、丧失民事行为能力、丧失代理权；……"〕

〔3〕 对应《民法典》第194条第1款中"在诉讼时效期间的最后六个月内，因下列障碍，不能行使请求权的，诉讼时效中止：……"

〔4〕 对应《民法典》第194条第2款："自中止时效的原因消除之日起满六个月，诉讼时效期间届满。"相较于《民法通则》第139条中"诉讼时效期间继续计算"的规定，本款是直接延续六个月，这会导致诉讼时效的实际期间超过三年。

六、诉讼时效期间的中断

(一)意义

诉讼时效期间的中断是在诉讼时效进行中,有反于诉讼时效基础的事实发生,而使既已经过的诉讼时效期间归于无效的制度。

(二)法律要件

1.须救济权怠于行使

请求权人怠于行使其权利,方使诉讼时效进行。而诉讼时效既已进行,方有中断可言。

2.须权利怠于行使状态持续但尚未达到法定期间

诉讼时效中断,亦称时效不完成。如果时效业已完成,纵使有反于时效基础的事由发生,因时效已完成,亦无从使其中断了。

3.须有反于时效基础的事由存在

诉讼时效的基础在救济权怠于行使。因此,与此基础相反的事由,即不足以适用诉讼时效。该事由包括权利行使行为(如权利人向债务人本人或向其保证人、代理人、财产代管人等行使)、义务人认诺义务以及起诉、提起督促程序、申请支付令、申请仲裁、报明破产债权等。[1]

关于起诉、申请支付令或者申请仲裁后的对诉等的撤销,对于诉讼时效中断的效力如何,立法无规定。学说中有人认为,撤诉等行为,意味着救济权行使行为的自始消灭。故而不应使诉讼时效中断。相反学说则认为,撤诉和撤销仲裁申请与救济权行使并非同一。撤诉与撤销仲裁申请,为公法行为,仅发生公法上的效力。因而不宜直接解释为私法层面上的救济权行使行为未发生。故而应使诉讼时效中断。本书赞成前一种见解。

(三)法律效果

诉讼时效期间中断的法律效果是诉讼时效不完成。亦即已经计入怠于行使权利的时间不生诉讼时效期间的效力,而自新的怠于行使权利状态持续后重新计算诉讼时效期间。

---

〔1〕 对应《民法典》第195条:"有下列情形之一的,诉讼时效中断,从中断、有关程序终结时起,诉讼时效期间重新计算:(一)权利人向义务人提出履行请求;(二)义务人同意履行义务;(三)权利人提起诉讼或者申请仲裁;(四)与提起诉讼或者申请仲裁具有同等效力的其他情形。"

思考题：

1. 如何理解诉讼时效的制度价值？

2. 诉讼时效适用于何种类型权利？为什么？

3. 诉讼时效的法律要件如何？试分析说明。

4. 罹于诉讼时效的法律效果如何？

5. 诉讼时效的中止与中断有何区别？

第九章　物权总论[1]

内容提要　物权是直接支配特定物以享受其利益的财产权。欲明了物权，先应探究物的含义、物权法的基本原则以及物权行为。本章讨论了上述问题。

第一节　物权法

一、物权法的意义

(一)意义

1.定义

物权法作为市民法的概念，指调整人们因物的支配而发生的关系的规范总和。

2.对定义的说明

1) 物权法是调整物质型财产归属秩序的法

人们的全部经济活动，无非体现为两种状态的财产关系：归属关系和流转关系。前者是其静态，后者则为动态。物权法是调整物的归属秩序的法。归属又是流转的前提和归宿，归属关系的重要地位，于此可知。著名的18世纪英国思想家D.休谟，力主自然法的三大法则，并将"占有的稳定"列于其首。而"占有的稳定"，正是关于物的归属的要求。我国今天的经济体制改革中，有一句使用频度极高的话，是"界定产权"，此处的"产权"，乃普通法的术语，大体相当于市民法的物权。由此也可体味物权在经济体制改革中的重要性。

2) 物权法是市民法的固有概念

物权法是市民法传统下的法学概念。在非市民法传统，则未必有此概念，例如

〔1〕　由于在该书写作过程中，《物权法》尚未出台，故张俊浩教授援引的相关物权规范的条文，多出自《民法通则》和《担保法》(现均已废止)。为了适应改革的深化、开放的扩大和社会主义现代化建设的发展，顺应构建社会主义和谐社会的要求，在《民法通则》《担保法》《土地管理法》《农村土地承包法》《城市房地产管理法》等法律规范基础上，《物权法》出台。因此，在校订过程中，除注明其对应的现行有效的法律规范外，校订者亦部分注明现行有效的法律规范与《物权法》或《担保法解释》等条文的对应关系，以期为读者呈现更完整的条文演进历史。

在普通法中,调整物质型财产归属的法相应地叫作"动产法""不动产法"以及"信托法"等,并无物权的概念,也无物权法的概念。我国固有法律文化中原也没有物权的概念,该概念是近代在继受西欧市民法的过程中引进的。

3)物权法含有大量强制性规范

物权是绝对权,以一切人的尊重和容忍义务为其实现条件。因而涉及一切人的利益。为求物权内容的统一,以使一切人知其义务的范围和限度,并确保物权享有和交易的安全,物权法中存在大量强制性规范。关于物权类型以及公示与公信方面的规范便属于此。这与债法主要体现为任意性规范是不同的。

4)形式意义的物权法与实质意义的物权法

在西欧市民法传统下,自1896年《德国民法典》开始,民法典中有了物权的专门部分(《德国民法典》的第三编是"物权"编)。在法学研究中,人们称民法典的物权编为"形式意义的物权法"。然而,民法典物权编,仅系物权法的基本部分。在民法典其他部分,也包含若干物权规范,例如债编中关于留置权和法定抵押权、亲属编中关于夫妻共同财产的所有权、继承编中关于共同继承人对遗产的共同所有权等。另外,在民法典之外的单行法中,也有大量物权规范。"实质意义的物权法",则指调整人们因物的支配而发生的关系的规范的总和,而不问其是否表述于民法典的物权编。

(二)我国的物权法

我国自清末继受西欧市民法后,在新中国之前的民法典草案及其正式法典中,均有物权编。新中国的民事立法,虽尚未达到定有民法典的发育程度,但理论和实务均不否认物权法的存在。在法律中,《民法通则》第五章第一节则为"物权法纲要"。尽管立法者囿于当时的幼稚认识,将"财产所有权和与财产所有权有关的财产权"那样蹩脚的文字塞给全国人民,而未使用"物权"的术语,但其所指之属于物权,则不容置疑。[1]此外,在后来制定的《城市房地产管理法》《担保法》以及《土地管理法》等许多法律中,也有关于不动产物权的大量规范。因此,我国是存在实质意义的物权法的。

二、物权法的基本原则

在市民法传统,物权法有以下基本原则。该原则是从市民法物权的事理(包括

---

〔1〕《民法通则》中"财产所有权和与财产所有权有关的财产权"的规定,初步构成了我国民法的物权制度。后来我国《物权法》正式使用了物权概念,《物权法》第2条第3款对物权概念和物权分类进行了规定,《民法总则》第114条延续了《物权法》第2条第3款的规定,《民法典》第114条对此进行沿用。《民法典》第114条规定:"Ⅰ.民事主体依法享有物权。Ⅱ.物权是权利人依法对特定的物享有直接支配和排他的权利,包括所有权、用益物权和担保物权。"参见最高人民法院民法典贯彻实施工作领导小组主编:《中华人民共和国民法典总则编理解与适用》(下),人民法院出版社2020年版,第572—573页。

法律渊源观念、法律适用思维等)中归纳出来的,因而在该体系中有其一般性。我国的物权法,亦应遵奉该等原则。

(一)一物一权原则

指物权以单一的特定物为其对象的原则。在一件物之上,不能同时成立两项内容相同的物权。

该项原则是关于物权对象的原则。

(二)物权法定原则

亦称物权"类型固定"原则,指物权的类型以及各该类型的内容均依法律强制规定,而不容当事人任意创设的原则。

该原则是关于物权类型控制的原则。

(三)公示与公信原则

公示与公信原则是公示原则与公信原则的合称。其中公示原则是指,物权的享有须具有第三人得以查知的外在形式,尤指物权因法律行为变动须具备第三人得以查知的法定形式,方始发生对世效力。公信原则则指,经公示的物权具有可予信赖的法律效力,纵其不存在或内容有异,但对于信赖公示所表示的物权而以之为交易基础者,法律仍赋予如同物权真实存在一样的法律效力。

公示与公信原则是关于物权变动的原则。

第二节　物

一、物的意义

(一)物的定义

在物权法学,物指能够独立满足人们需要的实物以及货币和有价证券型财产。

(二)对定义的说明

1.物是财产的具体形态之一

物与哲学上以及物理学上的"物质"概念均不同。在民法,物系财产的种概念,指实物、货币和有价证券。

2.物兼指实物、货币和有价证券

1)物首先指实物

(1)物不包括"能""活劳动"和"信息产"

财产不只物一种,此外尚有"能""活劳动"和"信息产"。"能"在性质上不能静态地存在,因而无从被人占有和静态地支配,而只能使用。因而无从作为物权关系这种静态关系的对象,而只能作为债权关系这种动态关系的对象。因而在物权法上不讨论"能"。"活劳动"也不能脱离其提供者而独立存在,也不能成立静态支配关系的对象,而只能作为债权这种动态关系的对象。故而也不在物权法上讨论。至于"信息产"则是知识产权的对象,也不在物权法上讨论。

(2)实物指能够独立满足人们需要的物质

在民法学,物是作为权利的对象存在的,因而有予以支配和流转的可能和必要,尤指能够独立满足人们的需要。此点与物理学所研究的物质,在概念上不同。以"大米"为例,一粒米在物理学上被视为物质,但在民法学,则不足以成为物,唯若干数量的米,如一斤米、一袋米,亦即能独立满足人们需要,从而有支配和流转需要的大米,方被视为物。再以水为例,物指一瓶水、若干升水,而不指一滴水、几滴水。

(3)法律上的"一物"

法律上的"一物",指作为法律上最小计算单位的物。物在自然形态上,纵使为同一件物,在民法上也未必被作为一件物。例如一大洲上的土地本为一件实物,纵使考虑到国家主权,一国之内同属一大洲或者一个海岛的土地也是一件实物,但却人为地分作无数地块,而相应地被视为多件物。同样,作为一件实物的公寓式大厦,也被区分为多个住宅单元。上述现象,是因应归属和流转的需要形成的,以便使交易中的关系清晰,进而保障交易安全。物权法的"一物一权"原则,正是以物的此种观念为基础的。

(4)有体物与无体物

物依其是否占据空间,而划分为"有体物"与"无体物"。固体物是有体物,流体物以及"能"则是"无体物"。

2)物也指货币与有价证券

在实物之外,物也指货币与有价证券。

(1)货币

货币是交易中的一般等价物。货币本来是价值的表彰者。但在民法上,则视为物的特殊形态,以使其归属和流通得适用物权法的制度,从而使法律关系相形明确。而在经济学,则把货币视为物的价值符号,是物的对立面。

货币的所有权因交付而移转于受领人。此点尤其表现在消费借贷和储蓄关系之中。在消费借贷,借用人自受领货币之时起,取得该货币的所有权,从而得消费性地处分。在返还时,并非返还原币,而是同种类、同数额的货币。在储蓄关系中,保管人受领交存的货币,即取得该货币的所有权。在储蓄关系终止时,所须返还的亦非原币,而是同种类、同数额的货币。在上述两种关系中,民法与经济学的观念也不同,后者仅着眼于其数量关系。

(2)有价证券

有价证券是表彰财产权的流通证书,包括票据、股票、债券、提单和仓单等。票据因背书或交付而移转于他人。有价证券所表彰的权利并不相同,计有所有权(如提单、仓单是)、债权(如票据和债券是)和股权(如股票是)。民法将有价证券视为物的特殊形态,其制度价值与货币相同,也是为明确其归属,尤其是流转程序的任何阶段中的归属;另外,使"价值"权利的公示以及移转上适用物权行为,从而使法律关系清晰。

3.物是可依占有方式公示的财产

物与信息产的不同,在于物得以占有方式为公示。由于占有是用益的前提,因而占有本身即具经济价值。与此不同,对信息产,占有是无意义的,因为,要占有,即须使第三人知悉占有的对象为何物。如此一来,信息产也就必须公开。而一旦公开,基于信息的易传输性和易拷贝性,也就人得而知之,得而用之,反而不能占有了。可见,信息产的易传输性是与其占有相悖逆的,信息产属不可占有型财产。唯应注意,在今天,不动产的公示方式并非占有,而是登记。不过,我们此处讨论的是可否以占有的方式公示,自此角度言,不动产并非不可。其何以不以占有为公示,盖因登记更合理。

4.自然人的身体及其组织不属之

作为财产权的对象,须为法律所服务的社会秩序所认可。自然人的身体是否属于"物",在自然科学的视角下,无疑是物;在经济学,身体因有其有用性和稀缺性,也应视为资源。然而在法律上,却不那么简单。法律将自然人作为权利能力者,而自然人的身体则是生命和意志的载体。如果视自然人的身体为物,人便不免成为物权的对象。作为物权的对象者,就与主体的性质不相容了,与民法将人视为目的,而不得视为工具的基本理念不相容了。故而民法不将自然人的身体一般地视为物。而且,作为身体成分的组织,一般地也不视为物。只有在得由人体分离而不影响人体正常功能,且在公序良俗不视为不当者,则当别论,而可成为物。如输血用血液、毛发、骨髓等是。

二、物的类型

(一)流通物、限制流通物与不流通物

此系依物在法律上得否流通为标准而作的划分。法律允许自由流通的物是流通物;法律限定占有资格和流通范围的物是限制流通物;法律不允许流通的物则是不流通物。

此项划分的实益是，以限制流通物为标的的行为，须其当事人具有占有资格或者经营资质，方能生效。而以不流通物为标的的行为，则确定无效。

（二）动产与不动产

此系依物在位置移动后其性质以及效能是否损失而作的划分。不动产是不可移动，以及虽可移动但一旦移动后其品质或者效能即贬损灭失的物。如土地和土地上的"定着物"是。动产则是在性质上得移动且在位移后其性质或者效能并不贬损灭失的物。

此项划分的实益有五：一是以动产或者不动产为标的的法律行为，其公示方式不同。亦即动产物权行为以交付为公示方式，而不动产物权行为则以登记为公示方式。不过，得以登记为公示方式的动产，其法律地位准于不动产。二是不动产得为用益物权的对象，而动产则不可。三是相毗邻不动产的占有人之间发生"相邻关系"，而在动产则无此问题。四是在诉讼上，以动产或不动产为标的的纠纷，其诉讼管辖不同。前者以行为地或者被告人住所地为管辖标准，后者则以不动产所在地为标准。五是在国际私法上，其准据法不同。前者原则上适用行为地法，后者则适用不动产所在地法。

（三）特定物与种类物

此系依物在作为交易标的时是否业已特定化而作的划分。特定物是在交易行为成立时已依当事人的意思予以特定的物，后者则是尚未特定化的物。唯应注意，特定物与不替代物的划分标准不同。后者的标准是事实上有无替代性，而前者则是当事人以意思表示令其特定化与否。

此项划分的实益，在债法，种类之债以种类物为标的，特定之债则须以特定物为标的。在物权，则须以特定物为对象。另外，在债法中，在标的物灭失的场合，负有交付物的债务的人其债务性质不同。在特定之债标的物灭失时，债务人免其交付债务；而在种类之债，则不能免除。

（四）替代物与不替代物

此系依物具否替代性而作的划分。替代物是得以同种类的物替代而不影响当事人利益的物。不替代物则无从替代或者替代将损害当事人利益。如上所述，替代物与不替代物容易与特定物与种类物相混淆，我们应当注意其区别。

此项划分的实益，除与特定物与种类物相同外，在消费借贷，以替代物为标的。

（五）消耗物与不消耗物

此系依物在同一使用后能否再以同一目的使用为标准而作的划分。在同一使用后仍得为同一目的使用的物，是不消耗物，反之，则为消耗物。

此项区分之实益，在使用借贷和租赁，原则上须以不消耗物为标的。

(六)主物与从物

此系依物在效用实现上的相互地位而作的划分。其中,具有独立效用的物为主物,辅助主物的效用而与主物同属于一人者则为从物。经典的例子是锁与钥匙。其中锁因有独立效用而为主物;钥匙则因无独立效用但却有辅助锁的效用而为从物。唯应注意,成立主物与从物关系的要件中,包括"须二物同属于一人"一项。因为,使二物构成主从关系,仅在使处分行为的效力及于从物,倘二物并不属于一人,则对"主物"的处分无由及于"从物"了。另外,在实务上,相互有效力辅助关系的物之是否构成主从关系,尚应依交易习惯认定,法律难为一般地强制规定。

此项区分的实益,在物权行为上,使处分主物行为的效力及于从物,从而使法律关系明确、简单。

(七)原物与孳息

此系对关联发生物所作的划分。其中由他物产生的"收益物"为孳息,而孳息所由出的物则为原物。

孳息依其发生原因系自然规律抑或法律关系的性质,划分为天然孳息与法定孳息。前者指植物的果实、动物之幼崽,以及其也依物的用途所产出之物。后者则指依物由他人用益的法律关系所得的收益,如租金、利息等是。

此项区分的实益,在于确定天然孳息的归属。而其归属,则以归属于原物的所有人或者定限物权人为原则,但以便利为例外——如自然落地的果实,立法例通常使之归属于所坠落土地的所有人或者定限物权人。至于法定孳息,则因其形成于特定的法律关系之中,其归属已由该法律关系予以确定,而无须法律再作一般规定。

第三节　物权

一、物权的意义

(一)定义

物权是直接支配特定物以享受其利益的财产权。

(二)对定义的说明

1.物权是市民法财产权的具体类型之一

在市民法传统,物权、知识产权和债权共同构成财产权,因而属于财产权的具体类型之一。在普通法下，则无物权的概念。

2.物权是以特定物为对象的归属型财产权

物权与知识产权同属归属型财产权。即表述财产属于何人。归属型财产权在性质上是绝对权，除权利人之外的一切人均为义务人，负有对权利尊重和容忍的不作为形态的义务。

唯应注意，在担保物权，有所谓"权利抵押权"与"权利质权"，似乎两该担保物权的对象不是物，而是权利。并且，在"权利质权"中，其对象除物权和债权外，尚包括知识产权。如此一来，物权须以特定物为对象的论断便被证伪。依本书所信，权利质权中，确有以知识产权为对象者，此种质权，自逻辑言之，当然不属担保物权，而是担保型知识产权。由于在法律地位上类推适用担保物权的规范，故而立法上为便利，一并规范于担保物权的制度内。至于以非知识产权型权利为担保权的对象，则其表面虽为财产性权利，实际上仍为物。关于此一问题的讨论，让诸本书的"担保物权论"一章(第十二章)。

3.物权是以特定物为对象的支配型财产权

物权与知识产权相同，均为支配型财产权，即其效力在于对对象的管领、控制以及处分，其经济内容即享受使用该对象所带来的利益。支配权在性质上是排他性权利，对其对象，不允许有他人支配，也不许他人擅自享受利益。但物权以特定物为其对象，知识产权的对象则为特定信息产。

二、关于物权对象的一物一权原则

(一)一物一权原则

如上所述，一物一权原则指物权须以单一特定物为对象，并且，在一件物上不能同时成立两项内容相同的物权。

(二)对该原则的说明

1.一物一权原则是关于物权对象的原则

物权法的诸基本原则，各有其固有的规范目的。一物一权原则，是关于物权对象的指导原则，它反映了物权须以特定物为其对象的质的规定性，从而决定了物权既不同于债权，也不同于知识产权的性质。一物一权原则不在也不可能在其他领域发挥作用，如物权法定所发挥作用的物权类型领域，以及公示与公信原则发挥作用的物权变动领域等。

2.物权须以单一特定物为对象

物权以物为对象。由于物权的本质体现为对物的支配权，而支配则规定了对象须特定：对不特定物无支配可言。此点与作为请求型财产权的债权是不同的。债权在成立时，其对象未必特定，只要实现时特定便可以了。

物权以特定物为对象，却并非以多件特定物总和地为对象，而只能以单一的特定物为对象。坚持一物一权，在于使权利关系清晰，从而利于权利的享有以及交易的安全。

3.一物一权原则旨在使物权法律关系清晰

如上所述，一物一权原则的制度价值，仅在使物权关系清晰，这不仅有利于物权的享有，而且在物权变动时也能相应地清晰，而有利于交易安全。此外，在纠纷解决上，也容易搞清是非曲直。

三、物权的效力

（一）原权型物权的效力

1.支配效力

支配即对作为权利对象的特定物予以管领、控制、使用、消费，以及通过转让等方式决定其法律命运之义。支配力是原权型物权的基本效力。

2.排他效力

物权的排他效力，指同一物上不能有数个性质和内容不相相容的物权存在。易言之，已存在的物权，具有排除不相容的物权成立的效力。物权的排他效力，是物权支配效力的延伸，也是一物一权原则的体现。债权无此效力。知识产权中使用权，原则上可以由多人享有，故而并无排他效力，但当事人不妨特别设定排他性使用权。

物权的排他效力，有强弱之分，所有权因系完全物权，其内容涵盖了对物支配的一切可能性，故而排他力最强，一物之上，仅能有一项所有权存在，绝无第二个所有权并存的可能。此外，以占有为内容的物权，也不能并存于同一物。至于非以占有为内容的物权，其排他效力最弱，仅不容许有内容相抵触的物权并存而已。

3.优先效力

物权的优先效力是指：

1）并存于同一物上的多个内容不相抵触的物权，成立在先者效力优先。

如并存的多个抵押权之间，成立在先的抵押权效力优先是。

唯应注意，并存物权之间的优先效力，不适用于所有权上有定限物权的情形。在此情形，则为定限物权优先于所有权。此乃事理使然。盖定限物权乃所有权的负担，倘不优先于所有权，则无其存在的价值。故其必然且当然地优先于所有权。

2）物亦为债权的标的时，物权的效力优先于债权。

4.对世效力与公信力

物权是排他权和绝对权，物权法又奉行"一物一权"原则，因而物权有其对世效力，亦即对任何人均令其负担尊重与容忍义务的效力。此一效力，若从因变动取得的物权的人、能以其新物权对抗第三人同一物权主张的角度着眼,则称为"对抗第三人"的效力。若从物权变动予第三人以法律上可信赖力量的角度着眼,则称之为"公信力"。

1）对抗效力

对抗效力,是"对抗第三人效力"的简称。亦即以本人享有的物权排除他人同一物权主张的效力之谓。

"对抗"一词,本义是向对立的力量予以抗争并旨在排除的行为或者态势。对抗的对象应是同一质的力量,对抗的内容则是对相对力量的否定和排除。物权的对抗效力,则是排除不相容物权的效力之谓。具体言之,是因物权变动取得物权的人,以其物权抗争他人的同一物权主张,乃至排除后者之义。"对抗第三人"一语中的"第三人",则指物权变动行为当事人之外的人。但具体言之,主要是指主张自己有同一物权,而欲否定物权变动效力的人。此一意义上的第三人有三类:第一,前手物权人,亦即在相继的多个让与中（尤指"链式买卖"）,出让人自其取得该项物权的人。第二,在一物多卖场合,各买受人互为第三人。第三,在抵押,指抵押物已作为债权的总担保的债权人。我们知道,债务人的全部财产,均作为债权的总担保。如果债务人以其财产为他人设定抵押权,也就影响债权人的利益。此时,该债权人即为第三人。依债法原理,债权人对此项抵押,享有"撤销权"。遗憾的是,我国《合同法》未规定此种撤销权。

在不肯认物权行为独立性的立法模式下,也无从否定物权的此种对抗效力。例如,法、日等国民法典规定,不动产物权因买卖、抵押等行为而变动时,"非经登记不得对抗第三人"。该规定,实际上隐含了如下意思:以不动产物权变动为内容的意思表示的效力,须以登记为要件。只是未能明确地认识和表述而已。不动产物权变动的意思表示既经成立而未予登记之时,在当事人之间,自然是有其物权变动效力的;但其效力却不能超出当事人的范围,不能对抗第三人的同一物权主张。因为,其前手权利人的不动产物权业经登记在案,得主张唯该方的物权才是有效的。此一立法模式的尴尬之处,是无从解释:物权既然是绝对权,自然有对抗效力;无对抗效力的权利,其性质是物权吗?

2）公信力

如上所述,公信力是经公示的物权的可予信赖的法律效力;纵其不存在或者内容有异,但对于信赖公示所表现的物权而以之为交易基础者,法律仍赋予如同物权真实存在一样的法律效力。公信力与对抗效力不同。着眼点不同。公信力着眼于以公示的物权为交易基础的人,对抗力则着眼于前手权利人。

（二）救济型物权的效力

物权的救济权,是当物权受到他人不法侵害或有妨害之虞时,物权人对其物权予以救济、以回复其完满状态的权利。包括返还占有请求权、回复原状请求权、排除妨害请求权以及停止侵害请求权四项。

1.返还占有请求权

指标的物被他人不法占有时，物权人以请求返还占有为内容的救济权。"发现吾物于何处，即得于何处取回之"，此为罗马法上的原则，称为物权的"追及力"。唯应注意，此项效力，受占有的公信力影响，在善意取得场合，而被公信力阻却。关于善意取得，详见本章第三节。

2.回复原状请求权

指标的物被他人不法毁损灭失时，物权人的以请求回复物之圆满状态为内容的救济权。

3.排除妨害请求权

指物权有受到他人不法妨害之虞时，物权人的以请求该他人防止妨害为内容的救济权。

4.停止侵害请求权

指物权受到他人不法侵害时，物权人的以请求侵权人停止其侵害行为并排除妨害为内容的救济权。

四、物权的类型

(一)类型法定主义

1.关于物权类型的法定原则

如上所述，物权法定原则是关于物权类型的原则，该原则指物权的类型以及各该类型的内容均须依法律规定，而不容当事人任意创设的原则。

2.对物权法定原则的说明

1)物权法定原则是关于物权类型的指导原则

物权法定原则与一物一权原则不同，它不是关于物权对象的指导原则，而是关于物权类型的指导原则。

2)物权类型须依法律的强制性规定

此原则中的"法定"，其对象为物权的类型。亦即法无规定，当事人不得任意创设物权类型。法律对其所肯认的物权类型，强制规定了公示方式。因而物权法定原则是与公示、公信原则相配合的。

3)物权各类型的内容须依法律的强制性规定

物权法定，既然指物权类型法定，同时意味着各该物权类型的内容也由法律统一规定，而不许当事人随意增删。否则，如果仅要求类型法定，而各类型的内容却不法定，那么，类型法定也就毫无意义。物权法定可以有效地保障每个人所取得的以及享有的具体类型的物权都是一律的,不存在彼此内容多少的问题,这便有利于物权的享有,也有利于交易安全。

4)物权法定原则旨在反封建物权以及保障交易安全

物权法定原则,本由物权的绝对权性质和排他效力决定。物权的该项效力,要求一切人尊重并容忍。然而如何界定其义务,则须有个尺度和限度。如果漫无限制,则太过分。类型法定实际上树立了义务的相应标准。

然而,物权法定原则,却成因于反封建性物权。欧陆资产阶级的物权立法,以类型法定的方式否定封建制的物权。易言之,立法所肯认的物权类型,均无封建的性质。此外,不得在法定类型之外,任意设定物权,即可避免封建物权的复活。可见,物权法定原则的第一宗旨是反封建物权类型。物权法定原则尚有第二宗旨,即保障交易安全。此点已在上文作了讨论,兹不赘述。在反封建历史任务早已完成的今天,物权法定原则便只剩下保障交易安全这一项宗旨了。

5)物权法定的辩证原则

物权法定之"法",终非"罪刑法定"之法。二者之价值并不相同。在罪刑法定,事关人的自由与生命,故须极其严格。而物权法定的价值,则在反封建物权以及保障交易安全。在今天,反封建的任务已经完成,故而仅余保障交易安全一条。当事人在法定类型之外设定物权类型,如其具有适当的公示方式,且不害及交易安全,则无由不许之,而应认定其并不抵触物权法定之精神。同时,当经验足以将新的物权类型定型化时,则应通过立法及时肯认该类型。我们切不可将物权法定原则绝对化,走到严格不许生活演进法律的地步。

(二)类型各论

1.完全物权与定限物权

此系依物权内容的完全性为标准而作的划分。物权中囊括了对物支配的全部可能形态者,是完全物权。所谓支配的全部可能,包括占有、使用、收益和处分。完全物权只有一种,即所有权。仅及于部分支配内容的物权,是定限物权。定限物权通常是建立在他人所有之物上的物权,因而呈现为所有权的负担。定限物权可进一步划分为用益物权和担保物权。

2.动产物权与不动产物权

此系依标的物之为动产抑或不动产而作的划分。以动产为对象的物权是动产物权,与此对应,以不动产为对象的物权则是不动产物权。此项划分的实益是两类物权的公示方式不同。任何物权的享有均须公示,经公示的物权具有公信力。动产物权以占有为其公示方式,[1]凡占有动产者,即产生物权存在和真实的公信力。而

---

[1] 我国《担保法》规定了动产抵押权,而该抵押权则得不以占有而以登记为公示方式;而且登记的效力也仅产生对抗效力,而非真实物权效力。此一规定是在未消化普通法上的动产担保而盲目引进的制度,因而引起学界的强烈批评。

不动产物权,则以登记为公示。经登记的物权,也产生物权存在和真实的公信力。不动产之所以不以占有为公示,乃是因为不动产的占有不似动产的占有那样易于察知,故而难以用占有达成公示。另外,动产物权与不动产物权区分的实益尚在于用益物权均为不动产物权,在动产物权,目前尚无法律所类型化的用益物权。

3.用益物权与担保物权

此系依定限物权的功能之在于用益抑或债权的担保而作的划分。以物的使用收益为功能的定限物权是用益物权,与此相对应,以物的价值作为债权担保的定限物权是担保物权。

4.意定物权与法定物权

此系依物权的发生方式为标准而作的划分。凡依当事人的意思设立的物权是意定物权,与此相对应,具备法定要件而当然发生、不问当事人意思的物权则是法定物权。物权中的大多数为意定物权,但留置权和法定抵押权却属法定物权。

五、物权的变动

(一)概说

所谓物权的变动,指物权的取得、变更与消灭。物权变动又涉及公示问题,而公示势必引出公信力问题。因而,我们将对公示与公信原则作些必要的讨论。此外,物权的变动,有因人的行为者,也有因行为以外事实者。当因人的行为而变动时,便涉及物权行为问题。对物权行为,我们也将作些必要的讨论。

1.物权的取得

物权的取得,指在生活层面上一项物权由具体的当事人取得。如果以物权为着眼点,则为物权的发生。

物权的取得依其是否以既存物权为前提,划分为原始取得和继受取得。

1)物权的原始取得

物权的原始取得是不以既存物权为前提而取得物权的情形。对无主物的先占取得、因生产而取得新物的物权、因取得时效而取得物权,以及革命期间取得被推翻阶级的物权等,便属原始取得。

2)物权的继受取得

物权的继受取得是基于他人既存物权而取得物权的情形。因买卖、赠与以及继承取得物权,便是继受取得。

2.物权的消灭

物权的消灭,指物权不复存在。当作为物权对象的特定物灭失、物权人死亡、物权人抛弃其物权等情形之下,物权便告消灭。

3.物权的变更

物权的变更指既存物权的内容发生变更的情形。如主体人数和对象量的增减等。

（二）公示与公信原则

1.公示与公信原则是关于物权享有的秩序性要求

如上所述，公示原则的含义是，物权的享有必须具有第三人得以查知的外在形式，尤指因法律行为所产生的物权变动须具备第三人得以查知的法定形式方始发生对世效力；公信原则则指，经公示的物权具有可予信赖的法律效力，纵其不存在或内容有异，对于信赖公示所表述的物权而以之为交易基础者，法律仍赋予其如同物权真实存在一样的法律效力。此项原则，否定了物权的追及效力。在善意取得场合，更进一步使善意受让人取得物权。

2.对该原则的说明

1）公示原则

公示是以法定形式令支配权为第三人得以知悉的制度安排。如上所述，物权公示原则指的是，物权的对世效力须以法定形式使第三人得以查知为其条件。因此，该原则的基本点是：

（1）公示的对象是物权享有

公示的对象究竟是物权、物权享有、物权变动抑或物本身？在我国立法上颇有疑义，而亟待澄清。依本书所信，应为物权的享有的状态。理由是：物权为支配权和绝对权。其享有以本人之外的一切人为义务人，故而在本质上须一切人得而查知，以便其履行义务。此一性质，规定了物权享有必须公示的性质。在物权因法律行为变动场合，因变动的结果导致新物权的享有状态，故而也应发生公示问题。此际的公示，往往直接称为"物权变动的公示"。在此一场合，其公示的对象仍为物权享有的状态，申言之，是因物权变动形成的新的物权享有状态。因而，尽管称为物权变动的公示，但毕竟未以词害义。然而《担保法》关于抵押中的登记，却规定为"抵押物"登记(该法第三章第二节标题以及第41条、第42条、第43条、第44条等)。[1]将公示的对象规定为"物"，则不合实际，也与公示的本质不合。物何须登记？只有物上权利存在事实方须登记。有如婚姻登记，登记对象不是人，而是人之上的权利状态或

---

[1]《担保法》第41条对应《民法典》第402条："以本法第三百九十五条第一款第一项至第三项规定的财产或者第五项规定的正在建造的建筑物抵押的，应当办理抵押登记。抵押权自登记时设立。"《物权法》第187条将《担保法》第41条的"抵押合同自登记之日起生效"修改为"抵押权自登记时设立"，主要考虑到抵押合同的订立时发生物权变动的原因行为，其成立、生效当依据《合同法》的规定。《民法典》第402条沿袭《物权法》第187条的规定。参见黄薇主编：《中华人民共和国民法典物权编释义》，法律出版社2020年版，第500—501页。《担保法》第43条对应《民法典》第403条："以动产抵押的，抵押权自抵押合同生效时设立；未经登记，不得对抗善意第三人。"《担保法》第42条、第44条已被删除，《不动产登记暂行条例》(2024年修订)规定了不动产统一登记制度，及登记相关程序和文件提交。

者法律关系。

(2)公示是将物权享有的事实以法定方式公开表现

公示就是使公示的对象亦即物权享有的事实公开化,就物权变动言,亦即物权变动事实的公开化。为要公开化,即须以一定的方式。物权变动的公示方式是法定的,在动产物权变动,其方式是交付;在不动产物权变动,其公示方式是登记。然而,由于《担保法》在未完全消化普通法的动产担保制度而引进了动产抵押,破坏了动产物权的公示方式。此点受到学说的批评。

(3)公示的功能是使物权享有的事实为第三人得以查知

公开化即不仅当事人知悉,而且使第三人得以知悉。由于物权是对世权,仅此一端,物权的变动即应使第三人查知。另外,物权是交易的重要前提,因而应当使第三人得以查知物权的存在,以方便其交易,降低其交易费用。这也规定了物权以公示为原则。

(4)公示是物权变动对世效力发生的要件

对世权中的法定型权利,其变动均须公示,公示是权利变动的法律要件。知识产权中,专利权与商标权及在采婚姻行为登记要件主义的立法例之下的配偶身份权,均属法定型权利,故而其变动也须公示。并非法定型权利者,如除上述配偶身份权之外的人身权及知识产权的著作权,则无公示问题。

2)公信原则

(1)意义

公信原则,是公示所表征的物权具有可资信赖效力的原则。申言之,第三人得基于对公示物权的信赖而为物权行为,纵使公示所表征的物权与其真实状况不相一致,亦不影响该物权行为的效力。公信力的典型表现是动产物权的善意取得,但绝非仅以善意取得为限。

(2)公信力与物权的对世效力

公信力与物权的对世效力是两个不同的问题。物权的对世效力,真实物权方始具有,在物权不真实的情形下,自无对世效力可言。公信力原则则是处理物权公示的可信度的工具,而非关于物权本身的对世效力的工具;是当公示与物权的真实状态不相一致时,公示所表征的物权仍发生可信赖效力的问题。公信力主要体现在动产所有权的善意取得。

(三)物权行为

1.物权行为与物权变动

1)概说

当物权变动因法律行为引起时,便涉及物权行为的问题。

2) 立法例

关于物权因法律行为引起变动的立法，有以下三种主要的模式。

(1) 意思主义

物权因法律行为引起变动，亦即因意思表示引起。该意思表示，既发生债的效力，同时也发生物权变动的效力。《法国民法典》和《日本民法典》均采此一模式。此一模式的优点是对物权变动过程的表述与人们的交易经验相合，在制度上也相对简单。然而有其不可忽视的缺点，即不能区分物权行为与债权行为的不同效力，在实务上，对系争法律关系的解释力也相对较弱。另外，对不动产物权变动，该模式也不得不要求登记，并且赋予登记后的物权以对抗效力，而未经登记的物权，则仅在当事人之间发生效力，而无从对抗主张享有同一权利的第三人。而对侵权行为人，则得以物权人而非占有人的资格予以救济。在该模式下，未经登记的物权居然无对抗效力，与物权具有排他效力的性质不合，故而在逻辑上有其悖论存在。

(2) 形式主义

物权因法律行为引起变动，该法律行为乃专门的物权行为，须以公示为成立要件。在此种立法例之下，买卖等行为仅能具有债的效力，亦即使出卖人负有交付标的物于买受人的债务，而不具有使物权变动的效力。后一效力，乃物权行为所固有，非物权行为则无之。而物权行为，在买卖的场合，当标的物为动产时，即移转所有权的意思表示以及物的交付行为；而当标的物为不动产时，则为移转所有权的意思表示以及登记行为。此种立法例，在效力上明确区分债权行为与物权行为，而并非混二者为一谈。在所有权抛弃以及抵押权设定的场合，仅有一项物权行为，而无债权行为，但在买卖等场合，则竞合着债权行为和物权行为两种行为。而其中的物权行为虽以债权行为为其基础，却是独立于债权行为的；并且，其意思表示的效力不因作为基础的债权行为无效、被撤销而受影响。后一情形，又成为物权行为的无因性制度。此一模式，是德国法学体系化的产物。我国民国时期制定的民法典采之。该模式的突出优点，是在概念上明确区分了债权行为与物权行为，在实务上便于对系争法律关系作准确的解析，体现了对法官作为解决纠纷专门家的角色的准确理解，而不惧怕所谓老百姓不易理解的指摘，表现了法学和法学家应有的专业分工精神。然而，该模式也颇遭批评，而最激烈的指摘，莫过于认为该安排不符合交易实情，过于技术化，以至于老百姓难以理解。更有所谓"理论强奸生活"的著名讥讽。其实，上述批评体现了反社会分工、反法学专门化的情结，而且文不对题。

(3) 折中主义

物权因法律行为引起变动时，除债权的合意外，尚须履行标的物交付或者登记手续，方始生效。但该交付与登记并非独立的法律行为的表征，而仅为物权变动生效要件而已。《奥地利民法典》和《瑞士民法典》均采此种模式。该模式的优点是比意思主义在概念上稍为清晰一些，但却难以消除其混乱。

(4)我国立法上的物权行为

我国立法尚不承认物权行为的独立性和无因性。在目前关于拟议中的"物权法"起草中,该问题引起学界的讨论。

2.物权行为的意义

物权行为是直接发生物权设定、移转或者消灭效果的法律行为。

在我国,不管立法是否承认物权行为的独立性和无因性,物权行为的概念却是不容否定的。舍此则无从解释物权抛弃行为以及抵押权设定行为。其实,承认上述行为属物权行为,在学术上并无异议。有争议的问题仅在,与债权行为并存场合的物权行为应否独立化并且无因化。依本书所信,鉴于法律工作是社会分工形成的工作之一种,而我们今天的一切进步皆源自并且依赖分工的发展,因而法律工作的分工是有价值的、应当坚持的。作为解决纠纷专家的法律工作者,不可避免地会有其专门概念和工作语言,作为"善其事"的利器。独立化和无因化的物权行为,便属于此种必要概念之一。德国法学之所以会出现物权行为的概念,其根本原因不在其法学家的概念癖,而在逻辑使然。论者在批评物权行为概念时,往往以老百姓难以理解为口实,并且以为是颠覆性论据。其实该论据是无用的,因为文不对题。专业术语本无须老百姓理解,其存在价值仅在专业上的必要性和有效性。该论据的情绪依据是反分工的。

3.物权行为的法律要件

1)一般要件:须充分法律行为的一般要件

物权行为属于法律行为的具体类型之一,因而须充分法律行为的一般要件,而不待言。

2)特别要件:须公示

公示是物权行为的特别要件。公示的方式,依其对象之为动产抑或不动产而有不同。关于方式,将在下文讨论。

(1)动产物权行为的公示要件

动产物权行为的公示方式是交付。当交付标的物于相对人时,动产物权行为方生效。我国立法也是肯认此一公示要件的。《民法通则》第72条第2款规定:"按照合同或者其他合法方式取得财产的,财产所有权从财产交付时起转移,法律另有规定或者当事人另有约定的除外。"[1]该条所称的虽是依"合同或者其他合法方式取得财产",并且限于"所有权",但合同便是法律行为的基本形态,所有权是物权的完全形态,故而可以理解为关于依法律行为取得物权的具体规定。依该规定,所有权自交付时起转移,亦即受让人的所有权自交付时起发生。可见是以交付为公示,并且公示是动产物权行为的生效要件。

----

〔1〕 对应《民法典》第208条:"不动产物权的设立、变更、转让和消灭,应当依照法律规定登记。动产物权的设立和转让,应当依照法律规定交付。"《民法典》第208条沿袭了《物权法》第6条的规定,《物权法》第6条则吸收了《民法通则》第72条等的零散规定。

(2)不动产物权行为的书面与登记要件

①不动产物权行为须作成书面

不动产物权行为以作成书面为特别生效要件之一。我国立法也是肯认此一公示要件的。《城市房地产管理法》规定了不动产物权行为须作成书面,包括第14条关于地上权设定行为、[1]第40条关于地上权以及房屋所有权转让行为、[2]第49条关于房地产抵押行为。[3]《担保法》第38条也规定了不动产抵押权设定行为须作成书面。[4]

②不动产物权行为须登记

不动产物权的公示方式是登记,经登记完成其行为方始生效。我国《城市房地产管理法》第59—62条以专章规定了不动产物权的登记要件,[5]《担保法》第38条规定了抵押权的登记要件。

思考题:

1.试为物下定义。

2.什么是物权,其效力如何?

3.如何理解"一物一权原则"?

4.如何理解"公示与公信原则"?

5.如何理解物权行为,你对物权行为的独立性与无因性有何思考?

---

〔1〕 对应《城市房地产管理法》(2019年修正)第15条:"Ⅰ.土地使用权出让,应当签订书面出让合同。Ⅱ.土地使用权出让合同由市、县人民政府土地管理部门与土地使用者签订。"

〔2〕 现为《城市房地产管理法》(2019年修正)第41条。该条为:"房地产转让,应当签订书面转让合同,合同中应当载明土地使用权取得的方式。"

〔3〕 现为《城市房地产管理法》(2019年修正)第50条。该条为:"房地产抵押,抵押人和抵押人应当签订书面抵押合同。"

〔4〕 对应《民法典》第400条:"Ⅰ.设立抵押权,当事人应当采用书面形式订立抵押合同。Ⅱ.抵押合同一般包括下列条款:(一)被担保债权的种类和数额;(二)债务人履行债务的期限;(三)抵押财产的名称、数量等情况;(四)担保的范围。"该条沿袭自《物权法》第185条。

〔5〕 对应《城市房地产管理法》(2019年修正)第60—63条。

第十章 所有权论

内容提要 所有权是得由个人享有和行使的完全和永续性物权。本章讨论了所有权的内容、不动产所有权、动产所有权和共有等。学习重点在于把握所有权的内容、属性,不动产所有权与动产所有权的区别。

第一节 概说

一、所有权的意义

(一)定义

所有权是得由个人享有和行使的完全和永续性物权。

(二)对定义的说明

1.所有权是完全物权

所有权是物权的形态之一,而且因其穷尽了对物支配的全部可能性,从而是完全物权。

2.所有权是永续性物权

法律未对所有权规定期间要件,从而在设定时,无须为之设定存续期间。自此点言,所有权是永续性物权。定限物权与此不同,通常均有其存续期间。所有权之具有永续性,系由其所表述的财产的"整体性归属"这一本质所规定的。而归属必须是稳定的,亦即具有时间上永续性。尽管任何物权均表述财产的归属关系,然而定限物权所表述的仅是财产上某些方面利益的归属,而并非整体利益的归属,定限物权实质上是所有权的负担。作为权利负担,当然应有其期间方面的属性。如果无时间上的限制,所有权将不复存在。故而定限物权必然是有期间的权利。

3.所有权是得由个人享有和行使的完全和永续性物权

所谓得由个人享有和行使，系相对于仅能由自然形成的共同体[1]享有和行使的所有权而言。在人类社会的早期，由于生产力的低下，生产资料只能归共同体所有，个人拥有生产资料既无条件亦无意义。当时的所有权便属于仅能由共同体享有和行使的所有权。后来，随着生产力的发育和进步，方出现得由个人享有和行使的所有权。到此时，方属文明的真正开端。民法上的所有权，应仅指此种所有权形态。

4.所有权是弹性物权

所有权虽有占有、使用、收益和处分等权能，属于完全物权，但其享有却不以上述全部支配性尽皆在握为必要。易言之，纵使物不在所有人的直接占有之下，甚至占有、用益和处分诸内容均暂时脱离所有权而由他人享有，而使所有权仅保留"所有"的名义，不免沦为"空虚"状态，然而，物之归属于该人的所有权法律性质仍不受影响。更为有趣的是，上述暂时分离出去的内容，尚可回归所有权本体，使所有权回复其完满状态。此一"一盈一虚""一空一实"的特点，使所有权呈现为"弹性"。盖因为，纵使在上述极端场合，所有权仍能表述物在整体上的法律归属。

二、所有权是分配的法律表现

所有权规定于经济生活中分配的必要性。由于分配是经济活动的不可或缺环节，从而以肯认"所有"为基础内容的界定"财产权"，也就成为秩序的要素和保障。所有权的本质是秩序所肯认的物的稳定归属，是经济关系中分配关系的法律表述。定限物权是在所有权的基础上产生的。得由个人享有的所有权是文明的首要因素和标志之一。

三、所有权的权能

所有权的权能，指所有权的内容的定型化方面。该权能包括占有、使用、收益和处分。

（一）占有

占有是对物的管领和控制。占有是所有权的首要权能。所有权既然是完全物权，是对物权的全面支配，那么，占有便为其首要内容。因为，如果所有权不包括占有，不包括将物纳入所有人的实际控制之下的内容，全面支配即沦为空谈。占有权能的重要性，不意味着占有不可以"虚化"，不可以脱离所有权，而是相反。但是，纵使

---

〔1〕 这里的共同体是指人类社会早期因特定关系(主要是血缘关系)形成的团体，主要为氏族、部落及部落联盟等。"从身份到契约"的运动完成后，此种共同体所有权即变成了个人所有权。但政治国家的扩张，又出现了国家所有和集体所有的所有权形态。

占有因定限物权的设定而脱离了所有权,也不等于所有权中可以无此权能。

(二)使用

使用是不毁损物的外形并且依其性质而使物发挥其功能,亦即依物的功用而利用。使用是纯事实上的应用,而不包括收取天然孳息。

(三)收益

收益指收取物的孳息。

(四)处分

处分是在事实上毁损物的外形或者变更其性质而使物发挥功用,以及对所有权的出让、抛弃或者设定负担。前者称为"事实上的处分",后者则称为"法律上的处分"。

四、所有权的性质

(一)整体性

所有权的整体性是指对物的支配的全部可能性形成一个系统,是全方位、全涉性的支配,而不仅仅是某个方面的支配。

(二)永续性

如上所述,所有权区别于定限物权的重要之点是所有权是永续性物权,而定限物权则通常是有期间物权。

(三)弹性

如上所述,所有权的占有—用益权能和变价权能可以分别脱离所有权的本体,而形成不影响所有权性质的"空虚化",并且分离出去的权能尚可复归于所有权而使之回复权利的完满状态。此一性质,使所有权具有弹性。这在物权中是绝无仅有的,定限物权当然不具。

第二节　不动产所有权

一、概说

我国立法目前未使用不动产术语，而是"房地产"一词。后者仅系实务上的行业用语，而非民法术语。

我国的不动产所有权，虽立法规定了土地的公有权，但该所有权仅能由全民或者集体享有和行使，并且无从纳入商品流转，因而，严格说来，尚非民法上的所有权。在目前，我国的不动产所有权仅有建筑物所有权一种。但为了讨论的全面，我们仍对土地作些说明。

二、土地公有权

依《民法通则》第80条第2款，土地归国家或者集体所有，并且"不得买卖、出租、抵押或者以其他形式非法转让"[1][2]。故而关于土地的所有权相当抽象和简单。

关于土地的概念，《民法通则》第74条、[3]第80条、[4]第81条[5]等将土地与森林、

---

〔1〕 1982年《宪法》第10条，原也规定：任何组织或者个人不得侵占、买卖、出租或者以其他形式非法转让土地。但1988年修正时，将其中的"出租"二字删除。此次修正后，《民法通则》并未作相应的修正。［该"出租"出现在《民法通则》第80条第3款和第81条第4款，《民法总则》和《民法典》已将其删除。］

〔2〕 该条文已被删除。

〔3〕 对应《民法典》第260条和第265条。《民法典》第260条："集体所有的不动产和动产包括：（一）法律规定属于集体所有的土地和森林、山岭、草原、荒地、滩涂；（二）集体所有的建筑物、生产设施、农田水利设施；（三）集体所有的教育、科学、文化、卫生、体育等设施；（四）集体所有的其他不动产和动产。"《民法典》第265条："Ⅰ.集体所有的财产受法律保护，禁止任何组织或者个人侵占、哄抢、私分、破坏。Ⅱ.农村集体经济组织、村民委员会或者其负责人作出的决定侵害集体成员合法权益的，受侵害的集体成员可以请求人民法院予以撤销。"就《民法典》第260条而言，该条保留了《物权法》第58条的规定，《民法通则》第74条又为《物权法》第58条的基础。参见最高人民法院民法典贯彻实施工作领导小组主编：《中华人民共和国民法典物权编理解与适用》（上），人民法院出版社2020年版，第287—288页。就《民法典》第265条而言，该条基本保留了《物权法》第63条的规定，《物权法》第63条又参考了《民法通则》第74条。

〔4〕 该条文已被删除。

〔5〕 该条文已被删除。

山岭、草原、荒地、滩涂、水面等并列。而《土地管理法》第9条、[1]第12条、[2]第17条[3]则规定,土地除了包括耕地、建设用地(建筑物用地、基建设施用地、管线用地)外,还包括林地、草原、水面、荒山、荒地、滩涂等。两个法律的规定未尽一致。

另外,集体土地的所有权及于土地中的土、沙、岩石等成分,但不及于矿产和地下水。《矿产资源法》第3条规定:"矿产资源属于国家所有……地表或者地下的矿产资源的国家所有权,不因其所依附的土地的所有权或者使用权的不同而改变。……"[4]《水法》规定地表水和地下水属于国家所有(该法第3条第1款规定:"水资源属于国家所有,即全民所有。"[5]而"水资源",依第2条规定"指地表水和地下水"[6])。

三、建筑物所有权

(一)建筑物的意义和范围

1.建筑物

建筑物指定着于土地,具有顶盖、梁柱、墙壁等可供人居住以及作为生产和其他活动场所的构造物。

建筑物主要指民用与工业以及其他用途的房屋。

2.与相近概念的区别

1)与构筑物的区别

构筑物指一般不在其内进行生产和生活等活动的构造物。如机场、停车场、公

---

〔1〕 对应《土地管理法》(2019年修正)第12条:"Ⅰ.土地的所有权和使用权的登记,依照有关不动产登记的法律、行政法规执行。Ⅱ.依法登记的土地的所有权和使用权受法律保护,任何单位和个人不得侵犯。"

〔2〕 对应《土地管理法》(2019年修正)第13条:"Ⅰ.农民集体所有和国家所有依法由农民集体使用的耕地、林地、草地,以及其他依法用于农业的土地,采取农村集体经济组织内部的家庭承包方式承包,不宜采取家庭承包方式的荒山、荒沟、荒丘、荒滩等,可以采取招标、拍卖、公开协商等方式承包,从事种植业、林业、畜牧业、渔业生产。家庭承包的耕地的承包期为三十年,草地的承包期为三十年至五十年,林地的承包期为三十年至七十年;耕地承包期届满后再延长三十年,草地、林地承包期届满后依法相应延长。Ⅱ.国家所有依法用于农业的土地可以由单位或者个人承包经营,从事种植业、林业、畜牧业、渔业生产。Ⅲ.发包方和承包方应当依法订立承包合同,约定双方的权利和义务。承包经营土地的单位和个人,有保护和按照承包合同约定的用途合理利用土地的义务。"

〔3〕 对应《土地管理法》(2019年修正)第41条:"开发未确定使用权的国有荒山、荒地、荒滩从事种植业、林业、畜牧业、渔业生产的,经县级以上人民政府依法批准,可以确定给开发单位或者个人长期使用。"

〔4〕 对应《矿产资源法》(2009年修正)第3条第1款:"矿产资源属于国家所有,由国务院行使国家对矿产资源的所有权。地表或者地下的矿产资源的国家所有权,不因其所依附的土地的所有权或者使用权的不同而改变。"

〔5〕 对应《水法》(2016年修正)第3条:"水资源属于国家所有。水资源的所有权由国务院代表国家行使。农村集体经济组织的水塘和由农村集体经济组织修建管理的水库中的水,归各该农村集体经济组织使用。"

〔6〕 对应《水法》(2016年修正)第2条第2款:"本法所称水资源,包括地表水和地下水。"

路、铁路、桥梁、水坝等。

2) 与定着物的区别

定着物指建筑物之外定着于土地的自然物,如生长于土地的农作物、竹木等。民法学之所以定义定着物,是为了界定其权利归属,亦即定着物的所有权归属于土地所有权人、地上权人或者耕作权人,当事人另有约定者依其所约。但《森林法》和《担保法》却规定林木为独立物(《森林法》第3条第2款规定:"国家所有的和集体所有的森林、林木和林地,个人所有的林木和使用的林地,由县级以上地方人民政府登记造册,发放证书,确认所有权或者使用权。……"[1]《担保法》第34条[2]及第42条[3]规定林木可以独立作为抵押物抵押,并需到县级以上人民政府林木主管部门办理抵押登记),而《担保法》第92条却又规定房屋等建筑物及构筑物和林木为"定着物"[4]。可见立法用语相当混乱,并且如何确定定着物的归属,也便难有章法。

(二)对单一建筑物的所有权

为了与建筑物区分所有权相比较,我们先讨论单一建筑物所有权。

如上所述,政府对不动产所有权的变动实行登记制度。在取得以及变更或者消灭时,均须依法登记。不动产物权的登记,依其性质,区分为"设权登记"和"宣示登记"。关于此两项登记,将在下文具体讨论时予以说明。

1.意义

所谓单一建筑物所有权,是相对于建筑物区分所有权而言,指一座建筑物归一人所有的情形。

---

〔1〕 对应《森林法》(2019年修订)第15条第1款:"林地和林地上的森林、林木的所有权、使用权,由不动产登记机构统一登记造册,核发证书。国务院确定的国家重点林区(以下简称重点林区)的森林、林木和林地,由国务院自然资源主管部门负责登记。"

〔2〕 对应《民法典》第395条、第396条、第397条和第398条。《民法典》第395条:"I.债务人或者第三人有权处分的下列财产可以抵押:(一)建筑物和其他土地附着物;(二)建设用地使用权;(三)海域使用权;(四)生产设备、原材料、半成品、产品;(五)正在建造的建筑物、船舶、航空器;(六)交通运输工具;(七)法律、行政法规未禁止抵押的其他财产。II.抵押人可以将前款所列财产一并抵押。"《民法典》第396条:"企业、个体工商户、农业生产经营者可以将现有的以及将有的生产设备、原材料、半成品、产品抵押,债务人不履行到期债务或者发生当事人约定的实现抵押权的情形,债权人有权就抵押财产确定时的动产优先受偿。"《民法典》第397条:"I.以建筑物抵押的,该建筑物占用范围内的建设用地使用权一并抵押。以建设用地使用权抵押的,该土地上的建筑物一并抵押。II.抵押人未依据前款规定一并抵押的,未抵押的财产视为一并抵押。"《民法典》第398条:"乡镇、村企业的建设用地使用权不得单独抵押。以乡镇、村企业的厂房等建筑物抵押的,其占用范围内的建设用地使用权一并抵押。"这四条分别延续了《物权法》第180条、第181条、第182条和第183条的规定。

〔3〕 该条文已被删除。《民法典》第210条实行统一登记制度。

〔4〕《担保法》第92条第1款:"本法所称不动产是指土地以及房屋、林木等地上定着物。"[《民法典》未沿袭该条文,《不动产登记暂行条例》(2024年修订)第2条第2款有类似规定:"本条例所称不动产,是指土地、海域以及房屋、林木等定着物。"]

2.所有权的取得

1)原始取得

建筑物的所有权因建筑而原始取得。取得日为建筑物完成之日。《城市房地产管理法》第60条第2款规定建成房屋后须到政府房产管理部门办理所有权登记,申领所有权证书。此项登记,并非所有权取得的要件,而为既有权利的"宣示登记"。[1]此一性质务应澄清。

2)继受取得

(1)因法律行为取得

因法律行为取得建筑物所有权,以登记为成立要件。此项登记的性质为"设权登记",与宣示登记的性质不同。

(2)因法律行为以外事实取得

因法律行为以外事实取得建筑物所有权,不以登记为要件。例如依继承取得房屋所有权,其取得时间为继承开始时亦即被继承人死亡时。此种所有权取得亦须登记,此项登记的性质属既有权利的"宣示登记"。

3.所有权的消灭

建筑物所有权因建筑物灭失、自然人所有人死亡或者法人所有人终止等原因而消灭。在所有权消灭后,依法须办理所有权注销登记。

(三)建筑物区分所有权

1.概说

区分所有权并非建筑物特有的现象,土地实际上也有区分所有权问题。为便于土地的用益和流转,相连而为一体的土地被分割为若干块的,为便于称谓,尚给予特定的编号。于是,同一块土地被区分成若干"宗"土地。然而,由于土地区分所有权问题在所有权的早期便已解决,今天的人们反而没有觉察到其区分所有权的事实。而建筑物的区分所有权,则是晚近因应大厦式公寓房屋的多人所有权问题而产生的。人们在观念上不坚持将公寓大厦视为一件物的成见,而是使之区分为多件物,以便得就其被区分的"物"成立所有权。这便是建筑物的区分所有权。有的学者不明此理,认为建筑物区分所有权与物权法的一物一权原则不协调,那是仍将大厦式公寓视为一件物的滞后观念在作怪。

2.建筑物区分所有权的对象

建筑物区分所有权的对象,是大厦式房屋中之功能上及构造上得以独立化的部分。就住宅式房屋言,即其独立"单元"。

3.因建筑物区分所有引出的共有

建筑物区分所有,通常均引发各区分所有建筑物所构成的整个建筑物中的共有

---

[1] 现为《城市房地产管理法》(2019年修正)第61条第2款。

部分的共有问题。作为一座大厦，除可独立化的部分外，尚有为满足整个大厦的用益所必要的非独立部分，该部分不是区分所有权的直接对象，而形成该所有权的附随权利对象，亦而形成诸区分所有人的共有部分。而前者，则相应地称之为"专有部分"。对共有部分，形成共同共有，各区分所有人均有平等的使用权，并负担保存和管理共有部分的费用。

四、土地相邻关系

(一)概说

1.土地相邻关系的定义

土地相邻关系，是相毗邻土地以占有为内容的物权人在权利行使上相互限制自己权利以方便他方权利行使的相互协调和忍让的关系。

2.对定义的说明

1)土地相邻关系是土地占有人之间固有的关系

土地相邻关系是相毗邻土地上以占有为内容的物权人之间的相互关系。目前我国大陆的民法著述，多称此关系为"不动产相邻关系"。其实，该关系仅限于相邻土地占有人之间的关系。相邻房产的关系，主要是采光和屋檐滴水关系，不过是土地关系的表现而已，故而本书称为土地相邻关系。

(1)土地相邻关系的客体须相毗邻的土地

土地为不动产，在性质上不得移动，相毗邻土地物权的行使，必然予相邻土地的物权以一定影响，而后者又无从以移转其对象的方法求解决，故而需要专门的相邻关系制度予以化解。而在动产，因其可移动，权利人之间发生利益摩擦时，一方当事人"惹不起而躲得起"，从而无须专门的相邻关系制度来协调。

(2)土地相邻关系的主体为相邻土地上以占有为内容的物权人

土地相邻关系，仅限于相邻土地的以占有为内容的物权人之间。因为，唯以占有为内容，方有权利行使中相互影响的可能。申言之，该相互影响乃缘于相互占有权的行使。故而土地相邻关系的主体，不限于土地的所有人，而且包括以占有为内容的土地用益物权人。

顺便说明，土地相邻关系，自体例言，不应放在不动产所有权部分讨论，而应当放在不动产物权部分讨论。由于本书未设计不动产物权的专门部分，为便利计，只好放在这里讨论。此点应予注意。

2)土地相邻关系是相邻土地占有人之间相互限制权利以方便对方权利行使的关系

相邻关系的内容，主要体现为相互限制自己的物权，而利于他方物权的行使。相邻关系尚未发育为予当事人以"相邻权"的程度，而仅为合法利益。

3）土地相邻关系是法定关系

土地相邻关系因法律的直接规定产生，故而是依法产生的关系。

（二）土地相邻关系的内容

土地相邻关系种类繁多。此处的讨论，以立法和司法解释有规定者为限。

1.通行关系

土地因与公共道路无适当之联络致不能为通行使用者，土地使用权人得通过邻地以至公共道路，但应选择对邻地损害最小的处所及方法实施，并应就所致损害负赔偿责任。[1]

2.用水排水关系

水源地所有权人或者使用权人应依当地用水惯例允许邻地用水；

由高地自然流至之水，高地物权人不得阻挡其全部；[2]

自然流泄之水，低地物权人不得妨阻。人工排水，应选择对邻地损害最小的处所及方法实施，且须就其所致损害负赔偿致责任。[3]

邻地物权人不得设置屋檐或者其他工作物，使雨水直注于相邻土地、房屋或其他定着物。[4]

3.管线敷设关系

邻地所有权人或者使用权人非通过邻地不能敷设必要的管线，或虽能敷设而费用过巨者，得通过邻地敷设之，但应选择对低地损害最小的处所及方法实施，并应对所致邻地损害负赔偿责任。

---

〔1〕　最高人民法院《民通意见》第100条："一方必须在相邻一方使用的土地上通行的，应当予以准许；因此造成损失的，应当给予适当补偿。"［对应《民法典》第291条："不动产权利人对相邻权利人因通行等必须利用其土地的，应当提供必要的便利。"］第101条："对于一方所有的或者使用的建筑物范围内历史形成的必经通道，所有权人或者使用权人不得堵塞。因堵塞影响他人生产、生活，他人要求排除妨碍或者恢复原状的，应当予以支持。但有条件另开通道的，也可以另开通道。"［对应《民法典》第291条："不动产权利人对相邻权利人因通行等必须利用其土地的，应当提供必要的便利。"］

〔2〕　最高人民法院《民通意见》第98条："一方擅自堵截或者独占自然流水，影响他方正常生产、生活的，他方有权请求排除妨碍；造成他方损失的，应负赔偿责任。"［对应《民法典》第290条："I.不动产权利人应当为相邻权利人用水、排水提供必要的便利。II.对自然流水的利用，应当在不动产的相邻权利人之间合理分配。对自然流水的排放，应当尊重自然流向。"］

〔3〕　最高人民法院《民通意见》第99条："I.相邻一方必须使用另一方的土地排水的，应当予以准许；但应在必要限度内使用并采取适当的保护措施排水，如仍造成损失的，由受益人合理补偿。II.相邻一方可以采取其他合理的措施排水而未采取，向他方土地排水毁损或者可能毁损他方财产，他方要求致害人停止侵害、消除危险、恢复原状、赔偿损失的，应当予以支持。"［对应《民法典》第290条："I.不动产权利人应当为相邻权利人用水、排水提供必要的便利。II.对自然流水的利用，应当在不动产的相邻权利人之间合理分配。对自然流水的排放，应当尊重自然流向。"］

〔4〕　最高人民法院《民通意见》第102条："处理相邻房屋滴水纠纷时，对有过错的一方造成他方损害的，应当责令其排除妨碍、赔偿损失。"［该条文在《民法典》物权编中已被删除，无对应条文，相关法律后果按照《民法典》侵权责任编调整。］

4.采光关系

土地物权人不得设置工作物妨碍邻地及其定着物采光。

5.防污排险关系

邻地使用权人在使用其土地中有注意防止污染邻地和发生其他危险的义务。[1]此项义务属积极义务，应实施必要的防污防险的行为。

第三节　动产所有权

一、概说

(一)动产所有权的特殊问题

动产所有权的特殊问题，主要在于权利的公示与不动产物权不同。不动产物权的公示方式为登记，无论静态抑或动态，均以登记为其公示方式。此系因为不动产之占有不易察知的性质所决定。动产物权则不同，以占有为公示方式，此系因为动产的占有容易察知，因而占有足以达成公示，而不易引起误认。

(二)动产所有权的公示

1.动产所有权享有的公示——占有

动产所有权享有，其公示方式是占有。所谓占有，即以成为物的主人的意思将物纳入自己的控制之下。此系静态的公示方式。

2.动产所有权变动的公示——交付

当动产所有权变动时，则以占有的移转为公示方式。占有的移转即"交付"。交付有以下样态：

1)现实交付

即移转动产的占有于他人。此为交付的常态。

2)观念交付

指非现实而仅在观念上交付，其形态包括：

(1)简易交付

简易交付指变动之时，受让人已依其他原因占有动产，在让与合意成立时，即视为已有交付事实。

---

〔1〕　最高人民法院《民通意见》第103条："相邻一方在自己使用的土地上挖水沟、水池、地窖等或者种植的竹木根枝枝伸延，危及另一方建筑物的安全和正常使用的，应当分别情况，责令其消除危险、恢复原状、赔偿损失。"［对应《民法典》第295条："不动产权利人挖掘土地、建造建筑物、铺设管线以及安装设备等，不得危及相邻不动产的安全。"］

（2）占有改定

指动产出让人仍继续占有动产者，出让人与受让人约定使受让人取得间接占有，以代交付的情形。

（3）指示交付

指出让的动产由第三人占有，出让人"指示"该第三人向受让人返还，以代替现实交付的情形，易言之，是出让人以对该第三人的返还请求权让与于受让人，以代现实交付。

二、动产所有权的取得

（一）概说

动产所有权取得，与不动产所有权取得的原因不完全相同。在后者，土地的原始取得为先占、国家罚没、征收、国有化命令、税收等，建筑物的原始取得除上述方式外，主要为建造行为。但在动产所有权，原始取得主要为先占、添附、孳息取得、善意取得，继受取得主要为买卖、受赠与、法人接受出资或者捐助以及继承等。

（二）取得原因各论

1.先占

1）定义

先占是将无主动产归属于自己以成为其主人的行为。

2）说明

（1）先占须以无主动产为标的

先占只能以无主物为其标的。对于有主物，法律秩序不许以先占变更其归属，而不待言。由于这里讨论的是动产所有权取得，故而以无主动产为限。

（2）先占须实际管领标的物

所谓实际管领标的物，指将物纳入自己的控制之下。

（3）先占须以所有的意思管领标的物

所谓所有的意思，指成为物的主人（所有人）的意思。此项所有，并不限于法律上的归属，更非取得所有权的意思，而仅须作为生活事实上拥有，便为已足。占有之取得标的物所有权的法律效果，并非缘于占有人的意思表示，而缘于法律规定。故而占有并非法律行为，而仅为事实行为。

2.添附

1）概说

（1）定义

添附是分属于不同人的两件以上动产附合、混合和加工形成新物诸情形的合称。

（2）添附的要件

添附的共同要件是：

①添附的标的须为动产

在不动产上，也会发生"添附"，如建造建筑物、工作物，种植竹木，以及加工不动产。然而，建筑物在民法上单独视为一物，其所有权归属有专门规定，无须添附制度调整。至于其他定着物包括竹木而与土地不能分离者，则视为土地的组成部分，而不将附有新定着物的土地为新的物。依一物一权原则，并无所有权发生，故而无须添附确定所有权的归属。

②须该标的分属于不同的人

唯付诸添附的动产分属不同的人，方发生新物归属问题。倘付诸添附物属于同一人，则无须依添附制度确定其归属了。

③须添附结果形成新物

添附的结果，须形成新的物。依一物一权原则，须对新物的所有权确定归属。倘无新物形成，自无确定归属问题。新物的标准，指在交易上可以视为新的物予以交易。

（3）添附所形成新物之归属

添附所形成的新物，其所有权原则上归原物各所有人共有。但当原物成为新物的主要成分或者构成价值之主要部分者，新物所有权则归属该原物的所有人。在此种场合，须对失其所有权的他方予以不当得利返还。

2）附合

附合指两个以上动产相结合为一物或动产结合于不动产之上的情形。至于结合的原因是自然原因，抑或人的行为，则非所问。

由于本处所讨论者，系动产所有权的取得，故而不涉及动产与不动产的附合。

3）混合

混合是两件以上的物混为一体不能分离而成为新物的情形。混合除须具备添附的共同要件外，尚须一物与另一物或者多物相混杂、相融合而不能分离，并形成新物。

不能分离包括客观不能分离以及客观上虽能分离但所需费用过大而在经济上不合理者。后者如汽油与柴油的混合。

4）加工

加工是对他人之动产施以工作使之成为新物的情形。

加工的特别要件是须有加工行为。所谓加工行为，是施劳动于物，并物化而令原物外形或者品质变革，增益其功能或者价值的情形。

3.善意取得

1)意义

(1)定义

动产物权的善意取得,是无处分权人有偿移转动产于他方,因受让人善意信赖占有的公信力而得直接发生物权变动效力的制度。

(2)说明

①动产善意取得是动产物权的取得制度

动产善意取得,顾名思义,是动产物权的取得制度。在不动产所有权,能否善意取得,如自登记作为物权行为的成立要件言,亦能取得。但我国立法尚无规定,故此处不作讨论。

②动产善意取得制度是因受让人善意信赖占有公信力而取得所有权的制度

动产所有权善意取得之所以能覆盖无权处分,完全缘于占有的公信力。本来,对无权处分,处分权人亦即所有人得予以追认,而令其所缺的处分权要件被补足。如不予追认,则有返还请求权,得求受让人无条件返还。此即物权的追及力。然而,由于占有的公信力,善意信赖占有的人的信赖受到特别保护,纵使出让人并无占有所公示的所有权,亦不影响其行为的效力。唯其如此,受让人取得了受让物的所有权。

③动产善意取得是公信力对物权追及力的否定

物权应有其追及力。但如果追及力绝对化,则与公示与公信原则碰撞,且有碍交易安全。故而须予以协调,善意取得便为此种协调手段之一。

2)法律要件

(1)须标的物为动产

此处讨论的善意取得,为动产所有权的善意取得,故其标的以动产为限。这并非意味着本书主张不动产所有权不存在善意取得问题,而仅指明本处所讨论者为动产所有权的善意取得。

(2)须出让行为属无权处分

在善意取得,须出让行为属无权处分。倘若是有权处分,该行为即构成物权行为,受让人自依该行为取得所有权,而无须善意取得制度。

(3)须出让人依原所有人的意思取得对标的物的占有

出让人占有标的物出自所有人的意思,则意味着因无权处分所受到的损害可以知悉何人为加害人,纵使因善意取得的效力而失去其所有权,毕竟得向无权处分人求损害赔偿。若所有人失其占有并非出自自己的意思,则可能并不知晓无权处分人为何人,此际若不肯认其返还原物请求权,则有失事理之平。

(4)须所有权让与为有偿行为

受让行为为有偿行为,且价格与行情相当,方不致于令善意取得成为不当利得。

（5）须受让人为善意

受让人为善意，方合于公序良俗。若取得人知晓出让行为为无权处分，纵使不能构成共同侵权行为，但若仍令其取得标的物的所有权，也难获事理之平。

（6）须受让人取得对标的物的占有

此项占有，也有公示的作用。

第四节　共有

一、概说

（一）共有的意义

1.定义

共有是同一项所有权由多数人共同享有的情形。

2.对定义的说明

1）共有的所有权为一项

在共有的场合，其所有权须为一项。而且依一物一权原则，其对象亦为同一物。

2）共有的所有人为多数

如构成共有，所有人非有多人不可。该多数人可以为自然人，亦可以为法人。

（二）共有的类型

共有有两个类型，即分别共有和共同共有。

二、分别共有

（一）分别共有的意义

1.定义

分别共有是各个共有人依照份额享有权利的共有形态。

2.说明

1）各共有人的权利划分为份额

分别共有的分别，指共有权的份额性。亦即共有权是按人划分为份额的。

2）共有权份额的划分应依共有人的合意

各共有人所占的份额，应依其合意确定。如无专门合意，则解为份额均等。

3) 各共有人依其份额享有同一项所有权

分别共有,是共有人依其份额享有共有权的共有形态。所谓"共有份额",指对共有物所享有权利的份额,既非对物本身的份额,亦非共有物先已划分为份额,然后对各该份额享有共有权。

(二) 分别共有的发生原因

1."分别合伙"合同

合伙人依合伙合同的约定,对合伙财产依出资比例享有分别共有权,该合伙称为"分别合伙"或"按份合伙"。在该合伙中,合伙人对合伙财产享有按份共有权。

2.共同继承

多数继承人共同继承而未分割的遗产,形成分别共有。

(三) 分别共有的效力

1.对共有物的用益

依其份额。

2.对共有物的处分

应由全体共有人议决。各人的表决权依其份额。

3.对共有物的保存和管理

应由全体共有人实施,其义务的分担依其共有权的份额。

(四) 对共有物的分割

1.分割请求权

1) 分割请求权的意义

分割请求权是共有人从共有财产中分割其应有份额并形成其单一所有权的权利。

2) 分割请求权的性质

分割请求权虽然名为请求权,但其性质却为形成权。之所以称之为"请求权",谓其行使须向其他共有人"请求"。该项请求,实为通知。因为法律未规定受请求人有不许分割的权利,故而依权利人一方的意思表示即生解除共有关系的效力。

3) 分割请求权的行使

分割请求权得随时行使。《民法通则》第78条第3款前段规定:"按份共有财产的每个共有人有权要求将自己的份额分出或者转让。"[1] 该款虽未明定得随时请求分割,但自其并未限定权利行使的时间看,应作得随时请求分割解释。

---

[1] 对应《民法典》第305条:"按份共有人可以转让其享有的共有的不动产或者动产份额。其他共有人在同等条件下享有优先购买的权利。"该条延续了《物权法》第101条的规定。

2.分割方式

分割的方式,实为对共有物的分割方式。

究竟依何种方式分割,应依共有人的合意。如合意不成,得诉请裁判分割。在决定分割的具体方式时,如共有物为可分物,应先考虑将物依共有份额分割,对不可分物则分配于其中的一个共有人,由该人向其他共有人补偿各人应得的价金。

3.分割的效力

分割的效力,是各人就其分割后的物形成单一所有权。

(五)份额的转让

共有人得将其共有份额转让。在转让时,其他共有人有同等条件下的优先购买权。《民法通则》第78条第3款后段规定:"但在出售时,其他共有人在同等条件下,有优先购买的权利。"[1]

三、共同共有

(一)共同共有的意义

共同共有是各共有人无份额而平等地享有其权利的共有形态。

(二)共同共有的发生原因

1.共同合伙

合伙人约定,对投入合伙以及合伙中取得的财产无份额地平等享有,即形成"共有合伙"。在此类合伙,即产成共同共有。

2.夫妻财产的法定共有

我国《婚姻法》第19条第1款规定:"夫妻可以约定婚姻关系存续期间所得的财产以及婚前财产归各自所有、共同所有或部分各自所有、部分共同所有。约定应当采用书面形式。没有约定或约定不明确的,适用本法第十七条、第十八条的规定。"[2]而第17条第1款的规定是:"夫妻在婚姻关系存续期间所得的下列财产,归夫妻共同所有:(一)工资、奖金;(二)生产、经营的收益;(三)知识产权的收益;(四)继承或赠与所得的财产,但本法第十八条第三项规定的除外;(五)其他应当归共同所有的财

---

〔1〕 对应《民法典》第305条:"按份共有人可以转让其享有的共有的不动产或者动产份额。其他共有人在同等条件下享有优先购买的权利。"该条延续了《物权法》第101条的规定。

〔2〕 对应《民法典》第1065条第1款:"男女双方可以约定婚姻关系存续期间所得的财产以及婚前财产归各自所有、共同所有或者部分各自所有、部分共同所有。约定应当采用书面形式。没有约定或者约定不明确的,适用本法第一千零六十二条、第一千零六十三条的规定。"

产。"[1]第18条第3项的规定是"遗嘱或赠与合同中确定只归夫或妻一方的财产"。[2]

3.家庭财产的法定共有

家庭共有财产,指夫妻或其一方与子女以及家庭其他成员的共有财产。

(三)共同共有的效力

1.各共有人的权利平等

各共有人的共有权既无份额,而且平等。

2.对共有物的处分须全体共有人的一致同意

各共有人在议决时,其表决权平等。

3.在共有关系存续中不得请求分割共有财产

分割请求权的行使,足以令共有关系解体,因此,非有消灭共有关系的意思,不得请求分割共有财产,而分割的实行,共有也就终止。

思考题:

1.如何理解所有权的属性?

2.如何理解所有权是个别所有权而非共同体所有权?

3.如何理解所有权的内容?

4.如何理解善意取得的制度价值及其要件?

---

[1] 对应《民法典》第1062条第1款:"夫妻在婚姻关系存续期间所得的下列财产,为夫妻的共同财产,归夫妻共同所有:(一)工资、奖金、劳务报酬;(二)生产、经营、投资的收益;(三)知识产权的收益;(四)继承或者受赠的财产,但是本法第一千零六十三条第三项规定的除外;(五)其他应当归共同所有的财产。"

[2] 对应《民法典》第1063条第3项:"下列财产为夫妻一方的个人财产:……(三)遗嘱或者赠与合同中确定只归一方的财产;……"

第十一章　用益物权论

内容提要　用益物权是对于他人实物型不动产的以使用和收益为目的的定限物权。究其实质,乃所有权中的使用和收益两项内容的独立化,是物的使用价值的重要实现形式之一。用益物权分为地上权、耕作权和典权。本章详细讨论这些权利,包括其内容、法律效力和得丧变更。

第一节　概说

一、用益物权的意义

(一)定义

用益物权是对于他人实物型不动产以使用和收益为目的的定限物权。

(二)说明

1.用益物权是定限物权

用益物权是定限物权的具体形态。既为定限物权,则承继了定限物权的性质,包括对物的部分支配性,权利的定限性和有期性、他物权性(以他人所有物为对象),救济权的物权救济性等。

2.用益物权是以实物型不动产为对象的定限物权

用益物权的对象,须为实物,货币和有价证券不属之。另外,用益物权的对象,须为不动产。依物权法定原则,我国目前立法规定的用益物权有地上权、耕作权和典权。前两种的对象为土地,典权的对象在我国则为房屋等建筑物,可见均为不动产。

3.用益物权是以使用收益为目的的定限物权

此一内容,成为用益物权区别于担保物权的基本标准。用益物权不同于担保物权的根本之点,在于以物的使用价值为发挥作用的对象,而担保物权则以物的交换价值为发挥作用的对象。用益物权实际上是所有权中的使用和收益两项内容的独立化并由非所有人享有。

4.用益物权是占有型定限物权

用益物权的内容既然在于对标的物的使用和收益,而使用和收益须以占有为前提,故而用益物权为占有型定限物权。此点与担保物权可为非占有型定限物权(抵押权为非占有型担保物权)的情形不同。

二、用益物权的内容

(一)使用权

即使用标的物,此系所有权中的使用内容的独立化。

(二)收益权

即收取标的物的孳息,此系所有权中收益内容的独立化。

(三)处分权

1.用益物权让与
用益物权人有权将其用益物权让与他人。

2.设定担保物权
用益物权人得就其标的物为他人设定担保物权,例如抵押。唯应注意,我国禁止土地抵押,土地的抵押被规定为地上权或者耕作权的抵押。但自逻辑言之,应为土地本身的抵押。

3.用益物权抛弃
用益物权人得抛弃其用益物权。当抛弃时,地上权即告消灭,而其内容则复位于所有权。

三、用益物权的类型

《民法通则》《土地管理法》《城市房地产管理法》规定了地上权(分别称对土地"使用、收益的权利"和"土地使用权")、耕作权(称"土地承包经营权")两项用益物权。此外,最高人民法院司法解释尚肯认典权。[1]

---

〔1〕 最高人民法院《民通意见》第120条:"在房屋出典期间或者典期届满时,当事人之间约定延长典期或者增减典价的,应当准许。承典人要求出典人高于原典价回赎的,一般不予支持。以合法流通物作典价的,应当按照回赎时市场零售价格折算。"〔该条文已被删除。《物权法》没有将典权制度纳入其中,《民法典》延续了《物权法》的做法。〕

第二节　地上权

一、地上权的意义

(一)定义

地上权是以保有建筑物和其他定着物为目的的土地用益物权。

我国目前的立法未使用地上权的术语。在《城镇国有土地使用权出让和转让暂行条例》中，该权利被称为"开发、利用、经营"国有土地使用权。在《城市房地产管理法》中，被称为"城市规划区范围内国有房地产开发用地使用权"。在《土地管理法》中，则被称为"建设用地使用权"和"农村村民""宅基地"使用权。其用语相当混乱。依本书所信，自用益目的，以采用传统的地上权的术语为好。本书使用地上权的术语。

(二)对定义的说明

1.地上权是以建设用土地为对象的用益物权

地上权的对象为建设用土地。所谓"建设用土地"，是依土地利用总体规划列为建造建筑物、构筑物的土地(《土地管理法》第4条第3款)。[1]耕地不得作为地上权的对象。

2.地上权是为保有建筑物及其他定着物而使用土地的用益物权

地上权的用益类型为基地型，即以土地作为承重的基地，以保有建筑物以及其他定着物，其中包括竹木等。如果不以此为使用目的，而以农业型使用为目的，则不复为地上权，而系耕作权。

3.地上权是以有期性为原则的用益物权

地上权原则上有其存续期间，房地产开发用国有土地地上权，依《城镇国有土地使用权出让和转让暂行条例》第12条的规定，最高年限分别为：居住用地70年，工业、教科文卫和综合性用地50年，商业、旅游和娱乐用地40年。[2]至于宅基地，目前则暂无期间限定。

二、地上权的内容

地上权属于"地皮"的用益权，其使用目的为保有建筑物和其他定着物，以此而与耕作权相区别。我国目前正在培育城市房地产市场，政府拿出大量国有城市土地

---

〔1〕　现为《土地管理法》(2019年修正)第4条第3款。
〔2〕　现为《城镇国有土地使用权出让和转让条例》(2020年修订)第12条。

作为房地产开发用地上权的对象。此前,则有大量城市土地作为政府以及国有企事业单位从事目的事业用以及职工生活用房屋和其他定着物的地上权对象,而不得擅自用作其他用途。此两项地上权限于城市国有土地,但用途则一为商业开发用,一为非商业开发用。两种用途均纳入政府管控,不得擅自变更。

地上权可以转让,但受让人须具有房地产开发资格。宅基地只能转让于本集体经济组织成员。

三、地上权的类型

依我国法律,地上权划分为四个类型。

(一)城镇法人目的事业用及其职工生活用地上权

城镇法人目的事业用及其职工生活用地上权,指住所地或者经营地在城镇的法人为保有实现目的事业用及其职工生活用建筑物和其他定着物而使用土地的地上权。

(二)乡村企事业法人目的事业用地上权

乡村企事业法人目的事业用地上权,指在农村的法人,包括农业生产合作社以及"乡、村企业"、乡、村事业单位为保有其目的事业用建筑物及其他定着物的对集体土地的地上权。

(三)房地产开发用地上权

房地产开发用地上权,指房地产开发企业法人对国家所有的房地产开发用土地以房地产开发为使用目的的地上权。其对象须为国家所有、被依法须规划为房地产开发用的土地。

(四)宅基地地上权

宅基地地上权,是农村居民对集体所有土地的住宅用地上权。

四、地上权的取得和消灭

(一)地上权的取得

1.城镇法人目的事业用及其职工生活用地上权的取得
对列入政府基本建设计划的新建法人,由政府无偿拨给。
2.乡村企事业法人目的事业用地上权的取得
经政府批准,由该类法人在集体的建设用土地上设定。如须使用耕地,则须经政府批准将该耕地转变为乡村建设用地而后可。

3.房地产开发用地上权的取得

1）一手地上权取得

所谓"一手"地上权，即直接从国家取得的房地产开发用土地的地上权。

可见，须对象为规划为房地产开发用土地。包括无建筑物土地，以及虽有建筑物，但开发房地产更有价值的土地。另外，须从所有人亦即国家处取得。

原为法人目的事业用地上权的土地，经政府批准，并向政府交纳"地上权价金"（立法上称"使用权出让金"），得转换为房地产开发用地上权。此项取得，仍为一手地上权取得。

2）二手地上权取得

即对既有地上权的受让。

由当事人依合同实施，但须向政府土地管理机关登记。

4.宅基地地上权的取得

宅基地是农村居民住宅用土地。依规划，须属集体所有的农村建设用地，而非耕地（包括林地、荒地等）。耕地是耕作权对象，不得擅自用作宅基地。另外，宅基地地上权人须为农村集体经济组织法人的社员。非社员则不可。此外，城镇区划中也有"遗留型"宅基地，即在中华人民共和国建立后该地曾为农村区划范围，而其居民被分配给宅基地，则现在虽该地区已变为城镇区划，但该宅基地仍予保留。可见宅基地为农村居民住房用特有的土地。城镇居民通过"住房改革"取得，以及通过购买商品房取得的住宅用房屋，也有其基地使用权，该使用权为一般地上权，而不是宅基地地上权。

宅基地地上权由土地所在地农村集体经济组织型法人划给，而未纳入市场运作。

（二）地上权的消灭

地上权因土地灭失、房地产开发用地上权因期间届满等原因而消灭。

第三节　耕作权

一、耕作权的意义

（一）定义

耕作权是以农业性使用为目的的土地用益物权。

我国目前的民事立法未使用地上权的术语。《民法通则》的用语是,当对象为国家所有的土地以及"森林、山岭、草原、荒地、滩涂、水面"时,称全民所有制单位、集体所有制单位"使用、收益的权利"(第80条第1款、第81条第1款)[1];当对象为集体所有或者国家所有由集体使用的土地以及"森林、山岭、草原、荒地、滩涂、水面"时,则称"公民、集体""承包经营权"(第80条第2款、第81条第3款)。其他法律法规的用语大体相似。上述用语体现了立法的区别政策,即对国家所有的土地以及"森林、山岭、草原、荒地、滩涂、水面"等,只能由公有制"单位"取得使用权,也可由公民承包经营;而对集体所有以及虽为国家所有但已确定由集体使用的土地以及"森林、山岭、草原、荒地、滩涂、水面"等,则由公民、集体取得"承包经营权"。依本书所信,自学理言,土地包括耕地以及"森林、山岭、草原、荒地、滩涂、水面",故而称土地便可,"使用、收益的权利"和"承包经营权"仅系取得依据不同,其用益目的均为农业性,得以耕作为其代表,故而可称为"耕作权"。称耕作权,并不意味着不得以耕作以外的目的使用,以林、渔等目的使用均无不可。

(二)对定义的说明

1.耕作权是以土地为对象的用益物权

耕作权的对象为农用土地,包括耕地、国有林地、山岭、草原、荒地、滩涂、水面等被政府规划为农、林、渔用土地。

2.耕作权是以农业性用益为目的的用益物权

耕作权的用益类型为农业型,此处的农业为"大农业"观念,包括栽培种植业、经济动产的养殖业以及林业。而不得用于非农业目的,如挖砂取石、烧砖制瓦、建屋造房、墓葬等。

3.耕作权是有期间用益物权

耕作权是有期间的,对国家所有的土地,依政府命令定其期间,对于集体所有以及国家所有而由集体使用的土地,则依"承包经营合同"定其期间。为鼓励使用人投资,《土地管理法》第14条规定,该期间为30年。[2]

二、耕作权的取得和消灭

对国家所有土地的耕作权,由政府以行政命令或者"行政合同"授予;对集体所有或者国家所有而由集体使用的土地,则由集体经济组织成员依"承包经营合同"取得。当使用期间届满,耕作权便消灭。

---

〔1〕《民法通则》第80条、第81条已被删除。
〔2〕现为《土地管理法》(2019年修正)第14条。

第四节　典权

一、典权的意义

(一)定义

典权是支付典价而对他人房屋的占有型用益物权。

自事理言，典权的对象应为不动产，而不限于房屋。但我国目前的立法不承认土地典权。依物权法定原则，我国目前无土地典权。本节的讨论以房屋典权为限。

(二)对定义的说明

1.典权是用益物权的具体类型

典权属于用益物权，故而用益物权的属性和内容均下传到典权。

2.典权属于不动产用益物权

典权的对象为不动产。在动产上无从设定典权。在我国，目前也不许以土地作为典权的对象。

3.典权是对不动产的类似于所有权的用益物权

典权的内容，除有期间和无移转所有权的处分权(最终处分权)外，类似于所有权，即包括占有、使用、收益和非以出让所有权为内容的处分。此系典权与其他用益物权在内容上的区别之所在。

4.典权是以典价为对价而对他人不动产的类似所有权的用益物权

典权依有偿合同取得，典权人须对出典人支付典价。所谓出典人，是以自己所有的房产为他人设定典权的人。典价是取得典权的市场对价。自数额言，虽须依约定，但与出卖的价金相比，则低于价金，因为价金是所有权的对价，而典价仅为典权的对价。

二、典权的内容

(一)概说

典权虽为用益物权，其内容却类似于所有权。除无最终处分权外，所有权的其他内容，典权均具有。

(二)权利各论

1.占有权

即对典物占有的权利。

2.用益权

即对典物使用和收益的权利。

3.不完全处分权

典权人享有转典和转租权,因转典与转租不同于出卖,因而不是完全处分权。

4.留买权

即当出典人回赎典物以出让于第三人时,典权人有在同等条件下优先购买的权利。此项权利,称为"留买权"。

三、出典人的权利

(一)概说

出典人对出典物仍有其所有权。但除最终处分权外,均已依法出让于典权人。

(二)权利各论

1.典价债权

出典人有请求给付典价的权利。此项权利,在性质上为债权。包括给付请求、给付保有的内容,以及相应的救济权。

2.回赎权

1)定义

回赎权是出典人于典权期间届满时提出原典价以恢复其典物所有权的权利。

2)对定义的说明

(1)回赎权是出典人的权利

回赎权的权利人是出典人。

(2)回赎权是出典人恢复典物所有权的权利

回赎权的功能在于使出典人恢复对典物的所有权。

(3)回赎权属于形成权

此项权利的行使,有使法律关系形成的效力,故而属于形成权。唯其如此,方有除斥期间问题。

另外,回赎权是出典人的权利,而非义务。故而出典人依其意思可行使,亦可抛弃。

（4）回赎权以典权期间届满为取得要件

回赎权的取得要件只有一项，即典权期间届满。

3）行使及其效力

回赎权行使，即提出原典价于典权人而恢复对典物所有权的行为。

原典价，指出典时依典权合同所收取的典价。原典价不包括以原典价为本金的利息。而典权人使用出典物也无须另计租金。

4）回赎权的除斥期间

回赎权既然属于形成权，便有其行使期间。该期间，目前立法无规定。依事理，不宜过长。似以一年为宜。

四、典权的取得和消灭

（一）典权的取得

典权依典权合同而取得。

典权合同须充分合同的一般要件。另外，由于典权设定属不动产物权行为，故而以登记为物权行为的成立要件。

（二）典权的消灭

典权因典物灭失以及典权期间届满等原因而消灭。

思考题：

1.如何理解用益物权是对所有权的使用和收益两项权能的独立化？

2.简述典权人的权利和出典人的权利。

第十二章　担保物权论

内容提要　担保物权是为担保债务的履行而在债务人或第三人的特定物上设立的物权,分为抵押权、质权和留置权。本章讨论各该类型的内容、效力、取得和实现。

第一节　概说

一、担保物权的意义

(一)定义

担保物权是对于他人供债权担保的物的以所保债权不获清偿为效力停止条件、其内容为变价权和就变价所得价金的优先取偿权为内容的定限物权。

(二)说明

1.担保物权是定限物权的具体类型

既为定限物权,则内涵了"他物权(以他人所有物为对象的物权)"。申言之,担保物权虽不排除以自己享有的物为对象,但通常是以他人之物为对象。自此点言,担保物权为他物权。

另外,在市民法担保物权立法中,往往包括"权利抵押"和"权利质权"。而权利质权中尚有以信息产为对象者。该类担保权,在性质上应为"担保用知识产权",而不属担保物权。

不过,因其在法律适用上类推适用担保物权的规范,从而法律地位类似担保物权,故而立法为便利起见,规定于担保物权之中。此点在本书"物权总论"(第九章)已有讨论。至于以地上权、耕作权为抵押,自逻辑言,其抵押对象仍为土地。不过,由于政府对土地的用益特别管控,《民法通则》第80条第3款明确规定土地不得抵押,[1]已经批准用为地上权和耕作权对象的土地,不得擅自变其用途。故而在抵押

---

[1]　该条文已被删除。

权实行时受让人仍仅能取得同类定限物权。申言之，该土地在因抵押权实行而变价时，仍须作为地上权或者耕作权的对象。这是政府管控问题，不能反过来认为抵押权的对象为地上权或者耕作权。如果抵押权以物权为对象，则意味着权利的对象为权利，这在逻辑上是说不通的。同理，权利质权，除担保用知识产权外，其对象仍为物，而非权利。依我国《担保法》第75条的列举式规定，作为权利质权对象的权利为"（一）汇票、支票、本票、债券、存款单、仓单、提单；（二）依法可以转让的股份、股票"。[1]上述诸类"权利"，均为有价证券，而有价证券在民法上是物的特殊形态，既然作为物，便不是权利。故而《担保法》称其为权利质权，与逻辑未合。

2.担保物权是以担保种类债权的实现为旨归的定限物权

此旨归成为与用益物权相区别的标准之一。

担保物权不同于用益物权的根本之点，在于前者以物的交换价值为发挥作用的对象，后者发挥作用的对象则为物的使用价值。由于所担保的债权通常为货币型债权，故而其担保物权实行时须将担保物变换成货币，从而引出担保物权以变价权以及优先取偿权为内容的特征。

1）担保物权的制度功能在于确保种类债权的实现

担保物权不同于用益物权，以所担保的债权确能实现为目的。

2）担保物权以种类债权的存在为成立条件

此点引出了担保物权的从属性。

（1）须债权存在

债权是被担保的对象，无债权则无担保物权可言。

（2）债权须特定，或者限定了数额（如最高限额抵押）

债权特定是担保范围特定化的前提。如果被担保债权不特定，将会使担保范围不特定，甚至漫无限制，不利于担保人的保护，而有害交易安全。

3.担保物权是以标的物变价以及就卖得价金的优先取偿权为内容的定限物权

此点形成保全型担保物权的本质。担保物须为流通物，否则变价困难，而难于发挥担保功能。担保物是否移转占有于担保物权人，依其类型而有不同，质权和留置权的担保物移转占有于担保物权人，抵押权则反之。

4.担保物权是以所保的货币型债权不获清偿为效力停止条件的定限物权

担保物权在成立后，其变价权和优先取偿权尚不能立即生效，而须以所担保的债权的不获清偿为效力停止的法定条件。故而，担保物权在成立后仅系期待权。唯应注意，此处的停止条件，与构成附停止条件法律行为要素的那种停止条件不同，前

---

〔1〕 对应《民法典》第440条："债务人或者第三人有权处分的下列权利可以出质：（一）汇票、本票、支票；（二）债券、存款单；（三）仓单、提单；（四）可以转让的基金份额、股权；（五）可以转让的注册商标专用权、专利权、著作权等知识产权中的财产权；（六）现有的以及将有的应收账款；（七）法律、行政法规规定可以出质的其他财产权利。"该条基本延续了《物权法》第223条的规定，将"支票、本票"的表述调整了位置，在"应收账款"前增加"现有的以及将有的"表述。《物权法》第223条在《担保法》第75条的基础上，增加了权利质权对象。

者是法定效力停止条件,后者则由当事人设定且构成法律行为的要素。

5.担保物权中优先取偿权的量度以所担保债权的不获清偿量为依据

担保物权内容中的优先取偿权,以货币或其他种类物为标的,其数量则取决于不获清偿的货币债权的数额。

(三)担保物权与其他担保型财产权

其他担保型财产权,指"准物权型担保权"和"保证债权"。准物权型担保权则指"权利抵押权"以及"权利质权",后者又分别称为"准抵押权"和"准质权"。

1.与准物权型担保权

准担保物权是以可变价财产权为对象的担保型"准物权"。因其对象并非物,而是用益物权或者准物权(准物权指采矿权、渔业养殖与捕捞权、林木采伐权等),不过其效力类似于物权,在法律适用上如无特别规定则适用物权法规范的支配型财产权。准担保物权在性质上属于担保型准物权,我国《担保法》规定的土地使用权抵押,便为准抵押权,而权利质权则为准质权。

2.与保证债权

保证并非以"保证人"为对象,而是以其信用为对象。信用当然属于财产,因而属于财产担保。在保证,担保权人对保证人的信用无从处分,也谈不上就所得价金优先取偿。只有信用人(亦即保证人)为救济自己的信用,而以自己的财产替代被保证人清偿债务。此点也与担保物权、担保债权不同。

二、担保物权的内容

(一)基本权

1.变价权
即对供担保的非货币物予以出卖以得到价金的处分权。

2.优先取偿权
1)意义
即就出卖担保物所得的价金的优先于该物上的其他债权人的自行受领以清偿所保债权的处分权和保有权。

由于是自行对价金实现所担保的债权,其中有取出的含义,故而称之为"取偿"。此项权利属递进性处分权。

唯应注意,卖得的价金的所有权,归属于担保人,而非担保物权人。不过,该所有权上有担保物权人取偿权这一法定负担。

具体指:
(1)与同一标的物上的债务人的普通债权竞合时,担保物权效力优先于债权效力；

(2)与同一标的物上的同类担保物权竞合时,成立在先的担保物权有优先效力；

(3)债务人受破产宣告时,抵押权属别除权。

2)取偿权的效力范围

(1)所担保的主债权；

(2)约定利息；

(3)迟延利息；

(4)违约金；

(5)因违约所致其他损失；

(6)担保物权的实行费用；

(7)其他应予清偿的债权。

(二)附随权

如保全权。我国《担保法》第51条第1款规定,当抵押人的行为足以减少抵押物的价值或者有其他害及抵押权情事时,抵押权人依法得诉求法院予以制止、回复物的原状以及提供担保的权利。[1]此即抵押权保全权。该法第70条规定,在质物毁损或有毁损灭失之虞、足以损害质权时,质权人有请求出质人提供相应担保的权利。此即质权的保全权。关于留置权的保全权,法无直接规定。

(三)处分权

1.担保物权让与

即担保物权人将权利出让他人的处分权。然而,此项让与,受担保物权从属性所限制,须与其所担保的债权一并让与。

2.担保物权抛弃

即抛弃担保物权的处分权。

---

〔1〕《担保法》第51条:"Ⅰ.抵押人的行为足以使抵押物价值减少的,抵押权人有权要求抵押人停止其行为。抵押物价值减少时,抵押权人有权要求抵押人恢复抵押物的价值,或者提供与减少的价值相当的担保。Ⅱ.抵押人对抵押物价值减少无过错的,抵押权人只能在抵押人因损害而得到的赔偿范围内要求提供担保。抵押物价值未减少的部分,仍作为债权的担保。"〔对应《民法典》第408条:"抵押人的行为足以使抵押财产价值减少的,抵押权人有权请求抵押人停止其行为；抵押财产价值减少的,抵押权人有权请求恢复抵押财产的价值,或者提供与减少的价值相应的担保。抵押人不恢复抵押财产的价值,也不提供担保的,抵押权人有权请求债务人提前清偿债务。"该条基本延续了《物权法》第193条的规定,将"要求"修改为"请求",《物权法》第193条自《担保法》第51条基础上而来。〕

三、担保物权的性质

(一)从属性

1.成立上的从属性

担保物权须以所担保债权的存在为成立前提,此为成立上的从属性。

2.让与上的从属性

担保物权须与所担保的债权一并让与,此为让与上的从属性。

3.消灭上的从属性

担保物权随所担保的债权消灭而消灭,此为消灭上的从属性。

(二)处分权性

担保物权属于以处分为内容的物权。此点自其内容观之甚明。如上所述,权利质权,我们也在此专题下讨论。其中的道理在于,权利质权虽非物权,但在性质上也属以处分为内容的权利。

(三)不可分性

指担保物权所担保的债权在未受清偿前,担保物权人得就担保物之全部行使权利言。此一效力,有以下两种情形:第一,当被担保债权经分割、部分清偿或部分消灭而变为仅留一部分时,担保物权仍须为该部分债权而存在。第二,担保物经分割或者部分灭失而仅留存部分时,仍须为所担保的全部债权而存在。不可分性乃为确保其保障效力。

(四)物上代位性

指担保物因灭失、毁损而得受赔偿金者,在赔偿金请求权上当然成立权利质权,作为对原债权的担保。亦即担保物权人得就该赔偿金请求权主张担保物权之存在。此因担保物权乃在对于标的物交换价值的直接支配,故此种交换价值于现实化时,无论其原因为何,均应为担保物权之效力所及。对于抵押权和质权的此种性质,我国《担保法》第58条和第73条分别规定了抵押权和质权的物上代位性。[1]

---

〔1〕《担保法》第58条:"抵押权因抵押物灭失而消灭。因灭失所得的赔偿金,应当作为抵押财产。"第73条:"质权因质物灭失而消灭。因灭失所得的赔偿金,应当作为出质财产。"〔这两条共同对应《民法典》第390条:"担保期间,担保财产毁损、灭失或者被征收等,担保物权人可以就获得的保险金、赔偿金或者补偿金等优先受偿。被担保债权的履行期限未届满的,也可以提存该保险金、赔偿金或者补偿金等。"《民法典》第390条修改吸收了《担保法解释》第80条的规定,《担保法解释》第80条是对《担保法》第58条、第73条的补充说明。〕

四、担保物权的类型

我国《担保法》规定了抵押权、质权和留置权三种担保物权。其中，抵押权是不动产担保物权，质权和留置权则是动产担保物权。抵押权和质权为优先取偿型担保物权，而留置权则为留置型担保物权。质权和留置权是占有型担保物权，抵押权为非占有型担保物权。此外，依取得依据为划分标准，担保物权尚可划分为意定担保物权和法定担保物权，其中，如留置权以及承揽人就在建工程物的法定抵押权是法定担保物权。

第二节　抵押权

一、意义

抵押权是以不动产和得登记公示的特别动产为对象的非占有型担保物权。

二、抵押权的内容

抵押权除包括一般担保物权的全部内容外(变价权和优先取偿权、处分权)，尚包含一项"保全权"，指抵押人的行为足以减少抵押物的价值或者有其他害及抵押权情事时，抵押权人依法得诉求法院予以制止、回复物的原状以及提供担保的权利。[1]

三、抵押权的取得

(一)概说

抵押权依其取得方式，划分为意定抵押权与法定抵押权。我国立法肯认的法定

---

〔1〕《担保法》第51条："I.抵押人的行为足以使抵押物价值减少的，抵押权人有权要求抵押人停止其行为。抵押物价值减少时，抵押权人有权要求抵押人恢复抵押物的价值，或者提供与减少的价值相当的担保。II.抵押人对抵押物价值减少无过错的，抵押权人只能在抵押人因损害而得到的赔偿范围内要求提供担保。抵押物价值未减少的部分，仍作为债权的担保。"〔对应《民法典》第408条："抵押人的行为足以使抵押财产价值减少的，抵押权人有权请求抵押人停止其行为；抵押财产价值减少的，抵押权人有权请求恢复抵押财产的价值，或者提供与减少的价值相应的担保。抵押人不恢复抵押财产的价值，也不提供担保的，抵押权人有权请求债务人提前清偿债务。"〕

抵押权目前只有承揽人就在建工程物的抵押权一种，[1]因承揽人完成工作且定作人怠于给付酬金等法定要件具备而当然发生，既无须当事人的意思表示，且无须登记。此处讨论的，仅为意定抵押权的取得要件。因其标的物之为不动产抑或动产，取得要件亦有不同。

(二)意定抵押权的取得要件

1.须有债权存在

抵押既然是对债权的担保，故而债权存在是抵押权的条件之一。另外，种类之债方有担保的可能。故债权存在，应指有种类之债的债权存在。至于债权之为已确定债权，抑或将来债权，抑进一步为一定限额之内的债权，均非所问。

2.须有抵押权合同

1)须有合同

意定抵押权的设定，并非抵押人或者欲使债权取得担保保障的债权人一己的行为，而是抵押人与债权人的合同行为，故而须订立抵押权合同。

2)须有抵押权合同

抵押权合同为物权行为，除须具备一般合同的法律要件外，尚须：

(1)以不动产及得登记公示的动产为对象

依市民法传统，抵押权为不动产物权，只能以不动产形态的物为对象。因不动产物权固有其登记公示制度，故而抵押权的设定和存续，无须移转标的物的占有，而能策其安全。从而抵押权为非占有型担保物权。而以动产作担保，因动产物权以占有为公示，故而须移转标的物的占有。另外，唯占有标的物，也才使动产担保物权安全。此即为质权。然而，对车、船、航空器等交通工具型动产，法律技术已归纳出以登记为公示的特别制度，使之在公示方式上脱离了一般动产领域，而成为可登记公示的特别动产。故而以之得设定非占有型担保物权，亦即抵押权。可见，抵押权与质权的区别，端在对象，亦即抵押权以得登记公示的物为对象，而质权则以占有公示物为对象。然而，我国《担保法》却规定车、船和航空器之外的"机器""其他财产"(第

---

〔1〕《合同法》第286条："发包人未按照约定支付价款的，承包人可以催告发包人在合理期限内支付价款。发包人逾期不支付的，除按照建设工程的性质不宜折价、拍卖的以外，承包人可以与发包人协议将该工程折价，也可以申请人民法院将该工程依法拍卖。建设工程的价款就该工程折价或者拍卖的价款优先受偿。"〔对应《民法典》第807条："发包人未按照约定支付价款的，承包人可以催告发包人在合理期限内支付价款。发包人逾期不支付的，除根据建设工程的性质不宜折价、拍卖外，承包人可以与发包人协议将该工程折价，也可以请求人民法院将该工程依法拍卖。建设工程的价款就该工程折价或者拍卖的价款优先受偿。"〕

34条第1款第2项），[1]"设备和其他财产"（第42条第5项）为抵押权对象，[2]而此类物却是法律技术尚未归纳出可操作的登记公示方式的物。因而上述规定的合理性和可操作性均有待证明。另外，《担保法》的起草者大约明白登记的不可操作性，因而规定了由当事人自由登记原则，并且规定未经登记不得对抗第三人。这可能会使问题更加复杂。[3]

依市民法理论，抵押权的对象只能为实物型不动产，亦即土地和建筑物。而以用益物权和准物权为对象的抵押权，则为"抵押权型准物权"。在我国，由于土地的所有和流转受到严格限制，《民法通则》第80条第3款明确规定土地不得抵押，[4]因而，《担保法》对涉及土地的抵押权，规定其对象为"土地使用权"（排除了乡村企业的土地使用权——第36条第3款）和"荒地使用权（以列举的荒山、荒沟、荒丘和荒滩为限——第34条第1款第5项）。[5]以上两权，均为不动产用益物权。此外，该法又规定了林木抵押权，其对象为"林木"（第42条第3项）。[6]实际上，此项抵押权的对象应为林木采伐权，属准物权。该法未区分物权型抵押权和准物权型抵押权。关于

---

〔1〕 对应《民法典》第395条、第396条、第397条和第398条。《民法典》第395条："I.债务人或者第三人有权处分的下列财产可以抵押：（一）建筑物和其他土地附着物；（二）建设用地使用权；（三）海域使用权；（四）生产设备、原材料、半成品、产品；（五）正在建造的建筑物、船舶、航空器；（六）交通运输工具；（七）法律、行政法规未禁止抵押的其他财产。II.抵押人可以将前款所列财产一并抵押。"《民法典》第396条："企业、个体工商户、农业生产经营者可以将现有的以及将有的生产设备、原材料、半成品、产品抵押，债务人不履行到期债务或者发生当事人约定的实现抵押权的情形，债权人有权就抵押财产确定时的动产优先受偿。"《民法典》第397条："I.以建筑物抵押的，该建筑物占用范围内的建设用地使用权一并抵押。以建设用地使用权抵押的，该土地上的建筑物一并抵押。II.抵押人未依据前款规定一并抵押的，未抵押的财产视为一并抵押。"《民法典》第398条："乡镇、村企业的建设用地使用权不得单独抵押。以乡镇、村企业的厂房等建筑物抵押的，其占用范围内的建设用地使用权一并抵押。"这四条分别延续了《物权法》第180条、第181条、第182条和第183条的规定。

〔2〕 该条文已被删除。

〔3〕《担保法》第43条规定未经登记的动产抵押不得对抗第三人，在逻辑上应为抵押权不成立。因为抵押权属于物权，而既然为物权，即当然具有物权的对世效力。法、日民法典规定未登记物权不具对抗效力，在学理上备受批评，我国《担保法》的起草者却蹈其覆辙。［对应《民法典》第403条："以动产抵押的，抵押权自抵押合同生效时设立；未经登记，不得对抗善意第三人。"］

〔4〕 该条文已被删除。

〔5〕 对应《民法典》第395条、第396条、第397条和第398条。《民法典》第395条："I.债务人或者第三人有权处分的下列财产可以抵押：（一）建筑物和其他土地附着物；（二）建设用地使用权；（三）海域使用权；（四）生产设备、原材料、半成品、产品；（五）正在建造的建筑物、船舶、航空器；（六）交通运输工具；（七）法律、行政法规未禁止抵押的其他财产。II.抵押人可以将前款所列财产一并抵押。"《民法典》第396条："企业、个体工商户、农业生产经营者可以将现有的以及将有的生产设备、原材料、半成品、产品抵押，债务人不履行到期债务或者发生当事人约定的实现抵押权的情形，债权人有权就抵押财产确定时的动产优先受偿。"《民法典》第397条："I.以建筑物抵押的，该建筑物占用范围内的建设用地使用权一并抵押。以建设用地使用权抵押的，该土地上的建筑物一并抵押。II.抵押人未依据前款规定一并抵押的，未抵押的财产视为一并抵押。"《民法典》第398条："乡镇、村企业的建设用地使用权不得单独抵押。以乡镇、村企业的厂房等建筑物抵押的，其占用范围内的建设用地使用权一并抵押。"这四条分别延续了《物权法》第180条、第181条、第182条和第183条的规定。

〔6〕 该条文已被删除。

"权利抵押权"的用语,在逻辑上有重大问题。此点已在前文作过讨论。依本书所信,《担保法》所规定的权利抵押,其对象仍为土地。

(2)以抵押权设定为标的

即合同的标的须为抵押权设定,而作债权的担保。

(3)抵押人对抵押物有处分权

抵押行为属处分行为,故须抵押人对抵押物有处分权。

3.须抵押权合同作成书面

抵押权属不动产物权,而不动产物权须以书面为要件。我国《担保法》第38条明定了抵押权合同须作成书面。[1]

4.须抵押权合同登记

抵押权是登记担保物权,其中以不动产为对象者,依不动产变动的公示要件,自须登记;而以得登记公示之特别动产为对象者,则因法律已使之由动产的占有公示,例外地变为登记公示,故而亦须登记。

四、抵押人的权利

(一)意义

抵押人的权利,指抵押权实行之前抵押人对抵押物所享有的所有权、用益权和不与抵押权相冲突的处分权。

(二)抵押人权利各论

1.抵押物所有权

抵押权的设定,并不令抵押人失却其对抵押物的所有权。故而抵押人仍享有此项所有权,而不待言。

2.抵押物用益权

抵押权为非占有型担保物权,故而在抵押权实行前,抵押人仍占有抵押物,故而享有以占有为内容的使用和收益的物权。

---

〔1〕《担保法》第38条:"抵押人和抵押权人应当以书面形式订立抵押合同。"〔对应《民法典》第400条第1款:"设立抵押权,当事人应当采用书面形式订立抵押合同。"该条款延续了《物权法》第185条第1款的规定,《物权法》第185条第1款以《担保法》第38条为基础。〕第39条:"Ⅰ.抵押合同应当包括以下内容:(一)被担保的主债权种类、数额;(二)债务人履行债务的期限;(三)抵押物的名称、数量、质量、状况、所在地、所有权权属或者使用权权属;(四)抵押担保的范围;(五)当事人认为需要约定的其他事项。Ⅱ.抵押合同不完全具备前款规定内容的,可以补正。"〔对应《民法典》第400条第2款:"抵押合同一般包括下列条款:(一)被担保债权的种类和数额;(二)债务人履行债务的期限;(三)抵押财产的名称、数量等情况;(四)担保的范围。"该条款基本延续了《物权法》第185条第2款的规定,将《物权法》第185条第2款第3项"质量、状况、所在地、所有权归属或使用权归属"的表述修改为"等情况",《物权法》第185条第2款以《担保法》第39条为基础,删去了《担保法》第39条第1款第5项和第2款。〕

3.抵押物处分权

1）用益物权设定权

抵押人得为他人设定以抵押物为对象的用益物权。

2）再抵押权

抵押人有就其抵押物再设定与既有抵押权内容不同的抵押权的权利，此为再抵押权。

3）转让权

抵押人对抵押物有出让的权利。不过，须就出让所得价金为抵押权人设定质权。[1]另外，我国《担保法》规定，尚须以告知抵押权人为生效要件（第49条第1款）。

五、最高限额抵押

最高限额抵押，《担保法》称"最高额抵押"。依该法第59条规定："本法所称最高额抵押，是指抵押人与抵押权人协议，在最高债权额限度内，以抵押物对一定期间内连续发生的债权作担保。"第60条规定："Ⅰ.借款合同可以附最高额抵押合同。Ⅱ.债权人与债务人就某项商品在一定期间内连续发生交易而签订的合同，可以附最高额抵押合同。"[2]

---

〔1〕 我国《担保法》的规定比较特别，其第49条第3款规定："抵押人转让抵押物所得的价款，应当向抵押权人提偿所担保的债权或者向与抵押权人约定的第三人提存。超过债权数额的部分，归抵押人所有，不足部分由债务人清偿。"课抵押人以提前清偿的义务，并无合理依据。出让抵押物而将所得价金交质，对抵押权人的利益并无影响。令其提前清偿的必要性何在？ 至于提存，则人为地使手续复杂化，况我国迄今尚无专门的提存所，该规定的可操作性也是可疑的。第49条第2款："转让抵押物的价款明显低于其价值的，抵押权人可以要求抵押人提供相应的担保；抵押人不提供的，不得转让抵押物。"〔《担保法》第49条对应《民法典》第406条和《民法典担保制度解释》第43条。《民法典》第406条："Ⅰ.抵押期间，抵押人可以转让抵押财产。当事人另有约定的，按照其约定。抵押财产转让的，抵押权不受影响。Ⅱ.抵押人转让抵押财产的，应当及时通知抵押权人。抵押权人能够证明抵押财产转让可能损害抵押权的，可以请求抵押人将转让所得的价款向抵押权人提前清偿债务或者提存。转让的价款超过债权数额的部分归抵押人所有，不足部分由债务人清偿。"《民法典担保制度解释》第43条："Ⅰ.当事人约定禁止或者限制转让抵押财产但是未将约定登记，抵押人违反约定转让抵押财产，抵押权人请求确认转让合同无效的，人民法院不予支持；抵押财产已经交付或者登记，抵押权人请求确认转让不发生物权效力的，人民法院不予支持，但是抵押权人有证据证明受让人知道的除外；抵押权人请求抵押人承担违约责任的，人民法院依法予以支持。Ⅱ.当事人约定禁止或者限制转让抵押财产且已经将约定登记，抵押人违反约定转让抵押财产，抵押权人请求确认转让合同无效的，人民法院不予支持；抵押财产已经交付或者登记，抵押权人主张转让不发生物权效力的，人民法院应予支持，但是因受让人代替债务人清偿债务导致抵押权消灭的除外。"这两条以《物权法》第191条和《担保法解释》第67条为基础，后二者又是对《担保法》第49条的修改和补充。〕

〔2〕《担保法》第59条、第60条对应《民法典》第420条："Ⅰ.为担保债务的履行，债务人或者第三人对一定期间内将要连续发生的债权提供担保财产的，债务人不履行到期债务或者发生当事人约定的实现抵押权的情形，抵押权人有权在最高债权额限度内就该担保财产优先受偿。Ⅱ.最高额抵押权设立前已经存在的债权，经当事人同意，可以转入最高额抵押担保的债权范围。"该条延续了《物权法》第203条的规定，《物权法》第203条吸收修改了《担保法》第59条、第60条。

六、抵押权的竞合

由于我国法律禁止多重抵押，故而在同一标的上不可能有多个意定抵押权存在。但我国《合同法》第286条规定了建设工程承揽人就其酬金等债权对在建工程物的法定抵押权，如同一物上有意定抵押权存在，则法定抵押权的效力优先。[1]

七、抵押权的实行

(一)抵押权实行的意义

抵押权的实行，指变价权的行使。

尽管抵押权包括变价权和优先取偿权，但就实行言，却指变价权，因为变价所得价金的取偿，并不发生公平管制问题。公平管制问题发生在变价或者作价环节。

(二)抵押权实行的方式

国外立法例有须依诉行使的模式以及意定行使模式。前者是基于对意定变价的不信任而设计的制度，亦即防杜抵押权人利用优势地位在意定作价问题上侵害抵押人的利益。我国《担保法》第53条第1款的规定是："债务履行期届满抵押权人未受清偿的，可以与抵押人协议以抵押物折价或者拍卖、变卖该抵押物所得的价款受偿；协议不成的，抵押权人可以向人民法院提起诉讼。"[2]依上述规定，抵押权的实行包括：第一，由当事人自行成立作价契约(所谓"折价")，并依作价将抵押物在抵销债权后归抵押权人取得。第二，以缔结作价契约不能为条件，由当事人委托拍卖或者与他人订立变卖(或者受让——适用于土地使用权和林木抵押)契约。在此模式下，抵押物所有权或者土地使用权以及林木经营权由抵押人之外的受让人取得。第三，在以上两种途径均不能的场合，则诉请法院决定变价方式。但在建工程法定抵押权的

---

〔1〕 对应《民法典》第807条："发包人未按照约定支付价款的，承包人可以催告发包人在合理期限内支付价款。发包人逾期不支付的，除根据建设工程的性质不宜折价、拍卖外，承包人可以与发包人协议将该工程折价，也可以请求人民法院将该工程依法拍卖。建设工程的价款就该工程折价或者拍卖的价款优先受偿。"

〔2〕 该条直接对应《民法典》第410条："I.债务人不履行到期债务或者发生当事人约定的实现抵押权的情形，抵押权人可以与抵押人协议以抵押财产折价或者以拍卖、变卖该抵押财产所得的价款优先受偿。协议损害其他债权人利益的，其他债权人可以请求人民法院撤销该协议。II.抵押权人与抵押人未就抵押权实现方式达成协议的，抵押权人可以请求人民法院拍卖、变卖抵押财产。III.抵押财产折价或者变卖的，应当参照市场价格。"该条吸收了《担保法》第53条、《担保法解释》第73条。除此之外，《担保法》对抵押权实行的方式规定得较为简略，《担保法解释》第71条至第75条对此进行了补充，《民法典》第409条、第410条、第413条、第561条，《民法典担保制度解释》第38条、第39条在此基础上进行了吸收修正。

实行，依《合同法》第286条，并无起诉的规定。[1]

第三节　质权

一、质权的意义

(一)定义

质权是以非金钱型动产为对象的占有型担保物权。

(二)对定义的说明

1.质权是担保物权的类型之一

质权属于担保物权的具体类型之一，故而担保物权的性质均由质权承袭。

2.质权是以非金钱型物为对象的担保物权

在市民法传统，质权以动产为对象，抵押权则以不动产和得登记特别动产为对象。由于动产的公示方式为占有，故而质权为占有型担保物权。以上两点，构成质权与抵押权的区别。

唯应注意，作为质权对象的动产，应为实物和有价证券，而不包括金钱。因为由出质人交付金钱，即可直接清偿债务，何必设定担保？此外，质权为占有型担保物权，以质物的移转为成立要件，而金钱的移转即为其所有权的移转，与质权的设定不移转质物所有权的性质不同。

在学理上，以知识产权为对象设定质权，是"担保用知识产权"，在性质上属于准物权型质权。为讨论的方便，亦即使一切非信用担保均得到讨论，本书将"权利质"一并在此讨论。

3.质权是占有型和留置型担保物权

如上所述，质权既然以动产为对象，而动产物权以占有为其固有的公示方式，故而质权须以质物移转占有为成立要件。另外，因动产处分的方便性，也使得质权人有占有质物的必要，否则，如果质物仍由出质人占有，当该方擅自处分质物时，质权人因难于知悉而救济乏术。以上两端，使得质权具有占有质物的内容。此外，自质权留置权的效力看，又属于留置型担保物权。

---

　　[1]　对应《民法典》第807条："发包人未按照约定支付价款的，承包人可以催告发包人在合理期限内支付价款。发包人逾期不支付的，除根据建设工程的性质不宜折价、拍卖外，承包人可以与发包人协议将该工程折价，也可以请求人民法院将该工程依法拍卖。建设工程的价款就该工程折价或者拍卖的价款优先受偿。"

二、质权的内容

(一)概说

质权除具备担保物权的变价权和就变价所得价金优先取偿权之外,尚包括留置权和处分权、保全权这些一般担保物权未必具有的效力。本处所讨论的,限于质权的特别效力。

(二)基本权

质权人的基本权利为留置权与处分权。

(三)对质物的留置权

指质权人占有质物并在所担保债务不获清偿前予以留置的权利。所谓留置,是占有标的物以督促债务人清偿的行为。

与留置权相适应,质权人对质物在留置权期间有保管义务,[1]在质权消灭后,则有返还义务。[2]质权人违反此项义务而致质物毁损灭失者,须对出质人负赔偿责任。

(四)保全权

1.再担保请求权

在质物毁损或有毁损灭失之虞、足以损害质权时,质权人有请求出质人提供相应担保的权利。此即质权的保全权。《担保法》第70条有其规定。[3]

---

〔1〕《担保法》第69条规定:"Ⅰ.质权人负有妥善保管质物的义务。因保管不善致使质物灭失或者毁损的,质权人应当承担民事责任。Ⅱ.质权人不能妥善保管质物可能致使其灭失或者毁损的,出质人可以要求质权人将质物提存,或者要求提前清偿债权而返还质物。"〔该条直接对应《民法典》第432条:"Ⅰ.质权人负有妥善保管质押财产的义务;因保管不善致使质押财产毁损、灭失的,应当承担赔偿责任。Ⅱ.质权人的行为可能使质押财产毁损、灭失的,出质人可以请求质权人将质押财产提存,或者请求提前清偿债务并返还质押财产。"该条基本延续了《物权法》第215条的规定,《物权法》第215条以《担保法》第69条为基础。除此之外,《担保法》对质物的保管规定得较为简略,《物权法》第214条至第218条、《担保法解释》第92条至第94条对质物保管及其相关法律后果进行了补充,《民法典》第431条至第435条对此进行了吸收整合。〕

〔2〕《担保法》第71条第1款规定:"债务履行期满债务人履行债务的,或者出质人提前清偿所担保的债权的,质权人应当返还质物。"〔对应《民法典》第436条第1款:"债务人履行债务或者出质人提前清偿所担保的债权的,质权人应当返还质押财产。"该条款延续了《物权法》第219条第1款的规定,《物权法》第219条第1款以《担保法》第71条第1款为基础。〕

〔3〕《担保法》第70条规定:"质物有损坏或者价值明显减少的可能,足以危害质权人权利的,质权人可以要求出质人提供相应的担保。出质人不提供的,质权人可以拍卖或者变卖质物,并与出质人协议将拍卖或者变卖所得的价款用于提前清偿所担保的债权或者向与出质人约定的第三人提存。"〔对应《民法典》第433条:"因不可归责于质权人的事由可能使质押财产毁损或者价值明显减少,足以危害质权人权利的,质权人有权请求出质人提供相应的担保;出质人不提供的,质权人可以拍卖、变卖质押财产,并与出质人协议将拍卖、变卖所得的价款提前清偿债务或者提存。"该条基本延续了《物权法》第216条的规定,《物权法》第216条吸收修正了《担保法》第70条,主要增加了"因不可归责于质权人的事由"的表述。〕

2.提前实行权

在质物毁损或有毁损灭失之虞、足以损害质权时，质权人请求出质人提供相应担保而不果时，有提前变价权。《担保法》第70条有其规定。[1]

(五)处分权

质权人得抛弃、让与其质权，但让与须与其债权一并为之。

(六)追及权

因质物灭失所得的赔偿金请求权，依法追加为质权的标的。此即质权人的追及权。

三、出质人的权利

(一)质物所有权

出质并不令出质人失去质物的所有权。故而出质人仍享有该项所有权，而不待言。

(二)质物收益权

既然出质人享有质物的所有权，虽然移转质物的占有于质权人，仍然享有对质物非以占有为内容的收益权，如约定由出质人享有孳息收取权。[2]

(三)质物处分权

包括出让权、为他人设定抵押权等。至于对物的事实上的处分权，则因失去动产质物的占有，而无从享有。

四、质权的取得

(一)概说

质权与抵押权不同，无法定取得问题。故讨论质权取得，只限于意定取得，即依

---

〔1〕《担保法》第70条规定："质物有损坏或者价值明显减少的可能，足以危害质权人权利的，质权人可以要求出质人提供相应的担保。出质人不提供的，质权人可以拍卖或者变卖质物，并与出质人协议将拍卖或者变卖所得的价款用于提前清偿所担保的债权或者向与出质人约定的第三人提存。"［对应《民法典》第433条："因不可归责于质权人的事由可能使质押财产毁损或者价值明显减少，足以危害质权人权利的，质权人有权请求出质人提供相应的担保；出质人不提供的，质权人可以拍卖、变卖质押财产，并与出质人协议将拍卖、变卖所得的价款提前清偿债务或者提存。"该条基本延续了《物权法》第216条的规定，《物权法》第216条吸收修正了《担保法》第70条，主要增加了"因不可归责于质权人的事由"的表述。〕

〔2〕《担保法》第68条第1款规定："质权人有权收取质物所生的孳息。质押合同另有约定的，按照约定。"［对应《民法典》第430条第1款："质权人有权收取质押财产的孳息，但是合同另有约定的除外。"该条款基本延续了《物权法》第213条第1款的规定，《物权法》第213条第1款以《担保法》第68条第1款为基础。〕

质权合同取得。

(二)质权合同

1.意义

质权合同,是以质权设定为标的的合同。质权合同在性质上属物权合同。

2.特别法律要件

质权合同除须具备合同的一般要件外,尚须:

1)有被担保债权存在

2)有质物存在

质物是质权合同的标的,无标的不能成立合同,故而须有质物存在。

3)有质权合同

(1)质权合同作成书面

《担保法》第64条规定,动产质权合同须作成书面。[1]对权利质权,则无专门规定。但依第81条关于"权利质押除适用本节规定外,适用本章第一节的规定"的文义,第64条的规定亦适用于权利质权。

(2)须交付质物

质权以质物的交付为成立要件。不仅实物出质如此,有价证券中汇票、本票、支票、债券、存款单、仓单、提单的出质亦如此,而登记转让的证券出质,则须登记。关于交付究属质权合同的成立要件抑或生效要件,《担保法》第64条、第76条、第78条、第79条均称自交付时"生效"。[2]自逻辑看,应为成立而非生效。唯应注意,此处的

〔1〕 对应《民法典》第427条第1款:"设立质权,当事人应当采用书面形式订立质押合同。"该条款规定延续了《物权法》第210条第1款的规定,《物权法》第210条第1款以《担保法》第64条第1款为基础。

〔2〕 这四条关于质权合同自交付时"生效"的规定均被废止,《物权法》和后来的《民法典》对此进行了全面的修正。该四条分别对应的现行规定如下:(1)《民法典》第429条:"质权自出质人交付质押财产时设立。"该条延续了《物权法》第212条的规定,替代了《担保法》第64条第2款。(2)《民法典》第441条:"以汇票、本票、支票、债券、存款单、仓单、提单出质的,质权自权利凭证交付质权人时设立;没有权利凭证的,质权自办理出质登记时设立。法律另有规定的,依照其规定。"该条基本延续了《物权法》第224条的规定,删去了"当事人应当订立书面合同",增加了"法律另有规定的,依照其规定",替代了《担保法》第76条。(3)《民法典》第443条:"I.以基金份额、股权出质的,质权自办理出质登记时设立。II.基金份额、股权出质后,不得转让,但是出质人与质权人协商同意的除外。出质人转让基金份额、股权所得的价款,应当向质权人提前清偿债务或者提存。"该条自《物权法》第226条修改而来,主要修改有二:一是删除"当事人应当订立书面合同"的规定,由此适用质权设立的一般规则;二是删除基金份额与股权的登记机构,仅明确登记设立的要件,不再强调登记主体,也为统一动产担保登记机构预留空间,由此替代了《担保法》第78条的规定。参见最高人民法院民法典贯彻实施工作领导小组主编:《中华人民共和国民法典物权编理解与适用》(下),人民法院出版社2020年版,第1257页。(4)《民法典》第444条:"I.以注册商标专用权、专利权、著作权等知识产权中的财产权出质的,质权自办理出质登记时设立。II.知识产权中的财产权出质后,出质人不得转让或者许可他人使用,但是出质人与质权人协商同意的除外。出质人转让或者许可他人使用出质的知识产权中的财产权所得的价款,应当向质权人提前清偿债务或者提存。"该条基本延续了《物权法》第227条的规定,同上一条类似,本条基本沿用了这一规定,只是删除了订立书面合同的要求,统一适用质权的一般规则,同时删除了登记部门的具体要求,仅是强调登记设立的规则,也为统一担保登记机构预留空间,由此替代了《担保法》第79条的规定。参见最高人民法院民法典贯彻实施工作领导小组主编:《中华人民共和国民法典物权编理解与适用》(下),人民法院出版社2020年版,第1263页。

对实物交付，不以现实交付为限，观念交付如占有改定和指示交付亦无不可。然而简易交付亦即仍旧由出质人占有质物以代交付，则与质权的留置效力相抵触，因而不可。

(3)权利质权合同须登记和备案

以得转让股票和"出资证明"为对象设定质权，须向证券登记机关登记，或依《公司法》的规定记载于股东名册。[1]以商标权、专利权和著作权中的财产权出质，须办理登记。[2]

4)出质人对质物及出质知识产权须有处分权

出质系处分行为，故而在动产质权，出质人须对质物具有处分权；在权利质权，出质人须对出质的知识产权具有处分权。

五、质权的实行

《担保法》第71条规定："……Ⅱ.债务履行期届满质权人未受清偿的，可以与出质人协议以质物折价，也可以依法拍卖、变卖质物。Ⅲ.质物折价或者拍卖、变卖后，其价款超过债权数额的部分归出质人所有，不足部分由债务人清偿。"[3]此即关于质权实行的规定。其规则，与抵押权的实行相同。

六、质权的消灭

质权因质物灭失、质权所担保的债务清偿及质权人抛弃等原因而消灭。

---

〔1〕《担保法》第78条第1款规定："以依法可以转让的股票出质的，出质人与质权人应当订立书面合同，并向证券登记机构办理出质登记。质押合同自登记之日起生效。"［对应《民法典》第443条第1款："以基金份额、股权出质的，质权自办理出质登记时设立。"］

〔2〕《担保法》第79条规定："以依法可以转让的商标专用权，专利权、著作权中的财产权出质的，出质人与质权人应当订立书面合同，并向其管理部门办理出质登记。质押合同自登记之日起生效。"［对应《民法典》第444条："Ⅰ.以注册商标专用权、专利权、著作权等知识产权中的财产权出质的，质权自办理出质登记时设立。Ⅱ.知识产权中的财产权出质后，出质人不得转让或者许可他人使用，但是出质人与质权人协商同意的除外。出质人转让或者许可他人使用出质的知识产权中的财产权所得的价款，应当向质权人提前清偿债务或者提存。"］

〔3〕对应《民法典》第437条："Ⅰ.出质人可以请求质权人在债务履行期限届满后及时行使质权；质权人不行使的，出质人可以请求人民法院拍卖、变卖质押财产。Ⅱ.出质人请求质权人及时行使质权，因质权人怠于行使权利造成出质人损害的，由质权人承担赔偿责任。"该条基本沿用了《物权法》第220条的规定，《物权法》第220条吸收修改了《担保法》第71条。

第四节　留置权

一、留置权的意义

(一)定义

留置权是因债而占有债务人非金钱动产的债权人于其债受清偿前不许债务人取回该动产的担保物权。

(二)对定义的说明

1.留置权系担保物权的类型之一

留置权属于担保物权的具体类型之一,故而担保物权的性质均由留置权承袭。

2.留置权系以动产为对象的担保物权

留置权的对象为动产,对不动产无从成立留置权。纵使承揽人就在建工程物有留置的权利,亦称为抵押权,而不称为留置权。

3.留置权系以因债而占有中的债务人的非金钱动产为对象的担保物权

留置权与质权均以动产为对象。然而在留置权,留置物系因被担保的债而已由债权人占有,亦即由债务人移转于债权人占有在先,而非因留置权设定行为而由债务人专门移转债权人占有。此点与质物系因质权设定行为而由债务人或者第三人移转于质权人占有者不同。

4.留置权是法定担保物权

留置权是依照法律规定的条件而产生的担保物权,不容当事人以意思表示设定。《担保法》第84条第1款规定:"因保管合同、运输合同、加工承揽合同发生的债权,债务人不履行债务的,债权人有留置权。"[1]

二、留置权的内容

(一)概说

留置权除具备担保物权的变价权和就变价所得价金优先取偿权之外,尚包括留

---

〔1〕 对应《民法典》第448条:"债权人留置的动产,应当与债权属于同一法律关系,但是企业之间留置的除外。"该条沿用了《物权法》第231条。《担保法》第84条第1款列举了最为典型的能够产生留置动产的法律关系,《物权法》第231条在此基础上进一步说明,留置动产与债权之间应当具备共同法律关系。参见最高人民法院物权法研究小组编著:《〈中华人民共和国物权法〉条文理解与适用》,人民法院出版社2007年版,第678页。

置权和处分权这样一些一般担保物权未必具有的效力。本处所讨论的，限于此一特别效力。

(二)基本权

留置权的基本权只有一项，即对留置物的占有权，在所担保债权不获清偿之前不许债务人取回，以督促债务人清偿。

与留置权相适应，留置权人对留置物在留置权期间有保管义务，[1]在留置权消灭后，则有返还义务。留置权人违反此项义务而致留置物毁损灭失者，须对债务人负赔偿责任。

(三)对留置权的抛弃

留置权人得抛弃留置权。

三、债务人的权利

(一)留置物所有权

留置物被留置并不令债务人失去该物的所有权，故而债务人仍享有该项权利。

(二)留置物处分权

包括出让权、为他人设定抵押权等。但均须告知留置权人。并且，在出让时，非将所得价金清偿留置物所担保的债务，不得取走留置物。

四、留置权的取得

(一)概说

留置权属法定担保物权，因法定条件的具备而取得。

(二)留置权取得的法律要件

1.须有债存在
由担保物权的从属性规定，须有被担保的债权存在，方有留置权发生的前提。
2.须债权人占有债务人的动产
留置物并非因专门为担保债权而移转占有于债权人，而因债的原因而已有其占

---

〔1〕《担保法》第86条："留置权人负有妥善保管留置物的义务。因保管不善致使留置物灭失或者毁损的，留置权人应当承担民事责任。"［对应《民法典》第451条："留置权人负有妥善保管留置财产的义务；因保管不善致使留置财产毁损、灭失的，应当承担赔偿责任。"］

有。此系留置权与质权的区别之所在。

3.须占有系因债而生

指债权系由该物而生，或者债权与标的物之返还请求权系基于同一法律的生活的关系而生。

4.须债权已届清偿期

债权已届清偿期间，方有留置权的成立。在此前留置，有违事理之平。

五、留置权的实行

(一)概说

留置权的实行，指留置权人实现其留置权以使债权受清偿的情形。

(二)留置权实行的要件

1.须债权已届清偿期

债权已届清偿期，是留置权实行的条件，自不待言。

2.须催告债务人在合理期间之内履行

指定出合理期间，通知债务人依期清偿债权，否则即实行留置权。《担保法》第87条第1款规定："债权人与债务人应当在合同中约定，债权人留置财产后，债务人应当在不少于两个月的期限内履行债务。债权人与债务人在合同中未约定的，债权人留置债务人财产后，应当确定两个月以上的期限，通知债务人在该期限内履行债务。"[1]

3.须债务人未依期清偿

指债务人经催告后未依期间清偿债权。

(三)留置权实行的方式

《担保法》第87条第2款规定："债务人逾期仍不履行的，债权人可以与债务人协议以留置物折价，也可以依法拍卖、变卖留置物。"[2]此即关于留置权实行方式的规定。

---

〔1〕 对应《民法典》第453条："I.留置权人与债务人应当约定留置财产后的债务履行期限；没有约定或者约定不明确的，留置权人应当给债务人六十日以上履行债务的期限，但是鲜活易腐等不易保管的动产除外。债务人逾期未履行的，留置权人可以与债务人协议以留置财产折价，也可以就拍卖、变卖留置财产所得的价款优先受偿。II.留置财产折价或者变卖的，应当参照市场价格。"该条基本沿用了《物权法》第236条的规定，《物权法》第236条基本沿用了《担保法》第87条第1款的规定。

〔2〕 对应《民法典》第454条："债务人可以请求留置权人在债务履行期限届满后行使留置权；留置权人不行使的，债务人可以请求人民法院拍卖、变卖留置财产。"该条沿用了《物权法》第237条的规定，《物权法》第237条基本沿用了《担保法》第87条第2款的规定。

六、留置权的消灭

留置权因债务人清偿、另行提供担保、留置权人失其对质物的占有等原因而消灭。[1]

思考题：

1.如何理解担保物权的物上代位性？

2.如何理解担保物权的不可分性？

3.登记或交付是抵押权合同或质权合同的成立要件还是生效要件？

4.试述抵押权的取得的法律要件。

---

[1] 《担保法》第88条规定："留置权因下列原因消灭：（一）债权消灭的；（二）债务人另行提供担保并被债权人接受的。"［对应《民法典》第457条："留置权人对留置财产丧失占有或者留置权人接受债务人另行提供担保的，留置权消灭。"该条沿用了《物权法》第240条的规定，《物权法》第240条以《担保法》第88条为基础，但债务人提供担保不再以债权人接受为必要，留置权即可消灭。参见最高人民法院民法典贯彻实施工作领导小组主编：《中华人民共和国民法典物权编理解与适用》(下)，人民法院出版社2020年版，第1320页。］

第十三章　知识产权导论

内容提要　知识产权是民事权利的重要类型。在所谓知识经济时代，人们愈益重视对知识产权的保护。本章旨在讨论知识产权的意义、对象以及内容一般。学习的重点是知识产权的对象，只有理解其对象，方能进一步把握权利本身。

第一节　知识产权的意义

一、知识产权的意义

知识产权，指直接支配法律肯认的信息产以享受其利益的权利。

1976年《成立世界知识产权组织公约》第2条第8款的规定，表述了人们关于该术语所包括的权利类型及其"客体一般"所形成的共识：

"知识产权"包括有关下列项目的权利：

——文学、艺术和科学作品；

——演艺人、录音品及广播的表演；

——在人类一切活动领域内的发明；

——科学发现；

——外观设计；

——商标、服务标记、商号及其他商事标记；

——制止不正当竞争。

以及在工业、科学或者艺术领域内其他一切源自智力活动的权利。

我国《民法通则》第五章第三节规定了由著作权、专利权、商标权、发现权、发明权和其他科学技术成果权合称的"知识产权"。

然而，上述国际公约以及立法的规定，均为经验性的。知识产权尚未发育为概念。本书上文给出的解释，仅系对语词含义的说明。

二、对知识产权含义的说明

（一）知识产权是以信息产为对象的权利

知识产权的对象是信息产。信息产是既不同于自然人的人格和身份，又不同于物，也不同于人的行为的事物。我们必须给予探究。

1.信息产的意义

在本书的讨论中，信息产指法律肯认的公开性信息型资源，包括智慧产品和商事标记。智慧产品包括文学艺术作品和专利，商事标记则包括商号与商标。

2.对上述定义的说明

1）信息产是经济资源

信息产是经济资源，[1]具有经济资源的有用性、稀缺性和可支配性。

信息产的有用性容易理解。其中的文学艺术作品具有教育、知识和审美的价值，专利技术具有技术和经济价值，商标具有表彰商品同源关系的价值。信息产也是人力可以支配的，既可以使用，又可以交易。然而，信息与信号的不消耗、易拷贝和易传输性质，使得它一旦公开，便既不具备可支配性，也不具备稀缺性。而不具备可支配性和稀缺性，便不属经济资源。然而，信息产不是天然品，而是人开发的。纵使商标，自逻辑看，唯由人投入市场，才成为商标。鼓励信息产的开发是有价值的。人们所习惯的鼓励之道，便是赋予开发者以支配其开发物的权利，有如"种瓜得瓜，种豆得豆"。经由长期的摸索和创新，终于找到了赋予依法公开的信息产以有期排他性地位的措施，使之具有自然人"独生子女"那样的地位，从而使其开发者得以"专其利"，亦即享有支配权。正是通过法律的力量，制造并维持了信息产的"稀缺性"和可支配性。信息产也就成为经济资源。

2）信息产是信息型经济资源

信息产既非物质又非能，而是负载着特定的人工信号集合。既然非物非能，则在用益中不发生信息的消耗问题。另外，信息具有易传输性，而物质和能的传输则颇为不易，成本高昂。再者，信息产具有易拷贝性，这也是物质和能所不具有的属性。知识产权的特征，盖由信息产的上述质的规定性，尤其不消耗、易传输、易拷贝性所

---

[1] 唯应注意，本书将知识产权的对象定性为信息产，将如何解释作品的人格属性呢？通说认为，作品是人格与财产的统一体。唯其有人格属性的一面，作者方可能基于作品取得人格权。依本书所信，上述意见是离开著作权法谈问题。如果从著作权法领域看，作品便仅属财产，而不属人格。作者基于作品取得的人格权，那是经典民法所肯认的。在著作权制度出现之前，经典民法便一直肯认该项权利，而且提供了充分的保护。实际上，著作权是而且仅仅是因应作品拷贝和传播的产权安排作出的制度创新，与作者人格权实无关联。我们在著作权法的领域，是不应涉及作品的人格属性的。作品的人格属性问题，应当放到经典民法的人格权部分去讨论。著作权法规定作者基于作品享有人格权，自体系看，应是关于经典民法人格权的规定，而不属著作权法的内容。

不过，本书在讨论著作权的内容时，为与《著作权法》的规定相一致，仍对作者的人格权作讨论。

决定。

3）信息产是公开性信息资源

信息产的功能在服务于公众的知识交流和审美，同时也服务于市场主体的标记表彰。上述功能，规定了它的公开性。不公开的东西，是无从实现上述功能的。所谓公开性，指信息可通过合法途径由公众获知。此点使信息产与商业秘密区别开来。商业秘密的内容是不公开的，虽然可以作为交易的对象——其原因恰恰在于交易中受让方可以获知其内容——但却不能成为支配权的对象。尽管人们认为保护商业秘密是知识产权制度的内容，但却是误会。

4）信息产是法律肯认的信息资源

作为知识产权对象的信息产，其地位是法律特别赋予的，其类型须由法律认可。此点构成信息产的法定性。目前我国立法肯认了文学艺术作品、专利技术和商标等信息产类型。尽管《民法通则》第五章第三节还规定了"发现权""发明权"和"其他科学技术成果权"，但它们通通不是知识产权。因为，对发现、发明和其他科技成果，其研发者并不取得加以支配、以享受其利益的权利。发现权、发明权和其他科技成果权，均不符合知识产权的属性。诚然，科技成果的研发者可因其成果而受政府的奖励，而受奖励是所有权取得的方式之一；然而，受奖励权却非民法上的权利。

5）信息产是有期性信息资源

如上所述，法律肯认信息产作为权利对象，赋予其排他性地位，是为了鼓励信息产的开发。垄断必然影响社会的公共利益，因而须有一个期间限度。法律为垄断期间作出期间规定。信息产是有期间的权利对象，此点与物不同，物的法律地位是永续性的。由于对象有期间，从而权利也必然有期间，当对象的受保护期间届满，权利也便因对象消灭而消灭。知识产权的期间性是由其对象的期间性规定的。对象的期间性比权利的期间性更为本原。

（二）知识产权是对特定信息产的直接支配以享受其利益的权利

知识产权是对特定信息产的支配权。所谓支配，是将信息产作为自己"所有"的对象，并依自己的意思实现其使用价值和交换价值。在此一过程中，无须他人的作为为条件。

（三）对知识产权的本质我们尚知之无多

迄今为止，法学对信息产的认识还很有限。尽管立法和司法已经验地肯认了著作权、专利权、商事标记权以及与禁止不正当竞争有关的知识产权，但这些权利，是各自独立发育出来的，其传统并不相同，也无共同的价值原则。而且，知识产权的对象一般究竟是什么，尽管我们定位于信息产，试图揭示其共性，但信息产的本质何在，则还缺乏深入认识。对于有些权利类型的对象究为何物，例如原产地名称权、免受不正当竞争侵害的权利，我们还所知甚少。既然连对象一般都无知识，又遑论其他！因此，知识产权还仅是用以合称著作权、专利权以及商事标记权等基于信息产权利的语词，而未形成为概念。

第二节　知识产权的类型

一、概说

我国立法目前肯认的知识产权类型有著作权、专利权、商标权、免受不正当竞争侵害权等。如前所述，《民法通则》第五章第三节还规定了"发现权""发明权"和"其他科学技术成果权"，[1]却不属知识产权。另外，对知识产权，尚须作逻辑上的划分。

二、知识产权的类型介绍

（一）立法上的类型

1.著作权

著作权是支配受保护文学艺术作品并享受其利益的知识产权。

著作权的对象是受保护的文学艺术作品。而文学艺术作品是服务于教育、科学和文化领域的信息产。著作权是调整教育、科学与文化用信息产归属秩序的基础性法律制度。

2.专利权

专利权是支配受保护的专利技术并享受其利益的知识产权。

专利技术是受保护的新技术。技术是人类改造物质世界的实用知识的结晶。此一领域是人类基本的实践领域，但与教育、科学与文化领域不同。专利权是技术成果归属秩序的基础性法律制度。

3.商标权

商标权是支配受保护商标并享受其利益的知识产权。

商标是附丽于商品或者服务、以表彰其同源关系、由伴有或者不伴有色彩的文字或者图形构成的区别性市场标记。市场标记中尚包括原产地名称和产地标记，也服务于市场。商事标记是调整市场中经营性智慧投入的利益归属秩序的基础性法律制度。

---

〔1〕《民法典》第123条规定了知识产权及其客体。

4.免受不正当竞争侵害权

反不正当竞争法所保护的经营者的免受不正当竞争侵害的权利,国外立法通常也作为知识产权的重要类型。然而,知识产权法学对这一权利的认识还十分不够。以至于连权利的对象和积极内容都不知道,而有待于进一步的思考。

(二)学理上的划分

1.智慧产权与市场区别性信息产权

以信息产属否智慧产品,知识产权划分为智慧产权与市场区别性信息产权。文学艺术作品和专利技术属于智慧产品,均以独创性为要件,因而,著作权与专利权是真正的"知识产权"。为与"知识产权"一语相区别,我们称之为"智慧产权"。与此不同,商标则非智慧产品,其受保护并非缘于其独创性,而是缘于其区别性(与所附丽的商品或者服务相结合),从而商标权是区别性信息产权。诚然,商标在使用中,确有保护商品营销方面智慧投入的功能,但那是就其效果而言,如果就商标受保护的要件而言,则无从否定其非智慧产品的性质。

2.著作权与工业产权

以信息产的主题究在文化艺术抑或实业领域,知识产权被划分为著作权与工业产权。专利权、商标权和免受不正当竞争侵害的权利属于后者。1883年还出现了《保护工业产权巴黎公约》,该公约迄今仍为关于知识产权的重要公约。我国也是该公约的成员国。

思考题:

1.如何理解知识产权?请试作其定义。

2.什么是信息产?它与物、人的行为有何不同?

3.知识产权在立法上和学理上有哪些类型?

第十四章　著作权论

内容提要　著作权是知识产权的重要类型。学习本章，难点是受保护作品，特别是作品应当具备的条件、作品与其思想内容以及赖以存在的物质载体之间的区别、作品与专利和商标的区别等。把握了作品的概念，著作权的内容、取得以及合理使用等制度也就容易理解了。

第一节　著作权及其对象

一、著作权的意义

(一)定义

著作权是以受保护特定作品为对象的知识产权。

(二)对上述定义的说明

1.著作权是知识产权的具体类型

著作权是知识产权的具体类型。属于以独创性信息产为对象的智慧产权。但其主题是教育、科学与文化，而与专利以技术为主题不同。

2.著作权是以受保护作品为对象的知识产权

著作权不同于知识产权其他类型，悉因其以受保护作品为对象。对象不同，为权利提供的可能性便不同。

关于著作权的对象，我们要详加讨论。

二、受保护作品

(一)受保护作品的定义

作为著作权的对象，受保护作品是具备创作性品格、表现思想或者情感，属于文学艺术领域的受法律保护的智慧产品。[1]

在著作权立法中，作品的正式用语是"文学艺术作品"或者"文学、艺术与科学作品"。本书则简称为"作品"，是"受保护作品"的简称。之所以加上"受保护"的限定条件，是因为并非生活事实中的任何作品均受法律保护。

(二)对上述定义的说明

1.受保护作品属于信息产

作品属于信息产的具体形态，而且是具有独创性的信息产，与专利一样，同属智慧产品，而与商事标记有别。

2.受保护作品是以文化为主题的信息产

信息产的主题有属于文学艺术和学术者，也有属于技术或者市场经营者。作品是属于文学艺术和学术领域的信息产。正是此一主题，使之区别于专利、商标等。

3.受保护作品是思想或者情感的表现

1)思想及其表现的二分性

将思想与其表现在逻辑上剥离开来，是著作权制度得以形成的法律技术前提。

从生活层面上看，作品是思想、情感及其表现的统一体。如果把作品视为这样的统一体，那么，法律保护创造新作品的劳动，赋予作者对作品的独专其利的权利(垄断权)，就不免同时形成思想垄断。而垄断思想，就会妨碍思想自由。而妨碍思想自由显然是不可取的。因此，为坚持思想自由原则，便不能对作品赋予垄断权。在法律技术不能将思想与其表现相分离的漫长时代，是不可能有著作权制度的。

然而，就文学艺术来说，真正有价值的东西不是作品中的思想，而是对思想的创造性表现。正是表现作为审美的对象，表现的多样性乃是审美的要求，作品的价值正集中于此。对教育用作品来说，对知识的多样性表现则具有教学效率价值。对学术类作品来说，思想发现者或者首先阐释者并不反对他人知悉和引用其思想，因为该类行为未必损害其利益。损害其利益的行为是他人将其思想当成自己的，亦即剽窃思想。思想交流是学术的必要条件。思想表现的多样性也是该类作品的价值之所在。反盗版经验告诉我们，盗版不是对思想的剽窃，而是对表现思想的信号集合的复制。此一事实启示人们，对作者以及合法出版者保护之道，并非保护其作品中

---

[1]　我国《著作权法》未为作品下定义，其定义规定于《著作权法实施条例》第2条："著作权法所称作品，指文学、艺术和科学领域内，具有独创性并能以某种有形形式复制的智力创作成果。"[对应《著作权法实施条例》(2013年修订)第2条："著作权法所称作品，是指文学、艺术和科学领域内具有独创性并能以某种有形形式复制的智力成果。"]美、日、意等国的相关法律有其作品的定义。其中《美国版权法》(1976)第102条(a)规定："由作者创作并固定于有形媒体——该媒体之为现有抑或今后发明，在非所问——可以直接或者借助于机械或者装置被感知、复制或者以其他方式传播的作品，依本法予以保护。"《日本著作权法》第2条第1款(1)规定："著作物：系指创作性地表现思想或者情感，属于文学、学术、美术或者音乐领域的原作。"《意大利作者权法》第1条规定："具有创作性并属于文学、音乐、平面美术、建筑、戏剧和电影范畴的智慧作品，不问其表达方式及形式如何，受本法保护。"

的思想,而是赋予作者对作为信号的专有性复制权。在这时,思想与表现被分离了。受保护的作品,不再是思想与其表现的统一体,而仅仅是思想的表现。著作权制度正是从此一分离中产生的。

2)作品指思想或者情感的表现,而非被表现的思想或者情感自身

在思想与其表现二分的情形下,作品指思想或者情感的独特表现,而不指被表现的思想或者情感本身,这是著作权法上的基本原理。受保护作品不是通过自然语言以及人工的艺术语言或者科学语言等信号形式所表述的有关思想、过程、方法、概念、原理之类的信息。

4.受保护作品是思想或者情感的创造性表现

这就是关于作品的"原创性"问题。受保护作品须具有表现上的原创性,包括:

1)创造性的主题指思想与情感的表现

(1)表现的多样性及其价值

对思想或者情感的多样性表现,具有审美上以及知识说明和传授效率上的价值。即使所表现的思想或者情感同一,如果表现不同,也同样有价值。而作品的创造性,指的就是在表现多样性之上的创造性。在工业产权领域,表现的多样性却无价值。自此点言,工业产权保护思想的工业表现,而该表现在一定认识阶段不可能是多样性的。因而,工业产权所保护的仍旧是工业思想的表现,而非思想本身,事实上,专利的思想是人人得而使用的,商标的思想也如此。所不能使用的,仅为受保护的表现,亦即体现为专利产品或者方法以及商事标记的那样的表现。

《著作权法》第5条例示了"时事新闻、历法、数表、通用表格和公式"[1]不属于作品,它们所欠缺的要件,正是表现的多样性。该类文字由其功能所限,尤其是要求思想表现的直接和简洁的性质,失去了表现的多样性,因而难以成为作品。此外,列车、班机、班轮、汽车班车时刻表,电话号码簿,商品目录,餐饮店的菜单,广播电视节目预告书等,也与上述文字一样。

(2)作品须有起码的原创性

所谓起码的原创性,指作为信号集合在信号选择或者安排上的最低要求的原创性。如果没有此种原创性,就不足以与在先作品相区分了。

2)作品须属独立创作产物

(1)作品须为人创作的信号集合

作品作为信号集合,是人创作的,而不是自然产生的。

(2)作品须为新的信号集合

并非对已有作品的抄袭或复制。至其文学、艺术或者学术水准、社会价值等,则非所问。另外,作品是否已经完成,亦非所问,即使处于未完成态,只要能够表达思

---

〔1〕 对应《著作权法》(2020年修正)第5条:"本法不适用于:(一)法律、法规,国家机关的决议、决定、命令和其他具有立法、行政、司法性质的文件,及其官方正式译文;(二)单纯事实消息;(三)历法、通用数表、通用表格和公式。"

想或者情感,便为已足。

3)作品须属原件

作为著作权客体的作品,仅指其原件。

5.受保护作品须未逾法定期间

知识产权的对象均有法定期间。在我国,依《著作权法》的规定,自然人作者作品的一般期间为自作品完成至作者死后的第50年的日历最末日,摄影、电影、电视和录像作品则为自作品发表日至第50年的日历最末日。法人作者作品的期间为自作品发表之日至第50年的日历最末日。计算机软件作品期间为自发表日至第25年的日历最末日,而不问其作者为自然人抑或法人。

三、受保护作品的类型

我国《著作权法》第3条的划分:(1)文字作品;(2)口述作品;(3)音乐、戏剧、曲艺、舞蹈作品;(4)美术、摄影作品;(5)电影、电视、录像作品;(6)工程设计、产品设计图纸及其说明;(7)地图、示意图等图形作品;(8)计算机软件。[1]我们下面从逻辑上讨论若干类型。

1.口头语言、文字与造型作品

此系依作品的信号形态而作的划分。划分的实际利益在于直接使用方式不同,从而著作权中的使用权也不同。

凡以口头语言为载体的作品是口头作品。以文字或者其他表义符号语汇为载体的作品是文字作品。例如计算机软件是文字作品。以二维或者三维造型语汇为载体的作品是造型艺术作品。对造型作品言,其首要使用方式为陈列,而口头语言与文字作品的主要使用方式则为复制。另外,对置于公共场所的造型艺术作品的非接触性使用,属合理使用。对口头作品和文字作品,则不发生此一问题。

2.基础作品与演绎作品

此系基于作品创作上的关系性而作的划分。划分的实际利益在于使著作权的归属明晰。

凡基于既有作品而二度创造形成的作品是演绎作品,而作为创造参照物的作品则为基础作品。唯应注意,演绎作品也属独立作品,而为著作权的对象。

对受保护作品的演绎创作行为,其性质属于作品的使用。该项使用权属于作者著作权的固有内容之一。作者之外的人欲取得此项演绎使用权,须依该项使用权移转合同,抑或"强制许可"制度下的政府准许命令为之,否则,即因擅自使用而构成

[1] 对应《著作权法》(2020年修正)第3条:"本法所称的作品,是指文学、艺术和科学领域内具有独创性并能以一定形式表现的智力成果,包括:(一)文字作品;(二)口述作品;(三)音乐、戏剧、曲艺、舞蹈、杂技艺术作品;(四)美术、建筑作品;(五)摄影作品;(六)视听作品;(七)工程设计图、产品设计图、地图、示意图等图形作品和模型作品;(八)计算机软件;(九)符合作品特征的其他智力成果。"

侵权，须负侵权行为责任。唯应注意，侵权行为的违法性，不足以否定所创造出的演绎作品的作品地位，其创作者同样享有著作权，不过其著作权行使中须肯认、尊重而不侵犯基础作品的著作权。

演绎创作的主要方面是改编、汇集和翻译，相应形成改编作品、汇集作品和翻译作品。

3.独立人作品、职务作品与受托创作作品

此系依作品创作行为属否履行合同上的创作义务而作的划分。划分的实益在于区分著作权的归属，而衡平有关当事人的利益。

1)职务作品

(1)意义

职务作品指因履行契约上的劳动义务创作出的作品。

(2)法律要件

①须由劳动组织的工作人员创作

唯劳动组织的工作人员，方有职务。

②须创作属于履行职务行为

指创作该作品属于工作人员的职务范围。另外，履行劳动职务与履行受托创作义务是不同的。在后一场合形成的作品为受托创作作品。

③须作品发表时依约由实际创作人员以作者资格署名

唯作品发表时以实际创作人员署名为作者，方构成职务作品。与此相反，若由劳动组织署名为作者，则形成法人作品或者所谓"非法人单位作品"了。

职务作品的著作权归属，依《著作权法》，比较复杂，本书将作专门说明。

2)受托创作作品

即因履行契约上的委任创作义务而创作的作品。我国《著作权法》称为"委托作品"，是自委托他人创作的角度命名的。

受托创作作品的著作权，归属于受托创作人，但得以特约排除，而归属于委托人。

3)独立人作品

凡创作行为非为履行职务以及受托义务的作品，为独立人作品。独立人作品的著作权归属关系单一，由创作人取得。

4.共同作品与非共同作品

此系依作品创作人为单一人抑或多数人而作的划分。对共同作品言，形成著作权的共有关系，在使用、收益和处分上均有不同于单一人作品的复杂性。

此外，对于自然人作者的合作作品，其保护期间的终点为最后死亡者的死亡年的日历最末日。此点在单一人作者作品中是不存在的。

5.已发行作品、未发表作品及遗著

此系依作品的发表状态而作的划分。未发表作品又依其创作人是否生存，而进一步划分为遗作和非遗作。

此一划分的实际利益在于，合理使用制度的适用要件之一，是须为已发行作品，对于未发行作品则无其适用。此外，对遗作的发表权归作品创作人的继承人以及受遗赠人，对创作人未明的遗作，其发表权则归属于作品的合法占有人。

6.计算机软件作品

此类作品特殊性颇多。其法定期间较短，只有25年。

第二节 著作权的内容

依我国《著作权法》的规定，著作权包括作者人格权与作品财产权。

一、作者人格权[1]

(一)署名权

1.意义

即在作品原件及其复制本上标记表述作者资格的文字的权利。

所谓署名，指选择特定文字以标记自己的作者资格。署名不限于真名，假名甚至匿名均无不可。

2.署名的效力

署名为作品著作权的公示方式。当作者署真名时，有推定该姓名所指的人为作品的创作者的效力。

(二)发表权

1.意义

即决定作品是否公开的权利。其内容包括决定是否发表，当决定发表后而进一步决定何时、何地、以何方式发表。发表的样态有出版并发行，公开展示，公开表演等。

2.发表权为一次用尽权

发表权行使以一次为限。一经发表，该权利即用尽。

---

[1] 依本书所信，作者人格权属经典民法人格权的组成部分。自体系言之，应当在"民法总论"中的人身权部分讨论。但为照顾《著作权法》的规定，而放到此处说明。

3.遗作的发表权

法律推定作者以遗嘱方式授权其继承人行使。但是，如果遗作的实物由非继承人合法占有，则由该占有人享有。

(三)修改权

1.意义

指依自己意思对作品加以修正的权利。

2.行使

1)对已发表作品修改权的行使

对已发表作品，其修改权的行使通常与作者之外的作品使用权人的利益相冲突。修改权的效力优先于财产权，亦即作品使用权人无权阻止修改权，但后者因此所受到的不利影响，有财产上的救济权。修改权人须对因修改所致使用权人的损害予以赔偿。

当使用权人欲实施新一轮的使用时，须告知修改权人，以便后者行使其修改权。倘不尽或者怠于上述告知义务，则对不利后果自负其责。

2)对未发表作品修改权的行使

对未发表作品，作者得有其修改权，此点不言而喻。对遗作，此属未发表作品的特殊类型，法律推定作者以遗嘱方式授权继承人行使，如果遗作的实物由非继承人合法占有，则由该占有人行使。但学说中也有修改权应属亲自行使的权利，而无从移转的观点。依此观点，对遗作自无由继承人以及遗作的合法占有人修改的余地了。

(四)保护作品完整权

1.意义

保护作品完整权，指作品传播中所形成的复制本以及演绎创作形成的作品等与作品保持同一性的控制权。尤指不得对作品丑化、歪曲。此一权利，学说和立法例中亦称之为"同一性权"或"反丑化权"。

保护作品完整权的实际意义是，一方面使作者得依分工原则借助专业人以各种方式予以传播作品，另一方面也保持作品的同一性。

2.内容

保护作品完整权与修改权不同，是直接服务于作品传播的权利，后者则可与传播无关。保护作品完整权的内容相对单纯，即传播中的复制件须与作品同一。但是，传播中因语言、语法、传播技术等要求而作的必要变动，不视为对同一性权的侵害。

3.在作者身后的效力

在作者身后，即使著作权的期间届满，作品传播中的同一性要求，仍旧作为法律秩序得到维护。

二、著作财产权

《著作权法》第10条第5项规定：(著作权包括下列……财产权)"(五)使用权和获得报酬权，即以复制、表演、播放、展览、发行、摄制电影、电视、录像或者改编、翻译、注释、编辑等方式使用作品的权利；以及许可他人以上述方式使用作品，并由此获得报酬的权利。"[1]依逻辑，财产权并非仅限于使用和收益("获酬权"在性质上应属收益权)，自其文字看，"以及许可他人以上述方式使用作品"，应属对作品使用权的处分权。故我们在对财产权研究时，依支配型财产权的权能，将其分为使用、收益和处分三项。

(一)使用权

1.狭义使用权

指为满足获知或者审美需要而以阅读方式使用作品的权利。

2.展示权

是公开陈列作品以供阅读的使用权。

此种使用权为造型艺术作品所固有。

3.传统复制权

复制指依作品信号的同一形态制作复制本的行为。

复制权指以复制的方式使用作品的权利。

4.音像化复制权

使作品音像化，指以摄影术以及电磁、光电等记录技术记录口头、文字或者造型艺术作品，并使之能够还原为音响或者画面形象的行为。音像化的样态包括摄影、电影、录音、录像、电视等形态。使作品音像化是对作品的使用权之一。《著作权法》

---

〔1〕　使用权对应《著作权法》(2020年修正)第10条第1款第5项至第17项："(五)复制权，即以印刷、复印、拓印、录音、录像、翻录、翻拍、数字化等方式将作品制作一份或者多份的权利；(六)发行权，即以出售或者赠与方式向公众提供作品的原件或者复制件的权利；(七)出租权，即有偿许可他人临时使用视听作品、计算机软件的原件或者复制件的权利，计算机软件不是出租的主要标的的除外；(八)展览权，即公开陈列美术作品、摄影作品的原件或者复制件的权利；(九)表演权，即公开表演作品，以及用各种手段公开播送作品的表演的权利；(十)放映权，即通过放映机、幻灯机等技术设备公开再现美术、摄影、视听作品等的权利；(十一)广播权，即以有线或者无线方式公开传播或者转播作品，以及通过扩音器或者其他传送符号、声音、图像的类似工具向公众传播广播的作品的权利，但不包括本款第十二项规定的权利；(十二)信息网络传播权，即以有线或者无线方式向公众提供，使公众可以在其选定的时间和地点获得作品的权利；(十三)摄制权，即以摄制视听作品的方法将作品固定在载体上的权利；(十四)改编权，即改变作品，创作出具有独创性的新作品的权利；(十五)翻译权，即将作品从一种语言文字转换成另一种语言文字的权利；(十六)汇编权，即将作品或者作品的片段通过选择或者编排，汇集成新作品的权利；(十七)应当由著作权人享有的其他权利。"报酬权对应《著作权法》(2020年修正)第10条第2款和第3款："Ⅱ.著作权人可以许可他人行使前款第五项至第十七项规定的权利，并依照约定或者本法有关规定获得报酬。Ⅲ.著作权人可以全部或者部分转让本条第一款第五项至第十七项规定的权利，并依照约定或者本法有关规定获得报酬。"

第10条称"摄制电影、电视、录像"的权利。[1]

5.复制本发行权

发行指为满足公众的合理需求而向其提供作品复制本(包括音像制品型复制本)的行为。发行权则指为满足公众的合理需求而向其提供作品复制本的权利。

6.演艺表演权

演艺表演,指演艺人以其声音或者操作乐器发音、以形体或者道具造型语汇,或者以上述两方面的结合表现作品的行为。通过演艺表演使用作品的权利,便是演艺表演权。

唯应注意,表演依其主体是演艺人抑或机械装置,而枝分为演艺人表演和机械表演两种类型。后者是机械装置解读记录演艺表演的制品以再现该表演于媒体的过程。下文的广播可视为机械表演。

7.广播权

广播指采用广播技术通过无线电波或有线电缆将作品传送到现场之外的听众或观众的行为。广播权则指以广播方式使用作品的权利。

8.演绎创作权

演绎创作权是对作品予以二度创作以产生演绎作品的权利。

(二)收益权

收益权指收取法定孳息的权利。亦即《著作权法》所称的获酬权。对作品而言,不存在天然孳息。

(三)处分权

著作权中的处分权,虽然也包括毁损作品这样的事实上的处分,然而那毕竟不属处分的基本样态,而且也不具积极意义。对作品的处分主要指法律上的处分。包括使用许可、复制本出租以及对整个著作权的出卖(亦即著作权卖断)。

1.允许他人使用

允许他人使用包括但不限于允许他人复制、发行、表演、录制音像、广播、展示、演绎创作等。此项行为在性质上属准物权行为,而非债权行为。

2.复制本出租权

复制本出租权指出租作品的复制本以获取租金的权利。

3.全部著作权出让权

全部著作权出让权,将整个著作权出卖。我国学说认为著作权是不许整个出卖的。此一意见值得商榷。在委托创作又约定作品著作权归属于委托人的场合,实际

---

〔1〕 对应《著作权法》(2020年修正)第10条第1款第13项:"(十三)摄制权,即以摄制视听作品的方法将作品固定在载体上的权利；……"

上便已发生整个著作权卖断的情形。

(四)合理使用

1.意义

合理使用是他人得依法定条件无偿使用已发行受保护作品的制度。合理使用是已发行作品的财产权负担。

法律规定合理使用,系为平衡著作权与公众利益。合理使用的原则是在不影响著作权人对作品的正常使用,也不过分损害著作权人的合理利益的前提下,使他人为合理目的使用已发行作品。

2.法律要件

依《著作权法》第22条的规定,合理使用的法律要件是:[1]

1)使用标的须为已发表作品。

2)须尊重被使用作品的人格权。

3)须限于下列场合和目的:

(1)私人使用

即自然人自己或者在家庭以及亲密朋友的有限范围内,为学习、研究以及欣赏而使用作品的行为。其方式包括阅读、展示、表演、翻译和少量复制。法人为其业务范围内的学习、研究、欣赏的目的使用作品亦属之。

(2)引用

即为了介绍和评论作品以及作为论证依据而适量援引作品的行为。所谓"适量",一指引用不应过分损害被引作品上的权利;二指引用不能构成引用作品的主要和实质部分。

(3)新闻使用

即为了报道新闻事件而在报道中使用构成该事件要素以及报道中不可回避地

---

〔1〕 对应《著作权法》(2020年修正)第24条:"I.在下列情况下使用作品,可以不经著作权人许可,不向其支付报酬,但应当指明作者姓名或者名称、作品名称,并且不得影响该作品的正常使用,也不得不合理地损害著作权人的合法权益:(一)为个人学习、研究或者欣赏,使用他人已经发表的作品;(二)为介绍、评论某一作品或者说明某一问题,在作品中适当引用他人已经发表的作品;(三)为报道新闻,在报纸、期刊、广播电台、电视台等媒体中不可避免地再现或者引用已经发表的作品;(四)报纸、期刊、广播电台、电视台等媒体刊登或者播放其他报纸、期刊、广播电台、电视台等媒体已经发表的关于政治、经济、宗教问题的时事性文章,但著作权人声明不许刊登、播放的除外;(五)报纸、期刊、广播电台、电视台等媒体刊登或者播放在公众集会上发表的讲话,但作者声明不许刊登、播放的除外;(六)为学校课堂教学或者科学研究,翻译、改编、汇编、播放或者少量复制已经发表的作品,供教学或者科研人员使用,但不得出版发行;(七)国家机关为执行公务在合理范围内使用已经发表的作品;(八)图书馆、档案馆、纪念馆、博物馆、美术馆、文化馆等为陈列或者保存版本的需要,复制本馆收藏的作品;(九)免费表演已经发表的作品,该表演未向公众收取费用,也未向表演者支付报酬,且不以营利为目的;(十)对设置或者陈列在公共场所的艺术作品进行临摹、绘画、摄影、录像;(十一)将中国公民、法人或者非法人组织已经发表的以国家通用语言文字创作的作品翻译成少数民族语言文字作品在国内出版发行;(十二)以阅读障碍者能够感知的无障碍方式向其提供已经发表的作品;(十三)法律、行政法规规定的其他情形。II.前款规定适用于对与著作权有关的权利的限制。"

会看到、听到或者摄入镜头的作品。

（4）传媒转载转播

即大众传媒转载转播其他大众传媒作为作者并刊播的未声明不许转载转播的关于政治、经济和宗教主题言论。[1]

（5）讲演作品的传媒刊播

即大众传媒刊播他人在公众集会上发表的讲演词。

（6）公务使用

即立法、行政和司法机关在执行自己的公务中使用作品。此项使用，须以不妨害作品的正常使用和过分损害作者的正当利益为限。

（7）"五馆"复制

即图书馆、档案馆、纪念馆、博物馆和美术馆等馆所为了陈列和保存藏品的必要而复制本馆收藏的作品。

（8）无偿表演

即为了公益目的而由演艺人不向观众取偿地表演作品。[2]此项表演仅指演艺人的现场表演，而对该表演的机械表演则不属之。

（9）公共场所美术作品的非接触式使用

即以非接触性方式使用置于公共场所的美术作品，[3]包括摹写、摄影和录像。但接触性使用(有的国家称为"机械复制")则不属之。

（10）"汉译少"

即把原为汉文的作品翻译为我国少数民族语文作品。然而，如果属于自少数民族语文译为汉语的作品，再译为另一种少数民族语文，亦即"少译汉→汉译少"的翻

---

〔1〕 我国《著作权法》第22条第1款第4项的规定是"报纸、期刊、广播电台、电视台刊登或者播放其他报纸、期刊、广播电台、电视台已经发表的社论、评论员文章"。[对应《著作权法》(2020年修正)第24条第1款第4项："(四)报纸、期刊、广播电台、电视台等媒体刊登或者播放其他报纸、期刊、广播电台、电视台等媒体已经发表的关于政治、经济、宗教问题的时事性文章，但著作权人声明不许刊登、播放的除外；……"]但国外立法例多规定得转载和转播的文章仅以政治、经济和宗教主题者为限。

〔2〕 我国《著作权法》第22条第1款使用的文字是"免费表演"。[对应《著作权法》(2020年修正)第24条第1款第9项："(九)免费表演已经发表的作品，该表演未向公众收取费用，也未向表演者支付报酬，且不以营利为目的；……"]免费系指不向观众收费之义。然而在由某些组织邀集演艺人表演的场合，却向表演人付酬。此种情形，仍然可以说属于免费表演，却有违立法的本意。为了堵塞上述漏洞，《著作权法实施条例》第30条规定："依照著作权法第二十二条第(九)项的规定表演已经发表的作品，不得向听众、观众收取费用，也不得向表演者支付报酬。"[在《著作权法实施条例》(2013年修订)中该条已被删除，已吸收进《著作权法》(2020年修正)第24条第1款第9项："(九)免费表演已经发表的作品，该表演未向公众收取费用，也未向表演者支付报酬，且不以营利为目的；……"]

〔3〕 我国《著作权法》第22条第1款第10项的文字是"对设置或者陈列在室外公共场所的艺术作品进行临摹、绘画、摄影、录像"。[对应《著作权法》(2020年修正)第24条第1款第10项："(十)对设置或者陈列在公共场所的艺术作品进行临摹、绘画、摄影、录像；……"删去了"室外"。]我们认为，"室外"的限定是多余的。既然属于公共场所而置有美术作品供公众观赏，就难以禁止而且也不应禁止公众实施摹写、摄影和录像之类的行为。

译,则不属之。

(11)以盲文出版

即把非盲文作品改制为盲文出版。

3.法律效果

合理使用的法律效果是直接无偿取得法律限定方式和范围的对于作品的使用权。

(1)取得上述使用权。(2)无偿取得使用权。(3)该使用权的目的和范围须依法律的特别规定。

(五)法定许可使用

1.意义

法定许可使用是他人依法定条件为商业目的有偿使用已出版受保护作品的制度。法定许可使用与合理使用一样,均属著作权财产权的法定负担。不过二者的法定条件不同,合理使用通常限于非商业目的,而法定许可使用则用于商业目的。另外,二者的法律效果也不同,合理使用是无偿使用,而法定许可使用则为有偿使用。

2.法律要件

我国《著作权法》第32条第2款、第35条第2款、第37条第1款后段和第40条第2款规定了法定许可的法律要件,现归纳说明如下:

1)须作品已发行

对未发行作品无法许可余地,因为,如果规定对未发行作品法定许可制度,将损害作者的发表权。此一侵害,显属过分,因而不应就未发行作品法定许可。

2)须著作权人无不许使用的意思表示

对著作权人明确表示不许使用的作品,纵使已经发行,也不宜法定许可。

3)须依法律规定的目的和范围使用

该目的和范围限于:

(1)报刊对其他报刊所载作品的转载(第32条第2款);[1]

(2)演艺人对作品的营业性表演(第35条第2款);[2]

---

〔1〕 对应《著作权法》(2020年修正)第35条第2款:"作品刊登后,除著作权人声明不得转载、摘编的外,其他报刊可以转载或者作为文摘、资料刊登,但应当按照规定向著作权人支付报酬。"

〔2〕 该款已被删除,《著作权法》(2020年修正)第38条删去了"表演者使用他人已发表的作品进行营业性演出,可以不经著作权人许可"的情况。《著作权法》(2020年修正)第38条:"使用他人作品演出,表演者应当取得著作权人许可,并支付报酬。演出组织者组织演出,由该组织者取得著作权人许可,并支付报酬。"根据《著作权法实施条例》(2013年修订)第21条:"依照著作权法有关规定,使用可以不经著作权人许可的已经发表的作品的,不得影响该作品的正常使用,也不得不合理地损害著作权人的合法利益。"可见现行《著作权法》(2020年修正)否定了对已发表的作品进行营业演出的法定许可使用。

(3)以音像制品记录作品(第37条第1款);[1]

(4)以广播电视节目记录作品(第40条第2款);[2]

(5)教学使用,即为实施九年制义务教育和国家教育规划而编写的教材中汇编已经发表的作品片段或者短小的文字作品、音乐作品或者单幅的美术作品、摄影作品。

3.法律效果

依法直接有偿取得受保护作品在特定目的和范围之内的使用权。

第三节　著作权的取得

一、著作权取得的原则

著作权因著作行为而当然取得,而无须履行诸如登记、缴送样书、署上著作权标记等任何手续。

二、几种作品的著作权归属

(一)法人与非法人团体的作品的归属

依《著作权法》第11条第3款的规定,法人和"非法人单位"可以成为作品的作者。[3]

法人成为作者的法律要件是:

1.须由法人工作人员实施创作行为

此点构成法人作品与受托创作作品的区别之点。受托创作作品的创作人与委托人不形成劳动关系,而法人作品却形成此种关系。

2.须创作行为足以视为法人行为

依《著作权法》第11条第3款的规定,此要件析之为四:

1)须由法人主持

此要件旨在将创作行为纳入法人行为。"主持"意指创作活动由法人发起、安排、领导和指挥,以形成创作作品的主题思想、观点、风格取向,等等。只有由法人主持

---

〔1〕 对应《著作权法》(2020年修正)第42条:"Ⅰ.录音录像制作者使用他人作品制作录音录像制品,应当取得著作权人许可,并支付报酬。Ⅱ.录音制作者使用他人已经合法制作为录音制品的音乐作品制作录音制品,可以不经著作权人许可,但应当按照规定支付报酬;著作权人声明不许使用的不得使用。"

〔2〕 对应《著作权法》(2020年修正)第46条第2款:"广播电台、电视台播放他人已发表的作品,可以不经著作权人许可,但应当按照规定支付报酬。"

〔3〕 对应《著作权法》(2020年修正)第11条第3款:"由法人或者非法人组织主持,代表法人或者非法人组织意志创作,并由法人或者非法人组织承担责任的作品,法人或者非法人组织视为作者。"

的创作行为,方可认定为法人的创作行为。

2) 须体现法人意思

该款的用语是"代表法人意志",即创作人的意思被其角色所吸收之义。而"意思"的含义,也指关于作品主题思想、观点、风格取向等方面加以选择的意思。此种意思与著作权归属的意思无关。因而此处意思应解释为将"创作行为作为法人行为,作品的未来著作权归属于法人"之义,方属合理。

3) 须由法人对作品承担责任

立法者认为,"享有利益者即应对行为负责",对作品负责的人应当享有著作权。然而,责任承担是后果,并非条件。故而以此为要件是不合逻辑的。

4) 须由法人提供并保障创作的必要物质技术条件

须作品的创作主要依靠法人等提供的物质技术条件。所谓物质技术条件,依《著作权法实施条例》第15条,"指为创作专门提供的资金、设备或者资料"。[1]提供和保障创作的必要物质技术条件,是法人将创作行为视为自己的行为而非创作员工个人行为的重要条件。

3. 须作品以法人名义发表

此系法人作品的外在要件或者形式要件。既然创作人的行为系法人行为,创作体现法人的意思,那么也就意味着法人与其履行创作职务义务的工作人员之间,就法人取得作品著作权有其约定。而由法人以作者资格署名,便为当然结果。

关于法人作品,有下列问题值得探讨:

第一,法人有无著作能力,从而能否成为作者? 第二,"非法人单位"无权利能力,又如何可作著作权的主体?

(二) 职务作品

1. 法律要件

1) 须作品由法人或非法人团体工作人员创作

此点与法人作品同,并且是构成职务作品以及法人作品区别于受托创作作品之点。受托创作作品的创作人与委托人不形成劳动关系,而法人作品和职务作品却形成此种关系。

2) 须作品的创作行为属于履行职务

关键是职务的界定。凡聘任契约及足以作为该契约组成部分的其他意思表示,包括员工手册、对员工工作的具体分配命令等,均是界定职务的依据。

唯应注意,作品内容与职务信息、作品的用途与供职单位目的事业的关联性,是认定职务作品应考虑的因素。然而,对主要内容属非因职务不能得到信息的作品,

---

[1] 对应《著作权法实施条例》(2013年修订)第11条第2款:"著作权法第十六条第二款关于职务作品的规定中的'物质技术条件',是指该法人或者该组织为公民完成创作专门提供的资金、设备或者资料。"

尚不足以认定为职务作品,因为作品不是指被表现的思想内容。此种情形,可能与侵害商业秘密权有关,却未必构成职务作品。

3)法人等须为创作提供必要的物质技术条件

我国《著作权法》仅将此要件规定为技术图纸、计算机软件与地图三类职务作品的要件,失之过狭。其实一切职务作品均应有此要件。

4)须作品发表时依约由其实际创作人以作者资格署名

此点成为与法人作品在要件上的区别。

2.著作权的归属

1)技术图纸、计算机软件和地图

主要利用法人等的物质技术条件创作的技术图纸、计算机软件与地图,其著作权中的署名权归属于作品的执行创作员工,此外的著作权内容均归属于法人等。

其法律要件是:

(1)作品类型要件

须作品属于法定特别类型,该类型是封闭性的,即:①工程设计和产品设计图纸;②计算机软件;③地图。除此之外,其他类型的作品则不可。

(2)物质技术条件要件

须作品的创作主要依靠法人等提供的物质技术条件。所谓物质技术条件,依《著作权法实施条例》第15条,"指为创作专门提供的资金、设备或者资料"。[1]

2)电影、电视和录像作品

(1)著作权分配

依《著作权法》第15条的规定,电影、电视和录像作品著作权的分配是:[2]

①作品的署名权归属于主要创作人员

主要创作人员包括"导演、编剧、作词、作曲、摄影等作者"[3]。

②著作权中的其他权利归属于制片人

所谓制片人,指作品的投资人。

---

[1] 对应《著作权法实施条例》(2013年修订)第11条第2款:"著作权法第十六条第二款关于职务作品的规定中的'物质技术条件',是指该法人或者该组织为公民完成创作专门提供的资金、设备或者资料。"

[2] 对应《著作权法》(2020年修正)第17条:"Ⅰ.视听作品中的电影作品、电视剧作品的著作权由制作者享有,但编剧、导演、摄影、作词、作曲等作者享有署名权,并有权按照与制作者签订的合同获得报酬。Ⅱ.前款规定以外的视听作品的著作权归属由当事人约定;没有约定或者约定不明确的,由制作者享有,但作者享有署名权和获得报酬的权利。Ⅲ.视听作品中的剧本、音乐等可以单独使用的作品的作者有权单独行使其著作权。"

[3] 《著作权法》第15条第1款。[对应《著作权法》(2020年修正)第17条第1款:"视听作品中的电影作品、电视剧作品的著作权由制作者享有,但编剧、导演、摄影、作词、作曲等作者享有署名权,并有权按照与制作者签订的合同获得报酬。"]但从国外立法例看,电影和电视作品的主要创作人员是:导演、编剧、美工师、摄影师和作曲家。此外,有演艺人表演的电影,例如故事片、戏曲片、电视剧等,则尚包括主要演员。上述立法例是符合电影和电视剧的创作实际的。我国《著作权法》的上述规定不够完全,遗漏了美工师和主要演员。

(2)法律要件

须依职务创作出电影作品、电视作品或者录像作品。

此三类作品由于创作的团体性所规定,主要创作人员通常是因创作契约的安排而实施创作的。故而其创作行为属于职务行为。

唯应注意,电视作品与录像作品,其要件难于归纳。

3)其他类型作品

技术图纸、计算机软件、地图、电影、电视和录像作品之外的作品,其职务提供者取得特别使用权,此外的著作权则归属于创作执行人。所谓特别使用权,指为满足法人目的事业所必要的为限期间两年的排他性使用权。

第四节　著作邻接权

一、概说

随着留声机技术的出现,对声音型演艺表现的记录成为可能,更随着录音和录像技术的飞速发展,对与作品传播有关的智慧财产的保护提上日程。1961年《保护演艺人、录音品制作人和广播事业人罗马公约》(简称"邻接权公约"或"罗马公约"),1971年《保护录音品制作人防止擅自复制该制品日内瓦公约》(简称"唱片公约"),1974年《关于播送卫星传播节目信号布鲁塞尔公约》(简称"卫星公约")相继问世。我国《著作权法》也保护"与著作权有关的权利",即邻接权。

二、著作邻接权的意义

1.意义

著作邻接权是直接支配演艺表演、音像制品、广播电视节目以及图书装帧设计等与作品传播有关的信息产以享受其利益的知识产权。

2.说明

1)著作邻接权的对象是与作品再现和传播有关的智慧产品;

2)著作邻接权是直接管领演艺表演、音像制品、广播电视节目以及图书装帧设计等并且享受其利益的知识产权;

3)著作邻接权是邻接于著作权的知识产权。

3.类型

我国《著作权法》规定了演艺表演权、音像制品权、广播电视节目权和图书装帧设计权四种著作邻接权。

三、著作邻接权各论

(一)演艺人权

1.意义

演艺人权是以演艺表现为对象的著作邻接权。

2.权利对象

演艺人权的对象是演艺表演。演艺表演是演艺人运用其语言、歌唱、面部和形体等方面的演艺语汇以及操作乐器产生声音所形成的再现作品等的智慧信号集合。

依《著作权法实施条例》第44条第2款的规定(应为《著作权法》第44条第2款)，演艺表演的受保护的期间为自表演之日至第50年的日历最末日。[1]

3.权利内容

演艺人权的内容有以下几项：

1)署名权；

2)保护表演完整权；

3)录音权；

4)录像权；

5)对记录表演的音像品的机械表演权；

6)对记录表演的音像品的广播权；

7)收益权。

此外，国外有肯认"追及权"的立法例。所谓"追及权"，即对记录表演的录音、录像制品在商业使用中所获收益提取分成的权利。我国立法和司法均未肯认此项权利。

(二)音像品制作人权

1.意义

音像品制作人权是以音像品为对象的著作邻接权。

2.权利对象

1)音像制品的意义

音像制品是电影、电视和录像作品之外，记录声音和连续活动图像，可以借助技术装置予以再现、复制和广播的制品原件。《著作权法实施条例》第6条规定"录音

---

[1] 对应《著作权法》(2020年修正)第47条第3款："本条第一款规定的权利的保护期为五十年，截止于该广播、电视首次播放后第五十年的12月31日。"

制品,指任何声音的原始录制品",〔1〕"录像制品,指电影、电视、录像作品以外的任何有伴音或者无伴音的连续相关形象的原始录制品"。〔2〕

2)说明

(1)音像制品是运用音像记录术制作的密码信号集合

音像制品是运用音像记录术记录受保护以及不受保护作品、其他音像,非通过专门装置解码便不能理解的制品。音像制品能够保存和传播作品等信息产。

(2)音像制品是创作性未达到作品高度的信号集合

在市民法国家,之所以不肯认音像制品为作品,是认为该制品的独创性尚达不到作品的高度,此种观念过于机械。然而,我国《著作权法》却肯认电视和录像作品,其与音像制品区别有待澄清。

(3)音像制品仅指该制品的原件

与作品仅限于原件相同,音像制品也仅指制品的原件。

(4)音像制品须未逾法定期间

依《著作权法》第42条第1款,音像制品的期间为自首次出版日至第50年的日历最末日。〔3〕

3.权利内容

1)署名权;

2)保护制品完整权;

3)复制权;

4)发行权;

5)机械表演权;

6)许可权;

7)收益权。

(三)广播事业人权

1.意义

广播事业人权是以广播电视节目为对象的著作邻接权。

2.权利对象

广播事业人权的对象是广播电视节目。

---

〔1〕 对应《著作权法实施条例》(2013年修订)第5条第2项:"(二)录音制品,是指任何对表演的声音和其他声音的录制品;……"

〔2〕 对应《著作权法实施条例》(2013年修订)第5条第3项:"(三)录像制品,是指电影作品和以类似摄制电影的方法创作的作品以外的任何有伴音或者无伴音的连续相关形象、图像的录制品;……"

〔3〕 对应《著作权法》(2020年修正)第44条第1款:"录音录像制作者对其制作的录音录像制品,享有许可他人复制、发行、出租、通过信息网络向公众传播并获得报酬的权利;权利的保护期为五十年,截止于该制品首次制作完成后第五十年的12月31日。"

1) 广播电视节目

广播电视节目是无线电广播节目和电视节目的合称，是通过无线电频道或者电缆传送的供非现场公众借助接收机而再现的声音、图像及二者的组合。

2) 说明

(1) 广播电视节目是音像制品

广播电视节目其实就是广播用音像制品，不过也可以通过专门装置解码予以表演。

(2) 广播电视节目是通过广播网络传送给非现场公众用信号集合

广播是节目的传送行为，使非现场公众通过专门接收终端得以视听。

(3) 广播电视节目须未逾法定保护期间

依《著作权法》第42条第2款，广播电视节目的期间为自首次广播之日至第50年的日历最末日。[1]

3. 权利内容

1) 署名权；

2) 保护节目完整权；

3) 广播权；

4) 复制权；

5) 许可权；

6) 收益权。

(四) 图书装帧和版式设计人权

1. 意义

图书装帧和版式设计人权是以图书的装帧和版式设计方案为对象的著作邻接权。

2. 权利对象

1) 图书装帧和版式设计

图书装帧和版式设计，是使图书和期刊的外观以及版式富于美感的实用设计方案。《著作权法》称之为装帧和版式设计。

2) 说明

(1) 图书装帧设计是对书刊的设计方案

图书装帧设计须为对图书、期刊等出版物的设计。

(2) 图书装帧设计是对图书外观或版式的设计方案

图书装帧设计须为对图书、期刊等出版物的外观设计。

---

〔1〕 对应《著作权法》(2020年修正)第47条第3款："本条第一款规定的权利的保护期为五十年，截止于该广播、电视首次播放后第五十年的12月31日。"

（3）图书装帧设计是使图书外观或版式富于美感的实用设计方案

装帧和版式设计的功能,是使图书整体和页面提升其实用性,例如便于阅读、携带,提升耐磨损度等,此外,还使图书整体和页面富于美感。

（4）图书装帧设计须未逾法定保护期间

我国立法和司法解释未规定图书装帧设计的保护期间,但比照音像制品等邻接权对象,也应不少于50年。

3.权利内容

1）署名权；

2）保护设计完整权；

3）使用权；

4）许可权；

5）收益权。

四、邻接权财产权的法定负担

邻接权财产权的法定负担,适用著作权法关于著作权财产权法定负担的规定。

思考题：

1.什么是著作权?

2.如何理解作品的含义?

3.著作权有哪些内容?

4.我国《著作权法》所规定的受保护作品合理使用制度其内容如何?

5.什么是著作邻接权? 我国《著作权法》规定了哪些邻接权类型?

第十五章　专利权论

第一节　概说

一、"专利"的语源

汉语中"专利"一词,译于英语的"patent"。在英语,"patent"是"Letters patent"的略称。"Letters patent"是英国古代皇室敕书的一种,册封爵位、任命官员以及授予市镇、行会等垄断性经营权(特许权)皆用此书状。该状钤国王玺印,却不封缄,便于开阅。14世纪,英国政府为发展经济,奖励新技术引进,其措施便是授予引进人就所引进技术以"独专其利"的实施权。[1]该项权利也以"Letters patent"授予。后来,人们用"patent"称授予专利权的特许状或者权利的内容。世界知识产权组织(WIPO)1988年发行的《知识产权教程》写道:"'专利'一词,至少在若干欧洲语言中,有两个意义,其一是指叫作'专利'或'专利证书'的文件。另一个意义是指专利给予保护的内容。"[2]中文的翻译者自"patent rights"乃"独专其利"之权,而义译为"专利权",可谓达义。而"patent"便相应地译为"专利"。

二、专利制度的主题

(一)概说

专利制度的主题是具有工业实用性的信息产,包括技术和产品外观设计两个类型。

专利制度与增进社会的物质福利和提升经济效率有关,而与文化艺术、教育与科学等人文的精神的社会生活无关。后者是著作权制度的主题。专利制度的主题

---

〔1〕 1615年,有名的"伊普威治织布工人"的案例写道:"如果有人冒着生命危险而且付出了他的地产或积蓄,把一项新发明或新行业引进国内,或者有人发现一种新物品,在这种场合,仁慈的国王为报答其辛劳和牺牲,便可用特许状准许他在一定期限内独家经营其行业或者进行交易,因为本国人民原来对此一无所知,而且也没有经营该行业的知识和技能。然而特许状一旦期满,国王就不能再授予新的权利。"世界知识产权组织编:《知识产权法教程》,高卢麟、汤宗舜等译,专利文献出版社1990年版,第15页。

〔2〕 世界知识产权组织编:《知识产权法教程》,高卢麟、汤宗舜等译,专利文献出版社1990年版,第6页。

也与同属工业产权对象的商事标记不同，后者不属技术，而系市场区别用标记，而且也不属智慧产品，仅与市场营销有关。

(二)技术

1.意义

技术是运用自然科学原理解决人类改造或者控制物质环境过程中的问题的方案。

技术是个发展的概念。到17世纪，技术尚指应用性技艺。后来，其意义逐渐扩展，到20世纪初，已扩展为指称工具、机器及其使用方法和过程的语词。到20世纪后半期，则进一步被定义为"人类改变或控制客观环境的手段或活动"。[1]但在专利法领域，技术却指以技艺、工具、机器、新产品或者新方法体现的改变或者控制人类物质环境的方案。

2.对定义的说明

1)技术是解决人类物质环境改造或者控制问题的方案

技术是什么？技术是人类改造物质环境的工具性知识。技术以工程实用性为要素。工程实用性，我们简称为"实用性"。在此一要素上，技术与文学艺术作品相区别，后者不以实用性为要素。同时，技术也因实用性而与自然科学知识而相区别，后者是对物质世界的现象及其规律的认识，但不以实用性为要素，没有工具性目的。

2)技术是运用自然科学知识解决工程性问题的方案

在近代，自然科学是技术创造的依据。然而在古代，科学与技术分立，科学是科学家的事，技术是工匠的事。二者各自遵循自己的道路发展。到了中世纪，由于商业飞速发展，交换活跃，使得科学与技术相互接近。迨于19世纪，技术才逐渐以科学为基础。1876年，T.爱迪生在美国新泽西州的门洛帕克建立了世界上第一个工业研究实验室，使科学与技术结合为一体。1879年10月21日他做的电照明实验，被视为现代技术研究诞生的标志。正是以自然科学为依据，方有了技术创造的质变和大发展，以至于出现技术"爆炸"效应。

不运用乃至违背自然科学原理的东西，不是也不会成为技术。

3)技术是工具思想的表现

专利与文学艺术作品均体现思想与表现的二分性。不过，文学艺术作品是具有审美价值或者知识传授价值的表现，而技术则是工程实用性表现，体现为新工具，新产品(物质)和既有产品的具有积极效果的新制造方法，以及新检测方法等。

4)技术是可传授性工具思想的表现

技术具有可传授性，可以传授给他人。此点与人的特异功能不同，后者不可传授。

---

[1]《不列颠百科全书(国际中文版)》(第16卷)"技术"条,中国大百科全书出版社1999年版,第485页。

（三）专利技术

1.意义

专利技术是被赋予专利地位而受专利法保护的新技术。

2.说明

1)须属技术

新技术当然属于技术。

2)须属新技术

专利技术须为新技术，法律之所以赋予专利权，即因该技术为新技术，因而值得保护。新技术的要件是：

(1)须有新颖性

指现有技术中所没有，亦即"前所未有"。

(2)须有创造性

指须比现有技术进步，能够解决现有技术不能解决的技术问题。

(3)法定期间性

由于专利意味着垄断，故而其地位不可无限期，而须有其期限。依我国《专利法》，发明专利的期间为20年，实用新型和外观设计专利的期间为10年。均自申请之日起算。[1]

3.我国的专利类型

1)类型法定

专利的法律地位是法律赋予的。因而其类型须依法律规定。法无规定，当事人无从任意创设专利类型。

2)类型各论

(1)发明专利

I.意义

发明专利是具有突出的实质性特点和显著进步、体现为新产品或者既有产品新方法的专利。

对于发明专利，我国《专利法实施细则》第2条第1款给出了立法定义："专利法所称发明，是指对产品、方法或者其改进所提出的新的技术方案。"[2]

---

〔1〕《专利法》第42条："发明专利权的期限为二十年，实用新型专利权和外观设计专利权的期限为十年，均自申请日起计算。"〔对应《专利法》(2020年修正)第42条："I.发明专利权的期限为二十年，实用新型专利权的期限为十年，外观设计专利权的期限为十五年，均自申请日起计算。II.自发明专利申请日起满四年，且自实质审查请求之日起满三年后授予发明专利权的，国务院专利行政部门应专利权人的请求，就发明专利在授权过程中的不合理延迟给予专利权期限补偿，但由申请人引起的不合理延迟除外。III.为补偿新药上市审评审批占用的时间，对在中国获得上市许可的新药相关发明专利，国务院专利行政部门应专利权人的请求给予专利权期限补偿。补偿期限不超过五年，新药批准上市后总有效专利权期限不超过十四年。"〕

〔2〕 对应《专利法》(2020年修正)第2条第2款："发明，是指对产品、方法或者其改进所提出的新的技术方案。"

Ⅱ.类型

发明专利依其表现之为新产品抑为新方法,而划分为产品发明专利和方法发明专利。

①产品发明专利

产品发明专利是体现为特定新产品制造方案的发明专利。申言之,作为发明的新技术是通过特定新产品表现的。产品发明专利亦称"物质发明专利"。

②方法发明专利

方法发明专利是发明体现为既有特定产品的新制造方法的发明专利。新方法不以制造方法为限,有技术意义的其他新方法,例如检验方法也包括在内。

(2)实用新型专利

实用新型专利是以工业产品的形状、构造或其结合的新方案体现的专利。实用新型是"实用新型发明专利"的简称。

对实用新型,《专利法实施细则》第2条第2款给出了立法定义:"专利法所称实用新型,是指对产品的形状、构造或者其结合所提出的适于实用的新的技术方案。"[1]

自逻辑言之,实用新型属于发明专利的具体类型,在学理上被称为"小发明",而前文所说的发明则被称为"大发明"。小发明的"发明高度"较大发明为低,故而有大小之别。另外,小发明只能为产品专利,而不可能为方法专利。

(3)外观设计专利

外观设计专利是以美化产品外观的新方案体现的专利。

《专利法实施细则》第2条第3款给出了立法定义:"专利法所称外观设计,是指对产品的形状、图案、色彩或者其结合所作出的富有美感并适于工业上应用的新设计。"[2]

与实用新型专利相同,此类专利也只能表现为产品专利,而不可能表现为方法专利。另外,自逻辑而言,对产品的美化设计并非技术。将外观设计专利权作为专利权,仅是立法上便利性规定。

三、专利权

(一)专利权的意义

专利权是以受保护的新技术为对象的知识产权。

---

〔1〕 对应《专利法》(2020年修正)第2条第3款:"实用新型,是指对产品的形状、构造或者其结合所提出的适于实用的新的技术方案。"

〔2〕 对应《专利法》(2020年修正)第2条第4款:"外观设计,是指对产品的整体或者局部的形状、图案或者其结合以及色彩与形状、图案的结合所作出的富有美感并适于工业应用的新设计。"

(二)对上述定义的说明

1.专利权属于知识产权

专利权是知识产权的具体类型，属于其中的工业产权。

2.专利权是以新技术为对象的知识产权

专利权的对象是专利，专利是受保护的新技术。

专利制度以新技术为主题，但是，许多国家的专利法也保护工业品外观设计。后者在性质上并非技术，而是艺术。应当说，此一立法格局，是为了实务上的便利而作的安排，难以从逻辑上为之辩护。

3.专利权是法定知识产权

专利权的类型依法律规定，各该类型的内容也由法律规定。此即专利权法定原则。与物权法定原则相同，此原则是为保障交易安全而建立的。

(三)我国《专利法》规定的专利权类型

依专利权法定原则，专利的类型由法律规定。我国《专利法》规定了发明专利权、实用新型专利权，以及工业品外观设计专利权三种专利权。

第二节　发明专利权

一、概说

发明专利是以发明为新技术载体的专利。发明专利权则以发明专利为其对象。

二、专利发明

(一)专利发明的意义

专利发明是具有法定技术品质要件而被确认为专利的发明。

(二)专利发明的法律要件

1.须具实用性

发明是新技术的种概念，如不属技术，发明即无从谈起了。发明既然是技术，也就具有实用性要件。技术并非纸上谈兵，亦非纯理论推导，而是能够实际应用的。关于实用性，《专利法》第22条第4款给出了立法定义："实用性，是指该发明或者实用新型能够制造或者使用,并且能够产生积极效果。"[1]在产品发明,实用性指能够制造出指定的产品;而在方法发明,实用性指实施方法能够产生积极效果。所谓积极效果,则可体现在经济效益上,也可能体现在安全上,或者体现在其他方面。

2.须具新颖性

专利的主题是新技术,故而发明须具有新颖性。新颖性内涵是专利法规定的。依《专利法》第22条第2款,"新颖性,是指在申请日以前没有同样的发明或者实用新型在国内外出版物上公开发表过、在国内公开使用过或者以其他方式为公众所知,也没有同样的发明或者实用新型由他人向国务院专利行政部门提出过申请并且记载在申请日以后公布的专利申请文件中"。[2]

但是,依《专利法》第24条[3]及《专利法实施细则》第31条第1款,[4]在申请日之前六个月内,在由国务院有关部门或者全国性学术团体组织召开的学术会议或技术会议上首次发表以及在中国政府主办或者承认的国际展览会上首次展出者,均不视为公开。

3.须具创造性

依《专利法》第22条第3款:"创造性,是指同申请日以前已有的技术相比,该发明有突出的实质性特点和显著的进步……"[5]在外国立法例以及学说中,此要件亦称"显而易见性"或者"创造性高度"。

4.须具合法性

《专利法》第5条规定:"对违反国家法律、社会公德或者妨害公共利益的发明创造,不授予专利权。"[6]

---

〔1〕 现为《专利法》(2020年修正)第22条第4款。

〔2〕 对应《专利法》(2020年修正)第22条第2款:"新颖性,是指该发明或者实用新型不属于现有技术;也没有任何单位或者个人就同样的发明或者实用新型在申请日以前向国务院专利行政部门提出过申请,并记载在申请日以后公布的专利申请文件或者公告的专利文件中。"

〔3〕 对应《专利法》(2020年修正)第24条:"申请专利的发明创造在申请日以前六个月内,有下列情形之一的,不丧失新颖性:(一)在国家出现紧急状态或者非常情况时,为公共利益目的首次公开的;(二)在中国政府主办或者承认的国际展览会上首次展出的;(三)在规定的学术会议或者技术会议上首次发表的;(四)他人未经申请人同意而泄露其内容的。"

〔4〕 对应《专利法实施细则》(2023年修订)第33条第1款和第2款:"I.专利法第二十四条第(二)项所称中国政府承认的国际展览会,是指国际展览会公约规定的在国际展览局注册或者由其认可的国际展览会。II.专利法第二十四条第(三)项所称学术会议或者技术会议,是指国务院有关主管部门或者全国性学术团体组织召开的学术会议或者技术会议,以及国务院有关主管部门认可的由国际组织召开的学术会议或者技术会议。"

〔5〕 对应《专利法》(2020年修正)第22条第3款:"创造性,是指与现有技术相比,该发明具有突出的实质性特点和显著的进步,该实用新型具有实质性特点和进步。"

〔6〕 对应《专利法》(2020年修正)第5条:"I.对违反法律、社会公德或者妨害公共利益的发明创造,不授予专利权。II.对违反法律、行政法规的规定获取或者利用遗传资源,并依赖该遗传资源完成的发明创造,不授予专利权。"

三、发明专利权的授予程序

专利权授予程序，属于行政法上的程序。对该程序的讨论，应当让诸行政法学。然而，为便利读者对该程序有概括了解起见，本书特超出民法的论域，勾勒其要点。

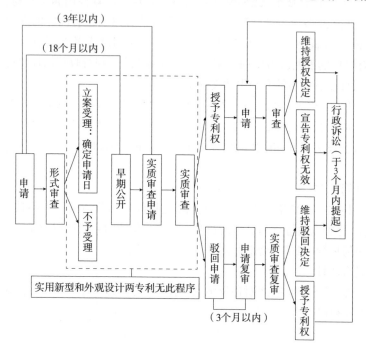

(一)立案(形式审查)

即对提起专利权授予程序的申请的审查。通过审查即予立案。充分申请要件的日历日依法即为申请日，并核给"申请号"，亦即申请顺序编号。申请日与申请号是认定新颖性的时间基准和确定公布日的时间基准。

(二)实质审查

即对专利要件是否被申请人举证的事实所充分的审查。易言之，是对专利三性要件是否被充分的审查。

我国《专利法》对实质审查采行迟延审查制，须经申请人特别提起方进行实质审查。[1] 迟延审查的制度功能是减轻专利有关审查的压力，降低审查成本。

实质审查完成后，应作出授予专利权或者驳回申请的决定。该决定是得申请复

---

〔1〕《专利法》第35条："I.发明专利申请自申请日起三年内，国务院专利行政部门可以根据申请人随时提出的请求，对其申请进行实质审查；申请人无正当理由逾期不请求实质审查的，该申请即被视为撤回。II.国务院专利行政部门认为必要的时候，可以自行对发明专利申请进行实质审查。"

审的决定。

(三)复审

复审是应不服驳回专利申请决定人的申请而对驳回决定的再审查。在性质上为实质审查的"上诉"审。[1] 依复审结论,分别作出维持授权或者撤销授权决定。复审决定为得起诉的行政决定。

(四)宣告专利权无效

宣告专利权无效是主张授予的专利权不能充分法律要件而求消灭该专利权的程序。《专利法》第45条规定:"自国务院专利行政部门公告授予专利权之日起,任何单位或者个人认为该专利权的授予不符合本法有关规定的,可以请求专利复审委员会宣告该专利权无效。"[2] 对宣告专利权无效的申请,须依法审查,并依审查结论作出宣告专利权无效或者驳回申请的决定。依《专利法》第47条第1款:"宣告无效的专利权视为自始即不存在。"[3] 该决定是得诉决定。[4]

(五)对专利审查授予程序的行政诉讼

指在专利要件审查和专利权授予程序中因不服专利复审委员会决定所提起的行政诉讼。[5] 该诉的起诉期间为三个月,自复审决定书送达之日起算。

〔1〕《专利法》第41条第1款:"国务院专利行政部门设立专利复审委员会。专利申请人对国务院专利行政部门驳回申请的决定不服的,可以自收到通知之日起三个月内,向专利复审委员会请求复审。专利复审委员会复审后,作出决定,并通知专利申请人。"[对应《专利法》(2020年修正)第41条:"Ⅰ.专利申请人对国务院专利行政部门驳回申请的决定不服的,可以自收到通知之日起三个月内向国务院专利行政部门请求复审。国务院专利行政部门复审后,作出决定,并通知专利申请人。Ⅱ.专利申请人对国务院专利行政部门的复审决定不服的,可以自收到通知之日起三个月内向人民法院起诉。"]

〔2〕 对应《专利法》(2020年修正)第45条:"自国务院专利行政部门公告授予专利权之日起,任何单位或者个人认为该专利权的授予不符合本法有关规定的,可以请求国务院专利行政部门宣告该专利权无效。"

〔3〕 现为《专利法》(2020年修正)第47条第1款。

〔4〕《专利法》第46条第2款:"对专利复审委员会宣告专利权无效或者维持专利权的决定不服的,可以自收到通知之日起三个月内向人民法院起诉。人民法院应当通知无效宣告请求程序的对方当事人作为第三人参加诉讼。"[对应《专利法》(2020年修正)第46条第2款:"对国务院专利行政部门宣告专利权无效或者维持专利权的决定不服的,可以自收到通知之日起三个月内向人民法院起诉。人民法院应当通知无效宣告请求程序的对方当事人作为第三人参加诉讼。"]

〔5〕《专利法》第41条:"Ⅰ.国务院专利行政部门设立专利复审委员会。专利申请人对国务院专利行政部门驳回申请的决定不服的,可以自收到通知之日起三个月内,向专利复审委员会请求复审。专利复审委员会复审后,作出决定,并通知专利申请人。Ⅱ.专利申请人对专利复审委员会的复审决定不服的,可以自收到通知之日起三个月内向人民法院起诉。"《专利法》第46条第2款:"对专利复审委员会宣告专利权无效或者维持专利权的决定不服的,可以自收到通知之日起三个月内向人民法院起诉。……"[对应《专利法》(2020年修正)第41条和第46条第2款。《专利法》(2020年修正)第41条:"Ⅰ.专利申请人对国务院专利行政部门驳回申请的决定不服的,可以自收到通知之日起三个月内向国务院专利行政部门请求复审。国务院专利行政部门复审后,作出决定,并通知专利申请人。Ⅱ.专利申请人对国务院专利行政部门的复审决定不服的,可以自收到通知之日起三个月内向人民法院起诉。"《专利法》(2020年修正)第46条第2款:"对国务院专利行政部门宣告专利权无效或者维持专利权的决定不服的,可以自收到通知之日起三个月内向人民法院起诉。人民法院应当通知无效宣告请求程序的对方当事人作为第三人参加诉讼。"]

我们再次指出，以上有关专利权授予程序的说明，本属行政法的内容，而不属民法范畴，此点务应分清。

四、发明专利权的内容

(一) 实施权

即对专利产品予以制造或者专利方法付诸实施的权利。此项权利可经由反向解释《专利法》第11条第1款得出。[1]

(二) 对专利产品的支配权

1.专利产品

专利产品指产品发明专利所体现的产品和方法发明专利被实施直接得出的产品。

2.对专利产品的使用权

对专利产品的使用权，即对专利产品的专有性使用权。此项使用权因专利产品的销售而"耗尽"。[2]申言之，对出让而移转于他人占有的专利产品，专利权人的使用权便告耗尽。

3.对专利产品的销售权

对专利产品的销售权，指专利权人在中国境内销售专利产品的垄断性权利。该权利不包括出口权，因为专利权人如在出口对象国有同一主题的专利权，那么当然在该国享有进口权，而非在我国享有出口权。相反，如在该国并无同一主题的专利权，则即使向该国出口受中国专利法保护的专利产品，也不能在该国取得专利权，同时也无从禁止第三人向该国出口该产品。

此项权利因专利产品的销售而"耗尽"。[3]申言之，对出让而移转于他人占有的专利产品，专利权人的销售权便告耗尽。

4.对专利产品的许诺销售权

许诺销售权(offering for sale)，指专利权人在中国境内为销售专利产品而实施售前推销或促销行为的垄断性权利。

---

[1] 现为《专利法》(2020年修正)第11条第1款。

[2] 《专利法》第63条第1款："有下列情形之一的，不视为侵犯专利权：(一)专利权人制造、进口或者经专利权人许可而制造、进口的专利产品或者依照专利方法直接获得的产品售出后，使用、许诺销售或者销售该产品的；……"［对应《专利法》(2020年修正)第75条第1项："有下列情形之一的，不视为侵犯专利权：(一)专利产品或者依照专利方法直接获得的产品，由专利权人或者经其许可的单位、个人售出后，使用、许诺销售、销售、进口该产品的；……"］

[3] 同上注。

5.对专利产品的进口权

对专利产品的进口权,指中国专利权人在境外实施其专利而向中国境内进口该专利产品的垄断性权利。

这是禁止非专利权人将其在中国境外实施该专利所得的专利产品向中国进口以及销售的权利。

(三)法律上的处分权

法律上的处分权,即对专利权转让、作为投资以及许可他人实施的权利。在专利权中,事实上的处分权是可以忽略不计的。

(四)收益权

收益权,即收取因处分所得法定孳息的权利。

五、发明专利权的限制

专利权受到合理使用和强制许可两方面的限制。

(一)合理使用

1.依"先用权"使用

即在专利申请日前已经或者已有条件制造与专利产品相同的产品或者使用与专利方法相同的方法,在专利权授予后可依原有规模继续制造该产品的权利。[1]

2.在临时过境运输工具上使用

指在临时通过中国领陆、领水、领空的外国运输工具,依照其所属国同中国签订的协议或者共同参加的国际条约,或者依照互惠原则,为运输工具自身需要而在其装置和设备中使用有关专利。[2]

3.科研使用

指为科学研究目的使用专利。[3]

---

[1]《专利法》第63条第1款:"有下列情形之一的,不视为侵犯专利权:……(二)在专利申请日前已经制造相同产品、使用相同方法或者已经作好制造、使用的必要准备,并且仅在原有范围内继续制造、使用的;……"[现为《专利法》(2020年修正)第75条第2项。]

[2]《专利法》第63条第1款:"有下列情形之一的,不视为侵犯专利权:……(三)临时通过中国领陆、领水、领空的外国运输工具,依照其所属国同中国签订的协议或者共同参加的国际条约,或者依照互惠原则,为运输工具自身需要而在其装置和设备中使用有关专利的;……"[现为《专利法》(2020年修正)第75条第3项。]

[3]《专利法》第63条第1款:"有下列情形之一的,不视为侵犯专利权:……(四)专为科学研究和实验而使用有关专利的。"[现为《专利法》(2020年修正)第75条第4项。]

(二)强制许可

1.意义

指政府因应不能获得专利使用许可人之请而向该人发布的非独占性实施权的专利强制许可。使用权的范围和期间依强制许可的命令决定。

2.类型

1)合理条件型强制许可

即对具备实施条件却不获专利许可的人给予的专利强制许可。《专利法》第48条规定："具备实施条件的单位以合理的条件请求发明或者实用新型专利权人许可实施其专利，而未能在合理长的时间内获得这种许可时，国务院专利行政部门根据该单位的申请，可以给予实施该发明专利或者实用新型专利的强制许可。"[1]

2)公共利益型强制许可

即在紧急状态下为公共利益实施专利的强制许可。《专利法》第49条规定："在国家出现紧急状态或者非常情况时，或者为了公共利益的目的，国务院专利行政部门可以给予实施发明专利或者实用新型专利的强制许可。"[2]

3)依存专利型强制许可

即对依存型专利权人不获基础专利权人许可而发布的专利强制许可。《专利法》第50条规定："Ⅰ.一项取得专利权的发明或者实用新型比前已经取得专利权的发明或者实用新型具有显著经济意义的重大技术进步，其实施又有赖于前一发明或者实用新型的实施的，国务院专利行政部门根据后一专利权人的申请，可以给予实施前一发明或者实用新型的强制许可。Ⅱ.在依照前款规定给予实施强制许可的情形下，国务院专利行政部门根据前一专利权人的申请，也可以给予实施后一发明或者实用新型的强制许可。"[3]

六、专利权的取得

(一)概说

专利权因技术发明和设计充分法律要件而取得。专利权归属于专利技术开发人，然而，在职务发明创造，技术开发人为职务提供人。

---

〔1〕 对应《专利法》(2020年修正)第53条："有下列情形之一的，国务院专利行政部门根据具备实施条件的单位或者个人的申请，可以给予实施发明专利或者实用新型专利的强制许可：(一)专利权人自专利权被授予之日起满三年，且自提出专利申请之日起满四年，无正当理由未实施或者未充分实施其专利的；(二)专利权人行使专利权的行为被依法认定为垄断行为，为消除或者减少该行为对竞争产生的不利影响的。"

〔2〕 现为《专利法》(2020年修正)第54条。

〔3〕 现为《专利法》(2020年修正)第56条。

(二)职务发明创造的专利权归属

1.职务发明创造

职务发明创造,指履行劳动职务并且主要是利用职务提供人的物质技术条件所完成的发明创造。其要件是:

1)须履行职务

关于履行职务,依《专利法实施细则》第10条第1款,[1]包括:

(1)在本职工作中作出的发明创造;

(2)履行本单位交付的本职工作之外的任务所作出的发明创造;

(3)退职、退休或者调动工作后一年内作出的,与其在原单位承担的本职工作或者原单位分配的任务有关的发明创造。

2)须主要利用职务提供人的物质技术条件

职务发明创造,不仅须履行职务,而且尚须主要利用职务提供人的物质技术条件。关于物质技术条件,依《专利法实施细则》第10条第2款的解释,指职务提供者提供的"资金、设备、零部件、原材料或者不对外公开的技术资料等"。[2]

2.职务发明创造的专利权归属

职务发明创造,其专利权归属于职务提供人。《专利法》第6条第1款规定:"执行本单位的任务或者主要是利用本单位的物质技术条件所完成的发明创造为职务发明创造。职务发明创造申请专利的权利属于该单位;申请被批准后,该单位为专利权人。"[3]

(三)利用本单位物质技术条件作出的非职务发明创造的专利权归属

利用本单位的物质条件作出而不构成职务发明创造的技术成果,其专利权归属由当事人约定。《专利法》第6条第3款规定:"利用本单位的物质技术条件所完成

---

〔1〕《专利法实施细则》第10条第1款:"专利法第六条所称执行本单位的任务所完成的职务发明创造是指:(一)在本职工作中作出的发明创造;(二)履行本单位交付的本职工作之外的任务所作出的发明创造;(三)退职、退休或者调动工作后一年内作出的,与其在原单位承担的本职工作或者原单位分配的任务有关的发明创造。"[对应《专利法实施细则》(2023年修订)第13条第1款:"专利法第六条所称执行本单位的任务所完成的职务发明创造,是指:(一)在本职工作中作出的发明创造;(二)履行本单位交付的本职工作之外的任务所作出的发明创造;(三)退休、调离原单位后或者劳动、人事关系终止后1年内作出的,与其在原单位承担的本职工作或者原单位分配的任务有关的发明创造。"]

〔2〕对应《专利法实施细则》(2023年修订)第13条第2款:"专利法第六条所称本单位,包括临时工作单位;专利法第六条所称本单位的物质技术条件,是指本单位的资金、设备、零部件、原材料或者不对外公开的技术信息和资料等。"

〔3〕对应《专利法》(2020年修正)第6条第1款:"执行本单位的任务或者主要是利用本单位的物质技术条件所完成的发明创造为职务发明创造。职务发明创造申请专利的权利属于该单位,申请被批准后,该单位为专利权人。该单位可以依法处置其职务发明创造申请专利的权利和专利权,促进相关发明创造的实施和运用。"

的发明创造,单位与发明人或者设计人订有合同,对申请专利的权利和专利权的归属作出约定的,从其约定。"[1]

(四)共同开发以及委托开发发明创造的专利权归属

合作开发和委托开发技术和设计的专利申请权以及专利权的归属,得由当事人约定。倘无约定,则归实际作出开发的一方。[2]

七、对专利权的保护

(一)侵害专利产品使用权和销售权赔偿责任的故意要件

侵害专利权中对专利产品的使用权以及销售权,其赔偿责任均以故意为要件。《专利法》第63条第2款规定:"为生产经营目的使用或者销售不知道是未经专利权人许可而制造并售出的专利产品或者依照专利方法直接获得的产品,能证明其产品合法来源的,不承担赔偿责任。"[3]

(二)方法发明专利侵权的举证责任倒置

《专利法》第57条第2款规定:"专利侵权纠纷涉及新产品制造方法的发明专利的,制造同样产品的单位或者个人应当提供其产品制造方法不同于专利方法的证明;涉及实用新型专利的,人民法院或者管理专利工作的部门可以要求专利权人出具由国务院专利行政部门作出的检索报告。"[4]此即方法发明专利侵权的举证责任倒置。

---

〔1〕 现为《专利法》(2020年修正)第6条第3款。

〔2〕《专利法》第8条:"两个以上单位或者个人合作完成的发明创造、一个单位或者个人接受其他单位或者个人委托所完成的发明创造,除另有协议的以外,申请专利的权利属于完成或者共同完成的单位或者个人;申请被批准后,申请的单位或者个人为专利权人。"[现为《专利法》(2020年修正)第8条。]

〔3〕 对应《专利法》(2020年修正)第77条:"为生产经营目的的使用、许诺销售或者销售不知道是未经专利权人许可而制造并售出的专利侵权产品,能证明该产品合法来源的,不承担赔偿责任。"

〔4〕 对应《专利法》(2020年修正)第66条:"I.专利侵权纠纷涉及新产品制造方法的发明专利的,制造同样产品的单位或者个人应当提供其产品制造方法不同于专利方法的证明。II.专利侵权纠纷涉及实用新型专利或者外观设计专利的,人民法院或者管理专利工作的部门可以要求专利权人或者利害关系人出具由国务院专利行政部门对相关实用新型或者外观设计进行检索、分析和评价后作出的专利权评价报告,作为审理、处理专利侵权纠纷的证据;专利权人、利害关系人或者被控侵权人也可以主动出具专利权评价报告。"

第三节　实用新型和外观设计专利权

一、实用新型专利权

(一)实用新型专利的法律要件

1.须属产品形状、构造或其结合的设计

实用新型专利,是以产品为对象的专利。此点与产品发明专利相同。但是,产品发明专利须体现为新产品,而实用新型专利却是对既有产品的形状、构造或其结合的设计,而不是新产品。

2.须具实用性

此要件同于发明专利。

3.须具新颖性

此要件同于发明专利。

4.须具创造性

实用新型专利的创造性,指新设计具有实质性特点和进步。在此一要件上,实用新型作为小发明的特点充分体现出来,其"发明高度"较低。对发明专利,其创造性是具有突出的实质性特点和显著的进步,而在实用新型,则其"实质性特点"无须"突出","进步"亦无须"显著"。

5.须具合法性

此要件同于发明专利。

(二)实用新型专利权授予

实用新型专利权授予与发明专利不同,无实质审查程序。在形式审查通过之后,即直接授予专利权并予公告。其他程序则与发明专利相同。此外,复审以及对复审的诉讼程序,亦与发明专利同。

(三)实用新型专利权的内容

实用新型专利权的内容以及限制,均与发明专利相同。故不赘述。

二、外观设计专利权

(一)外观设计专利的法律要件

1.须属对于产品形状、图案、色彩或其结合的设计

1）须属对特定产品的设计

设计是与产品结合在一起的。如果不与特定产品相结合，便不复成为外观设计，而是美术作品了。

2）须属对特定产品形状、图案、色彩或其结合的设计

设计仅止于产品的外观，而不及于其内在结构，不涉及产品的实用功能。如果及于产品的内在结构，并且涉及产品的实用功能，便不复为工业品的外观设计，而可能为实用新型了。

2.须增加产品的美感

该设计须使产品增加美感，此系从产品功能的角度定义的，而不是从作品的角度定义的。

3.须与现有外观设计不相同或者不相近似

依《专利法》第23条，指同申请日以前在国内外出版物上公开发表过或者国内公开使用过的外观设计不相同和不相近似，并不得与他人在先取得的合法权利相冲突。[1]须注意的是，这里未使用"新颖性"的提法。

（二）外观设计专利权的授予

外观设计专利权的授予程序，与实用新型专利完全相同。

（三）外观设计专利权的内容

外观设计专利权的内容以及限制，均与发明专利相同。故不赘述。

思考题：

1.专利的主题是什么？试述你的理解。

2.专利发明的法律要件如何？

3.发明专利权的内容如何？

4.实用新型和外观设计专利有何异同？

---

〔1〕 对应《专利法》（2020年修正）第23条："I.授予专利权的外观设计，应当不属于现有设计；也没有任何单位或者个人就同样的外观设计在申请日以前向国务院专利行政部门提出过申请，并记载在申请日以后公告的专利文件中。II.授予专利权的外观设计与现有设计或者现有设计特征的组合相比，应当具有明显区别。III.授予专利权的外观设计不得与他人在申请日以前已经取得的合法权利相冲突。IV.本法所称现有设计，是指申请日以前在国内外为公众所知的设计。"

第十六章　商标权论

　　内容提要　商标权是知识产权的重要类型。学习本章,重点在理解商标制度的主题,特别是与专利及著作权两制度在主题上的不同。另外,须掌握商标的法律要件,以及商标权的内容。

第一节　概说

一、商标的主题

　　商标的主题,是市场竞争者经由商标折射的主体性信号。商事标记的主题,均为市场竞争者的标记表彰用信号。不过,商号为直接信号,商标则须经由所提供的商号或者服务来折射地标表,因而是间接型主体信号。

　　商标制度的主题是商标。商标制度,通过商标权,保护竞争者对商品营销服务中的企业家型智慧投入。此一投入,是企业家精神的表现。所谓企业家精神,是由发现市场的睿见、勇担风险的情商以及开拓市场的能力等心理质素构成的。企业家智慧是稀缺度极高的资源。然而,此一企业家型智慧投入,民法的物权、债权、著作权以及专利权均难以保护。人类经过长时间的归纳,终于发现了商标权制度所蕴含的保护企业家智慧投入的功能。商标虽然只是商品在市场竞争中的区别用标记,法律肯认商标权,并非缘于商标使用人或者注册人创作了商标这一造型作品,也非基于选择特定商标属于智慧决策,而仅仅由于通过商标,其使用人在市场开发中的企业家投入有了"容器",得以被收存起来。商标所区别的不仅是商品,而且是商品的营销,是营销者的市场吸引力,商标巧妙地保护了企业家的市场投入。如果说专利制度保护的是工程师的智慧成果,那么商标所保护的则是企业家的智慧成果。

二、商标的意义

(一)定义

　　商标是附丽于商品或者服务、以表彰其同源关系、由伴有或者不伴有色彩的文字或者图形构成的区别性市场标记。

(二)对定义的说明

1.商标是市场标记

商标是为商品(或者服务)的市场营销服务的,是商品(或者服务)的市场标记,亦即表彰自己以区别于同类竞争者的符号。商品(或者服务)之所以需要有其标记,也正是因为要在市场上流通和竞争。

2.商标是由伴有或者不伴有色彩的文字或者图形构成的标记

商标通常是视觉标记。我国《商标法》目前只肯认二维视觉商标。二维视觉标记以文字、二维图形和色彩为要素。商标这种以消费者识别为基本诉求的标记,文字为其核心。这不仅是因为,任何人所书写的文字总以其个性化图形的样式存在,从而其本身便具有特殊性;而且因为,文字可以成为所构成商标的名称,从而便于人们称谓,称谓强化了区别。相反,如果商标只由伴有或者不伴有色彩的图形构成,则称谓将不方便。

与商标相邻的标记如商号、原产地名称和产地标记也属市场标记,然而在构成要素上与商标不同。它们均仅以文字为要素,而不及于图形和色彩。

3.商标是附丽于商品(或者服务)的标记

商标之受保护,须以附丽于特定商品(或者服务)为要素。此系商标作为商品的区别标记的本质所规定的,因而与作品不同。就同样的图形而言,如果作为作品,是无须附丽于特定商品(或者服务)的,而作为商标,则须附丽。另外,商标与商号也不同,商号是市场竞争者直接表彰自己的主体资格的标记,而非通过商品(或者服务)的标记表彰,因而也无须附丽于商品(或者服务)。

4.商标是表彰所附商品(或者服务)同源关系的区别性标记

商标作为市场标记,是为了区别竞争性商品(或者服务)之用的,亦即使之与竞争性同类相区别,进而使购买者识别其提供人。商标制度保证附有同一商标的商品(或者服务)源于同一人,由该人对其品质、性能与价格比负责。此点使商标与外观设计专利不同,后者以增加工业品的美感为能事,而商标却仅在标记和表彰,与美感的增加无关。商标与商号、原产地名称和产地标记也不同,后者虽也表示同源关系,但却无从对同一来源的同一种商品的不同市场规格、型号和样式的商品加以区别。

(三)商标与专利及作品的区别

1.商标不是智慧产品

商标与专利以及作品的根本区别,在于专利和作品是智慧产品,而商标却不是。世界上无论采行注册主义抑或使用主义的商标制度,均不以商标须具创造性为要件。而且在商标受保护伊始,通常亦无市场价值可言。

2.商标不是思想的表现

就作为视觉信号体系而言，商标与二维美作品相同。然而作品旨在表现思想或者情感，以激起审美体验，商标却不然，仅以表彰所附商品(或者服务)的同源关系为能事。

3.商标无实用性可言

在实务上，人们将专利权与商标权合称为"工业产权"。然而，二者却一属技术，一属竞争用标记。专利以实用性为要素，商标则不知实用性为何物。

三、商标的类型

(一)商品商标与服务商标

商标依其所附丽对象为标准，划分为商品商标与服务商标。附丽于商品的商标是商品商标，与此对应，附丽于服务的商标则是服务商标。

(二)生产商标与销售商标

商标依其使用人为标准，划分为生产商标与销售商标。由商品生产者使用的商标，是生产商标。相反，由商品销售者使用的商标，则为销售商标。

(三)证明商标、集体商标

1.证明商标

证明商标是由商品品质监督组织控制而用供经其核准的品质达标的商品使用以证明其具有应有品质的商标。[1]

---

[1]《集体商标、证明商标注册和管理办法》第2条第2款："证明商标是指由对某种商品或者服务具有检测和监督能力的组织所控制，而由其以外的人使用在商品或服务上，用以证明该商品或服务的原产地、原料、制造方法、质量、精确度或其他特定品质的商品商标或服务商标。"［对应《商标法》(2019年修正)第3条第3款："本法所称证明商标，是指由对某种商品或者服务具有监督能力的组织所控制，而由该组织以外的单位或者个人使用于其商品或者服务，用以证明该商品或者服务的原产地、原料、制造方法、质量或者其他特定品质的标志。"《集体商标、证明商标注册和管理办法》(2003年修订)中该条已被删除。]第8条："凡符合证明商标使用管理规则规定条件的，在履行注册人所规定的手续后，可以使用该证明商标。当事人提供的商品或者服务符合证明商标规定条件的，注册人不得拒绝其使用。"［对应《集体商标、证明商标注册和管理办法》(2003年修订)第18条第1款："凡符合证明商标使用管理规则规定条件的，在履行该证明商标使用管理规则规定的手续后，可以使用该证明商标，注册人不得拒绝办理手续。"]第10条："证明商标注册人应当在与他人办理该证明商标使用手续后一个月内，将使用人的名称、地址、使用商品或者服务等内容，报商标局备案，由商标局予以公告。"［对应《集体商标、证明商标注册和管理办法》(2003年修订)第15条："证明商标注册人准许他人使用其商标的，注册人应当在一年内报商标局备案，由商标局公告。"]第11条："证明商标的注册人不得在自己提供的商品或者服务上使用该证明商标。"［对应《集体商标、证明商标注册和管理办法》(2003年修订)第20条："证明商标的注册人不得在自己提供的商品上使用该证明商标。"]如果允许该组织自己使用，即令该组织丧失为品质管理的中立性。

2.集体商标

集体商标是由商品生产者、经营者以及服务提供者等组成的团体享有商标权而供其成员使用的商标。[1]

(四)驰名商标

驰名商标是因使用而在商标区域内广为人知的非注册商标。[2]

驰名商标须以注册主义体制为前提。而在该体制下，又须以未注册商标为要件。因其驰名而当然获得区别效力，而可阻止他人以相同或者近似的商标在同一或者近似的商品上注册。如属注册商标，则因注册而获得上述效力，而无须驰名商标的特别保护。然而，我国政府近年开始认定已注册商标为驰名商标，那是为该商标在域外获得特别保护创造条件，亦即在域外阻止被他人竞争性抢先注册，或者用作商号。

(五)注册商标与未注册商标

在注册主义商标制度下，商标依其是否注册而区分为注册商标和非注册商标。凡依法注册在案的商标，为注册商标；未注册而使用中的商标，则为非注册商标。非注册商标亦有商标权，但是除非已成为驰名商标，否则无从阻止他人以相同或者近似的商标在同一或者近似的商品上注册。

四、商标法

(一)世界上的商标法

商标的起源很早。在古代，西班牙人在家畜身体上烙印，可以认为是其滥觞。到十二三世纪，西欧城市的行会已注意使用商标来管理生产和销售，工匠个人使用

---

〔1〕《集体商标、证明商标注册和管理办法》第2条第1款："集体商标是指由工商业团体、协会或其他集体组织的成员所使用的商品商标或服务商标，用以表明商品的经营者或服务的提供者属于同一组织。"〔对应《商标法》(2019年修正)第3条第2款："本法所称集体商标，是指以团体、协会或者其他组织名义注册，供该组织成员在商事活动中使用，以表明使用者在该组织中的成员资格的标志。"《集体商标、证明商标注册和管理办法》(2003年修订)中该条已被删除。〕第7条："Ⅰ.凡集体商标注册人所属成员，均可使用该集体商标，但须按该集体商标的使用管理规则履行必要的手续。Ⅱ.集体商标不得许可非集体成员使用。"〔对应《集体商标、证明商标注册和管理办法》(2003年修订)第17条："Ⅰ.集体商标注册人的集体成员，在履行该集体商标使用管理规则规定的手续后，可以使用该集体商标。Ⅱ.集体商标不得许可非集体成员使用。"〕第12条第2款："集体商标不得转让。"〔对应《集体商标、证明商标注册和管理办法》(2003年修订)第16条："Ⅰ.申请转让集体商标、证明商标的，受让人应当具备相应的主体资格，并符合商标法、实施条例和本办法的规定。Ⅱ.集体商标、证明商标发生移转的，权利继受人应当具备相应的主体资格，并符合商标法、实施条例和本办法的规定。"集体商标不得转让的规定已被修改。〕

〔2〕《驰名商标认定和管理暂行规定》第2条有其行政法规上的定义："本规定中的驰名商标是指在市场上享有较高声誉并为相关公众所熟知的注册商标。"〔对应《驰名商标认定和保护规定》(2014年修订)第2条第1款："驰名商标是在中国为相关公众所熟知的商标。"〕

商标的情形变得普遍起来。我国已出土了南北朝时代的陶器上的工匠署名标记。《唐书》和《唐律疏义》中已有"物勒工名"的记载。北宋留下了济南刘家功夫针铺所使用的"白兔"商标的实物。法国于1803年立有《关于工厂、制造场和作坊的法律》，将假冒商标定为伪造文件罪，是世界上最早的成文商标规范。1857年又制定了《工业、商业和服务业商标法》。英国也于1857年制定了商标法。

（二）中国商标法的基本原则

1.注册要件原则

注册要件原则，是商标权以注册为取得要件的原则。我国《商标法》采行此一原则。

2.自愿注册原则

自愿注册原则，是允许商品使用人依其意思选择注册商标或者非注册商标的原则。我国《商标法》采行此一原则，除烟草制品和人用药品须使用注册商标[1]外，其他商品均可使用注册商标或者非注册商标。

3.申请在先原则

申请在先原则，是关于相同或者相近商标注册申请仅对申请在先者予以注册的原则。[2]

---

〔1〕《商标法》第5条："国家规定必须使用注册商标的商品，必须申请商标注册，未经核准注册的，不得在市场上销售。"［对应《商标法》(2019年修正)第6条："法律、行政法规规定必须使用注册商标的商品，必须申请商标注册，未经核准注册的，不得在市场销售。"］《商标法实施细则》第7条第1款："国家规定并由国家工商行政管理局公布的人用药品和烟草制品，必须使用注册商标。"［对应《商标法》(2019年修正)第6条："法律、行政法规规定必须使用注册商标的商品，必须申请商标注册，未经核准注册的，不得在市场销售。"］当前，烟草制品仍存在要求使用注册商标的规定，但药品已不存在相关规定。《烟草专卖法》(2015年修正)第19条："卷烟、雪茄烟和有包装的烟丝必须申请商标注册，未经核准注册的，不得生产、销售。"《药品管理法》(1984年，现已失效)第41条："除中药材、中药饮片外，药品必须使用注册商标；未经核准注册的，不得在市场销售。"但2001年《药品管理法》的修订删去了1984年《药品管理法》第41条关于药品强制注册商标的规定。］

〔2〕《商标法》第18条："两个或者两个以上的申请人，在同一种商品或者类似商品上，以相同或者近似的商标申请注册的，初步审定并公告申请在先的商标；同一天申请的，初步审定并公告使用在先的商标，驳回其他人的申请，不予公告。"［现为《商标法》(2019年修正)第31条。］《商标法实施细则》第12条："Ⅰ.商标注册的申请日期，以商标局收到申请书件的日期为准。申请手续齐备并按照规定填写申请书件的，编定申请号，发给《受理通知书》；申请手续不齐备或者未按照规定填写申请书件的，予以退回，申请日期不予保留。Ⅱ.申请手续基本齐备或者申请书件基本符合规定，但是需要补正的，商标局通知申请人予以补正，限其在收到通知之日起十五天内，按指定内容补正并交回商标局。限期内补正并交回商标局的，保留申请日期；未作补正或者超过期限补正的，予以退回，申请日期不予保留。"［对应《商标法实施条例》(2014年修订)第18条："Ⅰ.商标注册的申请日期以商标局收到申请文件的日期为准。Ⅱ.商标注册申请手续齐备、按照规定填写申请文件并缴纳费用的，商标局予以受理并书面通知申请人；申请手续不齐备、未按照规定填写申请文件或者未缴纳费用的，商标局不予受理，书面通知申请人并说明理由。申请手续基本齐备或者申请文件基本符合规定，但是需要补正的，商标局通知申请人予以补正，限其自收到通知之日起30日内，按照指定内容补正并交回商标局。在规定期限内补正并交回商标局的，保留申请日期；期满未补正的或者不按照要求进行补正的，商标局不予受理并书面通知申请人。Ⅲ.本条第二款关于受理条件的规定适用于办理其他商标事宜。"］同"细则"第13条："两个或者两个以上的申请人，在同一种商品或者类似商品上，以相同或者近似的商标在同一天申请注册的，各申请人应当按照商标局的通知，在三十天内交送第一次使用该商标的日期的证明。同日使用或者均未使用的，各申请人应当进行协商，协商一致的，应当在三十天内将书面协议报

4.一标一权原则

一标一权原则，是一项商标权须以一件特定商标为对象的原则，而类似于物权法上的一物一权原则。[1]

第二节　商标的法律要件

依我国《商标法》的规定，商标的法律要件有六，划分为三个方面，即"积极要件""消极要件"和"使用性要件"。

一、注册商标的法律要件

（一）积极要件

1.须由伴有或者不伴有色彩的文字和图形构成

商标作为视觉标记，由感官的性质所规定，便只能由可视的伴有或者不伴有色彩的文字和图形构成。鉴于商标的市场区别功能，特别是消费者"认牌购物"的识别和称谓上的需要，又应以文字为其核心，从而既可仅由文字构成，亦可以文字为主而配有图形，或者更对二者配以色彩。

2.须附丽于特定商品(或者服务)

商标是为区别商品(或者服务)之用的，故而须附丽于特定商品(或者服务)。所

(接前注)送商标局；超过三十天达不成协议的，在商标局主持下，由申请人抽签决定，或者由商标局裁定。"［对应《商标法实施条例》(2014年修订)第19条："两个或者两个以上的申请人，在同一种商品或者类似商品上，分别以相同或者近似的商标在同一天申请注册的，各申请人应当自收到商标局通知之日起30日内提交其申请注册前在先使用该商标的证据。同日使用或者均未使用的，各申请人可以自收到商标局通知之日起30日内自行协商，并将书面协议报送商标局；不愿协商或者协商不成的，商标局通知各申请人以抽签的方式确定一个申请人，驳回其他人的注册申请。商标局已经通知但申请人未参加抽签的，视为放弃申请，商标局应当书面通知未参加抽签的申请人。"］

〔1〕《商标法》第11条："申请商标注册的，应当按规定的商品分类表填报使用商标的商品类别和商品名称。"［对应《商标法》(2019年修正)第22条第1款："商标注册申请人应当按规定的商品分类表填报使用商标的商品类别和商品名称，提出注册申请。"］第12条："同一申请人在不同类别的商品上使用同一商标的，应当按商品分类表提出注册申请。"［对应《商标法》(2019年修正)第22条第2款："商标注册申请人可以通过一份申请就多个类别的商品申请注册同一商标。"］第13条："注册商标需要在同一类的其他商品上使用的，应当另行提出注册申请。"［对应《商标法》(2019年修正)第23条："注册商标需要在核定使用范围之外的商品上取得商标专用权的，应当另行提出注册申请。"］《商标法实施细则》第9条第1款："申请商标注册，应当依照公布的商品分类表按类申请。每一个商标注册申请应当向商标局交送《商标注册申请书》一份、商标图样十份(指定颜色的彩色商标，应交送着色图样十份)、黑白墨稿一份。"［对应《商标法实施条例》(2014年修订)第13条第1款："申请商标注册，应当按照公布的商品和服务分类表填报。每一件商标注册申请应当向商标局提交《商标注册申请书》1份、商标图样1份；以颜色组合或者着色图样申请商标注册的，应当提交着色图样，并提交黑白稿1份；不指定颜色的，应当提交黑白图样。"］

谓附丽,即在商标权设定行为中指定使用于特定商品(或者服务)以及商标权人实际将其商标使用于所指定的商品(或者服务)之上。依《商标法》第30条,"连续三年停止使用"是构成丧失商标权的条件之一,[1]商标须附丽于特定商品(或者服务)的要件,使之与美术作品相区别,后者无须附丽要件。

3.须具显著区别性

1)显著区别性的含义

显著区别性,指商标以附丽于特定商品(或者服务)为限而与同一商标区内一切受保护的商标明显相区别的性质。

显著区别性具体指:(1)与同类商品(或者服务)的受保护商标不相同;(2)与同类商品(或者服务)的受保护商标不近似;(3)与相近类型商品(或者服务)的受保护商标不相同;(4)与相近类型商品(或者服务)的受保护商标不近似。

特定商标是否具有显著区别性,以申请日已注册商标以及驰名商标为比较标准。但是,在申请日之前一年内被撤销的商标,仍属现有注册商标。但因不使用而被依法撤销注册的商标,不在此限。[2]但是,如果在同一申请日有两个以上的人就相同或相近似的商标申请注册,则须以"使用日"为判断显著性的时间标准。倘使用日无从认定或者均未付诸使用者,则需抽签决定或者由商标局裁定。[3]认定显著区

〔1〕 对应《商标法》(2019年修正)第49条第2款:"注册商标成为其核定使用的商品的通用名称或者没有正当理由连续三年不使用的,任何单位或者个人可以向商标局申请撤销该注册商标。商标局应当自收到申请之日起九个月内做出决定。有特殊情况需要延长的,经国务院工商行政管理部门批准,可以延长三个月。"

〔2〕《商标法》第32条规定:"注册商标被撤销的或者期满不再续展的,自撤销之日或者注销之日起一年内,商标局对与该商标相同或者近似的商标注册申请,不予核准。"［对应《商标法》(2019年修正)第50条:"注册商标被撤销、被宣告无效或者期满不再续展的,自撤销、宣告无效或者注销之日起一年内,商标局对与该商标相同或者近似的商标注册申请,不予核准。"］《商标法实施细则》第30条:"在同一种或者类似商品上申请注册与本实施细则第二十九条规定撤销的商标相同或者近似的商标,不受《商标法》第三十二条规定的限制。"［该条文已被删除。]

〔3〕《商标法实施细则》第12条:"Ⅰ.商标注册的申请日期,以商标局收到申请书件的日期为准。申请手续齐备并按照规定填写申请书件的,编定申请号,发给《受理通知书》;申请手续不齐备或者未按照规定填写申请书件的,予以退回,申请日期不予保留。Ⅱ.申请手续基本齐备或者申请书件基本符合规定,但是需要补正的,商标局通知申请人予以补正,限其在收到通知之日起十五天内,按指定内容补正并交回商标局。限期内补正并交回商标局的,保留申请日期;未作补正或者超过期限补正的,予以退回,申请日期不予保留。"［对应《商标法实施条例》(2014年修订)第18条:"Ⅰ.商标注册的申请日期以商标局收到申请文件的日期为准。Ⅱ.商标注册申请手续齐备、按照规定填写申请文件并缴纳费用的,商标局予以受理并书面通知申请人;申请手续不齐备、未按照规定填写申请文件或者未缴纳费用的,商标局不予受理,书面通知申请人并说明理由。申请手续基本齐备或者申请文件基本符合规定,但是需要补正的,商标局通知申请人予以补正,限其自收到通知之日起30日内,按照指定内容补正并交回商标局。在规定期限内补正并交回商标局的,保留申请日期;期满未补正的或者不按照要求进行补正的,商标局不予受理并书面通知申请人。Ⅲ.本条第二款关于受理条件的规定适用于办理其他商标事宜。"］第13条:"两个或者两个以上的申请人,在同一种商品或者类似商品上,以相同或者近似的商标在同一天申请注册的,各申请人应当按照商标局的通知,在三十天内交送第一次使用该商标的日期的证明。同日使用或者均未使用的,各申请人应当进行协商,协商一致的,应当在三十天内将书面协议报送商标局;超过三十天达不成协议的,由商标局主持,由申请人抽签决定,或者由商标局裁定。"［对应《商标法实施条例》(2014年修订)第19条:"两个或者两个以上的申请人,在同一种商品或者类似商品上,分别以相同或者近似的商标在同一天申请注册的,各申请人应当自收到商标局通知之日起30日内提交其申请注册前在先使用该商标的证据。同日使用或者均未使用的,各申请人可以自收到商标局通知之日起30日内自行协商,并将书面协议报送商标局;不愿协商或者协商不成的,商标局通知各申请人以抽签的方式确定一个申请人,驳回其他人的注册申请。商标局已经通知但申请人未参加抽签的,视为放弃申请,商标局应当书面通知未参加抽签的申请人。"］

别性的有无，以普通消费者人群的识别能力为标准，而不以对商标显著性具有专门知识和经验的专家人群的识别能力为标准。

2）法定不具有区别性的情形

（1）名称式商标

名称式商标，是以所表述附丽商品（或者服务）通用名称的文字以及商品形象的造型摹写作为商标要素的商标。名称式商标当然不具有区别性。[1]

（2）叙述式商标

叙述式商标是以直接表述所附丽商品（或者服务）的用途、功能、原料、品质、重量、数量等方面的文字或者图形为要素的商标。此种商标也不具有区别性。[2]

3）显著区别性的丧失

商标所使用的文字在使用中被约定俗成地作为所附丽的商品（或者服务）的名称，从而变为"名称式商标"，即构成显著性丧失。

（二）消极要件

须文字及图形所表述的意义不违法抑且妥适。

1.须非诈欺

《商标法》第8条第1款规定："商标不得使用下列文字、图形：……（8）夸大宣传并带有欺骗性的；……"

2.须不违反公序良俗

《商标法》第8条规定："Ⅰ.商标不得使用下列文字、图形：（1）同中华人民共和国的国家名称、国旗、国徽、军旗、勋章相同或者近似的；（2）同外国的国家名称、国旗、国徽、军旗相同或者近似的；（3）同政府间国际组织的旗帜、徽记、名称相同或者近似的；（4）同'红十字'、'红新月'的标志、名称相同或者近似的；……（7）带有民族歧视性的；……（9）有害于社会主义道德风尚或者有其他不良影响。Ⅱ.县级以上行政区划的地名或者公众知晓的外国地名，不得作为商标，但是，地名具有其他含义的

---

〔1〕《商标法》第8条第1款："商标不得使用下列文字、图形：……（5）本商品的通用名称和图形；……"此即关于名称式商标不具有区别性的规定。[对应《商标法》（2019年修正）第11条第1款第1项和第2款："Ⅰ.下列标志不得作为商标注册：（一）仅有本商品的通用名称、图形、型号的；……Ⅱ.前款所列标志经过使用取得显著特征，并便于识别的，可以作为商标注册。"]

〔2〕《商标法》第8条第1款："商标不得使用下列文字、图形：……（6）直接表示商品的质量、主要原料、功能、用途、重量、数量及其他特点的；……"[对应《商标法》（2019年修正）第11条第1款第2项和第2款："Ⅰ.下列标志不得作为商标注册：……（二）仅直接表示商品的质量、主要原料、功能、用途、重量、数量及其他特点的；……Ⅱ.前款所列标志经过使用取得显著特征，并便于识别的，可以作为商标注册。"]即关于叙述式商标不具有区别性的规定。

除外；已经注册的使用地名的商标继续有效。"[1]

(三)使用性要件

须使用。

1.作为注册要件——须有使用意思

即指定使用于特定商品(或者服务)。

2.作为维持要件——须使用并且持续

使用的样态包括实际使用和广告使用。依《商标法实施细则》第29条,使用"包括将商标用于商品、商品包装或者容器以及商品交易文书上,或者将商标用于广告宣传、展览以及其他业务活动"。[2]

二、非注册商标的法律要件

非注册商标的法律要件,除无须注册之外,与注册商标的法律要件相同。

第三节　商标权

一、概说

由于我国《商标法》采行自愿注册原则,除强制注册的商品之外,当事人使用非注册商标,也享有商标权。此即非注册商标的商标权。与此相对应,基于注册商标则产生注册商标商标权。非注册商标权无排他效力,故第三人得使用与该商标相同或者近似的商标,从而导致生活中可能有两个以上的非注册商标同时存在。如果在先使用人的商标未构成驰名商标,将无从排除在后使用。并且,即使在后使用人将商标申请注册,在先使用人也无权阻止。

---

〔1〕 以上两段提及的原《商标法》第8条的规定对应《商标法》(2019年修正)第10条:"Ⅰ.下列标志不得作为商标使用:(一)同中华人民共和国的国家名称、国旗、国徽、国歌、军旗、军徽、军歌、勋章等相同或者近似的,以及同中央国家机关的名称、标志、所在地特定地点的名称或者标志性建筑物的名称、图形相同的;(二)同外国的国家名称、国旗、国徽、军旗等相同或者近似的,但经该国政府同意的除外;(三)同政府间国际组织的名称、旗帜、徽记等相同或者近似的,但经该组织同意或者不易误导公众的除外;(四)与表明实施控制、予以保证的官方标志、检验印记相同或者近似的,但经授权的除外;(五)同"红十字"、"红新月"的名称、标志相同或者近似的;(六)带有民族歧视性的;(七)带有欺骗性,容易使公众对商品的质量等特点或者产地产生误认的;(八)有害于社会主义道德风尚或者有其他不良影响的。Ⅱ.县级以上行政区划的地名或者公众知晓的外国地名,不得作为商标。但是,地名具有其他含义或者作为集体商标、证明商标组成部分的除外;已经注册的使用地名的商标继续有效。"

〔2〕 对应《商标法》(2019年修正)第48条:"本法所称商标的使用,是指将商标用于商品、商品包装或者容器以及商品交易文书上,或者将商标用于广告宣传、展览以及其他商业活动中,用于识别商品来源的行为。"

二、商标权各论

（一）使用权

1.意义

使用权指使用商标以表彰所附丽商品(或者服务)的权利。

对商标的使用包括实际使用和广告使用。

2.商品商标的"使用权耗尽"

附有商标的商品依商标权人意思移转于受让人占有者，在该物上的商标使用权即告消灭。申言之，受让人使用和销售附有商标的商品，不构成侵犯商标权的行为。此即商标使用权耗尽。关于商标使用权耗尽，立法和司法解释均规定，但依事理，确实如此。

使用权耗尽后，对于商品上商标使用的状态，法律仍予以尊重性保护。竞争者不得恶意破坏该状态。例如，撤除商标，而换上自己的商标销售。

（二）法律上的处分权

1.意义

商标权中法律上的处分权，指商标的转让、与他人共同使用、出质、投资等。对商标无事实上的处分可言。

2.法律上处分权各论

1)出让权

指将商标权出让于他人的权利。此即《商标法》所称的"商标转让"。[1]出让行为属要式行为，不仅须作成书面，而且须登记。登记应为生效要件。

2)为他人设定使用权

指许可他人与商标权人共同使用商标。[2]

---

〔1〕《商标法》第25条规定："Ⅰ.转让注册商标的，转让人和受让人应当共同向商标局提出申请。受让人应当保证使用该注册商标的商品质量。Ⅱ.转让注册商标经核准后，予以公告。"〔对应《商标法》(2019年修正)第42条："Ⅰ.转让注册商标的，转让人和受让人应当签订转让协议，并共同向商标局提出申请。受让人应当保证使用该注册商标的商品质量。Ⅱ.转让注册商标的，商标注册人对其在同一种商品上注册的近似的商标，或者在类似商品上注册的相同或者近似的商标，应当一并转让。Ⅲ.对容易导致混淆或者有其他不良影响的转让，商标局不予核准，书面通知申请人并说明理由。Ⅳ.转让注册商标经核准后，予以公告。受让人自公告之日起享有商标专用权。"〕

〔2〕《商标法》第26条规定："Ⅰ.商标注册人可以通过签订商标使用许可合同，许可他人使用其注册商标。许可人应当监督被许可人使用其注册商标的商品质量。被许可人应当保证使用该注册商标的商品质量。Ⅱ.经许可使用他人注册商标的，必须在使用该注册商标的商品上标明被许可人的名称和商品产地。Ⅲ.商标使用许可合同应当报商标局备案。"〔对应《商标法》(2019年修正)第43条："Ⅰ.商标注册人可以通过签订商标使用许可合同，许可他人使用其注册商标。许可人应当监督被许可人使用其注册商标的商品质量。被许可人应当保证使用该注册商标的商品质量。Ⅱ.经许可使用他人注册商标的，必须在使用该注册商标的商品上标明被许可人的名称和商品产地。Ⅲ.许可他人使用其注册商标的，许可人应当将其商标使用许可报商标局备案，由商标局公告。商标使用许可未经备案不得对抗善意第三人。"〕

许可行为属要式行为,不仅须作成书面,而且须向商标登记机关备案。备案应为对抗要件。此外,受让的共同使用人在使用中须在使用商标的商品上注明被许可人的名称以及商品产地。

3)以商标权投资

即商标权人设立公司或者合伙时以其商标作为出资。《公司法》第24条、[1]第80条[2]规定可以以工业产权投资,而工业产权中即包括商标权。

4)以商标出质

指以商标为他人设定质权。《担保法》第75条第3项规定商标权可以出质。[3]

(三)续展权

《商标法》第24条规定:"I.注册商标有效期满,需要继续使用的,应当在期满前六个月内申请续展注册;在此期间未能提出申请的,可以给予六个月的宽展期。宽展期满仍未提出申请的,注销其注册商标。II.每次续展注册的有效期为十年。III.续展注册经核准后,予以公告。"[4]

(四)收益权

收益权指在处分商标权之后商标权人收取法定孳息的权利。

三、商标权人的义务

(一)使用中的同一性义务

使用中的同一性义务,指在使用中须保持商标与注册商标的同一性,而不得改

---

〔1〕 对应《公司法》(2023年修订)第48条:"I.股东可以用货币出资,也可以用实物、知识产权、土地使用权、股权、债权等可以用货币估价并可以依法转让的非货币财产作出资;但是,法律、行政法规规定不得作为出资的财产除外。II.对作为出资的非货币财产应当评估作价,核实财产,不得高估或者低估作价。法律、行政法规对评估作价有规定的,从其规定。"

〔2〕 对应《公司法》(2023年修订)第98条:"I.发起人应当在公司成立前按照其认购的股份全额缴纳股款。II.发起人的出资,适用本法第四十八条、第四十九条第二款关于有限责任公司股东出资的规定。"《公司法》(2023年修订)第49条第2款:"股东以货币出资的,应当将货币出资足额存入有限责任公司在银行开设的账户;以非货币财产出资的,应当依法办理其财产权的转移手续。"

〔3〕 对应《民法典》第440条第5项:"债务人或者第三人有权处分的下列权利可以出质:…… (五)可以转让的注册商标专用权、专利权、著作权等知识产权中的财产权;……"

〔4〕 对应《商标法》(2019年修正)第40条:"I.注册商标有效期满,需要继续使用的,商标注册人应当在期满前十二个月内按照规定办理续展手续;在此期间未能办理的,可以给予六个月的宽展期。每次续展注册的有效期为十年,自该商标上一届有效期满次日起计算。期满未办理续展手续的,注销其注册商标。II.商标局应当对续展注册的商标予以公告。"

变其中的任何要素及其组合造型。[1]

(二)使用中的商品(或者服务)品质保障义务

我国《商标法》采行保护商标权与保护消费者利益相结合的原则。《商标法》第1条规定了"保护商标专用权,促使生产者保证商品质量和维护商标信誉,以保障消费者的利益,促进社会主义商品经济的发展"的原则,故而在商标使用人有保证商标所附丽的商品(或者服务)的品质的义务。[2]第31条更进一步规定:"使用注册商标,其商品粗制滥造,以次充好,欺骗消费者的,由各级工商行政管理部门分别不同情况,责令限期改正,并可以予以通报或者处以罚款,或者由商标局撤销其注册商标。"[3]

(三)受让共同使用中的揭明产地及原商标权人的义务

在受让与商标权人共同使用商标的场合,受让使用人须揭明原商标权人,以及商品的产地。此系《商标法》第26条第2款规定的法定义务。[4]

四、商标权的取得和消灭

(一)取得

注册商标权因充分商标权的法律要件并以设定行为取得。如上所述,设定行为属要式行为,并且以登记为生效要件。

非注册商标权因充分商标的法律要件并且使用而取得。使用乃公示方式。

(二)商标注册程序

商标注册程序,自性质看,属行政法程序。不宜在民法教学中讨论。然而,为便

---

[1] 《商标法》第30条规定:"使用注册商标,有下列行为之一的,由商标局责令限期改正或者撤销其注册商标:(1)自行改变注册商标的文字、图形或者其组合的;……"[对应《商标法》(2019年修正)第49条:"Ⅰ.商标注册人在使用注册商标的过程中,自行改变注册商标、注册人名义、地址或者其他注册事项的,由地方工商行政管理部门责令限期改正;期满不改正的,由商标局撤销其注册商标。Ⅱ.注册商标成为其核定使用的商品的通用名称或者没有正当理由连续三年不使用的,任何单位或者个人可以向商标局申请撤销该注册商标。商标局应当自收到申请之日起九个月内做出决定。有特殊情况需要延长的,经国务院工商行政管理部门批准,可以延长三个月。"]依反向解释,可以得出使用的同一性义务。非同一性地使用商标,实际上扩大了商标权,因而属于商标权的滥用。《商标法实施细则》第28条规定:"对有《商标法》第三十条第(1)、(2)、(3)项行为之一的,由工商行政管理机关责令商标注册人限期改正;拒不改正的,由商标注册人所在地工商行政管理机关报请商标局撤销其注册商标。"[对应《商标法》(2019年修正)第49条第1款:"商标注册人在使用注册商标的过程中,自行改变注册商标、注册人名义、地址或者其他注册事项的,由地方工商行政管理部门责令限期改正;期满不改正的,由商标局撤销其注册商标。"]

[2] 对应《商标法》(2019年修正)第1条:"为了加强商标管理,保护商标专用权,促使生产、经营者保证商品和服务质量,维护商标信誉,以保障消费者和生产、经营者的利益,促进社会主义市场经济的发展,特制定本法。"

[3] 该条文已被删除。

[4] 《商标法》第26条第2款:"经许可使用他人注册商标的,必须在使用该注册商标的商品上标明被许可人的名称和商品产地。"[现为《商标法》(2019年修正)第43条第2款。]

于读者了解该程序起见,本书特超出民法的疆域,勾勒该程序的要点。(见下图)

1.申请

申请即向商标注册机关设定注册商标权行为。申请行为属要式行为,须备齐法定书状提交于商标局。[1]

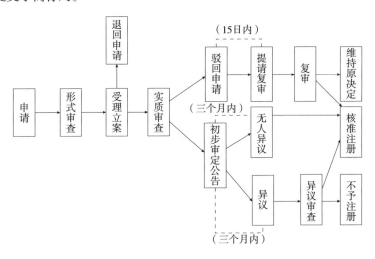

<hr>

〔1〕 申请行为所体现的法定书状:

1)注册申请书。

2)申请人营业执照复制本。

商标法不对个人开放注册,自然人须系个体工商户及合伙,故申请人须附交营业执照。

3)申请注册商标的图样10份及其黑白墨稿1份

《商标法实施细则》第9条:"Ⅰ.申请商标注册,应当依照公布的商品分类表按类申请。每一个商标注册申请应当向商标局交送《商标注册申请书》一份、商标图样十份(指定颜色的彩色商标,应当交送着色图样十份)、黑白墨稿一份。Ⅱ.商标图样必须清晰、便于粘贴,用光洁耐用的纸张印制或者用照片代替,长和宽应当不大于十厘米,不小于五厘米。"〔对应《商标法实施条例》(2014年修订)第13条:"Ⅰ.申请商标注册,应当按照公布的商品和服务分类表填报。每一件商标注册申请应当向商标局提交《商标注册申请书》1份、商标图样1份;以颜色组合或者着色图样申请商标注册的,应当提交着色图样,并提交黑白稿1份;不指定颜色的,应当提交黑白图样。Ⅱ.商标图样应当清晰,便于粘贴,用光洁耐用的纸张印制或者用照片代替,长和宽应当不大于10厘米,不小于5厘米。Ⅲ.以三维标志申请商标注册的,应当在申请书中予以声明,说明商标的使用方式,并提交能够确定三维形状的图样,提交的商标图样应当至少包含三面视图。Ⅳ.以颜色组合申请商标注册的,应当在申请书中予以声明,说明商标的使用方式。Ⅴ.以声音标志申请商标注册的,应当在申请书中予以声明,提交符合要求的声音样本,对申请注册的声音商标进行描述,说明商标的使用方式。对声音商标进行描述,应当以五线谱或者简谱对申请作商标的声音加以描述并附加文字说明;无法以五线谱或者简谱描述的,应当以文字加以描述;商标描述与声音样本应当一致。Ⅵ.申请注册集体商标、证明商标的,应当在申请书中予以声明,并提交主体资格证明文件和使用管理规则。Ⅶ.商标为外文或者包含外文的,应当说明含义。"〕第10条:"Ⅰ.商标注册申请等有关书件,应当使用钢笔、毛笔或者打字机填写,应当字迹工整、清晰。Ⅱ.商标注册申请人的名义、章戳,应当与核准或者登记的名称一致。申报的商品不得超出核准或者登记的经营范围。商品名称应当依照商品分类表填写,商品名称未列入商品分类表的,应当附送商品说明。"〔对应《商标法实施条例》(2014年修订)第14条和第15条。《商标法实施条例》(2014年修订)第14条:"Ⅰ.申请商标注册的,申请人应当提交其身份证明文件。商标注册申请人的名义与所提交的证明文件应当一致。Ⅱ.前款关于申请人提交其身份证明文件的规定适用于向商标局提出的办理变更、转让、续展、异议、撤销等其他商标事宜。"《商标法实施条例》(2014年修订)第15条:"Ⅰ.商品或者服务项目名称应当按照商品和服务分类表中的类别号、名称填写;商品或者服务项目名称未列入商品和服务分类表的,应当附送对该商品或者服务的说明。Ⅱ.商标注册申请等有关文件以纸质方式提出的,应当打字或者印刷。Ⅲ.本条第二款规定适用于办理其他商标事宜。"〕

4)对国家管制商品和服务申请注册商标,尚须附交主管机关的批文副本。

2.立案(形式审查)

如书状符合法定要求，即决定立案，发给"受理通知书"。[1]

3.审查(实质审查)

即对商标实质要件是否已为申请人所主张事实所充分的审查。其审查标的为申请人关于所申请商标已充分商标实质要件的主张。

实质审查由审查机关主动实施，而无须当事人提起。此点与专利的实质审查不同。

对申请案作出已充分商标实质要件的认定，便编定初步审定号码，并予以公告。[2]《商标法》称此一结果为通过"初步审定"。其效力是征求异议。

对申请案认定基本符合商标的实质要件，但尚需补正(对商标文字或其图形要素加以修改)者，则发给申请人以"审查意见书"，限其于15日内依意见书的要求予以补正。[3]如补正后能充分商标的全部法律要件，即予初步审定并且公告。

---

[1]《商标法实施细则》第12条规定："Ⅰ.……申请手续齐备并按照规定填写申请书件的，编定申请号，发给《受理通知书》；申请手续不齐备或者未按照规定填写申请书件的，予以退回，申请日期不予保留。Ⅱ.申请手续基本齐备或者申请书件基本符合规定，但是需要补正的，商标局通知申请人予以补正，限其在收到通知之日起十五天内，按指定内容补正并交回商标局。限期内补正并交回商标局的，保留申请日期；未作补正或者超过期限补正的，予以退回，申请日期不予保留。"［对应《商标法实施条例》(2014年修订)第18条："Ⅰ.商标注册的申请日期以商标局收到申请文件的日期为准。Ⅱ.商标注册申请手续齐备、按照规定填写申请文件并缴纳费用的，商标局予以受理并书面通知申请人；申请手续不齐备、未按照规定填写申请文件或者未缴纳费用的，商标局不予受理，书面通知申请人并说明理由。申请手续基本齐备或者申请文件基本符合规定，但是需要补正的，商标局通知申请人予以补正，限其自收到通知之日起30日内，按照指定内容补正并交回商标局。在规定期限内补正并交回商标局的，保留申请日期；期满未补正的或者不按照要求进行补正的，商标局不予受理并书面通知申请人。Ⅲ.本条第二款关于受理条件的规定适用于办理其他商标事宜。"]

[2]《商标法》第16条规定："申请注册的商标，凡符合本法有关规定的，由商标局初步审定，予以公告。"［对应《商标法》(2019年修正)第28条："对申请注册的商标，商标局应当自收到商标注册申请文件之日起九个月内审查完毕，符合本法有关规定的，予以初步审定公告。"]第17条规定："申请注册的商标，凡不符合本法有关规定或者同他人在同一种商品或者类似商品上已经注册的或者初步审定的商标相同或者近似的，由商标局驳回申请，不予公告。"［现为《商标法》(2019年修正)第30条。]第18条规定："两个或者两个以上的申请人，在同一种商品或者类似商品上，以相同或者近似的商标申请注册的，初步审定并公告申请在先的商标；同一天申请的，初步审定并公告使用在先的商标，驳回其他人的申请，不予公告。"［对应《商标法》(2019年修正)第31条："两个或者两个以上的商标注册申请人，在同一种商品或者类似商品上，以相同或者近似的商标申请注册的，初步审定并公告申请在先的商标；同一天申请的，初步审定并公告使用在先的商标，驳回其他人的申请，不予公告。"]《商标法实施细则》第16条第1款规定："商标局对受理的申请，依照《商标法》进行审查，凡符合《商标法》有关规定并具有显著性的商标，予以初步审定，并予以公告；驳回申请的，发给申请人《驳回通知书》。"［对应《商标法实施条例》(2014年修订)第21条："商标局对受理的商标注册申请，依照商标法及本条例的有关规定进行审查，对符合规定或者在部分指定商品上使用商标的注册申请符合规定的，予以初步审定，并予以公告；对不符合规定或者在部分指定商品上使用商标的注册申请不符合规定的，予以驳回或者驳回在部分指定商品上使用商标的注册申请，书面通知申请人并说明理由。"]

[3]《商标法实施细则》第16条第2款规定："商标局认为商标注册申请内容可以修正的，发给《审查意见书》，限其在收到通知之日起十五天内予以修正；未作修正、超过期限修正或者修正后仍不符合《商标法》有关规定的，驳回申请，发给申请人《驳回通知书》。"［对应《商标法实施条例》(2014年修订)第23条："依照商标法第二十九条规定，商标局认为对商标注册申请内容需要说明或者修正的，申请人应当自收到商标局通知之日起15日内作出说明或者修正。"]

对申请案作出基本不能充分商标实质要件的认定,发给"驳回通知书"。[1]

4.异议

异议是对已公告的商标注册申请案征求第三人指摘以便审查机关有针对性进一步审查的程序。

异议期间为三个月,自初步审定公告之日起算。

商标局对异议案有审查义务。审查为书面审。根据两造当事人的事实和理由依法作出裁定。如认定异议理由成立,则裁定撤销被异议商标的初步审定决定。如认定异议不成立,则裁定驳回异议。[2]

异议后裁定是终局性的。但因其精神与WTO的有关规定不合,我国政府正在修改《商标法》,修改后将变成非终局性的,异议人和被异议人对商标局的裁定不服者,有复审请求权。

5.商标争议的复审程序

即对驳回注册申请决定不服、[3]对驳回异议的决定不服、[4]对撤销注册的决定

---

〔1〕《商标法实施细则》第16条第2款规定:"商标局认为商标注册申请内容可以修正的,发给《审查意见书》,限其在收到通知之日起十五天内予以修正;未作修正、超过期限修正或者修正后仍不符合《商标法》有关规定的,驳回申请,发给申请人《驳回通知书》。"〔对应《商标法实施条例》(2014年修订)第23条:"依照商标法第二十九条规定,商标局认为对商标注册申请内容需要说明或者修正的,申请人应当自收到商标局通知之日起15日内作出说明或者修正。"〕

〔2〕《商标法》第19条:"对初步审定的商标,自公告之日起三个月内,任何人均可以提出异议。无异议或者经裁定异议不能成立的,始予核准注册,发给商标注册证,并予公告;经裁定异议成立的,不予核准注册。"〔对应《商标法》(2019年修正)第33条:"对初步审定公告的商标,自公告之日起三个月内,在先权利人、利害关系人认为违反本法第十三条第二款和第三款、第十五条、第十六条第一款、第三十条、第三十一条、第三十二条规定的,或者任何人认为违反本法第四条、第十条、第十一条、第十二条、第十九条第四款规定的,可以向商标局提出异议。公告期满无异议的,予以核准注册,发给商标注册证,并予公告。"〕

〔3〕《商标法》第21条:"对驳回申请、不予公告的商标,商标局应当书面通知申请人。申请人不服的,可以在收到通知十五天内申请复审,由商标评审委员会做出终局决定,并书面通知申请人。"〔对应《商标法》(2019年修正)第34条:"对驳回申请、不予公告的商标,商标局应当书面通知商标注册申请人。商标注册申请人不服的,可以自收到通知之日起十五日内向商标评审委员会申请复审。商标评审委员会应当自收到申请之日起九个月内做出决定,并书面通知申请人。有特殊情况需要延长的,经国务院工商行政管理部门批准,可以延长三个月。当事人对商标评审委员会的决定不服的,可以自收到通知之日起三十日内向人民法院起诉。"〕

〔4〕《商标法》第22条:"对初步审定、予以公告的商标提出异议的,商标局应当听取异议人和申请人陈述事实和理由,经调查核实后,做出裁定。当事人不服的,可以在收到通知十五天内申请复审,由商标评审委员会做出终局裁定,并书面通知异议人和申请人。"〔对应《商标法》(2019年修正)第35条:"Ⅰ.对初步审定公告的商标,商标局应当听取异议人和申请人陈述事实和理由,经调查核实后,自公告期满之日起十二个月内做出是否准予注册的决定,并书面通知异议人和被异议人。有特殊情况需要延长的,经国务院工商行政管理部门批准,可以延长六个月。Ⅱ.商标局做出准予注册决定的,发给商标注册证,并予公告。异议人不服的,可以依照本法第四十四条、第四十五条的规定向商标评审委员会请求宣告注册商标无效。Ⅲ.商标局做出不予注册决定,被异议人不服的,可以自收到通知之日起十五日内向商标评审委员会申请复审。商标评审委员会应当自收到申请之日起十二个月内做出复审决定,并书面通知异议人和被异议人。有特殊情况需要延长的,经国务院工商行政管理部门批准,可以延长六个月。被异议人对商标评审委员会的决定不服的,可以自收到通知之日起三十日内向人民法院起诉。人民法院应当通知异议人作为第三人参加诉讼。Ⅳ.商标评审委员会在依照前款规定进行复审的过程中,所涉及的在先权利的确定必须以人民法院正在审理或者行政机关正在处理的另一案件的结果为依据的,可以中止审查。中止原因消除后,应当恢复审查程序。"〕

不服[1]，均可向国家商标评审委员会请求复审。由该会审查并作出相应裁定。依现行《商标法》，复审裁定的效力是终局性的。该规定与"TRIPS"（世界贸易组织《与贸易有关的知识产权协定》）关于给当事人以诉讼权利的规定不合，有关机关已提请立法机关修改。

（三）商标权的消灭

商标权因保护期间届满、商标注册被依法撤销、自然人商标权人死亡而无继承人并受遗赠、法人商标权人消灭等原由而消灭。

五、侵害商标权及其民事责任

（一）侵害商标权行为

1.擅自使用商标
指擅自使用他人注册商标于相同或者相近商品(或者服务)的行为。包括：
1)直接使用
即行为人自己在生产或者经销中使用。
2)经销侵权商品
指故意或过失经销他人擅自使用商标权人注册商标的商品的行为。
3)帮助侵权
具体类型有：(1)伪造注册商标标志；(2)销售伪造的注册商标标志；(3)为销售提供仓储、运输、邮寄和隐匿等便利条件。
2.故意混淆商标
即《商标法实施细则》第41条所指的"在同一种或者类似商品上，将与他人注

---

〔1〕《商标法》第30条："使用注册商标，有下列行为之一的，由商标局责令限期改正或者撤销其注册商标：(1)自行改变注册商标的文字、图形或者其组合的；(2)自行改变注册商标的注册人名义、地址或者其他注册事项的；(3)自行转让注册商标的；(4)连续三年停止使用的。"［对应《商标法》(2019年修正)第49条："Ⅰ.商标注册人在使用注册商标的过程中，自行改变注册商标、注册人名义、地址或者其他注册事项的，由地方工商行政管理部门责令限期改正；期满不改正的，由商标局撤销其注册商标。Ⅱ.注册商标成为其核定使用的商品的通用名称或者没有正当理由连续三年不使用的，任何单位或者个人可以向商标局申请撤销该注册商标。商标局应当自收到申请之日起九个月内做出决定。有特殊情况需要延长的，经国务院工商行政管理部门批准，可以延长三个月。"]第31条："使用注册商标，其商品粗制滥造，以次充好，欺骗消费者的，由各级工商行政管理部门分别不同情况，责令限期改正，并可以予以通报或者处以罚款，或者由商标局撤销其注册商标。"[该条已被删除。]第35条："对商标局撤销注册商标的决定，当事人不服的，可以在收到通知十五天内申请复审，由商标评审委员会做出终局决定，并书面通知申请人。"［对应《商标法》(2019年修正)第54条："对商标局撤销或者不予撤销注册商标的决定，当事人不服的，可以自收到通知之日起十五日内向商标评审委员会申请复审。商标评审委员会应当自收到申请之日起九个月内做出决定，并书面通知当事人。有特殊情况需要延长的，经国务院工商行政管理部门批准，可以延长三个月。当事人对商标评审委员会的决定不服的，可以自收到通知之日起三十日内向人民法院起诉。"]

册商标相同或者近似的文字、图形作为商品名称或者商品装潢使用,并足以造成误认的"行为。[1]

(二)侵害商标权的民事责任

侵害商标权属于侵权行为,须依法负其民事责任。包括停止侵害和赔偿损失。

思考题:

1.你如何理解商标的法律要件?

2.商标权的内容有哪些?

---

〔1〕 对应《商标法实施条例》(2014年修订)第76条:"在同一种商品或者类似商品上将与他人注册商标相同或者近似的标志作为商品名称或者商品装潢使用,误导公众的,属于商标法第五十七条第二项规定的侵犯注册商标专用权的行为。"

第十七章　债权总论

内容提要　债从权利义务角度表现商品交换的一般形式，保障财产流转的顺畅安全。债因合同、无因管理、不当得利和侵权行为而生。以给付请求、给付受领与保有为基本效力。以给付补正、强制执行和赔偿损失为救济效力。同时有保全效力。为确保债权实现，法律立有债的担保制度。本章对以上各方面进行讨论。学习重点在债的意义、连带之债、债的效力、债的保全与担保。

第一节　概说

一、债的意义

(一)定义

债是特定当事人之间一方得请求他方为一定给付的财产法律关系。

(二)对定义的说明

1.债是财产性法律关系

债是财产性法律关系的类型之一，其权利和义务均体现为财产内容，而非人身性质。

2.债是以给付为客体的财产法律关系

债的客体，即债的当事人据以结成债的法律关系的一定对象。该客体是给付。

1)给付的意义

所谓给付，是交付财产于他方以实现其债权的行为。

上述定义说明：(1)给付是行为；(2)给付是交付财产于他人的行为；(3)给付是依债的主旨交付财产以实现他人债权的行为。

2)给付的标的

给付作为实现他人债权的行为，其标的为财产，其形态有：(1)物。如买卖中出卖人交付于买受人一定的物。(2)信息产。如专利技术转让中出让人交付于买受人的特定专利技术。(3)"物化"劳动。如承揽人交付所完成的工作,该工作体现为对物的加工、对技术的开发等,承揽人的劳动已物化于实物或者信息产。(4)活劳动。如运送人的运送、保管人的保管、受托人的管理等,其劳务并无物化。

3.债是特定当事人之间一方得请求他方为给付的财产法律关系

1)给付人特定

给付必为特定人对特定人的行为。客体的此一性质规定了债的主体的特定性。其中,享有请求特定给付之权的当事人一方为债权人,负有给付义务一方则为债务人。此特点使得债与支配权关系相区别,后者的义务人是不特定的。

2)债权债务均以给付为客体

债权是得请求义务人给付的权利,应为给付的负担则为债务。债权债务,均指向给付;给付为债权债务的共同对象,也就成为债这种法律关系的客体。

4.债是商品交换的一般法律形式

在经济学,商品交换就是商品互易或者商品换取货币。其研究旨趣是揭示生产关系的性质、效率和实质等。社会是有秩序的,秩序要求经济活动取得法律形式。因此商品交换势必取得法律表现。法律学的关注与经济学不同,是从权利义务的角度看问题,债便被界定为商品交换中的权利义务关系,因而是商品交换的一般法律形式。

(三)债的沿革

债是古代罗马法中的表述财产流转的制度,自中世纪中叶,为欧陆各国所承袭。自18世纪起,欧陆各民族国家开始编纂民法典,便均列入了债的内容。其中《法国民法典》将债列在"取得财产的各种方法"一编中,《德国民法典》则将债独立为编,列在"总则"编之后。法、德的两种立法体例对各国的民事立法有普遍影响。欧美的普通法国家,则无包含债法的私法典。我国自清末"民律一草"起,在民法典编制中均有债编的设置。1929—1930年制定的民法典仿《德国民法典》之例,列"债"为第二编。新中国的《民法通则》也有"债权"的规定。

二、债权

(一)债权的意义

债权是得请求义务人给付的财产权。

(二)债权的性质

1.内容的财产性

债权是请求特定给付的权利,而给付的标的为财产,因而债权属于财产权。

2.作用的请求性

从权利的作用看,债权属于请求权。此点使之区别于物权。物权属于支配型财产权。物权之所以为支配权,悉因其体现的利益得由权利人对物的直接作用便可实现,而无须义务人以积极行为相协助。债权则不同,它体现的是交换利益,非经债务人给付不能实现。人们之所以需要经由交换方式互通有无,悉因一方所需的财产属于地位平等的另一所有权人所致。财产的所有人地位平等,彼此"既不能令,又不能命"。这便规定了一方要得到他方的财产,只能与之商定对价;并且在成交之后,仍无从直接去占有,而只能请求权利人"给付"。债权之所以为请求权,盖源于此。

债权的内容中尚有代位权、撤销权、解除权等,请求权则为其内容的基本方面。

3.义务人的相对性

债权是得请求债务人给付的权利,其义务人是特定的,因而债权是相对权。物权则不同,物权的义务人是不特定的一切人,故而呈绝对权、对世权的性质。

(三)债权与物权的异同

1.相同点

债权与物权同属财产权,而且是财产权的重要形态。此为二者的相同点。

2.相异点

1)债权是请求权,物权是支配权;债权是相对权,物权则是绝对权。此一区别已如上述。

2)物权是静态财产权,其社会机能是保护支配的秩序,此即财产的静态安全。而债权是交换中的财产权,其社会机能是保护交换秩序,亦即财产的动态安全。

3)债权有平等效力,物权则有优先效力。所谓债权的平等效力,系指以同一物为对象的多数债权之间,各债权的效力是平等的,不发生孰先孰后的问题。而以同一物为对象的债权和物权之间,物权的效力优先于债权。此外,以同一物为对象的多数内容相容的物权之间,其效力亦因发生的先后而有先后。

4)物权的类型及效力须依法定,即物权法定主义;债权的类型既得法定,例如侵权行为之债、无因管理之债和不当得利之债是;也得为约定,例如合同之债。

三、债法

市民法国家,债法是民法典中的重要组成部分。我国民法尚未法典化,目前由《民法通则》《合同法》以及其他单行法表现。其中《民法通则》第五章第二节"债权"和第六章"民事责任"两部分中规定了基本的债法规范。《合同法》是合同(作为债权行为)与合同之债的基本法。此外,《拍卖法》《担保法》《保险法》《海商法》《城市房地产管理法》《证券法》乃至《著作权法》《专利法》和《商标法》等许多单行法中,也包含若干债法规范。

第二节　债的发生

债作为法律关系,因法律为之规定的要件被生活事实充分而发生。讨论债的发生,即讨论债得以发生的法律要件。此要件的类型有:合同、无因管理、不当得利、侵权行为等。而每一类型,尚可进一步分析其具体要件。

一、债因合同发生

合同是引起债的基本要件。生活中的债,基本上都是由合同引起的。合同是双方法律行为。而法律行为有物权行为与债权行为之分。引起债的合同属于债权合同。我国《合同法》所规定的有名合同,均为债权合同。关于合同,我们将在第十八章至第二十五章讨论。

二、债因合同外事实发生

合同之外引起债的法律要件有无因管理、不当得利和侵权行为等。

(一)债因无因管理发生

1.无因管理的意义

1)无因管理的定义

无因管理指非基于法律上的义务而为他人计算以管理其适法必要事务的行为。

2)对定义的说明

(1)无因管理是事务管理行为

无因管理既称管理,便须有管理事务行为。所谓管理事务,即以智慧和劳务处理需处理事项,以增加利益或者避免损失之谓。管理未必是法律行为,事实行为亦无不可。构成被管理事务的事项,须属必要,亦即若不及时处理,通常会导致不可挽回的损失。管理行为须不及取得授权,如果来得及,则应经由授权方得管理,从而不构成无因管理。最后,被管理事务须适法,不法事务之管理,不能成立无因管理之债中所要求的管理。

(2)无因管理是对他人必要事务为管理的行为

无因管理须为他人计算,以善良管理人的注意义务去为之。

(3)无因管理是不基于法律义务对他人必要事务为管理的行为

从法律角度评价无因管理，可知为非基于法律义务的管理。无因管理之"无因"二字，便描述了管理的此一属性。在民法，"有因""无因"之因，不是指原因，而是指"法律原由"或者"法律根据"。如果基于法律上的义务，即属"有因"管理了。

2.无因管理之债

无因管理使管理人与被管理事务人形成债，其效力是使后者发生管理费用补偿义务。

无因管理总会使管理人付出劳务或者尚须付出其他财产，而使管理人受有损失。尽管该行为有干涉他人事务的一面，不宜漫无边际；但其基本方面却属急人所急、助人所需，因而有其存在的价值。如果管理人主张其损失的补偿，便非社会秩序所不许。为调整管理人与被管理人之间的财产损益关系，民法归纳了无因管理之债。使管理人有请求被管理人补偿因管理而发生的费用的权利。

(二)债因不当得利发生

1.不当得利的意义

1)不当得利的定义

不当得利是无法律根据受利益而使他方受损害的情形。

2)对定义的说明

(1)不当得利是受有利益的情形

不当得利既称"得利"，必然有受利益的情形。如果并无受利益其事，不当得利将无从谈起。唯应注意，受利益却不以行为为要件，更未必有受利益的意思，而仅须受利益的事实存在即为已足，纵使自然力使利益来到，也非所问。

(2)不当得利是无法律根据受有利益的情形

不当得利之"不当"的限定语，是界定受利益欠缺法律依据之义。如受利益而有法律依据，当然无"不当"可言。

(3)不当得利是受利益事实成为相关人受损害原因的情形

在不当得利，必有相关人受损害，而且受损害与利得人之利得有因果关系。非如此，不构成不当得利。如捡拾抛弃物，虽受利益，却无任何人受损害，故而不属不当得利。

2.不当得利之债

因不当得利引起的债，是不当得利之债。

不当得利的情形，所在多有。尤其在采行物权行为无因性的体制下，当物权行为系债权行为的履行行为，且债权行为在履行后发现其不成立、无效或者依法被撤销时，物权行为即沦为无法律根据状态，而成为"给付型不当得利"，成为不当得利体系中的基本类型。此种情形，即需不当得利之债予以调整。不当得利在性质上属于财产的不正常流转，法律应予纠正。

《民法通则》第92条规定了此种债。[1] 其内容是利得人有返还所受利益的债务。

(三)债因侵权行为发生

侵权行为,是故意过失不法侵害他人绝对权型权利的行为。侵权行为既然侵害他人权利,依权利不可侵原则,行为人当然须负担予被侵害人以救济的救济型债务。民法之所以将侵权行为的侵害对象定位于绝对权,本是演进使然,不好硬套逻辑。原来,在罗马法,鉴于请求权是相对权,通常唯其义务人的不给付得以加害,第三人原则上无从损及。而义务人的不履行义务行为,则发育为债法上的债务不履行行为概念。而绝对权则不同,因其义务人是权利人之外的一切人,因而人人都有侵害的条件,需要特别的救济模式,而发育出侵权行为之债的概念。于是,关于权利的救济便形成两个领域,一是债务不履行领域,二是侵权行为的领域。

关于侵权行为之债,本书安排了专章予以讨论。

第三节 债的类型

一、主体单一之债

民法理论以及民法规范将债假定为单一主体,亦即债权人及债务人均为单一人。至于多数人之债,其不同于单数人之债的特殊点,则在债的类型中另作说明或者规定。

(一)实物之债、货币之债、劳务之债和智慧财产之债

债依其给付标的之为实物、货币、劳务或者信息产,划分为实物之债、货币之债、劳务之债和信息产之债。

1.实物之债

实物是以有体物为给付标的之债。实物之债依物究竟为特定物抑或种类物,而进一步划分为特定物之债和种类物之债。

以特定物为给付标的的债是特定物之债,亦简称"特定之债"。特定物之债的标的物在债发生时即已确定。在特定物灭失时,债务人免除给付原物义务。以种类物为给付标的的债是种类物之债,简称"种类之债"。种类物之债的标的物,在债发生时尚未确定,仅在交付前方被特定化。因此,在标的物灭失时,债务人交付实物的义务不能免除。

---

[1] 对应《民法典》第122条:"因他人没有法律根据,取得不当利益,受损失的人有权请求其返还不当利益。"

实物之债在履行不能时，可转化为货币之债，由债务人以货币代替实物给付。

2.货币之债

货币之债是以货币为给付标的的债。货币之债是特殊的种类之债，不发生给付不能问题。此外，尚有所谓"利息之债"，是货币借贷的从属性债务。

3.劳务之债

劳务之债是以债务人的活劳动为给付标的的债。事实上，其给付标的是完成一定工作。劳务债务具有人身特点，此一人身特点对债权人可能意味着特殊利益，因而债务人应当亲自履行其债务。另外，此一人身性也使得发生履行拒绝情事时，无从强制履行，而只能通过损害赔偿予以救济。

4.信息产之债

以受保护作品、专利、商标以及秘密技术为给付标的的债，可称为信息产之债。

（二）损害赔偿之债与回复原状之债

债依其内容之为对损害的填补抑或回复受侵害权利的圆满状态，划分为损害赔偿之债与回复原状之债。

1.损害赔偿之债

损害赔偿之债是以金钱弥补损害为救济方式的债。

损害赔偿，依其赔偿人属否加害责任人，划分为救济权损害赔偿之债和保险合同赔偿之债。加害责任人的损害赔偿债务，《民法通则》称之为"民事责任"。《合同法》因之。其发生原因主要有：(1)侵权行为（《民法通则》第106条第2款）；[1] (2)债务不履行（《合同法》第107条）；[2] (3)代理权滥用及无权代理（《民法通则》第66条）；[3]

---

〔1〕 对应《民法典》第176条和第1165条、第1166条。《民法典》第176条："民事主体依照法律规定或者按照当事人约定，履行民事义务，承担民事责任。"《民法典》第1165条："I.行为人因过错侵害他人民事权益造成损害的，应当承担侵权责任。II.依照法律规定推定行为人有过错，其不能证明自己没有过错的，应当承担侵权责任。"《民法典》第1166条："行为人造成他人民事权益损害，不论行为人有无过错，法律规定应当承担侵权责任的，依照其规定。"《民法典》第176条自《民法总则》第176条而来，相较于《民法通则》第106条，主要修改之处是删去了第106条第2款和第3款的规定，认为这两款规定是侵权责任的归责原则或一般条款，不能统摄其他民法分则内容，已分别规定在第1165条和第1166条。参见最高人民法院民法典贯彻实施工作领导小组主编：《中华人民共和国民法典总则编理解与适用》(下)，人民法院出版社2020年版，第877—878页。

〔2〕 现为《民法典》第577条。

〔3〕 对应《民法典》第171条："I.行为人没有代理权、超越代理权或者代理权终止后，仍然实施代理行为，未经被代理人追认的，对被代理人不发生效力。II.相对人可以催告被代理人自收到通知之日起三十日内予以追认。被代理人未作表示的，视为拒绝追认。行为人实施的行为被追认前，善意相对人有撤销的权利。撤销应当以通知的方式作出。III.行为人实施的行为未被追认的，善意相对人有权请求行为人履行债务或者就其受到的损害请求行为人赔偿。但是，赔偿的范围不得超过被代理人追认时相对人所能获得的利益。IV.相对人知道或者应当知道行为人无权代理的，相对人和行为人按照各自的过错承担责任。"《民法总则》在《民法通则》第66条第1款和《合同法》第48条的基础上进行了规定，《民法典》总则编对此予以沿用。参见最高人民法院民法典贯彻实施工作领导小组主编：《中华人民共和国民法典总则编理解与适用》(下)，人民法院出版社2020年版，第853页。

(4)不真正法律行为被宣告无效或者被撤销(《民法通则》第61条、《合同法》第58条)等。[1]

保险合同赔偿之债是依保险合同对约定损害予以赔偿的债。

加害责任人损害赔偿之债的发生原因由法律规定,故而属法定损害赔偿之债。保险合同赔偿之债的发生原因则因合同约定,故而称之为意定赔偿之债。

2.回复原状之债

回复原状之债是以回复受侵害权利的原有状态为救济方式的债。回复原状的救济方式,包括返还占有、回复受损物之原状(通常为修理等)、排除妨害等。《民法通则》第134条规定的"消除影响""恢复名誉"和"赔礼道歉",也有回复原状的功能。[2]

(三)选择之债与非选择之债

债依其给付标的是否因当事人选择而确定,划分为选择之债与非选择之债。

1.选择之债

选择之债,是得选择给出的数宗给付之一以为标的的债。

选择之债的给付要求,在债成立时并不确定,而仅给出了多种标的的供选范围,须经选择行为予以确定。而供选择的数宗给付,可由合同约定,如货物运送合同约定铁路、公路以及航空等运输方式供选择;也可为法律规定,如《消费者权益保护法》第44条规定,对产品瑕疵的损害赔偿,可在更换、修复、退货等数宗给付选择。[3]

选择之债经选择权行使行为,而使标的确定,于是转化为固定给付之债。

---

〔1〕 这两条共同对应《民法典》第157条:"民事法律行为无效、被撤销或者确定不发生效力后,行为人因该行为取得的财产,应当予以返还;不能返还或者没有必要返还的,应当折价补偿。有过错的一方应当赔偿对方由此所受到的损失;各方都有过错的,应当各自承担相应的责任。法律另有规定的,依照其规定。"该条沿用了《民法总则》第157条的规定,《民法总则》第157条在《民法通则》第61条第1款和《合同法》第58条的基础上修改而来,主要变化是,在民事法律行为被确认无效、被撤销两种情形外,增加了确定不发生效力的情形,并将《合同法》第58条的"合同"行为概括为"民事法律行为"。参见最高人民法院民法典贯彻实施工作领导小组主编:《中华人民共和国民法典总则编理解与适用》(下),人民法院出版社2020年版,第784—785页。

〔2〕 对应《民法典》第179条:"Ⅰ.承担民事责任的方式主要有:(一)停止侵害;(二)排除妨碍;(三)消除危险;(四)返还财产;(五)恢复原状;(六)修理、重作、更换;(七)继续履行;(八)赔偿损失;(九)支付违约金;(十)消除影响、恢复名誉;(十一)赔礼道歉。Ⅱ.法律规定惩罚性赔偿的,依照其规定。Ⅲ.本条规定的承担民事责任的方式,可以单独适用,也可以合并适用。"该条沿用了《民法总则》第179条,相较于《民法通则》第134条,主要修改有:(1)新增"继续履行"责任承担方式;(2)增加惩罚性赔偿制度规定;(3)将《民法通则》第134条第3款中人民法院对不法行为人采取的强制处罚措施删除,因为民事责任方式是对受害人民事权益的救济,民事制裁方式不属于民事救济方式,按《民事诉讼法》的民事诉讼强制措施确定。参见最高人民法院民法典贯彻实施工作领导小组主编:《中华人民共和国民法典总则编理解与适用》(下),人民法院出版社2020年版,第895—896页。

〔3〕 对应《消费者权益保护法》(2013年修正)第52条:"经营者提供商品或者服务,造成消费者财产损害的,应当按照法律规定或者当事人约定承担修理、重作、更换、退货、补足商品数量、退还货款和服务费用或者赔偿损失等民事责任。"

2.非选择之债

非选择之债，指仅有一宗给付作为标的的债。此种类型，学说中习惯称之为"简单之债"。

(四)持续之债与一时之债

债依其给付是否以持续时间为要素，划分为一时之债与持续之债。

1.持续之债

持续之债，是以持续性给付为客体的债。所谓持续性给付，是量度与债之期间正相关的给付。债的存续时间短，给付量便小；存续时间长，给付的量便大，如租赁、劳动、寄托等。持续性债务不履行，通常发生债权人的终止权；而一时之债债务不履行，则使债权人发生解除权。此外，持续性给付，无同时履行的余地，而恒为一方有先给付义务，故仅适用不安抗辩和先履行抗辩的救济；而一时性给付，尚有"同时履行抗辩"救济。

持续性契约之债的当事人，多形成信用关系，例如合伙、雇佣、委任等，故其债权债务原则上不得任意移转。

2.一时之债

一时之债，是以一时性给付为客体的债，如买卖、赠与等。唯应注意，分期给付之债，如分期付款买卖之债，只要给付总量自始确定，给付的时间因素对给付的内容和范围不发生影响者，即属一时之债。

二、主体多数之债

债依其主体之为单数还是复数，划分为主体单一之债与主体多数之债。后者习称"多数人之债"。多数人之债与主体单一之债不同，除了债权人与债务人之间的关系(可称之为外部关系)外，尚有多数债权人或者多数债务人之间的内部关系。亦即多数债权人中之一人受领债权，或多数债务人之一人履行债务时，在多数债权人或多数债务人之间发生对内效力。主体多数之债比单一主体之债复杂。依其内部关系的性质，主体多数之债划分为按份之债和连带之债；依其给付之可否分割，划分为可分之债和不可分之债。

(一)可分之债

可分之债，是以同一可分割给付为标的，债权分享或者债务分担的多数人之债。其中，数个债权人分享可分割同一给付的权利，称为"可分债权"；数个债务人分担的可分割同一给付义务，称为"可分债务"。

（二）按份之债

按份之债是以可分割同一给付为客体,各债权人依其份额分享债权,各债务人依其份额负担债务的多数人之债。《民法通则》第86条规定:"债权人为二人以上的,按照确定的份额分享权利。债务人为二人以上的,按照确定的份额分担义务。"[1]

（三）连带之债

连带之债是债权人或者债务人基于同一给付形成连带关系的多数人之债。

1.连带债务

1）定义

连带债务是以同一给付为客体、各债务人均须就给付之全部负责的多数人债务。

2）说明

(1)连带债务是多数人以同一给付为客体的债务

连带债务的主体须为多数人,然而其给付却为同一标的。

(2)连带债务是每一债务人均须对全部债务负责的多数人债务

连带债务的多数债务人之间形成"连带关系",每人均被"捆绑"在一起,均须就给付标的之全部对债权人负责,谁也不得推诿。

(3)连带债务是发生于每一债务人之债务消灭的事由均对全体债务人发生效力的多数人债务

使债消灭的事实,主要是清偿,其他尚有混同、提存、抵销、债权人免除等。上述事实发生于任何连带债务人,均使连带债务相应地消灭,而对每个连带债务人发生效力。然而在连带债务人内部,有其份额关系。清偿连带债务大于其应担份额者,就其大于部分对其他连带债务人发生请求补偿的权利,即"求偿权"。

3）连带债务发生的法律要件

连带债务可因约定产生,但更常见的却是法定发生。法律规定发生连带债务的除《民法通则》第35条第2款、第130条、第65条第3款、第66条第3款和第4款两款、第67条外,尚有《合同法》第272条、《担保法》第18条和第19条等。[2]

---

〔1〕 对应《民法典》第517条:"I.债权人为二人以上,标的可分,按照份额各自享有债权的,为按份债权;债务人为二人以上,标的可分,按照份额各自负担债务的,为按份债务。II.按份债权人或者按份债务人的份额难以确定的,视为份额相同。"

〔2〕《民法通则》第87条:"债权人或者债务人一方人数为二人以上的,依照法律的规定或者当事人的约定,享有连带权利的每个债权人,都有权要求债务人履行义务;负有连带义务的每个债务人,都负有清偿全部债务的义务,履行了义务的人,有权要求其他负有连带义务的人偿付他应当承担的份额。"〔对应《民法典》第178条、第518条、第519条和第521条。《民法典》第178条:"I.二人以上依法承担连带责任的,权利人有权请求部分或者全部连带责任人承担责任。II.连带责任人的责任份额根据各自责任大小确定;难以确

（接前注）定责任大小的，平均承担责任。实际承担责任超过自己责任份额的连带责任人，有权向其他连带责任人追偿。Ⅲ.连带责任，由法律规定或者当事人约定。"《民法典》第518条："Ⅰ.债权人为二人以上，部分或者全部债权人均可以请求债务人履行债务的，为连带债权；债务人为二人以上，债权人可以请求部分或者全部债务人履行全部债务的，为连带债务。Ⅱ.连带债权或者连带债务，由法律规定或者当事人约定。"《民法典》第519条："Ⅰ.连带债务人之间的份额难以确定的，视为份额相同。Ⅱ.实际承担债务超过自己份额的连带债务人，有权就超出部分在其他连带债务人未履行的份额范围内向其追偿，并相应地享有债权人的权利，但是不得损害债权人的利益。其他连带债务人对债权人的抗辩，可以向该债务人主张。Ⅲ.被追偿的连带债务人不能履行其应分担份额的，其他连带债务人应当在相应范围内按比例分担。"相比起《民法通则》第87条，《民法典》第519条的实质修改有：(1)明确使用"追偿"概念；(2)明确了追偿权的前提条件，即连带债务人履行超出了自己的内部债务份额。参见最高人民法院民法典贯彻实施工作领导小组主编：《中华人民共和国民法典合同编理解与适用》（一），人民法院出版社2020年版，第398—399页。《民法典》第521条："Ⅰ.连带债权人之间的份额难以确定的，视为份额相同。Ⅱ.实际受领债权的连带债权人，应当按比例向其他连带债权人返还。Ⅲ.连带债权参照适用本章连带债务的有关规定。"《民法通则》第87条仅对连带债权有概括性规定，《民法典》第521条增加了连带债权人之间内部份额的确定、连带债权人受领后的处理以及连带债权的法律适用规定。参见最高人民法院民法典贯彻实施工作领导小组主编：《中华人民共和国民法典合同编理解与适用》（一），人民法院出版社2020年版，第407页。]

《民法通则》第130条："二人以上共同侵权造成他人损害的，应当承担连带责任。"［对应《民法典》第1168条："二人以上共同实施侵权行为，造成他人损害的，应当承担连带责任。"]

《民法通则》第35条第2款："合伙人对合伙的债务承担连带责任，法律另有规定的除外。偿还合伙债务超过自己应当承担数额的合伙人，有权向其他合伙人追偿。"［对应《民法典》第973条："合伙人对合伙债务承担连带责任。清偿合伙债务超过自己应当承担份额的合伙人，有权向其他合伙人追偿。"]《民法通则》第65条："Ⅰ.民事法律行为的委托代理，可以用书面形式，也可以用口头形式。法律规定用书面形式的，应当用书面形式。Ⅱ.书面委托代理的授权委托书应当载明代理人的姓名或者名称、代理事项、权限和期间，并由委托人签名或者盖章。Ⅲ.委托书授权不明的，被代理人应当向第三人承担民事责任，代理人负连带责任。"［对应《民法典》第165条："委托代理授权采用书面形式的，授权委托书应当载明代理人的姓名或者名称、代理事项、权限和期限，并由被代理人签名或者盖章。"该条沿用了《民法总则》第165条，是对《民法通则》第65条修改而来，主要修改有：(1)删除了委托代理非要式性的规定；(2)将原条文第2款的"委托人签名"修改为"被代理人签名"；(3)删除了原条文第3款授权书不明的法律责任的规定，因为在实践中争议太大，且有对代理人要求过苛之嫌。参见最高人民法院民法典贯彻实施工作领导小组主编：《中华人民共和国民法典总则编理解与适用》（下），人民法院出版社2020年版，第824—825页。]

《民法通则》第66条第3款、第4款："Ⅲ.代理人和第三人串通，损害被代理人的利益的，由代理人和第三人负连带责任。Ⅳ.第三人知道行为人没有代理权、超越代理权或者代理权已终止还与行为人实施民事行为给他人造成损害的，由第三人和行为人负连带责任。"［《民法通则》第66条第3款对应《民法典》第164条第2款："代理人和相对人恶意串通，损害被代理人合法权益的，代理人和相对人应当承担连带责任。"《民法通则》第66条第4款对应《民法典》第171条第4款："相对人知道或者应当知道行为人无权代理的，相对人和行为人按照各自的过错承担责任。"对于相对人也有过错的情形，作出了重大修改，将连带责任规则修改为过错责任规则，同时范围上更全面，不仅包括对他人造成损害的情形，也包括代理人与相对人内部责任承担的情形。参见最高人民法院民法典贯彻实施工作领导小组主编：《中华人民共和国民法典总则编理解与适用》（下），人民法院出版社2020年版，第856页。]

《民法通则》第67条："代理人知道被委托代理的事项违法仍然进行代理活动的，或者被代理人知道代理人的代理行为违法不表示反对的，由被代理人和代理人负连带责任。"［对应《民法典》第167条："代理人知道或者应当知道代理事项违法仍然实施代理行为，或者被代理人知道或者应当知道代理人的代理行为违法未作反对表示的，被代理人和代理人应当承担连带责任。"]

《合同法》第272条第2款："总承包人或者勘察、设计、施工承包人经发包人同意，可以将自己承包的部分工作交由第三人完成。第三人就其完成的工作成果与总承包人或者勘察、设计、施工承包人向发包人承担连带责任。……"［对应《民法典》第791条第2款："总承包人或者勘察、设计、施工承包人经发包人同意，可以将自己承包的部分工作交由第三人完成。第三人就其完成的工作成果与总承包人或者勘察、设计、施

2.连带债权

1)定义

连带债权,是各债权人就同一给付均得请求债务人为全部给付的多数人债权。

2)对定义的说明

(1)连带债权是多数人以同一给付为客体的债权

连带债权的主体须为多数人,然而其权利对象亦即给付标的却同一。

(2)连带债权是每一债权人均得请求全部给付的多数人债权

连带债权的多数债权人之间形成"连带关系",每人均得就给付标的之全部请求债务人清偿。

(3)连带债权是发生于每一债权人之债权消灭事由均对全体债权人发生效力的多数人债权

任一债权人受领全部给付时,连带债权即统归消灭。使债权消灭的其他事由发生于任何债权人,也均对全体债权人发生效力。

连带债权人在内部关系上,仍应按确定份额享受债权。受领给付超出其应有份额或者比例的债权人,就其多受领部分对其他债权人负有移转义务。

(四)不可分之债

1.定义

不可分之债,是以不可分同一给付为客体的多数人之债。其中,以同一不可分给付为客体的债权,称为不可分债权;以同一不可分给付为客体的债务,称为不可分

(接前注)工承包人向发包人承担连带责任。承包人不得将其承包的全部建设工程转包给第三人或者将其承包的全部建设工程支解以后以分包的名义分别转包给第三人。]

《担保法》第18条:"Ⅰ.当事人在保证合同中约定保证人与债务人对债务承担连带责任的,为连带责任保证。Ⅱ.连带责任保证的债务人在主合同规定的债务履行期届满没有履行债务的,债权人可以要求债务人履行债务,也可以要求保证人在其保证范围内承担保证责任。"第19条:"当事人对保证方式没有约定或者约定不明确的,按照连带责任保证承担保证责任。"[《担保法》第18条对应《民法典》第688条:"Ⅰ.当事人在保证合同中约定保证人和债务人对债务承担连带责任的,为连带责任保证。Ⅱ.连带责任保证的债务人不履行到期债务或者发生当事人约定的情形时,债权人可以请求债务人履行债务,也可以请求保证人在其保证范围内承担保证责任。"相比起《担保法》第18条,除文字表述变动外,实质修改为在债权人行使权利的前提条件中,增加了"发生当事人约定的情形"。参见最高人民法院民法典贯彻实施工作领导小组主编:《中华人民共和国民法典合同编理解与适用》(二),人民法院出版社2020年版,第1319—1320页。《担保法》第19条对应《民法典》第686条第2款:"当事人在保证合同中对保证方式没有约定或者约定不明确的,按照一般保证承担保证责任。"该款实质变动是改变了在保证合同中对保证方式没有约定或约定不明时如何推定的规则。《担保法》第19条推定为连带责任,意在加强保证人的责任意识,并实现保障债权的目的,但存在以下问题:(1)不符合担保制度发展趋势,保证人负第二顺序的责任已成为各国立法所普遍承认的模式;(2)不符合保证制度的主旨,保证人在订立保证合同时,可能并没有承担连带保证的意思;(3)不利于发挥保证的作用,若广泛采纳连带责任保证,会使交易主体畏于提供保证,影响担保功能和融资功能发挥;(4)有违民法的平等和公平原则。基于以上理由,《民法典》第686条第2款对《担保法》第19条进行了颠覆性修改。参见最高人民法院民法典贯彻实施工作领导小组主编:《中华人民共和国民法典合同编理解与适用》(二),人民法院出版社2020年版,第1312—1313页。]

债务。

不可分给付依其发生划分为性质不可分给付和意思不可分给付两种。前者指给付在性质上是不可分割的，如分割就会损害其标的的价值，例如多人的共同表演。后者亦即意思不可分给付，是性质上未必不可分割，但依立法或者当事人的意思使之被确定为不可分给付。如对瑕疵商品的加害责任，立法规定其为生产商与销售商的不可分债务，是为了消费者行使救济权的便利以及救济获得上的可靠。

2.发生要件

不可分之债的要件得由当事人约定。但法律为贯彻特别政策，亦规定法定不可分之债，如为保护消费者而令瑕疵商品的销售商与生产商就该瑕疵负担不可分责任。

3.与连带之债的区别

不可分债权的行使及不可分债务的履行，原则上适用连带之债的规定。但就以下几方面，与连带之债有所不同：

1)不可分之债的各个债权人虽均有给付请求权，但由于客体的不可分性所规定，只能请求全部给付；债务人之一人清偿时，也须为全部债务之清偿。而不存在仅请求一部分或者仅清偿一部分的可能。

2)不可分之债因一债权人受领或一债务人给付而消灭后，为受领之债权人或为清偿之债务人是否负偿还义务或享有求偿权，应视不可分之债的发生原因而定。因产品责任产生的不可分债务，销售商在对消费者清偿后，对制造商生求偿权。

第四节　债的效力

所谓债的效力，指基于债之关系所发生的法律上之力。《民法通则》将债的效力，规定为债务的履行(第五章第二节)和不履行(第六章第二节)；《合同法》第四章合同的履行和第七章违约责任分别规定了合同之债的一般效力。

一、债权的效力

即债权的内容，以及该内容所体现的对于债权人以及债务人的法律上的作用。

唯应注意，此处讨论的债权，以完全债权为限，因为，债权是分为完全债权和不完全债权的。后者如罹于诉讼时效的债权。

(一)债权作为原权的效力

1.基本效力

1)给付请求权

给付请求权,指债权人得请求债务人给付的效力。《民法通则》第84条第2款规定:"债权人有权要求债务人按照合同的约定或者依照法律的规定履行义务。"[1]第87条规定"享有连带权利的每个债权人,都有权要求债务人履行义务",[2]即为给付请求权的规范基础。债权人得请求债务人履行债务,而债务人则有义务依其债务给付。

给付请求行为,尚会发生下列形成权上的效力:

(1)使未确定期间债权成为期间确定债权;[3]

(2)成为认定债务人迟延的时间基准;

(3)使诉讼时效中断。

2)给付受领与保有权

(1)给付受领权

给付受领权,是债权人受领债务人给付的权利。

(2)给付保有权

给付保有权,是对所受领的给付结果占有或者保持的权利。此一权利是给付请求权的延伸。假使债权人无此权利,依《民法通则》第92条,则所受领的给付结果难免沦为"不当得利",而须返还于给付人。依对该条的反向解释,可知"有合法根据而取得利益,纵使造成他人损失,亦无须返还"。[4]债权的受领与保有权,即取得利益的"合法根据"。

(3)受领证书出具义务

债权人受领给付后,依给付人之请,有出立受领证书的义务。

2.处分效力

债权尚包含处分权。债权处分权有债务免除权、债权让与权、债权抵销权、债权出质权等。

---

[1] 对应《民法典》第131条:"民事主体行使权利时,应当履行法律规定的和当事人约定的义务。"主要修改有:(1)将"债权人""债务人"的表述修改为"民事主体";(2)将"合同的约定"修改为"当事人约定"。

[2] 对应《民法典》第518条第1款:"债权人为二人以上,部分或者全部债权人均可以请求债务人履行债务的,为连带债权;债务人为二人以上,债权人可以请求部分或者全部债务人履行全部债务的,为连带债务。"

[3]《合同法》第62条第1款:"当事人就有关合同内容约定不明确,依照本法第六十一条的规定仍不能确定的,适用下列规定:……(四)履行期限不明确的,债务人可以随时履行,债权人也可以随时要求履行,但应当给对方必要的准备时间。……"[对应《民法典》第511条第4项:"当事人就有关合同内容约定不明确,依据前条规定仍不能确定的,适用下列规定:……(四)履行期限不明确的,债务人可以随时履行,债权人也可以随时请求履行,但是应当给对方必要的准备时间。……"]

[4] 对应《民法典》第122条:"因他人没有法律根据,取得不当利益,受损失的人有权请求其返还不当利益。"

（二）债权救济权的内容

当债权因债务人不履行而受有侵害时，债权人发生债权救济权。该权利包括补正给付请求权和损害赔偿请求权两项。债权救济权在学理上又被称为"债权的执行力"，取其得强制执行程序请求执行之义。

1.补正给付请求权

当债务人不履行其给付时，债权人有补正给付请求权。当债务人补正给付时，债权人相应地有给付受领和保有权，而不待言。

2.损害赔偿请求权

债权人因债务人不履行其债务受有损害、通过补正给付不能除去者，就其损害对债务人有赔偿请求权。

3.强制执行请求权

债权人因债务人可归责事由不履行其补正给付或者损害赔偿债务，便发生强制执行请求权，得依强制执行程序诉求公力救济。

（三）债权保全权与债之解除权

1.债权保全权

债权保全权是债权人依法取得的确保债权不受损害的权利，包括代位权与撤销权。关于此两项权利，本书将在本章第五节讨论。

2.债之解除权

债之解除权，是债权人依其单方意思表示而使嗣后无价值之债归于消灭的权利。嗣后无价值之债，是主旨无从达成的债。导致债无价值的原因，《合同法》第94条有其规定，[1]不外债务人的行为，包括给付不能以及不履行；以及债务人行为以外的原因，包括不可抗力。解除的效力原则上是溯及性的。《合同法》第97条规定了此种效力。[2]但对于持续之债，其效力却向将来的，已经发生的效力便无从奈何了。

---

〔1〕《合同法》第94条："有下列情形之一的，当事人可以解除合同：（一）因不可抗力致使不能实现合同目的；（二）在履行期限届满之前，当事人一方明确表示或者以自己的行为表明不履行主要债务；（三）当事人一方迟延履行主要债务，经催告后在合理期限内仍未履行；（四）当事人一方迟延履行债务或者有其他违约行为致使不能实现合同目的；（五）法律规定的其他情形。"［对应《民法典》第563条："Ⅰ.有下列情形之一的，当事人可以解除合同：（一）因不可抗力致使不能实现合同目的；（二）在履行期限届满之前，当事人一方明确表示或者以自己的行为表明不履行主要债务；（三）当事人一方迟延履行主要债务，经催告后在合理期限内仍未履行；（四）当事人一方迟延履行债务或者有其他违约行为致使不能实现合同目的；（五）法律规定的其他情形。Ⅱ.以持续履行的债务为内容的不定期合同，当事人可以随时解除合同，但是应当在合理期限之前通知对方。"该条第1款沿用了《合同法》第94条，第2款为新增内容，增加不定期合同随时解除的规则。］

〔2〕《合同法》第97条："合同解除后，尚未履行的，终止履行；已经履行的，根据履行情况和合同性质，当事人可以要求恢复原状、采取其他补救措施，并有权要求赔偿损失。"［对应《民法典》第566条："Ⅰ.合同解除后，尚未履行的，终止履行；已经履行的，根据履行情况和合同性质，当事人可以请求恢复原状或者采取其他补救措施，并有权请求赔偿损失。Ⅱ.合同因违约解除的，解除权人可以请求违约方承担违约责任，但是当事人另有约定的除外。Ⅲ.主合同解除后，担保人对债务人应当承担的民事责任仍应当承担担保责任，但是担保合同另有约定的除外。"除表述调整外，该条第1款基本沿用了《合同法》第97条的规定，第2款、第3款为新增内容。］

(四)债权效力的阻却

债权效力的阻却,指债权人怠于行使债权而导致的债权的效力障碍。债权人怠于行使债权,主要是受领迟延,受领迟延导致债权给付请求权的减损。受领迟延的要件包括:(1)须有履行上需债权人受领之债务;(2)须债务人已依债的内容提出给付;(3)债权人未予受领。

二、债务的效力

债务的效力即债务的内容,以及该内容所体现的对于债务人以及债权人的作用。

(一)给付效力

给付效力,指债务人应依其债务给付的约束力。给付义务包括主给付义务与从给付义务、第一性给付义务与第二性给付义务等。

1.主给付义务与从给付义务

主给付义务指债务固有并决定债的类型的基本义务。例如买卖中,出卖人交付标的物的义务和买受人支付价金的义务。从给付义务是辅助主给付义务的非独立义务。从给付义务发生依据有:(1)法律规定。如承运人依《合同法》第296条有为旅客运送随身行李的义务。[1](2)当事人约定。如约定电脑出卖人有培训义务是。(3)基于诚实信用原则。

2.原生给付义务与次生给付义务

原生给付义务是对应债权原权的给付义务,亦称第一性给付义务;次生给付义务是对应债权救济权的给付义务,亦称第二性给付义务。如因可归责之事由所导致的给付不能、给付迟延或给付瑕疵而生的赔偿义务是。

3.附随义务

附随义务是依债之关系的发展情形发生的对相对人告知、照顾、保护等义务。《合同法》第60条第2款规定:"当事人应当遵循诚实信用原则,根据合同的性质、目的和交易习惯履行通知、协助、保密等义务。"[2]此即附随义务。该法第266条规定:"承揽人应当按照定作人的要求保守秘密,未经定作人许可,不得留存复制品或者技

---

〔1〕 对应《民法典》第817条:"旅客随身携带行李应当符合约定的限量和品类要求;超过限量或者违反品类要求携带行李的,应当办理托运手续。"

〔2〕 对应《民法典》第509条第2款:"当事人应当遵循诚信原则,根据合同的性质、目的和交易习惯履行通知、协助、保密等义务。"《民法典》第509条第3款是在《合同法》第60条基础上的新增条款,为合同履行的绿色原则。《民法典》第509条第3款:"当事人在履行合同过程中,应当避免浪费资源、污染环境和破坏生态。"

术资料。"〔1〕第301条规定："承运人在运输过程中，应当尽力救助患有急病、分娩、遇险的旅客。"〔2〕则为有名合同中的附随义务。

4.前合同义务与后合同义务

前合同义务，是指当事人为订立合同而接触时即发生的说明、告知和注意等义务。违反此义务将构成缔约过失责任。《合同法》第42条、〔3〕第43条〔4〕规定了恶意磋商、缔约诈欺、泄露并使用商业秘密以及其他违背诚实信用行为的责任，即属违反前合同义务所致。前合同义务是法定义务。

后合同义务，是指合同之债消灭后，当事人为了维护给付效果或为了协助相对人终了善后事务所负的作为或不作为义务。后合同义务多基于法律的特别规定，《合同法》第43条关于不泄露并禁止使用商业秘密义务，第266条对承揽人的保密义务，〔5〕即属后合同义务。债务人违反时，须负不履行或损害赔偿责任。

（二）债务人的选择权

债务人的选择权是得于给出的数宗给付中确定其一以为实际履行内容的权利。选择权原则上是为了便利债务的履行，故而通常赋予债务人。

（三）债务人抗辩权

1.债务人抗辩权的意义

抗辩权是阻止请求权效力的权利。债务人的抗辩权，是双务合同之债债务人抗辩权的简称，是阻止双务合同债权效力的权利。债务人的抗辩权有同时履行抗辩权和不安抗辩权等。唯应注意，由于此两项抗辩权仅发生在双务合同之债中，而双务合同之债的债务人同时也是其相对人的债权人。因此，称其为债务人的抗辩权并不准确，而应称之为"双务合同之债当事人"的抗辩权，方属妥适。

2.同时履行抗辩权

1）同时履行抗辩权的定义

同时履行抗辩权，是其给付应同时履行的双务合同之债中债务人对未对待给付之他方所提出的给付请求的抗辩权。

---

〔1〕 现为《民法典》第785条。

〔2〕 现为《民法典》第822条。

〔3〕 对应《民法典》第500条："当事人在订立合同过程中有下列情形之一，造成对方损失的，应当承担赔偿责任：(一)假借订立合同，恶意进行磋商；(二)故意隐瞒与订立合同有关的重要事实或者提供虚假情况；(三)有其他违背诚信原则的行为。"

〔4〕 对应《民法典》第501条："当事人在订立合同过程中知悉的商业秘密或者其他应当保密的信息，无论合同是否成立，不得泄露或者不正当地使用；泄露、不正当地使用该商业秘密或者信息，造成对方损失的，应当承担赔偿责任。"《合同法》第43条只将商业秘密作为应当保密的信息，本条新增了"其他应当保密的信息"。

〔5〕 现为《民法典》第785条。

2)对定义的说明

(1)是债务人对债权人给付请求的抗辩权

此项抗辩权的主体是债务人。

(2)是债务人对未依约对待给付债权人所提出的给付请求的抗辩权

此项抗辩权的对象是他方的给付请求权。

(3)是双务合同之债债务人对未依约对待给付债权人所提出的给付请求的抗辩权

此项抗辩权须以被抗辩人未依约实施其对待给付为要件。此一要件,旨在保障合同双方的同时履行利益。

(4)是其给付应同时履行的双务合同之债中债务人对未对待给付之他方所提出的给付请求的抗辩权

此项抗辩权以同时履行的双务合同为要件,在非同时履行双务合同以及单务合同均不可。

3)同时履行抗辩权的效力

同时履行抗辩权的行使,即阻止了相对人给付请求权的效力,易言之,债务人得有法律依据地拒绝给付。

3.不安抗辩权

1)不安抗辩权的定义

不安抗辩权,是负有先给付义务的双务合同之债债务人因他方有难为对待给付之虞时对他方给付请求的抗辩权。

2)对定义的说明

(1)不安抗辩权是债务人对相对人给付请求的抗辩权

此项抗辩权的主体是债务人。

(2)不安抗辩权是对有难为对待给付之虞的相对人给付请求的抗辩权

此项抗辩权的对象不是通常的给付请求权,而是有难为对待给付之虞的相对人的给付请求权。法律之所以赋予债务人该项抗辩权,显然是为了保全其债权,因为,当债务人给付之后,便成为相对人的债权人,而如果相对人有难为对待给付之虞,其债权当然有保全的必要。

(3)不安抗辩权是双务合同之债负有先给付义务的债务人对有难为对待给付之虞的相对人所提出的给付请求的抗辩权

本来,负有先给付义务的债务人应当依约先予给付,但因为相对人有难为对待给付之虞,为保全其未来债权计,法律肯认其抗辩权。

3)不安抗辩权的效力

不安抗辩权的行使,即阻止了相对人给付请求权的效力,易言之,债务人得有法律依据地拒绝给付。

三、债务不履行及其效力

(一)债务不履行的意义

债务不履行是债务人因可归责事由不依债的主旨为给付的行为。

(二)债务不履行的样态

债务不履行的样态有四：给付不能、给付拒绝、给付迟延和给付不完全。

1.给付不能

1)给付不能的意义

给付不能，是因可归责于债务人的原因而导致的给付嗣后确定地不可能的状态。"嗣后不能"是债成立之后发生的不能。如系债成立之前即已存在的不能，其效力是债不成立，而无债务可言。确定不能，是不能的情形已成定局，而无转化为可能的可能性。如果尚有转化为给付可能的那种可能性，则仅发生给付迟延问题，而不属给付不能。最后，给付不能须是由可归责于债务人的原因所导致。

2)给付不能的效力

给付不能的效力是在全部不能，债务人须就债权人的履行利益负损害赔偿责任。所谓履行利益，是假定履行成就通常会给债权人带来的利益。[1]在部分不能，债务人须就不能履行部分对债权人负损害赔偿责任，其赔偿原则与上述全部不能中的履行利益原则相同。对能够给付部分，以部分给付对债权人有利益为限而为给付；如果对债权人无利益而令给付不必要者，债权人得拒绝受领，而改为损害赔偿或解除契约。

2.给付拒绝

1)给付拒绝的意义

给付拒绝，是债务人拒绝实施可能给付的明示表示。给付拒绝中的给付，须为可能的给付。如属给付不能，则无拒绝可言。另外，拒绝须明示，如仅有不给付行为而未明示拒绝，则仅发生给付迟延问题。《合同法》第108条规定了当事人一方明示或默示两种"预期违约"形态，并赋予不同的效力。[2]"明示"的预期违约，即给付拒绝。

---

[1]《合同法》第113条第1款规定："当事人一方不履行合同义务或者履行合同义务不符合约定，给对方造成损失的，损失赔偿额应当相当于因违约所造成的损失，包括合同履行后可以获得的利益，但不得超过违反合同一方订立合同时预见到或者应当预见到的因违反合同可能造成的损失。"[对应《民法典》第584条："当事人一方不履行合同义务或者履行合同义务不符合约定，造成对方损失的，损失赔偿额应当相当于因违约所造成的损失，包括合同履行后可以获得的利益；但是，不得超过违约一方订立合同时预见到或者应当预见到的因违约可能造成的损失。"]

[2] 对应《民法典》第578条："当事人一方明确表示或者以自己的行为表明不履行合同义务的，对方可以在履行期限届满前请求其承担违约责任。"

2)给付拒绝的效力

给付拒绝的效力是债权人得依强制执行程序强制其"补正给付",但对依法不得强制执行的给付,[1]不在此限。"补正给付"乃救济型债务。此外,对于因此给债权人造成的损害,有予以赔偿的救济型债务。

3.给付迟延

1)给付迟延的意义

给付迟延,是可能给付的债务人因可归责事由在给付期间届满而未为给付的事实。

2)给付迟延的效力

给付迟延的效力是对于因迟延所致债权人的损害,有予以赔偿的救济型债务。

4.给付不完全

1)给付不完全的意义

给付不完全,是债务人因可归责事由使其给付在方式或者标的量、质等方面存在的不完全。

2)给付不完全的类型

(1)瑕疵给付

即给付含有数量不足、品种不合、地点不妥、方法不当以及未履行附随义务等方面的瑕疵的情形。

(2)加害给付

即债务人因其给付瑕疵而导致债权人人身或者财产损害的情形。

3)给付不完全的效力

给付不完全的效力是"补正给付"。此补正给付亦为救济型债务。若不为补正给付,债权人得依强制执行程序强制其"补正给付",但对依法不得强制执行的给付,不在此限。此外,对于因此给债权人造成的损害,有予以赔偿的救济型债务。

(三)债务不履行的效力

1.债务的变形

1)债务变形的定义

所谓债务的变形,是债务因债务人不履行而演变为救济型债务且内容扩展的情形。

---

〔1〕《合同法》第110条规定:"当事人一方不履行非金钱债务或者履行非金钱债务不符合约定的,对方可以要求履行,但有下列情形之一的除外:…… (二)债务的标的不适于强制履行或者履行费用过高;……"〔对应《民法典》第580条:"当事人一方不履行非金钱债务或者履行非金钱债务不符合约定的,对方可以请求履行,但是有下列情形之一的除外:(一)法律上或者事实上不能履行;(二)债务的标的不适于强制履行或者履行费用过高;(三)债权人在合理期限内未请求履行。"〕

2）对定义的说明

(1)债务变形是原生型债务变为救济型债务以及内容扩展的情形

债务变形的基本部分是债务由原生债务变为救济债务，两债务的值同一。但债务的变形尚包括债务扩展，亦即新增加了损害赔偿债务。

(2)债务变形是因债务人不履行导致的债务变形

债务变形的法律要件是债务人的不履行债务行为。债务人的不履行行为，样态颇多，故而须展开讨论。

3）债务变形的样态

(1)保值变形：补正给付

补正给付，是法律课予债务不履行人就其不履行义务予以补正以确保债权原值的义务。补正给付属救济型债务，因充分法律所规定的要件而发生，从而属于法定债务。但债权人得予抛弃。此外，补正给付的债务"值"与原债务同一。

(2)债务扩展：损害赔偿

损害赔偿，是法律课予债务不履行人就其不履行所致债权人损害予以金钱补偿为内容的义务。损害赔偿的内容，一般而言是履行利益，但在加害给付或解除契约的情形下，也包括固有利益或信赖利益。

2.充分担保从债的生效要件

1）债务不履行是担保从债的生效要件

当债务附有担保时，债务不履行便令担保从债生效。

2）债务不履行赋予相对人以合同解除权或者终止权

当债务不履行使债的主旨不能达成时，债权人便取得合同的解除权或者终止权。

（四）债务与责任

1.责任的意义

债务人责任是因其不履行救济型债务导致的该债务被强制执行的依据。

责任是因不履行救济型债务行为所导致的法律后果，是由债务变形而来。但已不仅属当事人之间的私法关系，而且有国家强制执行参与了。

2.债务与责任的区别与关联

第一性债务是对应于权利中原权的义务，第二性义务所对应的则是救济权；与责任相对应的却是债权人的公力救济权以及国家的强制执行权，后者属于公权力。申言之，不履行第一性义务将引起第二性义务，而不履行第二性义务则导致国家机器的强制。

第五节 债权的保全与担保

一、债权的保全

(一)债权保全的意义

债权保全,是确保债权完满而免受债务人侵害的制度。

债权是相对权,要靠债务人的履行才能实现,其效力原则上无从达于第三人。然而,当债务人同第三人实施足以危及债权的行为时,如果不许债权人对该行为所形成的法律关系予以一定的干预,以排除债权所受的危害,那么法律对债权的保护即未免不周。因此,在一些国家民法中,发育出债权保全制度,在特定条件下,允许债权人干预债务人与第三人之间足以危及债权的法律关系。因债权保全涉及债权人与第三人的关系,故而称为债的对外效力。其实,所谓债权的保全,无非是对于债务人作为履行条件之全部财产的保全,而此项保全,又集中在干预债务人与第三人的使该财产不正常减损的法律关系之上。然而,《德国民法典》却坚持债权的相对性,认为赋予债权对于第三人效力与相对权的本质不合,因而未肯认债权保全,而是通过强制执行程序解决了代位权所要解决的问题,可谓异曲同工。

我国《合同法》规定了债权人代位权和撤销权两种债权保全制度。下面分别进行讨论。

(二)债权人代位权

1.债权人代位权的意义

1)定义

债权人代位权是债权人为了保全其债权不受损害而得以自己名义行使债务人所怠于行使之权利的权利。

《合同法》第73条规定了债权人代位权。[1]

2)对定义的说明

(1)债权人代位权是债权人得代替债务人行使权利的权利

所谓"代位",即"取他人法律地位而代之"的意思。民法上有继承权之代位、

---

[1] 对应《民法典》第535条:"I.因债务人怠于行使其债权或者与该债权有关的从权利,影响债权人的到期债权实现的,债权人可以向人民法院请求以自己的名义代位行使债务人对相对人的权利,但是该权利专属于债务人自身的除外。II.代位权的行使范围以债权人的到期债权为限。债权人行使代位权的必要费用,由债务人负担。III.相对人对债务人的抗辩,可以向债权人主张。"主要修改为:(1)将"对债权人造成损害"修改为"影响债权人的到期债权实现";(2)增加怠于行使"与该债权有关的从权利",也是代位权的构成要件;(3)第3款为新增内容。

债务清偿之代位以及清偿受领权之代位。其中，继承权代位是由先期死亡继承人的晚辈直系血亲以自己的名义行使先亡继承人的继承权；清偿代位则是代替债务人清偿债务。清偿受领权代位权则是以自己名义行使他人的请求权或清偿受领权。亦即自我替代地去受领第三人的清偿。

(2)债权人代位权是债权人得以自己的名义行使债务人权利的权利

在代位权行使之际，债权人是以自己的名义，而非以债务人的名义。

(3)债权人代位权是因债务人危害债权的行为而依法取得的权利

债权人代位权因法定要件的充分而取得，因而属于法定权利。其要件是债务人的有足以危及债权的怠于受领清偿行为。

(4)债权人代位权是旨在保全债权的权利

债权人代位权因受领他人清偿而增益了债务人的责任财产，故而有保全债权的功能。

2.债权人代位权的法律要件[1]

1)须债务人怠于行使权利

债务人怠于行使权利，是债权人代位权的首要要件。该要件又包含两点，一是须债务人对于第三人享有权利；二是须债务人怠于行使该权利。所谓"怠于行使"，是指权利可以行使而且能够行使却不予行使的事实状态。至于不行使的理由如何，则非所问。对于债务人不能行使的权利(例如破产人之财产权)，以及不应行使的权利(如未届清偿期的权利)，皆无怠于行使可言。

2)须债务人怠于行使权利情事危害债权人的债权

代位权既然旨在保全债权，因而须以确有保全的必要为其要件。而保全的必要，则指债务人不行使权利的事实足以危害债权。判断是否危害债权，又应以债务人以及债权担保财产是否不足以清偿债务为标准。倘足以清偿，那么纵使债务人有怠于行使权利的事实，也无保全的必要。

3)须债权人自己的债权已届履行期

债权人须待其债权已届履行期时，方能行使代位权。对于未届履行期的债权，一方面因其债权有无不能实现之虞尚属难料，另一方面，就双务契约而言，纵使债权有其危险也得援用不安抗辩权供其保全，而无须代位权叠床架屋地重复保全。

---

〔1〕《合同法解释(一)》第11条："债权人依照合同法第七十三条的规定提起代位权诉讼，应当符合下列条件：(一)债权人对债务人的债权合法；(二)债务人怠于行使其到期债权，对债权人造成损害；(三)债务人的债权已到期；(四)债务人的债权不是专属于债务人自身的债权。"［对应《民法典》第535条："Ⅰ.因债务人怠于行使其债权或者与该债权有关的从权利，影响债权人的到期债权实现的，债权人可以向人民法院请求以自己的名义代位行使债务人对相对人的权利，但是该权利专属于债务人自身的除外。Ⅱ.代位权的行使范围以债权人的到期债权为限。债权人行使代位权的必要费用，由债务人负担。Ⅲ.相对人对债务人的抗辩，可以向债权人主张。"《民法典》第535条吸收了《合同法解释(一)》第11条关于债权人代位权的构成要件的规定。］

4)须债务人怠于行使的权利具有得代位性

代位权的对象须为非专属性权利。诸如因身份关系而生的权利、因人身保险关系而生的权利、养老金、抚恤金等,均无从代位。[1]

3.债权人代位权的行使

1)代位权行使对象范围,以保全债权的必要为限。

2)代位权行使须以诉为之。

4.债权人代位权的效力

代位权既然仅系代替债务人行使权利,故而自逻辑言之,行使的效果应归属于债务人。申言之,因其行使所取得的财产应归属于债务人。代位权人不得直接以此财产清偿其债权。对于代位权的效力,我国《合同法》漏为规定,最高人民法院《合同法解释(一)》第20条解释为由第三人直接向代位权人清偿,依逻辑,应代位权人取得清偿的效果。[2]

(三)债权人撤销权

1.撤销权的意义

1)定义

债权人撤销权是债权人就债务人侵害债权行为诉求司法机关予以撤销的权利。

我国对债权人撤销权的规定,始于最高人民法院《民通意见》,该规定第130条规定了对侵害法定义务所对应的权利的赠与的撤销权,[3]《合同法》第74条则规定了对损害债权的无偿行为和明显不合理低价的转让行为的撤销权。

---

〔1〕《合同法解释(一)》第12条:"合同法第七十三条第一款规定的专属于债务人自身的债权,是指基于扶养关系、抚养关系、赡养关系、继承关系产生的给付请求权和劳动报酬、退休金、养老金、抚恤金、安置费、人寿保险、人身伤害赔偿请求权等权利。"[对应《民法典合同编通则解释》第34条:"下列权利,人民法院可以认定为民法典第五百三十五条第一款规定的专属于债务人自身的权利:(一)抚养费、赡养费或者扶养费请求权;(二)人身损害赔偿请求权;(三)劳动报酬请求权,但是超过债务人及其所扶养家属的生活必需费用的部分除外;(四)请求支付基本养老保险金、失业保险金、最低生活保障金等保障当事人基本生活的权利;(五)其他专属于债务人自身的权利。"]

〔2〕《合同法解释(一)》第20条:"债权人向次债务人提起的代位权诉讼经人民法院审理后认定代位权成立的,由次债务人向债权人履行清偿义务,债权人与债务人、债务人与次债务人之间相应的债权债务关系即予消灭。"[对应《民法典》第537条:"人民法院认定代位权成立的,由债务人的相对人向债权人履行义务,债权人接受履行后,债权人与债务人、债务人与相对人之间相应的权利义务终止。债务人对相对人的债权或者与该债权有关的从权利被采取保全、执行措施,或者债务人破产的,依照相关法律的规定处理。"主要修改有:(1)该条在《合同法解释(一)》第20条的基础上,明确债务人对相对人的权利被采取保全、执行措施,或者债务人破产的,依照相关法律规定处理;(2)理顺代位权成立与得以履行在法律效果上的层次区别。参见最高人民法院民法典贯彻实施工作领导小组主编:《中华人民共和国民法典合同编理解与适用》(一),人民法院出版社2020年版,第516—519页。]

〔3〕最高人民法院《民通意见》第130条规定:"赠与人为了逃避应履行的法定义务,将自己的财产赠与他人,如果利害关系人主张权利的,应当认定赠与无效。"该条并未使用"撤销权"的用语,但自事理而言,只能以撤销的判决使侵害权利行为无效,故而应为撤销权。[对应《民法典》第538条:"债务人以放弃其债权、放弃债权担保、无偿转让财产等方式无偿处分财产权益,或者恶意延长其到期债权的履行期限,影响债权人的债权实现的,债权人可以请求人民法院撤销债务人的行为。"]

2）对定义的说明

（1）债权人撤销权是得诉求撤销债务人法律行为的权利

撤销权，依其对象，划分为对自己行为的撤销权和对他人行为的撤销权。前者如对自己的重大错误以及受诈欺行为的撤销权，后者即我们现在讨论的债权人的撤销权，是对他人亦即债务人法律行为的撤销权。撤销权依其主体，划分为债务人撤销权和债权人撤销权，前者如出赠人对赠与的撤销权，后者即我们现在讨论的债权人的撤销权。撤销权依其法律依据，划分为民法上的撤销权和破产法上的撤销权，债权人撤销权属民法上的撤销权。

（2）债权人撤销权是得诉求撤销债务人损害债权的行为的权利

债权人撤销权既然属于债权的保全性权利，因而其对象便不是债务人的任何法律行为，而仅为其中损害自己债权的行为。因为，非此类行为是无须动用债权的保全制度这一"凶器"的。

（3）债权人撤销权是得诉求撤销债务人故意损害债权行为的权利

作为债权人撤销权对象的债务人损害自己债权的法律行为，并非任何损害债权的行为，而须为债务人故意损害的行为。因为客观上使责任财产减少的行为，属于商业风险，是任何人都难以避免的。如容随意撤销，不免会害及债务人行为相对人的利益，而且有害交易安全。

（4）债权人撤销权是债权人得依诉撤销债务人故意损害自己债权的法律行为的权利

债权人撤销权须依诉而为，此为法律的强制规定。法律如此规定的价值判断是，债务人行为是否损害债权，应当给予债务人以诉上主张的机会，而避免债权人专横。

2.债权人撤销权的法律要件

1）须债务人有减少其财产或增加其财产负担的行为

《合同法》第74条仅规定对债务人行为放弃到期债权或赠与财产等无偿处分行为为撤销的标的，而对于增加财产负担的行为，如为第三人提供担保，则未作规定。自逻辑言之，亦应包括该类行为。[1]

---

〔1〕《合同法》第74条第1款第1句对应《民法典》第538条，《合同法》第74条第1款第2句对应《民法典》第539条，《合同法》第74条第2款现为《民法典》第540条。《民法典》第538条："债务人以放弃其债权、放弃债权担保、无偿转让财产等方式无偿处分财产权益，或者恶意延长其到期债权的履行期限，影响债权人的债权实现的，债权人可以请求人民法院撤销债务人的行为。"该条主要修改有：（1）具体列举了债务人无偿处分的情形，放弃债权不再要求债权到期，且对于无偿处分情形增加了"等"的表述；（2）将"对债权人造成损害"修改为"影响债权人的债权实现"，降低了债务人诈害行为与债权人债权实现之间因果关系程度的要求。参见最高人民法院民法典贯彻实施工作领导小组主编：《中华人民共和国民法典合同编理解与适用》（一），人民法院出版社2020年版，第526、529、533页。《民法典》第539条："债务人以明显不合理的低价转让财产、以明显不合理的高价受让他人财产或者为他人的债务提供担保，影响债权人的债权实现，债务人的相对人知道或者应当知道该情形的，债权人可以请求人民法院撤销债务人的行为。"第539条的主要修改与前述第538条基本一致。《民法典》第540条："撤销权的行使范围以债权人的债权为限。债权人行使撤销权的必要费用，由债务人负担。"

2）须债务人的行为损害债权

债务人的上述行为，尚须损害债权。损害债权的判断标准，是行为后债务人全部财产不足以清偿债务。倘若债务人的行为虽会减少其财产，但其尚存的财产仍足以清偿其债务，就不存在对债权的损害。

3）须债务人有损害债权的故意

唯有损害债权的意思的行为，方属撤销权的对象。而并无该意思的行为，虽在客观上损害债权，为保护行为相对人的利益，以及维护交易安全，而不容随意撤销。

3.债权人撤销权的行使

1）须依诉为之

债权人的撤销权属于依诉行使的形成权，故而须依诉为之。

2）撤销权的除斥期间

依《合同法》第75条的规定，撤销权行使期间为一年，自债权人知道或应当知道撤销事由之日起算。[1]但自债务人行为发生之日起超过五年者，撤销权归于消灭。

4.债权人撤销权的效力

债务人的被撤销行为因撤销而自始无效。第三人因被撤销行为取得财产者，须返还该财产于债务人，返还不能者，则须折价补偿。上述法律效果，均直接对债务人发生。

5.撤销权与代位权之关系

如债务人行为被撤销后，对第三人应返还的财产"怠于"行使请求权的，债权人得转而行使债权人代位权，请求返还，并以强制力实现债权的给付利益。

二、债权的担保

债权的担保，依其担保手段，划分为物权担保和债权担保。前者系以担保物权来担保债权，后者是以债权担保债权。关于前者，本书已在物权中担保物权部分作了讨论。现在所讨论的，仅为以担保债权来作债权的担保。

商业社会风云变幻，情事无常。债务人或因经营不善，或遇不可抗力，而难免不测，甚至沦为破产。凡此种种，均足以令债权落空。为确保债权的实现，有在债务之外再设担保之从债务的必要，从而给债权以双重的保障。《民法通则》《合同法》和《担保法》规定了保证、定金、违约金三种债权担保方式。至于担保物权，在功能上也属债权的担保。但鉴于其性质为物权，本书已在第十二章专门讨论。本处仅讨论保证、定金和违约金三种担保方式。此点应予注意。

---

〔1〕　现为《民法典》第541条。

（一）保证

1.保证的意义

保证是由第三人负担的以主债务人不履行债务为条件的代负履行责任或承担连带责任的债权担保方式。

1）保证是债权担保方式之一

如上所述，担保的方式有多种，保证乃其中之一。

2）保证是以第三人的代位债务为方式的债权担保

保证的机制，是以第三人的代位债务增加债权实现的可靠系数。于是而有两个债务，被保证的债务为主债务，保证债务则属从债务。第三人是以其全部财产作为代位债务的担保的。唯应注意，上述两债务得依约定或者法律规定而形成连带关系，而不是主从关系。

3）保证之债是保证合同的效力

保证的代位从债的效力，源自保证合同。该合同由第三人与债权人订立。合同订立后，该第三人即为"保证人"。

2.保证的要件

1）成立要件

（1）须有被保证债务

即须有主债务。恰恰该债务，成为保证的对象。如无该债务，当无保证可言。

（2）须有保证合同

保证债务乃约定债务，因保证合同而生，故保证合同是保证债务的要件。

2）生效要件

（1）一般生效要件

须主债务人因可归责事由不履行。

保证债务以主债务因可归责于主债务人的事由不履行为停止条件。此条件成就，保证债务生效。此条件确定地不成就，保证债务即归于消灭。此点显示了保证债务的从债务性质。

（2）特别生效要件

在一般保证，须对主债务强制执行不果。

3.保证合同

1）保证合同的意义

所谓保证合同，是当事人约定一方在他方的债务人因可归责事由不履行债务时负担代位清偿债务的合同。该合同由第三人与债权人订立。该第三人之所以肯于担保，系由于与被保证人之间存在基础法律关系，例如亲友之间的一般信任关系，以及提供保证的正式信用关系。后者指由保证人与被保证人约定，保证人负担附停止条件的代位债务，在债务条件成就、代位清偿之后，由被保证人负责予以补偿。

2）保证的标的

即保证的范围。该范围依约定，如无约定（包括约定不明）则推定为以主债务的全部为范围。

3）保证债务的性质

保证债务的性质，亦依约定。当事人可约定为补充性债务，即以主债务人确定地不能给付为条件。[1]认定确定的不能给付的证据，是判令被保证人清偿主债务的判决执行不能。亦可约定连带保证，是在主债务给付迟延时即须无条件代位清偿的保证。[2]如无约定，包括约定不明，则依法被推定为连带保证。[3]

4）保证债务的法定期间

保证是从债务，其履行期间以主债务不履行或强制履行无效果为其始期，其终期则依约定。无约定其中包括约定不明者，则为六个月，自主债务履行期届满之日起算。[4]对于未约定保证期限的最高额保证，于保证人书面终止意思为保证期限的

---

〔1〕《担保法》第17条规定："Ⅰ.当事人在保证合同中约定，债务人不能履行债务时，由保证人承担保证责任的，为一般保证。Ⅱ.一般保证的保证人在主合同纠纷未经审判或者仲裁，并就债务人财产依法强制执行仍不能履行债务前，对债权人可以拒绝承担保证责任。Ⅲ.有下列情形之一的，保证人不得行使前款规定的权利：（一）债务人住所变更，致使债权人要求其履行债务发生重大困难的；（二）人民法院受理债务人破产案件，中止执行程序的；（三）保证人以书面形式放弃前款规定的权利的。"［对应《民法典》第687条："Ⅰ.当事人在保证合同中约定，债务人不能履行债务时，由保证人承担保证责任的，为一般保证。Ⅱ.一般保证的保证人在主合同纠纷未经审判或者仲裁，并就债务人财产依法强制执行仍不能履行债务前，有权拒绝向债权人承担保证责任，但是有下列情形之一的除外：（一）债务人下落不明，且无财产可供执行；（二）人民法院已经受理债务人破产案件；（三）债权人有证据证明债务人的财产不足以履行全部债务或者丧失履行债务能力；（四）保证人书面表示放弃本款规定的权利。"除表述调整外，该条实质修改：（1）关于保证人不得行使先诉抗辩权的情形，将《担保法》第17条第3款的第一种情形"债务人住所变更，致使债权人要求其履行债务发生重大困难的"修改为"债务人下落不明，且无财产可供执行"；（2）关于保证人不得行使先诉抗辩权的情形，本条增加《担保法》第17条第3款没有规定的一种情形"债权人有证据证明债务人的财产不足以履行全部债务或者丧失履行债务能力"。参见最高人民法院民法典贯彻实施工作领导小组主编：《中华人民共和国民法典合同编理解与适用》（二），人民法院出版社2020年版，第1315页。］

〔2〕《担保法》第18条规定："Ⅰ.当事人在保证合同中约定保证人与债务人对债务承担连带责任的，为连带责任保证。Ⅱ.连带责任保证的债务人在主合同规定的债务履行期届满没有履行债务的，债权人可以要求债务人履行债务，也可以要求保证人在其保证范围内承担保证责任。"［对应《民法典》第688条："Ⅰ.当事人在保证合同中约定保证人和债务人对债务承担连带责任的，为连带责任保证。Ⅱ.连带责任保证的债务人不履行到期债务或者发生当事人约定的情形时，债权人可以请求债务人履行债务，也可以请求保证人在其保证范围内承担保证责任。"］

〔3〕《担保法》第19条规定："当事人对保证方式没有约定或者约定不明确的，按照连带责任保证承担保证责任。"［对应《民法典》第686条第2款："当事人在保证合同中对保证方式没有约定或者约定不明确的，按照一般保证承担保证责任。"］

〔4〕《担保法》第25条第1款规定："一般保证的保证人与债权人未约定保证期间的，保证期间为主债务履行期届满之日起六个月。"第26条第1款规定："连带责任保证的保证人与债权人未约定保证期间的，债权人有权自主债务履行期届满之日起六个月内要求保证人承担保证责任。"［对应《民法典》第692条："Ⅰ.保证期间是确定保证人承担保证责任的期间，不发生中止、中断和延长。Ⅱ.债权人与保证人可以约定保证期间，但是约定的保证期间早于主债务履行期限或者与主债务履行期限同时届满的，视为没有约定；没有约定或者约定不明确的，保证期间为主债务履行期限届满之日起六个月。Ⅲ.债权人与债务人对主债务履行期限没有约定或者约定不明确的，保证期间自债权人请求债务人履行债务的宽限期届满之日起计算。"该条第2款后句的规定与《担保法》第25条第1款和第26条第1款大体一致，第1款、第2款前句和第3款为新增条文。参见最高人民法院民法典贯彻实施工作领导小组主编：《中华人民共和国民法典合同编理解与适用》（二），人民法院出版社2020年版，第1341—1342页。］

终期，但对于该期限之前的债务，保证人仍须负约定的保证责任。[1]

唯应注意，该期间的性质乃为债务存续期间，而非诉讼时效期间，亦非除斥期间。

5）保证合同的效力

（1）发生于债权人与保证人之间的效力

即代位债务效力。保证债权的请求力范围，不仅及于主债务及其负担（后者如违约金、赔偿金等），而且对于主债务人就无效合同所负担的返还财产或赔偿损失的债务，亦包括之。

①一般效力

即一般保证的代位债务效力。以主债务强制执行未果为停止条件。但因主债务人住址变更而发生请求障碍或主债务人破产时，无须强制执行的不果条件。

②连带效力

保证代位债务以主债务因可归责于债务人的事由履行迟延为条件，而无须强制执行不果。

③多数保证人与债权人之间的效力

数人就同一债务为保证人者，为多数保证。各保证人的代位债务依其约定，如无约定（其中包括约定不明），即须负连带保证责任。[2]

---

〔1〕《担保法》第27条规定："保证人依照本法第十四条规定就连续发生的债权作保证，未约定保证期间的，保证人可以随时书面通知债权人终止保证合同，但保证人对于通知到债权人前所发生的债权，承担保证责任。"[该条文已删除。《民法典》没有沿用《担保法》中关于最高额保证相关条款的规定，而是在《民法典》第690条第2款规定最高额保证适用保证合同章及《民法典》第二编最高额抵押权的相关规定。《民法典》第690条第2款："最高额保证除适用本章规定外，参照适用本法第二编最高额抵押权的有关规定。"《民法典担保制度解释》第30条进一步进行了规定。《民法典担保制度解释》第30条："Ⅰ.最高额保证合同对保证期间的计算方式、起算时间等有约定的，按照其约定。Ⅱ.最高额保证合同对保证期间的计算方式、起算时间等没有约定或者约定不明，被担保债权的履行期限均已届满的，保证期间自债权确定之日起开始计算；被担保债权的履行期限尚未届满的，保证期间自最后到期债权的履行期限届满之日起开始计算。Ⅲ.前款所称债权确定之日，依照民法典第四百二十三条的规定认定。"]

〔2〕《担保法》第12条规定："同一债务有两个以上保证人的，保证人应当按照保证合同约定的保证份额，承担保证责任。没有约定保证份额的，保证人承担连带责任，债权人可以要求任何一个保证人承担全部保证责任，保证人都负有担保全部债权实现的义务。已经承担保证责任的保证人，有权向债务人追偿，或者要求承担连带责任的其他保证人清偿其应当承担的份额。"[对应《民法典》第699条和《民法典担保制度解释》第13条。《民法典》第699条："同一债务有两个以上保证人的，保证人应当按照保证合同约定的保证份额，承担保证责任；没有约定保证份额的，债权人可以请求任何一个保证人在其保证范围内承担保证责任。"《民法典担保制度解释》第13条："Ⅰ.同一债务有两个以上第三人提供担保，担保人之间约定相互追偿及分担份额，承担了担保责任的担保人请求其他担保人按照约定分担份额的，人民法院应予支持；担保人之间约定承担连带共同担保，或者约定相互追偿但是未约定分担份额的，各担保人按照比例分担向债务人不能追偿的部分。Ⅱ.同一债务有两个以上第三人提供担保，担保人之间未对相互追偿作出约定且未约定承担连带共同担保，但是各担保人在同一份合同书上签字、盖章或者按指印，承担了担保责任的担保人请求其他担保人按照比例分担向债务人不能追偿部分的，人民法院应予支持。Ⅲ.除前两款规定的情形外，承担了担保责任的担保人请求其他担保人分担向债务人不能追偿部分的，人民法院不予支持。"]

(2)发生于债务人与保证人之间的效力

保证人履行代位债务后,于其清偿限度内,取得对主债务人的求偿权。[1]

4.保证债务的消灭

保证债务,除因债务的一般消灭原因(清偿、混同、抵销、提存、免除)消灭外,尚有下列特别原因:

1)主债务消灭

主债务消灭,当然令从债消灭。主债务消灭,包括主债务的变更。《担保法》第24条规定:"债权人与债务人协议变更主合同的,应当取得保证人书面同意,未经保证人书面同意的,保证人不再承担保证责任。保证合同另有约定的,按照约定。"[2]

2)主债务由他人承担

保证属信用担保,故主债务人更换时,除经保证人同意者外,保证即归消灭。[3]

3)保证期间届满

债权人于保证期间不行使保证请求权,即视为保证债务免除。此外,债权人未经保证人同意而允许主债务人延期履行的,亦视为保证债务的免除。

(二)定金

在学说和立法例,定金有"成约定金""证约定金""违约定金"和"解约定金"之别。[4]但实务上却以违约定金和解约定金为重要和常见,解约定金不过是违约定

---

〔1〕《担保法》第31条规定:"保证人承担保证责任后,有权向债务人追偿。"[对应《民法典》第700条:"保证人承担保证责任后,除当事人另有约定外,有权在其承担保证责任的范围内向债务人追偿,享有债权人对债务人的权利,但是不得损害债权人的利益。"]

〔2〕对应《民法典》第695条:"I.债权人和债务人未经保证人书面同意,协商变更主债权债务合同内容,减轻债务的,保证人仍对变更后的债务承担保证责任;加重债务的,保证人对加重的部分不承担保证责任。II.债权人和债务人变更主债权债务合同的履行期限,未经保证人书面同意的,保证期间不受影响。"

〔3〕《担保法》第23条规定:"保证期间,债权人许可债务人转让债务的,应当取得保证人书面同意,保证人对未经其同意转让的债务,不再承担保证责任。"[对应《民法典》第697条:"I.债权人未经保证人书面同意,允许债务人转移全部或者部分债务,保证人对未经其同意转移的债务不再承担保证责任,但是债权人和保证人另有约定的除外。II.第三人加入债务的,保证人的保证责任不受影响。"]

〔4〕在学说和立法例上,定金有以下四种类型:(1)成约定金,是作为合同成立要件的定金,如《德国民法典》第336条规定的定金。(2)证约定金,是作为合同成立证据的定金,如《俄罗斯联邦民法典》第380条规定的定金。(3)违约定金,是作为债务不履行责任约定数额的定金,如我国《合同法》第116条规定的定金。定金交付人若不履行债务时,定金便由定金收受人取得;定金收受人若不履行债务,则须双倍返还定金于交付人。[对应《民法典》第588条:"I.当事人既约定违约金,又约定定金的,一方违约时,对方可以选择适用违约金或者定金条款。II.定金不足以弥补一方违约造成的损失的,对方可以请求赔偿超过定金数额的损失。"该条第1款沿用了《合同法》第116条的规定,第2款为新增内容。](4)解约定金,是作为主合同解除权代价的定金,如《法国民法典》第1590条、《日本民法典》第557条所规定的定金。定金交付人得抛弃定金而解除合同,定金收受人则得双倍返还定金解除合同。我国对于不履行债务之救济以继续履行为原则,故定金有无解约效力法律并无明文规定。但因行为债务无法强制执行,故在承揽、委任、行纪等合同中,定作人、委任人、行纪人给付的定金,应视为解约定金;此外,按交易习惯,在房屋买卖、租赁等交易中,买受人或承租人放弃定金的,也应享有解约权。即不应使给付定金的一方再负履行债务的责任。

金的另一面相而已。[1]故而本书仅以违约定金作为讨论的对象。此点务应注意。

1.定金的意义

1)定义

定金是合同当事人一方预为债务不履行责任交付他方占有，以债务履行为解除条件的金钱。

2)对定义的说明

(1)定金是合同当事人一方交付他方占有的金钱

定金由主合同的当事人一方交付他方占有，并以此作为定金合同成立的条件。

(2)定金是为担保债权的预付金钱

定金的性质是预付违约金。

(3)定金所有权因交付而移转于受领人但以交付人履行债务为解除条件

金钱一经移转占有，其所有权便随之移转，而为受领人取得。在定金，当其被交付于受定金人时，其所有权即属于受定金人。不过，当该方履行债务后，定金受领人即须返还定金；相反，若债务未履行，则确定地取得了定金。自此点观察，定金具有债的担保的功能。唯应注意，定金的该效力是法定的。《担保法》第89条规定："……给付定金的一方不履行约定的债务的，无权要求返还定金；收受定金的一方不履行约定的债务的，应当双倍返还定金。"[2]

(4)定金也是对受领人债务不履行赔偿责任数额之约定

定金的作用尚有另一方面，即定金受领人若不履行债务时，须以所受定金作为责任数额。于是在外观上，其承担责任便呈现为双倍返还定金。与定金对于定金交付人的效力相同，依《担保法》第89条，定金对于受领人的效力也是法定的，故而具有债的担保的功能。

2.定金的性质

定金实质上应属"金钱质"。然而，担保物权以金钱以外的物为标的。此系因为，债务人倘有足够的金钱，即足以履行债务，而无须以之设立担保物权。故以金钱设质实无可能亦无必要。以金钱为担保，便成为定金。

定金与预付款不同，定金是担保主债履行的从债，预付款则直接以清偿为目的。

3.定金合同

1)定金合同的意义

定金合同是当事人约定定金的合同。亦即约定一方交付一定金钱于他方，以之作为主合同之债履行之担保的合同。

---

〔1〕 "违约"的极端是拒绝给付。而在拒绝给付场合，违约定金实际上已成为解约定金矣。

〔2〕 对应《民法典》第587条："债务人履行债务的，定金应当抵作价款或者收回。给付定金的一方不履行债务或者履行债务不符合约定，致使不能实现合同目的的，无权请求返还定金；收受定金的一方不履行债务或者履行债务不符合约定，致使不能实现合同目的的，应当双倍返还定金。"

2)定金数额的法定限制

《担保法》第91条："定金的数额由当事人约定,但不得超过主合同标的额的百分之二十。"[1]

3)定金合同的性质

(1)定金合同为践成合同,因定金交付而生效。[2]

(2)定金合同是从合同,以主合同为其前提,故应于主合同成立后履行期限届满前成立。

(三)违约金

1.违约金的意义

1)定义

违约金是当事人约定或者法律规定的界定债务不履行赔偿责任数额的金钱量度。

2)对定义的说明

(1)违约金是预先界定债务不履行赔偿责任的金钱量度

违约金是用于界定债务不履行责任数额的。以界定为已足,而不以该数额金钱的交付为要件:既非成立要件,亦非生效要件。从而与定金以交付为成立要件者不同。

(2)违约金是当事人约定或者法律规定的界定债务不履行赔偿责任数额的金钱量度

违约金由当事人约定或者法律规定。在约定,既可以为不履行债务赔偿金的计算方法,亦即以不履行的价格为基数的一定比例,也可以为具体数额。而在法定,一般而言为前者。

(3)违约金是有债权担保作用的责任预定

有了债务不履行赔偿责任数额的界定,便对当事人产生心理上的约束。故而有担保债权的功能。然而,违约金并不实际交付,故而担保作用较弱。《民法通则》将其作为不履行债务的民事责任,而未作为债权担保。《合同法》的态度则有所变化,已作为预定的赔偿数额。[3]

---

〔1〕　对应《民法典》第586条第2款:"定金的数额由当事人约定;但是,不得超过主合同标的额的百分之二十,超过部分不产生定金的效力。实际交付的定金数额多于或者少于约定数额的,视为变更约定的定金数额。"

〔2〕《担保法》第90条:"定金应当以书面形式约定。当事人在定金合同中应当约定交付定金的期限。定金合同从实际交付定金之日起生效。"[对应《民法典》第586条第1款:"当事人可以约定一方向对方给付定金作为债权的担保。定金合同自实际交付定金时成立。"]

〔3〕《合同法》第114条:"Ⅰ.当事人可以约定一方违约时应当根据违约情况向对方支付一定数额的违约金,也可以约定因违约产生的损失赔偿额的计算方法。Ⅱ.约定的违约金低于造成的损失的,当事人可以请求人民法院或者仲裁机构予以增加;约定的违约金过分高于造成的损失的,当事人可以请求人民法院或者仲裁机构予以适当减少。Ⅲ.当事人就迟延履行约定违约金的,违约方支付违约金后,还应当履行债务。"[对应《民法典》第585条:"Ⅰ.当事人可以约定一方违约时应当根据违约情况向对方支付一定数额的违约金,也可以约定因违约产生的损失赔偿额的计算方法。Ⅱ.约定的违约金低于造成的损失的,人民法院或者仲裁机构可以根据当事人的请求予以增加;约定的违约金过分高于造成的损失的,人民法院或者仲裁机构可以根据当事人的请求予以适当减少。Ⅲ.当事人就迟延履行约定违约金的,违约方支付违约金后,还应当履行债务。"]

但不论对违约金的理解如何，违约金是以主债务的不履行为发生条件，故违约金债务是从债务，其存在以主债的存在为前提，在这一点上与担保是一致的。

2.违约金的数额

1）约定违约金的数额

约定违约金的数额，由当事人约定。但约定违约金的数额应以不履行债务所造成的损失为上限。如过高或过低的，得诉求法院或仲裁机构增减。[1]

2）法定违约金的数额

法定违约金的数额，由行政法规规定。其方式有：(1)固定比例式，即规定违约金数额的强制性固定比例。如逾期付款的违约金依每日逾期付款金额的5‰计算。[2] (2)浮动比例式，即规定违约金数额的计算幅度，允许当事人在该幅度内择定具体比例。(3)固定数额，即直接规定违约金的具体数额。

3.违约金合同的效力

违约金是对不履行债务的履行利益之预定填补量度。然而，《合同法》第114条第3款规定："当事人就迟延履行约定违约金的，违约方支付违约金后，还应当履行债务。"[3]在当事人既约定了违约金又约定了定金时，债权人仅得选择其一行使。[4]

第六节　债的变更与消灭

一、债的变更

债在存续中可能发生变动，此即为债的变更。债的变更可能涉及主体、客体以及内容。客体与内容的变更因其样态和效力难为一般讨论，故本处不拟涉及，而将讨论限于主体的变更，包括债权让与和债务承担。

---

〔1〕《合同法》第114条第2款："约定的违约金低于造成的损失的，当事人可以请求人民法院或者仲裁机构予以增加；约定的违约金过分高于造成的损失的，当事人可以请求人民法院或者仲裁机构予以适当减少。"〔对应《民法典》第585条第2款："约定的违约金低于造成的损失的，人民法院或者仲裁机构可以根据当事人的请求予以增加；约定的违约金过分高于造成的损失的，人民法院或者仲裁机构可以根据当事人的请求予以适当减少。"〕

〔2〕详见最高人民法院"法复〔1996〕7号"批复。

〔3〕现为《民法典》第585条第3款。

〔4〕《合同法》第116条："当事人既约定违约金，又约定定金的，一方违约时，对方可以选择适用违约金或者定金条款。"〔对应《民法典》第588条："Ⅰ.当事人既约定违约金，又约定定金的，一方违约时，对方可以选择适用违约金或者定金条款。Ⅱ.定金不足以弥补一方违约造成的损失的，对方可以请求赔偿超过定金数额的损失。"〕

(一)债权让与

1.债权让与的意义

1)定义

债权让与是债权人移转其债权于他人的处分行为。

2)对定义的说明

(1)债权让与是法律行为

债权让与属于法律行为,自应充分法律行为的要件。

(2)债权让与是让与债权于他人的处分行为

债权让与在性质上属于处分行为,须以得让与的债权为处分对象。凡性质上以及法律上不得让与的债权,均不得作为让与的对象。

(3)债权让与是效力在于使受让人承受债权的处分行为

债权让与行为一经生效,即使受让人取得债权。此系处分行为的效力特点。

2.债权让与的效力

债权让与的效力,涉及出让人与受让人,也涉及债务人。现分别讨论。

1)在出让人与受让人之间的效力

在出让人与受让人之间的效力是使受让人取得债权。

2)在受让人与债务人之间的效力

当受让人接受债权让与之后,即成为相对于债务人的债权人,二者形成债的关系。

3)在出让人与债务人之间的效力

出让人有对债务人通知的义务,应将债权让与的有关情形其中特别是受让人的姓名(或者商号)、住所等通知债务人,以便利后者履行债务。

(二)债务承担

1.债务承担的意义

1)定义

债务承担是指由第三人承受债务人的部分或者全部债务的法律行为。

2)对定义的说明

(1)债务承担是第三人承担债务人部分或者全部债务的负担行为

既为债务承担,当然意味着由第三人承担原属债务人的债务。承担的范围之为债务的全部,抑或可独立的部分,均无不可。债务承担属于法律行为,而且属于合同,自须充分法律行为的全部要件。

(2)债务承担是以债权人同意为生效要件的负担行为

债务承担在性质上属效力待定的行为,以债权人同意为生效要件。此系保护债权人利益的特别安排。因为，债务人及其信用，直接关系债权的实现，故而须债权人同意方属合理。

(3)债务承担的效力是使债务人发生更替

债务承担的法律效力是使债务人发生更替，在全部承担，由承担人取代原债务人的地位，原债务人的债务消灭；在部分承担，则由承担人与原债务人共同成为债务人。其间的关系之为共同债务，抑或按份债务，依债权人承认的约定。

2.债务承担的效力

债务承担的效力是债务承担人依约部分或者全部承受债务，而相应在使原债务人的债务消灭，以及使以原债务人为被担保人的担保之债归于消灭。

二、债的消灭

债的消灭有自然原因，也有人的行为原因。前者如债权人或者债务人死亡，不可抗力使债的标的物灭失，债的期间届满、解除条件成就以及混同等。后者则为清偿、提存、抵销和免除。自然人的死亡导致的债的消灭，由继承制度处理。不可抗力、期间届满、解除条件成立等，其所导致的债的消灭情形相当简单，无须专门讨论。须专门讨论的是清偿、提存、抵销、混同和免除。

(一)债因清偿而消灭

1.清偿的意义

债务清偿，是债务人以给付消灭债的行为。

清偿是债消灭原因中的正常原因。

2.清偿的要件

1)须依债的主旨给付

即依诚实信用原则解释债的主旨，作为清偿的指导原则。

2)须依标的给付

无论实物之债、劳务之债、工作完成之债、智慧财产之债抑或金钱之债，均须依其标的，足质足量地给付，而不存在瑕疵。只有在债权人同意或者有法律规定的情况下，方得以他种标的代替给付(代物清偿)。

3)须全面给付

既须依主义务给付，亦须依从义务给付，如有附随义务、后合同义务等，亦均须方方面面地给付。另外，在时间、地点和方式上，亦均须合乎债的主旨和要求。

3.清偿的效力

清偿的效力是使债务消灭。

(二)债因提存而消灭

1.提存的意义

1)定义

提存是债务人移转交付不能的标的物于法定机构以代替向债权人交付的行为。

2)对定义的说明

(1)提存须以交付不能标的物为对象

提存系为救济交付不能而专设。所谓交付不能,指债务人客观上不能将给付标的交付于债权人的情形。若交付可能,当无提存存在的必要。故提存物以交付不能物为限。

交付不能可因下列原因导致:[1]

①债权人无法律依据地受领拒绝;

②债务人不能确知孰是受领权人。

债权人有下列情况之一,便足以不能确定孰为受领权人:

自然人死亡而未确定其继承权人;

自然人丧失行为能力而未为之设定监护人;

法人合并或者分立而财产继受关系未清(《合同法》第70条);

住所或者居所因变动而不明(《合同法》第70条)。[2]

③债权人下落不明。

(2)提存须将提存物交存于提存所

唯交付不能,方须设立专门机构以济其穷。提存所即此专门机构,负责受理提存事务,受领并保管提存物、寻找债权人并通知其领取提存物等。[3]

---

[1]《合同法》第101条第1款:"有下列情形之一,难以履行债务的,债务人可以将标的物提存:(一)债权人无正当理由拒绝受领;(二)债权人下落不明;(三)债权人死亡未确定继承人或者丧失民事行为能力未确定监护人;(四)法律规定的其他情形。"[对应《民法典》第570条:"I.有下列情形之一,难以履行债务的,债务人可以将标的物提存:(一)债权人无正当理由拒绝受领;(二)债权人下落不明;(三)债权人死亡未确定继承人、遗产管理人,或者丧失民事行为能力未确定监护人;(四)法律规定的其他情形。II.标的物不适于提存或者提存费用过高的,债务人依法可以拍卖或者变卖标的物,提存所得的价款。"对于债务人可以将标的物提存的情形,该条第1款第3项新增债权人死亡未确定遗产管理人的情形。]

[2]现为《民法典》第529条。

[3]《合同法》第102条:"标的物提存后,除债权人下落不明的以外,债务人应当及时通知债权人或者债权人的继承人、监护人。"[对应《民法典》第572条:"标的物提存后,债务人应当及时通知债权人或者债权人的继承人、遗产管理人、监护人、财产代管人。"该条主要修改有:(1)删除了因债权人下落不明而无法通知,从而免除债务人的通知义务的规定。《合同法》这一规定考虑提存往往基于债权人的过错而产生,有利于保护债务人利益。但即使下落不明也并不必然导致无法通知,在利害关系人依法向人民法院宣告失踪,确定或指定财产代管人后,债务人应当向财产代管人作出提存通知。且仅提存本身并未让债权人的债权因此现实地得到满足,故《民法典》规定提存通知义务在任何情况下均不能免除。(2)扩大了提存通知的对象,新增遗产管理人、财产代管人。参见最高人民法院民法典贯彻实施工作领导小组主编:《中华人民共和国民法典合同编理解与适用》(一),人民法院出版社2020年版,第686—687页。]

（3）须有消灭债的意思

提存是法律行为，须有为其固有的消灭债的意思。

（4）提存须为以债权人为受领人

提存的受领权人是债权人，而并非受理提存的机构。

2.提存的效力

1）在债务人与债权人之间的效力

提存成立后，债务人与债权人之间就该提存物的债归于消灭。提存物毁损、灭失的风险也移转于债权人（《合同法》第103条[1]）。

2）在提存所与债权人之间的效力

在提存所与债权人之间，形成法定无因管理关系，债权人有提取提存物及其孳息的请求权（《合同法》第103条），此项权利的行使期间为五年（《合同法》第104条第2款），债权人也负有向提存所清偿保管费用的义务（《合同法》第103条）。

3）债权人对提存物受领权消灭的效力

债权人对提存物的受领权消灭后，提存物的所有权由国库原始取得（《合同法》第104条第2款）。

（三）债因抵销而消灭

1.抵销的意义

1）定义

抵销是互负给付标的种类相同的对待债务的当事人一方以其对他方的债权冲抵对他方的债务、以使该债权与债务同归于消灭的行为。

2）对定义的说明

简单地说，抵销是当事人一方拿了对他方的债权来冲抵对同一人债务的行为。

具体说来：

（1）抵销人与被抵销人之间互负债务。（2）其债务形成对待给付关系，故而称双方互负对待给付债务。（3）对待债务的给付标的种类相同，通常是同种类的货币或者实物，故而称双方互负给付标的种类相同的对待债务。（4）对待债务均已届清偿期。在以上条件下，一方以其债权冲抵对同一人的债务。《合同法》第99条、[2]第100

---

〔1〕《合同法》第103条："标的物提存后，毁损、灭失的风险由债权人承担。提存期间，标的物的孳息归债权人所有。提存费用由债权人负担。"〔现为《民法典》第573条。〕

〔2〕 对应《民法典》第568条："Ⅰ.当事人互负债务，该债务的标的物种类、品质相同的，任何一方可以将自己的债务与对方的到期债务抵销；但是，根据债务性质、按照当事人约定或者依照法律规定不得抵销的除外。Ⅱ.当事人主张抵销的，应当通知对方。通知自到达对方时生效。抵销不得附条件或者附期限。"该条主要修改有:(1)不再以当事人互负"到期债务"作为法定抵销的构成要件，只要求主动债权已届清偿期即可;(2)在不得主张法定抵销的除外情形中，将"合同性质"修改为更准确的"债务性质"，并增加"当事人约定"这一情形。参见最高人民法院民法典贯彻实施工作领导小组主编：《中华人民共和国民法典合同编理解与适用》(一)，人民法院出版社2020年版，第669页。

条[1]规定了抵销。

2.抵销的要件

1)须双方互负给付标的种类相同的对待债务；

2)须对待债务均届清偿期；

3)须无禁止抵销的事由；

4)须有以对待债权冲抵对待债务的行为。

此行为即抵销。

3.抵销的效力

抵销使用以抵销的债权与被抵销的债务同归消灭。

(四)债因免除而消灭

1.免除的意义

1)定义

免除是债权人无条件消灭其债务人部分或者全部债务的行为。

《合同法》第105条规定了免除。[2]

2)对定义的说明

(1)免除是法律行为；

(2)免除以消灭债务为意思；

(3)免除以无条件消灭债务为意思。

故而是无偿行为、单方行为、有相对人行为、处分行为。

2.免除的要件

1)须有法律行为

免除旨在消灭债务人的债务，其法律效力规定于意思表示之中，故而属法律行为，自须充分法律行为的要件。包括行为能力、意思表示以及合法性诸要件。特别应当指出，免除不得以损害他人权利为目的。

另外，免除是有相对人行为，故而须向债务人或其代理人为之。

2)须以无偿消灭部分或者全部债务为意思

免除旨在无条件消灭债务，此系其意思的核心内容。自此点言，免除为无偿行为。

3)须依债权人处分权

免除属处分行为，直接发生财产权得丧的效力，故而免除人须有处分权。此项处分权属于债权的内容之一。

---

〔1〕 对应《民法典》第569条："当事人互负债务，标的物种类、品质不相同的，经协商一致，也可以抵销。"

〔2〕 对应《民法典》第575条："债权人免除债务人部分或者全部债务的，债权债务部分或者全部终止，但是债务人在合理期限内拒绝的除外。"增加了债务人拒绝权。

4）须被免除人接受

债权人的单方行为无从使债务人受约束，而必待债务人受领。故而其效力仅在予债务人以形成权。

3.免除的效力

免除对免除人的效力，是在免除范围内使其债权消灭。对被免除人的效力，是予以形成权，依该权利，得受领或者不受领免除。

（五）债因混同而消灭

混同是债务与债权同归一人的情形。《合同法》第106条规定了混同。[1]

债是相对权法律关系，须有双方当事人。当其双方当事人归于一人时，即无债可言，以该债权或者债务为内容的债便随之消灭。

思考题：

1.债反映怎样的财产关系？

2.与物权相比，债权具有怎样的特性？

3.如何理解可分之债、不可分之债、按份之债和连带之债？

4.如何理解债务与责任的关系？

5.如何理解债的保全对债的相对性的突破？

---

〔1〕 对应《民法典》第576条："债权和债务同归一人的，债权债务终止，但是损害第三人利益的除外。"主要修改有：(1)将"合同的权利义务"这一表述修改为"债权债务"；(2)除外规定中，将"涉及第三人利益"修改为"损害第三人利益"，即如果债权债务的混同事实不损害第三人利益，对该混同事实产生债权债务消灭的法律后果应予以认可。

第十八章 合同之债总论

内容提要 合同是意思表示对立统一的双方法律行为。合同是贯彻意思自治原则的锐利武器,是市场交换行为的法律描述。合同总论是有关合同分论中各有名合同的共通性规定,其内容主要包括合同的分类与合同的成立。合同的类型主要包括有名合同、无名合同、要物合同、诺成合同、单务合同、双务合同、有偿合同、无偿合同以及定型化合同和非定型化合同。合同的成立一般被描述为要约与承诺的过程。

第一节 合同的意义与类型

一、合同的意义

合同是意思表示对立统一的双方法律行为。

二、关于合同与法律行为的立法

我国《民法通则》第85条将合同定义为法律行为的具体类型。[1]但由于尚未制定民法典,故暂以单行《合同法》调整合同。《合同法》分为"总则"和"分则"两部分。其中总则部分未从法律行为的种概念的角度对合同定义,而是另起炉灶。在分则部分,则规定了买卖、互易、租赁、建设工程勘察等25种有名合同(此计算系以该法实际规定的类型而非章节的名称为准)。另外,《民法通则》将合同作为债的发生依据之一,《合同法》坚持此一认识,在各有名合同中,均规定了各该合同所引起的债权债务。

三、本书关于合同之债的讨论进路

本书关于合同之债类型的讨论,在移转物之所有权的合同之债、移转物之使用

---

〔1〕 对应《民法典》第119条和第464条第1款。《民法典》第119条:"依法成立的合同,对当事人具有法律约束力。"《民法典》第464条第1款:"合同是民事主体之间设立、变更、终止民事法律关系的协议。"

权的合同之债等层面上进行。在每一有名合同之下，则先说明作为法律行为的合同，然后说明该合同所引起的债。读者务应注意此一格局。

四、合同的类型

（一）有名合同与无名合同

依立法对其类型有无定型化规定，合同划分为有名合同与无名合同。

唯应注意，依契约自由原则，当事人得自由设定合同类型。立法关于有名合同的规定非为限制契约自由，而为示范合同类型之用，当且仅当当事人未对契约特别设定其内容时，方以有名合同作认定其效力的准据。

有名合同，是法律直接规定了类型内容并赋予其定型化名称的合同。在法典化国家，民法典通常规定有名合同，[1]我国《合同法》也规定了买卖、赠与、承揽等25种有名合同。有名合同是顺应司法理性化的需要，经法学归纳而类型化并由立法予以确认的。由于立法对有名合同的性质、基本条款、订立程序、效力以及债务不履行的救济等，均给出了类型性规定，从而大有益于司法机关办案。同时，也为合同订立者提供样板，便于他们依瓢画葫芦。此外，有名合同在适用中具有补充具体合同的特别作用。

唯应注意，合同作为民事法律行为，其具体效力规定于其条款亦即意思表示之中。一项具体的合同，不论是关于某物的买卖，某项工程的承揽，或者某项财产的保险，以及其他，当事人的权利义务，均源于合同的约定。司法机关在审理合同纠纷时，应以探求系争合同的真义为能事，而不应舍本逐末，拿有名合同的规定乱套一气，强加于人。同时尚应看到，人们的利益关系形形色色，生活中的合同数以万计，其类型也不是有名合同所能涵盖的，只要它们具备合同或者民事法律行为的法律要件，就应当尊重其存在。我们研究合同法，应当面向生活的海洋，那才是法律的真正之源。

无名合同，是立法未规定其定型化内容和名称，而任由当事人自由创设的契约。《合同法》第124条规定："本法分则或者其他法律没有明文规定的合同，适用本法总则的规定，并可以参照本法分则或者其他法律最相类似的规定。"所谓"参照最相类似的规定"，[2]即类推适用关于有名合同的规定。

（二）要物合同与诺成合同

此系对有名合同的再划分，依有名合同的成立要件中是否包括标的物授受为标

---

〔1〕《法国民法典》规定了买卖、房屋租赁、雇佣、保证、和解等22种有名契约，《德国民法典》规定了买卖、租赁、承揽、保证、和解等24种有名契约，我国民国时期制定的民法典规定了买卖、租赁、提示证券、和解、保证等26种有名契约。

〔2〕 对应《民法典》第467条第1款："本法或者其他法律没有明文规定的合同，适用本编通则的规定，并可以参照适用本编或者其他法律最相类似合同的规定。"

准,有名合同划分为要物合同和诺成合同。

要物合同是以标的物的授受为成立要件的有名合同,又称为践成合同。《合同法》规定保管合同和自然人之间的借款合同[1]为要物合同。《担保法》规定定金合同为要物合同。[2]

诺成合同是仅以意思表示结合一致为成立要件,而无须标的物授受的有名合同。

自意思自治的本质言,合同应以诺成为原则,要物仅立法出于安全或者其他政策考虑而特别提出的约束条件。

划分要物合同与诺成合同,有利于在实务上认定合同是否成立。

(三)单务合同与双务合同

债权合同,依其效力使当事人单方抑或双方负担义务,划分为单务合同与双务合同。

单务合同是其效力仅使当事人一方负担义务的债权合同。双务合同是其效力使双方当事人均负担义务的债权合同。

在双务合同,有对待给付效力,当一方未为对待给付时,则发生"同时履行抗辩"和"不安抗辩"等抗辩权效力。而单务合同则无此效力。此外,在双务合同,有风险负担的分配问题。例如当事人一方因市场价格变动导致的风险,无由推脱给他方。

(四)有偿合同与无偿合同

依合同的效力使当事人的给付有无对价为标准,合同可划分为有偿合同与无偿合同。

有偿合同是其效力使当事人互负有对价给付义务的合同。无偿合同是其效力使当事人互负无对价给付义务的合同。

唯应注意,无偿合同恒为单务合同,但单务合同则可能为有偿合同,如使用借贷、消费借贷等是。然而,双务合同依其互负义务的性质,则恒为有偿合同。

划分有偿合同与无偿合同的实益,一是有偿合同中,债务人的注意义务较无偿

〔1〕《合同法》第367条:"保管合同自保管物交付时成立,但当事人另有约定的除外。"〔对应《民法典》第890条:"保管合同自保管物交付时成立,但是当事人另有约定的除外。"〕

〔2〕《合同法》第210条:"自然人之间的借款合同,自贷款人提供借款时生效。"〔对应《民法典》第679条:"自然人之间的借款合同,自贷款人提供借款时成立。"该将贷款人提供借款作为自然人之间借款合同的成立要件,修改了《合同法》中"提供借款时生效"的规定。自然人之间借款合同的成立要件,根据《民间借贷规定》(2020年修正)第9条确定,具有下列情形之一的,可以视为具备本条关于自然人之间借款合同的成立要件:(1)以现金支付的,自借款人收到借款时;(2)以银行转账、网上电子汇款等形式支付的,自资金到达借款人账户时;(3)以票据交付的,自借款人依法取得票据权利时;(4)出借人将特定资金账户支配权授权给借款人的,自借款人取得对该账户实际支配权时;(5)出借人以与借款人约定的其他方式提供借款并实际履行完成时。〕

合同债务人为重。如在寄托中寄托物的灭失责任，有偿寄托的保管人负一般过失责任，而无偿寄托的保管人则仅就重大过失方始负责。[1]二是限制行为能力人订立有偿合同时，须经法定代理人同意或追认，而参加无偿合同，作纯获利益人，则可独立为之。[2]

（五）继续性合同与非继续性合同

合同依其给付义务有无继续性，划分为继续性合同和非继续性合同。所谓继续性给付，指与合同存续期间相始终，期间的长度对给付的内容和范围有决定性，且给付义务随时间经过而陆续履行，而不可能通过一次给付而被完全履行。

继续性合同是以继续性给付义务为内容的合同。租赁、使用借贷、保管、雇佣、合伙、技术服务、保险、知识产权使用合同等均为继续性合同。对于继续性合同，法律常肯认当事人得以事后发生的重大事由作为终止或者退出合同关系的事由。对非继续性合同，则无该类规范。

（六）定型化合同与非定型化合同

合同依其是否系由当事人一方提出用供反复使用的固定条款，他方只能接受抑或不接受的标准，划分为定型化合同与非定型化合同。

1.定型化合同的意义

定型化合同是由当事人单方提出用供反复使用的固定条款，相对人只能选择完全接受抑或拒绝的合同。《合同法》第39条、[3]第40条[4]和第41条称之为"格式

---

〔1〕《合同法》第374条："保管期间，因保管人保管不善造成保管物毁损、灭失的，保管人应当承担损害赔偿责任，但保管是无偿的，保管人证明自己没有重大过失的，不承担损害赔偿责任。"［对应《民法典》第897条："保管期内，因保管人保管不善造成保管物毁损、灭失的，保管人应当承担赔偿责任。但是，无偿保管人证明自己没有故意或者重大过失的，不承担赔偿责任。"主要修改有：(1)将"保管期间"的表述修改为"保管期内"；(2)无偿保管中保管人不承担赔偿责任的情形，增加了保管人证明自己没有故意的情形。］

〔2〕《合同法》第47条第1款："限制民事行为能力人订立的合同，经法定代理人追认后，该合同有效，但纯获利益的合同或者与其年龄、智力、精神健康状况相适应而订立的合同，不必经法定代理人追认。"［对应《民法典》第145条第1款："限制民事行为能力人实施的纯获利益的民事法律行为或者与其年龄、智力、精神健康状况相适应的民事法律行为有效；实施的其他民事法律行为经法定代理人同意或者追认后有效。"］

〔3〕 对应《民法典》第496条："Ⅰ.格式条款是当事人为了重复使用而预先拟定，并在订立合同时未与对方协商的条款。Ⅱ.采用格式条款订立合同的，提供格式条款的一方应当遵循公平原则确定当事人之间的权利和义务，并采取合理的方式提示对方注意免除或者减轻其责任等与对方有重大利害关系的条款，按照对方的要求，对该条款予以说明。提供格式条款的一方未履行提示或者说明义务，致使对方没有注意或者理解与其有重大利害关系的条款的，对方可以主张该条款不成为合同的内容。"该条第2款新增了未履行提示和说明义务的法律效果。

〔4〕 对应《民法典》第497条："有下列情形之一的，该格式条款无效：(一)具有本法第一编第六章第三节和本法第五百零六条规定的无效情形；(二)提供格式条款一方不合理地免除或者减轻其责任、加重对方责任、限制对方主要权利；(三)提供格式条款一方排除对方主要权利。"该条主要修改有：(1)对于"免除或者减轻其责任、加重对方责任、限制对方主要权利"增加了"不合理"限制；(2)增加了不合理地"限制对方主要权利"这一情形，与"排除对方主要权利"相区别。

条款"。

2.对定型化合同的正义控制

自合意的形成过程观察,定型化合同的合意系由条款的提出人一方决定的,相对人只能被动地选择接受或者不接受,从而不过是"附和"而已。唯其如此,它被称为"附和合同"。附和合同的订立中不存在真正的磋商,意思自治原则被架空了。而离开意思自治,也就可能导致"不义"。然而,定型化合同毕竟有其适应定型化交易和降低订约成本等制度价值,因而有其存在的理由,但也须对其加以正义控制。控制的手段有以下诸种:

1)法律关于有名契约的一般正义控制

(1)否定不义条款

《合同法》第40条规定:"格式条款具有本法第五十二条和第五十三条规定情形的,或者提供格式条款的一方免除其责任、加重对方责任、排除对方主要权利的,该条款无效。"

(2)法律课条款提出人以免责条款揭示及说明义务

定型化合同中通常有"免责条款",亦即免除或者限制定型化合同提出人责任的条款。《合同法》第39条强制规定该条款须以"合理方式提请对方注意",亦即以鲜明形式揭示,并须应相对人之请对此予以说明。

(3)赋予非定型化条款以优先效力

定型化合同中也可能包括允许相对人协商,经要约承诺方始成立的条款。该条款具有否定定型化条款的效力。《合同法》第41条规定:"……格式条款与非格式条款不一致的,应当采用非格式条款。"

(4)"利于相对人"的倾斜解释原则

当当事人对定型化契约条款的理解发生争议时,法律强制规定"不利于条款作者"的倾斜性解释原则。[1]

2)政府或中立组织的正义控制

对属于公共服务业的通讯,金融,公共交通,供用电、水热力和生活用气,保险等定型化合同,须经政府或其授权的机构审核。此外,中立组织也有监控定型化合同正义的职能。

3.非定型化合同

凡条款得由双方当事人自由议定的合同,是非定型化合同。

(七)利益第三人合同

利益第三人合同,是约定由第三人获取给付利益的合同。如为第三人订立的人

---

[1]《合同法》第41条:"对格式条款的理解发生争议的,应当按照通常理解予以解释。对格式条款有两种以上解释的,应当作出不利于提供格式条款一方的解释。……"[现为《民法典》第498条。]

寿保险合同即是。

《合同法》第64条规定了利益第三人合同："当事人约定由债务人向第三人履行债务的，债务人未向第三人履行债务或者履行债务不符合约定，应当向债权人承担违约责任。"[1]

第二节　合同的成立

一、合同成立的意义

合同是双方法律行为，亦即双方意思表示相结合并且彼此一致的行为。要使双方的意思彼此结合，成为内容一致的共同意思，唯赖沟通与协商一途。当事人的意思彼此结合一致的情形，称为"合意"。合意形成的沟通和协商的过程，民法学则以"要约""承诺"两概念予以反映。

认定合意的有无，须面向契约的类型具体考察。每一合同类型，皆有其典型交易目的，合意即该目的的具体化。《合同法》第12条使用了"标的、数量、质量、价款或者报酬、履行期限、地点和方式"等文字，[2] 来一般地界定典型交易目的的基本项目，称之为"合同的基本条款"。当事人的合意，就是对基本条款的合意。

二、合同成立的过程

（一）要约

1.要约的意义

要约是提出拟成立契约的基本条件，吁请相对人考虑，一俟其接受即生合同成

---

〔1〕　对应《民法典》第522条和《民法典合同编通则解释》第29条。《民法典》第522条："Ⅰ.当事人约定由债务人向第三人履行债务，债务人未向第三人履行债务或者履行债务不符合约定的，应当向债权人承担违约责任。Ⅱ.法律规定或者当事人约定第三人可以直接请求债务人向其履行债务，第三人未在合理期限内明确拒绝，债务人未向第三人履行债务或者履行债务不符合约定的，第三人可以请求债务人承担违约责任；债务人对债权人的抗辩，可以向第三人主张。"该条第2款为新增内容。《民法典合同编通则解释》第29条："Ⅰ.民法典第五百二十二条第二款规定的第三人请求债务人向自己履行债务的，人民法院应予支持；请求行使撤销权、解除权等民事权利的，人民法院不予支持，但是法律另有规定的除外。Ⅱ.合同依法被撤销或者被解除，债务人请求债权人返还财产的，人民法院应予支持。Ⅲ.债务人按照约定向第三人履行债务，第三人拒绝受领，债权人请求债务人向自己履行债务的，人民法院应予支持，但是债务人已经采取提存等方式消灭债务的除外。第三人拒绝受领或者受领迟延，债务人请求债权人赔偿因此造成的损失的，人民法院依法予以支持。"

〔2〕　对应《民法典》第470条："Ⅰ.合同的内容由当事人约定，一般包括下列条款：（一）当事人的姓名或者名称和住所；（二）标的；（三）数量；（四）质量；（五）价款或者报酬；（六）履行期限、地点和方式；（七）违约责任；（八）解决争议的方法。Ⅱ.当事人可以参照各类合同的示范文本订立合同。"

立效果的意思表示。

上述定义说明：

1)要约是意思表示

要约在性质上是意思表示。唯与承诺相结合，方成为合同这一法律行为。

2)要约是旨在与承诺结合从而订立合同的意思表示

(1)要约给出了拟成立合同的基本条件

所谓基本条件，是依合同类型足以设定当事人双方权利义务的条件。在有名合同，合同法通常作出例示性归纳。判断一个意思表示是否构成要约，端视其是否提出了拟成立的合同的基本条件。唯提出了合同基本条件的意思表示，方构成要约。《合同法》第14条规定："要约是希望和他人订立合同的意思表示，该意思表示应当符合下列规定：(一)内容具体确定；(二)表明经受要约人承诺，要约人即受该意思表示约束。"[1]

如果表意人并不提出该项基本条件，而仅吁请相对人提出，则不属要约，而仅属"要约诱引"[2]。

(2)要约有吁请受要约人接受从而成立合同的意思

要约之所以提出基本条件，无非在吁请相对人接受，以成立合同。

(3)要约一旦获得承诺便使合同成立

要约既然旨在与相对人的意思结合为合同，因此，一旦获得承诺，合同便当然成立。

民法学将订约过程划分为要约和承诺，是为了便于界定合同的成立与否。这一划分，坚持把合同的基本条款放在要约的概念之中，承诺只是对该意思表示的完全同意。如此，对合同成立与否的认定便相对简单，而便于操作。然而，在生活事实的层面上，事情往往并不是如此的典型，而往往是不规则的。于是法律工作者便须依要约与承诺的概念对生活事实加以"评价"，看基本条件于何时方被提出，而认定提出基本条件的意思表示构成要约。如果是在多次反复之后方归纳出合同的基本条件，则将基本条件形成的那一意思表示认定为要约。

2.要约的法律要件

1)须有旨在成立合同的意思

旨在成立合同，是要约的本质。无此意旨，即无要约可言。故要约须包含旨在成立合同的意思。

---

〔1〕　对应《民法典》第472条："要约是希望与他人订立合同的意思表示，该意思表示应当符合下列条件：(一)内容具体确定；(二)表明经受要约人承诺，要约人即受该意思表示约束。"

〔2〕《合同法》第15条称之为"要约邀请"。本书以为，法律语文应以规范典雅为上，而不应流于过俗。故而提倡使用"要约诱引"一词。[对应《民法典》第473条："Ⅰ.要约邀请是希望他人向自己发出要约的表示。拍卖公告、招标公告、招股说明书、债券募集办法、基金招募说明书、商业广告和宣传、寄送的价目表等为要约邀请。Ⅱ.商业广告和宣传的内容符合要约条件的，构成要约。"该条在要约邀请的列举上，新增了"债券募集办法""基金招募说明书"和"商业宣传"。]

2）须向相对人表示该意思

要约是有相对人的意思表示。故而实施该意思表示，须向相对人为之。

3）须有受相对人承诺权拘束的意思

要约的法律效果，是相对人产生承诺权。要约人须受此一承诺权的约束。这也是由要约等待承诺与之结合的性质决定的。

4）须给出拟成立合同的基本条件

民法学将订约过程划分为要约与承诺，而且将承诺定义为完全接受要约的意思表示，要约便成为定义合意内容的意思表示了。一俟受要约人承诺，合同便告成立。

3.要约的效力

1）要约效力的内容

（1）拘束力

要约的效力之一，是拘束力。要约一旦生效，要约人即须受其拘束，而不得随意撤销与变更。

（2）予受要约人以承诺权的效力

受要约人接到要约后，便取得承诺权。依据这一权利，可以实施使合同成立的意思表示，亦即实施"承诺"的意思表示。

2）要约效力的发生

要约在到达于相对人时生效。《合同法》第16条第1款规定："要约到达受要约人时生效。"[1]而不问受要约人对要约内容是否了解。在非对话要约，到达主义亦称为"受信主义"，而与"发信主义"相对立。

3）要约的撤回与撤销

（1）要约的撤回

要约人对已成立而尚未生效的要约得以其意思表示阻止其效力发生，此即要约的撤回。撤回须以先时或同时到达受要约人为要件。[2]

（2）要约的撤销

要约人对已生效而未获受要约人承诺的要约得以其意思表示消灭其效力，此即为要约的撤销。

---

[1] 对应《民法典》第137条和第474条。《民法典》第137条："Ⅰ.以对话方式作出的意思表示，相对人知道其内容时生效。Ⅱ.以非对话方式作出的意思表示，到达相对人时生效。以非对话方式作出的采用数据电文形式的意思表示，相对人指定特定系统接收数据电文的，该数据电文进入该特定系统时生效；未指定特定系统的，相对人知道或者应当知道该数据电文进入其系统时生效。当事人对采用数据电文形式的意思表示的生效时间另有约定的，按照其约定。"《民法典》第474条："要约生效的时间适用本法第一百三十七条的规定。"

[2]《合同法》第17条："要约可以撤回。撤回要约的通知应当在要约到达受要约人之前或者与要约同时到达受要约人。"［对应《民法典》第141条和第475条。《民法典》第141条："行为人可以撤回意思表示。撤回意思表示的通知应当在意思表示到达相对人前或者与意思表示同时到达相对人。"《民法典》第475条："要约可以撤回。要约的撤回适用本法第一百四十一条的规定。"］

要约人定有承诺期限或者以其他形式明示要约不可撤销，或者受要约人有理由认为要约为不可撤销并为履约做了准备者，为不可撤销的要约。[1]

4) 要约效力的消灭

《合同法》第 20 条规定了要约效力消灭的三种原因，它们是：[2]

(1) 要约遭拒绝

受要约人拒绝承诺，当然使要约的效力归于消灭。

(2) 承诺期间经过而无承诺

要约定在承诺期间届满而承诺权人不为承诺也使要约的效力归于消灭。

(3) 要约撤销

要约经要约人撤销，自使要约效力消灭。

4. 类似要约的意思表示——要约诱引

要约诱引是劝诱相对人向自己作出要约的意思表示。

要约诱引的意思表示深度未能给出拟成立契约的基本条件，因而相对人无从承诺。故而其目的仅在吁请相对人向诱引人实施要约。《合同法》第 15 条规定寄送的商品价目表、拍卖公告、招标公告、招股说明书、商业广告等均属要约诱引，但其内容已具备充分要约成立要件者，则视为要约。[3]

(二) 承诺

1. 承诺的意义

承诺是要约相对人完全同意要约从而与之成立合同的意思表示。[4]

2. 承诺的法律要件

1) 须有意思表示

承诺也属意思表示，故而须充分意思表示的法律要件。另外，承诺是有相对人的意思表示，故而须向要约人作出。

2) 须依承诺权为之

承诺权是实施承诺行为的资格权，无该权利者，其意思表示不能成立承诺。

3) 须完全同意要约的实质内容

[1]《合同法》第 19 条："有下列情形之一的，要约不得撤销：(一) 要约人确定了承诺期限或者以其他形式明示要约不可撤销；(二) 受要约人有理由认为要约是不可撤销的，并已经为履行合同作了准备工作。"［对应《民法典》第 476 条："要约可以撤销，但是有下列情形之一的除外：(一) 要约人以确定承诺期限或者其他形式明示要约不可撤销；(二) 受要约人有理由认为要约是不可撤销的，并已经为履行合同做了合理准备工作。"该条第 2 项对于履行合同的准备工作新增了"合理"的限制。］

[2] 对应《民法典》第 478 条："有下列情形之一的，要约失效：(一) 要约被拒绝；(二) 要约被依法撤销；(三) 承诺期限届满，受要约人未作出承诺；(四) 受要约人对要约的内容作出实质性变更。"

[3] 对应《民法典》第 473 条："Ⅰ. 要约邀请是希望他人向自己发出要约的表示。拍卖公告、招标公告、招股说明书、债券募集办法、基金招募说明书、商业广告和宣传、寄送的价目表等为要约邀请。Ⅱ. 商业广告和宣传的内容符合要约条件的，构成要约。"

[4]《合同法》第 21 条："承诺是受要约人同意要约的意思表示。"［现为《民法典》第 479 条。］

承诺须完全同意要约的实质内容。因为，对要约实质内容的变更，均足以构成反要约，而不是承诺。

4) 承诺须于承诺权期间为之

承诺期间指承诺权行使的除斥期间。该期间也是要约的受拘束期间。

承诺期间由要约人在要约中给定，要约人未给定者，则依法律的规定。《合同法》对此有其规定：

(1) 承诺期间的始期

承诺权期间自要约到达受要约人开始。[1] 其中：

① 对话式要约为要约成立的即时。[2]

② 传真式要约，为要约送达于受要约人之时。[3]

③ 电子邮件式要约，若对接收系统予以指定者，为数据电文进入该系统之时；若未指定特定系统者，则为数据电文首次进入收件人系统之时。[4]

④ 信函或电报要约，为信件签发日或者电报交发时；如无上述时点的约定，则为付邮的邮戳日。[5]

---

〔1〕《合同法》第16条第1款："要约到达受要约人时生效。"［对应《民法典》第137条和第474条。《民法典》第137条："Ⅰ.以对话方式作出的意思表示，相对人知道其内容时生效。Ⅱ.以非对话方式作出的意思表示，到达相对人时生效。以非对话方式作出的采用数据电文形式的意思表示，相对人指定特定系统接收数据电文的，该数据电文进入该特定系统时生效；未指定特定系统的，相对人知道或者应当知道该数据电文进入其系统时生效。当事人对采用数据电文形式的意思表示的生效时间另有约定的，按照其约定。"《民法典》第474条："要约生效的时间适用本法第一百三十七条的规定。"］

〔2〕《合同法》第23条第2款："要约没有确定承诺期限的，承诺应当依照下列规定到达：(一)要约以对话方式作出的，应当即时作出承诺，但当事人另有约定的除外；……"［对应《民法典》第481条第2款："要约没有确定承诺期限的，承诺应当依照下列规定到达：(一)要约以对话方式作出的，应当即时作出承诺；(二)要约以非对话方式作出的，承诺应当在合理期限内到达。"该条删去了《合同法》第23条第2款第1项的"但当事人另有约定的除外"。］《合同法》第24条："要约以信件或者电报作出的，承诺期限自信件载明的日期或者电报交发之日开始计算。信件未载明日期的，自投寄该信件的邮戳日期开始计算。要约以电话、传真等快速通讯方式作出的，承诺期限自要约到达受要约人时开始计算。"［对应《民法典》第482条："要约以信件或者电报作出的，承诺期限自信件载明的日期或者电报交发之日开始计算。信件未载明日期的，自投寄该信件的邮戳日期开始计算。要约以电话、传真、电子邮件等快速通讯方式作出的，承诺期限自要约到达受要约人时开始计算。"该条在快速通讯方式的列举中，新增了"电子邮件"。］

〔3〕《合同法》第24条后段："要约以电话、传真等快速通讯方式作出的，承诺期限自要约到达受要约人时开始计算。"该规定中的电话，应视为对话要约，而与传真不同。［对应《民法典》第482条后段："要约以电话、传真、电子邮件等快速通讯方式作出的，承诺期限自要约到达受要约人时开始计算。"］

〔4〕《合同法》第16条第2款："采用数据电文形式订立合同，收件人指定特定系统接收数据电文的，该数据电文进入该特定系统的时间，视为到达时间；未指定特定系统的，该数据电文进入收件人的任何系统的首次时间，视为到达时间。"［对应《民法典》第137条第2款和《民法典》第474条。《民法典》第137条第2款："以非对话方式作出的意思表示，到达相对人时生效。以非对话方式作出的采用数据电文形式的意思表示，相对人指定特定系统接收数据电文的，该数据电文进入该特定系统时生效；未指定特定系统的，相对人知道或者应当知道该数据电文进入其系统时生效。当事人对采用数据电文形式的意思表示的生效时间另有约定的，按照其约定。"《民法典》第474条："要约生效的时间适用本法第一百三十七条的规定。"］

〔5〕《合同法》第24条前段："要约以信件或者电报作出的，承诺期限自信件载明的日期或者电报交发之日开始计算。信件未载明日期的，自投寄该信件的邮戳日期开始计算。"［现为《民法典》第482条前段。］

(2)承诺期间的终期

①对话要约式为要约成立的即时；

②非对话式要约为要约成立后的"合理期间"。[1] 所谓合理期间，一般包括受要约人决定承诺和承诺到达要约人所需时间，并应依据契约类型、交易惯例以及诚实信用原则确定。

3.承诺的形式

合同既然因要约与承诺而形成，因此，合同的形式，便取决于要约与承诺的形式。在口头合同，无论要约与承诺均采取口头形式。但在书面合同，要约须呈现为书面文本，承诺则体现为签署该文本。签署的时点，便是合同成立的时点。

4.承诺的效力

1)承诺效力的内容

承诺的效力，其内容是与要约相结合，从而成立合同。[2]

承诺的时点，即为合同成立的时点。

2)承诺效力的发生

《合同法》采到达主义，但在"确认书"式承诺，则为该确认书成立时。[3]

3)承诺通知迟到与承诺迟延

(1)承诺通知迟到

承诺通知迟到，指非对话式要约中受要约人于承诺期间内承诺但其通知却因非该方的事由而逾越承诺期间送达要约人的情形。

对于承诺通知迟到，承诺人虽无过失，但也无由令要约人承受此项风险。《合同法》第29条规定，要约人得接受为承诺，也得不予接受。不过，不接受的通知须以明示为之，否则即视为接受。

(2)承诺迟延

承诺的迟延，指受要约人故意过失逾越承诺期间作出的承诺。

与承诺的迟到不同，前者的承诺于承诺期间作出，仅其通知非因承诺人之故迟

---

[1] 《合同法》第23条第2款："要约没有确定承诺期限的，承诺应当依照下列规定到达：……(二)要约以非对话方式作出的，承诺应当在合理期限内到达。"［现为《民法典》第481条第2款第2项。]

[2] 《合同法》第25条："承诺生效时合同成立。"［对应《民法典》第483条："承诺生效时合同成立，但是法律另有规定或者当事人另有约定的除外。"该条新增"法律另有规定或者当事人另有约定"的除外规定。]

[3] 《合同法》第26条："Ⅰ.承诺通知到达要约人时生效。承诺不需要通知的，根据交易习惯或者要约的要求作出承诺的行为时生效。Ⅱ.采用数据电文形式订立合同的，承诺到达的时间适用本法第十六条第二款的规定。"［对应《民法典》第137条和第484条。《民法典》第137条："Ⅰ.以对话方式作出的意思表示，相对人知道其内容时生效。Ⅱ.以非对话方式作出的意思表示，到达相对人时生效。以非对话方式作出的采用数据电文形式的意思表示，相对人指定特定系统接收数据电文的，该数据电文进入该特定系统时生效；未指定特定系统的，相对人知道或者应当知道该数据电文进入其系统时生效。当事人对采用数据电文形式的意思表示的生效时间另有约定的，按照其约定。"《民法典》第484条："Ⅰ.以通知方式作出的承诺，生效的时间适用本法第一百三十七条的规定。Ⅱ.承诺不需要通知的，根据交易习惯或者要约的要求作出承诺的行为时生效。"]

延。而后者,则承诺在承诺期间之外作出,且承诺人有过失。

迟延的承诺不生承诺效力,而被视为新要约。但如被要约人接受为承诺,则另当别论。[1]

4) 承诺的消灭

承诺因撤回而消灭。承诺的撤回,是承诺人阻止承诺发生效力的意思表示。承诺因到达要约人而生效,故其撤回的通知须先时或同时于承诺到达,方生撤回的效力。若撤回通知到达迟延,要约人得选择接受承诺,或者接受承诺的撤回。

5.意思实现

1) 意思实现的意义

意思实现,指承诺权人非以意思通知,而以可被理解为承诺的行为作出承诺。意思实现的性质为默示承诺。

2) 意思实现的效力

市民法立法多肯定意思实现为默示承诺,(《德国民法典》第151条、《日本民法典》第526条第2款),我国《合同法》亦采行此制。[2]

3) 意思实现的样态

意思实现包括:先期给付,亦即合同成立前便已完成了给付;[3]依无须承诺通知的交易惯例行为;依要约人无须承诺通知意思的行为;以及依事务性质承诺无须通知的行为。

三、合同成立的时点与地点

(一)时点

以对话方式缔结者,以受要约人作出承诺之时为合同成立的时点;以非对话方式缔结者,以承诺通知送达要约人之时为合同成立的时点。

要式合同以特定手续的完成为成立要件,故其成立时点为特定手续完成之时,如签名或盖章、确认书的签署等。

---

〔1〕《合同法》第28条:"受要约人超过承诺期限发出承诺的,除要约人及时通知受要约人该承诺有效的以外,为新要约。"［对应《民法典》第486条:"受要约人超过承诺期限发出承诺,或者在承诺期限内发出承诺,按照通常情形不能及时到达要约人的,为新要约;但是,要约人及时通知受要约人该承诺有效的除外。"该条完善了逾期承诺制度,增加了"在承诺期限内发出承诺,按照通常情形不能及时到达要约人"的情形。］

〔2〕《合同法》第26条第1款后段:"承诺不需要通知的,根据交易习惯或者要约的要求作出承诺的行为时生效。"［现为《民法典》第484条第2款。］

〔3〕《合同法》第37条:"采用合同书形式订立合同,在签字或者盖章之前,当事人一方已经履行主要义务,对方接受的,该合同成立。"［对应《民法典》第490条第1款后段:"在签名、盖章或者按指印之前,当事人一方已经履行主要义务,对方接受时,该合同成立。"该句新增"按指印"的情形。］

（二）地点

合同成立的地点，以承诺的生效地为原则，[1]但当事人得约定该地点，以作为纠纷解决的司法管辖地。

1.书面合同

书面合同的成立地，为当事人签章地。[2]若双方先后于不同地签章者，则应为在后签章地。若既签字又盖章，且签字与用印在不同地点者，则应为其中第一行为完成地。

2.电子合同

电子合同的成立地应由当事人约定。如无其约，则为受要约人的主营业地。[3]

思考题：

1.有偿合同、无偿合同与单务合同、双务合同之间的关系如何？

2.定型化合同有何特点？契约自由与契约正义理念在定型化合同中有无冲突？

3.试述合同的订立。

4.比较要约的撤回与撤销以及承诺的撤回。

---

〔1〕《合同法》第34条第1款："承诺生效的地点为合同成立的地点。"［现为《民法典》第492条第1款。］

〔2〕《合同法》第35条："当事人采用合同书形式订立合同的，双方当事人签字或者盖章的地点为合同成立的地点。"［对应《民法典》第493条："当事人采用合同书形式订立合同的，最后签名、盖章或者按指印的地点为合同成立的地点，但是当事人另有约定的除外。"该条新增"按指印的地点"为合同成立的地点，并新增"当事人另有约定"的除外规定。］

〔3〕《合同法》第34条第2款："采用数据电文形式订立合同的，收件人的主营业地为合同成立的地点；没有主营业地的，其经常居住地为合同成立的地点。当事人另有约定的，按照其约定。"［对应《民法典》第492条第2款："采用数据电文形式订立合同的，收件人的主营业地为合同成立的地点；没有主营业地的，其住所地为合同成立的地点。当事人另有约定的，按照其约定。"该条将"经常居住地"修改为"住所地"。］

第十九章　移转物之所有权的合同之债

内容提要　移转物之所有权的合同包括买卖、互易、赠与、消费借贷与金钱寄存。其中以买卖为复杂和重要。《合同法》关于买卖的规定，准用于各有偿合同。本章讨论各种合同的效力，在买卖中，尚讨论瑕疵担保责任、物之所有权移转及风险负担。学习本章，重点在买卖。

第一节　买卖合同之债

移转物之所有权的合同之债，其核心内容在于一方将物之所有权移转于他方。包括买卖、互易与赠与三种合同之债。本章分别讨论此三种合同之债。

一、买卖合同

(一)买卖合同的意义

1.买卖合同的定义

买卖合同是双方当事人约定，一方负担移转物的所有权于他方而他方负担给付价金之义务的合同。《合同法》第130条规定："买卖合同是出卖人转移标的物的所有权于买受人，买受人支付价款的合同。"[1]

2.对定义的说明

1)买卖合同是合同类型之一

买卖是当事人一方要买，一方要卖，意思表示对立地结合一致的民事法律行为，因而属于合同，并且是合同类型之一。其中约定移转标的物所有权的一方，是出卖人；与之相对，接受所有权并支付价金的一方，则是买受人。

2)买卖合同是移转物的所有权的合同类型

移转物的所有权，是买卖的核心内容。人们要买一件物品，从经济角度看，当然是为了取得该物。然而，人们的任何经济活动，均以一定的社会秩序特别是法治为

———————

〔1〕 现为《民法典》第595条。

背景。因而要能牢靠无虞地取得该物,永远不受任何人的追缠,尚须合法地取得该物的所有权。因此,自此意义言,买卖作为一项法律行为,其标的是取得物的所有权,而不是该物本身。

3)买卖合同是物的所有权与价金对流移转的合同类型

一项合同,若其标的仅在移转所有权于他方,尚不足以成为买卖,而且尚须他方支付价金。在买卖中,所有权与价金是对流条件。若受领物之所有权的一方无须给付价金,即不属买卖,而为"赠与"。价金是所有权的对价,在买卖中,仅能以货币表现。若受领物之所有权的一方给付以实物作对价,便也不构成买卖,而是"互易"。另外,若受领标的物的一方约定将来返还同种类物,这同样也不是买卖,而是使用借贷。

(二)买卖合同的性质

1.买卖合同是双务有偿合同

买卖合同的当事人互负给付义务,因而是双务合同。当事人的相互给付呈对价关系,因而又是有偿合同。

2.买卖合同是诺成、不要式合同

买卖合同的成立,不以物的交付为要件,因而是诺成性合同。也不以履行书面形式为必要,因而是不要式合同。

(三)买卖合同的类型

1.即时买卖与非即时买卖合同

买卖依其成立之后,是否立即交物付款,而划分为即时买卖和非即时买卖。凡在合同成立后无间隔地履行并且清偿完结的买卖,是即时买卖。相反,合同成立之后的一定期间方始履行的买卖,则是非即时买卖。

2.一时性买卖与继续性买卖合同

买卖依其给付有无持续性,划分为一时性买卖和继续性买卖。一次性履行即告完结的买卖是一时性买卖,与此相反,在一定期间内继续性地供给一定货物的买卖,则是继续性买卖。

3.竞争性买卖与非竞争性买卖合同

买卖依其是否依公开竞争性报价的方式订立,划分为竞争性买卖和非竞争性买卖。运用公开竞争性定价程序,由多数应买人竞争性出价要买,择其出价最高者为买受人的买卖是竞争性买卖,拍卖即其典型。非竞争性买卖其义自明,无庸赘述。

4.一般买卖与特种买卖合同

买卖依立法在合同法之外是否予以特别作出规定,划分为一般买卖和特种买卖。凡立法对其法律要件和法律效果均作了特别规定的买卖,是特种买卖,例如拍卖以及分期付款购买房屋买卖就是。适用合同法关于买卖规定的买卖，则是一般买卖。

（四）关于买卖合同的立法

我国《合同法》第九章，是关于买卖的专门规定。此外，我国是1980年《国际货物买卖合同维也纳公约》的缔约国，在涉外买卖中，当事人可约定适用该公约。

二、买卖合同之债

（一）出卖人的债务

1.交付标的物

1）意义

交付标的物，指移转标的物的占有于买受人。

2）交付方式、时点与地点

（1）交付方式

①交付方式各论

交付的方式，主要有以下三种：[1]

第一，现实交付，是将标的物实际交付于买受人的交付方式。

现实交付，又有以下三种具体方式：

一是买方自提，是在买卖不涉及运输的场合，由买受人自行来取走标的物的方式。

二是卖方送货，是在买卖不涉及运输的场合，由出卖人把标的物送达买受人处而交付。

三是代办托运，是在买卖涉及运输的场合，由出卖人代理买受人与运送人订立运送合同，而将标的物交付运送人运达的方式。在此一方式下，出卖人并不直接将标的物交付于买受人，而是交付于物之承运人。由于标的物可能须经多次或者多种运送方式的运送，因而会有多个承运人。为清楚界定出卖人的义务，该方仅须将物交付予第一承运人即为履行交付义务。

此一交付方式，由于涉及当事人之外的承运人。为界定托运人与承运人之间的权利义务，须有专门法律工具。于是便有"提单"。提单是在运货物的所有权凭证。托运人交付货物于承运人后，即向承运人请求出具提单。以便其对买受人交付该提单。买受人取得提单后，当日后货物送达目的地，便依提单提取货物。而且，唯提示提单方可提取，最终承运人负有向提单提示人交付的义务。关于提单，又涉及下文的拟制交付。

───────

[1] 德国民法和我国台湾地区"民法"尚规定了"简易交付"和"占有改定"两种交付方式。

第二，观念交付，观念交付是并非现实的移转物之占有，而仅在观念上完成交付。

一是简易交付，指在买卖合同成立时标的物已由买受人占有，而仅在观念上为交付。

二是占有改定，指出卖人须继续占有标的物，而仅在观念上为交付。

三是指示交付，指标的物由第三人占有时，出卖人指示该人向买受人交付。亦称"返还请求权让与"。

第三，拟制交付，是将标的物的权利凭证交付于买受人而代替现实交付的方式。

拟制交付，以标的物由第三人占有为要件，例如标的物由仓储人保管，由运送人承运中。在这种场合，以表彰物之所有权的提单、运单等票据的交付代替现实交付，即为拟制交付。唯应注意，在票据法的意义言，票据的交付，即为票据所表彰权利的让与。故而在该意义上，票据的交付便不属拟制交付，而为权利的移转。

②决定交付方式的规则

第一，在有约定场合，交付方式应依所约。

第二，在无约定场合，交付方式依以下规则确定：

一是当买卖不涉及运输时，为买方自提方式；

二是当买卖涉及运输时，为代办托运方式；

三是当标的物为第三人占有，且于买卖成立时买受人即知悉者，则应为指示交付或拟制交付方式。

(2)交付时间

关于交付时间，应依约定。倘无其约，我们认为，鉴于交付应照顾买方利益，故而应依买方所定时间为准。

(3)交付地点

关于交付地，应依约定，倘无其约，则依下列规则处理：

第一，在自提方式，以卖方营业地或者物之所在地为交付地。

第二，在卖方送货方式，以买方营业地或其指定的合理地点为准。

第三，在卖方代办托运方式，以第一承运人营业地为准。

3)物的瑕疵担保

(1)意义

物的瑕疵担保，亦称"品质瑕疵担保"，指出卖人对其交付的标的物合乎约定品质，以及合乎《产品质量法》要求的担保。亦即不存在任何品质瑕疵。

(2)担保内容及其认定依据

①担保内容

即不存在任何未告知瑕疵。包括不存在表面瑕疵和隐蔽瑕疵。所谓表面瑕疵，指存在于物的表面，仅凭一般买受人的经验而无须专门知识以及专门设备的检验即足以发现的瑕疵。而"隐蔽瑕疵"则指存在于物的内部,需经投入使用或经专门知识或者专门检验方能发现的瑕疵。

②确定担保内容的依据

物的瑕疵担保义务,其内容和范围均取决于合同关于物的品质的明示约定,以及关于合乎《产品质量法》等法律法规强制要求的默示约定。明示约定即以语言、文字等直接描述物的品质的约定。包括:第一,合同条款中关于品质的约定。此外,当出卖人关于品质的说明构成合同基础时,则尚包括产品说明书以及标签上的说明,等等。第二,样品对品质描述。在此一场合,如当事人认为必要,应封存样品,以作将来判断有无瑕疵的准据。

当合同对于标的物的品质未作具体约定时,便推定适用法律或者交易习惯关于品质的标准。此即默示约定。默示约定通常指:

第一,采用规范性技术标准。即采用国家技术监督机关发布或核准的技术标准,此类标准很多,其适用顺位是:国家标准→行业标准→本企业经核准的标准→产地同行业其他企业经核准的标准。

第二,标的物适合于同品种、同规格货物的通常用途。

第三,标的物适合于买受人特定的、出卖人不可能不知道的用途。

第四,标的物品质适合于通常买受人的合理期盼。

③担保义务的特约排除

物的瑕疵担保义务,允许当事人以特约加以排除。但是此项排除必须遵守以下规则:

第一,《合同法》第53条规定:"合同中的下列免责条款无效:(一)造成对方人身伤害的;(二)因故意或者重大过失造成对方财产损失的。"[1]

第二,排除的内容不得逾越公平合理的限度。

(3)对买受人检验和异议的尊重与容忍义务

①买受人对标的物的检验权

买受人对于出卖人交付的物,有加以检验从而确定是否符合约定品质的权利。此项权利,已为消费者权益保护法归纳为消费者的基本权利之一。

检验权行使的地点,应依合同约定。在无约定时,那么,在买方自提方式下,则为提货地;在卖方送货方式下,则为送达地。在代办托运方式下,则为买方营业地。

②买受人的对标的物品质的异议权

买受人对于瑕疵标的物,有向出卖人提出异议的权利,即主张标的物的品质、数量与约定不合,并请求后者承担违反瑕疵担保责任。异议权在性质上为形成权,故而应有其除斥期间。该期间依约定。在实务上,该期间称为"保证期"。无约定者,应在买受人发现或者应当发现瑕疵的合理期间内异议,但依《合同法》第158条的规

---

[1] 现为《民法典》第506条。

定,自标的物收到之日起不得超过两年。[1]

2.移转物之所有权

移转物之所有权,是出卖人的另一项重要义务。移转物之所有权,依标的物之为动产抑或不动产,而有不同。

1)移转动产所有权

在标的物为动产的场合,移转所有权仅须交付动产于买受人即为已足。

2)移转不动产所有权

在标的物为不动产的场合(我国目前仅指房产),出卖人依法应当协同买受人完成不动产所有权变更登记。倘其不予协助,即构成债务不履行。买受人得解除合同,或者诉请法院强制其协助完成登记手续;如果因此受到损害,尚得请其赔偿。

3)权利瑕疵担保

(1)意义

权利瑕疵担保,指出卖人就其移转的物之所有权之不会受到第三人的争议,以及不会侵犯他人的知识产权等方面的担保。

(2)担保的内容

①标的物上不存在未告知的担保物权;

②物之所有权不会受到第三人的争议;

③该标的物的占有未侵犯第三人的专利权、商标权或者其他知识产权。

(3)担保责任

①排除妨害

即对第三人的救济权主张依法予以排除。

②承受解约后果

如果不能排除上述妨害,买受人有解约权,出卖人须予承受解约后果。

(二)出卖人债务不履行及其责任

1.给付不能及其责任

给付不能,指出卖人因自身原因不能交付标的物并转移其所有权的情形。

给付不能依其所涉及的不能系为全部抑仅为部分,而划分为"全部不能"和"部分不能"。买受人获得的救济权相应是:

---

〔1〕《合同法》第158条第2款:"当事人没有约定检验期间的,买受人应当在发现或者应当发现标的物的数量或者质量不符合约定的合理期间内通知出卖人。买受人在合理期间内未通知或者自标的物收到之日起两年内未通知出卖人的,视为标的物的数量或者质量符合约定,但对标的物有质量保证期的,适用质量保证期,不适用该两年的规定。"［对应《民法典》第621条第2款:"当事人没有约定检验期限的,买受人应当在发现或者应当发现标的物的数量或者质量不符合约定的合理期限内通知出卖人。买受人在合理期限内未通知或者自收到标的物之日起二年内未通知出卖人的,视为标的物的数量或者质量符合约定;但是,对标的物有质量保证期的,适用质量保证期,不适用该二年的规定。"］

1)在全部不能

(1)若尚未给付价金，即无须给付；若已付价金，即产生价金返还请求权。

(2)倘受有损害，则就该损害有赔偿请求权。

(3)全部不能使买受人享有解约权。

2)在部分不能

可比照全部不能，按不能给付所占的比例加以办理。对仍能给付部分，如其给付对于买受人成为不必要，后者有权拒受领，而请求赔偿全部不履行的损失。

2.给付拒绝及其责任

给付拒绝是出卖人能为给付而不法地表示不予给付的情形。买受人的救济权是：请求补正性实际给付，或者改而请求损害赔偿。同时，买受人有解约权。

3.给付迟延及其责任

给付迟延是出卖人应当而且能够给付却未及时给付的情形。

给付迟延与给付拒绝不同。在前者，出卖人有给付的意思，在后者则无此项意思。

对于给付迟延，买受人的救济权在于请求补正性实际给付，并就迟延所致损害请求赔偿。

4.不完全给付及其责任

不完全给付依其瑕疵有无予给付受领人以人身或者财产损害，分为"瑕疵给付"与"加害给付"。二者的法律后果不同。现分别予以说明。

1)瑕疵给付及其责任

瑕疵给付，指出卖人所交付的物存在品质瑕疵，包括品种、规格、型号、花色等不合约定，以及数量不足，配件不配套，交付地点或者方式违约等情形。

对于瑕疵给付，买受人的救济权在于请求补正给付。例如更换或修缮而除去其瑕疵，补足数量，使之配套等，并就其所受的损害请求赔偿。

2)加害给付及其责任

加害给付，指出卖人所交付的瑕疵标的物给买受人造成了人身或者财产损害的情形。对于加害给付，买受人有就其所受损害请求赔偿的救济权。对于物的瑕疵，依瑕疵给付救济权予以救济。

然而，加害给付尚可能使买受人以外的人受到损害。此一损害，超出了出卖人债务不履行责任的范畴，受害人不能依债务不履行求救济，而应依侵权行为求救济。我国《产品质量法》对此有专门规定。[1]

---

〔1〕 见《产品质量法》(2000年修正)第41—44条。[现为《产品质量法》(2018年修正)第41—44条。]

(三)买受人的债务

1.受领标的物

1)意义

受领标的物,指对于出卖人所交付的标的物予以接受并且以所有人的意思予以占有。

2)内容

(1)予以配合

即对于出卖人的交付,买受人须作好受领准备。

(2)实际接收

即对出卖人交付的物实际接收。在商人之间,接收须在领取单据上签收。而在代办托运的场合,则指在接到运送人到站(港)通知后去领取货物。

2.支付价金

1)意义

支付价金,指即依约支付标的物的价款。

2)付价方式

支付价金,可以现金结算或者非现金结算方式为之。但金融管理制度强制要求须实行非现金结算者,则须遵守。

此外,在票据被普遍采用的今天,付价往往通过票据实现。在国际货物买卖中,则通常以票据结算。当以票据结算货款时,便又引出票据行为与票据关系以及与作为其基础关系的买卖关系之间的复杂关系。关于票据关系,本书不拟讨论。不过应指出的是,当采用票据付款时,可以真正实现"一手交钱,一手交货"的理想。

3)价金的确定

关于价金的数额,应依约定;倘无约定,则"按照国家规定的价格履行;没有国家规定价格的,参照市场价格或者同类物品的价格标准履行"。[1]而采集市场价格行情的时点,则应为合同订立时。因为双方正以该时的价格作为交易的基础,此后的价格变化风险,则分别由各自承担。

---

[1] 《民法通则》第88条。[对应《民法典》第511条:"当事人就有关合同内容约定不明确,依据前条规定仍不能确定的,适用下列规定:(一)质量要求不明确的,按照强制性国家标准履行;没有强制性国家标准的,按照推荐性国家标准履行;没有推荐性国家标准的,按照行业标准履行;没有国家标准、行业标准的,按照通常标准或者符合合同目的的特定标准履行。(二)价款或者报酬不明确的,按照订立合同时履行地的市场价格履行;依法应当执行政府定价或者政府指导价的,依照规定履行。(三)履行地点不明确,给付货币的,在接受货币一方所在地履行;交付不动产的,在不动产所在地履行;其他标的,在履行义务一方所在地履行。(四)履行期限不明确的,债务人可以随时履行,债权人也可以随时请求履行,但是应当给对方必要的准备时间。(五)履行方式不明确的,按照有利于实现合同目的的方式履行。(六)履行费用的负担不明确的,由履行义务一方负担;因债权人原因增加的履行费用,由债权人负担。"]

4)付价地点

支付价金的地点，应依约定。适用非现金结算即为有约定。倘无约定，则应在卖方的主营业地。

(四)买受人债务不履行及其责任

1.受领拒绝及其责任

买受人对于出卖人依约交付的标的物和移转的所有权，能够受领而不法地故意不予受领，是谓受领拒绝。对于受领拒绝，出卖人有权请求补正受领，或者予以提存，并就所受损害请求赔偿。

2.付价拒绝及其责任

买受人在应当付价时不法地表示不付价，是付价拒绝。在此种场合，出卖人有权请求其付价或者请求强制执行，并就所受损害请求赔偿。

3.付价迟延及其责任

买受人在应当付价时而不法地未及时付价，是付价迟延。对于付价迟延，出卖人有权请求其补正付价，并就迟延所致损失请求赔偿。

(五)所有权移转及风险负担

1.所有权移转

买卖以物之所有权的移转为核心要素，因此，标的物所有权的移转构成合同中的重要问题。而所有权的移转，又归结为移转的时间界限，即标的物的所有权究竟从何时起由出卖人移转到买受人。此一问题本属物权法上的制度。关于此一问题，《民法通则》第72条第2款作了(动产)以交付为界限、其他财产(应指不动产)则依法律规定。[1]为适用上的便利起见，《合同法》第133条和第134条也分别作了以交付为界的原则规定，但允许当事人对此有其特约，不过法律另有强制性规定者，则须服从。[2]由于我国目前的不动产所有权仅房屋所有权一种，而关于房屋所有权则由《城市房地产管理法》予以调整，该法规定了权属登记，但未规定所有权移转的时间界限。司法实务认为，自所有权登记完成之时，所有权由前者移转于后者。

---

〔1〕 该条在《民法典》总则编中已删除。《民法典》物权编规定了不动产物权的设立、变更、转让和消灭的规则，以及动产物权的设立和转让的规则。对应《民法典》第208条："不动产物权的设立、变更、转让和消灭，应当依照法律规定登记。动产物权的设立和转让，应当依照法律规定交付。"

〔2〕《合同法》第133条："标的物的所有权自标的物交付时起转移，但法律另有规定或者当事人另有约定的除外。"[该条在《民法典》合同编中已被删除，《民法典》物权编规定了动产的权利变动。对应《民法典》第224条："动产物权的设立和转让，自交付时发生效力，但是法律另有规定的除外。"]第134条："当事人可以在买卖合同中约定买受人未履行支付价款或者其他义务的，标的物的所有权属于出卖人。"[对应《民法典》第641条："I.当事人可以在买卖合同中约定买受人未履行支付价款或者其他义务的，标的物的所有权属于出卖人。II.出卖人对标的物保留的所有权，未经登记，不得对抗善意第三人。"该条第2款为新增内容。]

2.风险负担

买卖中的风险负担,是指买卖过程当中发生的标的物的意外且不可归因于当事人的毁损、灭失,应当分配给当事人中的哪一方负担的规则。风险负担问题,归根结底是确定从何时开始,风险从出卖人移转到买受人,也就是移转的时间界点。风险负担分配,关系双方当事人的利益至巨。而当交付涉及运输时,由于运输的风险很大,问题更加突出。在今天,海上货物运送关系中托运人与承运人的风险负担界限,早已形成操作性极强的制度,而通过交易条件惯例清楚地予以表述。然而无论何种交易条件,均规定至迟于货物装运时逾越船舷时起,风险由托运人移转于承运人。然而在国内立法和实务中,关于买卖中的风险负担规则,仍有深入研讨的必要。

《合同法》第142条对风险负担作了"险随占有"的规定。[1]我们认为,该规定应解释为:在无重大不履行情事的场合,动产以交付之时为风险移转的时间界点,不动产则以交付和登记两项行为当中在先完成行为的完成时间为时间界点。关于动产的交付,国际买卖惯例关于动产在装运中以越过车厢或船舷垂直面为风险移转界限的规范,颇值国内司法参考。

在有重大不履行的场合,当出卖人严重违反物的瑕疵担保义务,足以使买受人拒绝受领时,以后者合法受领之时为准;当买受人无根据拒绝受领时,以其应当而且能够受领的时间为准。

第二节　互易与赠与合同之债

一、互易合同之债

(一)互易合同的意义

互易合同是当事人约定双方互相移转货币之外的财产及其所有权的合同。

互易是商品交换的原初形态。但在今天仍有其存在价值,仍有必要作出专门的规定,然而《合同法》对此型合同却无专门规定。[2]

---

〔1〕《合同法》第142条:"标的物毁损、灭失的风险,在标的物交付之前由出卖人承担,交付之后由买受人承担,但法律另有规定或者当事人另有约定的除外。"[对应《民法典》第604条:"标的物毁损、灭失的风险,在标的物交付之前由出卖人承担,交付之后由买受人承担,但是法律另有规定或者当事人另有约定的除外。"]

〔2〕《合同法》第175条:"当事人约定易货交易,转移标的物的所有权的,参照买卖合同的有关规定。"[对应《民法典》第647条:"当事人约定易货交易,转移标的物的所有权的,参照适用买卖合同的有关规定。"]

(二)互易合同的特征

互易的标的是货币以外的实物，双方以实物易实物，从而与买卖中买受人一方必须支付价金不同。

互易也是双务、有偿、诺成以及不要式合同。

(三)互易合同之债

互易人双方均应依约对待交付各自的互易物，同时就物的瑕疵和权利瑕疵负担担保责任。

二、赠与合同之债

(一)赠与合同的意义

1.赠与合同的定义

赠与合同是当事人一方允诺将某物无偿给予他方，他方表示受领的合同。《合同法》第185条规定："赠与合同是赠与人将自己的财产无偿给予受赠人，受赠人表示接受赠与的合同。"[1]

在赠与关系中，表示无偿给予物的当事人是"出赠人"，而允为接受的一方则为"受赠人"。

2.对定义的说明

1)赠与合同属于有名合同

赠与以一方允诺无偿给予某物于他方的意思表示，和他方允诺接受的意思表示的结合一致为要件，因而属于合同，并且是有名合同类型之一。

2)赠与合同是当事人无偿给予一定财产于他方的合同

赠与的标的，如同买卖和互易一样，是意图移转标的物的所有权。然而赠与又不同于买卖和互易，出赠人之给予物于受赠人，是无偿的，完全出于使他方受益的目的，而不是投桃报李式的邀偿。这种赠与目的，构成赠与的"心理要件"（心素）。

3)赠与合同须经受赠人允诺受领始能成立

在赠与，仅有出赠的意思表示，尚不足以成立；而必待受要约人允诺受领，方使赠与成立。因为，纵然是施惠他人，也不得强加于人，而仍应由相对人自主地决定并作出意思表示。"意思自治"的理念大大高于施惠于人行为的价值，它统帅并指导赠与，而不是相反。

---

[1] 现为《民法典》第657条。

(二)赠与合同的性质

1.赠与合同是无偿合同

赠与中出赠人的给予财产行为,是无偿的。从而赠与成为无偿合同的典型,此点与买卖是有偿合同的典型,正相对应。

2.赠与合同是单务合同

在赠与关系中,只有出赠人负担给付义务,受赠人并不负担形成对价关系的给付义务,因而赠与是单务合同。

3.赠与合同是诺成合同

最高人民法院《民通意见》第128条规定:"公民之间赠与关系的成立,以赠与物的交付为准。赠与房屋,如根据书面赠与合同办理了过户手续的,应当认定赠与关系成立;未办理过户手续,但赠与人根据书面赠与合同已将产权证书交与受赠人,受赠人根据赠与合同已占有、使用该房屋的,可以认定赠与有效,但应令其补办过户手续。"[1]该规定采要物合同主义。但《合同法》却改采诺成主义。鉴于《合同法》相对于最高人民法院《民通意见》为新法,依新法改废旧法的原则,最高人民法院《民通意见》的上述解释应当然被废止。

(三)赠与合同之债

1.出赠人的主要义务

出赠人的主要义务,是交付标的物。

2.出赠人的瑕疵担保

依《合同法》第191条的规定:"Ⅰ.赠与的财产有瑕疵的,赠与人不承担责任。附义务的赠与,赠与的财产有瑕疵的,赠与人在附义务的限度内承担与出卖人相同的责任。Ⅱ.赠与人故意不告知瑕疵或者保证无瑕疵,造成受赠人损失的,应当承担损害赔偿责任。"[2]

3.出赠人的撤销权

在出赠标的物移转于受赠人之前,出赠人得随时撤销赠与合同。此即出赠人的撤销权。《合同法》第186条规定:"Ⅰ.赠与人在赠与财产的权利转移之前可以撤销赠与。Ⅱ.具有救灾、扶贫等社会公益、道德义务性质的赠与合同或者经过公证的赠与合同,不适用前款规定。"[3]

---

〔1〕该规定已被删除。

〔2〕对应《民法典》第662条:"Ⅰ.赠与的财产有瑕疵的,赠与人不承担责任。附义务的赠与,赠与的财产有瑕疵的,赠与人在附义务的限度内承担与出卖人相同的责任。Ⅱ.赠与人故意不告知瑕疵或者保证无瑕疵,造成受赠人损失的,应当承担赔偿责任。"

〔3〕对应《民法典》第658条:"Ⅰ.赠与人在赠与财产的权利转移之前可以撤销赠与。Ⅱ.经过公证的赠与合同或者依法不得撤销的具有救灾、扶贫、助残等公益、道德义务性质的赠与合同,不适用前款规定。"

(四)特种赠与

1.附负担赠与

附负担赠与,是使约定受赠人负担一定给付义务作为赠与条件的特殊赠与。然而,所附负担须不违反法律或者公共秩序以及善良风俗。

2.定期给付赠与

定期给付赠与,是以继续性财产给付为内容的特殊赠与。

3.死因赠与

死因赠与是以出赠人死亡为生效要件的特殊赠与。死因赠与在民法学上称为"遗赠"。我国《继承法》规定的"遗赠扶养协议",即包含了遗赠。

(五)关于捐助

捐助是无偿给付财产以成立法人的单方行为。通常是设立财团法人。捐助与赠与不同,它是单方行为,并不形成合同。

思考题:

1.如何理解《合同法》第130条[1]关于买卖的定义? (从债权行为与物权行为的角度)

2.不完全给付与瑕疵担保责任有何异同?

3.如何理解"瑕疵担保责任是无过失责任"的说法?

4.如何理解买卖合同中的风险负担责任?

5.我国《合同法》对出赠人撤销权是如何规定的?

---

[1] 现为《民法典》第595条。

第二十章　移转物之用益权的合同之债

内容提要　移转物之用益权的合同,其给付标的为物之用益权。本章讨论租赁与房屋租赁两种合同之债。学习的重点在掌握各类合同的特征和债的效力。

第一节　租赁合同之债

移转物之用益权的合同之债,其核心内容在于一方将物之用益权移转于他方。该型仅有租赁一种。本章分作一般租赁和房屋租赁来分别讨论。

一、租赁合同

(一)租赁合同的意义

1.租赁合同的定义

租赁合同是当事人约定一方提供特定物供他方使用,他方给付租金的合同。[1]

当事人中提供物供他人使用的一方,是"出租人",使用物而给付租金的一方,是"承租人"。

2.对定义的说明

1)租赁合同是移转物的用益权的合同

使用他人之物,只须取得用益权即为已足,而无须所有权。故租赁合同以移转标的物的用益权为要素,此与买卖中出卖须移转物之所有权不同。

另外,租赁的经济作用既然在于物的用益,尤其是使用,而非消费,故而租赁的标的物原则上应为"不消费物"。租赁终止时,该物不因用益而毁损、灭失,承租人应返还其占有于出租人。然而,如果把消费物特别地用于使用而不是消费,则也无妨以之作为租赁的标的物。例如研习班为使学员观察外币而从有关部门租用外币,某饭店开业庆典租用名酒作陈列,即其适例。

---

〔1〕《合同法》第212条:"租赁合同是出租人将租赁物交付承租人使用、收益,承租人支付租金的合同。"[现为《民法典》第703条。]

2)租赁合同是物的用益权与租金对待移转的合同

出租人应当移转物的用益权,承租人给付的对价是租金,而不是价金。租金只是用益权存续期间该物价金的一定比例。此点使租赁区别于买卖。另外,租赁合同须以租金的给付为要素,此点使之区别于使用借贷,后者的使用人无租金之债务。

(二)租赁合同的性质

1.租赁合同是双务、有偿合同

租赁使当事人双方互负给付标的物和租金的债务,因而为双务合同;而双方债务形成对价关系,因而是有偿合同。假使物的使用人并无给付租金的义务,那么,该关系就属于使用借贷,而不复为租赁了。

2.租赁合同是诺成和不要式合同

租赁合同的成立,不以租赁物的交付为要件,因而为诺成合同;同时又无须以特别郑重形式实施,因而是不要式合同。但《合同法》第215条规定,租期超过六个月的合同,须采用书面形式。[1]

3.租赁合同是继续性合同

租赁中当事人双方的义务,均与合同的存续期间正相关,时间构成合同的基本要素,因而属于继续性合同。

租赁合同既为继续性合同,也就规定了必以期间为要素。为防止期间过长导致法律关系的不合理和不稳定,法律限制合同的期间。我国《合同法》第214条规定该期间不得超过二十年。[2]

(三)租赁合同的制度价值

租赁作为商品交换的法律形式,其必要性在于某些场合存在着临时性需求,以及有支付能力的需求不足以承担所需物的价金。在上述场合,租赁就有其必要。租赁是古老的交换形式,汉谟拉比法典中即有规定。我国《合同法》第十三章是关于租赁合同的专章。

---

[1] 对应《民法典》第707条:"租赁期限六个月以上的,应当采用书面形式。当事人未采用书面形式,无法确定租赁期限的,视为不定期租赁。"该条完善了视为不定期租赁的情形,除未采用书面形式外,还需满足"无法确定租赁期限"的要件。

[2] 对应《民法典》第705条:"Ⅰ.租赁期限不得超过二十年。超过二十年的,超过部分无效。Ⅱ.租赁期限届满,当事人可以续订租赁合同;但是,约定的租赁期限自续订之日起不得超过二十年。"

二、租赁合同之债

(一) 出租人的债务

1.给付租赁物

提供租赁物供承租人使用,是出租人的首要义务。如其不法拒绝交付或者迟延交付,即构成债务不履行,依法须负其不履行责任。

关于给付地点和时点,应依合同所约。如无其约,则给付时点应为合同成立后之最早的合理日。给付地点,动产为出租人的住所地或者营业地,不动产则为物之所在地。

2.保持租赁物的约定质态

在租赁合同的整个存续期间,出租人有保持租赁物具备合乎约定品质的义务,此一债务,由租赁的继续性合同性质所规定。一旦租赁物非因承租人方面的事由而生毁损,不再合乎约定的使用时,出租人即应加以修缮,以回复其原质态。因而,此一义务可以直截了当地称为"修缮义务"。假使出租人怠于该义务的履行,承租人得定相当期间催告其履行。期间届满而仍不修缮时,则得选择终止合同,并请求损害赔偿;或者自行修缮,而请求出租人偿付必要费用,或在应付租金中抵扣。[1]

3.瑕疵担保

租赁既然为有偿合同,则出租人也就如同出卖人一样,应就其供给的物负担瑕疵担保义务,担保物的品质及其用益权均合乎约定。物的瑕疵担保,不仅存在于交付之时,而且存在于合同的整个期间。权利瑕疵担保则指在交付时不存在隐瞒的权利负担。假如出租人违反此项担保义务,承租人可通过修缮请求权、解约权、损害赔偿请求权等予以救济。

4.通知义务

《合同法》第228条第2款规定:"第三人主张权利的,承租人应当及时通知出租人。"[2]

(二) 承租人的债务

1.给付租金

给付租金,是承租人的主要义务。租金的数额、给付方式,以及给付的地点和时

---

〔1〕《合同法》第221条:"承租人在租赁物需要维修时可以要求出租人在合理期限内维修。出租人未履行维修义务的,承租人可以自行维修,维修费用由出租人负担。因维修租赁物影响承租人使用的,应当相应减少租金或者延长租期。"〔对应《民法典》第713条:"Ⅰ.承租人在租赁物需要维修时可以请求出租人在合理期限内维修。出租人未履行维修义务的,承租人可以自行维修,维修费用由出租人负担。因维修租赁物影响承租人使用的,应当相应减少租金或者延长租期。Ⅱ.因承租人的过错致使租赁物需要维修的,出租人不承担前款规定的维修义务。"该条第2款为新增内容。〕

〔2〕 现为《民法典》第723条第2款。

点，均应依照所约。如无其约，则依下列规则办理：(1)租金数额依照惯例决定；(2)支付方式应逐月度或者逐季度，最长不应超过半年度支付；(3)支付时应为月度或者季度的末尾。[1]

2.使用和保管租赁物

承租人对于租赁物，应依通常方法使用收益，而不得故意过失致其毁损、灭失。同时还应妥善保管该物。承租人违反上述义务，出租人得通过修缮请求权、损害赔偿请求权以及解约权等方式予以救济。[2]

3.不转租

承租人负有不将承租物擅自转租于他人的义务。违反此项义务，出租人有解约权。[3]

4.返还租赁物

租赁终止时，承租人占有和使用收益租赁物的权利即告终止，而应把该物返还于出租人。如果返还迟延，承租人应依约支付逾期租金或者违约金，并应负担迟延期间的风险。[4]

第二节　房屋租赁合同之债

以房屋为标的的租赁，尤指住宅用房屋租赁，对于人民群众的生活关系密切。

---

[1]《合同法》第226条："承租人应当按照约定的期限支付租金。对支付期限没有约定或者约定不明确，依照本法第六十一条的规定仍不能确定，租赁期间不满一年的，应当在租赁期间届满时支付；租赁期间一年以上的，应当在每届满一年时支付，剩余期间不满一年的，应当在租赁期间届满时支付。"[对应《民法典》第721条："承租人应当按照约定的期限支付租金。对支付租金的期限没有约定或者约定不明确，依据本法第五百一十条的规定仍不能确定，租赁期限不满一年的，应当在租赁期限届满时支付；租赁期限一年以上的，应当在每届满一年时支付，剩余期限不满一年的，应当在租赁期限届满时支付。"]第227条："承租人无正当理由未支付或者迟延支付租金的，出租人可以要求承租人在合理期限内支付。承租人逾期不支付的，出租人可以解除合同。"[对应《民法典》第722条："承租人无正当理由未支付或者迟延支付租金的，出租人可以请求承租人在合理期限内支付；承租人逾期不支付的，出租人可以解除合同。"]

[2]《合同法》第222条："承租人应当妥善保管租赁物，因保管不善造成租赁物毁损、灭失的，应当承担损害赔偿责任。"[对应《民法典》第714条："承租人应当妥善保管租赁物，因保管不善造成租赁物毁损、灭失的，应当承担赔偿责任。"]

[3]《合同法》第224条："Ⅰ.承租人经出租人同意，可以将租赁物转租给第三人。承租人转租的，承租人与出租人之间的租赁合同继续有效，第三人对租赁物造成损失的，承租人应当赔偿损失。Ⅱ.承租人未经出租人同意转租的，出租人可以解除合同。"[对应《民法典》第716条："Ⅰ.承租人经出租人同意，可以将租赁物转租给第三人。承租人转租的，承租人与出租人之间的租赁合同继续有效；第三人造成租赁物损失的，承租人应当赔偿损失。Ⅱ.承租人未经出租人同意转租的，出租人可以解除合同。"]

[4]《合同法》第235条："租赁期间届满，承租人应当返还租赁物。返还的租赁物应当符合按照约定或者租赁物的性质使用后的状态。"[对应《民法典》第733条："租赁期限届满，承租人应当返还租赁物。返还的租赁物应当符合按照约定或者根据租赁物的性质使用后的状态。"]

其中存在一些值得注意的问题，我们现在提出来加以研讨。

一、"买卖不破租赁"

所谓"买卖不破租赁"，是房屋租赁合同存续期间，承租人对承租房屋的使用权，不因买卖而受影响。最高人民法院《民通意见》第119条第2款规定："私有房屋在租赁期间，因买卖、赠与或者继承发生房屋产权转移的，原租赁合同对于承租人和新房主继续有效。"《合同法》第229条肯定了上述原则，规定："租赁物在租赁期间发生所有权变动的，不影响租赁合同的效力。"[1] 上述规定所表述的，即"买卖不破租赁"的原则。"买卖不破租赁"原则，赋予了承租人的使用权以物权的效力。本来，该使用权系债权，不能对抗买受人的所有权。只有在其具有物权效力之后，方以物权的优先效力对抗在后发生的所有权。此一债权被有条件地赋予物权效力的情形，被称之为"债权物权化"。

二、关于承租人的优先购买权

最高人民法院《民通意见》第118条规定："出租人出卖出租房屋，应提前三个月通知承租人，承租人在同等条件下，享有优先购买权；出租人未按此规定出卖租赁房屋的，承租人可以请求人民法院宣告该房屋买卖无效。"此即承租人的优先购买权。《合同法》也肯认了此一权利，其第230条规定："出租人出卖租赁房屋的，应当在出卖之前的合理期限内通知承租人，承租人享有以同等条件优先购买的权利。"[2] 出租人出卖在租房屋而未保护承租人优先购买权者，倘未经优先购买权人追认者，其买卖不生效力。

思考题：

1.如何理解"买卖不破租赁"这一原则？

2.消费借贷合同与使用借贷合同有何异同？

---

[1]《民通意见》第119条第2款和《合同法》第229条对应《民法典》第725条："租赁物在承租人按照租赁合同占有期限内发生所有权变动的，不影响租赁合同的效力。"该条将"租赁期间"的表述修改为"承租人按照租赁合同占有期限内"。

[2]《民通意见》第118条和《合同法》第230条对应《民法典》第726条："I.出租人出卖租赁房屋的，应当在出卖之前的合理期限内通知承租人，承租人享有以同等条件优先购买的权利；但是，房屋按份共有人行使优先购买权或者出租人将房屋出卖给近亲属的除外。II.出租人履行通知义务后，承租人在十五日内未明确表示购买的，视为承租人放弃优先购买权。"该条第1款第2分句和第2款为新增内容。

第二十一章 给予信用的合同之债

内容提要 信用指出借人对借用人返还借用物能力的评价。给予信用的合同，是基于此一评价而成立的合同。主要是借贷合同。包括消费借贷和使用借贷。融资租赁是引自普通法的新类型。对于以上合同，本章均有讨论。学习中应注意掌握信用的特点，以及各该合同的效力。

第一节 消费借贷合同之债

给予信用的合同之债，其核心内容在于一方给予他方以信用。所谓信用，指物之出借人对借用人返还借用物能力的评价。给予信用的合同，是基于此一评价而成立的合同，主要是借贷与保证。借贷包括消费借贷和使用借贷。融资租赁是引自普通法的新类型。而保证则有一般保证和票据保证。在国际货物买卖中普遍采用的信用证，实质上是票据保证。鉴于一般保证已在本书第十七章第五节作过讨论，而票据保证则应在票据法中讨论，信用证则应在有关外贸结算的法域讨论，故而本章仅讨论消费借贷、使用借贷和融资租赁三种合同之债。

一、消费借贷合同

1.消费借贷合同的定义

消费借贷合同是当事人约定一方移转替代物的所有权于他方，他方以种类、品质、数量相同的物予以返还的合同。

其中提供消费物的一方是"出借人"，消费该物并负有返还同种类物的一方则是"借用人"。

2.对定义的说明

1) 消费借贷合同是移转替代物所有权的合同

消费借贷与"使用借贷"虽在经济性质上均为"借贷"，即着眼于"借而有还"，但法律性质却不同。在消费借贷，其目的在物的消费，而消费即对物的施以毁损其形和变更其质的"事实上的处分"。使用则不同，并不毁损其形而变其质。消费既然毁物之形、更物之质,在消费时,该物便消灭了。故而消费须以物之所有权为其前提。此外,在返还时,也无从返还原物,而仅能以同种类、同品质的替代物代替之。故而消费借贷以移转物的所有权为要素。使用借贷既然不涉物的形毁质失,故而无须以取得所有权为前提。

2) 消费借贷合同是旨在消费的合同

金钱借贷与"储蓄"不同,二者虽然均移转所有权,但储蓄的目的不在于金钱的消费,而是货币的保管,不妨称为"金钱寄存",二者的经济实质和法律性质均不同。

3) 消费借贷合同是他方以同种类物予以返还的合同

借用人消费借贷物之后,该物便不复存在。因此,借贷人的返还义务便只能以与借贷物相同种类、相同品质、相同数量的替代物充之。此点也使消费借贷与使用借贷不同,后者因不消费借用物,故而借用人须返还原物。另外,消费借贷与买卖、互易虽然同为移转物之所有权的合同,但消费借贷的典型交易目的不存在使出让物之所有权的当事人一方取得标的物的价金或者另一等价实物,而仅在取得同种类物。

3.消费借贷合同的性质

1) 消费借贷合同是双务合同

消费借贷为单务抑或双务合同,学说上意见不一。依本书所信,就自然人之间的消费借贷而言应为单务合同(《合同法》第210条),但就以金融事业人为出借人的金钱借贷而言,应为双务合同,出借人负有交付标的物的义务,借贷人则负有返还同种类物的义务。

2) 消费借贷合同是可有偿亦可无偿的合同

消费借贷之有偿无偿,可依当事人所约。自历史沿革看,消费借贷原以无偿为原则,但在今天,金钱借贷多附利息,似以有偿为原则了。

3) 消费借贷合同是诺成合同或者要物合同

消费借贷究为诺成合同还是要物合同,应依法律所规定。《合同法》第210条规定民间金钱借贷为要物合同。[1]而以金融事业人为出借人的金钱借贷,则为诺成合同。

4.消费借贷合同的类型

1) 实物借贷与金钱借贷合同

消费借贷依其标的之为实物抑或金钱,划分为实物借贷和金钱借贷合同。对于金钱借贷,民法多设特别规定。《合同法》规定了书面要式(第197条)、[2]利率管制(第

---

〔1〕《合同法》第210条:"自然人之间的借款合同,自贷款人提供借款时生效。"[对应《民法典》第679条:"自然人之间的借款合同,自贷款人提供借款时成立。"]

〔2〕 对应《民法典》第668条:"I.借款合同应当采用书面形式,但是自然人之间借款另有约定的除外。II.借款合同的内容一般包括借款种类、币种、用途、数额、利率、期限和还款方式等条款。"

204条）、[1]不得预先扣还利息等强制性规范。

2）银行贷款合同与非银行贷款合同

金钱借贷合同依出借人为银行与否，划分为银行贷款合同与非银行贷款合同。对于银行贷款合同，《合同法》有"借款合同"章予以规范。

5.我国关于消费借贷合同的立法

《合同法》仅规定了"借款合同"，对于一般借贷，则无规定。本书下文的讨论，依原理和交易习惯进行。

二、消费借贷合同之债

（一）借用人的债务

1.返还借用物

返还借用物是借用人的主要义务。返还标的应为与借贷物在种类、品质均相同的同数量替代物。至于返还时点，应依合同约定。若无约定，借用人得随时返还，出借人也可随时请求返还。但在请求返还时，应当给定合理期间予以催告，以便借用人作出合理安排。

2.金钱借贷借用人依照约定用途使用借款的义务

在金钱借贷，借款的用途关涉金融风险，故而借款合同对借款的用途均有设定，借款人须予遵守，而不得擅自变更。倘擅自变更，即令出借人取得解约权。《合同法》第203条规定："借款人未按照约定的借款用途使用借款的，贷款人可以停止发放借款、提前收回借款或者解除合同。"[2]

3.支付利息或者其他报偿

1）概说

在有偿消费借贷，借用人尚有支付报偿的义务。报偿多为金钱利息。其他报偿，如实物、劳务等，并无不可。至于支付时点，则应依约定。倘无其约，则应于借贷关系终止时支付。

2）非银行贷款合同中的特殊问题

非银行贷款，实务上称之为"民间借贷"，所在多有。其中规避法律、违背公序良俗的问题较多。为规整计，最高人民法院《民通意见》第122条、第123条、第124条、第125条，以及1991年《审理借贷案件的若干意见》中作了若干规定，其中主要是三项制度：(1)利率上限不得超过银行同类贷款利率的四倍(包括利率本数)；(2)不得计

---

[1]　该条在《民法典》中已被删除。对应《贷款通则》第13条："贷款利率的确定：贷款人应当按照中国人民银行规定的贷款利率上下限，确定每笔贷款利率，并在借款合同中载明。"

[2]　现为《民法典》第673条。

算复利;(3)无息贷款亦可计收逾期利息。[1]

(二)出借人的债务

1.交付标的物

就消费借贷合同中的诺成性合同而言,出借人负有交付标的物的义务。

2.瑕疵担保

出借人对借用物的瑕疵以重大过失为限负有担保义务。若有瑕疵,则应当替之以无瑕疵物。若因物的瑕疵而给借用人造成损害,尚应予以赔偿。

第二节　使用借贷合同之债

一、概说

(一)使用借贷合同的意义与特征

1.使用借贷合同的定义

使用借贷合同是当事人约定,一方无偿提供物于他方使用,他方于使用后予以返还的合同。

2.对定义的说明

1)使用借贷合同是合同类型之一

使用借贷的当事人约定,一方无偿贷与特定物,他方于使用后予以返还,双方意

---

〔1〕 对应《民间借贷规定》(2020年修正)第24条、第25条、第27条、第28条、第29条和第30条。第24条:"Ⅰ.借贷双方没有约定利息,出借人主张支付利息的,人民法院不予支持。Ⅱ.自然人之间借贷对利息约定不明,出借人主张支付利息的,人民法院不予支持。除自然人之间借贷的外,借贷双方对借贷利息约定不明,出借人主张利息的,人民法院应当结合民间借贷合同的内容,并根据当地或者当事人的交易方式、交易习惯、市场报价利率等因素确定利息。"第25条:"Ⅰ.出借人请求借款人按照合同约定利率支付利息的,人民法院应予支持,但是双方约定的利率超过合同成立时一年期贷款市场报价利率四倍的除外。Ⅱ.前款所称"一年期贷款市场报价利率",是指中国人民银行授权全国银行间同业拆借中心自2019年8月20日起每月发布的一年期贷款市场报价利率。"第27条:"Ⅰ.借贷双方对前期借款本息结算后将利息计入后期借款本金并重新出具债权凭证,如果前期利率没有超过合同成立时一年期贷款市场报价利率四倍,重新出具的债权凭证载明的金额可认定为后期借款本金。超过部分的利息,不应认定为后期借款本金。Ⅱ.按前款计算,借款人在借款期间届满后应当支付的本息之和,超过以最初借款本金与以最初借款本金为基数、以合同成立时一年期贷款市场报价利率四倍计算的整个借款期间的利息之和的,人民法院不予支持。"第28条:"Ⅰ.借贷双方对逾期利率有约定的,从其约定,但是以不超过合同成立时一年期贷款市场报价利率四倍为限。Ⅱ.未约定逾期利率或者约定不明的,人民法院可以区分不同情况处理:(一)既未约定借期内利率,也未约定逾期利率,出借人主张借款人自逾期还款之日起参照当时一年期贷款市场报价利率标准计算的利息承担逾期还款违约责任的,人民法院应予支持;(二)约定了借期内利率但是未约定逾期利率,出借人主张借款人自逾期还款之日起按照借期内利率支付资金占用期间利息的,人民法院应予支持。"第29条:"出借人与借款人既约定了逾期利率,又约定了违约金或者其他费用,出借人可以选择主张逾期利息、违约金或者其他费用,也可以一并主张,但是总计超过合同成立时一年期贷款市场报价利率四倍的部分,人民法院不予支持。"第30条:"Ⅰ.借款人可以提前偿还借款,但是当事人另有约定的除外。Ⅱ.借款人提前偿还借款并主张按照实际借款期限计算利息的,人民法院应予支持。"

思表达结合一致,因而属于合同,并且是有名合同类型之一。其中提供物的当事人是"出借人"（或称"贷与人"）,使用该物的当事人则是"使用人"。

2)使用借贷合同是无偿移转用益权的合同类型

使用借贷的经济实质,是无偿提供物于他方使用。动产或者不动产,不消费物或者消费物均可充之。不过,以消费物贷与,该物应限于非依消费方式的使用。由于使用借贷的目的仅在于使用,因而只须移转用益权便足够了,不涉及所有权的移转问题。我们在第二十章讨论过的租赁也是移转用益权的合同,此点与使用借贷相同。不过,出租人提供用益权是以租金为对价的,是有偿合同。而使用借贷则为无偿合同,因而毋宁说,使用借贷是物的用益权与"零租金"对待移转的合同。

（二）使用借贷合同的性质

1.使用借贷合同是要物合同

使用借贷是无偿合同,出借人无对价地把物供给他方使用,双方利益显然不平衡。为保护出借人计,自法律伦理言,如果出借人在最后一分钟反悔,不打算践履出借的诺言,也应当容许。因而使用借贷为要物合同,当且仅当出借人移转借用物于他方时,合同方始成立。而此前纵有出借的允诺,也不能成立合同,对允诺的反悔也与违约不搭界。

2.使用借贷合同是单务合同

在使用借贷,当事人中仅借用人一方负有债务,出借人并无债务。至于出借人之将借用物交付于借用人,是使用借贷成立的要件,故而不属出借人的债务。由此规定,使用借贷是无偿合同。因此出借人原则上不负过失瑕疵担保责任,而只就故意所导致的瑕疵负责。

3.使用借贷合同是不要式合同

使用借贷只须当事人双方意思表示一致即可成立,而无须履行特别方式。

（三）使用借贷合同的制度价值

使用借贷是当事人互相帮助,无偿互通有无的制度。纵使效益被抬到吓人高度,使用借贷仍有其存在的根据。无偿也并不总是意味着非核算。

（四）我国关于使用借贷合同的立法

最高人民法院《民通意见》第126条、第127条两条,[1]对使用借贷作了原则规定。《合同法》则无规定。

---

〔1〕 该条文已被删除。《民法典》及现行司法解释对此均无明文规定,应根据《民法典》第467条第1款调整。《民法典》第467条第1款:"本法或者其他法律没有明文规定的合同,适用本编通则的规定,并可以参照适用本编或者其他法律最相类似合同的规定。"

二、使用借贷合同之债

(一)借用人的使用权

使用借贷之借用人,对于借用物有使用的权利。此项使用权仅系依债享受的利益,而并非直接支配该物的独立权利。该权利不得让与,也不得转借或者事实上允许他人使用。至于使用方法,则应依约,或者依照物的性质来决定。

(二)借用人的保管义务

代管借用物是借用人的请求义务之一。此项义务,须以善良管理人的注意为之。所谓"善良管理人的注意",亦即尽职尽责管理人的注意。该注意程度是相当高的。借用人违反此项义务,而致借用物毁损、灭失,即须负赔偿责任。唯应注意,依约定方法或者依物的性质而定的方法为使用,而致借用物变更或者毁损,则无须负责。再者,对于借用物的通常保管费用及动物饲养费,也由借用人负担。

(三)借用人的返还义务

返还借用物,是借用人的另一项重要义务之一。返还借用物的义务中,包括自然孳息的返还。返还时点应依约定,倘无其约,则应于使用目的实现时返还。假如不能依借贷目的定其时点,则出借人得随时请求返还。

第三节　融资租赁合同之债

一、融资租赁合同

(一)定义

融资租赁合同,是当事人约定,一方依他方指示购入特定专用性资产并交付于他方用益,他方给付租金并于合同期间届满时取得物之所有权的合同。[1]

其中购入标的物以供他方用益的人,是融资式出租人,物的用益方是承租人。

---

[1]《合同法》第237条:"融资租赁合同是出租人根据承租人对出卖人、租赁物的选择,向出卖人购买租赁物,提供给承租人使用,承租人支付租金的合同。"[现为《民法典》第735条。《融资租赁合同解释》(2020年修正)第1条:"I.人民法院应当根据民法典第七百三十五条的规定,结合标的物的性质、价值、租金的构成以及当事人的合同权利和义务,对是否构成融资租赁法律关系作出认定。II.对名为融资租赁合同,但实际不构成融资租赁法律关系的,人民法院应按照其实际构成的法律关系处理。"《融资租赁合同解释》(2020年修正)第2条:"承租人将其自有物出卖给出租人,再通过融资租赁合同将租赁物从出租人处租回的,人民法院不应仅以承租人和出卖人系同一人为由认定不构成融资租赁法律关系。"]

（二）对定义的说明

1.融资租赁合同属给予信用合同

融资租赁，是融资式租赁之义：其本质不是租赁，而是融资，因而属于给予信用合同。

2.融资租赁合同是以租赁表现的给予信用合同

融资租赁合同本质上系给予信用合同，不过融资未直接体现为"货币"，因体现为实物而已。

3.融资租赁合同是以专用型资产为信用标的的给予信用合同

融资租赁合同用以表现融资的实物，不是一般的物，而是专用性资产，是租赁人（需资人）特别需求的，而非一般消费者或者生产者所需求的。通用性资产的租赁，虽亦有相当的融资性，但却并非决定事物性质的主要矛盾方面。融资租赁之所以系以租赁表现的融资，尚因为该专用资产系为特定承租人定向地购入的，而且由承租人享有对出卖人的代位权。[1]对于购入物的品质，也由承租人负责。[2]而不似通用性资产乃为不特定的承租人准备的情形。

4.融资租赁合同是含有所有权预期移转内容的给予信用合同

融资租赁合同的整个履行过程，呈现为"专用资产的购买→出租→由承租人最终取得所有权"三阶段。专用资产的购置和取得为其核心。尽管专用资产的所有权归属，属于得约定事项，但毕竟以归属于承租人为事态。故而《合同法》第250条规定以归属于承租人为原则。[3]此一规定，盖由其租赁性质的从属性和融资性质的本质性所决定。此系一般给予信用合同所不具，而且也是租赁合同所不具的。在一般信用合同，其体现为"货币→货币"的运动，其予信性质鲜明突出。在一般租赁，则体现为"实物→实物"的运动，提供用益的性质鲜明突出。融资租赁，则以提供用益表现融资。

---

〔1〕《合同法》第239条："出租人根据承租人对出卖人、租赁物的选择订立的买卖合同，出卖人应当按照约定向承租人交付标的物，承租人享有与受领标的物有关的买受人的权利。"［现为《民法典》第739条。］《合同法》第240条："出租人、出卖人、承租人可以约定，出卖人不履行买卖合同义务的，由承租人行使索赔的权利。承租人行使索赔权利的，出租人应当协助。"［现为《民法典》第741条。］

〔2〕《合同法》第244条："租赁物不符合约定或者不符合使用目的的，出租人不承担责任，但承租人依赖出租人的技能确定租赁物或者出租人干预选择租赁物的除外。"［对应《民法典》第747条："租赁物不符合约定或者不符合使用目的的，出租人不承担责任。但是，承租人依赖出租人的技能确定租赁物或者出租人干预选择租赁物的除外。"］

〔3〕《合同法》第250条："出租人和承租人可以约定租赁期间届满租赁物的归属。对租赁物的归属没有约定或者约定不明确，依照本法第六十一条的规定仍不能确定的，租赁物的所有权归出租人。"［对应《民法典》第757条："出租人和承租人可以约定租赁期限届满租赁物的归属；对租赁物的归属没有约定或者约定不明确，依据本法第五百一十条的规定仍不能确定的，租赁物的所有权归出租人。"］

(三)融资租赁合同的法律性质

1.融资租赁合同是双务、有偿合同

融资租赁合同的当事人互负给付义务,因而是双务合同。融资租赁合同义务是有对价的,因而又是有偿合同。

2.融资租赁合同是一次性合同

融资租赁合同自其租赁的一面观察,自属继续性合同无疑:租金与合同的存续期间正相关。然而租金实质上是价金的实现方面,而其价金则决定了租金与租赁期间的关系,[1]而价金是确定的。故而该合同本质上为一次性合同,而非继续性合同。

3.融资租赁合同是诺成合同

融资租赁合同的成立不以标的物的交付为要件,故而为诺成合同。

4.融资租赁合同是要式合同

《合同法》第238条第2款规定:"融资租赁合同应当采用书面形式。"[2]故而是要式合同。

(四)我国融资租赁合同立法

1981年《经济合同法》未涉及融资租赁合同。最高人民法院《关于中国东方租赁有限公司诉河南登封少林出租旅游公司等融资租赁合同纠纷一案的复函》([1990]法经函字第61号)和《关于审理融资租赁合同纠纷案件若干问题的规定》(法发[1996]19号)。两次以司法解释的形式表述了融资租赁。《合同法》则以其第十四章作了专章规定,计有14条。[3]

二、融资租赁合同之债

(一)融资式出租人的债务

1.购买出租用标的物

依约向特定人购买特定标的物,是融资式出租人的主要义务。由于标的物是针对承租人的专用资产,因而在合同中已有明确约定,作为购买人的融资式出租人单

---

[1]《合同法》第243条:"融资租赁合同的租金,除当事人另有约定的以外,应当根据购买租赁物的大部分或者全部成本以及出租人的合理利润确定。"[对应《民法典》第746条:"融资租赁合同的租金,除当事人另有约定外,应当根据购买租赁物的大部分或者全部成本以及出租人的合理利润确定。"]

[2] 现为《民法典》第736条第2款。

[3]《民法典》在"第三编合同"的"第二分编典型合同"的第十五章作专章规定,共26条,其中第737条、第738条、第740条、第742条、第743条、第748条第2款、第751条、第753条、第754条、第755条、第756条、第758条第2款、第759条和第760条为新增内容。另有《融资租赁合同解释》(2020年修正)对此进行规定。

方无权变更。[1]

2.交付租赁物

出租人应将购入的出租物提供承租人占有、用益。[2]

3.无偿移转所有权

在融资租赁合同终止时,出租人有移转标的物的所有权于承租人的义务。此项移转,呈"简易交付"式。但合同约定租赁物的所有权不归属于承租人者,则另当别论。

4.权利瑕疵担保责任

出租人有保证租赁物不受第三人追夺的义务。[3]

(二)承租人的债务

1.受领租赁标的物

对出租人交付的租赁物,承租人应予以积极协助,否则即构成债务不履行。

2.给付租金

交付租金是承租人的主要义务,须依约交付。倘有迟延,即须负其责任。经催告仍不交付租金时,出租人有合同解除权。[4]在合同终止出租人移转租赁物的所有权时,如承租人积欠租金较多,纵使未必占到租赁物价款的一半以上,出租人也有权不移转此项所有权,而返还已收租金。[5]

---

[1]《合同法》第241条:"出租人根据承租人对出卖人、租赁物的选择订立的买卖合同,未经承租人同意,出租人不得变更与承租人有关的合同内容。"［现为《民法典》第744条。］

[2]《合同法》第239条:"出租人根据承租人对出卖人、租赁物的选择订立的买卖合同,出卖人应当按照约定向承租人交付标的物,承租人享有与受领标的物有关的买受人的权利。"［现为《民法典》第739条。］

[3]《合同法》第245条:"出租人应当保证承租人对租赁物的占有和使用。"［对应《民法典》第748条:"Ⅰ.出租人应当保证承租人对租赁物的占有和使用。Ⅱ.出租人有下列情形之一的,承租人有权请求其赔偿损失:(一)无正当理由收回租赁物;(二)无正当理由妨碍、干扰承租人对租赁物的占有和使用;(三)因出租人的原因致使第三人对租赁物主张权利;(四)不当影响承租人对租赁物占有和使用的其他情形。"该条第2款为新增内容。］

[4]《合同法》第248条:"承租人应当按照约定支付租金。承租人经催告后在合理期限内仍不支付租金的,出租人可以要求支付全部租金;也可以解除合同,收回租赁物。"［对应《民法典》第752条:"承租人应当按照约定支付租金。承租人经催告后在合理期限内仍不支付租金的,出租人可以请求支付全部租金;也可以解除合同,收回租赁物。"］

[5]《合同法》第249条:"当事人约定租赁期间届满租赁物归承租人所有,承租人已经支付大部分租金,但无力支付剩余租金,出租人因此解除合同收回租赁物的,收回的租赁物的价值超过承租人欠付的租金以及其他费用的,承租人可以要求部分返还。"［对应《民法典》第758条:"Ⅰ.当事人约定租赁期限届满租赁物归承租人所有,承租人已经支付大部分租金,但是无力支付剩余租金,出租人因此解除合同收回租赁物,收回的租赁物的价值超过承租人欠付的租金以及其他费用的,承租人可以请求相应返还。Ⅱ.当事人约定租赁期限届满租赁物归出租人所有,因租赁物毁损、灭失或者附合、混合于他物致使承租人不能返还的,出租人有权请求承租人给予合理补偿。"该条第2款为新增内容。］

3.保管和维修租赁物

承租人须保管并维修租赁物。[1]将维修义务分配于承租人,是融资租赁合同的特别之处。因而须特别留意。

4.负担租赁物对第三人损害的风险

在承租期间,承租物对第三人所致损害,由承租人负担。[2]

思考题:

1.什么是借贷合同,其效力如何?

2.使用借贷与消费借贷有何异同?

3.什么是融资租赁合同? 它有什么法律特点?

4.融资租赁合同的效力如何?

---

〔1〕《合同法》第247条:"Ⅰ.承租人应当妥善保管、使用租赁物。Ⅱ.承租人应当履行占有租赁物期间的维修义务。"［现为《民法典》第750条。］

〔2〕《合同法》第246条:"承租人占有租赁物期间,租赁物造成第三人的人身伤害或者财产损害的,出租人不承担责任。"［对应《民法典》第749条:"承租人占有租赁物期间,租赁物造成第三人人身损害或者财产损失的,出租人不承担责任。"］

第二十二章　完成工作的合同之债

内容提要　完成工作的合同以物化劳动为标的。物化劳动在经济生活中有其固有价值。本章讨论承揽和建设工程承揽两类合同。学习重点在掌握各该合同的特征和债的效力。

第一节　承揽合同之债

完成工作的合同之债,其核心内容是一方为他方完成一定的工作。所谓完成工作,即依他方指示以独立劳动提供特定成果。其中"独立"一语,系指不基于命令服从关系之义,尤指并非基于劳动合同关系之义。民法用承揽合同表现完成工作的合同。本章分别以一般承揽和建设工程承揽来讨论承揽合同之债。

一、承揽合同

(一)承揽合同的意义

1.承揽合同的定义

承揽合同是当事人约定一方为他方完成一定工作,他方给付报酬的合同。[1]

其中请求他方完成工作的当事人一方为"定作人",为他人完成工作的当事人一方是"承揽人"。

2.对定义的说明

1)承揽合同是一方为他方完成工作的合同

承揽的要素之一,是承揽人完成一定工作。所谓"完成工作",系指依他方指示,依自己的劳动物化形成新的使用价值。此点使承揽与受雇佣区别开来,后者则仅须提供活劳动,而无须物化为使用价值。假使承揽人的劳务未能形成约定成果,便不能算作履行了债务,因而无权请求报酬。此点使承揽不同于雇佣,雇佣中的受雇人

---

[1]《合同法》第251条第1款:"承揽合同是承揽人按照定作人的要求完成工作,交付工作成果,定作人给付报酬的合同。"[对应《民法典》第770条第1款:"承揽合同是承揽人按照定作人的要求完成工作,交付工作成果,定作人支付报酬的合同。"]

以实施劳务为已足,而不问劳动成果之有无。

承揽人劳务所形成的使用价值,可以是物化的,例如作成家具、建成房屋是。也可以非物化,例如完成设计工作,计算、审计等工作是。另外,所形成的使用价值可以是全新的,也可以是修复的,前者例如缝制服装,后者例如洗衣、修好有故障的汽车。

在承揽人完成实物型劳动成果的场合,承揽人须移转该物于定作人,由后者取得物之所有权。此点使承揽类似于买卖。然而,买卖的重心是在所有权的取得,而承揽却在标的物的制作。二者大不相同。

2)承揽合同是所完成工作与酬金对待移转的合同

在承揽中,当承揽人完成工作,并交付其成果后,定作人有给付酬金的义务。酬金是完成工作的对价。酬金虽然类似于买卖中的价金,但价金却是标的物所有权的对价,与酬金作为所完成工作的对价不同。

(二)承揽合同的性质

1.承揽合同是双务、有偿合同

承揽使当事人双方互负对价性债务,即承揽人完成一定工作,定作人给付酬金。因此,承揽是双务合同和有偿合同。

2.承揽合同是诺成和不要式合同

承揽的成立,不以标的物的交付为要件,因而是诺成性合同。同时,也无须作成书面或者其他法定郑重形式,因而是不要式合同。

(三)承揽合同的类型

1.加工承揽合同

是以对于物的加工为标的的承揽。常见的如制造家具和成衣以及碾米之类。

2.建筑工程承揽合同

是以完成建筑工程项目的勘察、设计和建筑安装工作为标的的承揽。

3.服务承揽合同

是以完成服务性工作为标的的承揽,常见的如洗衣、理发、修理、搬家、托儿、护理、收割、采伐、打字、复印、侦探咨询乃至医疗、技术、法律等方面的服务承揽。《合同法》规定的建设工程勘察、建设工程设计合同和技术咨询合同、技术服务合同,在其性质也均属服务承揽。

4.技术开发承揽合同

是以完成一定新技术的研究发明为标的的承揽。《合同法》规定的“委托开发合同”,即属技术开发承揽。本章不讨论技术承揽合同。

（四）承揽合同的制度价值

承揽是完成基本建设工程的法律形式，技术开发和服务是技术发展的法律形式之一，它们均事关国民经济。而在人们的日常生活中，衣、食、住、行、生、老、病、死等各个方面，也往往离不开请人完成一定工作，于是需要借助于承揽。承揽使我们的生活更加方便。

（五）我国关于承揽合同的立法

早在1981年《经济合同法》中即规定了"加工承揽"和"建设工程承揽"。国务院曾配合地发布《加工承揽合同条例》《建设工程勘察设计合同条例》和《建筑安装工程承包合同条例》。1999年《合同法》则分两章规定了"承揽合同"和"建设工程合同"。

二、承揽合同之债

（一）承揽人的债务及其不履行责任

1.承揽人的债务

1）完成工作

依约完成特定工作，是承揽人的首要债务。所谓完成工作，就是以自己的劳务依约定的项目、品质、数量和期间产出约定成果。如果约定不明，则须依定作人的指示。但定作人的指示在技术经济上明显不当时，承揽人有权商请定作人修正。如果定作人经催告仍不修正，承揽人有权中止工作，并由定作人予以赔偿。

2）亲自完成工作

合同约定的主要工作，承揽人须以其劳务亲自完成，承揽人的技能和工作品质构成合同的要素。

3）接受定作人的监督检验

承揽人完成工作的过程中，应当接受定作人的监督检验。但该监督检验，以不妨碍承揽人的正常工作为条件。

4）关于工作的材料和设备的负担

承揽工作所需的原料和材料由定作人抑或承揽人提供，应依合同约定；如无其约，则应当由定作人提供。而完成工作所需的工具及其他设备，则应当由承揽人自备。

2.交付工作

1）交付工作成果

承揽人不仅负有完成工作的义务，而且负有把所完成的工作，交付于定作人的义务,即应将工作成果移转于定作人,并交付必要的技术资料和有关的品质证书。[1]

2)移转工作物的所有权

在工作成果为制成物,而且该物的所有权依法由承揽人原始取得的场合,承揽人尚负有移转该物所有权于定作人的义务。至于移转所有权的方法,则依物权法的规定,在动产为交付,在不动产为完成所有权变更登记。

3.承揽人的不履行责任

承揽人迟延逾期交付工作,即构成交付迟延。定作人得通过以下方式寻求救济:(1)请求减少酬金;(2)请求赔偿迟延所生损害;(3)在迟延交付对于定作人无利益的场合,定作人有权拒绝承揽人的交付,并且有权请求赔偿因迟延所生损害;(4)当在特定期限完成工作成为合同的要素时,定作人尚发生解约权。

4.瑕疵担保

承揽人就其所交付的工作,有担保其无瑕疵的义务。《合同法》第262条规定:"承揽人交付的工作成果不符合质量要求的,定作人可以要求承揽人承担修理、重作、减少报酬、赔偿损失等违约责任。"[2]

(二)承揽人的留置权

《合同法》第264条规定:"定作人未向承揽人支付报酬或者材料费等价款的,承揽人对完成的工作成果享有留置权,但当事人另有约定的除外。"[3]

(三)定作人的债务及其不履行责任

1.给付报酬

给付报酬,是定作人的主要义务。关于酬金数额、给付时点等,应依约定。[4]

2.予以配合

当承揽工作在性质上需要定作人予以配合,方能完成时,定作人应当予以配合。

---

〔1〕《合同法》第261条:"承揽人完成工作的,应当向定作人交付工作成果,并提交必要的技术资料和有关质量证明。……"［现为《民法典》第780条。]

〔2〕对应《民法典》第781条:"承揽人交付的工作成果不符合质量要求的,定作人可以合理选择请求承揽人承担修理、重作、减少报酬、赔偿损失等违约责任。"该条将"要求"修改为"合理选择请求"。

〔3〕对应《民法典》第783条:"定作人未向承揽人支付报酬或者材料费等价款的,承揽人对完成的工作成果享有留置权或者有权拒绝交付,但是当事人另有约定的除外。"对于定作人未向承揽人支付报酬或材料费等价款的情况,该条在《合同法》第264条的承揽人对其完成的工作成果享有留置权的基础上,还新增承揽人有权拒绝交付的规定,此为承揽人的同时履行抗辩权。参见最高人民法院民法典贯彻实施工作领导小组主编:《中华人民共和国民法典合同编理解与适用》(三),人民法院出版社2020年版,第1873页。

〔4〕《合同法》第263条:"定作人应当按照约定的期限支付报酬。对支付报酬的期限没有约定或者约定不明确,依照本法第六十一条的规定仍不能确定的,定作人应当在承揽人交付工作成果时支付;工作成果部分交付的,定作人应当相应支付。"［对应《民法典》第782条:"定作人应当按照约定的期限支付报酬。对支付报酬的期限没有约定或者约定不明确,依据本法第五百一十条的规定仍不能确定的,定作人应当在承揽人交付工作成果时支付;工作成果部分交付的,定作人应当相应支付。"]

否则,承揽人有权催告其配合。如果仍不配合,即有权解除合同。[1]

3.受领交付

对于承揽人交付的工作,定作人有受领义务。

(四)风险负担

承揽人已完成而尚未交付的工作,因不可归因于当事人双方的事由导致毁损、灭失时,该损失应归何方负担,此即承揽中的风险负担。此一损失,仅指承揽人已完成的劳动成果的灭失,其价额可由报酬请求权计算。至于原材料的损失,则应由原材料的所有人负担。亦即当原材料由定作人供给者,由定作人负担。由承揽人供给者,由承揽人负担。对于此一负担,《合同法》无规定。

第二节　建设工程承揽合同之债

一、概说

基本建设工程承揽合同,指当事人约定,一方为他方完成基本建设工程项目的勘察、设计或者施工,他方支付报酬的承揽合同。[2]

当事人中委托他人进行上述工作并支付报酬的一方称为"发包人",完成工作的一方则称为"承包人"。

建设工程承揽合同与一般承揽合同一样为完成一定工作的合同、诺成合同、有偿合同和双务合同。然而具有以下特点:(1)合同的标的均为大型不动产基本建设项目,经济意义巨大。(2)合同中的承揽人须为法人。有鉴于基本建设工程均属投资规模大、工程周期长、技术要求高的项目,为经济安全计,国家实行资质审核制,只有适格法人方可作为承包人。(3)合同的签订和履行,受到国家基本建设程序的严格管理和监督。

本节仅对建设工程承揽合同作些说明,而不及于所引起的债。

二、建设工程勘察合同

勘察合同是当事人约定,一方为他方完成建设工程选址地的地理、地质状况的

---

〔1〕《合同法》第259条:"承揽工作需要定作人协助的,定作人有协助的义务。定作人不履行协助义务致使承揽工作不能完成的,承揽人可以催告定作人在合理期限内履行义务,并可以顺延履行期限;定作人逾期不履行的,承揽人可以解除合同。"〔现为《民法典》第778条。〕

〔2〕《合同法》第269条第1款:"建设工程合同是承包人进行工程建设,发包人支付价款的合同。"〔现为《民法典》第788条第1款。〕

调查研究工作,他方给付报酬的合同。

三、建设工程设计合同

建设工程设计合同指当事人约定一方为他方完成建设工程项目的研究和设计工作的承揽合同。

四、建筑安装工程施工合同

(一)意义

建筑安装工程施工合同是当事人约定一方为他方完成建筑安装工程,他方支付报酬的合同。

(二)特殊问题

国家对基本建设实施管制,开工、竣工等均须申领有关执照。

隐蔽工程因其性质须为在后工程所隐蔽,故须及时交付和验收。[1]

施工人在其工作交付前的报酬债权不获清偿时,对工作所形成的不动产有法定抵押权。[2]

思考题:

1.承揽合同之债的效力如何?

2.一般承揽合同与建设工程承揽合同有何异同?

3.承揽人在交付工作物之前,因不可归责于当事人任何一方的事由导致工作物毁损、灭失的风险责任由谁负担?

4.承揽人在何种条件下方能享有留置权? 具体而言,究竟哪一种承揽合同的承揽人才能享有留置权?

5.承揽合同与委任合同有何异同?

---

〔1〕《合同法》第278条:"隐蔽工程在隐蔽以前,承包人应当通知发包人检查。发包人没有及时检查的,承包人可以顺延工程日期,并有权要求赔偿停工、窝工等损失。"〔对应《民法典》第798条:"隐蔽工程在隐蔽以前,承包人应当通知发包人检查。发包人没有及时检查的,承包人可以顺延工程日期,并有权请求赔偿停工、窝工等损失。"〕

〔2〕《合同法》第286条:"发包人未按照约定支付价款的,承包人可以催告发包人在合理期限内支付价款。发包人逾期不支付的,除按照建设工程的性质不宜折价、拍卖的以外,承包人可以与发包人协议将该工程折价,也可以申请人民法院将该工程依法拍卖。建设工程的价款就该工程折价或者拍卖的价款优先受偿。"〔对应《民法典》第807条:"发包人未按照约定支付价款的,承包人可以催告发包人在合理期限内支付价款。发包人逾期不支付的,除根据建设工程的性质不宜折价、拍卖外,承包人可以与发包人协议将该工程折价,也可以请求人民法院将该工程依法拍卖。建设工程的价款就该工程折价或者拍卖的价款优先受偿。"〕

第二十三章　提供服务的合同之债

内容提要　提供服务的合同以活劳动为给付标的。活劳动在经济生活中具有重要价值。本章讨论委任、行纪、居间、运送、保管和仓储六类合同。学习重点在掌握各该合同的特征、效力。

第一节　委任合同之债

提供服务的合同,系以独立的管理性劳动为给付标的的合同。管理性活劳动,亦称"处理事务"劳动,指就一定事务以自己的智慧和劳务予以安排、处理事务并产生积极结果。其中"独立"一语,系指不基于命令服从关系之义,尤指基于劳动合同关系之义。提供服务在经济生活以及日常生活中具有重要作用。本章讨论委任、行纪、居间、运送和保管五种提供服务合同之债。

一、委任合同

(一)委任合同的意义

1.定义

委任合同是当事人约定一方请求他方处理事务,他方允为处理的合同。其中需要他人处理事务的一方是委任人,为委任人处理事务的一方是受任人。

2.说明

委任合同是提供事务处理服务的合同。如上所述,处理事务,系指以自己的智慧和劳务使一定事项得到有积极意义的安排和处理。不论财产事务抑或非财产事务、法律行为性质抑或非法律行为性质的事务,均可作为委任的对象。我国《继承法》第31条规定了"遗赠扶养"合同,[1]即以生前的生活照顾和死后的丧葬为处理事务的内容。该合同虽然规定于《继承法》,但并不因此抹杀其含有委任因素。

---

〔1〕　对应《民法典》第1158条:"自然人可以与继承人以外的组织或者个人签订遗赠扶养协议。按照协议,该组织或者个人承担该自然人生养死葬的义务,享有受遗赠的权利。"

(二)委任合同的性质

1.委任合同是诺成及不要式合同

委任合同因当事人意思表示一致即告成立,因而系诺成合同。委任原则上为不要式合同,当事人可根据实际情况,选择适当的合同方式。

2.委任合同是无偿或者有偿合同

受任人处理受任事务,往往基于一定的信任关系,因而未必有偿。在古代,委任以不受报酬为原则,在今天,则以有偿为原则。

3.委任合同是单务或者双务合同

在委任为无偿时,属于单务合同;而在有偿时,则属于双务合同。

(三)委任与类似概念的区别

1.与代理的区别

代理是以他人的名义实施意思表示,而法律效果直接归属于该他人的法律行为。其所处理的事务须为法律行为性质。委任中凡以处理法律行为事务为内容者,受任人便是代理人,其依约实施的行为即为代理。但委任的内容却不以代理为限。此系委任与代理的区别之处。在以非法律行为事务为内容的委任中,即与代理无关。另外,代理重在调整被代理人与第三人的关系(不妨称之为外部关系),旨在把代理行为的效果直接归属于被代理人;而委任则重在规整委任人和受任人之间的事务处理,亦即内部关系,而不涉及与第三人的外部关系。唯应注意,在委任中,当需处理法律行为时,则往往授以代理权,从而与代理成为伴生关系。

2.与承揽的区别

承揽的给付标的是一定工作的完成,该工作须体现为使用价值,而且往往须物化为物或者智慧成果。而委任的标的,则仅止于事务处理,不必有工作成果存在。

3.与雇佣的区别

雇佣的标的,是单纯的劳务给付,至于劳务的性质与量度等,则在给付中依雇佣人指示。委任则不同,其待理事务常须事先约定。此外,雇佣劳动是在命令服从关系之下实施,委任则为独立劳动。雇佣劳动是生产行为,因而是有偿的;委任则以事务的处理为标的,未必为生产行为,朋友之间的帮助也不少见,因而可以无偿。

4.与运送的区别

运送的给付对象是客货的空间位移,其事务具有定型性,不似委任的非定型性。另外运送是双务有偿合同,而委任则可能是有偿的也可能是无偿的。

(四)我国关于委任合同的立法

《合同法》第二十一章专章规定了委任合同。[1]但其中包括了代理的内容,特别

---

[1] 对应《民法典》合同编第二十三章。

是外贸惯例中的间接代理，从而形成体系违反。

唯应注意，《合同法》在规定"委托合同"的同时，尚规定了行纪、居间、保管与仓储四类合同。[1]而且将委任规定于保管和仓储之后、行纪与居间之前。此一顺序是值得推敲的。因为，委任乃提供服务合同的基本形式，保管系特种委任，仓储则系特种保管。立法对后两种合同规定不周的事项，均应适用委任的规定。但《合同法》未注意此一逻辑关系。

二、委任合同之债

（一）受任人的债务及不履行责任

1.事务处理

处理受任事务，是受任人的基本义务。其处理事务的范围，应依约定。倘无其约，则依委任事务的性质来确定。合同可能限定一项或数项事务，此为特别委任；但也不妨就概括性事务授权，此为概括委任。[2]

2.遵照指示

受任人在处理受任事务中，应当依照委任人的指示，[3]并且应当与处理自己事务尽同等程度的注意。其中受有报酬者，则应以善良管理人的注意为处理。受任人原则上应当亲自处理事务，但经委任人同意，或有不得已的事由时，也可以使第三人代为处理[4]。

3.事务报告

受任人在处理事务过程中，应当向委托人报告事务处理的进程及结果。委任关

---

〔1〕《民法典》合同编第二十六章将"居间"改为"中介"。

〔2〕《合同法》第397条："委托人可以特别委托受托人处理一项或者数项事务，也可以概括委托受托人处理一切事务。"［现为《民法典》第920条。］

〔3〕《合同法》第399条："受托人应当按照委托人的指示处理委托事务。需要变更委托指示的，应当经委托人同意；因情况紧急，难以和委托人取得联系的，受托人应当妥善处理委托事务，但事后应当将该情况及时报告委托人。"［对应《民法典》第922条："受托人应当按照委托人的指示处理委托事务。需要变更委托人指示的，应当经委托人同意；因情况紧急，难以和委托人取得联系的，受托人应当妥善处理委托事务，但事后应当将该情况及时报告委托人。"］

〔4〕《合同法》第400条："受托人应当亲自处理委托事务。经委托人同意，受托人可以转委托。转委托经同意的，委托人可以就委托事务直接指示转委托的第三人，受托人仅就第三人的选任及其对第三人的指示承担责任。转委托未经同意的，受托人应当对转委托的第三人的行为承担责任，但在紧急情况下受托人为维护委托人的利益需要转委托的除外。"［对应《民法典》第923条："受托人应当亲自处理委托事务。经委托人同意，受托人可以转委托。转委托经同意或者追认的，委托人可以就委托事务直接指示转委托的第三人，受托人仅就第三人的选任及其对第三人的指示承担责任。转委托未经同意或者追认的，受托人应当对转委托的第三人的行为承担责任；但是，在紧急情况下受托人为了维护委托人的利益需要转委托第三人的除外。"该条在同意转委托外，增加了委托人追认转委托的情形。］

系终止时,则应当提出最终报告。[1]

4.利益移转

受任人处理事务所生的利益,归属于委任人。因处理事务所收取的金钱、物品及孳息,均应交付于委任人;受任人以自己的名义为委任人取得的权利,亦应移转于委任人。[2]

5.过失责任

受任人在处理委任事务中有过失,或因逾越权限而造成损害,对于委任人应负赔偿责任。在无偿委任场合,受任人应当仅就其故意或重大过失负责。[3]

(二)委任人的债务

1.费用负担

处理委任事务的必要费用,应当由委任人负担。应受任人的请求,委任人应当预付该项费用。

2.债务清偿及损害赔偿义务

受任人因处理受任事务而负担必要债务时,该债务应由委任人代为清偿。受任人在处理委任事务过程中因不可归责于自己的事由遭受损害时,可以向委任人请求赔偿损失。[4]

3.给付报酬

在有偿委任,委任人有给付报酬的义务。[5]当事人纵未约定报酬,如依习惯或依委任事务的性质应当给付报酬者,受任人亦有权请求报酬。

---

〔1〕《合同法》第401条:"受托人应当按照委托人的要求,报告委托事务的处理情况。委托合同终止时,受托人应当报告委托事务的结果。"[现为《民法典》第924条。]

〔2〕《合同法》第404条:"受托人处理委托事务取得的财产,应当转交给委托人。"[现为《民法典》第927条。]

〔3〕《合同法》第406条第1款:"有偿的委托合同,因受托人的过错给委托人造成损失的,委托人可以要求赔偿损失。无偿的委托合同,因受托人的故意或者重大过失给委托人造成损失的,委托人可以要求赔偿损失。"[对应《民法典》第929条第1款:"有偿的委托合同,因受托人的过错造成委托人损失的,委托人可以请求赔偿损失。无偿的委托合同,因受托人的故意或者重大过失造成委托人损失的,委托人可以请求赔偿损失。"]

〔4〕《合同法》第407条:"受托人处理委托事务时,因不可归责于自己的事由受到损失的,可以向委托人要求赔偿损失。"[对应《民法典》第930条:"受托人处理委托事务时,因不可归责于自己的事由受到损失的,可以向委托人请求赔偿损失。"]

〔5〕《合同法》第405条:"受托人完成委托事务的,委托人应当向其支付报酬。因不可归责于受托人的事由,委托合同解除或者委托事务不能完成的,委托人应当向受托人支付相应的报酬。当事人另有约定的,按照其约定。"[对应《民法典》第928条:"Ⅰ.受托人完成委托事务的,委托人应当按照约定向其支付报酬。Ⅱ.因不可归责于受托人的事由,委托合同解除或者委托事务不能完成的,委托人应当向受托人支付相应的报酬。当事人另有约定的,按照其约定。"]

第二节　行纪合同之债

一、行纪合同

(一)意义

.1.定义

行纪合同是当事人约定一方以自己的名义为他方办理动产买卖或者其他商业上的交易，他方给付报酬的合同。

以自己名义办理事务的一方是"行纪人"；给付报酬的一方，则是"委托人"。

2.说明

1)行纪合同是以自己名义为他方买卖动产的合同

行纪人所从事的行为，是为他人买卖动产或者进行类似商业交易。[1]此点与代理不同，后者不以交易事务为限。此外，行纪人在为他人买卖中是以自己的名义进行，既不以委托人的名义，也无须披露其事。也与代理不同，行纪因而有"间接代理"之称。唯其如此，作为行纪事务的买卖，其标的物便只能以动产为限，而不及于不动产。因为，不动产买卖最终牵涉不动产所有权的取得，而不动产所有权的取得须登记；登记便须揭明所有权取得人的名义。登记虽得代理，但却无从"间接代理"。故而行纪不合于不动产买卖的需要。《合同法》第414条关于行纪事务规定为"贸易活动"，不动产买卖通常并不列入贸易活动的。

2)行纪合同是完成买卖的工作与报酬对待给付的合同

对于行纪人所完成的商事交易活动，委托人应当给付报酬。行纪行为(所完成的工作)与报酬构成对价关系。

(二)行纪合同的性质

行纪所引起的法律关系，有委托人与行纪人之间的关系，此为行纪合同之债的关系。另外，行纪人与对之交易的人(第三人)之间，则形成买卖等合同之债。然而在后者，行纪人系直接以自己的名义为之，因此，委托人与第三人之间并不形成法律关系。我们此处讨论行纪的性质，仅指委托人与行纪人之间的合同的性质。

1.行纪合同是诺成和不要式合同

行纪只需当事人之间意思表示一致即告成立，而无须交付标的物的要件，也无须履行特别的方式，因此为诺成和不要式合同。

---

〔1〕《合同法》第414条："行纪合同是行纪人以自己的名义为委托人从事贸易活动，委托人支付报酬的合同。"［现为《民法典》第951条。］

2.行纪合同是双务有偿合同

行纪人负有为他方办理买卖或其他商事交易的义务,而委托人负有给付报酬义务,双方义务形成对价关系,因而行纪合同是双务有偿合同。

(三)我国关于行纪合同的立法

1981年《经济合同法》及《民法通则》对行纪合同均无规定,对外经济贸易部1991年发布了《关于对外贸易代理制的暂行规定》,对于外贸中的行纪合同作了规定。《合同法》第二十二章始对行纪作了单行法上的规定。另外,《合同法》第403条也是关于行纪合同的规范。[1]

二、行纪合同之债

(一)行纪人的债务及不履行责任

1.实施动产买卖等交易

行纪人应以自己的名义,为委托人进行约定的动产买卖或进行类似交易。

2.遵照委托人关于价格的指示

行纪人履行此项义务时,应遵照委托人的指示,特别是关于交易价格的指示,并以善良管理人的注意去实施。倘若以低于委托人所指示的价额卖出,或者以高于委托人指示的价额买入,则须就其差额自行负担,否则,委托人得拒绝接受。相反,行纪人如以高于委托人指定的价额售出,或以低于委托人指定的价额购入,则其价差利益便归于委托人。[2]就经济学言,行纪人是依其关于专业领域行情的判断的专门能力和知识,来挣此一价差的。

---

〔1〕 对应《民法典》第926条:"I.受托人以自己的名义与第三人订立合同时,第三人不知道受托人与委托人之间的代理关系的,受托人因第三人的原因对委托人不履行义务,受托人应当向委托人披露第三人,委托人因此可以行使受托人对第三人的权利。但是,第三人与受托人订立合同时如果知道该委托人就不会订立合同的除外。II.受托人因委托人的原因对第三人不履行义务,受托人应当向第三人披露委托人,第三人因此可以选择受托人或者委托人作为相对人主张其权利,但是第三人不得变更选定的相对人。III.委托人行使受托人对第三人的权利的,第三人可以向委托人主张其对受托人的抗辩。第三人选定委托人作为其相对人的,委托人可以向第三人主张其对受托人的抗辩以及受托人对第三人的抗辩。"

〔2〕《合同法》第418条第1款和第2款:"I.行纪人低于委托人指定的价格卖出或者高于委托人指定的价格买入的,应当经委托人同意。未经委托人同意,行纪人补偿其差额的,该买卖对委托人发生效力。II.行纪人高于委托人指定的价格卖出或者低于委托人指定的价格买入的,可以按照约定增加报酬。没有约定或者约定不明确,依照本法第六十一条的规定仍不能确定的,该利益属于委托人。"[对应《民法典》第955条第1款和第2款:"I.行纪人低于委托人指定的价格卖出或者高于委托人指定的价格买入的,应当经委托人同意;未经委托人同意,行纪人补偿其差额的,该买卖对委托人发生效力。II.行纪人高于委托人指定的价格卖出或者低于委托人指定的价格买入的,可以按照约定增加报酬;没有约定或者约定不明确,依据本法第五百一十条的规定仍不能确定的,该利益属于委托人。"]

3.对执行行纪事务之物的保管与处置

行纪人为委托人买入或卖出之物，在其占有期间，负有保管义务。如有损害，即应予以赔偿。[1]此外，对于委任出卖之物，在到达行纪人时有瑕疵或者依该物的性质是易于败坏的，行纪人为保护委托人利益，应当与保护自己的利益作相同的处理，这就是行纪人的处置义务。[2]至于处理的手段，包括保留对于瑕疵物运送人的损害赔偿请求权；从速通知委托人；将易于败坏物送交冷藏或者予以拍卖。

4.移转收益和代购物

行纪人应将营业取得的收益(包括高出原约定价格出卖的溢价部分和利息)以及代购所购得的物品，及时移转给委托人。对于受托买入之物，委托人如拒绝受领，或者对受托出卖之物，不能卖出而委托人不予取回，行纪人可定相当期限催告委托人受领；逾期仍不受领时，行纪人可予以提存。[3]

(二)委托人的债务及不履行责任

1.支付报酬

这是委托人的主要义务。报酬(通常称"佣金")指行纪人所提供劳务的对价。[4]报酬数额一般应由当事人在合同中约定。关于给付时点，原则上应当为委托事务完成之时，但当事人约定预先支付或分期支付，亦无不可。

委托人给付报酬迟延时，行纪人就其未获得的报酬享有法定留置权。[5]

2.偿还费用

委托人对于行纪人所请求的寄存费、运送费以及为委托人的利益而支出的其他必要费用及其利息，均应予以偿还。

3.验收代购物

在行纪人代购物品的情形，委托人应及时验收受领物品。如违反此项义务，行

---

〔1〕《合同法》第416条："行纪人占有委托物的，应当妥善保管委托物。"〔现为《民法典》第953条。〕

〔2〕《合同法》第417条："委托物交付给行纪人时有瑕疵或者容易腐烂、变质的，经委托人同意，行纪人可以处分该物；和委托人不能及时取得联系的，行纪人可以合理处分。"〔对应《民法典》第954条："委托物交付给行纪人时有瑕疵或者容易腐烂、变质的，经委托人同意，行纪人可以处分该物；不能与委托人及时取得联系的，行纪人可以合理处分。"〕

〔3〕《合同法》第420条："Ⅰ.行纪人按照约定买入委托物，委托人应当及时受领。经行纪人催告，委托人无正当理由拒绝受领的，行纪人依照本法第一百零一条的规定可以提存委托物。Ⅱ.委托物不能卖出或者委托人撤回出卖，经行纪人催告，委托人不取回或者不处分该物的，行纪人依照本法第一百零一条的规定可以提存委托物。"〔对应《民法典》第957条："Ⅰ.行纪人按照约定买入委托物，委托人应当及时受领。经行纪人催告，委托人无正当理由拒绝受领的，行纪人依法可以提存委托物。Ⅱ.委托物不能卖出或者委托人撤回出卖，经行纪人催告，委托人不取回或者不处分该物的，行纪人依法可以提存委托物。"〕

〔4〕《合同法》第422条前段："行纪人完成或者部分完成委托事务的，委托人应当向其支付相应的报酬。"〔现为《民法典》第959条前段。〕

〔5〕《合同法》第422条后段："委托人逾期不支付报酬的，行纪人对委托物享有留置权，但当事人另有约定的除外。"〔对应《民法典》第959条后段："委托人逾期不支付报酬的，行纪人对委托物享有留置权，但是当事人另有约定的除外。"〕

纪人对该物品不负瑕疵责任。

（三）行纪人的介入权

行纪人受托出卖或买入货币、股票或其他具有市场定价之物，除有相反约定外，行纪人可以自为买受人或出卖人，亦即行纪人与委托人直接形成买卖关系。这种权利，称为行纪人的介入权。行纪人行使介入权，不影响其请求支付佣金的权利。[1]

第三节　居间合同之债

一、居间合同

（一）居间合同的意义

1.定义

居间合同是当事人约定，一方为他方报告订约机会或者充任订约媒介，他方给付报酬的合同。[2]

当事人中提供订约机会和充任订约媒介的一方是"居间人"，给付报酬的一方是"委托人"。

2.对定义的说明

1)居间合同是报告订约机会或充任订约媒介的合同

所谓报告订约机会，即寻觅并且向委托人报告可以与之订约的相对人。此种居间称为"报告居间"或"指示居间"。所谓充任订约媒介，即居中斡旋，撮合双方订约。此种居间称为"媒介居间"。两者的区别，在于前者仅报告订约机会，而须由委托人自行与相对人洽商订约，后者则进而促进双方订约。

2)居间合同是委托人给付报酬的合同

委托人因其居间人报告订约机会，或者媒介订约，而须给付报酬，以此为报偿。

---

〔1〕《合同法》第419条："Ⅰ.行纪人卖出或者买入具有市场定价的商品，除委托人有相反的意思表示的以外，行纪人自己可以作为买受人或者出卖人。Ⅱ.行纪人有前款规定情形的，仍然可以要求委托人支付报酬。"〔对应《民法典》第956条："Ⅰ.行纪人卖出或者买入具有市场定价的商品，除委托人有相反的意思表示外，行纪人自己可以作为买受人或者出卖人。Ⅱ.行纪人有前款规定情形的，仍然可以请求委托人支付报酬。"〕

〔2〕《合同法》第424条："居间合同是居间人向委托人报告订立合同的机会或者提供订立合同的媒介服务，委托人支付报酬的合同。"〔对应《民法典》第961条："中介合同是中介人向委托人报告订立合同的机会或者提供订立合同的媒介服务，委托人支付报酬的合同。"基于通俗易懂的考虑，《民法典》将《合同法》中的"居间合同"修改为"中介合同"，"居间人"修改为"中介人"，参见最高人民法院民法典贯彻实施工作领导小组主编：《中华人民共和国民法典合同编理解与适用》(四)，人民法院出版社2020年版，第2706页。〕

(二)居间合同的性质

1.居间合同是信息媒介性服务合同

居间之债的给付对象是订约机会的捕捉和报告，以及媒介订约，这两个方面的对象均为信息性劳务，故居间合同属于提供服务合同。

2.居间合同是诺成及不要式合同

居间合同只需当事人意思表示合致即告成立，而无须以物的交付为要件，也无须以书面形式实施，因而是诺成和不要式合同。

3.居间合同是双务、有偿合同

居间合同的当事人，一方应为他方报告订约机会或者充任订约媒介，而另一方应给付报酬，双方互负对价性义务，因而是双务、有偿合同。

(三)居间的制度价值

居间是随着市场经济发生、发展而产生并且发育的制度。居间能媒介交易，缩短交易时间，降低交易成本，故有其存在价值。

(四)我国关于居间合同的立法

1981年《经济合同法》和《民法通则》均无关于居间合同的规定。《合同法》第二十三章用专章规定了居间合同，计有4个条文。[1]

二、居间合同之债

(一)居间人的债务不履行责任

1.报告订约机会或媒介订约

居间合同的内容，即为报告订约的机会，或作为订约的媒介，因此报告与媒介是居间人的首要义务。[2]此等义务的履行，应忠实并且尽力。在报告居间，居间人关于订约事项，应就其所知据实报告。在媒介居间，居间人则应将订约事项，据实报告于各方当事人，即不仅将相对人之情况报告于其委托人，同时亦应将委托人之情况，报告于其相对人。

《合同法》第425条第2款规定："居间人故意隐瞒与订立合同有关的重要事实或者提供虚假情况，损害委托人利益的，不得要求支付报酬并应当承担损害赔偿责

---

〔1〕《民法典》合同编第二十六章专章规定，共6个条文，其中第965条、第966条为新增条文。

〔2〕《合同法》第425条第1款："居间人应当就有关订立合同的事项向委托人如实报告。"［对应《民法典》第962条第1款："中介人应当就有关订立合同的事项向委托人如实报告。"］

任。"[1]

2.为委托人计算

对于显无支付能力的人,或者知其无订立该契约能力之人,不得为之媒介。

(二)委托人的债务及不履行责任

委托人应当就居间人的服务给付约定报酬。至于给付义务人,则因居间种类而不同。在报告居间,因居间人仅为委托人一方报告订约机会,而不与其相对人发生关系,故居间人的报酬,由委托人给付。在媒介居间,因媒介成功,则应由所媒介成立合同当事人双方平均分担,而不论其是否受到双方的委托。[2]报酬支付时点一般为居间人报告或媒介而使合同成立之时。委托人给付报酬迟延或者不给付,即须负债务不履行责任。

第四节　运送合同之债

一、运送合同之债概说

(一)运送合同的意义

1.定义

运送合同是当事人约定一方将他方或他方的货物送达约定的地点,他方支付报酬的合同。

其中承运货物或者旅客的一方是"运送人",支付报酬的一方是"托运人"。

《合同法》称此类合同为"运输合同"。[3]

2.说明

1)运送合同是供给运送性劳务的合同

运送关系中的给付,是以空间位移工具或者设施将货物或者旅客自指定的起始

---

〔1〕 对应《民法典》第962条第2款:"中介人故意隐瞒与订立合同有关的重要事实或者提供虚假情况,损害委托人利益的,不得请求支付报酬并应当承担损害赔偿责任。"

〔2〕《合同法》第426条第1款规定:"居间人促成合同成立的,委托人应当按照约定支付报酬。对居间人的报酬没有约定或者约定不明确,依照本法第六十一条的规定仍不能确定的,根据居间人的劳务合理确定。因居间人提供订立合同的媒介服务而促成合同成立的,由该合同的当事人平均负担居间人的报酬。"[对应《民法典》第963条第1款:"中介人促成合同成立的,委托人应当按照约定支付报酬。对中介人的报酬没有约定或者约定不明确,依据本法第五百一十条的规定仍不能确定的,根据中介人的劳务合理确定。因中介人提供订立合同的媒介服务而促成合同成立的,由该合同的当事人平均负担中介人的报酬。"]

〔3〕《合同法》第288条:"运输合同是承运人将旅客或者货物从起运地点运输到约定地点,旅客、托运人或者收货人支付票款或者运输费用的合同。"[现为《民法典》第809条。]

地送达终到地,作为给付标的的劳动,其实施本身即成为其使用价值的实现,劳动的"生产"与"消费"直接同一。因而属于经济学所称的"活劳动"。

运送依其运送对象,划分为货物运送与旅客运送。依运送工具,划分为铁路运送、公路运送、内河运送、海上运送、航空运送等。而由两种以上运送方式相继地运送货物或者旅客者,则为相继运送或者联合运送。

2)运送合同是运送劳动与酬金对待移转的合同类型

在运送中,构成对价的给付是运送人运送劳动与托运人酬金。此点既不同于买卖、借贷、租赁等合同,也不同于承揽合同。

(二)运送合同的性质

1.运送合同是有偿合同

运送使当事人一方负运送义务,他方负付酬义务,在双方之间形成对价关系,因而是有偿合同。

2.货物运送合同是要物合同

货物运送因承运人验收货物,在运单上加盖承运日期戳,方为成立,盖戳时点为合同的成立时点。故而属要物合同。大宗货物的月度、季度或年度持续运送虽为诺成性合同,但实际发生的每一单合同,也均为要物合同。

3.运送合同通常采定型化方式

无论客货运送,一般以定型化合同订立。

4.强制缔约

国家基于运输对社会生活的必要性,规定了公共运送的强制缔约管制。《合同法》第289条规定:"从事公共运输的承运人不得拒绝旅客、托运人通常、合理的运输要求。"

5.安全管制

国家对运送合同实施安全管制。《合同法》第297条、第307条,《海商法》第113条[1]等有其规定。

---

〔1〕《合同法》第297条:"Ⅰ.旅客不得随身携带或者在行李中夹带易燃、易爆、有毒、有腐蚀性、有放射性以及有可能危及运输工具上人身和财产安全的危险物品或者其他违禁物品。Ⅱ.旅客违反前款规定的,承运人可以将违禁物品卸下、销毁或者送交有关部门。旅客坚持携带或者夹带违禁物品的,承运人应当拒绝运输。"[对应《民法典》第818条:"Ⅰ.旅客不得随身携带或者在行李中夹带易燃、易爆、有毒、有腐蚀性、有放射性以及可能危及运输工具上人身和财产安全的危险物品或者违禁物品。Ⅱ.旅客违反前款规定的,承运人可以将危险物品或者违禁物品卸下、销毁或者送交有关部门。旅客坚持携带或者夹带危险物品或者违禁物品的,承运人应当拒绝运输。"]第307条:"Ⅰ.托运人托运易燃、易爆、有毒、有腐蚀性、有放射性等危险物品的,应当按照国家有关危险物品运输的规定对危险物品妥善包装,作出危险物标志和标签,并将有关危险物品的名称、性质和防范措施的书面材料提交承运人。Ⅱ.托运人违反前款规定的,承运人可以拒绝运输,也可以采取相应措施以避免损失的发生,因此产生的费用由托运人承担。"[对应《民法典》第828条:"Ⅰ.托运人托运易燃、易爆、有毒、有腐蚀性、有放射性等危险物品的,应当按照国家有关危险物品运输的规定对危险物品妥善包装,做出危险物品标志和标签,并将有关危险物品的名称、性质和防范措施的书面材料

（三）运送之债中的风险负担

在运送之债中，因不可抗力发生的当事人利益损失，由双方分担。其中运送人负担运费、旅客人身以及货物损失，[1]托运人负担货物的期得利益损失。[2]

（四）我国关于运输合同的立法

1981年《经济合同法》对"货物运输合同"作了原则规定。在计划经济体制下，以行政规章调整铁路、公路、水路、航空四领域的运送合同。《合同法》第十七章分四节对运送合同作了规定，《海商法》第四章和第五章则对海上运送合同有专门规定。

二、客运合同及客运合同之债

（一）客运合同的成立与生效

客运合同通过定型化车、船或飞机客票的购售而订立。但对经运送人许可无票搭乘的伤亡旅客，则以实际搭乘为合同生效。[3]

旅客得在乘用运送工具前解除合同，即退票。退票须以交纳退票手续费的方式承担违约责任。

(接前注)提交承运人。Ⅱ.托运人违反前款规定的，承运人可以拒绝运输，也可以采取相应措施以避免损失的发生，因此产生的费用由托运人负担。"]

《海商法》第113条第1款、第2款："Ⅰ.旅客不得随身携带或者在行李中夹带违禁品或者易燃、易爆、有毒、有腐蚀性、有放射性以及有可能危及船上人身和财产安全的其他危险品。Ⅱ.承运人可以在任何时间、任何地点将旅客违反前款规定随身携带者或者在行李中夹带的违禁品、危险品卸下、销毁或者使之不能为害，或者送交有关部门，而不负赔偿责任。"［该法无修正，现行有效。］

〔1〕《合同法》第314条："货物在运输过程中因不可抗力灭失，未收取运费的，承运人不得要求支付运费；已收取运费的，托运人可以要求返还。"［对应《民法典》第835条："货物在运输过程中因不可抗力灭失，未收取运费的，承运人不得请求支付运费；已经收取运费的，托运人可以请求返还。法律另有规定的，依照其规定。"该条新增"法律另有规定的，依照其规定"的除外规定。］

〔2〕《合同法》第311条："承运人对运输过程中货物的毁损、灭失承担损害赔偿责任，但承运人证明货物的毁损、灭失是因不可抗力、货物本身的自然性质或者合理损耗以及托运人、收货人的过错造成的，不承担损害赔偿责任。"［对应《民法典》第832条："承运人对运输过程中货物的毁损、灭失承担赔偿责任。但是，承运人证明货物的毁损、灭失是因不可抗力、货物本身的自然性质或者合理损耗以及托运人、收货人的过错造成的，不承担赔偿责任。"］

〔3〕《合同法》第302条："Ⅰ.承运人应当对运输过程中旅客的伤亡承担损害赔偿责任，但伤亡是旅客自身健康原因造成的或者承运人证明伤亡是旅客故意、重大过失造成的除外。Ⅱ.前款规定适用于按照规定免票、持优待票或者经承运人许可搭乘的无票旅客。"［对应《民法典》第823条："Ⅰ.承运人应当对运输过程中旅客的伤亡承担赔偿责任；但是，伤亡是旅客自身健康原因造成的或者承运人证明伤亡是旅客故意、重大过失造成的除外。Ⅱ.前款规定适用于按照规定免票、持优待票或者经承运人许可搭乘的无票旅客。"］自其第2款的规定看，伤亡旅客的运送合同自实际搭乘时生效。

（二）运送人的债务及不履行责任

1.运送旅客

把旅客及其携带的行李依约定时间和线路送达目的站港，是承运人的主要义务。承运人迟延或者不能运达，即应负债务不履行责任。[1]

2.保障安全

在运送中运送人应须保障旅客人身及其行李的安全。旅客在被运送中发生人身、行李损害，如非本人故意所致，均由承运人负责。[2]

3.提供必要的生活服务

承运人应当为旅客提供必要的生活服务，其中包括餐饮服务。对于患急病或者分娩的旅客，应当给予必要的医疗护理；对于遇险的旅客，应当尽力抢救；对于老人、儿童和残疾人，应当给予必要的帮助（《合同法》第301条仅规定救助患急病、分娩和遇险的旅客）。[3]《合同法》第300条规定："承运人擅自变更运输工具而降低服务标准的，应当根据旅客的要求退票或者减收票款；提高服务标准的，不应当加收票款。"[4]

（三）旅客的债务

1.给付运费

运送合同为虽不禁止为无偿，但以有偿为常。在有偿运送，被运送人亦即旅客给付运费，即为其首要义务。[5]

---

〔1〕《合同法》第299条："承运人应当按照客票载明的时间和班次运输旅客。承运人迟延运输的，应当根据旅客的要求安排改乘其他班次或者退票。"［对应《民法典》第820条："承运人应当按照有效客票记载的时间、班次和座位号运输旅客。承运人迟延运输或者有其他不能正常运输情形的，应当及时告知和提醒旅客，采取必要的安置措施，并根据旅客的要求安排改乘其他班次或者退票；由此造成旅客损失的，承运人应当承担赔偿责任，但是不可归责于承运人的除外。"该条主要修改有：(1)承运人应当按照有效客票的记载乘坐，增加了"有效"这一表述；(2)承运人迟延运输的，应当履行告知和提醒义务；(3)由此造成旅客损失的，承运人应当承担赔偿责任，但是不可归责于承运人的除外。参见最高人民法院民法典贯彻实施工作领导小组主编：《中华人民共和国民法典合同编理解与适用》(四)，人民法院出版社2020年版，第2104页。］

〔2〕《合同法》第302条："Ⅰ.承运人应当对运输过程中旅客的伤亡承担损害赔偿责任，但伤亡是旅客自身健康原因造成的或者承运人证明伤亡是旅客故意、重大过失造成的除外。Ⅱ.前款规定适用于按照规定免票、持优待票或者经承运人许可搭乘的无票旅客。"［对应《民法典》第823条："Ⅰ.承运人应当对运输过程中旅客的伤亡承担赔偿责任；但是，伤亡是旅客自身健康原因造成的或者承运人证明伤亡是旅客故意、重大过失造成的除外。Ⅱ.前款规定适用于按照规定免票、持优待票或者经承运人许可搭乘的无票旅客。"］

〔3〕现为《民法典》第822条。

〔4〕对应《民法典》第821条："承运人擅自降低服务标准的，应当根据旅客的请求退票或者减收票款；提高服务标准的，不得加收票款。"该条删去"变更运输工具"导致"降低服务标准"的情况。

〔5〕《合同法》第294条："旅客应当持有效客票乘坐。旅客无票乘坐、超程乘坐、越级乘运或者持失效客票乘运的，应当补交票款，承运人可以按照规定加收票款。旅客不交付票款的，承运人可以拒绝运输。"［对应《民法典》第815条："Ⅰ.旅客应当按照有效客票记载的时间、班次和座位号乘坐。旅客无票乘坐、超程乘坐、越级乘坐或者持不符合减价条件的优惠客票乘坐的，应当补交票款，承运人可以按照规定加收票款；旅客不支付票款的，承运人可以拒绝运输。Ⅱ.实名制客运合同的旅客丢失客票的，可以请求承运人挂失补办，承运人不得再次收取票款和其他不合理费用。"该条第2款为新增内容。］

2.依约搭乘

按票证所定时间、地点和班次搭乘运送工具。《合同法》第295条规定："旅客因自己的原因不能按照客票记载的时间乘坐的，应当在约定的时间内办理退票或者变更手续。逾期办理的，承运人可以不退票款，并不再承担运输义务。"[1]

3.遵守安全管理

运送属就险作业。旅客须服从运送人的安全管理。尤其是不得携带易燃、易爆等危险品乘车或在托运行李中夹带危险品。[2]

三、货运合同及货运合同之债

(一)货运合同的成立与生效

长期货运合同，为运送之预约，双方签字即为成立。托运人在交运货物时，尚须按批次订立以"货物运单"为定型条款的运送合同。该合同因承运人验收货物为成立要件。

运送合同在履行中但货物尚未送达目的站港前，除法律或者运送性质不许可变更者外，经协商可以变更。

(二)承运人的债务

1.交付提单

货物交验以后，承运人有向托运人出立提单(有关行政规章称之为"取货凭证"或"提货单")的义务。提单是在运货物的所有权凭证。得依法经背书而转让。当货物运达目的站港时，提单是所载明货物的提取凭证。

在国际贸易中，提单是界定承运人与托运人之间责任的工具。由于国际贸易牵涉运送、两国或多国的货款票据结算等一系列环节，买方不能直接从卖方受领标的物，而是从本国所委托的结算货款银行(行话称之为信用证"开证行")取得(赎取)提单，此前，提单已在托运人(出卖人)、国外的受托付款银行(行话称之为"议付行")、本国的承诺结算货款的银行等多次转手。提单也是界定每一环节当事人对货物完好与否责任的工具。承运人在验收交运货物后，依其对货物包装的检验，如发现有

---

〔1〕 对应《民法典》第816条："旅客因自己的原因不能按照客票记载的时间乘坐的，应当在约定的期限内办理退票或变更手续；逾期办理的，承运人可以不退票款，并不再承担运输义务。"

〔2〕《合同法》第297条："Ⅰ.旅客不得随身携带或者在行李中夹带易燃、易爆、有毒、有腐蚀性、有放射性以及有可能危及运输工具上人身和财产安全的危险物品或者其他违禁物品。Ⅱ.旅客违反前款规定的，承运人可以将违禁物品卸下、销毁或者送交有关部门。旅客坚持携带或者夹带违禁物品的，承运人应当拒绝运输。"［对应《民法典》第818条："Ⅰ.旅客不得随身携带或者在行李中夹带易燃、易爆、有毒、有腐蚀性、有放射性以及可能危及运输工具上人身和财产安全的危险物品或者违禁物品。Ⅱ.旅客违反前款规定的，承运人可以将危险物品或者违禁物品卸下、销毁或者送交有关部门。旅客坚持携带或者夹带危险物品或者违禁物品的，承运人应当拒绝运输。"］

瑕疵,得记载于提单。凡有该记载的提单,行话称之为"不清洁提单"。对不清洁提单,面临不能转让的风险。首当其冲的是国外的向卖方付款的银行的拒绝接受,因为依《跟单信用证统一惯例》,银行不接受不清洁提单。因此,为使承运人出具清洁提单,托运人即须依货物包装规范对货物妥善包装。此虽系托运人的义务,为叙述方便,现在此提前说明。

2.运送货物

承运人应当依约,按时起运货物并依约定路线将货物运达目的站港。如果迟延,即须负相应的不履行责任。

3.保管货物

承运人自验收货物,直至在终到地交付于收货人的期间,对货物有保管义务。如因故意、过失造成货物毁损、灭失,即须负赔偿责任。[1]

4.通知收货人提货

承运人在把货物运达目的站港后,应当及时通知收货人来提取货物。

5.交付货物

承运人应当把送达货物交付提单提示人。交付完成后,在提单上注明"付讫"字样。

6.对货物的特殊处分权

在运货物如确有处分保值必要,如倘不处分即腐烂变质时,承运人有处分权。

7.法定留置权

收货人不依约给付运杂费时,运送人有留置权。[2]

8.提存权

在收货人不明或者不法拒绝受领的场合,承运人有提存权。[3]

(三)托运人的债务

1.给付运杂费

给付运费和其他费用,是承运人运送货物的对价,须依约给付。如付费迟延、拒绝,即构成债务不履行。

---

〔1〕《合同法》第311条:"承运人对运输过程中货物的毁损、灭失承担损害赔偿责任,但承运人证明货物的毁损、灭失是因不可抗力、货物本身的自然性质或者合理损耗以及托运人、收货人的过错造成的,不承担损害赔偿责任。"〔对应《民法典》第832条:"承运人对运输过程中货物的毁损、灭失承担赔偿责任。但是,承运人证明货物的毁损、灭失是因不可抗力、货物本身的自然性质或者合理损耗以及托运人、收货人的过错造成的,不承担赔偿责任。"〕

〔2〕《合同法》第315条:"托运人或者收货人不支付运费、保管费以及其他运输费用的,承运人对相应的运输货物享有留置权,但当事人另有约定的除外。"〔对应《民法典》第836条:"托运人或者收货人不支付运费、保管费或者其他费用的,承运人对相应的运输货物享有留置权,但是当事人另有约定的除外。"〕

〔3〕《合同法》第316条:"收货人不明或者收货人无正当理由拒绝受领货物的,依照本法第一百零一条的规定,承运人可以提存货物。"〔对应《民法典》第837条:"收货人不明或者收货人无正当理由拒绝受领货物的,承运人依法可以提存货物。"〕

2.遵守安全管理

交运货物须服从承运人的安全管理,包括货物包装的安全要求。[1]关于包装,在国际贸易中牵涉能否得到清洁提单问题,因而非常重要。此点在国内涉及运送的贸易,应引起足够的注意。

(四)货运合同之债对收货人的效力

1.提单受领权

在收货人与托运人不是同一人的场合,托运人在取得提单后,应及时转交于收货人。

唯应注意,提单是在运货物所有权凭证,因而,出卖人在对货款债权无安排的情况下是不会将提单随便交付于买受人的。国际贸易中之所以发育出跟单信用证及其与提单结合的运作,就是关于货物与货款对流的制度创新。

2.货物检验权和异议权

收货人收到承运人发来的货物到站(港)通知书之后,应依约检验货物。如有异议,可拒绝受领。异议权除斥期间,《合同法》第310条仅规定为"合理期限"。[2]

3.货物提取权

经检验无异议,提单提示人可提取货物。提货须提示提单于运送人。

(五)货损及赔偿

1.货损

货物在交付于收货人时所发生的灭失、短少(即部分灭失)、变质、污染、损坏,是运送中的货物损失。

2.赔偿的推定过失原则

依《合同法》第311条的规定,货损赔偿的归责原则是推定过失原则。即"承运

---

〔1〕《合同法》第306条:"Ⅰ.托运人应当按照约定的方式包装货物。对包装方式没有约定或者约定不明确的,适用本法第一百五十六条的规定。Ⅱ.托运人违反前款规定的,承运人可以拒绝运输。"〔对应《民法典》第827条:"Ⅰ.托运人应当按照约定的方式包装货物。对包装方式没有约定或者约定不明确的,适用本法第六百一十九条的规定。Ⅱ.托运人违反前款规定的,承运人可以拒绝运输。"〕第307条:"Ⅰ.托运人托运易燃、易爆、有毒、有腐蚀性、有放射性等危险物品的,应当按照国家有关危险物品运输的规定对危险物品妥善包装,作出危险物标志和标签,并将有关危险物品的名称、性质和防范措施的书面材料提交承运人。Ⅱ.托运人违反前款规定的,承运人可以拒绝运输,也可以采取相应措施以避免损失的发生,因此产生的费用由托运人承担。"〔对应《民法典》第828条:"Ⅰ.托运人托运易燃、易爆、有毒、有腐蚀性、有放射性等危险物品的,应当按照国家有关危险物品运输的规定对危险物品妥善包装,做出危险物品标志和标签,并将有关危险物品的名称、性质和防范措施的书面材料提交承运人。Ⅱ.托运人违反前款规定的,承运人可以拒绝运输,也可以采取相应措施以避免损失的发生,因此产生的费用由托运人负担。"〕

〔2〕对应《民法典》第831条:"收货人提货时应当按照约定的期限检验货物。对检验货物的期限没有约定或者约定不明确,依据本法第五百一十条的规定仍不能确定的,应当在合理期限内检验货物。收货人在约定的期限或者合理期限内对货物的数量、毁损等未提出异议的,视为承运人已经按照运输单证的记载交付的初步证据。"

人证明货物的毁损、灭失是因不可抗力、货物本身的自然性质或者合理损耗以及托运人、收货人的过错造成的，不承担损害赔偿责任”。[1]

3.赔偿的限赔——直接损失原则

依《合同法》第312条的规定，对货损，如当事人无特别约定或法律、行政法规无特别规定，承运人仅赔偿直接损失，亦即“按照交付或者应当交付时货物到达地的市场价格计算”的损失。[2]

（六）多式联运之债

1.意义

多式联运之债是采用两种以上运送方式的货物运送之债。

联运的方式很多，如铁路、公路、内河、海上乃至航空中的两种以上方式的联运，以及不同运送企业之间的联运及国际性联运等。联运因涉及多个承运人，其间的债权、债务以及责任如何分配，有其复杂之处。《合同法》第十七章第四节规定了“多式联运合同”。[3]

2.多式联运之债的特殊效力

在联运中发生的货损，由终点站港向收货人赔偿。如损害系前手承运人所致，终点站港就其赔偿有代位求偿权。在相继承运人之间难以划分其责任时，即共同负责，由各承运人按照收取运费的比例分担。

第五节　保管合同之债

一、保管合同之债

（一）保管合同

1.保管合同的意义

保管合同是当事人约定一方将物交付他方，他方允为保管的合同。[4]

---

〔1〕 对应《民法典》第832条："承运人对运输过程中货物的毁损、灭失承担赔偿责任。但是，承运人证明货物的毁损、灭失是因不可抗力、货物本身的自然性质或者合理损耗以及托运人、收货人的过错造成的，不承担赔偿责任。"

〔2〕 对应《民法典》第833条："货物的毁损、灭失的赔偿额，当事人有约定的，按照其约定；没有约定或者约定不明确，依据本法第五百一十条的规定仍不能确定的，按照交付或者应当交付时货物到达地的市场价格计算。法律、行政法规对赔偿额的计算方法和赔偿限额另有规定的，依照其规定。"

〔3〕 对应《民法典》合同编第十九章第四节。

〔4〕《合同法》第365条："保管合同是保管人保管寄存人交付的保管物，并返还该物的合同。"［对应《民法典》第888条："Ⅰ.保管合同是保管人保管寄存人交付的保管物，并返还该物的合同。Ⅱ.寄存人到保管人处从事购物、就餐、住宿等活动，将物品存放在指定场所的，视为保管，但是当事人另有约定或者另有交易习惯的除外。"该条第2款为新增内容。］

寄物托管的一方是"寄存人"，允为保管的一方则是"保管人"。

2.保管合同的性质

1)保管合同是提供服务合同

保管合同的给付标的，是保管劳务。所谓保管，即对物加以保护，使之维持其原状之义。保管不仅须提供场所以供物的堆放，而且须实施行为防止物的灭失毁损。如只提供存放场所，而无保管义务，则不属寄存，而是场所租赁。

2)保管合同是持续性合同

保管劳务是持续性的给付，不是一次性地履行完毕，给付的量度，与债的存续期间正相关，故而保管合同是持续性合同。

3)保管合同是要物合同

《合同法》第367条规定："保管合同自保管物交付时成立，但当事人另有约定的除外。"可见保管合同是要物合同。[1]

4)保管合同可为单务、无偿合同，也可为双务、有偿合同

保管合同究竟有偿抑或无偿，允许当事人约定。[2]无偿寄存相应为单务合同，而有偿寄存则为双务合同。

5)保管合同是不要式合同

保管合同仅需当事人合意即可成立，不以履行特别方式为必要，故而为不要式合同。

3.我国关于保管合同的立法

1981年《经济合同法》第22条、第38条两条曾对仓储保管合同作过原则性规定，《合同法》第十九章专章规定了保管合同。[3]

(二)保管合同之债

1.保管人的债务

1)保管寄存物

保管人对寄存物应依约保管，不使毁损、灭失。[4]并且原则上不得使用，或允许

---

〔1〕　对应《民法典》第890条："保管合同自保管物交付时成立，但是当事人另有约定的除外。"

〔2〕《合同法》第366条规定："Ⅰ.寄存人应当按照约定向保管人支付保管费。Ⅱ.当事人对保管费没有约定或者约定不明确，依照本法第六十一条的规定仍不能确定的，保管是无偿的。"〔对应《民法典》第889条："Ⅰ.寄存人应当按照约定向保管人支付保管费。Ⅱ.当事人对保管费没有约定或者约定不明确，依据本法第五百一十条的规定仍不能确定的，视为无偿保管。"〕

〔3〕　对应《民法典》合同编第二十一章。

〔4〕《合同法》第369条："Ⅰ.保管人应当妥善保管保管物。Ⅱ.当事人可以约定保管场所或者方法。除紧急情况或者为了维护寄存人利益的以外，不得擅自改变保管场所或者方法。"〔对应《民法典》第892条："Ⅰ.保管人应当妥善保管保管物。Ⅱ.当事人可以约定保管场所或者方法。除紧急情况或者为了维护寄存人利益外，不得擅自改变保管场所或者方法。"〕

第三人使用。否则，即应给付相当报偿；如有损害，应负赔偿责任。[1]另外，受寄人应当亲自保管寄存物，原则上不得使第三人代为保管。[2]如因故意、过失造成保管物毁损、灭失，即须负赔偿责任。有偿保管人须尽善良管理人的注意义务，无偿保管人则仅就重大过失负责。[3]

2）出立保管凭证

依《合同法》第368条的规定，保管人受领保管物后应当向寄存人出立保管凭证。[4]

3）危险通知

如果第三人对寄存物主张权利、提起诉讼或者实行扣押，受寄人均应从速将其事通知寄存人。[5]此外，如果寄存物受到意外毁损、灭失或者危险程度增大（例如山洪、地震等灾变发生在即），受寄人也应将有关情况迅速通知寄存人，以便其及时采取防范和善后措施。

4）返还寄存物

（1）概说

在寄存终止时，受寄人应当返还寄存物给寄存人。

关于返还时点，应当依照约定，没有约定或约定不明确的，寄存人有权随时请求返还。[6]但是，受寄人非有不得已的事由，不得在期限届满之前返还寄存物，否则即构成债务不履行（《合同法》第376条）。

---

〔1〕《合同法》第372条："保管人不得使用或者许可第三人使用保管物，但当事人另有约定的除外。"［对应《民法典》第895条："保管人不得使用或者许可第三人使用保管物，但是当事人另有约定的除外。"］

〔2〕《合同法》第371条："Ⅰ.保管人不得将保管物转交第三人保管，但当事人另有约定的除外。Ⅱ.保管人违反前款规定，将保管物转交第三人保管，对保管物造成损失的，应当承担损害赔偿责任。"［对应《民法典》第894条："Ⅰ.保管人不得将保管物转交第三人保管，但是当事人另有约定的除外。Ⅱ.保管人违反前款规定，将保管物转交第三人保管，造成保管物损失的，应当承担赔偿责任。"］

〔3〕《合同法》第374条："保管期间，因保管人保管不善造成保管物毁损、灭失的，保管人应当承担损害赔偿责任，但保管是无偿的，保管人证明自己没有重大过失的，不承担损害赔偿责任。"［对应《民法典》第897条："保管期内，因保管人保管不善造成保管物毁损、灭失的，保管人应当承担赔偿责任。但是，无偿保管人证明自己没有故意或者重大过失的，不承担赔偿责任。"］

〔4〕对应《民法典》第891条："寄存人向保管人交付保管物的，保管人应当出具保管凭证，但是另有交易习惯的除外。"

〔5〕《合同法》第373条："Ⅰ.第三人对保管物主张权利的，除依法对保管物采取保全或者执行的以外，保管人应当履行向寄存人返还保管物的义务。Ⅱ.第三人对保管人提起诉讼或者对保管物申请扣押的，保管人应当及时通知寄存人。"［对应《民法典》第896条："Ⅰ.第三人对保管物主张权利的，除依法对保管物采取保全或者执行措施外，保管人应当履行向寄存人返还保管物的义务。Ⅱ.第三人对保管人提起诉讼或者对保管物申请扣押的，保管人应当及时通知寄存人。"］

〔6〕《合同法》第376条："Ⅰ.寄存人可以随时领取保管物。Ⅱ.当事人对保管期间没有约定或者约定不明确的，保管人可以随时要求寄存人领取保管物；约定保管期间的，保管人无特别事由，不得要求寄存人提前领取保管物。"［对应《民法典》第899条："Ⅰ.寄存人可以随时领取保管物。Ⅱ.当事人对保管期限没有约定或者约定不明确的，保管人可以随时请求寄存人领取保管物；约定保管期限的，保管人无特别事由，不得请求寄存人提前领取保管物。"］

（2）返还标的

①在寄存物之为特定物时，返还原物。

②在寄存物为种类物时，则返还同种类、同品质、同数量的种类物。[1]

③若寄存物在寄存期间生有孳息，则应一并返还。[2]

2.寄存人债务及不履行责任

1）给付报酬

在有偿保管，寄存人则有给付报酬的义务。

给付时点，一般应为寄存关系终止之时；[3]报酬分期约定的，则为每期届满之时。

寄存人给付报酬迟延或者拒绝付酬，保管人可留置寄存物（《合同法》第380条）。[4]

2）瑕疵担保

保管人因寄存物的瑕疵所受的损害，寄存人应负赔偿责任。但是寄存人在寄存时非因过失而不知寄存物有发生危险的瑕疵，或者瑕疵为受寄人已知，寄存人不负责任。

3.特种保管

1）储蓄

储蓄是当事人约定一方把一定数额的金钱交付于他方保管，他方于约定期限届满时返还同额金钱及其利息的特种寄存。《合同法》第378条前段规定了货币保管合同。[5]储蓄营业人是专营储蓄的机构，依金融法设立和经营。储蓄是一种特殊保管合同，在第十九章移转物之所有权的合同之债中已有论述，兹不赘。

2）法定保管

法定保管是依照法律规定而成立的保管合同。旅店、餐饮店和浴室等经营人对于顾客随身物品的保管即属之。

---

〔1〕《合同法》第378条后段："保管其他可替代物的，可以按照约定返还相同种类、品质、数量的物品。"［现为《民法典》第901条后段。］

〔2〕《合同法》第377条："保管期间届满或者寄存人提前领取保管物的，保管人应当将原物及其孳息归还寄存人。"［对应《民法典》第900条："保管期限届满或者寄存人提前领取保管物的，保管人应当将原物及其孳息归还寄存人。"］

〔3〕《合同法》第379条："Ⅰ.有偿的保管合同，寄存人应当按照约定的期限向保管人支付保管费。Ⅱ.当事人对支付期限没有约定或者约定不明确，依照本法第六十一条的规定仍不能确定的，应当在领取保管物的同时支付。"［对应《民法典》第902条："Ⅰ.有偿的保管合同，寄存人应当按照约定的期限向保管人支付保管费。Ⅱ.当事人对支付期限没有约定或者约定不明确，依据本法第五百一十条的规定仍不能确定的，应当在领取保管物的同时支付。"］

〔4〕对应《民法典》第903条："寄存人未按照约定支付保管费或者其他费用的，保管人对保管物享有留置权，但是当事人另有约定的除外。"

〔5〕现为《民法典》第901条前段。

二、仓储合同之债

（一）仓储合同

1.仓储合同的意义

仓储合同是当事人约定，一方为他方有偿储存和保管物品的合同。[1]

1981年《经济合同法》第22条、第38条曾对仓储保管合同作过原则性规定，1985年国务院据此发布了《仓储保管合同实施细则》。《合同法》第二十章则以专章规定仓储合同。[2]

2.仓储合同的性质

1）仓储合同是商事保管合同

仓储合同是特种保管合同，与保管合同不同，其受寄人是仓储业营业人，寄存标的则是商业经营中的货物，因而寄存人也是商人，因而仓储合同是商事合同。其当事人相应称为"存货人"和"仓储人"。

2）仓储合同是诺成合同

1985年《仓储保管合同实施细则》第5条曾规定"双方依法就合同的主要条款协商一致，由双方的法定代表或授权的经办人签字、单位盖公章或合同专用章，合同即成立"。[3]表明仓储合同为诺成合同。《合同法》对此无规定。但从该法关于仓储人的验收权、对未说明危险货物拒收权的规定看，该法实际上肯认仓储合同为诺成合同。

3）仓储合同是有偿合同

仓储合同既然为商事合同，仓储人以仓储为营业，因而只能是有偿合同（《合同法》第381条）。

（二）仓储合同之债

仓储合同是特别保管合同，仓储合同之债是特别保管合同之债，依《合同法》第395条，除该法对仓储合同特别规定者外，适用保管合同的规定。[4]因此，下面所讨论者，限于仓储合同之债的特别效力。

---

〔1〕《合同法》第381条："仓储合同是保管人储存存货人交付的仓储物，存货人支付仓储费的合同。"〔现为《民法典》第904条。〕

〔2〕 对应《民法典》合同编第二十二章。

〔3〕 该规定已被《国务院关于废止2000年底以前发布的部分行政法规的决定》废止，被《合同法》代替，现对应《民法典》第905条："仓储合同自保管人和存货人意思表示一致时成立。"

〔4〕 现为《民法典》第918条。

1.仓库营业人的债务及不履行责任

1)验收寄存物

仓储人须有仓储条件,并须依约做好接货准备。在寄托人交货入库存储时依照约定的时间和数量接受货物。仓储易燃、易爆、有毒、有腐蚀性、有放射性等危险物品,须有专门条件。货物实施验收。验收范围仅限于外在指标,包括品种、名称、规格、数量、外包装,以及无须开箱拆捆即可识辨的品质情况,至于包装内的货物,则以外包装或者货物上的标记为准。关于验收时点,应依约定。倘无其约,则依法规规定或者商业惯例。

2)出立仓单

依仓储惯例,仓储人应寄存人的请求,应当出具仓单。《合同法》第385条规定:"存货人交付仓储物的,保管人应当给付仓单。"[1]

仓单是寄存物的所有权凭证,是可背书转让的有价证券。《合同法》第387条规定:"仓单是提取仓储物的凭证。存货人或者仓单持有人在仓单上背书并经保管人签字或者盖章的,可以转让提取仓储物的权利。"[2]关于仓单的内容,《合同法》第386条规定:"仓单包括下列事项:(一)存货人的名称或者姓名和住所;(二)仓储物的品种、数量、质量、包装、件数和标记;(三)仓储物的损耗标准;(四)储存场所;(五)储存期间;(六)仓储费;(七)仓储物已经办理保险的,其保险金额、期间以及保险人的名称;(八)填发人、填发地和填发日期。""保管人应当在仓单上签字或者盖章。"[3]

3)保管寄存物

由于仓储合同为有偿商事合同,因而要求仓储营业人须对轻微过失所致毁损、灭失负责。

4)危险通知

《合同法》第390条规定:"保管人对入库仓储物发现有变质或者其他损坏,危及其他仓储物的安全和正常保管的,应当催告存货人或者仓单持有人作出必要的处置。因情况紧急,保管人可以作出必要的处置,但事后应当将该情况及时通知存货人或者仓单持有人。"[4]

---

〔1〕 对应《民法典》第908条:"存货人交付仓储物的,保管人应当出具仓单、入库单等凭证。"

〔2〕 对应《民法典》第910条:"仓单是提取仓储物的凭证。存货人或者仓单持有人在仓单上背书并经保管人签名或者盖章的,可以转让提取仓储物的权利。"

〔3〕 对应《民法典》第909条:"保管人应当在仓单上签名或者盖章。仓单包括下列事项:(一)存货人的姓名或者名称和住所;(二)仓储物的品种、数量、质量、包装及其件数和标记;(三)仓储物的损耗标准;(四)储存场所;(五)储存期限;(六)仓储费;(七)仓储物已经办理保险的,其保险金额、期间以及保险人的名称;(八)填发人、填发地和填发日期。"

〔4〕 对应《民法典》第913条:"保管人发现入库仓储物有变质或者其他损坏,危及其他仓储物的安全和正常保管的,应当催告存货人或者仓单持有人作出必要的处置。因情况紧急,保管人可以作出必要的处置;但是,事后应当将该情况及时通知存货人或者仓单持有人。"

5) 允许检查货物

寄存人要求检查货物，提取货物样本，仓储人应当允许。

2.寄存人的债务及不履行责任

1) 支付报酬

寄存人因寄存货物而应向仓库营业人支付报酬，即保管费。报酬的数额、支付方式、支付时点地点等，均应依照合同的约定。寄存人支付迟延，即须给付违约金。如果仓储期限届满，寄存人仍不支付保管费，仓储人则可行使留置权。

2) 说明货物情况

寄存人应依约定把货物及其有关资料交付仓储人。《合同法》第383条第1款和第2款规定："I.储存易燃、易爆、有毒、有腐蚀性、有放射性等危险物品或者易变质物品，存货人应当说明该物品的性质，提供有关资料。II.存货人违反前款规定的，保管人可以拒收仓储物，也可以采取相应措施以避免损失的发生，因此产生的费用由存货人承担。"[1]

3) 提取货物

寄存人或仓单提示人应及时提取货物。若不及时提取，仓储人得催告其提取。逾期仍不提取者，保管人得予以提存。[2]

三、金钱寄存合同之债

(一)储蓄合同的意义

1.储蓄合同的定义

储蓄合同是指当事人约定一方将金钱交付于他方保管，他方在约定期限届满时返还同种类同数额金钱的合同。

其中经营储蓄事业的人称为储蓄营业人，寄存人称为储蓄人。

2.对定义的说明

1) 储蓄合同是金钱寄存合同

储蓄合同是一方将金钱交他方保管的合同，故而在属性上系寄存合同，不过寄存物为金钱，而非实物。

2) 储蓄合同是移转寄存金钱所有权的合同

储蓄的典型交易目的，是将金钱交由金融事业人保存，并获取利息。然而，金钱的特性之一是一旦易手，便由占有人取得其所有权，原所有人势难控制占有人对它

---

[1] 现为《民法典》第906条第1款和第2款。

[2] 《合同法》第393条："储存期间届满，存货人或者仓单持有人不提取仓储物的，保管人可以催告其在合理期限内提取，逾期不提取的，保管人可以提存仓储物。"［对应《民法典》第916条："储存期限届满，存货人或者仓单持有人不提取仓储物的，保管人可以催告其在合理期限内提取；逾期不提取的，保管人可以提存仓储物。"］

的消费,而且,前者的利益仅在于其数额的保持,而不在于原物的返还。故而储蓄人须将金钱移转占有于储蓄营业人,而由后者取得其所有权。而一般寄存并不移转寄存物的所有权,此为储蓄与一般寄存的不同之处。

3)储蓄合同是以寄存金钱的消费利益为报偿的寄存合同

在一般寄存,寄存人须向保管人交付费用,储蓄则不同,不但无须向保管人给付费用,相反,保管人尚须向储蓄人给付利息。这是因为保管人获得了所寄金钱的使用权,由于金钱的使用原则上即为金钱的消费,而消费则须以所有权为前提,故而保管人取得了金钱的所有权。此一消费中的利益,即保管的报偿。

4)储蓄合同是将来返还同种类同数额金钱的合同

如上所述,储蓄人的利益不在于将来返还原物,而在于所存金钱的数额保全,以及获取利息。而且,储蓄营业人在返还时,也难能返还原物。故而储蓄合同是在将来返还同种类同数额金钱的合同。在一般寄存,则须返还原物。

5)储蓄合同是以储蓄营业人为受寄人的合同

储蓄人须为有资格经营储蓄业务的金融事业法人,主要是银行、信用合作社和开办邮政储蓄业务的邮局等。

6)储蓄合同是有息且息率受管制的合同

储蓄人之所以将金钱交付储蓄营业人保存,也有获取利息的目的。故而储蓄合同是有息合同。国家对储蓄利率实施管制,当事人仅得在管制的幅度内约定。

7)储蓄合同是实名寄存合同

国家对公民存款采行真实姓名管制制度。

(二)储蓄合同的类型

储蓄合同按期限长短、计息方法可分为活期、定期整存整取、定期零存整取、定期存本取息、定活两便等类型。

(三)储蓄合同的性质

1.储蓄合同是要式合同

储蓄合同须以国家金融管理机关制定的书面合同样式订立。

2.储蓄合同是要物合同

储蓄合同以储蓄营业人受领存款为成立要件。

3.储蓄合同是单务有偿合同

储蓄合同是要物合同,故而是单务合同。储蓄营业人因合同取得所受领存款的一定期间的使用权,存款人则取得利息,故而储蓄合同为有偿合同。

（四）储蓄合同之债

1.储蓄营业人的主要债务

1）给付本息

在约定储蓄期间届满，储蓄营业人应当向存款人给付存款的本金以及利息。

2）对存款保密

储蓄营业人须为存款人就其存款保密。除应司法机关依法定程序查询外，不得向任何人泄露存款人及存款数额。

3）挂失止付

当存款人的存折、存单以及提取存款用备案印鉴遗失，而依法向储蓄营业人挂失后，储蓄营业人有依法支付义务。当止付期间届满，存款人履行法定手续后可提取存款。

2.存款人的挂失止付权

如上所述，当存款人遗失其存折凭证以及提取存款用备案印鉴时，有依法向储蓄营业人挂失止付的权利。此项权利属形成权，因权利人的行使而使储蓄营业人负担止付债务，但以存款尚未被存款凭证或者备存印鉴的持有人提取为条件。

思考题：

1.委任与代理有何异同？ 如何理解《合同法》第403条[1]的规定？

2.比较委任、行纪和居间合同的异同。

3.货物运送及旅客运送合同之债不履行的归责原则是过失责任还是无过失责任？

---

[1] 现为《民法典》第926条，表述有微调。

第二十四章　技术合同之债

内容提要　技术合同的给付标的是技术型信息产。该类财产在经济上具有重要价值。本章讨论技术开发、技术转让、技术咨询和技术服务四类合同，而以技术开发和转让两类为重点。学习本章，应注意两该合同的会合以及债的效力。

1987年，《技术合同法》出台，将关涉技术开发、技术开发项目合伙、技术权利转让以及技术咨询服务等合同总称为"技术合同"。1999年《合同法》保留了上述有名合同类型。

第一节　技术开发合同之债

一、技术开发合同

(一)技术开发合同的意义

技术开发合同是当事人约定，一方为他方研究或者发明特定技术，他方给付报酬的合同。

当事人中负担技术开发义务的一方是"技术开发人"，委托开发的一方是"委托人"。

(二)技术开发合同的性质

1.技术开发合同是智慧财产合同

技术开发合同的给付标的，是一定新技术。《合同法》第330条第1款称为"新技术、新产品、新工艺或者新材料"，[1]该标的既非实物，也非劳务，而是智慧财产。因而是智慧财产合同。

2.技术开发合同是特种承揽合同

新技术的研究和开发，无非是完成一定的工作。因而技术开发合同是特种承揽

---

〔1〕　对应《民法典》第851条第1款："技术开发合同是当事人之间就新技术、新产品、新工艺、新品种或者新材料及其系统的研究开发所订立的合同。"对于技术开发合同的定义，该款新增就"新品种"的研究开发订立的合同。

合同,只不过已被定型而独立并取得了技术开发合同的名称而已。

(三)技术开发合同是诺成、不要式、双务合同

技术开发合同因当事人意思表示的合意而成立,而无须标的的授受,因而是诺成合同。技术开发合同的成立无须采取法定郑重形式,[1]因而是不要式合同。另外,该合同当事人互负给付义务,因而又是双务合同。

二、技术开发合同之债

(一)技术开发人的债务及不履行责任

1.完成技术开发工作并交付开发的技术

技术开发人应依约定的项目和要求制定和实施研究开发计划,按期完成研究开发工作。并且担保所开发的技术具有约定的新颖性、先进性和实用性。该三性虽未为《合同法》所明定,但自事理言之,任何新技术均须具备此三种性质。如不具备各该性质,即构成瑕疵给付,或者给付不能(《合同法》第333条、第334条、[2]第336条、[3]第338条[4]等均称研究开发"失败"),即须承担违约责任。此外,承揽人应当亲自完成开发工作。关于交付,如所开发的技术属于新产品或动植物新品种,即应交付样品、样机及其制造或者生产技术;如属于既有产品的新的生产方法,即应出具技术文件(图纸、说明、检测报告,或其他视听文件资料),以便清楚、全面、充分地说明该方法。如约定尚需培训有关人员,使之掌握该技术者,则开发人尚须应约履行。[5]

2.附随义务

1)保密义务

技术开发人对其研究开发过程及其成果有保密义务,不得向第三人泄露。技术开发人违反此项义务,致使所开发技术失密者,即构成开发"失败",因而须向委托

---

[1]《合同法》第330条第3款规定"技术开发合同应当采用书面形式"。[现为《民法典》第851条第3款。]但事实上,当以口头形式订立的合同仍能成立。故而本书认为技术开发合同为不要式合同。

[2]《合同法》第333条和第334条共同对应《民法典》第854条:"委托开发合同的当事人违反约定造成研究开发工作停滞、延误或者失败的,应当承担违约责任。"该条将《合同法》第333条的"委托人"和第334条的"研究开发人"统称为"委托开发合同的当事人"。

[3] 现为《民法典》第856条。

[4] 对应《民法典》第858条:"Ⅰ.技术开发合同履行过程中,因出现无法克服的技术困难,致使研究开发失败或者部分失败的,该风险由当事人约定;没有约定或者约定不明确,依据本法第五百一十条的规定仍不能确定的,风险由当事人合理分担。Ⅱ.当事人一方发现前款规定的可能致使研究开发失败或者部分失败的情形时,应当及时通知另一方并采取适当措施减少损失;没有及时通知并采取适当措施,致使损失扩大的,应当就扩大的损失承担责任。"

[5]《合同法》第332条规定了"(按期)交付研究开发成果,提供有关的技术资料和必要的技术指导,帮助委托人掌握研究开发成果"的要求。[现为《民法典》第853条。]

人负担赔偿损失,并须容忍委托人的解除权。[1]

2) 危险通知义务

对于可能导致开发失败的危险,有向委托人通报的义务。违反该义务,丧失就该危险所导致损失的赔偿请求权。[2]

(二)委托人的债务及不履行责任

1.给付技术资料

委托人应当把技术研究开发事项的有关基础资料交付于技术开发人。关于有关基础资料,《合同法》第331条称为"技术资料、原始数据"。[3]

2.给付开发费和开发酬金

委托人应依约向技术开发人给付研发费用和报酬。费用的数额、给付方式、时间和地点,均应依照约定。委托人给付迟延,即需承担责任。如果拒不给付,承揽人有权解除合同,并请求赔偿所受的损失。[4]

3.配合开发工作

委托人须依约配合技术开发人的研究开发工作。

4.受领工作成果

委托人对于承揽人交付的开发成果,应当受领。对于承揽人依约培训技术人员,应当予以配合。

5.附随义务

对于可能导致开发失败的危险,有向技术开发人通报的义务。违反该义务,丧

---

〔1〕《合同法》第337条:"因作为技术开发合同标的的技术已经由他人公开,致使技术开发合同的履行没有意义的,当事人可以解除合同。"[对应《民法典》第857条:"作为技术开发合同标的的技术已经由他人公开,致使技术开发合同的履行没有意义的,当事人可以解除合同。"]

〔2〕《合同法》第338条第2款:"当事人一方发现前款规定的可能致使研究开发失败或者部分失败的情形时,应当及时通知另一方并采取适当措施减少损失。没有及时通知并采取适当措施,致使损失扩大的,应当就扩大的损失承担责任。"[对应《民法典》第858条第2款:"当事人一方发现前款规定的可能致使研究开发失败或者部分失败的情形时,应当及时通知另一方并采取适当措施减少损失;没有及时通知并采取适当措施,致使损失扩大的,应当就扩大的损失承担责任。"]

〔3〕对应《民法典》第852条:"委托开发合同的委托人应当按照约定支付研究开发经费和报酬,提供技术资料,提出研究开发要求,完成协作事项,接受研究开发成果。"该条将"原始数据"修改为"提出研究开发要求"。

〔4〕《合同法》第332条:"委托开发合同的研究开发人应当按照约定制定和实施研究开发计划;合理使用研究开发经费;按期完成研究开发工作,交付研究开发成果,提供有关的技术资料和必要的技术指导,帮助委托人掌握研究开发成果。"[对应《民法典》第853条:"委托开发合同的研究开发人应当按照约定制定和实施研究开发计划,合理使用研究开发经费,按期完成研究开发工作,交付研究开发成果,提供有关的技术资料和必要的技术指导,帮助委托人掌握研究开发成果。"]第333条:"委托人违反约定造成研究开发工作停滞、延误或者失败的,应当承担违约责任。"[对应《民法典》第854条:"委托开发合同的当事人违反约定造成研究开发工作停滞、延误或者失败的,应当承担违约责任。"该条将《合同法》第333条的"委托人"和第334条的"研究开发人"统称为"委托开发合同的当事人"。]

失就该危险所导致损失的赔偿请求权。[1]

（三）关于技术成果权的归属

技术开发承揽所完成的发明，其专利权或者非专利技术成果权的归属得约定。倘无其约，则专利申请权以及所获专利的专利权即归技术开发人，但委托人有无偿实施权和优先受让权（《合同法》第339条）。[2]而非专利科技成果的使用权和转让权则由双方共同享有。

（四）风险负担

技术开发承揽中因不可抗力或其他非因当事人过失导致的开发失败或者部分失败，是开发中的风险。该风险的负担应当依照约定，倘无其约，则由双方共同负担。[3]

第二节　技术开发合伙合同

一、技术开发合伙合同的意义

技术开发合伙合同是当事人互约出资，共同开发一定新技术的合同。

技术开发合伙合同，是以开发一定新技术作为共同事业的合伙合同。但《合同法》称该合同为"合作开发合同"。

二、技术开发合伙合同的效力

技术开发合伙合同的效力，无非是一般合伙效力的具体化而已。在这里我们只择要说明。

---

〔1〕《合同法》第338条第2款："当事人一方发现前款规定的可能致使研究开发失败或者部分失败的情形时，应当及时通知另一方并采取适当措施减少损失。没有及时通知并采取适当措施，致使损失扩大的，应当就扩大的损失承担责任。"［对应《民法典》第858条第2款："当事人一方发现前款规定的可能致使研究开发失败或者部分失败的情形时，应当及时通知另一方并采取适当措施减少损失；没有及时通知并采取适当措施，致使损失扩大的，应当就扩大的损失承担责任。"］

〔2〕对应《民法典》第859条："Ⅰ.委托开发完成的发明创造，除法律另有规定或者当事人另有约定外，申请专利的权利属于研究开发人。研究开发人取得专利权的，委托人可以依法实施该专利。Ⅱ.研究开发人转让专利申请权的，委托人享有以同等条件优先受让的权利。"

〔3〕《合同法》第338条第1款："在技术开发合同履行过程中，因出现无法克服的技术困难，致使研究开发失败或者部分失败的，该风险责任由当事人约定。没有约定或者约定不明确，依照本法第六十一条的规定仍不能确定的，风险责任由当事人合理分担。"［对应《民法典》第858条第1款："技术开发合同履行过程中，因出现无法克服的技术困难，致使研究开发失败或者部分失败的，该风险由当事人约定；没有约定或者约定不明确，依据本法第五百一十条的规定仍不能确定的，风险由当事人合理分担。"］

(一)出资

合伙人有依约出资的义务。关于出资的方式,以现金、实物、技术和技术开发能力,均无不可。

(二)开发事务的执行

合伙人有事务的执行权和执行义务。如果合同约定开发事务由一个或者部分合伙人执行,则该执行人有执行的权利和义务,非执行人则有检查监督权。

(三)技术成果权的归属

合伙所开发成功的技术成果,其权利归属应当依照合同约定。倘无其约,则归全体合伙人共同享有。

(四)合伙人的无限连带责任

对于合伙资产不足以清偿的合伙债务,全伙合伙人须负连带清偿责任。

第三节 技术转让合同之债

技术转让合同,是移转技术成果权及其申请权的各类合同的总称。依《合同法》的规定,包括四个类型:(1)专利权转让合同;(2)专利申请权转让合同;(3)专利实施许可合同;(4)非专利技术转让合同。

一、专利权转让合同之债

(一)专利权转让合同

1.专利权转让合同的意义

所谓专利权转让合同,是当事人约定,一方将其专利权移转于他方,而他方给付价金的合同。

专利权转让不过是专利权买卖而已,应属特种买卖。

2.专利权转让合同的要件

1)须有出让合同

即移转专利权于他方的合意。该合同须充分合同的要件,自不待言。另外,依《合同法》第342条第2款,[1]专利权转让合同属要式合同,须作成书面方为成立。

2)须出让行为合法、妥当

专利权转让须遵守《专利法》。唯应注意的是,称《专利法》第10条第3款规定登记是合同的生效要件。[2]该款所称的合同,应是处分行为,而不是我们这里所讲的债权合同。

(二)专利权转让合同之债

1.出让人的债务及不履行责任

1)移转专利权

即把专利财产权连同权利凭证一并交付于受让人。如果在出让之前,该专利正由出让人亲自实施中,那么一经移转,出让人的专利财产权便告消灭,除非有相反约定,继续实施也就失却了权源,因而必须同步地予以终止,否则即构成侵害受让人专利权的行为。

2)瑕疵担保

即担保所移转的专利权真实,合于约定的内容及范围,并且不存在隐瞒的权利负担,即隐瞒的第三人就专利技术的使用权。如有瑕疵,即应负担瑕疵担保责任,而受让人有合同解除权和损害赔偿请求权。

2.受让人之债及不履行责任

1)给付价金

这是受让人的主要义务。受让人必须依约给付价款。如有迟延,即需负责。如拒不给付,出让人有合同解除权和损害赔偿请求权。

2)尊重第三人的实施权

如果受让的专利权之上,第三人原已享有使用权,并且期限尚未届满,那么只要法律有其明定或者合同有其指明,出让人须予以尊重。

二、专利申请权转让合同之债

(一)专利申请权转让合同

1.专利申请权转让合同的意义

专利申请权转让合同是当事人约定,一方将一定技术成果的专利申请权及其未来专利权移转于他方,他方给付价金的合同。

专利申请权转让合同与专利权转让合同一样,在性质上仍属买卖合同。不过后

---

〔1〕 对应《民法典》第863条第3款:"技术转让合同和技术许可合同应当采用书面形式。"该款新增"技术许可合同"采用书面形式的规定。

〔2〕 现为《专利法》(2020年修正)第10条第3款。

者所移转的权利不是专利权,而是体现为专利申请权及其未来专利权的技术财产。申言之,使受让人直接取得该项技术,并且得以自己名义申请专利;而如果申请成功,受让人便是发明人和专利权人。唯应注意,就该项技术成果,受让人可能取得专利权,也可能不能取得。此即该合同的固有风险。

2.专利申请权转让合同的要件

专利申请权转让合同应当具备的要件,除了须有双方当事人之外,尚须:

1)须出让人享有专利申请权

即其技术开发已获成功,并且事实上充分专利的法律要件,从而具有申报专利的权利。

2)须有移转专利申请权的合同

该合意须充分合同的法律要件,自不待言。

3)须移转行为合法、妥当

专利权转让须遵守《专利法》。另外,倘出让专利技术属委托开发合同标的者,在出让时,尚须尊重技术开发合同中委托人的优先受让权。[1]

4)须依法登记、公告

根据《专利法》第10条第3款的规定,登记是合同生效的要件。[2]

(二)专利申请权转让合同之债

1.出让人的债务及不履行责任

1)移转专利申请权

即须出具移转书,并把事实上具备专利要件的技术成果交付于受让人。包括交付有关图纸、文件、样品样机,以及其他资料,使受让人足以了解和掌握该技术,并且其文件在形式审查意义上能够满足受让人以自己名义申请专利的要件。

2)容忍受让人申请及获得专利权

即对于受让人以其名义申请专利的行为,不实施任何积极行为,包括:不抢先申请;不依《专利法》第45条提起宣告专利权无效程序;[3]不主张自己是技术的开发人。在受让人申请成功后,同样予以尊重。

3)瑕疵担保

即担保所交付的文件资料对于技术成果的描述真实、完全、充分、足以满足专利申请的形式审查。不过,此处的担保并不包括担保专利权的取得。

2.受让人的债务及不履行责任

---

〔1〕《合同法》第339条第2款:"研究开发人转让专利申请权的,委托人享有以同等条件优先受让的权利。"[现为《民法典》第859条第2款。]

〔2〕现为《专利法》(2020年修正)第10条第3款。

〔3〕对应《专利法》(2020年修正)第45条:"自国务院专利行政部门公告授予专利权之日起,任何单位或者个人认为该专利权的授予不符合本法有关规定的,可以请求国务院专利行政部门宣告该专利权无效。"

1）给付价金

给付价金是受让人的基本义务，须依约定数额、时间、地点以及方式给付。

2）风险负担

受让人申请专利失败的风险负担，应当依照约定。倘无其约，则由受让人负担。

三、专利使用权转让合同之债

（一）专利使用权转让合同

1.专利使用权转让合同的意义

专利使用权转让合同是当事人约定，一方移转专利使用权于他方，他方给付价金的合同。

专利使用权转让合同，《合同法》称为"专利实施许可"合同。从性质上看，属有偿移转使用权的合同，类似租赁，而与买卖不同。

2.专利使用权转让合同的要件

专利使用权转让合同的要件，除须有双方当事人之外，尚有：

1）须有移转专利使用权的合意；

2）须出让人持有专利使用权；

3）须移转行为合法、妥当。

3.专利使用权转让合同的类型

专利使用权转让合同，依其所移转的使用权的性质，究系专有性、排他性还是普通性，而划分为三个类型。专有性（独占性）使用权转让，使受让人取得专有性使用权，即排除一切人其中包括专利权人本人的使用权；排他性使用权转让，则使受让人取得排除第三人即专利权之外的人的使用权；普通使用权转让，仅使受让人取得不排除第三人使用权的专利使用权。

（二）专利使用权转让合同之债

1.出让人的债务及不履行责任

1）移转专利使用权

其使用权的性质应依约定。如无其约，则应解释为仅仅移转了普通性的专利使用权。

2）附随义务

包括出具必要技术资料，培训受让人的技术人员等。

3）瑕疵担保

出让人应担保所移转的使用权真实、有效，而且不存在隐瞒的权利负担。

2.受让人的债务及不履行责任

1)给付价款

受让人须依约给付转让费。

2)不擅自许可第三人使用

《合同法》第346条规定："专利实施许可合同的受让人……不得许可约定以外的第三人实施该专利……"[1]

四、非专利技术转让合同之债

非专利技术转让合同是当事人约定一方移转非专利技术的使用权于他方,他方给付价金的合同。

非专利技术,《合同法》第342条、[2]第347条、[3]第348条[4]均称"技术秘密"。该技术虽无专利权,但却具有"实用性、可靠性"(《合同法》第347条),不足与外人道,而要靠保守秘密的方式来保有自己的商业价值。非专利技术是技术贸易的重要标的之一。

非专利技术转让,与专利技术转让大同小异,只是由于标的具有高度机密性,因而受让人负有严守秘密的义务。

第四节　技术咨询与服务合同之债

一、技术咨询合同之债

技术咨询合同是当事人约定,一方为他方完成技术项目的科学分析、论证或评价,以及技术预测和调查等项工作,他方给付报酬的合同。

---

〔1〕　对应《民法典》第867条:"专利实施许可合同的被许可人应当按照约定实施专利,不得许可约定以外的第三人实施该专利,并按照约定支付使用费。"该条将"受让人"修改为"被许可人"。

〔2〕　对应《民法典》第863条:"Ⅰ.技术转让合同包括专利权转让、专利申请权转让、技术秘密转让等合同。Ⅱ.技术许可合同包括专利实施许可、技术秘密使用许可等合同。Ⅲ.技术转让合同和技术许可合同应当采用书面形式。"该条第2款为新增内容。此外,《技术合同解释》(2020年修正)第22条第3款规定:"当事人以技术入股方式订立联营合同,但技术入股人不参与联营体的经营管理,并且以保底条款形式约定联营体或者联营对方支付其技术价款或者使用费的,视为技术转让合同或者技术许可合同。"

〔3〕　对应《民法典》第868条:"Ⅰ.技术秘密转让合同的让与人和技术秘密使用许可合同的许可人应当按照约定提供技术资料,进行技术指导,保证技术的实用性、可靠性,承担保密义务。Ⅱ.前款规定的保密义务,不限制许可人申请专利,但是当事人另有约定的除外。"该条第2款为新增内容。

〔4〕　对应《民法典》第869条:"技术秘密转让合同的受让人和技术秘密使用许可合同的被许可人应当按照约定使用技术,支付转让费、使用费,承担保密义务。"

技术咨询合同是一方为他方完成技术性科学顾问工作的合同。该合同的给付标的,《合同法》第356条规定为"就特定技术项目提供可行性论证、技术预测、专题技术调查、分析评价报告等"。[1]自法律性质看,是特种承揽,而与建设工程勘察设计合同相似。本书限于篇幅,不拟展开说明。

二、技术服务合同之债

《合同法》第360条规定了"技术服务合同"。[2]在实务上,包括为"解决特定技术问题"的服务、"技术培训"服务和"技术中介"服务三个类型。其中第一型,《技术合同法实施条例》第90条曾界定为"运用科学技术知识解决专业技术工作中有关改进产品结构、改良工艺流程、提高产品质量、降低产品成本、节约资源能耗、保护资源环境、实现安全操作、提高经济效益和社会效益"等"特定技术问题"的技术服务合同。[3]显然,此种合同,其性质仍是技术开发承揽。而第三型则被同条例第107条界定为"当事人一方以知识、技术、经验和信息为另一方与第三方订立技术合同进行联系、介绍、组织工业化开发并对履行合同提供服务所订立的合同",[4]显然属于技术居间合同。关于以上两型,因其与技术开发承揽和一般居间大同小异,故而本书不拟展开说明。而第二型,即"技术培训服务合同",则因其不宜归类于委任或其他有名合同,而是一个属于教育合同形态的合同,故而予以简要说明。

技术培训服务合同是当事人约定,一方对他方的担任特定技术项目的人员进行技术指导和专业训练,他方给付报酬的合同。培训与教育属于委任的形态之一。

技术培训合同之债,使培训人负有传授约定的科学知识、训练约定的技术能力,以及养育特定技术作风等。委托人则负有予以配合(包括选派被训人员,进行组织和必要管理)以及给付报酬。

思考题:

1.技术合同与买卖合同及承揽合同之间的法律特征有何异同?

2.技术合同,尤其是技术开发合同和技术转让合同的保密、通知等义务究是附随义务还是后合同义务?

3.技术合同中的开发承揽合同与开发合伙合同有何不同?

---

〔1〕 对应《民法典》第878条第1款:"技术咨询合同是当事人一方以技术知识为对方就特定技术项目提供可行性论证、技术预测、专题技术调查、分析评价报告等所订立的合同。"

〔2〕 对应《民法典》第882条:"技术服务合同的委托人应当按照约定提供工作条件,完成配合事项,接受工作成果并支付报酬。"

〔3〕 对应《技术合同解释》(2020年修正)第33条:"民法典第八百七十八条第二款所称'特定技术问题',包括需要运用专业技术知识、经验和信息解决的有关改进产品结构、改良工艺流程、提高产品质量、降低产品成本、节约资源能耗、保护资源环境、实现安全操作、提高经济效益和社会效益等专业技术问题。"

〔4〕 对应《技术合同解释》(2020年修正)第38条:"民法典第八百八十七条规定的'技术中介合同',是指当事人一方以知识、技术、经验和信息为另一方与第三人订立技术合同进行联系、介绍以及对履行合同提供专门服务所订立的合同。"

第二十五章　保险合同之债

内容提要　保险合同是射幸合同，其法律要件是保险人须具保险营业资质、投保人须有保险利益以及双方须具最大诚意。学习本章，除把握上述重点外，尚应了解投保人和保险人的基本义务。

第一节　导言

一、保险制度

保险作为经济上以及法律上的制度，是集合多数利益关系人，对于特定危险事故发生所造成的损失，根据合理的计算，共同凑集基金，以为补偿，从而确保经济生活安定的制度。

预想特定危险事故可能发生的经济主体，不是互相直接集合，而是由第三人作为中介，通过与中介人缔结保险合同的方式而形成集合，便是营业保险。盖中介人已把保险事业作为商事营业之故。每个预想特定危险事故可能发生的人与保险营业人(称为"保险人")缔结保险合同，事先交付依照合理计算定的保险费，保险人则允诺确保其安定。在合同存续期间，如果约定的危险事故对于投保人并不发生，那么他便丧失了保险费的返还请求权；相反，如果约定的危险事故对于他发生了，那么事故给他造成的损失即由保险人予以补偿。

二、保险的类别

(一)财产保险与人身保险

保险依其标的之为的财产抑或人身，划分为财产保险与人身保险。以财产为保险标的的保险是财产保险。其种类很多，诸如火灾保险、海上保险、运输保险、机动车保险、盗窃保险、机器保险、收获保险、牲畜保险、地震保险、责任保险等。各国保险实务中承保的险种还有很多。以人身为保险标的的保险是人身保险，主要有人寿保险、疾病保险、伤害保险、老年保险、残废保险等。

(二)责任保险与非责任保险

此系财产保险的再划分险别之一，凡以被保险人依法对于第三人应负的侵权赔偿责任为保险标的的保险，即责任保险，此外便为非责任保险。

第二节　保险合同

一、保险合同的意义

(一)定义

保险合同是当事人约定，一方交付保险费于他方，他方对不可预料事故所造成的损害负金钱赔偿义务的合同。

(二)对定义的说明

1.保险合同是合同类型之一

保险合同因而属于有名合同。当事人中交付保险费的一方是"投保人"，对约定事故负赔偿义务的一方则是"保险人"。

2.保险合同是危险移受合同

保险合同，自投保人一方为观察，是危险移转合同：该方将一定期间的特定危险移转于保险人。而自保险人一方为观察，则是危险负担合同，该方承受了本来属于被保险人的危险。危险的移受是保险合同的交易点。从而与通常的表述商品交换的合同不同。

二、保险合同的性质

(一)保险合同是射幸合同

所谓射幸合同，是当事人约定，一方对于将来的或然性事件之发生与否作出预断，以期得到验证而取得他方一定金钱的合同。射幸中的"射"即猜度，"幸"即偶然事件。保险合同中，约定由保险人负赔偿义务的事件，称为"保险事故"，是将来的或然性事件，若其在约定期间(保险合同存续期间)之内到来，保险人即须就其所致损失予以赔偿。对于投保人来说，仅在事先交了不多的保险费，却能获得巨额赔偿，这当然是"侥幸"的。相反，若该事件并不到来，保险人则无赔偿义务，投保人所交付的保险费也就归其取得。此际,保险人白白得到利益,也是"侥幸"。因此,在保险合同订立时,当事人双方平等地存在着侥幸。保险合同的射幸性,即指上而言。

(二)保险合同是最大诚意合同

任何合同的订立,无不出于当事人的诚意,即意思表示健全无欺。但保险合同却须具有最大诚意。投保人的告知义务、担保义务、危险通知义务等,均属最大诚意的体现。违反上述要求,保险人有权解除合同,或者不负赔偿义务。

(三)保险合同是诺成合同

保险合同因当事人意思表示一致即告成立,而不以标的物的交付为要件,故而属于诺成合同。

(四)保险合同是双务、有偿合同

保险合同的当事人因合同而互负给付义务,其中投保人须交付保险费,保险人则当保险事故发生造成损失时,给付赔偿金。因而属双务合同。此外,双方的给付形成对价关系,因而又是有偿合同。

(五)保险合同是对人性合同

保险合同的当事人一方或者双方具有不可更替性。不仅人寿保险如此,在财产保险,除运输保险外,保险标的转让时,须经保险人同意,保险合同方对受让人生效。[1]自此点言,保险合同是对人性合同。

三、保险合同的法律要件

保险合同的要件归结为:(1)须有当事人且须适格,即须直接当事人——投保人和保险人,且保险人具有保险法人资质,关系人——被保险人和受益人;(2)须标的确定、可能、合法和妥当,即须有保险利益,而且确定、可能而且合法;(3)须意思表示健全,又集中体现为须具最大诚意。现在就来分别加以讨论。

---

〔1〕《保险法》第33条:"保险标的的转让应当通知保险人,经保险人同意继续承保后,依法变更合同。但是,货物运输保险合同和另有约定的合同除外。"[对应《保险法》(2015年修正)第49条:"Ⅰ.保险标的转让的,保险标的的受让人承继被保险人的权利和义务。Ⅱ.保险标的的转让的,被保险人或者受让人应当及时通知保险人,但货物运输保险合同和另有约定的合同除外。Ⅲ.因保险标的的转让导致危险程度显著增加的,保险人自收到前款规定的通知之日起三十日内,可以按照合同约定增加保险费或者解除合同。保险人解除合同的,应当将已收取的保险费,按照合同约定扣除自保险责任开始之日起至合同解除之日止应收的部分后,退还投保人。Ⅳ.被保险人、受让人未履行本条第二款规定的通知义务的,因转让导致保险标的的危险程度显著增加而发生的保险事故,保险人不承担赔偿保险金的责任。"]

（一）须主体适格

保险合同的当事人为投保人和保险人。此外,在人身保险事故发生后的赔偿中,又可能有约定的第三人作为受益人。保险合同的主体适格,集中体现为保险人须具备保险法人资质。此系国家为保护投保人利益以及整个保险制度的安全而提出的强制性要求。

（二）须投保人具有保险利益

1.保险利益

1)定义

保险利益亦称"可保利益",投保人对于保险标的因具有利害关系而可以享有的合法财产利益。亦即因保险事故发生而受损,因其不发生而继续享有的利益。《保险法》第11条第3款给出了立法定义:"保险利益是指投保人对保险标的的具有的法律上承认的利益。"[1]

2)对上述定义的说明

(1)保险利益是投保人的财产利益

保险利益,只能以投保人为主体基准,而且须为财产利益。因为,保险利益是与保险赔偿挂钩的,而保险赔偿的手段只能是金钱。故而保险利益须为财产利益。与此相反,如果将保险利益定位于人身利益,而在保险赔偿中却只能以财产为对象,那么,该定位就是无意义的。

(2)保险利益是投保人基于保险标的的财产利益

《保险法》第11条第4款规定:"保险标的是指作为保险对象的财产及其有关利益或者人的寿命和身体。"[2]

(3)保险利益是投保人基于保险标的以保险事故为转移的财产利益

保险利益指保险事故发生所导致的保险标的的财产损失。

(4)保险利益是合法财产利益

保险事业是筹集和分配保险基金的严肃事业,当然不容以不法利益为保险利益,而不待言。所谓合法,指且仅指该利益的取得和占有并不直接违反强制性法律规定,以及故意违反公序良俗。

2.须投保人对于保险标的具有保险利益

1)保险利益是保险合同的标的

保险合同的标的不是别的,而是保险利益。无论投保人抑或保险人,其意思表

---

〔1〕 对应《保险法》(2015年修正)第12条第6款:"保险利益是指投保人或者被保险人对保险标的的具有的法律上承认的利益。"

〔2〕 对应《保险法》(2015年修正)第12条第3款、第4款:"Ⅲ.人身保险是以人的寿命和身体为保险标的的保险。Ⅳ.财产保险是以财产及其有关利益为保险标的的保险。"

示的标的均指向保险利益。

"保险合同的标的"与"保险标的",是两个密切联系却不同一的保险术语。保险标的指被保险的财产或者人身,保险利益则基于该财产或者人身的利益。

判断保险利益的有无,须将投保人、保险标的和保险事故三个方面结合起来,方有基准。首先,保险利益是基于保险标的的利益;其次,保险利益是投保人就保险标的上的利益;最后,保险利益是投保人因保险事故发生而致保险标的损失的利益。

2)保险利益是确定保险损害赔偿的准据

保险利益是确定财产保险的保险人填补义务范围的准据。固然,关于保险合同约定了"保险金",亦即保险事故发生后保险人须赔偿的数额,保险人理赔时,对于损失的作价,并不以保险合同中投保人的申报价额为准,更不以合同约定的保险金为准,而以其实际所值为准。因而"保险金"不是赔偿的当然量。如果保险金高于保险利益的实际损失时,就高出部分保险人无赔偿义务。

3)保险利益的法律伦理价值

(1)避免沦保险为赌博

保险不是赌博,关键就在于投保人对于保险标的具有保险利益。为避免保险沦为赌博起见,保险合同须以保险利益为要件。

(2)防范道德危险的诱发

如果保险合同不以保险利益为要件,而是允许无保险利益的人投保,例如约定以他人房屋被焚为保险人给付的条件,则该房屋便随时有被投保人或其指使人焚烧的危险;如果允许不具有保险利益以他人死亡为保险事故,则杀人之患势将蔓延。因此,保险利益要件,实为维护公序良俗之利器,防范道德危险之制动闸。

4)保险利益存在与否的认定依据

财产保险的保险利益,其认定相对容易,只要以自己所有或者依法用益的财产投保,便属具有保险利益。而人身保险的保险权益,如果被保险人与投保人同一,其认定也相对容易。而如果投保人系为第三人投保,那么如何认定保险利益存在呢?这就须以投保人与被保险人之间具有利害关系,并且经后者同意才为已足。

3.保险利益须确定、可能并且合法

保险利益确定,是指保险合同订立时,保险利益在客观上即可加以确定。所谓保险利益可能,是指该利益可以以金钱去填补。保险人的给付标的,只能是金钱。因此,如果要求他给付原物,或者要求他给付身体、健康、生命等,那就当然属于不能了。保险利益还须合法,如果以赃物投保,或者以赛马的风险投保,便属标的不法。

(三)须具有最大诚意

保险合同的意思表示当然必须健全无瑕,不得含有诈欺、错误或者其他瑕疵。此点与一般合同无异。在保险合同中,意思表示健全尚体现为当事人须具最大诚意。

具体指：

1.投保人须尽告知义务

在保险合同订立时，投保人应将保险标的的有关危险情况据实告知保险人。

告知义务，是对投保人"要约"品质的要求，同时也是保险合同订立的技术需要。因为，保险人在承诺前，需测定保险标的的危险率，进而据之决定保险费率，以及决定是否承保。而关于保险标的的危险情况，由于"信息不对称"原理，唯投保人清楚或者容易查知。故而投保人有告知义务。相反，如果不课以投保人此项义务，而要保险人去调查，则操作上显属困难，而且会遇到干涉他人事务的障碍，不仅不可行，而且不合理。

投保人故意不尽告知义务，即为诈欺，自使合同无由成立。即使因过失不告知或告知严重不足，保险人也产生合同解除权。我国《保险法》第16条第2款、第3款和第4款规定："Ⅱ.投保人故意隐瞒事实，不履行如实告知义务的，或者因过失未履行如实告知义务，足以影响保险人决定是否同意承保或者提高保险费率的，保险人有权解除保险合同。Ⅲ.投保人故意不履行如实告知义务的，保险人对于保险合同解除前发生的保险事故，不承担赔偿或者给付保险金的责任，并不退还保险费。Ⅳ.投保人因过失未履行如实告知义务，对保险事故的发生有严重影响的，保险人对于保险合同解除前发生的保险事故，不承担赔偿或者给付保险金的责任，但可以退还保险费。"[1]

2.投保人的担保义务

所谓投保人的担保，是指投保人在订约时担保其所告知事实真实无欺，例如投保房屋火险，告知屋内或屋外有水源，并且设了灭火器，而事实上也的确不虚，此即为担保。担保是对告知品质的进一步要求，所担保内容，则应作为保险合同的内容之一。因此，违反担保，即属违约了。保险人可以通过解除合同，或者不负赔偿责任，实施救济。

3.保险人的告知义务

保险人应对保险合同的定型化条款尽说明义务，[2]对免责条款，则须明确说明，

---

[1] 对应《保险法》（2015年修正）第16条第2款、第3款、第4款、第5款和第6款："Ⅱ.投保人故意或者因重大过失未履行前款规定的如实告知义务，足以影响保险人决定是否同意承保或者提高保险费率的，保险人有权解除合同。Ⅲ.前款规定的合同解除权，自保险人知道有解除事由之日起，超过三十日不行使而消灭。自合同成立之日起超过二年的，保险人不得解除合同；发生保险事故的，保险人应当承担赔偿或者给付保险金的责任。Ⅳ.投保人故意不履行如实告知义务的，保险人对于合同解除前发生的保险事故，不承担赔偿或者给付保险金的责任，并不退还保险费。Ⅴ.投保人因重大过失未履行如实告知义务，对保险事故的发生有严重影响的，保险人对于合同解除前发生的保险事故，不承担赔偿或者给付保险金的责任，但应当退还保险费。Ⅵ.保险人在合同订立时已经知道投保人未如实告知的情况的，保险人不得解除合同；发生保险事故的，保险人应当承担赔偿或者给付保险金的责任。"

[2]《保险法》第16条第1款："订立保险合同，保险人应当向投保人说明保险合同的条款内容……"[对应《保险法》（2015年修正）第16条第1款："订立保险合同，保险人就保险标的或者被保险人的有关情况提出询问的，投保人应当如实告知。"]

否则不生效力。[1]

四、保险合同的订立

(一)要约与承诺

订立保险合同,如同其他合同一样,须经要约和承诺两个阶段,不过前者具体化为填写投保单而已。

1.要约:填具保险单

投保单(又称"要保书")是经习惯法归纳而久已定型化的书面要约格式。保险公司开办的各种保险类别,均有相应的保险单印好备索。投保人投保时,只要选定欲投的险别,索取投保单,依其格式填具所要求的内容,交给保险人的承保工作人员,即为要约。

2.承诺:承保

保险人的承保工作人员收到投保人填具的投保单,经审查,认为符合要求,并询知投保危险的有关事项,与投保人商定保险费及其交付办法,记载于投保书,加盖承保章,即为承诺,保险合同便告成立。

(二)保险单

保险单,简称"保单",又称"保险凭证",是保险合同正式文书载体。我国《保险法》第12条第1款规定:"投保人提出保险要求,经保险人同意承保,并就合同的条款达成协议,保险合同成立。保险人应当及时向投保人签发保险单或者其他保险凭证,并在保险单或者其他保险凭证中载明当事人双方约定的合同内容。"[2]由该条规定可知,先有保险合同的成立,然后才有保险单的出具;保险单必须依照保险合同填写。显然,保险单不是保险合同本身,而是记载该合同的正式书面凭证。

五、保险合同的条款

保险合同,因由保险单作为凭证,故而保险单上的条款,也就是保险合同的

---

〔1〕《保险法》第17条:"保险合同中规定有关于保险人责任免除条款的,保险人在订立保险合同时应当向投保人明确说明,未明确说明的,该条款不产生效力。"[对应《保险法》(2015年修正)第17条:"Ⅰ.订立保险合同,采用保险人提供的格式条款的,保险人向投保人提供的投保单应当附格式条款,保险人应当向投保人说明合同的内容。Ⅱ.对保险合同中免除保险人责任的条款,保险人在订立合同时应当在投保单、保险单或者其他保险凭证上作出足以引起投保人注意的提示,并对该条款的内容以书面或者口头形式向投保人作出明确说明;未作提示或者明确说明的,该条款不产生效力。"]

〔2〕对应《保险法》(2015年修正)第13条第1款:"投保人提出保险要求,经保险人同意承保,保险合同成立。保险人应当及时向投保人签发保险单或者其他保险凭证。"

条款。

(一)基本条款

保险合同的基本条款,是法律要求必具备的条款,由于险别的不同,基本条款或有出入。但一般均包括以下各项:(1)被保险人的姓名(法人名称)、住所;(2)保险标的;(3)保险事故种类;(4)起保日期及保险期间;(5)保险金额;(6)保险费;(7)合同无效及失权的原因;(8)订约年月日。

(二)附加条款

保险单的附加条款,是为适应合同的具体情况而对基本条款加以补充或者修正的条款。行业术语称为"批注"。由于基本条款是定型化的,未必适应具体合同的全部情况,因而需有附加条款予以变通。附加条款往往在保险单预留的空格内填写,或者以印好的小纸条加贴。附加条款(批注)是保险合同的组成部分。

第三节　保险合同之债

一、对于投保人的效力

保险合同,使投保人负担以下义务:

(一)交付保险费义务

1.概说

就保险制度而言,保险基金由保险费凑集。就保险合同而言,保险费是保险人出立保险单的对价。因此,交付保险费是投保人的主要义务。投保人无论是为自己投保,还是以第三人为被保险人,均须依约交付保险费。

2.保险费的增减

保险费依约得依危险变动而增减者,当危险增减时,保险费也应随之增减。[1]

---

〔1〕《保险法》第36条:"Ⅰ.在合同有效期内,保险标的危险程度增加的,被保险人按照合同约定应当及时通知保险人,保险人有权要求增加保险费或者解除合同。Ⅱ.被保险人未履行前款规定的通知义务的,因保险标的危险程度增加而发生的保险事故,保险人不承担赔偿责任。"〔对应《保险法》(2015年修正)第52条:"Ⅰ.在合同有效期内,保险标的的危险程度显著增加的,被保险人应当按照合同约定及时通知保险人,保险人可以按照合同约定增加保险费或者解除合同。保险人解除合同的,应当将已收取的保险费,按照合同约定扣除自保险责任开始之日起至合同解除之日止应收的部分后,退还投保人。Ⅱ.被保险人未履行前款规定的通知义务的,因保险标的的危险程度显著增加而发生的保险事故,保险人不承担赔偿保险金的责任。"〕第37条:"有下列情形之一的,除合同另有约定外,保险人应当降低保险费,并按日计算退还相应的保险费:(一)据以确定保险费率的有关情况发生变化,保险标的的危险程度明显减少;(二)保险标的的保险价

3.交付方式

交付方式应依约定。可一次付清,即在合同订立时一次付清;亦可分期交付,即在合同订立时只付首期保险费,其余则待日后分期付清。

4.迟延责任

投保人迟延交付保险费,保险人可以分别情况请其补交并加付迟延利息,也可以终止合同。

(二)防险救灾义务

1.防范危险事故义务

保险合同是最大诚意合同。投保人或者被保险人不能恃保险合同而无忧,相反,而应尽力维护保险标的的安全。对于财产保险,《保险法》第35条第1款、第2款和第3款规定:"Ⅰ.被保险人应当遵守国家有关消防、安全、生产操作、劳动保护等方面的规定,维护保险标的的安全。Ⅱ.根据合同的约定,保险人可以对保险标的的安全状况进行检查,及时向投保人、被保险人提出消除不安全因素和隐患的书面建议。Ⅲ.投保人、被保险人未按照约定履行其对保险标的安全应尽的责任的,保险人有权要求增加保险费或者解除合同。"[1]

2.避免损失扩大义务

当保险事故发生后,投保人、被保险人或者受益人应当采取必要措施,避免损失扩大。投保人等违反此项义务,保险人对扩大的损失,有权拒绝赔偿。[2]

(三)危险通知义务

保险费率,是依照保险标的的危险率算定的。因此,保险关系存续期,如果保险标的的危险率升高,例如财产保险中保险财产用途变更、车船路线变更,房屋由有人居住变为较长时期无人居住,以及有其他使危险增加的情事发生,投保人或者被保险人应当及时告知保险人。如依法或依约需要增加保险费时,保险人可以请投保人

(接前注)值明显减少。"[对应《民法典》第53条:"有下列情形之一的,除合同另有约定外,保险人应当降低保险费,并按日计算退还相应的保险费:(一)据以确定保险费率的有关情况发生变化,保险标的的危险程度明显减少的;(二)保险标的的保险价值明显减少的。"]

〔1〕 对应《保险法》(2015年修正)第51条第1款、第2款和第3款:"Ⅰ.被保险人应当遵守国家有关消防、安全、生产操作、劳动保护等方面的规定,维护保险标的的安全。Ⅱ.保险人可以按照合同约定对保险标的的安全状况进行检查,及时向投保人、被保险人提出消除不安全因素和隐患的书面建议。Ⅲ.投保人、被保险人未按照约定履行其对保险标的的安全应尽责任的,保险人有权要求增加保险费或者解除合同。"

〔2〕《保险法》第41条第1款:"保险事故发生时,被保险人有责任尽力采取必要的措施,防止或者减少损失。"[对应《保险法》(2015年修正)第57条第1款:"保险事故发生时,被保险人应当尽力采取必要的措施,防止或者减少损失。"]

补足。否则，保险人不负相应赔偿责任。[1]

(四)协助保险人行使代位权的义务

因第三人损害保险标的而导致保险事故，保险人以向被保险人给付保险金为条件，得代位行使对该第三人请求赔偿的权利。[2]被保险人有协助保险人行使该项代位权的义务。[3]在取得保险金之前放弃向第三人的赔偿请求权，即丧失保险金债权；在受领保险金之后擅自放弃该项赔偿请求权者，该放弃行为无效。[4]

《财产保险合同条例》第19条规定："保险标的发生保险责任范围内的损失，应当由第三者负责赔偿的……保险方可以按照保险合同规定，先予赔偿，但投保方必须将向第三者追偿的权利转让给保险方，并协助保险方向第三者追偿。"[5]然而，人身保险的保险人，却不得请求投保人或被保险人移转因保险事故所导致的对于第三人的请求权。这一制度的根据，一方面是由于人身损害请求权具有不可转让性；另

---

〔1〕《保险法》第36条："Ⅰ.在合同有效期内，保险标的的危险程度增加的，被保险人按照合同约定应当及时通知保险人，保险人有权要求增加保险费或者解除合同。Ⅱ.被保险人未履行前款规定的通知义务的，因保险标的的危险程度增加而发生的保险事故，保险人不承担赔偿责任。"［对应《保险法》(2015年修正)第52条："Ⅰ.在合同有效期内，保险标的的危险程度显著增加的，被保险人应当按照合同约定及时通知保险人，保险人可以按照合同约定增加保险费或者解除合同。保险人解除合同的，应当将已收取的保险费，按照合同约定扣除自保险责任开始之日起至合同解除之日止应收的部分后，退还投保人。Ⅱ.被保险人未履行前款规定的通知义务的，因保险标的的危险程度显著增加而发生的保险事故，保险人不承担赔偿保险金的责任。"〕第37条："有下列情形之一的，除合同另有约定外，保险人应当降低保险费，并按日计算退还相应的保险费：(一)据以确定保险费率的有关情况发生变化，保险标的的危险程度明显减少；(二)保险标的的保险价值明显减少。"［对应《民法典》第53条："有下列情形之一的，除合同另有约定外，保险人应当降低保险费，并按日计算退还相应的保险费：(一)据以确定保险费率的有关情况发生变化，保险标的的危险程度明显减少；(二)保险标的的保险价值明显减少的。"〕

〔2〕《保险法》第44条第1款："因第三者对保险标的的损害而造成保险事故的，保险人自向被保险人赔偿保险金之日起，在赔偿金额范围内代位行使被保险人对第三者请求赔偿的权利。"〔现为《保险法》(2015年修正)第60条第1款。〕

〔3〕《保险法》第45条第3款："Ⅲ.由于被保险人的过错致使保险人不能行使代位请求赔偿的权利的，保险人可以相应扣减保险赔偿金。"［对应《保险法》(2015年修正)第61条第3款："被保险人故意或者因重大过失致使保险人不能行使代位请求赔偿的权利的，保险人可以扣减或者要求返还相应的保险金。"〕第47条："在保险人向第三者行使代位请求赔偿权利时，被保险人应当向保险人提供必要的文件和其所知道的有关情况。"［对应《保险法》(2015年修正)第63条："保险人向第三者行使代位请求赔偿的权利时，被保险人应当向保险人提供必要的文件和所知道的有关情况。"〕

〔4〕《保险法》第45条第1款、第2款："Ⅰ.保险事故发生后，保险人未赔偿保险金之前，被保险人放弃对第三者的请求赔偿的权利的，保险人不承担赔偿保险金的责任。Ⅱ.保险人向被保险人赔偿保险金后，被保险人未经保险人同意放弃对第三者请求赔偿的权利的，该行为无效。"［现为《保险法》(2015年修正)第61条第1款、第2款。〕

〔5〕该规定已被《国务院关于废止2000年底以前发布的部分行政法规的决定》废止，被《保险法》代替。对应《保险法》(2015年修正)第60条："Ⅰ.因第三者对保险标的的损害而造成保险事故的，保险人自向被保险人赔偿保险金之日起，在赔偿金额范围内代位行使被保险人对第三者请求赔偿的权利。Ⅱ.前款规定的保险事故发生后，被保险人已经从第三者取得损害赔偿的，保险人赔偿保险金时，可以相应扣减被保险人从第三者已取得的赔偿金额。Ⅲ.保险人依照第一款行使代位请求赔偿的权利，不影响被保险人就未取得赔偿的部分向第三者请求赔偿的权利。"

一方面则是出于公平考虑；人身保险本质上是保险金储蓄。假如受害人并未参加人身保险，那么他照样取得损害赔偿请求权。而当他参加了人身保险，储入保险金后，却缘何只能得到本质上是自己储蓄的保险金，而非把本属自己的损害赔偿请求权移转给保险人不可呢？显然，保险人无权请其移转赔偿请求权。

二、对于保险人的效力

(一)协助防险救灾义务

保险人对于保险标的的安全维护，有检查建议的权利和义务。当知悉保险事故发生，应协助被保险人或者受益人救险、防止损失扩大。

(二)给付保险金义务

1.概说

当合同约定给付保险金的条件成就时，保险人即需依约给付保险金。

2.保险金的范围

关于保险金的范围，在人身保险，即合同约定的数额。而在财产保险，指保险标的的损失；在责任保险中，被保险人依法对受害人给付的赔偿金。此外，投保人或者被保险人为避减损失而支出的必要费用(施救费用、保护费用、诉讼费用、检验、估价等费用)，也属赔偿范围，但其最高额不能超过合同约定的数额。

3.及时理赔义务

保险人知悉保险事故发生以后，即应调取证据，确定是否应对损失给付保险金。而投保人或者被保险人如果主张赔偿请求权，则有举证义务。当保险人认定应负给付义务时，即应理算赔偿数额。投保人或被保险人对其赔偿数额无异议时，须于十日内赔付，否则即应负迟延责任。[1]但是，在收到索赔请求以及相应资料后六十天内不能确定赔偿数额或者保险金数额时，则须依据现有证据可以确定的最低数额先予

---

[1]《保险法》第23条第1款和第2款："Ⅰ.保险人收到被保险人或者受益人的赔偿或者给付保险金的请求后，应当及时作出核定；对属于保险责任的，在与被保险人或者受益人达成有关赔偿或者给付保险金额的协议后十日内，履行赔偿或者给付保险金义务。保险合同对保险金额及赔偿或者给付期限有约定的，保险人应当依照保险合同的约定，履行赔偿或者给付保险金义务。Ⅱ.保险人未及时履行前款规定义务的，除支付保险金外，应当赔偿被保险人或者受益人因此受到的损失。"[对应《保险法》(2015年修正)第23条第1款和第2款："Ⅰ.保险人收到被保险人或者受益人的赔偿或者给付保险金的请求后，应当及时作出核定；情形复杂的，应当在三十日内作出核定，但合同另有约定的除外。保险人应当将核定结果通知被保险人或者受益人；对属于保险责任的，在与被保险人或者受益人达成赔偿或者给付保险金的协议后十日内，履行赔偿或者给付保险金义务。保险合同对赔偿或者给付保险金的期限有约定的，保险人应当按照约定履行赔偿或者给付保险金义务。Ⅱ.保险人未及时履行前款规定义务的，除支付保险金外，应当赔偿被保险人或者受益人因此受到的损失。"]

支付,待最终确定数额后再补足其差额。[1]

三、索赔的特别时效

依《保险法》的规定,人寿保险的索赔时效为五年,其他保险类别的时效为二年,均自知道保险事故发生之日起算。[2]

思考题:

1.什么是保险利益? 认定保险利益存在与否的标准是什么? 保险利益要件的价值何在?

2.投保人的基本义务是什么?

3.保险人的基本义务是什么?

---

[1]《保险法》第25条:"保险人自收到赔偿或者给付保险金的请求和有关证明、资料之日起六十日内,对其赔偿或者给付保险金的数额不能确定的,应当根据已有证明和资料可以确定的最低数额先予支付;保险人最终确定赔偿或者给付保险金的数额后,应当支付相应的差额。"[对应《保险法》(2015年修正)第25条:"保险人自收到赔偿或者给付保险金的请求和有关证明、资料之日起六十日内,对其赔偿或者给付保险金的数额不能确定的,应当根据已有证明和资料可以确定的数额先予支付;保险人最终确定赔偿或者给付保险金的数额后,应当支付相应的差额。"]

[2]《保险法》第26条:"Ⅰ.人寿保险以外的其他保险的被保险人或者受益人,对保险人请求赔偿或者给付保险金的权利,自其知道保险事故发生之日起二年不行使而消灭。Ⅱ.人寿保险的被保险人或者受益人对保险人请求给付保险金的权利,自其知道保险事故发生之日起五年不行使而消灭。"[对应《保险法》(2015年修正)第26条:"Ⅰ.人寿保险以外的其他保险的被保险人或者受益人,向保险人请求赔偿或者给付保险金的诉讼时效期间为二年,自其知道或者应当知道保险事故发生之日起计算。Ⅱ.人寿保险的被保险人或者受益人向保险人请求给付保险金的诉讼时效期间为五年,自其知道或者应当知道保险事故发生之日起计算。"]

第二十六章　侵权行为之债

内容提要　侵权行为是不履行非契约义务因而依法须负担回复原状或者赔偿损失债务的不法行为。其一般法律要件为损害、因果关系、违法性、过失及责任能力。但法律对某些侵权行为类型，往往规定无过失责任或推定过失责任。

第一节　导言

一、债抑或责任

罗马法学鉴于侵权行为的法律效果，是使加害人向受害人实施一定给付，此一效果与合同、无因管理和不当得利的效果正复相同。于是，上述事实，被归纳地作为债的发生根据。合同之债为意定之债，而侵权行为、无因管理和不当得利之债，则为法定之债。此一认识，成为市民法传统的组成部分。法、德、日、俄等国的民法典，以及我国民国时期制定的民法典，均将侵权行为作为债的内容来规定。我国《民法通则》对此传统不甚在意，而将"侵权的民事责任"与"违反合同的民事责任"归纳为"民事责任"，以其第六章集中规定。而责任的"承担方式"，则列了十种"主"方式，以及"训诫、责令具结悔过、收缴进行非法活动的财物和非法所得""罚款""拘留"等五种"附加方式"（第134条第3款）。[1]学说认为，此五种方式，突出了民事责任的制裁意义，是对民法理论的发展。本书以为，上述十种"主"责任形式，均属给付，纵其形式（九）——"消除影响、恢复名誉"和形式（十）——"赔礼道歉"，也不例外。因而，侵权行为的法律效果，仍然且只能是债。至于第134条第3款所规定的附加责任，已逾越同质救济的界限，就体系而言，不属民事责任的范畴，而属公法责任。本书坚持体系化理念，仍将侵权行为放在债法中加以研讨。

---

[1]《民法典》第179条已删除该规定。

二、侵权行为的意义

(一)意义

侵权行为是不法侵害他人支配型权利或者受法律保护的利益，因而行为人须就所生损害负担责任的行为。

侵害支配型权利，亦即不履行非契约义务。故而亦可将侵权行为定义为不履行非契约义务的不法行为。

侵权行为属于开放型的概念，难为一般定义。因此，必须从其法律要件上加以把握。关于此项法律要件，本书将在本章第二节研讨。

(二)与类似行为的区别

1.与犯罪的区别

犯罪是刑法学概念，其功能在于维护公共秩序，侵权行为则为民法学概念，其功能在于给受害人以同质救济。侵权行为以损害存在为要件，而犯罪则不问损害之有无。在犯罪的预备和未遂阶段，往往并无损害发生，但仍构成犯罪。犯罪的要件以故意为原则，以过失为例外，侵权行为则以过失为原则，以不问过失为例外。犯罪的法律效果是刑罚，对受害人无救济性；侵权行为的效果则是给付义务，对受害人言，其性质为同质救济和直接救济。

2.与契约之债不履行行为的区别

契约之债不履行行为与侵权行为同属不法侵害他人权利或者受法律保护的利益的行为。其区别是：契约之债不履行行为的规范功能，在宣示契约神圣，确保契约债权的真实性和不可侵性，侵权行为的规范功能，则在保障支配权的不可侵性。契约债务不履行行为须以契约存在为要件，加害人为契约上债务人，侵权行为则无须以上两要件。

3.与不当得利的区别

侵权行为与不当得利同属法定之债的重要依据。但前者的规范功能在填补受害人所受损害，后者则在于不使得利人获取非法利益。此外，侵权行为是不法行为，不当得利则仅为事实；不当得利以一方受有利益为要件，侵权行为则否；另外，在因果联系要件上，不当得利采直接因果关系，而侵权行为则采相当因果关系。

三、归责原则

在法律伦理上，行为人之所以须就其行为的损害结果负责，在不同时代和不同立场的法学家，从不同角度和理念给予说明，因而有"结果责任""过失责任"和"无过失责任"等归责原则。

结果责任是行为人须对其损害结果当然负责的原则。至于加害行为实施之际有无过失,则非所问。在该原则盛行的当时,法学尚未认识到过失在责任归属上的价值。结果责任是人类社会早期的责任观。

过失责任是行为人须对其有过失致害行为负责并且仅因过失方始负责的责任原则。所谓即"无过失即无责任"就是该原则的表述。自19世纪以来,过失责任已成为经典理念。

无过失责任是致害行为纵无过失亦须负责任的归责原则。此种责任理论是对近代工业文明反思的结果。在工业社会,出现了严重的工业灾害,其后果相当严重,受害人众多,而且受害人往往难能证明加害人的过失。鉴于新技术的采用有其巨大的经济社会价值,不可因其有一定危险而因噎废食地否定。面对此一挑战,民法学修正了过失责任原则,对于工业灾害改采无过失责任。

无过失责任的主要理论依据是风险分担论,其制度模式在于风险分担机制。该理论认为,工业是现代社会生存和发展的必要条件,其本身无违法性可言。因而,就工业灾害型侵权行为,应建构分配不幸损害的新机制。通过保险机制和产品价格机制分散风险于社会大众,已经相当的制度创新。与此相适应,此类型侵权行为应采行无过失责任。

与无过失责任同时,尚发展出折中过失责任和无过失责任的"中间"责任理念。其内容是,对特定加害行为,其实施之际必有过失,故而由法律直接推定过失存在,加害人如能证明并无过失,便可免负责任,否则,便不可辞其咎。在此种责任原则中,过失由法律直接推定,故而被称为推定过失责任。此一推定,在证明责任上将举证责任倒置,缓和了过失责任论的僵化性,但仍坚持过失责任。

依本书所信,民法须以意思自治为基本原则。在归责上,便只能以过失责任为原则,以无过失责任为其例外。非如此,不足以予理性人以激励,便与理性人的本质合致。国内学说中,有关于《民法通则》第132条规定了"公平责任"原则的主张。[1]依本书所信,该条并非什么原则,而仅是在分配风险方面的规定而已。

第二节　侵权行为的法律要件

关于侵权行为的法律要件,立法不能在一个或者几个连续条文中清楚地予以规定,而是比较集中地规定于一个部分,同时,散见于其他部分。因而,要把握侵权行为的法律要件,必须综合归纳。本书以为,综合《民法通则》的有关条文,可以得出

---

　〔1〕　对应《民法典》第1186条:"受害人和行为人对损害的发生都没有过错的,依照法律的规定由双方分担损失。"

侵权行为的法律要件为五项，即：(1)须有损害存在——损害要件；(2)须损害系被控行为所致——因果关系要件；(3)须加害行为违法——违法性要件；(4)须行为之际有过失——过失要件；(5)须加害人有责任能力——责任能力要件。现分别予以研讨。

一、损害要件

"无损害即无责任"，这是罗马法的格言。损害事实的有无，是认定侵权行为的逻辑起点。

（一）损害的意义

损害指权利和受法律保护利益的品质贬损和数量降低。受法律保护的利益，是法律予以肯认但尚未成熟为权利的利益，可以简称为"法益"。

（二）损害的样态

1.财产损害与人身损害

发生在财产权利和财产性法益上的损害，是财产损害。与此对应，发生在人身权利和人身性法益上的损害，则是人身损害。

2.直接损害与间接损害

因损害原因事实所导致的现存财产上、人身上权利和法益的质量贬损，是直接损害，因损害事实所阻却的期得利益，则是间接损害。期得利益指正常情况下应当到来的利益，如利息、租金、利润、劳动报酬等即是。间接损害也称消极损害，其范围和计算标准，迫切需要定型化和定量化。

二、因果关系要件

因果关系要件，即损害事实与被指控行为之间须形成因果联系。

（一）因果关系的意义

因果关系是辩证法的基本范畴之一。简言之，系指现象之间在先现象引起在后现象的稳定的和可重复的联系。

（二）关于因果关系要件的学说

1.直接因果关系说

所谓直接因果关系，又称狭义因果关系，即在先现象直接引起在后现象的稳定联系，而不存在中间现象予以传递的关系。例如毁损某物、某物受损、杀伤某人、某人伤亡即是。而若借用他人自行车，忘记上锁而致失盗，则在借车和丢车之间，尚有盗窃行为存在，便不属直接因果关系。以直接因果关系为侵权行为要件，将使受害人较少获致救济机会。另外，认定一现象与他现象之间确定无疑地具有因果关系，也是困难的，纵使基于足够的经验资料，也只能停留于推论，而难以确定地证明。在许多领域、许多案型中，人们的认识成果尚不足以提供足够的经验。例如，对于他人的心理折磨，究竟达到怎样的程度，即足以令其自杀？环境污染达到怎样程度，就足以使农作物有多少数量的减产？均不易说清。另外，原因事实往往由多种因素组合地构成，各原因因素形成一个"合力"，该合力才是原因。然而，合力的因素究竟有哪些，我们是否穷尽地予以认识？同时，每个因素在合力中所起的作用如何，其量度如何计算？也均相当困难。总之，以直接因果关系作为侵权行为的要件，不仅对受害人过苛，而且不具足够操作性，因而不为今天的实务所采纳。

2.相当因果关系说

所谓相当因果关系，系指作为侵权行为要件的因果关系，仅须达到：某一事实具备，依经验法则足以认其导致与损害事实同样的结果即可。具体而言，在引起结果发生的数个条件行为中，通常足以引起结果发生的行为，即可作为侵权法上的原因。相当因果关系说一方面对条件因果关系说导致的责任范围过大作为限缩，另一方面又对直接因果关系说导致责任范围过于狭窄予以拓展，从而有其说明优势。该说是目前侵权行为法上的通说。

认定相当因果关系，问题归结为"相当"的标准如何确定。一般认为，必须取向于侵权行为法的规范意旨，对被害人提供符合正义观念的充分保护。间接损害应列入赔偿的范围。国外学说中有所谓"危险性关联说"，主张当第一次损害构成第二次损害的特别危险时，第二次损害也应列入赔偿范围。同时，尚应注意受害人举证的操作性问题。在以上前提下，则须斟酌加害人的注意义务，被害利益的重大与否、加害行为的危险性，同时区分加害行为的故意和过失对因果关系认定的影响。当故意加害时，事实上存在因果关系(即只要损害系加害行为所致)即为已足；而当过失加害时，则须考虑注意义务的射程，尤其预见的可能性。以上学说，颇值注意。

三、违法性要件

行为人须就其致人损害行为负责，自法律伦理而言，是因为行为标的具有违法性。此即所谓侵权行为的违法性要件。

(一)违法性的意义

违法性指行为违反法律的禁止性规定及其体现的价值而具有反社会性质的情形。

(二)形式违法与实质违法

所谓形式违法，指行为抵触禁止性法律规定；实质违法则指行为违反法律所体现的价值。形式违法与实质违法在整体上是统一的。但是，由于制定法在体系化中难免存在这样那样的矛盾，因而，也存在某项行为虽然形式上违法，但实质上却不违法，以及实质上违法，而形式上却不违法的情形。以上问题，须通过法律解释与补充的作业予以化解。对于前一种情况，须运用"违法性阻却"原则——此系"特别法优于普通法"原则的具体体现之一；而对于后一种情况，则须运用"下位阶价值不得抵触上位阶价值"的原则。

(三)违法性阻却

1.意义

违法性阻却，指致害行为的违法性因法律的特别规定而不成立的情形。

2.违法性阻却事由

指致害行为的违法性被法律的特别规定予以豁免的事由。包括：

1)权利行使行为

正当行使权利，虽无加害目的，却导致他人损害的情形，其违法性被阻却。例如行使留置权而扣留并变卖留置物；监护人为了被监护人利益而处分后者财产；农民施用农药灭虫，致使走入其地的他人牲畜采食有农药植物而中毒死亡。上述行为，尽管均致人损害，但其违法性已被阻却。唯应注意，权利滥用不属于权利的正当行使。

2)受害人允诺

在下列要件，受害人的允诺，阻却加害行为的违法性：

(1)允诺充分意思表示的法律要件；(2)受害人有意思能力；(3)受害人有处分权；(4)加害行为不违反禁止性规范。

《民法通则》第123条规定高险作业致人损害，如能证明损害系由受害人故意所致，不负责任。[1]此处的故意，可以认其与允诺相同。

3)无因管理

无因管理行为，虽属干涉他人事务，但其急人救难的善良取向，为社会共同观念所肯认，法律便豁免其违法性（《民法通则》第93条、[2]第109条[3]）。

---

〔1〕 对应《民法典》第1240条："从事高空、高压、地下挖掘活动或者使用高速轨道运输工具造成他人损害的，经营者应当承担侵权责任；但是，能够证明损害是因受害人故意或者不可抗力造成的，不承担责任。被侵权人对损害的发生有重大过失的，可以减轻经营者的责任。"

〔2〕 对应《民法典》第121条："没有法定的或者约定的义务，为避免他人利益受损失而进行管理的人，有权请求受益人偿还由此支出的必要费用。"

〔3〕 对应《民法典》第183条："因保护他人民事权益使自己受到损害的，由侵权人承担民事责任，受益人可以给予适当补偿。没有侵权人、侵权人逃逸或者无力承担民事责任，受害人请求补偿的，受益人应当给予适当补偿。"

4）自力救济行为

正当防卫、紧急避险和法律允许的自助行为，阻却其违法性（《民法通则》第128条、[1]第129条[2]）。

5）公权行为

公务员依法行使权限行为，其违法性均被依法阻却，如拘捕人犯、执行罚款、执行死刑等是。

四、过失要件

侵权行为实施之际，行为人须有过失，始成立侵权行为，此即侵权行为的主观要件，称为过失要件。依意思自治理念，过失责任是自主参与的面相之一，过失是侵权行为的基本要件。

违法性要件与过失要件，在学理上分别称之为"客观性违法要件"和"主观性违法要件"，两者的规范意旨不同。违法性所指的可非难性，存在于行为标的；而过失所指的可非难性，则存在于行为时的注意状态。二者不容混淆，也不容在要件上合二而一。主观要件包括故意与过失。就侵权责任的构成而言，过失即为已足，故意无足论矣。

（一）过失

过失是行为人应当而且能够预见行为具有加害他人的危险，却未能预见以及虽有预见却相信能避免而依然实施该行为的心理状态。

（二）过失的类型

1.普通过失与推定过失

过失依其是否由法律直接推定，而划分为普通过失与推定过失。凡法律直接推定加害行为实施之际有其过失，倘被推定人不能证明自己并无过失，即须负侵权责任者，其过失即为推定过失。与此不同，凡法律无直接推定，在诉讼中须由主张其存在当事人一方负举证责任的过失，则为普通过失。

2.单独过失与共同过失

过失依其主体的单复，划分为单独过失与共同过失。仅存于单一行为人的过失是单独过失。数人共同实施加害行为而均有过失的情形则是共同过失。

---

[1] 对应《民法典》第181条："I.因正当防卫造成损害的，不承担民事责任。II.正当防卫超过必要的限度，造成不应有的损害的，正当防卫人应当承担适当的民事责任。"

[2] 对应《民法典》第182条："I.因紧急避险造成损害的，由引起险情发生的人承担民事责任。II.危险由自然原因引起的，紧急避险人不承担民事责任，可以给予适当补偿。III.紧急避险采取措施不当或者超过必要的限度，造成不应有的损害的，紧急避险人应当承担适当的民事责任。"

3.轻过失与重过失

过失依其程度，划分为轻过失与重过失。凡法律规定其注意瑕疵比较轻微者，为轻过失，注意瑕疵比较严重者，则为重过失。轻过失更进一步区分为"具体轻过失"和"抽象轻过失"两档。我国目前的民事立法尚未采行此种进一步的区分。

4.受害人与有过失与"过失相抵"

对于损害的形成，受害人也存在过失的情形，即受害人与有过失。受害人与有过失，有抵销加害人责任的效力。法律关于此种抵销的制度，称"过失相抵"。《民法通则》第131条规定："受害人对于损害的发生也有过错的，可以减轻侵害人的民事责任。"[1]此即关于过失相抵的规定，第127条也含有同样的规定。[2]

五、责任能力要件

过失要件以责任能力为前提。无责任能力，即无过失可言。关于责任能力，本书第三章已有论述，兹不赘。

第三节　特殊侵权行为

一、特殊侵权行为的意义

(一)意义

特殊侵权行为，指立法规定了特别法律要件或者特别法律效果的侵权行为。我

---

〔1〕　对应《民法典》第1173条："被侵权人对同一损害的发生或者扩大有过错的，可以减轻侵权人的责任。"

〔2〕　对应《民法典》第1245条和第1250条。《民法典》第1245条："饲养的动物造成他人损害的，动物饲养人或者管理人应当承担侵权责任；但是，能够证明损害是因被侵权人故意或者重大过失造成的，可以不承担或者减轻责任。"《民法典》第1250条："因第三人的过错致使动物造成他人损害的，被侵权人可以向动物饲养人或者管理人请求赔偿，也可以向第三人请求赔偿。动物饲养人或者管理人赔偿后，有权向第三人追偿。"

国《民法通则》第43条、[1]第121—127条、[2]第130条、[3]第132条、[4]第133条[5]，《民通意见》第148条第2款及第3款等，[6]分别规定了此类侵权行为。

（二）特征

1.在构成要件上

特殊侵权行为，有排除过失要件，采无过失责任者；也有折中过失要件，而采推定过失者，因而与一般侵权行为的采过失要件不同。

2.在法律效果上

对于公务侵权、职务侵权和被监护人致害等侵权行为，均由关系人而非行为人

---

〔1〕　对应《民法典》第62条和第1191条。《民法典》第62条："Ⅰ.法定代表人因执行职务造成他人损害的，由法人承担民事责任。Ⅱ.法人承担民事责任后，依照法律或者法人章程的规定，可以向有过错的法定代表人追偿。"《民法典》第1191条："Ⅰ.用人单位的工作人员因执行工作任务造成他人损害的，由用人单位承担侵权责任。用人单位承担侵权责任后，可以向有故意或者重大过失的工作人员追偿。Ⅱ.劳务派遣期间，被派遣的工作人员因执行工作任务造成他人损害的，由接受劳务派遣的用工单位承担侵权责任；劳务派遣单位有过错的，承担相应的责任。"

〔2〕　《民法通则》第121条的职务侵权规定已被删除，被《民法典》第62条、第1191条吸收，法条同上注。《民法通则》第122条对应《民法典》侵权责任编第四章产品责任部分，第1202条至第1207条。《民法通则》第123条直接对应《民法典》第1240条："从事高空、高压、地下挖掘活动或者使用高速轨道运输工具造成他人损害的，经营者应当承担侵权责任；但是，能够证明损害是因受害人故意或者不可抗力造成的，不承担责任。被侵权人对损害的发生有重大过失的，可以减轻经营者的责任。"同时，《民法典》侵权责任编第八章高度危险责任，第1236条至第1244条是对《民法通则》第123条的扩充。《民法通则》第124条直接对应《民法典》第1229条："因污染环境、破坏生态造成他人损害的，侵权人应当承担侵权责任。"同时，《民法典》侵权责任编第七章环境污染和生态破坏责任，第1229条至第1235条是对《民法通则》第124条的扩充。《民法通则》第125条直接对应《民法典》第1258条："Ⅰ.在公共场所或者道路上挖掘、修缮安装地下设施等造成他人损害，施工人不能证明已经设置明显标志和采取安全措施的，应当承担侵权责任。Ⅱ.窨井等地下设施造成他人损害，管理人不能证明尽到管理职责的，应当承担侵权责任。"《民法通则》第126条直接对应《民法典》第1253条："建筑物、构筑物或者其他设施及其搁置物、悬挂物发生脱落、坠落造成他人损害，所有人、管理人或者使用人不能证明自己没有过错的，应当承担侵权责任。所有人、管理人或者使用人赔偿后，有其他责任人的，有权向其他责任人追偿。"同时，《民法典》侵权责任编第十章建筑物和物件损害责任，第1252条至第1258条，是对《民法通则》第125条和第126条的扩充。《民法通则》第127条直接对应《民法典》第1245条和第1250条。《民法典》第1245条："饲养的动物造成他人损害的，动物饲养人或者管理人应当承担侵权责任；但是，能够证明损害是因被侵权人故意或者重大过失造成的，可以不承担或者减轻责任。"《民法典》第1250条："因第三人的过错致使动物造成他人损害的，被侵权人可以向动物饲养人或者管理人请求赔偿，也可以向第三人请求赔偿。动物饲养人或者管理人赔偿后，有权向第三人追偿。"同时，《民法典》侵权责任编第九章饲养动物损害责任是对《民法通则》第127条的扩充。

〔3〕　对应《民法典》第1168条："二人以上共同实施侵权行为，造成他人损害的，应当承担连带责任。"

〔4〕　对应《民法典》第1186条："受害人和行为人对损害的发生都没有过错的，依照法律的规定由双方分担损失。"

〔5〕　对应《民法典》第1188条："Ⅰ.无民事行为能力人、限制民事行为能力人造成他人损害的，由监护人承担侵权责任。监护人尽到监护职责的，可以减轻其侵权责任。Ⅱ.有财产的无民事行为能力人、限制民事行为能力人造成他人损害的，从本人财产中支付赔偿费用；不足部分，由监护人赔偿。"

〔6〕　对应《民法典》第1169条第2款："教唆、帮助无民事行为能力人、限制民事行为能力人实施侵权行为的，应当承担侵权责任；该无民事行为能力人、限制民事行为能力人的监护人未尽到监护职责的，应当承担相应的责任。"

负责。

3.在行为样态上

依其规定,特殊侵权行为中的动物来源、建筑物来源、污染环境、制造通行危险、产品瑕疵和高险作业等侵权,其行为样态均为不作为型侵权行为。

二、类型

特殊侵权行为,可归纳为以下类型:

(一)间接侵权型

指由不直接实施侵权行为的关系人负担法律效果的侵权行为。该型包括三个种别:公务侵权行为、职务侵权行为与监护侵权行为。

1.公务侵权行为

公务侵权指国家公务员在执行职务中实施不法加害行为而由国家机关负其责任的特殊侵权行为。

公务侵权在法律要件上,有如下特殊性:(1)须有国家公务员存在;(2)须其执行公务;(3)须其实施侵权行为,即实施了充分侵权行为要件的行为;(4)须行为违背对于受害人应当执行的公务,即违背了公务的宗旨和具体要求。否则,即属正当行使权限行为,而不构成公务侵权。

公务侵权行为的效果,依《民法通则》第121条和最高人民法院《民通意见》第152条,[1]由加害人所属的机关法人负担,而不由加害人本人负担,也不由加害人与其机关法人连带负担。

2.职务侵权行为

职务侵权行为是私法人的工作人员在执行职务中不法加害、依法由该法人负其责任的特殊侵权行为。

职务侵权在法律要件上,有如下特殊性:(1)须有法人的工作人员存在。法人的工作人员既包括其正式员工,也包括临时员工等。(2)须加害行为属职务行为。

依《民法通则》第43条,企业法人工作人员的职务侵权行为,由该企业法人负责。[2]至于其他法人,则无规定。但在司法实务上,法院一般均扩张解释为由法人负责。

---

〔1〕《民法通则》第121条和《民通意见》第152条的职务侵权规定已被删除,被《民法典》第62条、第1191条吸收。《民法典》第62条:"Ⅰ.法定代表人因执行职务造成他人损害的,由法人承担民事责任。Ⅱ.法人承担民事责任后,依照法律或者法人章程的规定,可以向有过错的法定代表人追偿。"《民法典》第1191条:"Ⅰ.用人单位的工作人员因执行工作任务造成他人损害的,由用人单位承担侵权责任。用人单位承担侵权责任后,可以向有故意或者重大过失的工作人员追偿。Ⅱ.劳务派遣期间,被派遣的工作人员因执行工作任务造成他人损害的,由接受劳务派遣的用工单位承担侵权责任;劳务派遣单位有过错的,承担相应的责任。"

〔2〕 对应《民法典》第62条和第1191条,法条如上注。

3.监护侵权行为

监护侵权指被监护人实施不法加害而由监护人负其责任的特殊侵权行为。

监护侵权在法律要件上,有如下特殊性:(1)须被监护人实施加害行为;(2)须行为违法;(3)须监护人不能证明自己无过失。

监护人纵使能证明尽其监护职责,也只能减轻责任。[1]但加害行为如系第三人教唆、帮助无行为能力人实施者,监护人免负责任;系第三人教唆、帮助限制行为能力人实施者,监护人负次要责任。[2]

监护侵权行为以监护人负责为原则,但被监护人有财产者,则由其本人负责,监护人补充负责。[3]

监护人不明确或者有争议者,以顺序在先的有监护能力者为监护人(《民通意见》第159条)。[4]夫妻离婚后与未成年子女共同生活的一方为责任人,但单独负责确有困难者,得请求不与子女共同生活的一方共同负责(《民通意见》第158条)。[5]在幼儿园、学校生活或学习的无民事行为能力人或者在精神病院治疗的精神病人,由该园、校、院适当赔偿受害人的损失(《民通意见》第160条)。[6]

---

〔1〕《民法通则》第133条第1款后段:"监护人尽了监护责任的,可以适当减轻他的民事责任。"〔对应《民法典》第1188条第1款后段:"监护人尽到监护职责的,可以减轻其侵权责任。"〕

〔2〕最高人民法院《民通意见》第148条第2款、第3款:"Ⅱ.教唆、帮助无民事行为能力人实施侵权行为的人,为侵权人,应当承担民事责任。Ⅲ.教唆、帮助限制民事行为能力人实施侵权行为的人,为共同侵权人,应当承担主要民事责任。"〔对应《民法典》第1169条第2款:"教唆、帮助无民事行为能力人、限制民事行为能力人实施侵权行为的,应当承担侵权责任;该无民事行为能力人、限制民事行为能力人的监护人未尽到监护职责的,应当承担相应的责任。"〕

〔3〕《民法通则》第133条第2款:"有财产的无民事行为能力人、限制民事行为能力人造成他人损害的,从本人财产中支付赔偿费用。不足部分,由监护人适当赔偿,但单位担任监护人的除外。"〔对应《民法典》第1188条第2款:"有财产的无民事行为能力人、限制民事行为能力人造成他人损害的,从本人财产中支付赔偿费用;不足部分,由监护人赔偿。"〕

〔4〕该条文已被删除。《民法典》总则编第二章第二节监护,在第31条规定了监护人有争议的情况下,监护人的确定方式。《民法典》第31条:"Ⅰ.对监护人的确定有争议的,由被监护人住所地的居民委员会、村民委员会或者民政部门指定监护人,有关当事人对指定不服的,可以向人民法院申请指定监护人;有关当事人也可以直接向人民法院申请指定监护人。Ⅱ.居民委员会、村民委员会、民政部门或者人民法院应当尊重被监护人的真实意愿,按照最有利于被监护人的原则在依法具有监护资格的人中指定监护人。Ⅲ.依据本条第一款规定指定监护人前,被监护人的人身权利、财产权利以及其他合法权益处于无人保护状态的,由被监护人住所地的居民委员会、村民委员会、法律规定的有关组织或者民政部门担任临时监护人。Ⅳ.监护人被指定后,不得擅自变更;擅自变更的,不免除被指定的监护人的责任。"

〔5〕该条文已被删除。有地方规范性法律文件中沿用了该条文,《山东省高级人民法院关于审理人身损害赔偿案件若干问题的意见》第45条:"夫妻离婚后,未成年子女侵害他人权益的,应以抚养该子女或同该子女共同生活的一方为被告承担赔偿责任;如果独立承担民事责任确有困难的,可以根据当事人的申请或依职权通知未与未成年子女共同生活的一方参加诉讼,共同承担赔偿责任。"

〔6〕对应《民法典》第1189条、第1199条、第1200条、第1201条。《民法典》第1189条:"无民事行为能力人、限制民事行为能力人造成他人损害,监护人将监护职责委托给他人的,监护人应当承担侵权责任;受托人有过错的,承担相应的责任。"《民法典》第1199条:"无民事行为能力人在幼儿园、学校或者其他教育机构学习、生活期间受到人身损害的,幼儿园、学校或者其他教育机构应当承担侵权责任;但是,能够证明尽到教育、管理职责的,不承担侵权责任。"《民法典》第1200条:"限制民事行为能力人在学校或者其他教育机构学习、生活期间受到人身损害,学校或者其他教育机构未尽到教育、管理职责的,应当承担侵权责任。"《民法典》第1201条:"无民事行为能力人或者限制民事行为能力人在幼儿园、学校或者其他教育机构学习、生活期间,受到幼儿园、学校或者其他教育机构以外的第三人人身损害的,由第三人承担侵权责任;幼儿园、学校或者其他教育机构未尽到管理职责的,承担相应的补充责任。幼儿园、学校或者其他教育机构承担补充责任后,可以向第三人追偿。"

(二)工业灾害型

工业灾害型侵权包括产品瑕疵、高险作业和污染环境三种侵权行为。其共同特征在于：(1)致害源均系工业灾害。故本书称其为工业灾害型特殊侵权行为。(2)法律效果体现了危险分配的理念。

1.产品瑕疵加害型侵权行为

因制造物存在瑕疵而致人损害，依法由制造人和销售人共同负责的行为，是产品瑕疵加害型特殊侵权行为。

此类型侵权，在法律要件上有如下特殊性：(1)致害源为制造物瑕疵。(2)无须制造人有过失。产品瑕疵致害，依《民法通则》第122条，[1]由产品的制造者和销售者共同负责。其责任的法律伦理依据，是保护消费者利益(由销售者负责尤其如此)，督促制造者从人道主义出发组织生产。

产品瑕疵型侵权行为与违约责任在请求权上发生竞合。然而前者不以加害人的过失为要件，而且合同当事人之外的制造者也为债务人，因而对消费者有利。

2.高险作业加害型侵权行为

高度危险作业致人损害，依法由作业人负责的行为，是高险作业加害型侵权行为。

所谓高度危险作业，依《民法通则》第123条，指"高空、高压、易燃、易爆、剧毒、放射性、高速运输工具等对周围环境有高度危险的作业"。[2]

此型侵权，在法律要件上的特殊性，依《民法通则》第123条，在于作业人无须有过失。作业人，在职务作业场合，应指作业的法人，而非具体操作者。

3.污染环境型侵权行为

违反保护环境防止污染法律规定的致害行为，是污染环境型侵权行为。依《民

---

〔1〕 对应《民法典》侵权责任编第四章产品责任部分，第1202条至第1207条。《民法典》第1202条："因产品存在缺陷造成他人损害的，生产者应当承担侵权责任。"《民法典》第1203条："Ⅰ.因产品存在缺陷造成他人损害的，被侵权人可以向产品的生产者请求赔偿，也可以向产品的销售者请求赔偿。Ⅱ.产品缺陷由生产者造成的，销售者赔偿后，有权向生产者追偿。因销售者的过错使产品存在缺陷的，生产者赔偿后，有权向销售者追偿。"《民法典》第1204条："因运输者、仓储者等第三人的过错使产品存在缺陷，造成他人损害的，产品的生产者、销售者赔偿后，有权向第三人追偿。"《民法典》第1205条："因产品缺陷危及他人人身、财产安全的，被侵权人有权请求生产者、销售者承担停止侵害、排除妨碍、消除危险等侵权责任。"《民法典》第1206条："Ⅰ.产品投入流通后发现存在缺陷的，生产者、销售者应当及时采取停止销售、警示、召回等补救措施；未及时采取补救措施或者补救措施不力造成损害扩大的，对扩大的损害也应当承担侵权责任。Ⅱ.依据前款规定采取召回措施的，生产者、销售者应当负担被侵权人因此支出的必要费用。"《民法典》第1207条："明知产品存在缺陷仍然生产、销售，或者没有依据前条规定采取有效补救措施，造成他人死亡或者健康严重损害的，被侵权人有权请求相应的惩罚性赔偿。"

〔2〕《民法通则》第123条直接对应《民法典》第1240条："从事高空、高压、地下挖掘活动或者使用高速轨道运输工具造成他人损害的，经营者应当承担侵权责任；但是，能够证明损害是因受害人故意或者不可抗力造成的，不承担责任。被侵权人对损害的发生有重大过失的，可以减轻经营者的责任。"同时，《民法典》侵权责任编第八章高度危险责任，第1236条至第1244条是对《民法通则》第123条的扩充。

法通则》第124条,〔1〕此种侵权行为,无须行为人有过失,即须负责。

(三)危险来源型

工业灾害之外的危险行为,也属严重威胁安全事由。《民法通则》规定了建筑物、动物和制造通行危险三种特殊侵权行为。其共同特征在于:(1)致害行为系不履行必要作为的义务。学说上称之为"不作为型侵权行为"。(2)归责原则体现了危险分配理念。

1.建筑物危险型侵权行为

建筑物及其搁置、悬挂物倒塌、脱落、坠落致人损害,依法由建筑物所有人或者管理人负责的情形,是建筑物危险型侵权行为。

此类型侵权,依《民法通则》第126条,由建筑物所有人或者管理人负推定过失责任。〔2〕

2.动物危险型侵权行为

豢养的动物加害他人,依法由动物占有人〔3〕负责的情形,是动物危险型侵权行为。

此类型侵权,由动物占有人负无过失责任。但依《民法通则》第127条,"由于受害人的过错造成损害的,动物饲养人或者管理人不承担民事责任;由于第三人的过错造成损害的,第三人应当承担民事责任"。〔4〕

3.制造通行危险型侵权行为

在公共场所、道路旁或者通道上挖坑、修缮安装地下设施等,未设置明显标志和采取安全措施造成他人损害,依法由施工人负责的情形,是制造通行危险型侵权行为。

此类型侵权,依《民法通则》第125条,由施工人负无过失责任。〔5〕

---

〔1〕《民法通则》第124条直接对应《民法典》第1229条:"因污染环境、破坏生态造成他人损害的,侵权人应当承担侵权责任。"同时,《民法典》侵权责任编第七章环境污染和生态破坏责任,第1229条至第1235条是对《民法通则》第124条的扩充。

〔2〕《民法通则》第126条直接对应《民法典》第1253条:"建筑物、构筑物或者其他设施及其搁置物、悬挂物发生脱落、坠落造成他人损害,所有人、管理人或者使用人不能证明自己没有过错的,应当承担侵权责任。所有人、管理人或者使用人赔偿后,有其他责任人的,有权向其他责任人追偿。"同时,《民法典》侵权责任编第十章建筑物和物件损害责任,第1252条至第1258条,是对《民法通则》第125条和第126条的扩充。

〔3〕《民法通则》第127条称"动物饲养人或者管理人"。该条所称"饲养人",按其文义,应指所有人。管理人则应指占有人。故本书统称为"动物占有人"。查《德国民法典》第833条,《日本民法典》第718条,我国民国时期民法典第190条,均称"动物占有人",可资参考。

〔4〕对应《民法典》第1245条和第1250条。《民法典》第1245条:"饲养的动物造成他人损害的,动物饲养人或者管理人应当承担侵权责任;但是,能够证明损害是因被侵权人故意或者重大过失造成的,可以不承担或者减轻责任。"《民法典》第1250条:"因第三人的过错致使动物造成他人损害的,被侵权人可以向动物饲养人或者管理人请求赔偿,也可以向第三人请求赔偿。动物饲养人或者管理人赔偿后,有权向第三人追偿。"

〔5〕对应《民法典》第1258条:"Ⅰ.在公共场所或者道路上挖掘、修缮安装地下设施等造成他人损害,施工人不能证明已经设置明显标志和采取安全措施的,应当承担侵权责任。Ⅱ.窨井等地下设施造成他人损害,管理人不能证明尽到管理职责的,应当承担侵权责任。"

三、共同侵权行为

《民法通则》第130条规定："二人以上共同侵权造成他人损害的，应当承担连带责任。"[1]此即关于共同侵权行为的规范。最高人民法院《民通意见》第148条第1款、第3款两款，[2]规定了教唆帮助型共同侵权行为。

(一)意义

共同侵权行为，是数人共同实施的侵权行为。

(二)样态

1.狭义共同侵权行为

狭义共同侵权行为，指数人均故意或者过失地直接参与加害行为的情形。其特殊要件是：(1)须有共同行为；(2)须每人的行为均充分因果联系、违法性和过失要件。例如共同殴人致伤就是。此外，《民法通则》第58条第1款第4项规定的"恶意串通，损害国家、集体或者第三人利益的行为"，[3]第66条第3款规定的"代理人和第三人串通，损害被代理人的利益的"行为，亦均属之。[4]

2.唆助型共同侵权行为

唆助型共同侵权行为，指一方教唆或者帮助他方实施侵权行为的情形。其特殊要件是：被唆助人实施侵权行为；教唆人不直接参与该行为，帮助人虽参与，却处于辅助地位。

3.表现型共同侵权行为

表现型共同侵权行为，指共同行为人中不能确知孰为加害人的共同侵权行为。其特殊要件是：有共同危险行为，即行为客观形式上关联共同，而且行为对他人有危险。但究竟何人的行为致人损害却不能确定。

共同侵权行为的法律效果，由共同侵权人连带负担。但在其内部责任上，唆助型侵权的被唆助者为限制行为能力人时，由唆助人负主要责任。

---

〔1〕 对应《民法典》第1168条："二人以上共同实施侵权行为，造成他人损害的，应当承担连带责任。"

〔2〕 对应《民法典》第1169条："I.教唆、帮助他人实施侵权行为的，应当与行为人承担连带责任。II.教唆、帮助无民事行为能力人、限制民事行为能力人实施侵权行为的，应当承担侵权责任；该无民事行为能力人、限制民事行为能力人的监护人未尽到监护职责的，应当承担相应的责任。"

〔3〕 对应《民法典》第154条："行为人与相对人恶意串通，损害他人合法权益的民事法律行为无效。"

〔4〕 对应《民法典》第164条第2款："代理人和相对人恶意串通，损害被代理人合法权益的，代理人和相对人应当承担连带责任。"

思考题：

1.如何理解侵权行为构成要件中的违法要件与主观性要件？

2.为什么说侵权行为法中的归责原则是过失责任？无过失责任产生的社会背景和条件是什么？

3.如何理解侵权责任构成要件中的因果关系？相当因果关系的含义是什么？

第二十七章 继承权论

内容提要 自然人死亡时,其生前享有财产权的财产即变成为"遗产",此时需依社会秩序认同的规则确认财产的归属,此即为继承制度。本章依次对遗产、继承、继承权、遗嘱继承权、法定继承权、受遗赠权以及遗产的继承外分配等作讨论。学习本章的重点在于掌握遗嘱继承、法定继承、受遗赠权的法律效果。

第一节 遗产、继承与继承权

自然人死亡时,以其为主体的财产关系即告消灭。他生前享有财产权的财产便成为"遗产",遗产已无主体,故而需要依社会秩序所认同的规则确认其归属。这就引起了继承问题。继承是关于遗产分配的法律制度。要了解继承,须先从了解"遗产"开始。

一、遗产

(一)意义

遗产是因自然人死亡而失其主体从而法律同步地对其确定新主体的财产。

遗产是财产在继承制度中的表现,是作为继承对象的财产。故而仅在继承的语境中,遗产方有其意义。

(二)说明

1.遗产属于财产

继承是对死亡自然人所遗留下来的财产予以分配的制度,其标的仅限于财产,而不及于人身。

2.遗产是因自然人死亡而失却主体的财产

析言之:

1) 在最接近死亡临界点之前财产权的主体为将死自然人

亦即本来遗产的最后财产权人是即将死亡的自然人。

2) 当财产的共有人之一为将死人时,遗产仅指共有财产中应属该人的部分或者份额

遗产可能属于共有财产中的部分。在死亡人生前与他人共有某物或共担某项债务时,即形成财产的共有。遗产在此一场合,仅指其中归属于死亡人的那一部分或者应有的份额。

3) 因自然人死亡而使财产失却其主体

亦即死亡自然人所遗留的财产。在特定自然人死亡后方取得的财产,不可能成为该死亡人的遗产。因该人死亡而取得即其一,例如寿险保险金、社会组织发给死亡人遗属的抚恤金等,它们既因自然人死亡而生,从而在该人死亡后方取得,当然无从成为该死亡人的遗产,而事实上已明确归属于死亡人的近亲属。

3.遗产是因主体消灭而法律同步地为其确定新主体的财产

此外尚注意,遗产因原主体死亡而须法律为之确定新主体,并不意味着在被继承之前,遗产须成为"无主财产"。与此相反,遗产在失却旧主体的同时,法律便为之确定了新主体,此即继承权人。故而我们称此确定为"同步"。所谓同步,即指新主体的确定与原主体的消灭"间不容发"地发生。

4.遗产系概括性财产

因继承的功能在于对自然人主体死亡后所遗留的财产的更替所作的制度安排,而须分配的对象,不仅包括积极财产,而且包括消极财产。如果继承仅及于积极财产,而将消极财产置于一旁,那是违反体系的。被继承人生前的债权人,其债权也需保护。而保护之道,端要取得遗产中积极财产的人,也应承继其债务。取向于此一功能,遗产必须取概括财产之义,亦即不仅包括积极财产,也包括消极财产。此即遗产的概括性的意思。然而,《继承法》第3条及第4条所列举的遗产,却均为积极财产,并不包括消极财产;[1]另外同法第33条所用文字也将遗产与被继承人生前债务分

---

[1]《继承法》第3条:"遗产是公民死亡时遗留的个人合法财产,包括:(一)公民的收入;(二)公民的房屋、储蓄和生活用品;(三)公民的林木、牲畜和家禽;(四)公民的文物、图书资料;(五)法律允许公民所有的生产资料;(六)公民的著作权、专利权中的财产权利;(七)公民的其他合法财产。"第4条进一步规定:"个人承包应得的个人收益,依照本法规定继承。个人承包,依照法律允许由继承人继续承包的,按照承包合同办理。"[《继承法》第3条对应《民法典》第1122条:"Ⅰ.遗产是自然人死亡时遗留的个人合法财产。Ⅱ.依照法律规定或者根据其性质不得继承的遗产,不得继承。"在遗产范围的立法模式上,《继承法》第3条采用的是"正面概括加列举"模式,因为考虑到《继承法》起草制定时,我国的市场经济尚未确立,《继承法》列明遗产的范围在技术上易操作,也有利于提高人民群众的权利意识。《民法典》第1122条则采用"正面概括加反面排除"模式,之所以放弃列举式,其考虑是,随着社会主义经济发展,新财产类型的不断出现,若遗产范围采用列举的方式,难免存在立法漏洞,且《民法典》总则编也规定了各种财产的类型,没有必要在继承编重复列明各种财产类型。而遗产范围从反面对遗产范围作出规定,可以使立法具有较好的适应性。参见黄薇主编:《中华人民共和国民法典继承编释义》,法律出版社2020年版,第13—16页;最高人民法院民法典贯彻实施工作领导小组主编:《中华人民共和国民法典婚姻家庭编继承编理解与适用》,人民法院出版社

开。[1]依本书所信，上述条文对遗产的规定过狭，从而出现了法律漏洞，宜通过扩张解释予以填补，使遗产被定义为概括性财产。

（三）遗产占有人及其义务

1.遗产占有人

遗产占有人，指财产变成遗产时该遗产的占有人。

2.遗产占有人的义务

遗产占有人的义务有两项：

1）保管义务

即对遗产加以保管的义务。若因故意过失致遗产毁损、灭失的，应负赔偿责任。《继承法》第24条规定："存有遗产的人，应当妥善保管遗产，任何人不得侵吞或者争抢。"[2]

2）通知义务

指获知继承开始后对遗产状态及其数额等事实向继承人或者遗嘱执行人通知的义务。

二、继承

（一）"继承"一词所表述的两个概念

在民法学上，"继承"一词在两种语义上被使用。一是用来指称遗产分配的法律

（接前注）2020年版，第495—496页。《继承法》第4条已删除。《继承法》中的承包有多种含义，除了农村土地承包法意义上的土地承包外，还存在改革开放初期实行的企业承包经营、工程承包经营等，涉及土地承包相关经营权益继承的问题，农村土地承包法作了规定，涉及公司企业投资等股权继承的问题，相关法律也都有规定。因此，《民法典》继承编未保留《继承法》第4条的内容。参见黄薇主编：《中华人民共和国民法典继承编释义》，法律出版社2020年版，第17页。]

〔1〕 对应《民法典》第1159条和《民法典》第1161条。《民法典》第1159条："分割遗产，应当清偿被继承人依法应当缴纳的税款和债务；但是，应当为缺乏劳动能力又没有生活来源的继承人保留必要的遗产。"该条吸收了《继承法》第33条第1款第1句"继承遗产应当清偿被继承人依法应当缴纳的税款和债务"，以及《继承法意见》第61条"继承人中有缺乏劳动能力又没有生活来源的人，即使遗产不足清偿债务，也应为其保留适当遗产，然后再按继承法第三十三条和民事诉讼法第一百八十条的规定清偿债务"。参见最高人民法院民法典贯彻实施工作领导小组主编：《中华人民共和国民法典婚姻家庭编继承编理解与适用》，人民法院出版社2020年版，第693页。《民法典》第1161条："Ⅰ.继承人以所得遗产实际价值为限清偿被继承人依法应当缴纳的税款和债务。超过遗产实际价值部分，继承人自愿偿还的不在此限。Ⅱ.继承人放弃继承的，对被继承人依法应当缴纳的税款和债务可以不负清偿责任。"该条除表述略有调整外，基本沿袭了《继承法》第33条的规定。

〔2〕 对应《民法典》第1151条："存有遗产的人，应当妥善保管遗产，任何组织或者个人不得侵吞或者争抢。"该条在《继承法》第24条规定的基础上，增加了"任何组织"不得侵吞或者争抢遗产的规定。参见最高人民法院民法典贯彻实施工作领导小组主编：《中华人民共和国民法典婚姻家庭编继承编理解与适用》，人民法院出版社2020年版，第652页。

制度;二是则指有权取得遗产的人实际取得遗产的行为或者过程。在不严格的意义上,后者的含义与"取得(遗产)"近似。

我们应当区别继承的上述两种含义,而不应混淆。不过,无论在上述哪一种意义上,继承都是与自然人有关的财产权制度,法人无继承。

(二)所谓"继承关系"

人们在叙述自然人死亡其遗产由他人取得这一过程时,也将该现象描述为发生了"继承关系",例如我们说"互有继承关系的人在同一事件中死亡"就是。不过应注意的是,这里所说的"关系",仅表示过程的逻辑关联性,而与民法学上"法律关系"的概念不同。因为,作为民法科学概念的"法律关系",指双方或者多方同时存在的当事人之间的权利义务关联。然而在继承关系形成之时,被继承人已经死亡,根本不可能与继承人形成主体同时存在的关系了。因而继承关系仅指遗产分配过程,而不是指法律科学意义上的"法律关系"。我们应当清楚其中的区别。

(三)继承人与被继承人

作为遗产分配制度,继承的功能在于分配遗产于死亡自然人的一定范围内的亲属。有权取得遗产的被继承人的一定范围的亲属,称之为"继承人",因死亡而留有遗产供人继承的人,相应地称之为"被继承人"。

无论继承人还是被继承人都必须是自然人,法人既不可能成为继承人,也不可能成为被继承人。

(四)继承的开始

1.继承开始的意义

所谓继承开始,指继承要件被生活事实所充分,因而一项具体的继承制度开始执行的事实。

2.继承开始的要件

继承开始的要件有两项:第一,须被继承人死亡。《继承法》第2条规定:"继承从被继承人死亡时开始。"[1]第二,须有继承人。

3.继承开始的通知

指将继承开始的事实通知不知该事实的继承人以及相关人。《继承法》第23条规定:"继承开始后,知道被继承人死亡的继承人应当及时通知其他继承人和遗嘱执行人。继承人中无人知道被继承人死亡或者知道被继承人死亡而不能通知的,由被继承人生前所在单位或者住所地的居民委员会、村民委员会负责通知。"[2]

---

〔1〕 现为《民法典》第1121条第1款。
〔2〕 现为《民法典》第1150条。

三、继承权

(一)继承权的意义

继承权是取得遗产的法律依据,其内容是取得应该归属于继承权人的遗产。

(二)继承权的性质

继承权是权利的一种,属于财产权型形成权。我们之所以定其性质为形成权,是鉴于其效力在于因权利的行使而使遗产的新的所有权发生。

(三)继承权的类型

1.法定继承权与遗嘱继承权

继承权依其发生原因,划分为法定继承权与遗嘱继承权。

1)法定继承权

是依继承法的直接规定取得的继承权。

2)遗嘱继承权

是依据遗嘱产生的继承权。

2.期待型与既得型继承权

继承权依其是否具备被继承人死亡要件,划分为期待型继承权与既得型继承权。

1)期待型继承权

是继承权在继承开始之前的状态,其内容仅止于遗产取得之期待。无论法定继承权抑或遗嘱继承权,均有此种状态发展阶段。

期待型继承权虽属期待权,却也受法律保障,任何人均不得侵害。《继承法》规定继承人为争夺遗产而杀害其他继承人,伪造、篡改和销毁遗嘱,均须负其责任,而且其中尚可能引起行为人丧失继承权。

2)既得型继承权

是可依权利人的意思取得遗产的权利。既得型继承权系由期待型继承权转化而来,在继承开始后,期待型继承权即当然成为既得型继承权。

(四)继承权的取得

此处所讨论的继承权的取得,指既得继承权的取得。

1.继承权取得的法律要件

1)须自然人死亡

(1)无死亡即无继承

继承以处理死亡自然人遗产归属为旨归,因而,死亡为继承的自明要件。法人无死亡可言,故而法人终止时也无继承可说。

(2)死亡包括拟制死亡

不仅包括真正死亡,而且包括拟制死亡,后者指"宣告死亡"[1]。

(3)互有继承关系人在同一事件中死亡的死亡时间推定

互有继承关系的多数人在同一事件中死亡,因事属非常,往往难以留下证明各人死亡时间的证据。而如果不能确知死亡的孰先孰后,将为继承权的处理带来难题。为摆脱此一困境,即须就各人死亡的时间作出法律推定,以防纠纷,而为裁判的依据。

依最高人民法院《继承法意见》第2条的规定,[2]各人的死亡时间推定如下:

①死亡人中有人系无其他继承人者时

推定该人先死亡。

此一推定,旨在尽量使继承成立。因为,既然该人并无继承人,那么,如果推定其后死,则他将继承同死者中其被继承人的财产;而又因其并无继承人,故而其自己原有财产以及因此继承所取得的财产,便均成为无人继承财产,而被收归国库或者由自治团体取得。

②死亡人均有其继承人时

其辈份不同者,推定其中的长辈先死亡。

如此推定,旨在尽量使继承成立。因为同死者之间互有继承关系,那么,如果其中的长辈先死亡,其遗产便可由其同死者中的晚辈继承。而该晚辈可能会另有继承人,其遗产不致沦为无人继承。

其辈份相同者,推定其同时死亡。

如此推定,是前一推定的延伸。既然长辈先死,也就规定了同辈只能同时死亡了。

以上推定,其价值选择是尽量使继承成立,以充分保护继承权。

2)须死亡人留有遗产

同上,继承以处理死亡自然人遗产的归属为旨归,遗产之为继承权取得的法律要件,是自明之理,无遗产即无继承可言。

3)须死亡人有一定范围的亲属

继承是将遗产分配于死亡自然人一定范围亲属取得的制度,故而继承权由该亲

---

〔1〕 最高人民法院《继承法意见》第1条第1款:"继承从被继承人生理死亡或被宣告死亡时开始。"[对应《民法典继承编解释(一)》第1条第1款:"继承从被继承人生理死亡或者被宣告死亡时开始。"]

〔2〕 最高人民法院《继承法意见》第2条:"相互有继承关系的几个人在同一事件中死亡,如不能确定死亡先后时间的,推定没有继承人的人先死亡。死亡人各自都有继承人的,如几个死亡人辈份不同,推定长辈先死亡;几个死亡人辈份相同,推定同时死亡,彼此不发生继承,由他们各自的继承人分别继承。"[对应《民法典》第1121条第2款:"相互有继承关系的数人在同一事件中死亡,难以确定死亡时间的,推定没有其他继承人的人先死亡。都有其他继承人,辈份不同的,推定长辈先死亡;辈份相同的,推定同时死亡,相互不发生继承。"]

属亦即继承人取得。作为继承的要件，当然必须有继承人存在。如果被继承人并无继承人，自然不会发生继承。当然，法律通常不禁止自然人以遗嘱将其未来遗产处分给法人，并且在遗嘱人死亡时，法律保障被指定的法人实际取得遗产。然而，此时的法人不是在"继承"遗产，而是受遗赠取得遗产。特别在我国《继承法》，坚持将继承定义为自然人之间的财产死因变动，法人无由参与。

继承关涉被继承人以及继承人利益至为巨大，为公平控制起见，继承人的范围由法律强制性地作出规定。关于继承人的范围以及位序，我们将在本节第四目具体讨论。

4) 须继承人无失权事由

《继承法》第7条规定："继承人有下列行为之一的，丧失继承权：（一）故意杀害被继承人的；（二）为争夺遗产而杀害其他继承人的；（三）遗弃被继承人的，或者虐待被继承人情节严重的；（四）伪造、篡改或者销毁遗嘱，情节严重的。"[1] 依上述规定，继承人如果有上列行为之一，其继承权便当然丧失。因此，此为继承权取得的消极要件，继承人不得有上列行为。

5) 须继承人处于无竞争位序

该位序，在遗嘱继承，须以遗嘱确定。在法定继承，则依法确定。

2. 继承权取得的时点

继承权取得，不问其实际实现于何时，均溯及于继承开始之时。从继承开始到遗产由继承人实际取得，往往有一个事实上的时间间隔，这其间，有处理继承手续包括遗嘱执行的需要，也有当事人选择了并不即时分割遗产的方案，尤其子女在继承亡父或亡母一方遗产时，往往不即时分割遗产，而待生存的父或母将来死亡后一并分割。在上述情况下，虽然有此事实上的时间间隔，但在实际使遗产归诸继承权人之时，是溯及于继承开始地就遗产形成新的法律关系的。

（五）继承权的效力

此处所讨论的继承权，指既得型继承权。期待型继承权仅为权利的未成就状态，在讨论权利的效力时，自应以既得权为准。此点务应注意。

---

[1] 对应《民法典》第1125条："Ⅰ.继承人有下列行为之一的，丧失继承权：（一）故意杀害被继承人；（二）为争夺遗产而杀害其他继承人；（三）遗弃被继承人，或者虐待被继承人情节严重；（四）伪造、篡改、隐匿或者销毁遗嘱，情节严重；（五）以欺诈、胁迫手段迫使或者妨碍被继承人设立、变更或者撤回遗嘱，情节严重。Ⅱ.继承人有前款第三项至第五项行为，确有悔改表现，被继承人表示宽恕或者事后在遗嘱中将其列为继承人的，该继承人不丧失继承权。Ⅲ.受遗赠人有本条第一款规定行为的，丧失受遗赠权。"在继承权丧失的事由上，《民法典》于《继承法》第7条规定的基础上，增加了以欺诈、胁迫手段迫使或者妨碍被继承人设立、变更或者撤回遗嘱的严重情形，作为继承权丧失的事由之一，并对继承权丧失后能否恢复的情形、受遗赠人丧失受遗赠权作出规定，对继承权丧失制度进行了进一步完善。参见最高人民法院民法典贯彻实施工作领导小组主编：《中华人民共和国民法典婚姻家庭编继承编理解与适用》，人民法院出版社2020年版，第517页。

1.遗产权利继受取得

对于遗产中的权利而言,体现为各该权利当然对继承权人形成,纵使权利依其类型须特别公示者,在此种情形下,公示仅属宣示性质,而非权利变动要件。

2.遗产债务继受负担

对于遗产中的债务而言,形式效力体现为使该债务当然对继承权人形成。

(六)继承权的丧失与抛弃

1.继承权的丧失

1)意义

指期待型继承权因其享有者的不法行为而当然消灭。

2)继承权丧失的法定不法事由

依《继承法》第7条的规定,继承权丧失的法定事由如下:

(1)故意杀害被继承人;(2)为争夺遗产而杀害其他继承人;(3)遗弃被继承人;(4)严重虐待被继承人;(5)伪造、篡改或销毁遗嘱而情节严重。[1]

2.继承权的抛弃

无论期待型继承权抑或既得型继承权均可抛弃。不过,对期待型继承权的抛弃在继承开始后方有意义。

抛弃继承权的意思表示须在遗产分割之前为之。法律针对法定继承权与遗嘱继承权对抛弃的意思表示有区别性规定:在法定继承权,以明示为要件;而在遗嘱继承权,则无须明示。

四、继承人

(一)继承人的意义

1.继承人

所谓继承人,指法律所规定的有资格取得继承权的人。

2.继承权人

指继承权的享有人。

3."继承人"与"继承权人"两概念的区别

1)两概念中主体所享有的继承权不同

继承人仅系可能获得继承权的人,继承权人所享有的则为既得型继承权。

---

〔1〕 对应《民法典》第1125条:"Ⅰ.继承人有下列行为之一的,丧失继承权:(一)故意杀害被继承人;(二)为争夺遗产而杀害其他继承人;(三)遗弃被继承人,或者虐待被继承人情节严重;(四)伪造、篡改、隐匿或者销毁遗嘱,情节严重;(五)以欺诈、胁迫手段迫使或者妨碍被继承人设立、变更或者撤回遗嘱,情节严重。Ⅱ.继承人有前款第三项至第五项行为,确有悔改表现,被继承人表示宽恕或者事后在遗嘱中将其列为继承人的,该继承人不丧失继承权。Ⅲ.受遗赠人有本条第一款规定行为的,丧失受遗赠权。"

2)继承权人须以继承人为前提

非继承人不能成为继承权人，但前者未必成为后者。前者是法律旨在保护被继承人近亲属的合理利益而划定的该亲属的最大范围，后者则是在生活事实层面上实际取得既得型继承权的人。

3)在范围上继承权人较继承人狭小

因为，第一，继承人实质上是可能性继承权的最大值，在生活层面上，充分其要件的近亲属则未必齐全；第二，纵使在生活层面上继承人的各类型均存在时，实际取得既得型继承权的人也仅为其中的第一位序人，第二位序人将被排除。

（二）继承人的范围

1.范围法定

1)《继承法》的规定

我国《继承法》第10条规定，配偶、子女、父母、兄弟姐妹、祖父母、外祖父母为"法定继承人"。[1]鉴于遗嘱继承人须在法定继承人中指定，故而该条所规定的亲属应为继承人，而不仅是法定继承人。

另外，继承人是自被继承人立场称谓的法定亲属类型。例如《继承法》在继承人意义上所称的"配偶"，指被继承人的配偶，"子女"指被继承人的子女，其余类推。

2)确定继承人范围的价值取向

确定继承人范围的价值取向有二。一是依据与被继承人的亲等距离，仅以近亲属为限；二是为不使继承人所得遗产过于细碎，因而近亲属的范围不宜划得过宽，亦即仅划在三亲等之内。

2.继承人各论

1)配偶

（1）意义

作为继承人的配偶，是婚姻关系因被继承人死亡而归于消灭的人。

（2）要件

①须与被继承人有婚姻关系

婚姻关系须依《婚姻法》所规定的要件成立。尤指须公示，凡已公示者即为配偶，例如已公示而未同居者以及正在离婚之诉系属中的当事人是。相反，凡无婚姻公示者皆不能成立婚姻关系，例如已订婚者、同居者是。此外，因被继承人被宣告死亡而与他人结婚的被继承人的原配偶，纵使其后任配偶已死亡者，也与被继承人无婚姻

---

〔1〕 对应《民法典》第1127条："Ⅰ.遗产按照下列顺序继承：（一）第一顺序：配偶、子女、父母；（二）第二顺序：兄弟姐妹、祖父母、外祖父母。Ⅱ.继承开始后，由第一顺序继承人继承，第二顺序继承人不继承；没有第一顺序继承人继承的，由第二顺序继承人继承。Ⅲ.本编所称子女，包括婚生子女、非婚生子女、养子女和有扶养关系的继子女。Ⅳ.本编所称父母，包括生父母、养父母和有扶养关系的继父母。Ⅴ.本编所称兄弟姐妹，包括同父母的兄弟姐妹、同父异母或者同母异父的兄弟姐妹、养兄弟姐妹、有扶养关系的继兄弟姐妹。"

关系。

②须婚姻关系因被继承人死亡而消灭

唯因被继承人死亡而其婚姻关系消灭者,方足以成为继承人。

2)子女

(1)意义

指一亲等晚辈直系血亲。

(2)说明

①须为被继承人的血亲

不仅包括真正血亲,而且包括拟制血亲。真正血亲又不仅包括婚生血亲,而且包括非婚生血亲;拟制血亲则指因收养以及拟制收养而形成的亲属。《婚姻法》第26条第1款规定:"国家保护合法的收养关系。养父母和养子女间的权利和义务,适用本法对父母子女关系的有关规定。"[1]此为真正收养。同法第27条第2款规定:"继父或继母和受其抚养教育的继子女间的权利和义务,适用本法对父母子女关系的有关规定。"[2]此即拟制收养。

②须为被继承人的晚辈血亲

子女必为晚辈血亲,此点为自明之理。

③须为被继承人的晚辈直系血亲

子女必为晚辈直系血亲,若为旁系者,则非子女。

④须为被继承人的一亲等晚辈直系血亲

子女为一亲等晚辈直系血亲,若为二亲等以上者,则为孙子女乃至曾孙子女,其余类推。

⑤须未被他人收养为养子女

依《婚姻法》第26条第2款[3]的规定,已为他人养子女者,其与生父母之间的权利和义务,即因收养成立而消除。故而子女不包括虽为生子女但已被他人收养者。

---

〔1〕 对应《民法典》第1111条第1款:"自收养关系成立之日起,养父母与养子女间的权利义务关系,适用本法关于父母子女关系的规定;养子女与养父母的近亲属间的权利义务关系,适用本法关于子女与父母的近亲属关系的规定。"《民法典》之前,《婚姻法》第26条和《收养法》第23条内容相近,共存于我国婚姻家庭法体系中。《收养法》第23条:"Ⅰ.自收养关系成立之日起,养父母与养子女间的权利义务关系,适用法律关于父母子女关系的规定;养子女与养父母的近亲属间的权利义务关系,适用法律关于子女与父母的近亲属关系的规定。Ⅱ.养子女与生父母及其他近亲属间的权利义务关系,因收养关系的成立而消除。"《民法典》在"家庭关系"章删去了《婚姻法》第26条的规定,在"收养"章保留了《收养法》第23条的规定。参见薛宁兰、谢鸿飞主编:《民法典评注·婚姻家庭编》,中国法制出版社2020年版,第579—580页;最高人民法院民法典贯彻实施工作领导小组主编:《中华人民共和国民法典婚姻家庭编继承编理解与适用》,人民法院出版社2020年版,第428页。

〔2〕 对应《民法典》第1072条第2款:""继父或者继母和受其抚养教育的继子女间的权利义务关系,适用本法关于父母子女关系的规定。"

〔3〕《婚姻法》第26条第2款:"养子女和生父母间的权利和义务,因收养关系的成立而消除。"[对应《民法典》第1111条第2款:"养子女与生父母以及其他近亲属间的权利义务关系,因收养关系的成立而消除。"]

（3）外延

依《继承法》第10条第3款的规定："本法所说的子女，包括婚生子女、非婚生子女、养子女和有扶养关系的继子女。"[1]

①真正血亲

第一，婚生子女。

包括已出生子女和胎儿。依《继承法》第28条，胎儿以其出生为条件溯及地视为子女。[2]详言之：

一是胎儿被溯及地视为子女。

虽未出生，但视为既已出生。

二是以出生为停止条件。

如果将来出生，则以子女的身份为继承人。如果将来出而无生命，亦即生下死胎，则不视为子女。如果此前已分割遗产，那么，为之预留的遗产即须依继承法再行继承。

第二，非婚生子女。

包括合意性行为非婚生子女与强奸行为非婚生子女。

②拟制血亲

第一，养子女。

依旧社会陋习成立的"嗣子"，亦即在被继承人丧仪中以儿子身份执行职务的人，不能成立养子女。

第二，形成收养关系的继子女。

所谓"继子女"，指一方配偶在本婚之外与他人婚生或者非婚生而与配偶双方共同生活的子女。最高人民法院《继承法意见》第21条第1款规定："继子女继承了继父母遗产的，不影响其继承生父母的遗产。"[3]

3）父母

即被继承人的一亲等长辈直系血亲。

依《继承法》第10条第4款的规定："本法所说的父母，包括生父母、养父母和有扶养关系的继父母。"[4]最高人民法院《继承法意见》第20条规定："在旧社会形成的一夫多妻家庭中，子女与生母以外的父亲的其他配偶之间形成抚养关系的，互

---

〔1〕 对应《民法典》第1127条第3款："本编所称子女，包括婚生子女、非婚生子女、养子女和有扶养关系的继子女。"

〔2〕《继承法》第28条："遗产分割时，应当保留胎儿的继承份额。胎儿出生时是死体的，保留的份额按照法定继承办理。"［对应《民法典》第1155条："遗产分割时，应当保留胎儿的继承份额。胎儿娩出时是死体的，保留的份额按照法定继承办理。"该条将"胎儿出生时"修改为"胎儿娩出时"，与《民法典》第16条的表述相一致。参见最高人民法院民法典贯彻实施工作领导小组主编：《中华人民共和国民法典婚姻家庭编继承编理解与适用》，人民法院出版社2020年版，第675页。］

〔3〕 现为《民法典继承编解释(一)》第11条第1款。

〔4〕 对应《民法典》第1127条第4款："本编所称父母，包括生父母、养父母和有扶养关系的继父母。"

有继承权。"同"意见"第21条第2款规定："继父母继承了继子女遗产的,不影响其继承生子女的遗产。"

4) 祖父母

即被继承人的二亲等父系直系长辈血亲。自逻辑言之,祖父母应包括生祖父母和养祖父母。但《继承法》仅规定为"祖父母",故而不应作此扩张解释。

5) 外祖父母

即被继承人的二亲等母系直系长辈血亲。自逻辑言之,外祖父母应包括生外祖父母和养外祖父母。但《继承法》仅规定为"外祖父母",故而不应作此扩张解释。

6) 兄弟姐妹

依《继承法》第10条第5款："本法所说的兄弟姐妹,包括同父母的兄弟姐妹、同父异母或者同母异父的兄弟姐妹、养兄弟姐妹、有扶养关系的继兄弟姐妹。"

最高人民法院《继承法意见》第23条规定："I.养子女与生子女之间、养子女与养子女之间,系养兄弟姐妹,可互为第二顺序继承人。II.被收养人与其亲兄弟姐妹之间的权利义务关系,因收养关系的成立而消除,不能互为第二顺序继承人。"[1]第24条规定："I.继兄弟姐妹之间的继承权,因继兄弟姐妹之间的扶养关系而发生。没有扶养关系的,不能互为第二顺序继承人。II.继兄弟姐妹之间相互继承了遗产的,不影响其继承亲兄弟姐妹的遗产。"[2]

7) 无因赡养姻父母的寡媳鳏婿

《继承法》第12条规定："丧偶儿媳对公、婆,丧偶女婿对岳父、岳母,尽了主要赡养义务的,作为第一顺序继承人。"[3]我们称之为无因赡养姻父母的"寡媳鳏婿"。

(1) 意义

指丧偶而赡养公婆的儿媳和赡养岳父母的女婿。

(2) 要件

①须为儿媳和女婿;

②须丧偶;

③须赡养公婆或者岳父母。

指为公婆或者岳父母提供了主要经济来源或者在生活上给予了主要帮助。《继承法》称"尽了主要赡养义务"。

---

〔1〕 对应《民法典继承编解释(一)》第12条："I.养子女与生子女之间、养子女与养子女之间,系养兄弟姐妹,可以互为第二顺序继承人。II.被收养人与其亲兄弟姐妹之间的权利义务关系,因收养关系的成立而消除,不能互为第二顺序继承人。"

〔2〕 现为《民法典继承编解释(一)》第13条。

〔3〕 对应《民法典》第1129条："丧偶儿媳对公婆,丧偶女婿对岳父母,尽了主要赡养义务的,作为第一顺序继承人。"

五、继承法

(一)继承存在的依据

继承存在的依据，是个人财产所有权制度。因为，既然存在个人财产所有权，并且此一制度真实、有效的话，那么，便不能不肯认财产处分权。而既然肯认财产处分权，也就不可能不肯认遗嘱处分权。仅此一端，便足以形成遗嘱继承制度。既然有遗嘱者如此，那么对无遗嘱者，依社会共同认同的逻辑，亦应推定死者有使秩序认可的近亲属取得遗产的遗嘱，因而无须专门以遗嘱表示该意思。于是也就产生了法定继承。总之，继承是所有权的一个面相。有财产所有权制度存在，便不可能否定继承制度的存在。

(二)我国继承法的基本原则

1.财产继承原则

亦即继承的对象仅以财产权为限的原则。自从人类社会否弃了不平等身份之后，身份继承便不可能存在了。

2.继承权男女平等原则

《继承法》第9条规定："继承权男女平等。"[1]明文肯认了此一原则。

3.法定继承原则

所谓"法定继承原则"，是指以法律所规定的继承人范围、位序和遗产分配准则为继承制度的本位的原则。相反，以遗嘱分配为继承制度本位的原则，则相应地称之为"遗嘱继承原则"。在后一原则下，当事人得以遗嘱自由处分遗产，包括以继承否定一切亲属依法享有的继承权。与此相对应，在"法定继承原则"下，则限制遗嘱的适用条件，包括保障一定亲属依法享有的继承权优先于遗嘱继承权。欧美有些国家奉行遗嘱继承原则，我国则采行法定继承原则。其体现为：

1)遗嘱继承人以法定继承人的范围为限

在我国《继承法》，法定继承人方可能取得继承权。遗嘱继承人也须以法定继承人为前提。

2)特留份制度

特留份，指分配遗产时为特定继承人强制保留的份额。《继承法》第19条规定："遗嘱应当对缺乏劳动能力又没有生活来源的继承人保留必要的遗产份额。"[2]这是对遗嘱的限制，是法定继承原则的体现之一。

---

〔1〕 现为《民法典》第1126条。

〔2〕 对应《民法典》第1141条："遗嘱应当为缺乏劳动能力又没有生活来源的继承人保留必要的遗产份额。"

3）法定继承代位权

在法定继承中，被继承人先期死亡子女的继承权依法由其直系卑亲属代位，此即所谓"代位继承"。此系立法特别优渥法定继承人中的特别身份人。而在遗嘱继承中，当被继承人子女先期死亡时，该人便不属遗嘱继承人，其晚辈直系亲属无从代位。代位继承体现了法定继承原则。

4.限定继承原则

所谓限定继承原则，指以遗产中的积极财产为限同时继受消极遗产的继承原则。详言之，当遗产实值为消极财产时，该原则允许继承人作出继承抑或不继承的选择，而不强制继承人承担作为遗产的绝对债务。此一原则，否定了绝对的"父债子偿"。我国《继承法》采行限定继承原则，该法第33条规定："Ⅰ.继承遗产应当清偿被继承人依法应当缴纳的税款和债务，缴纳税款和清偿债务以他的遗产实际价值为限。超过遗产实际价值部分，继承人自愿偿还的不在此限。Ⅱ.继承人放弃继承的，对被继承人依法应当缴纳的税款和债务可以不负偿还责任。"[1]

第二节　遗嘱继承权

一、遗嘱

（一）遗嘱的意义

1.定义

遗嘱是自然人旨在处分未来遗产及处理其他身后财产事务而于死后生效的亲自行为。

2.对定义的说明

1）遗嘱是法律行为

遗嘱是法律行为的一个具体类型，法律行为的要件均适用于遗嘱，法律行为的

---

〔1〕 对应《民法典》第1159条和第1161条。《民法典》第1159条："分割遗产，应当清偿被继承人依法应当缴纳的税款和债务；但是，应当为缺乏劳动能力又没有生活来源的继承人保留必要的遗产。"该条吸收了《继承法》第33条第1款第1句"继承遗产应当清偿被继承人依法应当缴纳的税款和债务"，以及《继承法意见》第61条"继承人中有缺乏劳动能力又没有生活来源的人，即使遗产不足清偿债务，也应为其保留适当遗产，然后再按继承法第三十三条和民事诉讼法第一百八十条的规定清偿债务"。参见最高人民法院民法典贯彻实施工作领导小组主编：《中华人民共和国民法典婚姻家庭编继承编理解与适用》，人民法院出版社2020年版，第693页。《民法典》第1161条："Ⅰ.继承人以所得遗产实际价值为限清偿被继承人依法应当缴纳的税款和债务。超过遗产实际价值部分，继承人自愿偿还的不在此限。Ⅱ.继承人放弃继承的，对被继承人依法应当缴纳的税款和债务可以不负清偿责任。"该条除表述略有调整外，基本沿袭了《继承法》第33条的规定。

特征也均由遗嘱承受。

2）遗嘱是单方行为

遗嘱不以相对人的意思表示为要件，而是单方行为。

3）遗嘱是处分行为

遗嘱的意思表示，以对未来遗产的处分及其他身后财产事务的处理为内容，其中涉及遗产的部分，是遗嘱意思表示的主体，其部分属于处分行为。在日常用语中，自然人处理身后政治、宗教等事务的遗言也被称为遗嘱。在民法学中，遗嘱所处理的仅限于财产性身后事务。

4）遗嘱是要式行为

法律为遗嘱规定了相当严格的形式要件，遗嘱属于要式行为。关于遗嘱的形式要件，我们将在讨论遗嘱的具体类型时论及。

5）遗嘱是死因行为

遗嘱以遗嘱人死亡为特别生效要件，故而属于死因行为。

6）遗嘱是亲自行为

由于遗嘱是死因行为，唯于遗嘱人死亡后方生效力并被执行。故而认定遗嘱的有无以及遗嘱的内容，均于遗嘱人死后为时点。而此时遗嘱人已死无对证。为保证遗嘱真实，故遗嘱须由遗嘱人亲自实施。此点也决定了自书遗嘱须由遗嘱人签字，其他遗嘱则一律须有见证的要件。

3.指定继承人遗嘱与遗赠遗嘱

此系依遗嘱的意旨而作的划分。

1）指定继承人遗嘱

即遗嘱的内容在于指定特定人作为继承人。

2）遗赠遗嘱

即遗嘱的内容在于将遗产赠与继承人范围外的特定人。

(二)遗嘱的特别法律要件

1.概说

如上所述，遗嘱是法律行为的具体类型，法律行为的要件均适用于遗嘱。故而我们此处的讨论限于遗嘱的特别法律要件。

2.特别实质要件

1）意思表示要件的具体化

无伪造、无篡改。

2）合法性要件的具体化

（1）须所指定的遗嘱继承人为《继承法》所规定的继承人。

（2）须不抵触特留份。

特留份是依法为继承人的特定类型所保留的遗嘱不得否定的遗产份额。《继承法》第19条规定："遗嘱应当对缺乏劳动能力又没有生活来源的继承人保留必要的遗产份额。"[1]最高人民法院《继承法意见》第37条第1款规定："遗嘱人未保留缺乏劳动能力又没有生活来源的继承人的遗产份额，遗产处理时，应当为该继承人留下必要的遗产，所剩余的部分，才可参照遗嘱确定的分配原则处理。"[2]至于为胎儿保留份额，也属强制性规定，不得抵触。

3）处分权要件的具体化

最高人民法院《继承法意见》第38条规定："遗嘱人以遗嘱处分了属于国家、集体或他人所有的财产，遗嘱的这部分，应认定无效。"[3]

4）须遗嘱人死亡

遗嘱因遗嘱人死亡而生效。此即死因行为的特征。在生效之前（亦即遗嘱人生前），遗嘱人得任意撤销之，纵使为公证遗嘱，亦得任意撤销。

5）须为终局性遗嘱

在有多个遗嘱的场合，以终局性遗嘱为准。在先遗嘱均被新遗嘱更废。倘继承开始后仅发现一份遗嘱，则该遗嘱即确定地成为终局性遗嘱。

3.特别形式要件

依遗嘱意思表示的形式，遗嘱划分为"自书遗嘱""代书遗嘱""录音遗嘱""口头遗嘱"和"公证遗嘱"。

1）自书遗嘱的要件

（1）须遗嘱人亲自将其遗嘱的意思表示作成书面

自书遗嘱以书面为要件，故而须有书面。而且须由遗嘱人亲自作成书面，而不可请人代理。

（2）须签字

遗嘱人签字是其亲自制成书面的证明。

（3）须记载遗嘱日

遗嘱日是确定数份内容抵触遗嘱效力的依据。故而遗嘱须有遗嘱日的明确记载。

2）代书遗嘱的要件

（1）须由遗嘱人为遗嘱的意思表示

此处的意思表示，口头和不完全的书面均无不可。

---

〔1〕　对应《民法典》第1141条："遗嘱应当为缺乏劳动能力又没有生活来源的继承人保留必要的遗产份额。"

〔2〕　现为《民法典继承编解释（一）》第25条第1款。

〔3〕　对应《民法典继承编解释（一）》第26条："遗嘱人以遗嘱处分了国家、集体或者他人财产的，应当认定该部分遗嘱无效。"

(2)须由代书人将遗嘱作成书面

①须有代书人

第一，须代书人有行为能力。

代书行为的性质应属遗嘱文字表述的帮助行为，实施该行为亦应具有行为能力。

第二，须代书人就遗嘱无利害关系。

即遗嘱的效力不影响代书人的利益。

②须由代书人依遗嘱的意旨制成书面

亦即由代书人依照遗嘱的意旨编制成文本并在文本上签名。代书人签名应为必要条件。

(3)须经遗嘱人确认

对代书人制作的遗嘱文本，须向遗嘱人宣读并经其同意，然后在其所同意的遗嘱文本上签名。

(4)须记载遗嘱日

此要件与自书遗嘱同。

(5)须有见证

①见证的意义

所谓见证，即对待证明事实或者过程有目击并对所见作出证明。

②见证的要件

第一，须有见证人。

见证人为见证的主体，无该人自无见证可言，故见证人为必要条件。见证人与代书人可以同一。

第二，须见证人适格。

见证人资格，同于代书人。

第三，须有见证。

即目击遗嘱人口头表述其遗嘱意旨，由他人代书该遗嘱的全过程并就所得印象在代书遗嘱的同一文本上作文字证明。见证人须签名并记载见证日。

3)录音遗嘱的要件

(1)须意思表示以录音制品为载体

此系与自书和代书遗嘱不同之处。

(2)须有见证

除见证无须在遗嘱文本以文字为之之外，其他要件均与代书遗嘱同。

4)口头遗嘱的要件

(1)须意思表示以证人的证言为载体

因遗嘱系死因行为，唯于遗嘱人死亡后方生效力并被执行。故而认定遗嘱有无以及遗嘱的内容,均于遗嘱人死后。自此一意义言之,遗嘱须有口头以外的载体。《继承法》所称的"口头遗嘱",其实并非以遗嘱人自己的口头语言为遗嘱的载体为要件,而须以他人证言为载体。而以证人证言为载体,成为口头遗嘱不同于自书、代书以及录音诸遗嘱形式的突出之点。

(2)须有见证

此点同于录音遗嘱。

(3)须遗嘱人处于不及以其他郑重形式立遗嘱的生命危急情形

易言之,如果遗嘱人具备以其他郑重形式立遗嘱的条件,则口头遗嘱不成立。此外,在危急情形消灭后的一定合理期间经过后,遗嘱人能以郑重方式立遗嘱时,该口头遗嘱即失效。关于此一合理期间制度,我国《继承法》无规定,最高法亦未著有司法解释,应为法律漏洞。

5)公证遗嘱的要件

即依公证程序制作的遗嘱。

(三)遗嘱的类型

依遗嘱的内容究为设立遗嘱继承权抑或受遗赠权,遗嘱划分为"继承遗嘱"和"遗赠遗嘱"。

(四)终局遗嘱的效力

遗嘱的效力,是使所指定的继承人取得遗嘱继承权,以其所处分的财产为限,排除其他法定继承人的继承权。

二、遗嘱继承权

遗嘱继承权是因遗嘱而取得的继承权。

遗嘱继承权作为继承权的具体类型,当然具备继承权的全部性质,也是形成权。

三、遗嘱继承权的取得

(一)概说

遗嘱继承权因其法律要件被生活事实所充分而取得。故而讨论取得,关键在于明了取得的法律要件。

(二)遗嘱继承权取得的法律要件

1.须有有效终局遗嘱

此点其义自明，而毋庸赘言。

2.须有遗嘱继承人

所谓有遗嘱继承人，系指遗嘱所指定的继承人存在。如果遗嘱所指定的继承人均不存在，该权利将因无主体而不能发生。

3.须遗嘱继承人无失权事由

此点其义亦自明，而毋庸赘言。

四、遗嘱继承权的实现

遗嘱在生效后依由遗嘱执行人予以执行。依其执行，遗嘱继承权便得以实现。

第三节 法定继承权

一、法定继承权的意义

法定继承权是适用继承法关于继承人范围、位序以及遗产分配原则的继承权。

二、法定继承人

(一)法定继承人的意义

法定继承人指继承法所规定的有权继承遗产的被继承人的特定范围近亲属。

(二)法定继承人的位序

1.位序的意义

位序即继承人取得继承权的先后顺序。

此系为控制继承人取得继承权的进一步安排。

2.位序的结构

1)第一位序

配偶、子女、父母和无因赡养姻父母的寡媳鳏婿。

2)第二位序

祖父母、外祖父母和兄弟姐妹。

3.位序的效力

1)第一位序的优先权

第一位序的效力是优先权,第二位序的效力是候补权。只有当无第一位序人或虽有而皆丧失继承权时,第二位序人方取得既得继承权。

2)同位序继承人的平等权

(1)平等原则

依《继承法》第13条,[1]同位序继承人的权利平等。

(2)例外规定

依《继承法》第13条,[2]有以下例外规定:

①对生活有特殊困难且缺乏劳动能力的继承人应予照顾。

②对向被继承人尽了主要扶养义务或者与之共同生活的继承人可以多分给。

③对有扶养能力和条件却不尽扶养义务的继承人应予少分或者不分。

三、法定继承权的取得

遗嘱继承权因其法律要件被生活事实所充分而取得。故而讨论取得,关键在于明了取得的法律要件。

四、法定继承权取得的特别要件

(一)须遗嘱继承权的要件不被充分

特别是下列情形之一:

1.须有有效遗嘱未予处分的遗产

遗产存在是继承的一般前提。在法定继承,此一要件体现为须有有效遗嘱所未处分的遗产,包括部分或者全部遗产之上均无遗嘱,以及虽有遗嘱但却无效或者被

---

〔1〕《继承法》第13条:"Ⅰ.同一顺序继承人继承遗产的份额,一般应当均等。Ⅱ.对生活有特殊困难的缺乏劳动能力的继承人,分配遗产时,应当予以照顾。Ⅲ.对被继承人尽了主要扶养义务或者与被继承人共同生活的继承人,分配遗产时,可以多分。Ⅳ.有扶养能力和有扶养条件的继承人,不尽扶养义务的,分配遗产时,应当不分或者少分。Ⅴ.继承人协商同意的,也可以不均等。"[对应《民法典》第1130条:"Ⅰ.同一顺序继承人继承遗产的份额,一般应当均等。Ⅱ.对生活有特殊困难又缺乏劳动能力的继承人,分配遗产时,应当予以照顾。Ⅲ.对被继承人尽了主要扶养义务或者与被继承人共同生活的继承人,分配遗产时,可以多分。Ⅳ.有扶养能力和有扶养条件的继承人,不尽扶养义务的,分配遗产时,应当不分或者少分。Ⅴ.继承人协商同意的,也可以不均等。"无实质调整,仅将"对生活有特殊困难的缺乏劳动能力的继承人"修改为"对生活有特殊困难又缺乏劳动能力的继承人"。]

〔2〕同上注。

撤销。如果所有遗产都已被遗嘱处分，法定继承当然便无从适用。

2.须遗嘱继承权不存在

包括：

1)遗嘱继承人或者受遗赠人均先期死亡。

2)遗嘱继承人或者受遗赠人均抛弃其权利。

3)遗嘱继承人或者受遗赠人均丧失继承权。

（二）须继承人处于无竞争位序

此点其义自明，毋庸赘言。

五、法定继承权的代位

（一）法定继承代位权

指法定继承中被继承人先期死亡子女的继承权由其直系卑亲属代位行使的权利。

（二）制度价值

代位继承权的法律价值是坚持继承中应有的育幼功能。

（三）法律要件

1.须属法定继承

代位继承是法定继承特有的代位权，而为遗嘱继承所没有。

2.须被继承人的子女或者无因赡养寡媳鳏婿先期死亡

依《继承法》第11条，[1]代位权仅适用于先期死亡子女。但依最高人民法院《继承法意见》第29条，扩张地适用于无因赡养寡媳鳏婿。[2]对其他继承人则不适用。

---

〔1〕 对应《民法典》第1128条第1款："被继承人的子女先于被继承人死亡的，由被继承人的子女的直系晚辈血亲代位继承。"《民法典》第1128条全文为："Ⅰ.被继承人的子女先于被继承人死亡的，由被继承人的子女的直系晚辈血亲代位继承。Ⅱ.被继承人的兄弟姐妹先于被继承人死亡的，由被继承人的兄弟姐妹的子女代位继承。Ⅲ.代位继承人一般只能继承被代位继承人有权继承的遗产份额。"《民法典》第1128条第1款和第3款基本沿袭了《继承法》第11条的规定，第2款为《民法典》新增。《继承法》第11条将代位人的范围限定于被继承人的子女，是因为根据当时我国国情，家庭的本支内人丁兴旺，有足够的人照顾被继承人。故为防止本支遗产流入他支，保护直系血亲的利益而作出了被代位人范围较小的规定。但随着我国30多年的独生子女政策推行，实际缩小了法定继承人范围，故第2款将兄弟姐妹纳入被代位人的范围。参见最高人民法院民法典贯彻实施工作领导小组主编：《中华人民共和国民法典婚姻家庭编继承编理解与适用》，人民法院出版社2020年版，第533—534页。

〔2〕 最高人民法院《继承法意见》第29条："丧偶儿媳对公婆、丧偶女婿对岳父、岳母，无论其是否再婚，依继承法第十二条规定作为第一顺序继承人时，不影响其子女代位继承。"［对应《民法典继承编解释（一）》第18条："丧偶儿媳对公婆、丧偶女婿对岳父母，无论其是否再婚，依照民法典第一千一百二十九条规定作为第一顺序继承人时，不影响其子女代位继承。"］

3.须先期死亡子女无丧失继承权其事

此要件其义自明,无须赘言。最高人民法院《继承法意见》第28条:"继承人丧失继承权的,其晚辈直系血亲不得代位继承。……"[1]

4.须先亡子女有直系卑亲属

该卑亲属将在充分代位权要件下,而成为代位权人。因此,如无该亲属,当无从成立代位继承权。

5.须该卑亲属无丧失继承权其事

此要件亦属自明之理,无须赘言。

(四)法律效果

代位权的法律效果是原由先期死亡人的继承权由代位权人享有并且行使。唯应注意,如果代位权人为多数时,每人的代位权仅为其人数量的倒数值,亦即若干分之一。

六、继承的再转

(一)继承再转的意义

指继承权人在继承开始后遗产分割前死亡,其在遗产中的份额由其继承人继承的情形。其中后一继承,称为"再转继承"。

(二)继承再转的要件

1.须继承已开始

继承的再转须于继承已开始方有存在之可能,因为,唯于此时,方得确定被继承人有无先期死亡子女。

继承再转不以法定继承为限,遗嘱继承亦复有之。

2.须继承人尚未实际取得遗产

继承虽于被继承人死亡时开始,继承权确定后,遗产所有权的继受溯及于继承开始之时;但是,继承人实际取得遗产的时间,是指遗产分配于继承权人的自然时间,与所有权继受的法定时间不同。唯继承人未实际取得遗产,方发生继承传递的可能。如果该人已实际取得遗产,则无从发生此项传递。

3.须继承人死亡

此要件其义自明,无须赘言。

---

〔1〕 对应《民法典继承编解释(一)》第17条:"继承人丧失继承权的,其晚辈直系血亲不得代位继承。如该代位继承人缺乏劳动能力又没有生活来源,或者对被继承人尽赡养义务较多的,可以适当分给遗产。"

4.须死亡继承人有继承人

此要件其义自明，也无须赘言。

(三) 效果

继承的传递，为递生的两个或者多个继承。

(四) 与代位继承的区别

(1) 代位继承以法定继承为要件，再转继承则无此限。

(2) 代位继承权人以先期死亡人之直系卑亲属为限，再转继承则无此限。

(3) 代位继承中的被代位人死于继承开始之前，再转继承的前手继承人却死于继承开始之后。

(4) 代位继承在性质上为一个继承过程，而再转继承则为相继发生的两个或者两个以上的继承过程。

第四节　受遗赠权

一、遗赠

(一) 遗赠的意义

遗赠是依遗嘱方式实施的死因赠与。

(二) 遗赠的性质

遗赠遗嘱与继承遗嘱同样，均为单方、无相对人的死因物权行为。既为物权行为，故其效力即在于令受遗赠人取得遗产的所有权。

(三) 遗赠的特别要件

1.须有遗嘱

赠与的意思表示，以遗嘱为之。故遗赠的成立须以有遗嘱为其要件，而且该遗嘱尚须充分遗嘱的法律要件。

2.须为死因赠与遗嘱

成立遗赠的遗嘱，须以死因赠与为内容。赠与仅以积极财产为限，此系遗赠不同于遗嘱继承之点。

3.须指定非继承人为受赠人

如果指定继承人为受赠人,则成立遗嘱继承,而非遗赠。

(四)遗赠的效力

如上所述,遗赠的效力,是使受遗赠人就遗嘱所指定的遗产取得所有权。在遗产所有权取得后,当然可以抛弃。依《继承法》第25条第2款的规定,该项抛弃行为须以明示为要件,而其除斥期间为两个月。唯应注意,该款所使用的文字颇为奇特:"受遗赠人应当在知道受遗赠后两个月内,作出接受或者放弃受遗赠的表示。到期没有表示的,视为放弃受遗赠。"[1]自字面看,似乎遗赠的效力不是所受遗赠人取得所有权,而是取得受遗赠的形成权,亦即须依其接受或者抛弃的意思表示方使法律关系形成或者变更的权利。但实质上却是关于所有权抛弃行为特别生效要件的规定。亦即该抛弃行为须以明示的方式为要件。此一规定的价值,是向受遗赠人倾斜,尽量使之取得遗产的所有权。

(五)附义务遗赠

1.意义

即遗嘱人请求特定人履行一定义务且以其履行条件向该人遗赠的行为。

2.效力

最高人民法院《继承法意见》第43条规定:"附义务的遗嘱继承或遗赠,如义务能够履行,而继承人、受遗赠人无正当理由不履行,经受益人或其他继承人请求,人民法院可以取消他接受附义务那部分遗产的权利,由提出请求的继承人或受益人负责按遗嘱人的意愿履行义务,接受遗产。"[2]自此解释可以看出法院在处理相关诉讼中只能使不履行义务的人消灭其受遗赠权,而不能强制被指定人履行义务。

二、附扶养义务的受遗赠权

(一)意义

附扶养义务的受遗赠权,指以履行一定的合同扶养义务为条件的受遗赠权。

---

〔1〕　对应《民法典》第1124条第2款:"受遗赠人应当在知道受遗赠后六十日内,作出接受或者放弃受遗赠的表示;到期没有表示的,视为放弃受遗赠。"表述略微调整,"两个月"修改为"六十日"。

〔2〕　对应《民法典继承编解释(一)》第29条:"附义务的遗嘱继承或者遗赠,如义务能够履行,而继承人、受遗赠人无正当理由不履行,经受益人或者其他继承人请求,人民法院可以取消其接受附义务部分遗产的权利,由提出请求的继承人或者受益人负责按遗嘱人的意愿履行义务,接受遗产。"

（二）遗赠扶养合同

1.遗赠扶养合同的意义

遗赠扶养合同是当事人约定一方扶养他方而该他方遗赠其遗产的合同。

2.对定义的说明

1）遗赠扶养合同是合同的具体类型

遗赠扶养合同，《继承法》称之为"遗赠扶养协议"。但自其双方行为的性质观之，却属合同。另外，自立法体系化要求言之，本应规定于合同之债部分。但为适用的便利，《继承法》却直接作了规定。

2）遗赠扶养合同是特种委任合同

遗赠扶养合同，是约定一方向他方为扶养的合同。所谓扶养，包括对受扶养人的生前给付——其中又主要体现为生活必需品的供给、生活料理和精神上的相濡以沫；以及身后的丧葬事务给付。以上诸事务的处理，在性质上均为委任性给付。故而该合同在性质上属于特种委任合同。

3）遗赠扶养合同是含有遗嘱的特种委任合同

遗赠扶养合同并非由纯生前行为组成，而是含有遗赠遗嘱的复合行为。二者结合为一体。

3.遗赠扶养合同的特别成立要件

1）须有扶养合同

即有一项一方向他方给付扶养的合同。此项遗赠扶养约定并非遗嘱，而是生前行为，并且是双方行为。该合同在遗赠人生前便已生效，扶养人须履行其扶养义务。

2）须有遗赠遗嘱

即遗嘱人向他方遗赠的遗嘱。此系遗嘱行为，须充分遗嘱的要件，且于遗嘱人死亡时方生效力。此外，该行为又属遗赠遗嘱行为，故须充分遗赠的要件，尤指须以非继承人为受遗赠人的要件。

3）须扶养合同与遗嘱相结合

在遗赠扶养合同中，合同与其内含的遗赠遗嘱并非各自孤立，而是互相结合的。遗赠须成为合同的内容之一，扶养须与遗赠互为对价。

4.遗赠扶养合同的效力

1）概说

遗赠扶养合同既然是扶养合同与遗赠遗嘱的复合体，则其扶养的一面生合同效力，扶养人须依约给付扶养于受扶养人，并且无权请求受遗赠之外的对价。此外是遗赠的效力，须待遗嘱人死亡时方始发生。在后者，作为遗嘱，有优先于其他类型遗嘱的效力。最高人民法院《继承法意见》第5条规定："被继承人生前与他人订有遗赠扶养协议，同时又立有遗嘱的，继承开始后，如果遗赠扶养协议与遗嘱没有抵触，遗产分别按协议和遗嘱处理；如果有抵触，按协议处理，与协议抵触的遗嘱全部或部分无效。"[1]

2）合同效力

（1）生前效力

①对扶养人的效力

即扶养义务给付效力。

②对受扶养人的效力

即合同的约束力。受扶养人无积极义务，但负有不擅自变更或者撤销该合同所包含的遗嘱的义务。在合同之外另以遗嘱遗赠所约定的财产于他人，即属对遗嘱的变更或者撤销行为。

（2）死因效力

受扶养人死亡，即令遗赠扶养合同所生的债消灭，扶养义务随之终止。

3）遗嘱效力

遗嘱遗赠因遗嘱人死亡而生效，受遗赠人取得受遗赠的债权以及遗赠物的所有权。此项权利不同于遗嘱继承权。

（三）附扶养义务受遗赠权的内容

附扶养义务受遗赠权的内容，是直接取得遗产的所有权。

第五节　遗产的继承外分配

一、概说

继承法所规定的内容，实际上有超出继承和遗赠者。但为了适用上的便利，也一并作了规定。将遗产分配于特定继承外自然人，以及当遗产成为无从适用继承或者遗赠的财产时，使其由国库或者一定自治组织取得，便属这样的情形。上述有关规定，形成了遗产的继承外分配的制度。

二、可酌情分给遗产的人

《继承法》第14条规定："对继承人以外的依靠被继承人扶养的缺乏劳动能力又

---

〔1〕 对应《民法典继承编解释（一）》第3条："被继承人生前与他人订有遗赠扶养协议，同时又立有遗嘱的，继承开始后，如果遗赠扶养协议与遗嘱没有抵触，遗产分别按协议和遗嘱处理；如果有抵触，按协议处理，与协议抵触的遗嘱全部或者部分无效。"

没有生活来源的人，或者继承人以外的对被继承人扶养较多的人，可以分配给他们适当的遗产。"[1]条文中使用了"可以"分给他们适当的遗产的表述，其性质为酌定性裁判规范。然而其倾向性却是明显的，只要要件被充分，原则上即应分给。对被继承人以较多照顾者，本应成立无因扶养债权，属于无因管理债权的具体类型之一。但上述条文却作了酌定性规定，而不采当然无因债权模式。此点应予注意。

三、无人继承和无人受遗赠遗产的归属

《继承法》第32条规定："无人继承又无人受遗赠的遗产，归国家所有；死者生前是集体所有制组织成员的，归所在集体所有制组织所有。"[2]

思考题：

1.如何理解继承权的法律性质？

2.比较代位继承与继承再转。

3.比较赠与合同与遗赠扶养合同。

4.如何处理互有继承关系的人在同一事件中死亡的死亡时间推定问题？

---

〔1〕 对应《民法典》第1131条："对继承人以外的依靠被继承人扶养的人，或者继承人以外的对被继承人扶养较多的人，可以分给适当的遗产。"该条删除了《继承法》第14条中"缺乏劳动能力又没有生活来源"的限制条件，扩大了酌情分得遗产的适用主体范围，体现了发挥遗产扶养功能的原则。参见最高人民法院民法典贯彻实施工作领导小组主编：《中华人民共和国民法典婚姻家庭编继承编理解与适用》，人民法院出版社2020年版，第546页。

〔2〕 对应《民法典》第1160条："无人继承又无人受遗赠的遗产，归国家所有，用于公益事业；死者生前是集体所有制组织成员的，归所在集体所有制组织所有。"该条新增"用于公益事业"的规定，在《继承法》第32条的基础上，明确了无人继承又无人受遗赠的遗产归国家所有后的用途，明确规定归国家所有的无人继承遗产应当用于公益事业。参见最高人民法院民法典贯彻实施工作领导小组主编：《中华人民共和国民法典婚姻家庭编继承编理解与适用》，人民法院出版社2020年版，第696页。

附件一

知识产权法导论
（讲稿大纲）

目　录

第一节　知识产权与相邻权益
第二节　知识产
第三节　知识产权的权能
第四节　知识产权的类型
第五节　知识产权的得丧与救济
第六节　知识产权法
第七节　知识产权国际条约

第一节　知识产权与相邻权益

目　　录
1. 知识产权
2. 相邻于知识产权的权益

一、知识产权

(一)定义

是以知识产为对象的直接型财产权。

(二)说明

1.知识产权属于权利

1)权利与义务是民法学基本逻辑概念体系的基石

2)权利的意义

(1)定义

权利是正当利益在私法上的类型化表现。

(2)说明

①权利是利益的私法表现

i.内容与形式

利益与权利,呈现为内容与形式的关系。

ii.利益需要法律来表现

亦即需要取得法律形式。因为:

i)须由法律定义内容与边界

ii)须由法律定义取得与实现条件

iii)须由法律以责任确保实现

iii.唯权利能在法律上表现利益

②权利是正当利益的私法表现

i.利益的划分

利益 $\begin{cases} \text{正当利益(权利)} \begin{cases} \text{裸体正当利益:权利胚胎} \\ \text{有权利形式的正当利益:权利} \end{cases} \\ \text{不当利益} \end{cases}$

上述图示中的“：”不表示同义或者等值。

ii.私法仅表现正当利益

③权利是正当利益的类型化私法表现

i.正当利益的类型化

i)类型化的意义

ii)类型化的合理性

(i)正当利益是开放的

(ii)正当利益处于不同的发育阶段
(iii)唯发育成熟的正当利益方可表现为权利
(iv)权利表现呼唤类型化
iii)类型化工作由民法学担任
ii.依类型定义权利内容、边界、条件与救济
iii.结论：权利是正当利益的类型化私法表现
(3)权益

在经验层面，权利与权益混用，而无界分。我国立法经常使用"合法权益"的表述。

3)直接权的对象

直接权及义务须有对象。对象是权利所体现利益的载体。

4)权利的表现形式

是权利所体现的作用于对象的方式。
其具体方式称为"权能"。

5)权利取得
(1)意义

是权利对于特定人发生的情形。

(2)实质
①须以规定该项权利取得的规范为前提
②该规范的逻辑构造
i.在如何条件之下(称之为规范的"法律要件")
ii.得
iii.取得特定权利(称之为规范的"法律效果")
③是当法律要件被生活事实充分而适用该规范的结果
6)权利的划分
7)权利的民法保护
(1)意义

应为"权益"的民法保护，是对受到他人不法侵害的权益加以救助、以尽量回复其完满状态之谓。

(2)机制
①权益皆配属专门的救济权
②救济权因所配属的本权(权益)受到不法侵害而取得
③行使救济权便是权利的民法保护
8)知识产权属于权利的具体类型
2.知识产权属于原生权

本权依其产生须否以他权利为前提，划分为原生权与派生权。

1)原生权的意义

简称"原权"，是发生上无须其他权利为前提的权利。

2)知识产权属于原生权
3.知识产权属于基本权

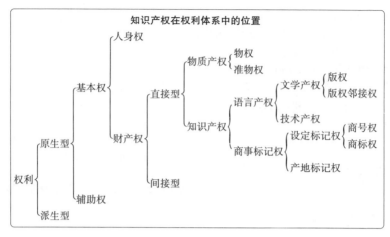

知识产权在权利体系中的位置

| | | 原生权依其作为利益享有之本体抑或利益实现之"辅助物"，划分为基本权与辅助权。 |

1) 基本权的意义

是作为利益享有之本体的原生权。

2) 知识产权属于基本权

4.知识产权属于财产权

1) 财产权的意义

是以财产为对象的基本权。

2) 财产权的划分

财产权，依其有无直接对象，划分为直接/归属/静态财产权与间接/取得/动态财产权。间接财产权须以直接财产权的对象为对象，而不复有自己的对象。

(1) 直接财产权
①意义

亦可称为"归属型财产权"或"静态财产权"，是直接以财产为对象的财产权。

②说明
i.以财产为直接对象

财产是经济资源的法律表现。亦即以法律上的归属为条件。

ii.体现为对财产的领有和支配

所谓支配，即在对象上体现自己的排他性意志。

iii.仅以抽象义务为对立面

支配权所对应的义务为尊重与容忍。故自权利实现观察，支配权是得由权利人单方行为实现的权利，而无须义务人的作为相配合。

iv.性质为绝对权
v.完全型支配权原则上无期间
③再划分

直接财产权依其对象之为物质产抑或知识产，再划分为物质产权与知识产权。

i.物质产权

是以物质型财产为对象的直接财产权。

ii.知识产权

是以法定肯认的人创造的营利用心理资料为对象的直接财产权。

(2)间接财产权

①意义

亦可称为"取得型财产权"或"动态财产权"，是以取得直接财产权为表现的财产权。

②再划分

间接财产权得依其取得条件之为受领分配抑或受领给付，得再划分为受分配型与受给付型。后者的典型是债权。

3)知识产权属于直接财产权

5.知识产权是以知识产为对象的直接财产权

1)知识产

(1)意义

①定义

是法律肯认的人创的营利用心理资料型财产。

②说明

i.属财产

ii.是心理消费用财产

i)意义

是信息或审美为其用。

ii)特殊性

(i)体现为对于信号的识别或者审美

任何事物皆有信号的一面，然心理消费的信号是文化型的。即以信号供认知、审美和识别。

(ii)消费过程在心理领域

故不发生物质磨损或者处分。

(iii)得以以复制本为消费对象

iii.是人创造的心理资料

i)非自然资料

ii)以创造性为要素

iv.是公开的心理资料

i)公开性是信息的本质属性

信息性事物，具有公共性基因，在本质上具有公共性，应当公开传播。垄断信息不可取。

ii)秘密信号不能成为支配权的对象

(i)秘密事物的归属无生纠纷可能

(ii)对秘密事物无从课予绝对型义务

(iii)秘密事物一旦泄密无从以回复原状为救济

(iv)商业秘密只能由债法予以民法肯认

v.是营利用心理资料

知识产须以营利为其用。凡不用于营利条件的人造资料，便不属知识产。

知识产的不消耗性导致的唯一性，令其本质上具有公共性：属于全人类的共同财富，应供世人享用。从而知识产权便仅为营利性利用权。此系大别于物质产权之点。物质产权是纯私权，他人不得染指。而公众却对知识产享有非营利性利用权。

vi.类型法定

知识产的类型由公法认定，而不容当事人任意设定。此点与物同。

(2) 再划分
①语言产

是以语言为表现的知识产，包括新作品和新技术。

②商事标记产

或称"商事同一性关联产"，体现为商人与其设定的特定商事标记之间的在市场上的同一性关联。而关联即要素之间的彼此关系，已非语言矣。故商事标记权的对象是同一性关联，而非标记。此外，标记亦非表义符号(语言)。
另外，上述同一性关系，是商人在市场的造物，须以创造性为要素。商事标记之所以被他人假冒，即因其有创造性。其创造性便归结为所标记商品或者服务的优越性价比。

2)知识产权的对象是知识产
(三)结论

知识产权是以知识产为对象的直接型财产权。

二、相邻于知识产权的权益
(一)总说

在经验层面上，以1967年《成立世界知识产权组织公约》第2条第8款为代表，知识产权的外延被列举规定到与"禁止不正当竞争"有关的权利。
"知识产权"包括有关下列各项的权利：
——文学、艺术和科学作品；
——演艺人、录音品及广播的表演；
——在人类一切活动领域内的发明；
——科学发现；
——外观设计；
——商标、服务标记、商号及其他商事标记；
——制止不正当竞争。
以及在工业、科学或者艺术领域内其他一切源自智力活动的权利。
上述"与制止不正当竞争"有关的权利，不唯其内涵相当模糊，而且其性质属救济权。而"著作权""专利权"与"商标权"等意义上使用的权利却为原生权。故禁止不正当竞争的救济权，不属知识产权的类型，而属知识产权的或者财产权的救济权。

(二)各论
1.商业秘密权益

是有市场价值的秘密知识。

关于商业秘密利益，究属权利抑或法益，知识产权研究者的认识很不清楚，政府更从中添乱。国家工商行政管理局制定的《关于禁止侵犯商业秘密行为的若干规定》第2条第1款规定："本规定所称商业秘密，是指不为公众所知悉、能为权利人带来经济利益、具有实用性并经权利人采取保密措施的技术信息和经营信息。"第6款规定："本规定所称权利人，是指依法对商业秘密享有所有权或者使用权的公民、法人或者其他组织。"[1]该规定公然使用了权利人的表述，既然享有者为权利人，那么，所享有的利益当然为权利了，该权利又当然是商业秘密权。这一表述是相当不负责任的。

2.竞争者权益

是竞争者在竞争中不受他人不正当侵害的权益。

第二节　知识产

目　录
1. 知识产的性质
2. 知识产是拟制财产
3. 知识产的构成要件
4. 知识产权的类型
5. 知识产权出世之认定
6. 竞争者法益

知识产权的对象，是受保护的心理消费用资料。

一、知识产的性质

知识产既非物质又非能，通说将其定性为"无体财产"，然其究属何物，却不能再说什么。依余所信，知识产应属信号型心理用资料。

（一）知识产属心理资料

知识产以满足人们获知或审美的心理需求为其用，属心理用而非生理用资料。由于生理消费属物质领域，故其对象必为物质资料。心理用则不同，它已不属物质领域，故其对象亦为物质，而为非物质信号。

（二）知识产是信号型资料
1.心理消费的对象是信号
2.垄断权的对象亦为信号

知识产权是垄断权，垄断思想是不可欲的。故作为垄断的对象不可能为思想。

---

[1]《关于禁止侵犯商业秘密行为的若干规定》(1998年修订)现行有效。

3. 信息与信号的对立统一

心理使用或者消费，本质上是信号的获取和解读。故其对象为信号。

物亦有信号的一面，然而物之用却非以信号为体，而以物质为体。

(三)知识产未必无形

通说以知识产为无形财产。然而，知识产却未必无形，作品中的造型艺术作品无疑是有形的，专利亦得有形。

(四)语言产区别于物的特征

商事标记产无从与物为比较。故我们这是讨论的仅为语言产与物的本质不同。

1.事实层面
1)使用的不消耗性

语言产是供心理使用的资料，而心理使用为非物质使用，既不归结为物之处分，亦不发生物质磨损。此即语言产的不消耗性。

2)易复制得再现与易传播性
(1)得复制得再现性
①意义

得复制得再现性与公开性相结合，规定了为激励而由法律制造与维护其稀缺性。

②说明
i.得复制
i)复制

复制是制作与知识产完全同一的信号集合的行为。知识产多数均易复制。

ii)复制本得代原本供使用

此一性质，也规定了得复制的语言产得以复制本代替原本供使用。

ii.得再现性

即文学语言产中的表演语言产和非线条造型艺术产得通过模仿而以同一类型的信号近似地再现。
唯应注意，此类文学语言产的"复制本"只能一定程度上近似于原本，从而不能完成代替原本供使用。

(2) 易传播性
①意义

易传播性是心理消费型资料固有的属性，物质和能均传输不易。

②挑战

易传播性意味着，物质产的交易规则无从适用。

3)无从处分性

知识产无从处分。处分是以物的转化实现其消费价值。处分是物权固有的表现形式，知识产无从处分。

2.法律层面
1)唯一性

(1)意义

亦称"排他性",即知识产由法律制造并且维持的排除后出同类取得竞争地位的属性。

排他的"他",指后出的同类。从而排他性非指权利的排他性。物权的效力亦有排他性,指同一物上无从成立内容相冲突的物权。知识产权的排他性是关于权利对象本身的排他性。

(2)唯一性是知识产的不消耗与法造稀缺性在民法上的表现

知识产既然不消耗且由法律制造并维护稀缺性,故其法律地位必然唯一,而类乎法定"独生子女"。

(3)效力

①知识产的排他性

令后出同类信号集合不能成为知识产。

②物权的排他性

令无权制作的复制本构成不法"物"。不法"物"既不能成为知识产,也不能成为物权的对象。任何人不得占有,更不能出卖、出租、进口,以为为此作推广宣传。

③唯一性规定了智慧表现的期间性

期间是平衡产权激励与社会文化发展利益的工具。商事标记无期间性。

二、知识产是拟制财产

(一)财产的要件

卡尔·门格尔:"一物为成为财货,换句话说,一物要获得财货的性质,必须具备下列四个前提:

(1)人类对此物的欲望;

(2)物与其满足人类欲望保持因果联系的属性;

(3)人类对此因果关联的认识;

(4)人类对于此物的支配,即人类事实上能够获得此物以满足其欲望。

这四个前提必须完全具备,一物才能成为财货。假如缺少任何一个前提,一物就不可能获得财货的性质。一物在既已具备财货的性质以后,假如它又失去这四个前提中的任何一个,则此物又会立即丧失财货的性质。"[1]

(二)知识产是基于产权激励的构想而拟制的财产

1.知识产的有用性规定了产权激励

因为有用,故其生产便值得激励。

科学发现无经济价值,故其"创作"无须产权激励。

2.近代经济学的思维定势规定了对知识产生产的产权激励

近代经济学是以私有财产制度为前提的。此一思维定势,规定了一谈激励,便不可能不是产权激励。F.哈耶克认为知识产一旦公开,便不复具有稀缺性。他说:"有一些所谓知识分子,对于在有效组织实质生产工具方面不可或缺的那些实质财产权,一般来说,一向是采取质疑的态度的。然而偏偏就是这些

---

〔1〕[奥]卡尔·门格尔:《国民经济学原理》,刘絜敖译,上海人民出版社2001年版,第2页。

人最热心、最卖力地支持一些非实质东西的财产权。这些财产权大都是最近才被编造出来的，例如，有关文艺作品和各种技术发明的权利。

"这些财产权和其他财产权的差别在于：实质东西的财产权，具有引导各种稀有资源发挥最大效用的功能；然而，像文艺作品和技术发明这样的东西，生产它们的那种能力固然也是稀有的，不过一旦它们被生产出来了，它们便可以被无限地复制或者重复使用，这时如果要说它们有什么稀有性，也完全是由法律造成的；这样做，据说是为了要提供诱因，鼓励人们继续生产出这样的东西。然而，以法律强制的稀有性来激励人类的创造力，却不见得一定是最好、最有效的方法。我很怀疑，在我们目前拥有的文学著作当中，我们会因为作者得不到专属的著作权而失掉哪一部伟大的作品。在我看来，大概只有在一种情况下，著作权的保护还有一些道理可言，那就是像百科全书、字典、教科书和其他参考工具书这些非常有用的作品，如果允许别人任意翻印，根本就不可能被生产出来。

"同样地，一再重复的研究到目前也还未能证明，对发明授予专利事实上一定会提升新技术知识的流出量。相反的，却有不少的理由，显示发明专利权只会过度诱导研究资源，集中浪费在一些大家都预见得到短期内会找到答案的问题上，因为鉴于专利权法的保护，任何人如果凑巧比别人早先一步寻得答案，便可以在很长的一段期间内享有独占使用该答案的权利。"[1]

3.是法律拟制作品为财产

（三）知识产是因法维护其稀缺性而拟制为财产

1.知识产不能充分财产的"得支配"与"稀缺"两要件

2.由法律制造和维护稀缺性方令知识产成为财产

如无法律创制并且予以维护的稀缺性，知识产便不足以当然成为财产。

3.法造产规定了知识产的合法性

4.法造产规定了知识产的"地域"性

对知识产的认定，须由政府为之。此点与物质产不同。物质产无此确认制度。

对知识产的认定标准，亦即知识产的构成要件，由国家作为主权者以制定法律方式宣布。这也是物质产所没有的。

以上二点，令知识产呈现为"地域"性。

唯应注意，物质产权亦有其地域性，不过由于不存在认定问题，故地域性被人们熟视无睹。

三、知识产的构成要件

（一）总说

法律要件是概念在裁判规范层面的可操作标准表现。

---

〔1〕 ［英］哈耶克：《致命的自负》，谢宗林等译，台湾地区远流出版公司1995年版，第48—49页。

（二）各论

　　1.须属人的作品

　　1）是人的作品

　　　　　　　　　　　　　　而非自然物。

　　2）是人所创作的心理用资料

　　（1）人的作品必为心理资料

　　　　　　　　　　　　　　物质只能由物质生成，人工无从生成。故人的作品只能呈现为信号，而非为物质。

　　（2）唯心理资料有用知识产权制度肯认的必要

　　　　　　　　　　　　　　物质产的归属有传统财产权亦即物质产权为其用，从而用不着知识产权制度。知识产权制度是界定心理消费型财产归属的财产权制度。

　　2.须公开

　　　　　　　　　　　　　　秘密资料无须抑且无从界定产权。

　　3.须属新出世资料

　　　　　　　　　　　　　　此系就知识产初次确认言。

　　4.须具显著区别性

　　　　　　　　　　　　　　是显著区别于既有同类作品的情形。

四、知识产的类型

（一）概说

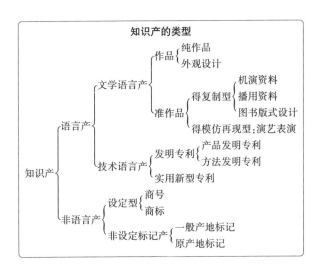

（二）各论

　　1.语言产与非语言产

　　　　　　　　　　　　　　知识产依其属于语言抑或商人与其标记的关联，划分为语言产与非语言产，后者即"市场同一性关联产"。

　　1）语言产

　　（1）意义

　　　　　　　　　　　　　　是由语言构成的具有独创性的知识产。

　　（2）说明

①是语言集合

②是思想或者情感的语言表现"物"

> 所谓语言表现"物"，是表现思想或者情感的语言集合。
> 语言的功用，端在学习与审美，此点构成语言表现与商事标记的差异，后者的功用在市场标表。

③须以独创性为要件

> 指思想或情感的表现"物"在出世时的前所未有性。

④是法律为之规定了期间的语言表现"物"

> 语言表现物的财产地位有其期间。易而言之，在法定期间内，是财产；逾越法定期间，便不复为财产矣。期间性的政策判断是协和产权激励所形成的垄断与社会发展利益。而协和之道即在予垄断以期间。

期间由法律规定。

(3)语言产的再划分

> 语言表现产，有以实用语言表现者，亦有以文学语言表现者。
> 实用性有两个方面的意义。自本质上说，指语言表现产能够调动自然力以控制或者改造人类物质生活环境的功能属性；在专利法的裁判规范上则指技术的得直接再现性，亦即得由技术所属领域的工程师无须其他知识便可实施该表现的功能属性。第二意义须以第一意义为基础。

①文学语言产

> 是以文学语言为表现"物"的语言表现产。

②技术语言(实用语言)产

> 亦得称"技术产或工业语言产"，是以技术语言为体现的语言表现产。

2)非语言产

(1)意义

①定义

> 又称"市场同一性关联产"，是由市场竞争者与其标记之间的同一性关联构成的标记用知识产。

②说明

i.由市场竞争者与其标记之间的同一性关联构成

> 非语言产并非商事标记，而是该标记与所标表的人之间的在市场上的同一性关联。

ii.用为市场同一性的标表

> 非语言产的功能在市场区别，而不在认知与审美。

iii.非语言产无须独创性

> 非语言产之受保护，不在其独创性，而在其区别性。

iv.非语言产无存续期间

(2)肯认非语言产的价值

> 非语言产是企业家的市场吸引力的载体。对于市场吸引力，难直接为产权界定，而唯经由界定商人与其标记的同一性间接达成。保护非语言产，便巧妙地保护了市场吸引力，从而使激励企业家市场吸引

（3）非语言产的再划分

①设定型

i.意义

i）定义

力的创作成为可能。

是经设定而与竞争者形成关联的非语言产。

ii）说明

（i）须以特定标记为载体

商事标记本身虽非非语言产，然却是该财产的载体，唯借标记方能形成使用人与标记之间在市场上的同一性关联。

（ii）商事标记虽具区别性

即令所标表的对象与竞争的同类相区别的功能属性。

ii.各论

i）商号载体型

以竞争者的名称为载体的非语言产。

ii）商标载体型

以商标为载体的设定型非语言产。

②非设定型

i.意义

i）定义

是因处于该地而与地理名称形成同一性关联的非语言产。

ii）说明

（i）以商品产地的地理名称为关联物

（ii）该关联因商品产于该地而当然获得

ii.再划分

i）原产地名称型

ii）产地名称型

五、知识产出世之认定

（一）概说

指确认特定新出知识产存在的作业。

（二）各论

1.对语言产的认定

1）对作品的认定

以市场认定为原则，但当事人有争议时，得诉请司法机关依法认定。

2）对专利的认定

专利意味着特定技术的垄断地位。故任何技术开发者皆有将所开发技术自我宣布为专利的积极性。故为秩序计，专利须由利益中立的机构依法认定。此点与作品的认定不同。

2.商事标记的认定

六、竞争者法益

商事标记的使用是垄断的, 亦须由利益中立者认定。

是尚未发育为权利却为法律肯认的正当利益之简称。

立法上所规定的制止不正当竞争的"权利", 其性质属救济权, 其所配属的法益便是竞争者法益。

第三节　知识产权的权能

目　录
1. 知识产权对直接财产权的承受
2. 知识产权的表现形式
3. 伴生于知识产权的处分权
4. 关于立法规定的作品创作人的人格权

一、知识产权对直接财产权的承受

知识产权属于财产权, 故承受了其属概念财产权的表现形式。

(一) 直接财产权的表现形式

1. 本权

1) 领有

是作为对象的主人之义。

领有是抽象的, 然而依此项权能, 权利所体现的利益即归属于权利的享有者。故领有是真实的。

2) 利用

(1) 意义

是实现物之工具价值的物权表现。

(2) 说明

① 本质是实现对象的工具价值

包括在物质领域的价值, 以及作为营利条件的价值。

② 以保持对象的质态为条件

i. 保持质态

ii. 利用的得重复性

(3) 专利的实施、作品和商事标记的专用

① 专利的实施和所得产品的销售垄断

实施是专利的专门使用, 所得产品则在法律上垄断以专其利。

② 作品和商事标记的专用

3) 收益

当知识产被生产时, 收取生产得到的物质产品, 如技术产生产的物质、作品的复制本、商标标记的复

制本之类,取得其所有权,此属知识产权向物权的延伸。

2.伴生权

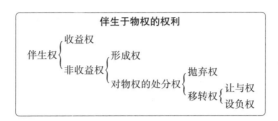

1)收益权
(1)意义

是取得孳息直接财产权的间接权。

(2)说明
①属间接/动态财产权

收益权是取得新财产权的权利,故属间接/动态财产权。

②对象为孳息直接财产权之取得
i.须以产生孳息为要件
ii.以孳息所有权取得为对象
2)对于本权的处分权

是对于权利本身予以处分的辅助权。包括抛弃权与移转权。后者又有全部移转亦即让与及部分移转亦即设负两种形态。

(二)知识产权对直接财产权的承受

知识产权承受了直接财产权的上述性质,包含本权中的领有权与利用权,以及伴生权。并因对象所规定,又有自己的表现。

二、知识产权的表现形式
(一)总说
　1.唯使用、收益而已

受对象心理资料的限制,知识产权本质上使用权,亦即用为营利条件的市场垄断权。

　2.无占有及处分可言

知识产非属物质资料,故无占有和处分可言。知识产非但易传输,而且,使用亦未必以原件为对象。此即其"非占有性"。此外,知识产之消费价值便是使用价值,而无如同物之质的转化(即"处分")为形态的使用价值。

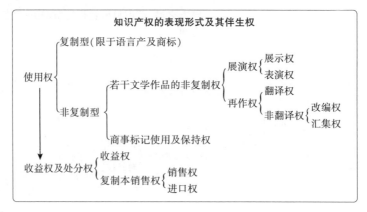

(二)各论

1.复制型使用权

1)意义

(1)定义

即以制作知识产的复制本来使用知识产的权能。
此为知识产权的基本权能。

(2)是直接财产权的利用权的具体化

直接财产权的利用权,是实现对象的工具价值,包括物质工具价值及非物质对象的营利工具价值。知识产权的对象非为物质,故仅表现为将知识产作为营利条件的工具价值。

(3)限于语言产和商标

复制型使用,以语言产和商标为限。至于商号及产地标记产之使用,并不依靠复制。此外,商号与产地标记仅为文字,而无图形,故其使用体现为以文字为标记,而不体现为对形象信号的复制。

2)表现形式

(1)专利复制权

(2)文学作品复制权

(3)商标复制权

2.非复制型使用权

1)部分文学语言的非复制权

(1)无从复制作品的展演权

①展示权

指非线条造型艺术作品的展示权。
非线条语言造型艺术作品虽亦得复制,然复制本不能完全保持作品的信号,故原本在使用中有不可替代的作用,展示便是此类作品的固有使用形式。

②表演权

i.机械表演权

或称"表演再现权",是以机械演示电影等视听作品权利。

ii.演艺作品的排演权

(2) 再创作权

①翻译权

②非翻译权

i.排演权

ii.改作权、汇集权

2) 商事标记同一性保持权

3.收益权及物权的处分权

1) 收益权

即在复制权行使中所产生的复制本之作为物，构成"孳息"，知识产权人享有收益权，并因此权而取得复制本的所有权。此乃知识产权在实现过程中向物权的转化。

2) 复制本销售权

复制本的所有权人，就其所有权自然享有处分权。此项处分，又表现为销售和进口。

(1) 纯销售权

(2) 进口权

三、伴生于知识产权的处分权

(一) 意义

(二) 行使：处分行为

1.定义

是变更权利状态或者令其消灭的法律行为。

2.处分的样态

1) 移转

(1) 意义

是移转本权于他人。

(2) 样态

①全部移转

②部分移转

即为他人一人或者多数人设定特定限度的与自己共同利用型的用益知识产权。
是将标的权利之部分移转于他人，易而言之，即在完全权利上为他人设定权利负担，如所有权及完全知识产权上设定的负担是。
此种处分，生完全财产权的弹性。有负担的完全财产权仍不失其质。

2) 抛弃

是向不特定人放弃特定知识产权的行为。

四、关于立法规定的作品创作人的人格权

文学作品的作者因作品而取得特别人格权，包括发表权、署名权、同一性权、修改权以及使用方式控制权等。既为人格权，便不属知识产权的范畴。然而，在法律经验上，却未加分析地肯认为知识产权中的内容。如我国《著作权法》第10条第1款规定："著作权包括下列人身权和财产权：（一）发表权，即决定作品是否公之于众的权利；（二）署名权，即表明作者身份，在作品上署名的权利；（三）修改权，即修改或者授权他人修改作品的权利；（四）保护作品完整权，即保护作品不受歪曲、篡改的权利；……"[1] 在普通法国家，则向以判例肯认上述人格权，但立法也有如此规定者。上述将人格权混入知识产权的情况，属偷换概念：将著作权偷换为作者所享有的权利。

第四节　知识产权的类型

> **目　录**
>
> 1. 概说
> 2. 语言产权与商事标记产权
> 3. 完全知识产权与定限知识产权

一、概说

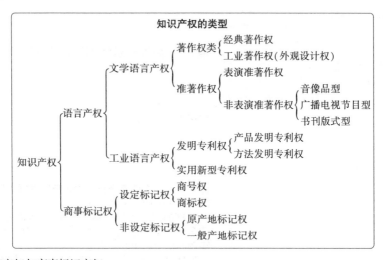

二、语言产权与商事标记产权

（一）语言产权

　　1. 意义

是以语言产为对象的知识产权。

　　2. 再划分

语言表现权包括工业语言产权与文学语言产权。后者又再划分为著作权与著作邻接（准著作）权。前者即专利权。

---

[1] 现为《著作权法》（2020年修正）第10条第1款第1项至第4项。

3.社会负担

1)概说

财产权关涉社会公共利益。为平衡权利人的利益与公众利益，便有财产权社会负担制度。如不动产物权的相邻关系法益负担。此乃公法对私法的约束的体现。语言表现权更甚如此。由知识产的不消耗性导致的存在的唯一性，令其本质上具有公共性：属于全人类的共同财富，应供世人享用，而不得私有。从而知识产权便仅为营利性利用权。此系大别于物质产权之点。物质产权是纯私权，他人不得染指。而公众却对知识产享有非营利性利用权。

2)因政府命令而取得营利性利用权

是法律基于特别衡平政策赋予的以政府命令代替权利许可的有偿用益权负担。

（二）商事标记权

1.意义

是以市场竞争者与其标记之同一性关联为对象的知识产权。

2.再划分

商事标记权依其标记之为设定抑或当然取得，划分为设定型与当然型两类。设定型又再划分为商号权与商标权两类。

三、完全知识产权与定限知识产权

知识产权依其内容之完全与否，划分为完全知识产权与定限知识产权。

（一）完全知识产权

1.意义

是内容囊括对于对象支配的全部可能性的知识产权。

2.性质

1)完全性

2)弹性

3)永续性

3.表现形式

前文已有讨论。

（二）定限知识产权

1.意义

是内容限于对对象一定方面支配的知识产权。

2.性质

1)定限性

2)期间性

3)再划分

(1)用益知识产权

经验上称谓复杂，如复制权、实施权、广播权，不一而足。

(2)"担保"用知识产权

仅有质权一种。

第五节　知识产权的得丧与救济

目　　录
1. 知识产权的取得
2. 知识产权的救济
3. 知识产权的变动

一、知识产权的取得

（一）权利取得

1.意义

1）定义

是民法规范定义的特定权利之于生活层面上对特定人发生之谓。

2）说明

（1）是生活层面上的现象

（2）是特定权利对于特定人发生

以权利为观察主题，曰权利发生；而以人为观察主题，则曰权利取得。

（3）是法律规范适用的结果

（4）实质是法律要件被生活事实所充分而导致的法律适用

2.类型

1）原始取得

是权利自始地由当事人取得之谓。

2）继受取得

是自他人取得权利之谓。

（二）知识产权的取得

1.意义

是特定知识产权在生活层面上由特定人取得之谓。

2.类型

1）原始取得

因特定知识产出现而当然取得以之为对象的知识产权。

经验上称之为"授权"。然而并不确切。授权易生授权人凭空授予权利的含义，而知识产权取得是因对象出世，而非凭空授予。虽然，专利和商事标记产的出世须经认定，然而这与授权毕竟不同。

专利权与商事标记权通常实行登记制度。登记是将知识产权登记于专门簿册，以通告世人的制度。

2）继受取得

（1）完全知识产权的继受取得

(2)定限知识产权的继受取得

如受让与继承。

即因知识产权人为之设定定限知识产权而受让之谓。经验上称为被许可使用。

二、知识产权的救济
(一)民事救济
1.概说

民事权利救济的机制是赋予权利人相应救济权。当权利受到不法侵害时,救济权便自动发生,而由受害人行使。

2.救济权

是由配属于原权、当原权受到不法侵害时起而予救助的直接权。

3.救济权的表现形式

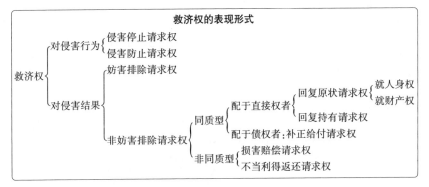

(二)配属于知识产权的救济权

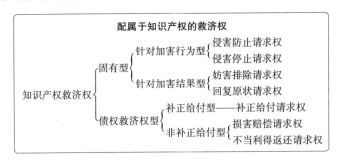

三、知识产权的变动
(一)因处分引起的变动

在权利上设定负担,亦即为他人设定用益知识产权。

(二)消灭
1.绝对消灭
1)对象期间届满
2)抛弃
2.相对消灭

1) 权利人权利能力消灭
2) 设定负担

第六节　知识产权法

```
目　　录
1. 知识产权法的意义与性质
2. 知识产权法的基本内容
3. 我国的实证知识产权法
```

一、知识产权法的意义与性质

(一)意义

是调整知识产权关系的民法规范集合。

(二)性质

1.是形成中的私法

是私法中正在发育的部分。

2.是设计的法

知识产权法迄今为止处于人设计的法的发育阶段。

3.是在著作权与专利权等具体层面设计的法

知识产权的立法, 在具体领域层面实施, 例如著作权法、专利法、商标法、商号法等, 而不是在整个知识产权法层面上统一规划与设计。

二、知识产权法的基本内容

(一)知识产权的类型与各该表现形式

(二)知识产权得丧的法律要件

(三)知识产权救济权

(四)知识产权与社会发展利益之协调

三、我国的实证知识产权法

(一)法律与法规

1《民法通则》

第五章第三节的第94—97条(四个条文连标点符号计算, 共156字)[1]及第六章第三节第118条(连标点符号计算, 为72字),[2]以上五条合计共228字。

---

　　[1]　对应《民法典》第123条:"I.民事主体依法享有知识产权。II.知识产权是权利人依法就下列客体享有的专有的权利:(一)作品;(二)发明、实用新型、外观设计;(三)商标;(四)地理标志;(五)商业秘密;(六)集成电路布图设计;(七)植物新品种;(八)法律规定的其他客体。"

　　[2]　对应《民法典》第一编"总则"第八章"民事责任"部分, 该部分统一规定了民事责任的承担方式, 未再专门规定侵犯知识产权的责任承担方式。《民法典》侵权责任编第1185条另外规定了故意侵害知识产权的惩罚性赔偿。《民法典》第1185条:"故意侵害他人知识产权, 情节严重的, 被侵权人有权请求相应的惩罚性赔偿。"

2.《著作权法》

共计60条，1990年9月出台，2001年10月修正。有配套的《实施条例》(38条，2002年8月)和《计算机软件保护条例》(2001年12月)。[1]

3.《专利法》

共计69条，1984年3月出台，1992年9月一修，2000年8月二修。有配套的《实施细则》(2001年6月，122条)和《专利审查指南》(2001年10月二版)。[2]

4.《商标法》

共计64条，1982年8月出台，1993年2月一修，2001年10月二修。有配套的《实施条例》(2002年8月，59条)和《商标审查标准》。[3]

5.《反不正当竞争法》

共计33条，1993年9月出台。该法并未授权行政机关制定《实施条例》或者《实施细则》。但国家工商行政管理局却制定了若干规定，如《关于禁止仿冒知名商品特有的名称、包装、装潢的不正当竞争行为的若干规定》(1995年)、《关于禁止有奖销售活动中不正当竞争行为的若干规定》(1993年)、《关于禁止侵犯商业秘密行为的若干规定》(1995年)、《关于禁止商业贿赂行为的暂行规定》(1996年)和《关于禁止串通招标投标行为的暂行规定》(1998年)等。[4]

第七节　知识产权国际条约

目　录
1. 知识产权国际条约
2. 我国参加的主要的知识产权国际条约
3. 所谓知识产权的"国际保护"

---

[1] 对应《著作权法》(2020年修正，共67条)，配套《著作权法实施条例》(2013年修订，共38条)和《计算机软件保护条例》(2013年修订，共33条)。

[2] 对应《专利法》(2020年修正，共82条)，配套《专利法实施细则》(2023年修订，共149条)和《专利审查指南》(2023年修订)。

[3] 对应《商标法》(2019年修正，共73条)，配套《商标法实施条例》(2014年修订，共98条)和《商标审查审理指南》(国家知识产权局公告2021年第462号)。

[4] 对应《反不正当竞争法》(2019年修正，共33条)，配套《最高人民法院关于适用〈中华人民共和国反不正当竞争法〉若干问题的解释》(2022年出台，共29条)，相关工商行政管理局的若干规定，《关于禁止仿冒知名商品特有的名称、包装、装潢的不正当竞争行为的若干规定》和《关于禁止商业贿赂行为的暂行规定》现行有效，其他三项规定已失效。

一、知识产权国际条约

二、我国参加的主要的知识产权国际条约

  1. 1967年《成立世界知识产权组织公约》

  2. 1993年《与贸易有关的知识产权协定》(TRIPS)

  3. 1886年《保护文学艺术作品伯尔尼公约》

  4. 1951年《世界著作权公约》

  5. 1961年《保护表演人、录音品制作人与广播事业人罗马公约》

  6. 1882年《保护工业产权巴黎公约》

  7. 1970年《专利合作条约》(PCT)

  8. 1891年《商标国际注册马德里协定》

三、所谓知识产权的"国际保护"

  1. 实证权利须赖内国法予以肯认

      知识产权没有而且也不可能否定此一原则。
      任何主权国家均不可能在域外保护知识产权。

  2. 所谓国际保护无非是肯认国民待遇原则

      国民待遇原则在传统民法中早已存在，不过延伸到
      知识产权中而已。

  3. 与国际贸易有关的知识产权问题是个虚假命题

      国际贸易，须以对象从境外进口为条件。然而所进
      口者，皆为物资或者劳动力，而非知识产。故问题
      在于内国是否肯认其为知识产。而肯认与否，已属
      内国的内政问题，而非所谓国际保护矣。

著作权论
（讲稿大纲）

目　录

第一节　作品的法律要件

第二节　作品的类型

第三节　著作权的权能、负担与取得

第四节　著作邻接权

第五节　外观设计权（阙如）

第一节　作品的法律要件

目　录

1.作品的意义
2.作品的法律要件

一、作品的意义

（一）定义

是"文学艺术作品"或者"文学、艺术和科学作品"的简称，指独立表现思想或者情感的文学语言产。

（二）说明

1.作品属语言表现产

作品承受了语言表现产及其上位概念知识产的全部属性。

1）作品属知识产

（1）知识产的意义

是法律肯认的心理消费资料型财产。

（2）作品承继了知识产的一切属性

①心理消费用资料性

i.既非物质又非能

ii.以满足心理消费为其用

其功用在于满足人类的"学习""审美"与"市场区别"等方面的心理需要。

②信号性

i.不及于所负载的信息

ii.不消耗性

iii.易复制、得再现与易传播性

③公开性

④区别性

并非任何信号皆为知识产，唯其中显著区别于同类信号者方为知识产。

⑤法律拟制性

i.法律制造并予维护其稀缺性

ii.法律地位上呈唯一性

2）作品属语言表现型知识产

（1）知识产的划分

(2)作品属语言表现型知识产

(3)作品承继了语言表现产的一切属性

①语言表现性

大别于作为非表义符号的商事标记。

②创造性

知识产的区别性要件，在语言表现产具体化为创造性要件。

③期间性

2.作品属文学语言产

具有文学性，亦即非实用性。

3.能独立表现思想或者情感

从而与"准作品"不同，后者不能独立表现思想或者情感。

二、作品的法律要件

　(一)概说

　(二)各论

　　1.须属语言表现产

须充分语言表现产的全部要件。包括：

　　1)积极要件

　　(1)须属心理消费用资料

　　(2)须具公开性

　　(3)须具新颖性

　　(4)须具创造性

　　2)消极要件

　　(1)须不违法

　　(2)须未逾法定期间

　　2.须属文学语言产

　　1)须具文学艺术语言性

　　(1)文学语言性的意义

是"文学语言性""艺术语言性"与"学术语言性"等性质的合称，与"实用性"相反对，是表现自然人人生价值、审美体验以及有关事物认识的语言功能属性。经验上称作品"表现思想或者情感"。

然而，美国立法例却将计算机程序视为作品，而该表现是具实用性的。此一问题，在理论上殊值探讨。

　　(2)文学语言表现的类型

例如文学表现、艺术表现、科学与学术表现等。

　　(3)文学艺术性导因于主题的可人格性表现

主题可基于表现者的个性从而认识或者感受不同而

得予多样性表现。

认知须多侧面、多视觉，审美忌单调、重复，故表现的多样性有其文学与艺术的价值。

无从多样性表现的主题如历法、通用数表、通用表格和公式、纯新闻、公共运输工具时刻表、电话号码表等，因其表现的多样性并无价值，从而无从体现文学艺术性，不能成为作品。

2）须纳入作者控制不反于宪政原则

官方文件在其执行职能时无作品性。

《著作权法》第5条规定："本法不适用于：（一）法律、法规，国家机关的决议、决定、命令和其他具有立法、行政、司法性质的文件，及其官方正式译文；（二）时事新闻；（三）历法、通用数表、通用表格和公式。"[1]

3.须具创造性

1）创造性的意义

即语言表现的创造性。

在文学作品，指语式、叙事结构、人物等因素的创造性；在音乐作品，指旋律、节奏、调式等因素的创造性；在表演语言作品，指舞蹈语句、念白、演唱或演奏上的创造性；在造型语言作品，指线条、明暗、构图、色彩运用上的创造性；在机演语言作品，指密码语句安排上的创造性；如此等等。

2）创造性要件的展开

由于人们对文学表现性的评价标准难能作为约束完全，故上述特征难以"新颖性"、"先进性"、文学的、艺术的以及学术的价值之类的标准来评价。而仅要求为并非复制，以及具有起码的创造性。

（1）须非既有作品的复制

（2）须非对象的简单摹写

4.须独立表现思想或者情感

指以作品独立表现思想或者情感的功能。此点构成作品与类作品的区别，后者不能独立地表现思想或者情感。

5.须未逾法定期间

1）概说

作品的知识产期间最长。

2）《著作权法》的规定

（1）自然人作者作品

①原则

依《著作权法》第21条第1款的规定，其期间为自作品完成至其作者死后第五十年的12月31日。[2]

---

〔1〕 对应《著作权法》（2020年修正）第5条："本法不适用于：（一）法律、法规，国家机关的决议、决定、命令和其他具有立法、行政、司法性质的文件，及其官方正式译文；（二）单纯事实消息；（三）历法、通用数表、通用表格和公式。"

〔2〕 对应《著作权法》（2020年修正）第23条第1款："自然人的作品，其发表权、本法第十条第一款第五项至第十七项规定的权利的保护期为作者终生及其死亡后五十年，截止于作者死亡后第五十年的12月31日；如果是合作作品，截止于最后死亡的作者死亡后第五十年的12月31日。"

②特别规定

以假名发表而不能确知孰人为作者时，其期间则为自发表之日起的第五十年的12月31日；
依《著作权法》第21条第1款后段的规定，共同作品，则终期为最后死亡作者死亡后的第五十年的12月31日。[1]

(2)法人视为作者作品

依《著作权法》第21条第2款的规定，其期间为自作品首次发表后第五十年的12月31日，但作品自创作完成后五十年内未发表者，不再保护。[2]

(3)特殊期间作品
①五十年期间作品
i.摄影作品

依《著作权法》第21条第3款的规定，摄影作品和电影作品，其期间为五十年，截止于作品首次发表后第五十年的12月31日，但作品自创作完成后五十年内未发表者，不再保护。[3]

ii.机演语言作品

指摄影、电影与电视作品。依《著作权法》第21条第3款的规定，摄影作品和电影作品，其期间为五十年，截止于作品首次发表后第五十年的12月31日，[4]但作品自创作完成后五十年内未发表者，依《著作权法》第41条，其期间为五十年，截止于首次出版后第五十年的12月31日。[5]

iii.计算机程序语言作品

《计算机软件保护条例》第14条："I.软件著作权自软件开发完成之日起产生。II.自然人的软件著作权，保护期为自然人终生及其死亡后50年，截止于自然人死亡后第50年的12月31日；软件是合作开发的，截止于最后死亡的自然人死亡后第50年的12月31日。III.法人或者其他组织的软件著作权，保护期为50年，截止于软件首次发表后第50年的12月31日，但软件自开发完成之日起50年内未发表的，本条例不再保护。"[6]

②十年期间作品

即外观设计型美术作品。依《专利法》第42条规定，

〔1〕 现为《著作权法》(2020年修正)第23条第1款后段。
〔2〕 对应《著作权法》(2020年修正)第23条第2款："法人或者非法人组织的作品、著作权(署名权除外)由法人或者非法人组织享有的职务作品，其发表权的保护期为五十年，截止于作品创作完成后第五十年的12月31日；本法第十条第一款第五项至第十七项规定的权利的保护期为五十年，截止于作品首次发表后五十年的12月31日，但作品自创作完成后五十年内未发表的，本法不再保护。"
〔3〕 对应《著作权法》(2020年修正)第23条第3款："视听作品，其发表权的保护期为五十年，截止于作品创作完成后第五十年的12月31日；本法第十条第一款第五项至第十七项规定的权利的保护期为五十年，截止于作品首次发表后第五十年的12月31日，但作品自创作完成后五十年内未发表的，本法不再保护。"
〔4〕 对应《著作权法》(2020年修正)第23条第3款，条文内容同上注。
〔5〕 现为《著作权法》(2020年修正)第44条第1款。
〔6〕 现为《计算机软件保护条例》(2013年修订)第14条。

外观设计权的保护期间为十年。[1]

第二节　作品的类型

> **目　录**
>
> 1. 概说
> 2. 着眼于提供作品的完备清单而划分
> 3. 着眼于作品利用权而划分
> 4. 关联作品依其创作关系而划分
> 5. 依作者法律地位而划分
> 6. 其他划分

一、概说

作品划分的目的，首先应着眼于其得利用样态，以为著作权利用权具体权能寻其根柢也。盖作品之利用，主要为他主利用。而不同类型的作品，其得否为他人设定利用权是颇不相同的。其次则为著作权的归属，不同类型作品，在归属上有其特点。然而，立法和公约所采取的划分，其目的却不同，它们是在提供受保护作品的尽量完备的清单。

二、着眼于提供作品的完备清单而划分

《著作权法》第3条规定："本法所称的作品，包括以下列形式创作的文学、艺术和自然科学、社会科学、工程技术等作品：

（一）文字作品；

（二）口述作品；

（三）音乐、戏剧、曲艺、舞蹈、杂技艺术作品；

（四）美术、建筑作品；

（五）摄影作品；

（六）电影作品和以类似摄制电影的方法创作的作品；

（七）工程设计图、产品设计图、地图、示意图等图形作品和模型作品；

（八）计算机软件；

（九）法律、行政法规规定的其他作品。"[2]

---

〔1〕 对应《专利法》(2020年修正)第42条第1款："发明专利权的期限为二十年，实用新型专利权的期限为十年，外观设计专利权的期限为十五年，均自申请日起算。"外观设计专利权的保护期间已被修改为十五年。

〔2〕 对应《著作权法》(2020年修正)第3条："本法所称的作品，是指文学、艺术和科学领域内具有独创性并能以一定形式表现的智力成果，包括：(一)文字作品；(二)口述作品；(三)音乐、戏剧、曲艺、舞蹈、杂技艺术作品；(四)美术、建筑作品；(五)摄影作品；(六)视听作品；(七)工程设计图、产品设计图、地图、示意图等图形作品和模型作品；(八)计算机软件；(九)符合作品特征的其他智力成果。"

三、着眼于作品利用权而划分

作品语言形态有多种。由于作品的利用是方式，最有价值者有二，一是复制，二是演绎。故得复制与否，应为最重要的划分标准。

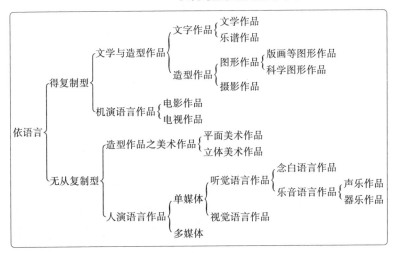

（一）得复制语言类

1.复制的意义

1）定义

是以机械制作利用效果与原件完全同一的多件作品载体的行为。

2）说明

（1）是增加作品载体数量的行为

（2）所增量载体须与作品同一

不仅语言须同一，全部语句皆须同一，而且使用效果同一，亦即使用复制本可完全代替原件之使用也。

（3）使用效果与作品同一

亦即使用复制本可完全代替原件之使用也。

（4）原则上赖于复制技术

复制指机械或者其他工业化生产的复制技术，原则上不包括纯人工的技艺复制。然而，雕塑作品之制模浇制及中国碑碣刻写图文的拓印，则例外地包括在内。而临摹则不属之。然而，知识产权出版社组织中央政府有关知识产权诸主管机关业务负责人为广大领导干部和企业经营管理者编写的《知识产权学习读本》，在解释我国《著作权法》规定的复制权时写道："复制权，指以印刷、复印、临摹、拓印、录音、录像、翻录、翻拍等方式将作品制作一份或者多份的权利。"[1]比较《著作权法》第10条第1款第5

_____

〔1〕　知识产权出版社编：《知识产权学习读本》，知识产权出版社2004年版，第178页。

项关于"复制权"的规定可知，[1]"临摹"二字是编写者擅加的。临摹不属著作权法意义上的复制。[2]而上引部分的承担人是国家版权局法律处处长。

人类首先找到的复制技术是机械印刷术。而其适用对象则为文学作品、乐谱作品以及得印刷的图形作品。当摄影术出现后，摄影作品便得复制。而当电影术以及电视技术出现后，电影作品及电视作品也得复制。

(5)复制成为得复制作品最重要的利用方式

著作权制度也滥觞于印刷术的发明。

2.得复制作品的再划分

1)文学作品与得复制之造型作品

(1)文学作品

是以演成文字及语言为语言载体的作品。

(2)得复制的造型作品

造型作品未必皆得复制，此外仅指得以印刷术或者刷版方式复制的图形作品。

《著作权法实施条例》第4条规定"建筑作品，是指以建筑物或者构筑物形式表现的有审美意义的作品"。[3]作为作品，仍指其造型，而既非建筑物，亦非图纸。唯该造型得复制。

2)摄影作品

3)机演作品

是得以机械表演为有伴音或者无伴音的动态连续画面的作品。

(1)电影作品

是以透明胶片为载体的机演作品。

(2)电视作品

是以电磁介质为存储体的机演作品。

(二)无从复制语言类

1.无从复制作品的意义

1)定义

是以仅得通过技艺模仿予以再现而尚无技术手段予以复制的语言为载体的作品。

2)说明

(1)其语言尚无复制技术

(2)再现仅得以专门技艺予以模仿

---

〔1〕 对应《著作权法》(2020年修正)第10条第1款第5项："复制权，即以印刷、复印、拓印、录音、录像、翻录、翻拍、数字化等方式将作品制作一份或者多份的权利；……"该规定新增以"数字化"将作品制作一份或多份的方式。

〔2〕 启功先生见到许多人模仿他的书法作品，并不主张模仿者侵犯著作权，理由是不能打领的饭碗：学字很不容易。吴冠中先生在《国学、国画、国×》一文(载于2006年10月15日《新民晚报》)中说："'国画'特有的制作法是抄袭，美其名曰临摹，曰仿。陈陈相因，千人一面的绘画形式却延续于几千年文化的民族中，是骄傲，是悲哀！"

〔3〕 现为《著作权法实施条例》(2013年修订)第4条第9项。

再现艺术作品或者表演的专门技艺模仿，如对美术
和中国书法作品的临摹，不构成复制。

(3)对再现本的利用未必得代替原件的利用

这是美术作品原件以及表演的价值高于再现之作价
值的原因之所在。

2.无从复制作品再划分
1)尚难复制的美术作品

目前的印刷术及摄影术均难复制美术作品。这正是
原件价值高于摄影复制品的原因之一。

2)表演作品

是以人的表演语言为表现的作品。表演作品以表演
语言体系的创作和对该创作的体现为要素，前者体
现为导演的创作，后者则体现为演员的表现。然而
导演与演员未必分为两人。唯应注意，导演的创作
须借演员的表演而体现。
表演语言作品是难以复制的，不但无从以影视手段
复制，纵同一剧团对同一剧目的表演，每次皆不可
能完全同一。盖其约束不完全故也。这是现场表演
价值高于直播或者影视记录品的原因所在。

四、关联作品依其创作关系而划分
　(一)概说

作品得二度创作，从而生出新作品。新作品与原
作品，构成传递关系，分别称之为基础作品和演绎
作品。

　(二)演绎作品的再划分
　(三)演绎作品的著作权归属

归诸创作人。
唯应注意，对作品的再度创作，属作品的利用。此
项权利，归诸作者。第三人对他人作品擅予再创作，
构成侵害他人著作权行为，须负侵权行为责任。然
而，这并不当然否定侵权行为产生的演绎作品成为
不能取得著作权作品。盖此项侵权行为，应属法律
止于禁止行为本身，而不取缔行为所生结果的法律
效力的行为。

五、依作者法律地位而划分
　(一)概说

作品依作者创作时法律地位的独立性，得再划分为
独立人作者作品和债务人作者作品两类。

　(二)债务人作品的再划分

债务人作者作品，依其效果，得再划分为履行劳动
债务作者作品与履行受任债务作者作品。

1.履行劳动债务作者作品

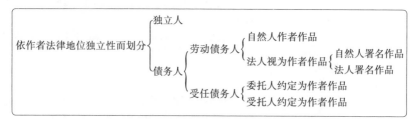

1）意义

是作为劳动债务之履行而创作的作品。

2）再划分

依其效果，得再划分为自然人作者作品与法人视为作者作品。

为著作权行使的便利，立法得将法人组织创作的作品，如电影电视作品、汇集作品等，规定负组织之责的法人依法直接受让著作权，或者被视为作者。我国《著作权法》第11条第3款规定："由法人或者其他组织主持，代表法人或者其他组织意志创作，并由法人或者其他组织承担责任的作品，法人或者其他组织视为作者。"[1]

2.履行受任债务作者作品

1）意义

是作为受任债务之履行而创作的作品。

2）著作权归属

受任创造作品，其著作权应约定归属。若无特约，则归诸受任人。《著作权法》第17条规定："受委托创作的作品，著作权的归属由委托人和受托人通过合同约定。合同未作明确约定或者没有订立合同的，著作权属于受托人。"[2]

六、其他划分

（一）依作者人数而划分

作品依其作者人数之单复，划分为单一人作者作品与共同作者作品。

依作者人数 { 单一人作者作品 多数人作者作品

在共同人作者作品，其著作权构成多数人共有。共有著作权的行使和处分，皆须以共同行为为之。且在处分时，任何共有人皆有先买权。

（二）自然人作者作品依其发表于作者生前抑或身后而划分

自然人作者作品依其发表于作者生前抑或身后，再划分为发表于作者生前作品与遗作。

---

〔1〕 对应《著作权法》(2020年修正)第11条第3款："由法人或者非法人组织主持，代表法人或者非法人组织意志创作，并由法人或者非法人组织承担责任的作品，法人或者非法人组织视为作者。"

〔2〕 现为《著作权法》(2020年修正)第19条。

对于遗作，纵已逾作品期间，其继承人抑或占有人仍享有发表权与首次利用权。

自然人作者作品依其发表于作者生前抑或身后 $\begin{cases} 发表于作者生前作品 \\ 遗作 \end{cases}$

第三节　著作权的权能、负担与取得

目　录

1. 完全著作权的形式
2. 著作权的社会负担
3. 完全著作权的取得
4. 职务作品的特别用益著作权
5. 造型语言作品合法受让人的展示权

一、完全著作权的形式

（一）概说

1.著作权承受了语言表现权的全部内容

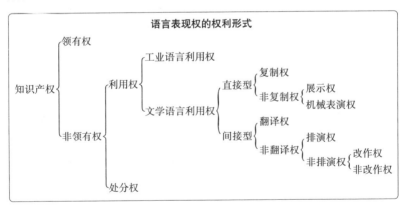

语言表现权的权利形式

2.实证规定

《著作权法》第10条第1款规定："著作权包括下列人身权和财产权：

（一）发表权，即决定作品是否公之于众的权利；

（二）署名权，即表明作者身份，在作品上署名的权利；

（三）修改权，即修改或者授权他人修改作品的权利；

（四）保护作品完整权，即保护作品不受歪曲、篡改的权利；

（五）复制权，即以印刷、复印、拓印、录音、录像、翻录、翻拍等方式将作品制作一份或者多份的权利；

(六)发行权，即以出售或者赠与方式向公众提供作品的原件或者复制件的权利；

(七)出租权，即有偿许可他人临时使用电影作品和以类似摄制电影的方法创作的作品、计算机软件的权利，计算机软件不是出租的主要标的的除外；

(八)展览权，即公开陈列美术作品、摄影作品的原件或者复制件的权利；

(九)表演权，即公开表演作品，以及用各种手段公开播送作品的表演的权利；

(十)放映权，即通过放映机、幻灯机等技术设备公开再现美术、摄影、电影和以类似摄制电影的方法创作的作品等的权利；

(十一)广播权，即以无线方式公开广播或者传播作品，以有线传播或者转播的方式向公众传播广播的作品，以及通过扩音器或者其他传送符号、声音、图像的类似工具向公众传播广播的作品的权利；

(十二)信息网络传播权，即以有线或者无线方式向公众提供作品，使公众可以在其个人选定的时间和地点获得作品的权利；

(十三)摄制权，即以摄制电影或者以类似摄制电影的方法将作品固定在载体上的权利；

(十四)改编权，即改变作品，创作出具有独创性的新作品的权利；

(十五)翻译权，即将作品从一种语言文字转换成另一种语言文字的权利；

(十六)汇编权，即将作品或者作品的片段通过选择或者编排，汇集成新作品的权利；

(十七)应当由著作权人享有的其他权利。"[1]

3.批评

1)混入了不属知识产权的作者人格权及物权

第1项、第2项属民法人格权中的作者人格权。
第6项"发行权"属物权。

2)混入了对著作权的处分权

第7项"出租权"，属就电影作品为他人设定用益型定限著作权。

---

[1] 对应《著作权法》(2020年修正)第10条第1款："著作权包括下列人身权和财产权：(一)发表权，即决定作品是否公之于众的权利；(二)署名权，即表明作者身份，在作品上署名的权利；(三)修改权，即修改或者授权他人修改作品的权利；(四)保护作品完整权，即保护作品不受歪曲、篡改的权利；(五)复制权，即以印刷、复印、拓印、录音、录像、翻录、翻拍、数字化等方式将作品制作一份或者多份的权利；(六)发行权，即以出售或者赠与方式向公众提供作品的原件或者复制件的权利；(七)出租权，即有偿许可他人临时使用视听作品、计算机软件的原件或者复制件的权利，计算机软件不是出租的主要标的的除外；(八)展览权，即公开陈列美术作品、摄影作品的原件或者复制件的权利；(九)表演权，即公开表演作品，以及用各种手段公开播送作品的表演的权利；(十)放映权，即通过放映机、幻灯机等技术设备公开再现美术、摄影、视听作品等的权利；(十一)广播权，即以有线或者无线方式公开传播或者转播作品，以及通过扩音器或者其他传送符号、声音、图像的类似工具向公众传播广播的作品的权利，但不包括本款第十二项规定的权利；(十二)信息网络传播权，即以有线或者无线方式向公众提供，使公众可以在其选定的时间和地点获得作品的权利；(十三)摄制权，即以摄制视听作品的方法将作品固定在载体上的权利；(十四)改编权，即改变作品，创作出具有独创性的新作品的权利；(十五)翻译权，即将作品从一种语言文字转换成另一种语言文字的权利；(十六)汇编权，即将作品或者作品的片段通过选择或者编排，汇集成新作品的权利；(十七)应当由著作权人享有的其他权利。"

3）未区分直接利用与演绎利用

将复制权(第5项)、展览权(第8项)、放映权(第10项)、广播权(第11项)、摄制权(第13项)、改编权(第14项)、翻译权(第15项)和汇编权(第16项)不经体系排列的并列规定。其中复制权(第5项)、展览权(第8项)、放映权(第10项)和广播权(第11项)属直接利用权。而摄制权(第13项)、改编权(第14项)、翻译权(第15项)和汇编权(第16项)则属演绎利用权。

4）对演绎利用的划分不清

例如，第13项摄制权是将非电影语言作品改作为该类作品的权利。第9项表演权中的"用各种手段公开播送作品的表演的权利"则属于将非表演语言作品改作为人演语言作品以及将人演语言作品改作为机演语言作品中的电影语言作品的多项改作权。

5）所谓表演权虚假

第9项表演权"即公开表演作品"的规定虚假。真正存在并得到遵守的规范是第三人得模仿已公开的人演语言作品。

6）所谓"信息网络传播权"内容不清

第12项"信息网络传播权"的内容不清。

4.我的归纳

完全著作权的形式包括领有权与非领有权。而非领有权则为利用权和处分权。
下面的讨论集中于非领有权。

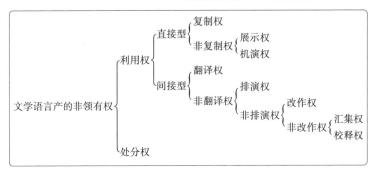

（二）非领有权各论

1.利用权

1）意义

是实现作品工具价值或者消费价值的非领有权。

2）再划分

作品利用权依其方式,得再划分为直接利用权与间接利用权。

（1）直接利用权

①意义

是对作品不加改造而予以利用的利用权。

②再划分

i.复制权

i) 意义

是制作可完全代替作品的利用(其中包括复制利用)的作品复制本的利用权。

ii) 说明

(i) 功能在产生作品的复制本

而非产生作品。《著作权法》第10条第1款第5项称"即以印刷、复印、拓印、录音、录像、翻录、翻拍等方式将作品制作一份或者多份的权利"，[1]其中"将作品制作一份或者多份"的表述有逻辑错误。复制不可能将作品制作一份或者多份，所制作者皆非作品而系作品的复制本。

(ii) 该复制本可完全代替作品使用

(iii) 复制依赖于复制技术

临摹不属之。如第一节所述，国家版权局法律处处长高思为《知识产权学习读本》撰写的第四章却擅自为"复制权"增加了"临摹"权。[2]这不仅无实证法律依据，而且无演进法依据。

ii. 非复制权

是不以复制方式利用作品的直接利用权。
非复制权依其方式得再划分为展示权与表演权。

i) 展示权

是展示造型语言作品的直接利用权。
此系造型语言作品固有的直接利用权。

ii) 机械表演权

是对机械表演语言作品予以再现的权利。
包括影视作品的映出和广播。
此系机械表演语言作品固有的直接利用权。非机械表演语言作品无之。人之表演语言作品并无表演权。再如文学作品纵为剧本，也只能排演为表演语言作品，方得表演；乐谱作品亦须排演为乐音语言作品，方得表演。

(2) 间接利用权

① 意义

习称"演绎利用权"，是对作品加以改造的利用权。演绎利用并不变动作品本身，且可反复为之，故属作品的利用权，而不属处分权。

② 再划分

i. 翻译权

是将文学作品以及他种语言中包括民族语言的部分译为他种民族文字的直接利用权。
唯文学语言作品以及他种语言中包括民族语言的作品有翻译问题。
工业语言产则断无此问题。

ii. 非翻译权

---

[1] 对应《著作权法》(2020年修正)第10条第1款第5项"复制权，即以印刷、复印、拓印、录音、录像、翻录、翻拍、数字化等方式将作品制作一份或者多份的权利"。

[2] 知识产权出版社编：《知识产权学习读本》，知识产权出版社2004年版，第178页。

i) 排演权

　　是对得排演为表演语言作品的作品排成表演语言作品的权利。
　　得排演为表演语言作品的作品，包括戏剧或者曲艺的脚本、乐谱作品等。
　　排演例如排为戏剧、朗诵、曲艺等由演艺人表演的表演语言作品。至于摄制以人表演为内容的影视作品，则先须排演为人演作品，然而再摄制为机演的影视作品。

ii) 非排演权
(i) 意义

　　是对作品改造为非表演语言作品的间接利用权。

(ii) 再划分
甲．改作权

　　是对作品改造为他语言的非排演型间接利用权。例如将文学作品改造为剧本、绘画，将非交响乐作品改造为交响乐作品，将表演语言作品改造为影视作品、广播节目等是。

乙．非改作权
　子．汇集权
　丑．校注权
2.处分权

　　处分权在著作权仅体现为修改权。

二、著作权的社会负担
　(一) 概说

　　由于知识产固有的公共性，以及知识产应当增进社会福祉服务的共识，使得第三人有权非营利性利用他人知识产，知识产权人须容忍之。此外，政府鉴于特别的政策考虑，也会课以为特定人的基于特定目的的营利性利用权之负担。著作权经验上称之为"合理利用权"以及"营利型法定利用权"。

　(二) 各论
　1.合理利用权负担
　1) 意义与要件
　(1) 意义

　　是须容忍他人依法定条件及方式无偿利用作品的著作权负担。

　(2) 负担要件

　　已发行作品依法发生此项负担。易而言之，只要符合法定目的和方式，相关人便当然取得作品的该项利用权。

　2) 各论
　(1) 大众传媒对公开演说的利用权

　　是主要新闻事业人对在公众场合或通过传送设备向公众发表的政治性、行政性或礼仪性演说的刊载及播放权。《著作权法》第22条第1款第5项"报纸、

	期刊、广播电台、电视台等媒体刊登或者播放在公众集会上发表的讲话，但作者声明不许刊登、播放的除外"。[1]
(2) 大众传媒间的互相利用权	《著作权法》第22条第1款第4项"报纸、期刊、广播电台、电视台等媒体刊登或者播放其他报纸、期刊、广播电台、电视台等媒体已经发表的关于政治、经济、宗教问题的时事性文章，但作者声明不许刊登、播放的除外"。[2]
(3) "汉译少" 翻译权与出版权	是将原作为汉文的作品翻译为我国少数民族语文作品。《著作权法》第22条第1款第11项"将中国公民、法人或者其他组织已经发表的以汉语言文字创作的作品翻译成少数民族语言文字作品在国内出版发行"。[3] 其法律要件是： ①须被利用对象为汉字作品 不包括由少数民族文字作品译为汉文的作品。 ②须利用方式为向少数民族文字翻译 ③须仅在国内发行
(4) 盲文出版权	是以盲文出版方式合理利用作品。《著作权法》第22条第1款第12项"将已经发表的作品改成盲文出版"。[4]
(5)《著作权法》规定的非营利"合理利用权"	《著作权法》第22条第1款还规定了8种合理利用权。[5]

---

[1] 现为《著作权法》(2020年修正) 第24条第1款第5项。

[2] 对应《著作权法》(2020年修正) 第24条第1款第4项"报纸、期刊、广播电台、电视台等媒体刊登或者播放其他报纸、期刊、广播电台、电视台等媒体已经发表的关于政治、经济、宗教问题的时事性文章，但著作权人声明不许刊登、播放的除外"。

[3] 对应《著作权法》(2020年修正) 第24条第1款第11项"将中国公民、法人或者非法人组织已经发表的以国家通用语言文字创作的作品翻译成少数民族语言文字作品在国内出版发行"。

[4] 对应《著作权法》(2020年修正) 第24条第1款第12项"以阅读障碍者能够感知的无障碍方式向其提供已经发表的作品"。

[5]《著作权法》第22条："I.在下列情况下使用作品，可以不经著作权人许可，不向其支付报酬，但应当指明作者姓名、作品名称，并且不得侵犯著作权人依照本法享有的其他权利：(一)为个人学习、研究或者欣赏，使用他人已经发表的作品；(二)为介绍、评论某一作品或者说明某一问题，在作品中适当引用他人已经发表的作品；(三)为报道时事新闻，在报纸、期刊、广播电台、电视台等媒体中不可避免地再现或者引用已经发表的作品；(四)报纸、期刊、广播电台、电视台等媒体刊登或者播放其他报纸、期刊、广播电台、电视台等媒体已经发表的关于政治、经济、宗教问题的时事性文章，但作者声明不许刊登、播放的除外；(五)报纸、期刊、广播电台、电视台等媒体刊登或者播放在公众集会上发表的讲话，但作者声明不许刊登、播放的除外；(六)为学校课堂教学或者科学研究，翻译或者少量复制已经发表的作品，供教学或者科研人员使用，但不得出版发行；(七)国家机关为执行公务在合理范围内使用已经发表的作品；(八)图书馆、档案馆、纪念馆、博物馆、美术馆等为陈列或者保存版本的需要，复制本馆收藏的作品；(九)免费表演已经发表的作品，该表演未向公众收取费用，也未向表演者支付报酬；(十)对设置或者陈列在室外公共场所的艺术作品进行临摹、绘画、摄影、录像；(十一)将中国公民、法人或者其他组织已经发表的以汉语言文字创作的作品翻译成少数民族语言文字作品在国内出版发行；(十二)将已经发表的作品改成盲文出版。II.前款规定适用于对出版者、表演者、录音录像制作者、广播电台、电视台的权利的限制。"［对应《著作权法》(2020年修正) 第24条："I.在

①私人利用权

是作品及其复制本的合法占有权人对作品的非复制型利用权。

目的在于学习、研究或者欣赏

但计算机程序语言作品不包括在内，而须"一机一程序"。

②引用权

是为了介绍、评论特定作品以及作为论据而适量援引作品的行为。

③新闻利用权

是新闻事业人为报道新闻事件而在报道中使用构成该事件要素以及报道中不可回避地会看到、听到或者摄入镜头的作品。

④教学与科研目的翻译与复制利用权

《著作权法》第22条第1款第6项"为学校课堂教学或者科学研究，翻译或者少量复制已经发表的作品，供教学或者科研人员使用，但不得出版发行"。[1]

对翻译无数量限制。对复制，则仅限于少量，亦即合理的少量。

⑤公务利用权

是立法、行政和司法机关为执行公务必要、以不妨害作品正常利用且不过分损害作者的正当利益为条件地利用。

⑥公共文化馆为陈列和保存版本的复制型利用权

《著作权法》第22条第1款第8项"图书馆、档案馆、纪念馆、博物馆、美术馆等为陈列或者保存版本的需要，复制本馆收藏的作品"。[2]

⑦无偿演艺表演用改作权

是演艺人在既不对受众收取费用并且也不受领任何报酬的表演中使用作品的权利。《著作权法》第22

_____

（接前注）下列情况下使用作品，可以不经著作权人许可，不向其支付报酬，但应当指明作者姓名或者名称、作品名称，并且不得影响该作品的正常使用，也不得不合理地损害著作权人的合法权益：（一）为个人学习、研究或者欣赏，使用他人已经发表的作品；（二）为介绍、评论某一作品或者说明某一问题，在作品中适当引用他人已经发表的作品；（三）为报道新闻，在报纸、期刊、广播电台、电视台等媒体中不可避免地再现或者引用已经发表的作品；（四）报纸、期刊、广播电台、电视台等媒体刊登或者播放其他报纸、期刊、广播电台、电视台等媒体已经发表的关于政治、经济、宗教问题的时事性文章，但著作权人声明不许刊登、播放的除外；（五）报纸、期刊、广播电台、电视台等媒体刊登或者播放在公众集会上发表的讲话，但作者声明不许刊登、播放的除外；（六）为学校课堂教学或者科学研究，翻译、改编、汇编、播放或者少量复制已经发表的作品，供教学或者科研人员使用，但不得出版发行；（七）国家机关为执行公务在合理范围内使用已经发表的作品；（八）图书馆、档案馆、纪念馆、博物馆、美术馆、文化馆等为陈列或者保存版本的需要，复制本馆收藏的作品；（九）免费表演已经发表的作品，该表演未向公众收取费用，也未向表演者支付报酬，且不以营利为目的；（十）对设置或者陈列在公共场所的艺术作品进行临摹、绘画、摄影、录像；（十一）将中国公民、法人或者非法人组织已经发表的以国家通用语言文字创作的作品翻译成少数民族语言文字作品在国内出版发行；（十二）以阅读障碍者能够感知的无障碍方式向其提供已经发表的作品；（十三）法律、行政法规规定的其他情形。Ⅱ.前款规定适用于对与著作权有关的权利的限制。"]

〔1〕　对应《著作权法》（2020年修正）第24条第1款第6项"为学校课堂教学或者科学研究，翻译、改编、汇编、播放或者少量复制已经发表的作品，供教学或者科研人员使用，但不得出版发行"。

〔2〕　对应《著作权法》（2020年修正）第24条第1款第8项"图书馆、档案馆、纪念馆、博物馆、美术馆、文化馆等为陈列或者保存版本的需要，复制本馆收藏的作品"。

条第1款第9项"免费表演已经发表的作品，该表演未向公众收取费用，也未向表演者支付报酬"。[1]

⑧公共场所美术作品的非接触式利用权

是以临摹、摄影、摄制影像等非接触作品的方式再现置于公众场所的美术作品。

2.法定营利型利用权

1)意义与要件

(1)意义

经验上称为"法定许可"著作权，是对已发行作品依法定条件直接取得的营利性有偿利用权。

(2)取得要件

对已发行作品，只要符合法定目的和方式，便当然取得。

2)各论

(1)在教材中的汇集利用权

《著作权法》第23条："I.为实施九年制义务教育和国家教育规划而编写出版教科书，除作者事先声明不许使用的外，可以不经著作权人许可，在教科书中汇编已经发表的作品片段或者短小的文字作品、音乐作品或者单幅的美术作品、摄影作品，但应当按照规定支付报酬，指明作者姓名、作品名称，并且不得侵犯著作权人依照本法享有的其他权利。II.前款规定适用于对出版者、表演者、录音录像制作者、广播电台、电视台的权利的限制。"[2]

(2)报刊转载和摘编权

《著作权法》第32条第2款："作品(在报纸、期刊——张注)刊登后，除著作权人声明不得转载、摘编的外，其他报刊可以转载或者作为文摘、资料刊登，但应当按照规定向著作权人支付报酬。"[3]

(3)乐谱型文字作品改作为录音型机演语言作品的利用权

《著作权法》第39条第3款："录音制作者使用他人已经合法录制为录音制品的音乐作品制作录音制品，可以不经著作权人许可，但应当按照规定支付报酬；著作权人声明不许使用的不得使用。"[4]

其要件是：

①须为乐谱型文字作品；

②须已排演为表演语言作品；

③须已表演；

④须该表演已改作为录音型机演作品；

⑤须再改作为录音型机演作品；

---

〔1〕 对应《著作权法》(2020年修正)第24条第1款第9项"免费表演已经发表的作品，该表演未向公众收取费用，也未向表演者支付报酬，且不以营利为目的"。

〔2〕 对应《著作权法》(2020年修正)第25条："I.为实施义务教育和国家教育规划而编写出版教科书，可以不经著作权人许可，在教科书中汇编已经发表的作品片段或者短小的文字作品、音乐作品或者单幅的美术作品、摄影作品、图形作品，但应当按照规定向著作权人支付报酬，指明作者姓名或者名称、作品名称，并且不得侵犯著作权人依照本法享有的其他权利。II.前款规定适用于对与著作权有关的权利的限制。"

〔3〕 现为《著作权法》(2020年修正)第35条第2款。

〔4〕 现为《著作权法》(2020年修正)第42条第2款。

⑥须乐谱型文字作品的作者无不得改作的明示。

(4)制作广播语言作品的演绎利用权

《著作权法》第42条第2款："广播电台、电视台播放他人已发表的作品，可以不经著作权人许可，但应当支付报酬。"[1]第43条："广播电台、电视台播放已经出版的录音制品，可以不经著作权人许可，但应当支付报酬。当事人另有约定的除外。具体办法由国务院规定。"[2]
其要件是：
①须为文字作品；
②须已排演为表演语言作品；
③须已表演；
④须该表演已改作为录音型机演作品；
⑤须改作为广播语言作品；
⑥须作者无不许利用的意思。

三、完全著作权的取得

(一)取得原则

　　1.概说

著作权仅因创作行为而当然取得。

　　2.创作人

是实际实施创作行为以产生作品的人。
唯自然人有创作能力。

　　3.关于创作人的推定

在作品上署名者为创作人。

　　4.著作权的公示

以发表为公示方式。

(二)继承外受让取得

　　1.概说

为处分的便利和经济，市民法国家实证法将职务作品的著作权依法由雇佣人受让取得。

　　2.各论

　　1)创作人具名作品

　　(1)意义

是创作人依法或者依约享有署名权的法人视为作者作品。

　　(2)再划分

　　①电影作品

依《著作权法》第15条第1款："电影作品和以类似摄制电影的方法创作的作品的著作权由制片者享有，但编剧、导演、摄影、作词、作曲等作者享有署名

〔1〕 对应《著作权法》(2020年修正)第46条第2款："广播电台、电视台播放他人已发表的作品，可以不经著作权人许可，但应当按照规定支付报酬。"
〔2〕 该条与前述原《著作权法》第42条第2款一起对应《著作权法》(2020年修正)第46条第2款："广播电台、电视台播放他人已发表的作品，可以不经著作权人许可，但应当按照规定支付报酬。"

权，并有权按照与制片者签订的合同获得报酬。"[1]

②科学图形作品

依《著作权法》第16条第2款"有下列情形之一的职务作品，作者享有署名权，著作权的其他权利由法人或者其他组织享有，法人或者其他组织可以给予作者奖励：
（一）主要是利用法人或者其他组织的物质技术条件创作，并由法人或者其他组织承担责任的工程设计图、产品设计图、地图、计算机软件等职务作品"。[2]

③计算机程序语言作品

《著作权法》的规定同上。

2)法人具名的作品

(1)意义

法人本无著作能力，为利用和处分便利，《著作权法》第11条第3款规定："由法人或者其他组织主持，代表法人或者其他组织意志创作，并由法人或者其他组织承担责任的作品，法人或者其他组织视为作者。"[3]
此条第一与第三句话的行为人是法人，而第二句的行为人则是执行职务人。故有偷换主体的错误。

(2)法律要件

①须创作行为足以视为法人行为

i.须由法人主持

此要件旨在将创作行为纳入法人行为。
"主持"意指创作活动由法人发起、安排、领导和指挥，以形成创作作品的主题思想、观点、风格取向等。

ii.须体现法人意思

该款的用语是"代表法人意志"，即创作人的意思被其角色所吸收之义。而"意思"的含义。
依字面，"意志"应指关于作品主题思想、观点、风格取向等方面加以选择的意思。此种意思与著作权归属的意思无关。因而此处意思应解释为将"创作行为作为法人行为，作品的未来著作权归属于法人"之义，方属合理。
此外，该款尚规定了"须由法人对作品承担责任"的条件。此要件大约出于"享其利者负其责"的考虑。然而责任承担乃属后果，如何得成为条件？

---

〔1〕 对应《著作权法》（2020年修正）第17条第1款和第2款："Ⅰ.视听作品中的电影作品、电视剧作品的著作权由制作者享有，但编剧、导演、摄影、作词、作曲等作者享有署名权，并有权按照与制作者签订的合同获得报酬。Ⅱ.前款规定以外的视听作品的著作权归属由当事人约定；没有约定或者约定不明确的，由制作者享有，但作者享有署名权和获得报酬的权利。"

〔2〕 对应《著作权法》（2020年修正）第18条第2款第1项和第2项："有下列情形之一的职务作品，作者享有署名权，著作权的其他权利由法人或者非法人组织享有，法人或者非法人组织可以给予作者奖励：(一)主要是利用法人或者非法人组织的物质技术条件创作，并由法人或者非法人组织承担责任的工程设计图、产品设计图、地图、示意图、计算机软件等职务作品；(二)报社、期刊社、通讯社、广播电台、电视台的工作人员创作的职务作品；……"

〔3〕 对应《著作权法》（2020年修正）第11条第3款："由法人或者非法人组织主持，代表法人或者非法人组织意志创作，并由法人或者非法人组织承担责任的作品，法人或者非法人组织视为作者。"

②须依约由法人以作者资格署名

四、职务作品的特别用益著作权

职务作品创作完成后，职务提供人依法取得的为其目的事业所必要的为期两年的排他性用益著作权。《著作权法》第16条第1款："公民为完成法人或者其他组织工作任务所创作的作品是职务作品，除本条第二款的规定以外，著作权由作者享有，但法人或者其他组织有权在其业务范围内优先使用。作品完成两年内，未经单位同意，作者不得许可第三人以与单位使用的相同方式使用该作品。"[1]

五、造型语言作品合法受让人的展示权

造型语言作品的合法受让人，不仅取得了作为物的作品原件，而且取得了对该作品以占有为条件的展示权。

第四节　著作邻接权

```
目　　录
1.概说
2.表演邻接权
3.音像品邻接权
4.广播电视节目邻接权
5.书刊版式邻接权
```

一、概说

（一）著作邻接权的意义

1.定义

或称"准著作权"，是以准作品为对象的文学表现权。

2.说明

1)属文学表现权

(1)著作邻接权是文学表现权的具体类型

---

〔1〕 对应《著作权法》(2020年修正)第18条第1款："自然人为完成法人或者非法人组织工作任务所创作的作品是职务作品，除本条第二款的规定以外，著作权由作者享有，但法人或者非法人组织有权在其业务范围内优先使用。作品完成两年内，未经单位同意，作者不得许可第三人以与单位使用的相同方式使用该作品。"

(2)著作邻接权承受了文学表现权的一切内容

　　著作邻接权既为文学表现权的下位概念，当然会承受文学表现权的全部内容，但又有自己的特别表现。

2)是以准作品为对象的文学表现权

　　著作邻接权的对象是准作品。

(二)著作邻接权的对象：准作品

1.意义

　　是不独立表现思想或者情感的文学语言产。

2.构成要件

1)须充分文学语言产的构成要件

2)须再现或者服务于作品

　　其中表演、音像品和广播电视节目再现作品，书刊装帧设计则服务于作品。

3)须具创造性

(1)须独立创作

(2)须不同于现有准作品

4)须未逾法定期间

(1)表演、音像品和广播电视节目的法定期间为50年

(2)书刊版式设计的法定期间为10年

(三)著作邻接权的形式

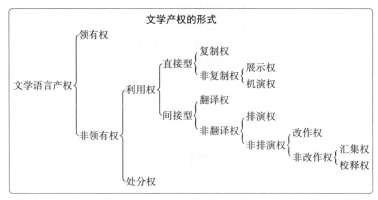

　　著作邻接权的利用权通常为间接型亦即改作利用权。至于直接利用权则因类型而异，音像品及书刊版式权亦存在复制权。

(四)著作邻接权的社会负担

　　同于著作权。我《著作权法》明文规定作品上的社会负担适用于著作邻接权。[1]

(五)著作邻接权的取得

　　因创作准作品而当然取得。

─────────

〔1〕《著作权法》第22条第2款："前款规定适用于对出版者、表演者、录音录像制作者、广播电台、电视台的权利的限制。"［对应《著作权法》(2020年修正)第24条第2款："前款规定适用于对与著作权有关的权利的限制。"］

二、表演邻接权
　（一）意义

是以人的表演为对象的著作邻接权。

　（二）形式
　　1.概说

领有权、改作权及追及权。
这里仅讨论领有权之外的权利形式。

　　2.各论
　　1)向机械表演语言作品的改作权
　　(1)意义

是将表演改作为机演语言作品或者音像品的间接利
用权。

　　(2)各论
　　①影视摄制权
　　②音像品录制权
　　2)广播语言制品的改作权

是将表演改作为广播节目的间接利用权。

　　3)摄影权

是将表演改作为摄影语言作品的间接利用权。

　　4)追及权

是负载表演的机演语言品和广播语言的节目的同步
或者事后予以广播的利用权。
唯应注意，当表演权人许可他人改作其作品为广播
语言制品时，便当然包括许可广播的授权。否则便
有违事理。此外，广播权是由表演权人与机演语言
以及广播语言制品改作人共同享有的权利，而非表
演权人独享。

三、音像品邻接权
　（一）意义

是以录音、录像或者多媒体录制品为对象的著作邻
接权。

　（二）形式
　　1.概说

此项权利包括领有权、机演权、改作权及追及权。
不过这里仅讨论领有权之外的权利形式。

　　2.各论
　　1)机械表演权

是将音像品付诸机械表演的直接利用权。

　　2)广播语言制品的改作权

是将音像品改作为广播语言节目的间接利用权。

　　3)追及权

是音像品被改作为广播节目的同步或者事后予以广
播的利用权。

四、广播电视节目邻接权

(一)意义

是以广播节目或者电视节目为对象的著作邻接权。

(二)形式

1.概说

此项权利包括领有权、机演权、改作权及追及权。不过这里仅讨论领有权之外的权利形式。

2.各论

1)广播权

是将节目付诸广播的直接利用权。

2)向机演作品、摄影作品或者音像品的改作权

是将节目改作为机演作品、摄影作品或者音像品的间接利用权。

3)追及权

是当节目改作为机演作品、摄影作品或者音像品时的复制权。

五、书刊版式邻接权

(一)意义

是以书刊版式设计样式为对象的著作邻接权。
版式设计是对出版物版面的设计，包括版心、排式、用字、行距、标题、引文、标点等版面要素的设计。

(二)形式

1.概说

此项权利包括领有权和复制权。复制权是将版式设计"物"付诸使用的直接利用权。

附件三

继承法[*]
（讲稿大纲）

目　录

第一节　继承法的意义与基本原则
第二节　继承人
第三节　继承权
第四节　法定继承权
第五节　遗嘱继承权
第六节　受遗赠权
第七节　继承外受分配遗产权

---

* 标题为校订者所加。

第一节　继承法的意义与基本原则

```
目　　录
1. 继承法的意义
2. 继承制度的存在依据
3. 继承法的基本规范
4. 继承法的原型与重述
5. 我国继承法的基本原则
```

一、继承法的意义

（一）定义

是有关因自然人死亡而消灭的财产性权利义务重新分配的规则的民事特别法。

（二）说明

1.是亚民法部门

继承法属民法的组成部分，而构成其亚部门。

2.是民法财产法部门

继承法属民法中的财产法部分，而非属人身权部分。

3.是民法关于遗产分配的财产法部门

1)遗产

(1)意义

①定义

遗产是主体死亡从而法律同步地为之确定新主体的财产性权务的总称。

遗产是财产权务在继承制度中的表现，是作为继承对象的财产权务。故唯在继承的语境中，遗产方有意义。

《继承法》第3条规定"遗产是公民死亡时遗留的个人合法财产"。[1]此定义是解词式说明，而未能达到定义所应有的逻辑要求。

②对定义的说明

i.不是人格或者身份

《公司法》第76条规定"自然人股东死亡后，其合法继承人可以继承股东资格"。[2]股东资格即身份，身份是无从继承的。充其量是契约的参加。另外，倘继承人有多人，便会继承多人一个身份的现象。可见，所继承的仍为财产权。

ii.是财产权务之合称

---

〔1〕　对应《民法典》第1122条第1款："遗产是自然人死亡时遗留的个人合法财产。"

〔2〕　现为《公司法》(2023年修正)第90条，无变动，该条全文为："自然人股东死亡后，其合法继承人可以继承股东资格；但是，公司章程另有规定的除外。"

i)不是"财产"
(i)财产是权务对象

《继承》第3条规定"遗产是公民死亡时遗留的个人合法财产"。[1]其实遗产不是财产。我们知道，财产是以归属为条件的资源，它是权务的对象。而遗产却是权务本身。

(ii)遗产却是权务本身
ii)既包含权利亦包含义务

遗产不仅包含财产权，而且包含财产义务。《继承法》第3条所规定的遗产皆为财产权，足见该法对遗产含义的领会不准确。

iii.是主体死亡的财产权务之合称
i)须主体死亡
(i)继承法上的死亡概念

继承法上的死亡概念，是用来表述遗产成立的。而遗产之成立，不仅应包括死亡，而且应包括被宣告死亡。此点与权利能力法上的死亡概念不同，后者仅在消灭权利能力，而权利能力的消灭，则不应包括宣告死亡。

(ii)须主体死亡

亦即死亡自然人所遗留的财产。在特定自然人死亡后方取得的财产，不可能成为该死亡人的遗产。因该人死亡而取得即其一，例如寿险保险金、社会组织发给死亡人遗属的抚恤金等，它们既因自然人死亡而生，从而在该人死亡后方取得，当然无从成为该死亡人的遗产，而事实上已明确归属于死亡人的近亲属。

ii)唯主体死亡时方可能定量

遗产的定量时点为死亡时。

iii)共有财产权务须予分析

遗产可能属于共有财产中的部分。在死亡人生前与他人共有某物权或共担某项财产债务时，遗产仅指其中归属于死亡人的部分或者份额。《继承法》第26条规定："I.夫妻在婚姻关系存续期间所得的共同所有的财产，除有约定的以外，如果分割遗产，应当先将共同所有的财产的一半分出为配偶所有，其余的为被继承人的遗产。II.遗产在家庭共有财产之中的，遗产分割时，应当先分出他人的财产。"[2]

iv.是因主体消灭而法律同步地为之确定新主体的财产权务之合称
i)财产法体系的效应
(i)死亡的效果不是权务绝对消灭

[1] 对应《民法典》第1122条第1款："遗产是自然人死亡时遗留的个人合法财产。"
[2] 对应《民法典》第1153条："I.夫妻共同所有的财产，除有约定的外，遗产分割时，应当先将共同所有的财产的一半分出为配偶所有，其余的为被继承人的遗产。II.遗产在家庭共有财产之中的，遗产分割时，应当先分出他人的财产。"第2款无变动，第1款少量表述变动，其中"夫妻在婚姻关系存续期间所得的共同所有的财产"改为"夫妻共同所有的财产"，契合《民法典》第1062条第1款、第1063条的夫妻财产制规范，参见黄薇主编：《中华人民共和国民法典继承编释义》，法律出版社2020年版，第131—132页。

A.权务绝对消灭的原因仅为对象的消灭

B.故死亡的效果仅能令权务相对消灭

(ii)遗产不成为无主财产

> 遗产因原主体死亡而须法律为之确定新主体,并不意味着在被继承之前,遗产须成为"无主财产"。与此相反,遗产在失却旧主体的同时,法律便为之确定了新主体,此即继承权人。故而我们称此确定为"同步"。所谓同步,即指新主体的确定与原主体的消灭"间不容发"地发生。

(iii)责任财产被分配同时须令取得人负担债务

A.死亡的效果既分配财产权,亦同步地分配财产义务

B.取得债权人责任财产的人,亦须负担该财产所担保的债务

ii)遗产继承是财产权体系的效应

(i)继承是人口生产关系法律表现

(ii)继承是人口生产必要财产权制度的重要组成部分

iii)遗产的其他约束条件

> 作为具体继承权标的,尤其是定量分析,尚需其他约束条件,如法定继承权标的需看有无遗嘱处分,遗嘱继承权标的需看有无特留份约束,等等。

(2)《继承法》关于遗产的规定

①条文

i《继承法》第3条的规定

i)收入

ii)房屋、储蓄和生活用品

iii)林木、牲畜和家禽

iv)文物、图书资料

v)法律允许公民所有的生产资料

vi)著作权、专利权中的财产权利

vii)其他合法财产[1]

> 最高人民法院《继承法意见》第3条对此项解释道:"公民可继承的其他合法财产包括有价证券和履行标的为财物的债权等。"[2]

ii《继承法》第4条的补充规定

i)承包收益权为继承标的

---

[1] 对应《民法典》第1122条第2款:"依照法律规定或者根据其性质不得继承的遗产,不得继承。"《继承法》第3条对遗产范围的规定,采用的是概括式与列举式相结合的方式,"考虑到在继承法起草制定时,我国的市场经济尚未确立,人民群众拥有的财产有限,私人财产观念也不强,继承法列明遗产的范围在技术上易操作,也有利于提高人民群众的权利意识。随着社会主义市场经济的不断发展,经济生活中财产的种类丰富多样,新的财产类型不断出现,总则编也规定了各种财产权的种类,没有必要在继承编重复列明各种财产类型为遗产的范围"。故《民法典》对遗产范围的规范,采一般规定和除外规定的概括式。参见黄薇主编:《中华人民共和国民法典继承编释义》,法律出版社2020年版,第13—15页。

[2] 该条文已删除,《民法典》第1122条已作规定。

ii) 承包合同的当事人地位唯法律有得继承之直接规定者方得承受[1]

　　承包关系为我国今天经济生活所多有。然此条所规定的承包经营，却不包括农村集体经济组织的家庭联产承包经营。因为，从该条使用的"个人承包应得的个人收益"的文字看，该个人仅指个人型自然人。而农村集体经济组织的家庭联产承包，[2]其承包人却为该组织的社员之家庭，而非个人。

　　此外，农村集体经济组织的家庭联产承包，其承包人既为集体经济组织的社员家庭式合伙体，则当其个别成员死亡时，合伙体的承包人地位不受影响，依法仅直接发生承包合伙体的变更——合伙体中不再包括死亡人，变更后的合伙体与变更前的合伙体同一，故不发生承包人变更。

②批评

i.以偏概全

　　《继承法》的上述规定，仅将其理解为所谓"积极财产"，其实该概念是既包含积极财产，又包含所谓"消极财产"的。

　　片面理解遗产为积极财产的结果，是有误导人们只知继承权利而不负担遗产中财产义务的可能。

ii.混淆了财产权与其对象

　　此外，上述规定，有时用收入、房屋、林木、图书、有价证券等，有时又用"财产权""债权"。相当混乱。

(3)关于遗产法律地位的假说

①财团说

i.无能力财产说

　　遗产为有待依继承法予以分配的特别无权利能力财团。

ii.法人说

　　遗产为有待依继承法予以分配的财团法人，而以遗嘱执行人为其机关。

②特别无主财产说

　　遗产为不适用先占的无主财产，故为特别无主财产。

③继承法为之同步地确定新主体的财团

2)遗产分配与继承

(1)遗产分配

---

〔1〕 该条文已删除。《继承法》中的承包有多种含义，除了农村土地承包法意义上的土地承包外，还有在改革开放初期实行的企业承包经营、工程承包经营等，涉及土地承包相关经权权益继承的问题，农村土地承包法作了规定，涉及公司企业投资等股权继承的问题，相关法律也都有规定。因此，《民法典》继承编未保留《继承法》第4条的内容。参见黄薇主编：《中华人民共和国民法典继承编释义》，法律出版社2020年版，第17页。

〔2〕《农村土地承包法》第3条第2款规定"农村土地承包采取农村集体经济组织内部的家庭承包方式"。[现为《农村土地承包法》(2018年修正)第3条第2款。]第15条："家庭承包的承包方是本集体经济组织的农户。"[现为《农村土地承包法》(2018年修正)第16条第1款，该条新增第2款："农户内家庭成员依法平等享有承包土地的各项权益。"]第26条第1款："承包期内，发包方不得收回承包地。"[现为《农村土地承包法》(2018年修正)第27条第1款。]第35条规定"承包期内，发包方不得单方面解除承包合同"。[该条已删除。]

(2) 遗产继承

是确定遗产归属之谓。

自受分配人的角度言,受分配遗产便是对遗产的继承。

3) 继承法是依财产权体系分配遗产的民法亚部门

(1) 财产取得法

是关于财产取得的规范之总称。

财产取得法主要是物权、知识产权和债权等项财产权的取得法。继承法属其中之一。

(2) 作为财产取得法特别法的遗产取得法

继承法的作为财产取得法的特别之处在于,它系遗产的继受取得法。

二、继承制度的存在依据

继承制度乃是根植于个人财产权制度的家庭人口生产制度的一个部分。

(一) 家庭的人口生产功能

1. 概说

家庭的养老育幼活动,体现了人口的家庭生产方式。迄今为止,人口生产仍以家庭为其方式。正是此一方式,规定了继承制度存在的道理。

2. 继承乃人口生产必要财产的财产权制度

家庭财产中用为人口生产的必要财产,不得挪作他用。尽管其定量是困难的。然而作为裁判法,则得由法院依事实认定规则作出,而不待言。故该财产须一直留在家庭共有体之中。当其个别成员死亡时,作为共有权主体的家庭虽有变更,但在规范上,此一变更尚不足成为将其视为新主体的依据。故死亡人作为单个人的财产权务之消灭,却依共同体的财产规则,而由其他成员承受,此即继承。申而言之,作为家庭共同体,不因个别成员之死亡而消灭,而仅为不影响共同体法律地位的变更,而仅发生死亡人的个别财产继承的问题。而继承之后,共同体的财产共有仍然存续。

唯应注意,尽管家庭是人口生产的主要方式,但毕竟有其例外。作为例外的非家庭人口生产,自当别论,而不待言。

(二) 人口生产之非必要财产得自由处分

家庭共同体财产中的非用为人口生产必要财产的财产,得成立个人所有权,而由个人自由处分。此系遗嘱制度的依据。

三、继承法的基本规范

(一) 总说

继承法的基本规范共有四项,分别是法定继承规范、遗嘱继承规范、遗赠规范和无人承继遗产分配规范。

(二) 规范各论

1. 继承规范

作为财产权取得和债之变更之重要形式的继承,首当其冲的规范是继承规范,亦即死亡人的遗产由何人当然取得或承受。

1) 法定继承规范

(1) 适用于人口生产必要财产部分

①家庭是人口生产共同体

i.自然人由家庭生产

ii.用于人口生产的必要财产由家庭共有

②个别成员死亡不足以崩溃人口生产共同体

i.配偶与子女仍维系着原来的家庭共同体

由此产生第一顺序继承人。

ii.死亡人的遗产仍留在家庭共同体中

不存在"主体"更迭情事。唯应注意，民法上主体只有自然人与法定两类，家庭不足以为"主体"，而只是自然人的存在形态。然而，这系仅就裁判法而言，若就行为法言，那么，当事人愿意以家庭作为财产权的主体，这样的认识，在裁判外当然受到充分尊重。

③当本家庭崩溃时则将遗产分配于本家庭所由出或最相关的家庭

i.本家庭所由出或所派生家庭

祖父母和外祖父母所在家庭是本家庭之所由出的家庭。兄弟姐妹所在家庭则是本家庭最相关的家庭。

ii.形成第二顺序继承人

(2) 用为该规范重述的基本逻辑概念

①死亡

②遗产

③被继承人

④继承人

⑤继承人的顺序

⑥继承权

2) 遗嘱继承规范

(1) 适用家庭财产中之非人口生产用必要财产

①家庭财产中有人口生产之非必要部分

两部分边界如何确定，是裁判的任务。

②就人口生产的非必要部分遗产应有遗嘱处分自由

唯应注意，倘当事人以遗嘱处分了人口生产必要财产，继承法则会裁判该内容无效。此即特留份制度。

(2) 用为该规范重述的基本逻辑概念

①遗嘱

②遗嘱继承人

③特留份

④遗嘱之执行

2.非继承规范

1) 遗赠规范

(1) 适用于否定家庭制度而仅强调财产处分自由的人

①财产处分自由不受家庭功能过分限制

②但仍须受特留份限制

(2)用为该规范重述的基本逻辑概念

①遗赠

②遗赠扶养合同

2)无人承继遗产分配规范

是财产权体系在继承领域的具体化。

四、继承法的原型与重述

(一)继承法的原型

1.演进形成

2.无须借助语言而存在

(二)继承法的重述

1.重述的意义

以语言尤其是文字对原型法的重述和记载。
语言是最具表现力的载体,借助语言法律被专业人士学习和研究,司法机关也借语言向人民证明其裁判是对法律的适用。然而,语言却不能胜任对规范的不失真表述。从而重述带来了原疵。

2.唯裁判规范须重述

1)司法公平控制

由立法机关统一重述,提供用供全国一体适用的裁判标准,能保证案件相似,判决也相似的司法公正。

2)降低找法成本

由立法机关统一重述,而不停留于各裁判者独立重述,实际是重述行为的规模化。足资降低重述成本。

3.重述继承法乃裁判法

继承法重述,实为重述法。属重述民法的重要成分。而重述民法所记载的,皆为裁判规范,故在此意义上,重述继承法为裁判法,而非行为法。重述继承法仅对裁判有约束力。申而言之,当事人未必依该法行事,只要无争议,政府便听任之。因政府难能监督故也。
唯应注意,裁判行为也对人的行为产生反馈,从而调整人们的行为。然此一作用,不能使裁判法变性为行为法。

五、我国继承法的基本原则

(一)基本原则的意义与性质

1.意义

1)定义

是处于部门法或其亚部门中最高逻辑位阶的原则规范。

2)说明

(1)是原则规范

(2)是基本原则规范

原则规范的法律效果是对一般规范的约束。

原则规范依其性质有基本与非基本之分。基本原则是原则规范中处于最高位阶者。

2.对基本原则的重述

基本原则亦有原型与模型之分。我们这里所讨论的，属重述的基本原则。

（二）基本原则各论

1.财产继承原则

亦即继承的对象仅以财产权务为限的原则。自从人类社会否弃了不平等身份之后，身份继承便不可能存在了。

2.法定继承原则

是指法定继承作为继承制度本位的原则。而法定继承，则是继承人范围、顺序和遗产分配准则由法定规定的制度。与此相反，而以遗嘱分配为继承制度本位的原则，则相应地称之为"遗嘱继承原则"。在后一原则下，当事人得以遗嘱自由处分遗产，包括以否定一切亲属依法享有的继承权。与此相对应，在"法定继承原则"下，则限制遗嘱的适用条件，包括保障一定亲属法定继承权优先于遗嘱继承权。欧美有些国家奉行遗嘱继承原则，我国则采行法定继承原则。其体现为：

1)遗嘱继承人以法定继承人的范围为限

在我国《继承法》，法定继承人方可能取得继承权。遗嘱继承人也须以法定继承人为前提。

2)特留份制度

特留份，指遗产中须为特定继承人强制保留的份额。《继承法》第19条规定："遗嘱应当对缺乏劳动能力又没有生活来源的继承人保留必要的遗产份额。"[1]违反特留份的遗嘱部分无效。故特留份实乃为遗嘱限制，是法定继承原则的体现之一。

3)法定继承权的代位

在法定继承中，被继承人先期死亡子女的继承权依法由其直系卑血亲代位行使，此即所谓"代位继承"。此系立法特别优渥法定继承人中的特别近亲属。而在遗嘱继承中，当被继承人子女先期死亡时，该人便不属遗嘱继承人，其晚辈直系亲属无从代位。代位继承体现了法定继承原则。

3.限定继承原则

指以遗产中的财产权为限同时继受财产义务的继承原则。申而言之，当遗产值为负数时，允许继承人作出继承抑或不继承的选择，而不强制继承人承担作为遗产的绝对义务。此一原则，否定了绝对的"父债子偿"。
我国《继承法》采行限定继承原则，该法第33条规定："I. 继承遗产应当清偿被继承人依法应当缴纳的税款和债务，缴纳税款和清偿债务以他的遗产实

[1]　对应《民法典》第1141条："遗嘱应当为缺乏劳动能力又没有生活来源的继承人保留必要的遗产份额。"

际价值为限。超过遗产实际价值部分，继承人自愿偿还的不在此限。Ⅱ．继承人放弃继承的，对被继承人依法应当缴纳的税款和债务可以不负偿还责任。"〔1〕

4.男女平权原则

即继承权男女平等的原则。我国《继承法》第9条规定："继承权男女平等。"〔2〕明文肯认了此一原则。

第二节　继承人

目　录
1. 继承人的意义
2. 继承人各论

一、继承人的意义

（一）定义

是"可以成为继承人的人"之简称，指具备资格而有待取得继承遗产的权利的人。

（二）说明

1.继承人是必要概念

1)是被继承人的反对概念

有被继承人，便有继承人。在被继承人生前，其相对人必为继承人，而非继承权人。

2)是重述中定义有可能取得继承权的人的范围的需要

如果仅有继承人的概念，而无继承人的概念，虽得用期待型继承权人，而与之对应，亦将用既得型继承权人。不仅麻烦，而且在认为期待型继承权并非权利的意见之下，亦是不可能的。

2.是被继承人的近亲属及配偶

1)是近亲属及配偶

继承制度的依据在家庭的养老育幼功能。故继承人必为被继承人的近亲属及配偶。

---

〔1〕　对应《民法典》第1159条和《民法典》第1161条。《民法典》第1159条："分割遗产，应当清偿被继承人依法应当缴纳的税款和债务；但是，应当为缺乏劳动能力又没有生活来源的继承人保留必要的遗产。"该条吸收了《继承法》第33条第1款第1句"继承遗产应当清偿被继承人依法应当缴纳的税款和债务"，以及《继承法意见》第61条"继承人中有缺乏劳动能力又没有生活来源的人，即使遗产不足清偿债务，也应为其保留适当遗产，然后再按继承法第三十三条和民事诉讼法第一百八十条的规定清偿债务"。参见最高人民法院民法典贯彻实施工作领导小组主编：《中华人民共和国民法典婚姻家庭编继承编理解与适用》，人民法院出版社2020年版，第693页。《民法典》第1161条："Ⅰ.继承人以所得遗产实际价值为限清偿被继承人依法应当缴纳的税款和债务。超过遗产实际价值部分，继承人自愿偿还的不在此限。Ⅱ.继承人放弃继承的，对被继承人依法应当缴纳的税款和债务可以不负清偿责任。"该条除表述略有调整外，基本沿袭了《继承法》第33条的规定。

〔2〕　现为《民法典》第1126条。

2) 自被继承人的角度称谓之

　　继承人皆为以被继承人为本位所称谓的亲属。例如"配偶"，指被继承人的配偶，"子女"指继承人的子女，余类推。

3. 是期待型继承权人
1)"继承人"与"继承权人"

　　继承人与继承权人是两个概念。

2) 继承权人须以继承人为前提

　　非继承人不能成为继承权人，但前者未必成为后者。前者是法律旨在保护被继承人近亲属的合理利益而划定的该亲属的最大范围，后者则是在生活事实层面上实际取得既得型继承权的人。

3) 继承权人在范围上小于继承人

　　继承人是可能性继承权的最大值，在生活层面上，充分其要件的近亲属则未必齐全。
　　纵使在生活层面上继承人的各类型均存在时，实际取得既得型继承权的人也仅为其中的第一位序人，第二位序人将被排除。

4. 继承人法定原则
1) 范围法定

　　继承人法定的含义是其范围及其顺序由重述型继承法规定。

2)《继承法》的规定

　　《继承法》第10条规定,配偶、子女、父母、兄弟姐妹、祖父母、外祖父母为"法定继承人"。[1]鉴于遗嘱继承人须在法定继承人中指定，故而该条所规定的亲属应为继承人，而不仅是法定继承人。

3) 确定继承人范围的文化依据
(1) 继承人的范围不宜过宽

　　尽量限于近亲属和配偶,以免所分得的遗产过少。

(2) 顺序不宜过多

　　而近亲属的范围已定得相当狭小，即划在三亲等之内。故顺序便不宜过多。

(3) 配偶列于第一顺序
二、继承人各论
(一) 被继承人的配偶
1. 意义

　　是婚姻关系因被继承人死亡而归于消灭的人。

2. 要件
1) 须与被继承人生前有婚姻关系

---

　　〔1〕　按照正文文义,《继承法》中规定法定继承人范围的应为第10条,该条对应《民法典》第1127条:"Ⅰ.遗产按照下列顺序继承:(一)第一顺序:配偶、子女、父母;(二)第二顺序:兄弟姐妹、祖父母、外祖父母。Ⅱ.继承开始后,由第一顺序继承人继承,第二顺序继承人不继承;没有第一顺序继承人继承的,由第二顺序继承人继承。Ⅲ.本编所称子女,包括婚生子女、非婚生子女、养子女和有扶养关系的继子女。Ⅳ.本编所称父母,包括生父母、养父母和有扶养关系的继父母。Ⅴ.本编所称兄弟姐妹,包括同父母的兄弟姐妹、同父异母或者同母异父的兄弟姐妹、养兄弟姐妹、有扶养关系的继兄弟姐妹。"

婚姻关系须依《婚姻法》所规定的要件成立。尤指须公示，凡已公示者即为配偶，例如已公示而未同居者以及正在离婚之诉系属中的当事人是。相反，凡无婚姻公示者皆不能成立婚姻关系，例如已订婚者、同居者是。此外，因被继承人被宣告死亡而与他人结婚的被继承人的原配偶，纵使其后任配偶已死亡者，也与被继承人无婚姻关系。

2)须婚姻关系因被继承人死亡而消灭

唯因被继承人死亡而其婚姻关系消灭者，方足以成为继承人。

(二)被继承人的子女

1.意义

指一亲等直系卑血亲。

2.说明

1)须为被继承人的直系血亲

2)须为被继承人的直系卑血亲

3)须为被继承人的一亲等直系卑血亲

(1)一亲等直系卑亲血亲

(2)包括婚生与非婚生

①婚生与非婚生子女

《继承法》第10条第3款规定："本法所说的子女，包括婚生子女、非婚生子女、养子女和有扶养关系的继子女。"[1]

《婚姻法》第26条第1款规定："国家保护合法的收养关系。养父母和养子女间的权利和义务，适用本法对父母子女关系的有关规定。"[2]此为真正收养。同法第27条第2款规定："继父或继母和受其抚养教育的继子女间的权利和义务，适用本法对父母子女关系的有关规定。"[3]此即拟制收养。

②婚生子女包括胎儿

《继承法》第28条："遗产分割时，应当保留胎儿的继承份额。胎儿出生时是死体的，保留的份额按照

---

〔1〕 对应《民法典》第1127条第3款："本编所称子女，包括婚生子女、非婚生子女、养子女和有扶养关系的继子女。"

〔2〕 对应《民法典》第1111条第1款："自收养关系成立之日起，养父母与养子女间的权利义务关系，适用本法关于父母子女关系的规定；养子女与养父母的近亲属间的权利义务关系，适用本法关于子女与父母的近亲属关系的规定。"《民法典》之前，《婚姻法》第26条和《收养法》第23条内容相近，共存于我国婚姻家庭法体系中。《收养法》第23条："I.自收养关系成立之日起，养父母与养子女间的权利义务关系，适用法律关于父母子女关系的规定；养子女与养父母的近亲属间的权利义务关系，适用法律关于子女与父母的近亲属关系的规定。II.养子女与生父母及其他近亲属间的权利义务关系，因收养关系的成立而消除。"《民法典》在"家庭关系"章删去了《婚姻法》第26条的规定，在"收养"章保留了《收养法》第23条的规定。参见薛宁兰、谢鸿飞主编：《民法典评注·婚姻家庭编》，中国法制出版社2020年版，第579—580页；最高人民法院民法典贯彻实施工作领导小组主编：《中华人民共和国民法典婚姻家庭编继承编理解与适用》，人民法院出版社2020年版，第428页。

〔3〕 对应《民法典》第1072条第2款："继父或者继母和受其抚养教育的继子女间的权利义务关系，适用本法关于父母子女关系的规定。"

法定继承办理。"[1]

i.意义

是在继承开始时尚未出生之自然人胎儿。

ii.构成要件

i)须为胎儿

ii)须有将来出生的事实

iii.出生要件不充分时的法律效果

如果将来不能充分出生之要件，亦即生下死胎，则不视为子女。如果此前已分割遗产，那么，为之预留的遗产即须依继承法再行继承。

(3)包括真正血亲与拟制血亲

《继承法》第10条第3款规定："本法所说的子女，包括婚生子女、非婚生子女、养子女和有扶养关系的继子女。"[2]

①真正血亲与拟制血亲

②养子女

i.真正养子女

既正式收养的子女。《收养法》第23条第1款前段规定"自收养关系成立之日起，养父母与养子女间的权利义务关系，适用法律关于父母子女关系的规定"。[3]该法第15条第1款规定："收养应当向县级以上人民政府民政部门登记。收养关系自登记之日起成立。"[4]

ii.形成收养关系的继子女

i)意义

指配偶一方与他人所生而在幼少年时代受配偶双方抚养的人。

ii)构成要件

(i)须为配偶一方与他人所生子女

(ii)须在幼少年时代受配偶双方抚养

A.须在幼少年时代与双方共同生活

B.须由双方共同抚养

C.须抚养时间达到习惯所认同的度

(iii)须足以视为有收养之默示

所谓形成收养关系，即视为有收养的默示。

(iv)须无正式收养关系

若有正式收养关系，则为真正养子女矣。

---

〔1〕　对应《民法典》第1155条："遗产分割时，应当保留胎儿的继承份额。胎儿娩出时是死体的，保留的份额按照法定继承办理。"

〔2〕　对应《民法典》第1127条第3款："本编所称子女，包括婚生子女、非婚生子女、养子女和有扶养关系的继子女。"

〔3〕　对应《民法典》第1111条第1款："自收养关系成立之日起，养父母与养子女间的权利义务关系，适用本法关于父母子女关系的规定；养子女与养父母的近亲属间的权利义务关系，适用本法关于子女与父母的近亲属关系的规定。"

〔4〕　现为《民法典》第1105条第1款。

唯其无正式收养关系，故其与生父母的亲属关系不受影响。

iii）特别效果

最高人民法院《继承法意见》第21条第1款规定："继子女继承了继父母遗产的，不影响其继承生父母的遗产。"[1]

4）须未被他人收养为养子女

《收养法》第23条第2款规定："养子女与生父母及其他近亲属间的权利义务关系，因收养关系的成立而消除。"[2]

(三)被继承人的父母

1.定义

即被继承人的一亲等直系尊亲属。

2.说明

1）须为被继承人的直系血亲

2）须为被继承人的直系尊血亲

3）须为被继承人的一亲等直系尊血亲

(1)一亲等直系尊血亲

(2)包括真正血亲与拟制血亲

《继承法》第10条第4款规定："本法所说的父母，包括生父母、养父母和有扶养关系的继父母。"[3]最高人民法院《继承法意见》第20条规定："在旧社会形成的一夫多妻家庭中，子女与生母以外的父亲的其他配偶之间形成抚养关系的，互有继承权。"[4]

①生父母

②养父母

i.真正养父母

是因被收养而形成的拟制父母。《收养法》第23条第1款前段规定"自收养关系成立之日起，养父母与养子女间的权利义务关系，适用法律关于父母子女关系的规定"。[5]

ii.有扶养关系的继父母

i）意义

是因幼少年时期生父或者生母与之有婚姻关系并且提供了抚养的非生父或非生母。

ii）构成要件

(i)须非生父或者非生母

---

〔1〕 现为《民法典继承编解释(一)》第11条第1款。

〔2〕 对应《民法典》第1111条第1款："自收养关系成立之日起，养父母与养子女间的权利义务关系，适用本法关于父母子女关系的规定；养子女与养父母的近亲属间的权利义务关系，适用本法关于子女与父母的近亲属关系的规定。"

〔3〕 对应《民法典》第1127条第4款："本编所称父母，包括生父母、养父母和有扶养关系的继父母。"

〔4〕 该条文已删除。

〔5〕 对应《民法典》第1111条第1款："自收养关系成立之日起，养父母与养子女间的权利义务关系，适用本法关于父母子女关系的规定；养子女与养父母的近亲属间的权利义务关系，适用本法关于子女与父母的近亲属关系的规定。"

(ii) 须与生父或者生母有婚姻关系

(iii) 须幼少时期提供抚养

　　该抚养的量须不少于当地公认的标准。

(iv) 须无正式收养关系

iii) 特别效果

　　最高人民法院《继承法意见》第21条第2款规定："继父母继承了继子女遗产的，不影响其继承生子女的遗产。"[1]

(四) 被继承人的祖父母

1. 定义

　　即被继承人的二亲等父系直系尊血亲。

2. 说明

1) 须为被继承人的直系血亲

2) 须为被继承人的直系尊血亲

3) 须为被继承人的父系直系尊血亲

4) 须为被继承人的二亲等父系直系尊血亲

(1) 二亲等父系直系尊亲属

(2) 不包括拟制血亲

　　自逻辑言之，祖父母本应包括生祖父母和养祖父母。但《继承法》仅规定为"祖父母"，此系不使遗产分配过分于分散的立法政策的体现。故而不应作此扩张解释。

3. 孙子女非继承人

　　《继承法》未规定孙子女为继承人。这与祖父母为孙子女的继承人似不对称。此系不使遗产分配过分于分散的立法政策的体现。并且得通过代位继承制度予以化解。

(五) 被继承人的外祖父母

1. 定义

　　即被继承人的二亲等母系直系尊血亲。

2. 说明

1) 须为被继承人的直系血亲

2) 须为被继承人的直系尊血亲

3) 须为被继承人的母系直系尊血亲

4) 须为被继承人的二亲等母系直系尊血亲

(1) 二亲等母系直系尊血亲

(2) 不包括拟制血亲

　　自逻辑言之，外祖父母亦应包括生外祖父母和养外祖父母。但《继承法》仅规定为"外祖父母"，此系不使遗产分配过分于分散的立法政策的体现。故而不应作此扩张解释。

3. 外孙子女非继承人

　　《继承法》未规定外孙子女为继承人。这与外祖父

---

〔1〕 现为《民法典继承编解释(一)》第11条第2款。

母为外孙子女的继承人似不对称。此系不使遗产分配过分于分散的立法政策的体现。况且得通过代位继承制度予以化解。

（六）被继承人的兄弟姐妹

1.意义

是被继承人的二亲等旁系血亲。

2.说明

1）须为被继承人的旁系血亲

2）须为被继承人的二亲等旁系血亲

（1）二亲等旁系血亲

（2）包括真正血亲与拟制血亲

《继承法》第10条第5款规定："本法所说的兄弟姐妹，包括同父母的兄弟姐妹、同父异母或者同母异父的兄弟姐妹、养兄弟姐妹、有扶养关系的继兄弟姐妹。"[1]

①亲生兄弟姐妹

i.全血缘兄弟姐妹

即同父且同母兄弟姐妹。

ii.半血缘兄弟姐妹

即同父异母及同母异父兄弟姐妹。

②养兄弟姐妹

最高人民法院《继承法意见》第23条规定："I.养子女与生子女之间、养子女与养子女之间，系养兄弟姐妹，可互为第二顺序继承人。II.被收养人与其亲兄弟姐妹之间的权利义务关系，因收养关系的成立而消除，不能互为第二顺序继承人"。[2]第24条规定："I.继兄弟姐妹之间的继承权，因继兄弟姐妹之间的扶养关系而发生，没有扶养关系的，不能互为第二顺序继承人。II.继兄弟姐妹之间相互继承了遗产的，不影响其继承亲兄弟姐妹的遗产。"[3]

i.真正养兄弟姐妹

i）意义

是因自己被他人收养而与收养人的子女形成拟制血亲关系以及他人被自己的父母收养而与之形成的拟制血亲关系的兄弟姐妹。

最高人民法院《继承法意见》第23条第1款规定："养子女与生子女之间、养子女与养子女之间，系养兄弟姐妹，可互为第二顺序继承人。"[4]

---

〔1〕 对应《民法典》第1127条第5款："本编所称兄弟姐妹，包括同父母的兄弟姐妹、同父异母或者同母异父的兄弟姐妹、养兄弟姐妹、有扶养关系的继兄弟姐妹。"

〔2〕 对应《民法典继承编解释（一）》第12条："I.养子女与生子女之间、养子女与养子女之间，系养兄弟姐妹，可以互为第二顺序继承人。II.被收养人与其亲兄弟姐妹之间的权利义务关系，因收养关系的成立而消除，不能互为第二顺序继承人。"

〔3〕 现为《民法典继承编解释（一）》第13条。

〔4〕 对应《民法典继承编解释（一）》第12条第1款："养子女与生子女之间、养子女与养子女之间，系养兄弟姐妹，可以互为第二顺序继承人。"

ii)构成要件

(i)须非亲生兄弟姐妹

(ii)须为生父或者生母的养子女或者为养父或者养母的子女

ii.有扶养关系的继兄弟姐妹

i)意义

ii)构成要件

(i)须非亲生兄弟姐妹

(ii)须为生父或者生母的继子女或者为继父或者继母的子女

(iii)须形成扶养关系

> 最高人民法院《继承法意见》第24条第1款规定："继兄弟姐妹之间的继承权，因继兄弟姐妹之间的扶养关系而发生。没有扶养关系的，不能互为第二顺序继承人。"[1]

iii)特别效果

> 最高人民法院《继承法意见》第24条第2款规定："继兄弟姐妹之间相互继承了遗产的，不影响其继承亲兄弟姐妹的遗产。"[2]

(七)被继承人受过其无因赡养的寡媳鳏婿

> 《继承法》第12条规定："丧偶儿媳对公、婆，丧偶女婿对岳父、岳母，尽了主要赡养义务的，作为第一顺序继承人。"[3]我们称之为无因赡养姻父母的"寡媳鳏婿"。

1.意义

> 指丧偶而赡养公婆的儿媳和赡养岳父母的女婿。

2.构成要件

1)须为被继承人的儿媳和女婿

2)须丧偶

3)须赡养了公婆或者岳父母

> 指为公婆或者岳父母提供了主要经济来源或者在生活上给予了主要帮助。《继承法》称"尽了主要赡养义务"。

---

[1] 现为《民法典继承编解释(一)》第13条第1款。

[2] 现为《民法典继承编解释(--)》第13条第2款。

[3] 对应《民法典》第1129条："丧偶儿媳对公婆，丧偶女婿对岳父母，尽了主要赡养义务的，作为第一顺序继承人。"

第三节　继承权

目　录

1. 继承权的意义
2. 期待性继承益
3. 继承权之取得要件
4. 继承之传递
5. 继承权之抛弃
6. 继承权救济权

一、继承权的意义

（一）定义

是受取特定遗产分配的归属型间接权。

（二）说明

1.继承权属间接权

1）直接权与间接权

2）继承权属间接权

2.继承权属归属型间接权

1）间接权之归属型与赖给型

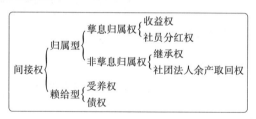

（1）归属型

①意义

或称"受分配权"，是受领特定财产权归属的间接权。

②说明

i.属间接权

ii.是受特定财产权分配效果的间接权

i)体现为特定财产权分配效果之承受

即特定财产权直接对于权利人发生。

ii)须以标的财产的存在为条件

如收益权，须以孳息存在为条件；分红权，须以红利存在为条件；继承权，则须以遗产存在为条件。

iii)无所谓权利行使

间接权之财产权取得的法律效果，源自法律规定，而非权利行使的结果。故间接权无权利行使可言。在继承权，当标的财产存在之时，即同步地受分配，而不待权利人去行使该权利而后得。抑且归属权无从有行使问题。《继承法》第6条规定："Ⅰ.无行为能力人的继承权、受遗赠权，由他的法定代理人代为行使。Ⅱ.限制行为能力人的继承权、受遗赠权，由他的法定代理人代为行使，或者征得法定代理人同意后行使。"[1]令人啼笑皆非。

(2)赖给型

是有赖义务人给付方能实现的间接权。如债权与受供养权是。

2)继承权属归属型间接权

3.继承权属非孳息归属权

归属权依其标的之为孳息所有权的取得与否，划分为孳息所有权取得权与非孳息所有权之取得权。

1)孳息归属权与非孳息归属权

(1)孳息归属权

是以孳息所有权为标的的归属权。
孳息归属权依其孳息之为天然抑或法定，得再划分为天然孳息归属权与法定孳息归属权。后者又依其之为股利与否，再划分为一般法定孳息归属权与分红权。

(2)非孳息归属权

是以孳息所有权以外的财产权为标的的归属权。

2)继承权属非孳息归属权

继承权的标的为孳息所有权之外的财产权，故为非孳息归属权。

4.继承权是遗产归属权

非孳息归属权依其标的之为遗产与否，划分为遗产归属权与社团法人剩余财产归属权。

1)遗产归属权与社团法人剩余财产归属权

(1)遗产归属权

是以遗产归属为标的的非孳息所有权归属权。此即继承人是也。

(2)社团法人剩余财产归属权

是清算完结之有剩余财产的社团法人之社员，就该剩余财产权的归属权。

2)继承权是遗产归属权

5.继承权是属人性归属权

继承权无从转让。

二、期待性继承益

继承权的期待型阶段尚非权利，而仅为权利胚胎，称之为"期待型继承益"。

(一)期待型继承益的意义

是继承权在继承开始之前的状态，其效力仅止于继承权取得之期待。

---

[1] 该条文已删除。

无论法定继承权抑或遗嘱继承权，均有此种状态发展阶段。

(二)期待型继承益的性质

1.总说

期待型继承益是听其自然地期待其转化为既得继承权的权利状态。

朱庆育教授以为，期待权(Anwartschaftsrecht)概念来自德国，指的是完整权利的"前期阶段"，典型者如所有权保留买卖中买受人的期待权。"期待权"之为权利，虽然有一定的不确定性，但它既称"权利"，自亦存在受侵害之可能，并且能够因此主张法律保护。当今德国通说据此认为，被继承人死亡之前不存在"继承期待权"，继承人所拥有的，只是取得遗产的机会(Chance)或曰可能性(Möglichkeit)，它可以被称为"继承期望"(Erbaussicht)，但尚不足以构成期待权，原因在于：(1)无义务与之对应；(2)其命运受遗嘱左右。被继承人直至临近死亡，仍然可能通过遗嘱令法定继承人丧失取得遗产的机会，即便是遗嘱所指定的继承人，亦因被继承人随时可以撤回遗嘱而无法享有"继承权"，如此不确定的法律地位，不可能定型化为权利。(3)不具备期待权本应有之可让与性与可继承性。[1]上述理解，有探讨的必要。

2.为前权法益

1)意义

(1)定义

是尚未发育为权利的法益。

(2)说明

①属法益

i.法律须肯认的正当利益

ii.配有法定义务

i)不得以法律所禁止的私力予以侵夺

ii)不得恶意阻止发育为权利

②是权利胚胎

有发育为权利的趋势。

2)再划分

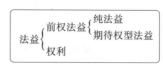

(1)纯法益

(2)期待型法益

3.是期待权型前权法益

即通常所称的期待权。

――――――――

〔1〕 江平主编：《民法学》，中国政法大学出版社2007年版，第797页(第14编继承法由朱庆育执笔)。

1）其期待性缘于遗产和继承人两概念的约束尚未完全

（1）定义遗产所需的约束不完全

（2）定义继承人所需的约束不完全

2）约束之由不完全到完全的转化正是期待权的本质

3）期待型继承法所配属的义务

（1）尊重与容忍

此系任何权利皆对应的义务，故称一般义务。

（2）不得阻止其成就为既得权

《继承法》规定继承人为争夺遗产而杀害其他继承人，伪造、篡改和销毁遗嘱，便属恶意阻止既得继承权之成就。

4.是专属性法益

权利未必皆得转让或继承。专属权即属不得转让与继承的权利。

（三）取得要件

被继承人的配偶和法定近亲属。

三、继承权之取得要件

法定继承与遗嘱继承尚各有其特别要件，容于各该权利部分讨论。

（一）一般要件

1.积极要件

1）须被继承人死亡

继承以依财产权体系分配遗产为其功。故以被继承人死亡为继承权由期待权变性既得权之要件。

2）须有遗产

同上，继承以处理死亡自然人遗产的归属为旨归，遗产之为继承权取得的法律要件，是自明之理，无遗产即无继承可言。

3）须有继承人在世

继承是将遗产分配于死亡自然人配偶及一定范围内亲属的制度，故而继承权由该配偶和亲属亦即继承人取得。作为继承的要件，当然必须有继承人在世。倘被继承人并无继承人在世，自然不会发生继承。继承关涉被继承人以及继承人利益至为巨大，为公平控制起见，继承人的范围由法律强制性地作出规定。关于继承人的顺序，我们将在第四节具体讨论。

2.消极要件

1）须不抵触《继承法》关于丧失继承权事由的规定

《继承法》第7条规定："继承人有下列行为之一的，丧失继承权：（一）故意杀害被继承人的；（二）为争夺遗产而杀害其他继承人的；（三）遗弃被继承人的，或者虐待被继承人情节严重的；（四）伪造、篡改或者销毁遗嘱,情节严重的。"[1]继承人如有上列行为之一,其继承权便当然丧失。

2) 法定继承权与遗嘱继承权的特别条件

(二) 取得时点

即继承开始之时。

从继承开始到遗产由继承人实际拿到手,往往有一个事实上的时间间隔,这其间,有处理继承手续包括遗嘱执行的需要,也有当事人选择了并不即时分割遗产的方案,尤其子女在继承亡父或亡母一方遗产时,往往不即时分割遗产,而待生存的父或母将来死亡后一并分割。在上述情况下,虽然有此事实上的时间间隔,但在实际使遗产归诸继承权人之时,是溯及于继承开始地就遗产形成新的法律关系的。

(三) 法定继承权与遗嘱继承权

1. 划分标准

此项划分的标准是权利取得要件的类型。

2. 法定继承权

依法定要件取得的继承权是法定继承权。

3. 遗嘱继承权

由遗嘱设定的继承权是遗嘱继承权。

四、继承之传递

(一) 继承传递的意义

1. 意义

是继承权人在继承开始后而遗产受领前死亡,其已取得的遗产由其继承权人再继承的情形。

2. 说明

1) 是多次继承的相续

当一个自然人死亡,而其继承权人在所继承遗产尚未分到手之前死亡,便是两个继承的相续。相续继承权人分别称为"一手继承权人"与"二手继承权人"等。一手继承权人已经通过继承而取得然却尚未到手的被继承人的遗产,自应列入其自己的遗产财产团之中,而由其继承权人再继承。这本无什么制度上或者逻辑上的障碍。继承法之所谓讨论此一问题,是让学生分清两个相续继承的要件和效果而已。

2) 以一手继承权人已取得却未待分得遗产而死亡为特别要件

多次继承的相续之特殊性,在一手继承人未受领已

─────────

[1] 对应《民法典》第1125条:"I.继承人有下列行为之一的,丧失继承权:(一)故意杀害被继承人;(二)为争夺遗产而杀害其他继承人;(三)遗弃被继承人,或者虐待被继承人情节严重;(四)伪造、篡改、隐匿或者销毁遗嘱,情节严重;(五)以欺诈、胁迫手段迫使或者妨碍被继承人设立、变更或者撤回遗嘱,情节严重。II.继承人有前款第三项至第五项行为,确有悔改表现,被继承人表示宽恕或者事后在遗嘱中将其列为继承人的,该继承人不丧失继承权。III.受遗赠人有本条第一款规定行为的,丧失受遗赠权。"在继承权丧失的事由上,《民法典》于《继承法》第7条规定的基础上,增加了以欺诈、胁迫手段迫使或者妨碍被继承人设立、变更或者撤回遗嘱的严重情形,作为继承权丧失的事由之一,并对继承权丧失后能否恢复的情形、受遗赠人丧失受遗赠权作出规定,对继承权丧失制度进行了进一步完善。参见最高人民法院民法典贯彻实施工作领导小组主编:《中华人民共和国民法典婚姻家庭编继承编理解与适用》,人民法院出版社2020年版,第517页。

取得的遗产。倘已受领，便为普通的两次继承矣。遗嘱继承人亦可能在未受领遗产之前死亡，故亦可能发生继承的相续。唯应注意，依我国《继承法》，遗嘱继承人接受继承的意思表示须明示。

3）一手继承权人未及分得的遗产列入其遗产团

4）二手继承权人得为法定继承权人或者遗嘱继承权人

因遗嘱难能处分当时尚不知晓的财产。而一手继承人为立遗嘱时，便难能将未来死亡时将继承取得的财产写入遗嘱分配的财产之内。多次继承的相续之二手继承，通常为法定继承，其故在此。

（二）再转继承的构成要件

1.须一次继承已开始

然而，再转继承须于继承已开始方有存在之可能，因为，唯于此时，方得确定被继承权人有无先期死亡子女。

2.须一手继承权人已继承

在法定继承，继承的接受系采推定，亦即无须继承权人明示抛弃即视为接受。而在遗嘱继承则相反，继承权人须明示，否则视为抛弃。

3.须一手继承权人尚未实际取得所继遗产

继承虽于被继承人死亡时开始，然而继承权人实际受领遗产的时间，是指遗产分配于继承权人之时。唯继承权人未实际取得遗产，方发生继承传递的可能。如果该人已实际取得遗产，则无从发生此项传递。

4.须一手继承权人死亡

此要件其义自明，无须赘言。

5.须死亡一手继承权人有其二手继承权人

此要件其义自明，也无须赘言。

五、继承权之抛弃

（一）意义

是抛弃继承权的行为。

无论期待型继承权抑或既得型继承权均可抛弃。

（二）性质

1.抛弃属处分行为

2.继承权抛弃行为所抛弃对象为继承权

而非所有权。

3.继承权抛弃属无相对人的处分行为

4.继承权抛弃须明示为之

《继承法》第25条第1款后段规定："（继承开始后，继承人放弃继承的，应当在遗产处理前，作出放弃继承的表示。）没有表示的，视为接受继承。"〔1〕《继承法》第25条第1款虽有须于遗产分配前表示的规定，但该规定应属非强制规定，于继承开始前为之，并无不可。

六、继承权救济权

（一）意义

1.定义

是配属于继承权的救济权。

2.说明

1) 是救济权

2) 是配属于继承权的救济权

3) 是以继承权受到不法侵害为要件的救济权

侵害继承权行为，主要是"鸠占鹊巢"取得继承权。至于非以继承人自命也不返还所占有之遗产，则所侵害的标的乃为所有权等直接权，而非继承权矣。

4) 须标的遗产存在

如遗产已不存在，则转化为债上救济权矣。

（二）效力

回复继承权的完满状态，并取得应继遗产上的财产权。

第四节　法定继承权

目　录
1. 法定继承权的意义
2. 法定继承权的取得
3. 法定继承权的代位权

一、法定继承权的意义

（一）定义

是依据继承法所定条件取得且依该法所定效果实现的继承权。

（二）说明

1.属继承权

2.是遗嘱继承权的反对概念

---

〔1〕 对应《民法典》第1124条第1款："继承开始后，继承人放弃继承的，应当在遗产处理前，以书面形式作出放弃继承的表示；没有表示的，视为接受继承。"该款新增放弃继承的意思表示，需以书面形式作出，受到《继承法意见》第47条、第48条的影响。《继承法意见》第47条："继承人放弃继承应当以书面形式向其他继承人表示。用口头方式表示放弃继承，本人承认，或有其它充分证据证明的，也应当认定其有效。"《继承法意见》第48条："在诉讼中，继承人向人民法院以口头方式表示放弃继承的，要制作笔录，由放弃继承的人签名。"参见最高人民法院民法典贯彻实施工作领导小组主编：《中华人民共和国民法典婚姻家庭编继承编理解与适用》，人民法院出版社2020年版，第511页。

3.是依继承法所定条件为条件的继承权

4.是依继承法所定效果为效果的继承权

二、法定继承权的取得

这里讨论法定继承权取得的特别要件。

(一)须有不适用遗嘱继承的遗产

1.须不存在有效遗嘱

1)根本无遗嘱

2)虽有遗嘱而遗嘱无效

2.须有不能依遗嘱继承的遗产

1)须有遗嘱未处分的遗产

2)须有遗嘱虽处分而不能生效的遗产

(1)继承人和受遗赠人先于遗嘱人死亡

(2)遗嘱继承人或者受遗赠人抛弃其权利

(二)须继承人处于不可挑战顺序

《继承法》第10条第2款规定："继承开始后，由第一顺序继承人继承，第二顺序继承人不继承。没有第一顺序继承人继承的，由第二顺序继承人继承。"[1]

1.法定继承人的顺序

1)顺序的意义

(1)定义

是继承权条件之一的法定顺序。

(2)说明

①是法律顺序

即法律概念发生效力的时间顺序。

②是裁判法上的顺序

继承法乃裁判法，故继承顺序亦为裁判规范。虽不能强制当事人遵行，然法院在裁决纠纷时却须有法必依。

③是继承权取得条件之一的顺序

2)顺序的效力

(1)性质

裁判法上的强制效力。

(2)具体说明

①优先顺序是继承权取得的重要条件

当各顺序继承人在继承开始时皆存在时，唯第一顺序人取得既得型继承权。

若该顺序人为多数，则形成继承权共同体。

唯应注意，该人须不抵触继承权丧失的消极要件。

②在后顺序人取得法定继承权的特别要件

i.须在先顺序继承人不存在

---

〔1〕　对应《民法典》第1127条第2款："继承开始后，由第一顺序继承人继承，第二顺序继承人不继承；没有第一顺序继承人继承的，由第二顺序继承人继承。"

但有代位继承权人，不在此限。

ii.须在先顺序继承人有权利取得障碍

i)继承权丧失

ii)继承权抛弃

③同顺序多数继承权人权利平等

i.平等原则

《继承法》第13条第1款规定："同一顺序继承人继承遗产的份额，一般应当均等。"[1]

ii.例外规定

《继承法》第13条第2款至第5款规定："Ⅱ.对生活有特殊困难的缺乏劳动能力的继承人，分配遗产时，应当予以照顾。Ⅲ. 对被继承人尽了主要扶养义务或者与被继承人共同生活的继承人，分配遗产时，可以多分。Ⅳ. 有扶养能力和有扶养条件的继承人，不尽扶养义务的，分配遗产时，应当不分或者少分。Ⅴ. 继承人协商同意的，也可以不均等。"[2]

i)得合意分配

ii)依法调整

(i)对生活有特殊困难且缺乏劳动能力的继承人应予照顾

(ii)对向被继承人尽了主要扶养义务或与之共同生活的继承人可以多分给遗产

(iii)对不尽扶养义务的继承人应予少分或者不分遗产

3)顺序的构造

《继承法》第10条第1款以及第12条的规定，我国裁判法上的继承人由两个顺序构成：[3]

(1)第一顺序

包括被继承人的配偶、子女、父母和受其无因赡养之寡媳鳏婿。

(2)第二顺序

包括被继承人的兄弟姐妹、祖父母和外祖父母。

2.须继承人处于不可挑战顺序

1)不可挑战顺序

2)须处于不可挑战顺序

是处于无人更为优先的顺序的状态。

唯处于不可挑战顺序的继承人，方取得既得继承权，而不待言。

---

〔1〕 现为《民法典》第1130条第1款。

〔2〕 对应《民法典》第1130条第2款至第5款："Ⅱ.对生活有特殊困难又缺乏劳动能力的继承人，分配遗产时，应当予以照顾。Ⅲ.对被继承人尽了主要扶养义务或者与被继承人共同生活的继承人，分配遗产时，可以多分。Ⅳ.有扶养能力和有扶养条件的继承人，不尽扶养义务的，分配遗产时，应当不分或者少分。Ⅴ.继承人协商同意的，也可以不均等。"无实质调整，仅将"对生活有特殊困难的缺乏劳动能力的继承人"修改为"对生活有特殊困难又缺乏劳动能力的继承人"。

〔3〕《继承法》第10条第1款对应《民法典》第1127条第1款："遗产按照下列顺序继承：(一)第一顺序：配偶、子女、父母；(二)第二顺序：兄弟姐妹、祖父母、外祖父母。"《继承法》第12条对应《民法典》第1129条："丧偶儿媳对公婆，丧偶女婿对岳父母，尽了主要赡养义务的，作为第一顺序继承人。"

三、法定继承权的代位权

(一)意义

  1.定义

                是以被继承人的先亡子女之法定继承权为本位权的代位权。

                若自遗产取得的角度作观察，该项取得方式便相应地称为"代位继承"。

  2.说明

  1)属代位权

                代位权是取代本位权人权利而予行使的权限。

                代位权为权限，而非权利。

  2)是以法定继承权为本位权的代位权

                代位权之本位继承须为法定继承权，遗嘱继承权则不无此制度。

                此项代位权是继承制度作为人口生产必要财产分配制度的重要体现。继承权代位权的法律价值是坚持继承中应有的育幼功能。

  3)是以被继承人先亡子女之法定继承权为本位权的代位权

  4)以本位权人的直系卑亲属为代位权人的继承权代位权

                代位权人仅定位于本位权人之直系卑亲属，而非其法定继承人。

(二)法律要件

  1.积极要件

  1)须为法定继承

                代位继承，是演进形成的制度。在无遗嘱条件下，被继承人子女先期死亡时，共同经验是令其直系卑血亲代位，这不仅合于被继承人的意思，而且合于公众的观念。而在遗嘱继承，因悉依遗嘱(不法遗嘱非遗嘱；含不法内容的遗嘱若除去该不法内容后仍能成立者，则该不法部分非遗嘱的成分)，故难能有之。

  2)须被继承人的子女或者无因赡养寡媳鳏婿先期死亡

                依《继承法》第11条，代位权适用于先期死亡子女。[1]然最高人民法院《继承法意见》第29条将适

---

〔1〕　对应《民法典》第1128条第1款："被继承人的子女先于被继承人死亡的，由被继承人的子女的直系晚辈血亲代位继承。"《民法典》第1128条全文为："Ⅰ.被继承人的子女先于被继承人死亡的，由被继承人的子女的直系晚辈血亲代位继承。Ⅱ.被继承人的兄弟姐妹先于被继承人死亡的，由被继承人的兄弟姐妹的子女代位继承。Ⅲ.代位继承人一般只能继承被代位继承人有权继承的遗产份额。"《民法典》第1128条第1款和第3款基本沿袭了《继承法》第11条的规定，第2款为《民法典》新增。《继承法》第11条将代位人的范围限定于被继承人的子女，是因为根据当时我国国情，家庭的本支内人丁兴旺，有足够的人照顾被继承人。故为防止本支遗产流入他支，保护直系血亲的利益而作出了被代位人范围较小的规定。但随着我国30多年的独生子女政策推行，实际缩小了法定继承人范围，故第2款将兄弟姐妹纳入被代位人的范围。参见最高人民法院民法典贯彻实施工作领导小组主编：《中华人民共和国民法典婚姻家庭编继承编理解与适用》，人民法院出版社2020年版，第533~534页。

用条件扩张于无因赡养寡媳鳏婿[1]、[2]该子女和无因赡养寡媳鳏婿，下文简称"被继承人的子女等"。

3）须先亡被继承人子女等存在直系卑亲属

代位继承须有代位人，这便是先亡子女的直系卑亲属。故须有此等亲属，为代位继承权的又一要件。

2.消极要件

1）须先期死亡的被继承人子女不抵触《继承法》关于丧失继承权的规定

此要件其义自明，无须赘言。最高人民法院《继承法意见》第28条解释道："继承人丧失继承权的，其晚辈直系血亲不得代位继承。……"[3]

2）须卑亲属不抵触《继承法》关于丧失继承权的规定

此要件亦属自明之理，无须赘言。

（三）法律效果

代位权的法律效果是，先期死亡人的继承权由其直系卑血亲代位行使。

若代位权人为一人，则该一人行使本位继承权之全部；相反，若代位权人为多数，则多数代位权人共同行使本位继承权，每个代位权仅为其代位权人人数的倒数。

第五节 遗嘱继承权

目　　录

1. 遗嘱继承权的意义
2. 遗嘱的意义
3. 遗嘱的构成要件
4. 遗嘱的效力
5. 遗嘱继承权的取得与抛弃
6. 遗嘱的执行

一、遗嘱继承权的意义

（一）定义

是由遗嘱设定的继承权。

（二）说明

1.属继承权

2.是法定继承权的反对概念

---

〔1〕 最高人民法院《继承法意见》第29条："丧偶儿媳对公婆、丧偶女婿对岳父、岳母，无论其是否再婚，依继承法第十二条规定作为第一顺序继承人时，不影响其子女代位继承。"

〔2〕 对应《民法典继承编解释（一）》第18条："丧偶儿媳对公婆、丧偶女婿对岳父母，无论其是否再婚，依照民法典第一千一百二十九条规定作为第一顺序继承人时，不影响其子女代位继承。"

〔3〕 对应《民法典继承编解释（一）》第17条："继承人丧失继承权的，其晚辈直系血亲不得代位继承。如该代位继承人缺乏劳动能力又没有生活来源，或者对被继承人尽赡养义务较多的，可以适当分给遗产。"

3.是由遗嘱设定的继承权

关于遗嘱，我们马上讨论。

二、遗嘱的意义

（一）定义

是自然人处分其遗产而于死亡时生效的单方法律行为。

（二）对定义的说明

1.遗嘱是处分行为

2.遗嘱是单方处分行为

3.遗嘱是无相对人的单方处分行为

1）无须相对人受领

遗赠与赠与不同。后者属有相对人单方行为，故须向相对人为之。遗嘱则属无相对人行为，故无须向相对人为之，即得成立。

2）得任意更废

遗嘱既为单方行为，自得由遗嘱人任意更废。唯其如此，故当存在多份遗嘱时，便以最后遗嘱为准。此即终局遗嘱。

4.遗嘱是亲为行为

必须亲自实施，而无从代理。

5.遗嘱是要式行为

法律为遗嘱规定了相当严格的形式要件，遗嘱属于要式行为。关于遗嘱的形式要件，我们将在讨论遗嘱的具体类型时论及。

6.遗嘱是死因行为

即以行为人死亡为生效要件。

（三）继承遗嘱与遗赠遗嘱

1.继承遗嘱

是为特定人继承人设定特定遗产继承权的遗嘱。

2.遗赠遗嘱

是遗赠遗产于继承人之外特定人的遗嘱。

三、遗嘱的构成要件

（一）概说

如上所述，遗嘱是法律行为的具体类型，法律行为的要件均适用于遗嘱。故而我们此处的讨论限于遗嘱的特别法律要件。

（二）特别实质要件

1.意思表示要件的具体化

无伪造、无篡改。

2.合法性要件的具体化

1）须在《继承法》所规定的继承人当中指定继承权人

2）须不抵触继承法关于特留份的规定

特留份是依法为特定继承人保留的不得以遗嘱否定的遗产份额。《继承法》第19条规定："遗嘱应当对缺乏劳动能力又没有生活来源的继承人保留必要的遗产份额。"[1]最高人民法院《继承法意见》第37条第1款规定："遗嘱人未保留缺乏劳动能力又没有生活来源的继承人的遗产份额，遗产处理时，应当为该继承人留下必要的遗产，所剩余的部分，才可参照遗嘱确定的分配原则处理。"[2]

3）须不得规避债务

（1）一般债务

《继承法》第34条规定："执行遗赠不得妨碍清偿遗赠人依法应当缴纳的税款和债务。"[3]最高人民法院《继承法意见》第62条规定："遗产已被分割而未清偿债务时，如有法定继承又有遗嘱继承和遗赠的，首先由法定继承人用其所得遗产清偿债务；不足清偿时，剩余的债务由遗嘱继承人和受遗赠人按比例用所得遗产偿还；如果只有遗嘱继承和遗赠的，由遗嘱继承人和受遗赠人按比例用所得遗产偿还。"[4]

（2）遗赠扶养合同所设的遗赠债务

即遗赠扶养合同所约定的遗赠债务。

遗赠扶养合同虽包含遗嘱，然而却是与相对人成立的合同。既为合同，便无从以单方意思表示包括以遗嘱为更废。故在后遗嘱无变更遗赠扶养合同的效力。最高人民法院《继承法意见》第5条规定："被继承人生前与他人订有遗赠扶养协议，同时又立有遗嘱的，继承开始后，如果遗赠扶养协议与遗嘱没有抵触，遗产分别按协议和遗嘱处理；如果有抵触，按协议处理，与协议抵触的遗嘱全部或部分无效。"[5]

3.处分权要件的具体化

处分行为须以处分权为要件。遗嘱属处分行为，看须充分此项要件。最高人民法院《继承法意见》第38条规定："遗嘱人以遗嘱处分了属于国家、集体或他人所有的财产，遗嘱的这部分，应认定无效。"[6]

4.须遗嘱人死亡

死因行为以行为人死亡为生效条件。遗嘱属死因行为，自须充分此项要件。遗嘱在生效之前(亦即遗嘱

---

〔1〕 对应《民法典》第1141条："遗嘱应当为缺乏劳动能力又没有生活来源的继承人保留必要的遗产份额。"

〔2〕 现为《民法典继承编解释(一)》第25条第1款。

〔3〕 现为《民法典》第1162条。

〔4〕 对应《民法典》第1163条："既有法定继承又有遗嘱继承、遗赠的，由法定继承人清偿被继承人依法应当缴纳的税款和债务；超过法定继承遗产实际价值部分，由遗嘱继承人和受遗赠人按比例以所得遗产清偿。"

〔5〕 对应《民法典继承编解释(一)》第3条："被继承人生前与他人订有遗赠扶养协议，同时又立有遗嘱的，继承开始后，如果遗赠扶养协议与遗嘱没有抵触，遗产分别按协议和遗嘱处理；如果有抵触，按协议处理，与协议抵触的遗嘱全部或者部分无效。"

〔6〕 对应《民法典继承编解释(一)》第26条："遗嘱人以遗嘱处分了国家、集体或者他人财产的，应当认定该部分遗嘱无效。"

人生前)之所以得任意更废,便由于尚未生效。纵使为公证遗嘱,亦得任意撤销。

5.须为终局性遗嘱

1)终局遗嘱

(1)意义

在有多份遗嘱存在的场合,遗嘱仅指其中时间为晚者。

(2)类型

①一般终局遗嘱

若仅有一份遗嘱,则该遗嘱即为终局性遗嘱。
如果最后遗嘱仅部分地变更了在先遗嘱,那么,以变更后的内容以及未变更的在先遗嘱的部分内容共同地视为终局遗嘱,而后者,已经终局遗嘱确认而纳入终局遗嘱之中。

②遗赠扶养合同型终局遗嘱

遗赠扶养合同中所含的遗嘱,属法定终局遗嘱。

2)须为终局遗嘱

(三)特别形式要件

1.总说

遗嘱生效时遗嘱人已死亡,认定其为遗嘱与否,便须有严格的形式要件,方便于审查。

2.各论

1)遗嘱依其形式划分

遗嘱形式多样,其形式要件便各不相同。

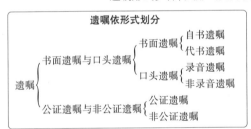

2)各类遗嘱的要件

(1)自书遗嘱的要件

①须遗嘱人亲自将其遗嘱的意思表示作成书面

自书遗嘱以书面为要件,故而须有书面。而且须由遗嘱人亲自作成书面,而不可请人代理。

②须签字

遗嘱人签字是其亲自制成书面的证明。

③须记载遗嘱日

遗嘱日是确定数份内容抵触遗嘱效力的依据。故而遗嘱须有遗嘱日的明确记载。

(2)代书遗嘱的要件

①须由遗嘱人为遗嘱的意思表示

此处的意思表示,口头和不完全的书面均无不可。

②须由代书人将遗嘱作成书面

i.须有代书人

i)代书人的意义

ii)代书人的资格要件

(i)须有行为能力

代书行为的性质应属遗嘱文字表述的帮助行为，实施该行为亦应具有行为能力。

(ii)须就遗嘱无利害关系

即遗嘱的效力不影响代书人的利益。

ii.须由代书人依遗嘱的意旨制成书面

亦即由代书人依照遗嘱的意旨编制成文本并在文本上签名。代书人签名应为必要条件。

iii.须经遗嘱人签署

对代书人制作的遗嘱文本，须向遗嘱人宣读并经其同意，然后在其所同意的遗嘱文本上签名。

iv.须记载遗嘱日

此要件与自书遗嘱同。
此系当有多份遗嘱时确定何者为终局遗嘱的条件。

③须有见证

i.见证的意义

所谓见证，即对待证明事实或者过程有目击并对所见作出证明。

ii.见证的要件

i)须有见证人

(i)见证人的意义

是以见证待证明事实为任的人。

(ii)见证人的资格要件

A.须有行为能力

代书行为的性质应属遗嘱文字表述的帮助行为，实施该行为亦应具有行为能力。

B.须就遗嘱无利害关系

ii)须有见证

(i)见证的意义

即目击遗嘱人口头表述其遗嘱意旨，及他人代书该遗嘱的全过程并就所得印象在代书遗嘱的同一文本上作文字予以证明。

(ii)见证的要件

A.须对遗嘱与代书之充分法律行为要件作出说明

B.须在代书文本上作说明

C.须签名

D.须记载见证日

(3)录音遗嘱的要件

①须有遗嘱的口头意思表示

②须对上述口头表示制作录音品

③须有见证

除见证无须在代书遗嘱文本上以文字为之之外，其他要件均与代书遗嘱同。

(4)非录音口头遗嘱的要件

①须有遗嘱的口头意思表示

②须有见证

"非录音口头遗嘱"，其实非以遗嘱人自己的口头语言为遗嘱的载体为要件，而须以他人证言为载体。而以证人证言为载体。

关于见证人资格与见证要件，同于录音遗嘱。

③须遗嘱人终局地处于不遑以其他郑重形式立遗嘱的情形

须不具备以其他郑重形式立遗嘱的条件。若危急情形消灭后，遗嘱人复能以郑重方式立遗嘱时，该口头遗嘱即失效。

(5)公证遗嘱的要件

即依公证程序制作的遗嘱。

(四) 无权处分遗嘱

1.意义

是就并不享有处分权遗产设定继承权的遗嘱。

2.效力

无权处分遗嘱不能生遗嘱效力。

在生存型无权处分，其效力为待定。若处分权人追认或者无权处分人嗣后获得处分权即可溯及地有效。何以遗嘱型无权处分，其效力却是无效？

因令遗嘱型无权处分与生存型无权处分效力同一，有听任不法处分他人财产权而得以死亡规避责任的漏洞。

纵先亡人乃所指继承人的子女，该遗嘱亦无效，而不发生继承权代位效果。

四、遗嘱的效力

(一)法律行为效力的具体化

遗嘱属法律行为的具体类型。遗嘱的效力，即由其语句要素表达的设权担务效力。具体而言，即定义遗产，并在其上为特定继承人设定继承权。

(二)排除法定继承

遗嘱所定义的遗产以及设定的继承权如与继承法的相应规定不同时，视为对继承法相应规定的排除。

五、遗嘱继承权的取得与抛弃

(一)取得

以遗嘱生效为取得条件。

(二)抛弃

是抛弃遗嘱继承权的单方处分行为。

六、遗嘱的执行

遗嘱在生效后依由遗嘱执行人予以执行。依其执行，遗嘱继承权便得以实现。

第六节　受遗赠权

目　　录
1. 受遗赠权的意义
2. 遗赠
3. 受遗赠权的行使
4. 附扶养义务的受遗赠权

一、受遗赠权的意义

　(一)意义

是接受遗赠的形成权。

　(二)说明

　　1.是形成权

　　2.是接受遗赠的形成权

二、遗赠

　(一)遗赠的意义

是就所定义遗产设定受遗赠权于非继承人的遗嘱。

　(二)遗赠的性质

遗赠为单方、无相对人的死因负担行为。

　(三)遗赠的特别要件

　　1.须有遗嘱

赠与的意思表示,以遗嘱为之。故遗赠的成立须以有遗嘱为其要件,而且该遗嘱尚须充分遗嘱的法律要件。包括实质要件中的终局性、须有处分权、须不抵触特留份规范,须不抵触遗赠扶养合同中的遗赠义务等,以及须具法定形式要件。

　　2.须为赠与遗嘱
　　1)须设定受赠权

遗嘱指定继承人中的人为遗产取得人,构成继承遗嘱;唯指定继承人之外的人为遗产取得人,方构成遗赠。如果指定继承人为受赠人,则成立遗嘱继承,而非遗赠。

　　2)须标的为遗产中的权利

赠与的标的须为权利,而不可能为义务。遗赠亦然。

　(四)遗赠的效力

是死因给予效力。即死因地移转遗产于受遗赠人,而令受遗赠人取得受遗赠权。
遗赠仅系遗赠人的单方意思表示,不能当然对受遗赠人发生拘束力。受遗赠人并未直接取得遗产,而是止于取得了受遗赠权。

　(五)附义务遗赠

1.意义

即遗嘱人以请求受遗赠人履行特定义务为条件的遗赠。

2.效力

最高人民法院《继承法意见》第43条规定："附义务的遗嘱继承或遗赠，如义务能够履行，而继承人、受遗赠人无正当理由不履行，经受益人或其他继承人请求，人民法院可以取消他接受附义务那部分遗产的权利，由提出请求的继承人或受益人负责按遗嘱人的意愿履行义务，接受遗产。"[1]自此解释可以看出法院在处理相关诉讼中只能使不履行义务的人不能取得受遗赠权，而不能强制被指定人履行义务。

三、受遗赠权的行使

最高人民法院《继承法意见》第53条规定："继承开始后，受遗赠人表示接受遗赠，并于遗产分割前死亡的，其接受遗赠的权利转移给他的继承人。"[2]

（一）行使方式

须明示。默示视为不接受。《继承法》第25条第2款规定："受遗赠人应当在知道受遗赠后两个月内，作出接受或者放弃受遗赠的表示。到期没有表示的，视为放弃受遗赠。"[3]

（二）除斥期间

两个月，自知道受遗赠日起算。
未规定以应当知道日为起算日。这是鉴于知道继承开始的人有通知义务所致。故不应规定自应知道日。

四、附扶养义务的受遗赠权
（一）意义

附扶养义务的受遗赠权，是以履行对遗赠人的特定扶养义务为条件的受遗赠权。

（二）遗赠扶养合同
1.遗赠扶养合同的意义
1）定义

遗赠扶养合同是当事人约定一方扶养他方而该他方遗赠其遗产的合同。

2）对定义的说明
（1）遗赠扶养合同属于合同

遗赠扶养合同，《继承法》称之为"遗赠扶养协议"。但自其双方行为的性质观之，却属合同。另外，自立法体系化要求言之，本应规定于合同之债部分。但为适用的便利，《继承法》却直接作了规定。

---

〔1〕　对应《民法典继承编解释（一）》第29条："附义务的遗嘱继承或者遗赠，如义务能够履行，而继承人、受遗赠人无正当理由不履行，经受益人或者其他继承人请求，人民法院可以取消其接受附义务部分遗产的权利，由提出请求的继承人或者受益人负责按遗嘱人的意愿履行义务，接受遗产。"
〔2〕　现为《民法典继承编解释（一）》第38条。
〔3〕　对应《民法典》第1124条第2款："受遗赠人应当在知道受遗赠后六十日内，作出接受或者放弃受遗赠的表示；到期没有表示的，视为放弃受遗赠。"表述略微调整，"两个月"修改为"六十日"。

(2) 遗赠扶养合同属委任合同

遗赠扶养合同，是约定一方向他方为扶养的合同。所谓扶养，包括对受扶养人的生前给付——其中又主要体现为生活必需品的供给、生活照料和精神上的相濡以沫；以及身后的丧葬事务等。以上诸项事务的处理，在性质上均为委任性给付。故而该合同在性质上属于特种委任合同。

(3) 遗赠扶养合同是含有遗赠的特种委任合同

遗赠扶养合同并非由纯生前行为组成，而是含有遗赠遗嘱的复合行为。二者结合为一体。

2.遗赠扶养合同的特别成立要件

1) 须有扶养合同

即有一项一方向他方给付扶养的合同。此项遗赠扶养约定并非遗嘱，而是生前行为，并且是双方行为。该合同在遗赠人生前便已生效，扶养人须履行其扶养义务。

2) 须有遗赠遗嘱

即遗嘱人向他方遗赠的遗嘱。此系遗嘱行为，须充分遗嘱的要件，且于遗嘱人死亡时方生效力。此外，该行为又属遗赠遗嘱行为，故须充分遗赠的要件，尤指须以非继承人为受遗赠人以及须对遗赠财产享有处分权两项要件。

3) 须扶养合同与遗嘱相结合

在遗赠扶养合同中，合同与其内含的遗赠遗嘱并非各自孤立，而是互相结合的。遗赠须成为合同的内容之一，扶养须与遗赠互为对价。

3.遗赠扶养合同的效力

1) 概说

遗赠扶养合同既为扶养合同与遗赠遗嘱的复合体，则其扶养的一面便生合同效力，扶养人须依约给付扶养于受扶养人，并且无权请求受遗赠之外的对价。此外是遗赠遗嘱的效力，须待遗赠人死亡时方始发生。在后者，作为遗嘱，有优先于其他类型遗嘱的效力。最高人民法院《继承法意见》第5条规定："被继承人生前与他人订有遗赠扶养协议，同时又立有遗嘱的，继承开始后，如果遗赠扶养协议与遗嘱没有抵触，遗产分别按协议和遗嘱处理；如果有抵触，按协议处理，与协议抵触的遗嘱全部或部分无效。"[1]

2) 合同效力

(1) 生前效力

① 对扶养人的效力

即扶养义务给付效力。

② 对受扶养人的效力

---

[1] 对应《民法典继承编解释(一)》第3条："被继承人生前与他人订有遗赠扶养协议，同时又立有遗嘱的，继承开始后，如果遗赠扶养协议与遗嘱没有抵触，遗产分别按协议和遗嘱处理；如果有抵触，按协议处理，与协议抵触的遗嘱全部或者部分无效。"

即合同的约束力。受扶养人负有不擅自变更或者撤销合同所包含的遗赠的义务。

(2)死因效力

受扶养人死亡，即令遗赠扶养合同所生的债消灭，扶养义务随之终止。

3)遗嘱效力

遗嘱遗赠因遗嘱人死亡而生效，受遗赠人当然取得遗产取得权。

第七节　继承外受分配遗产权

```
目　录
1. 概说
2. 继承外受遗产分配权
3. 无人继承和无人受遗赠遗产的归属
```

一、概说

继承法所规定内容，有超出继承与遗赠者，乃为适用便利而变通为之。将遗产分配于继承人之外的人，以及将无从适用继承或者遗赠的遗产分配于国库或特定自治组织，便属此种情形。

上述有关规定，形成了继承外受分配遗产权制度。

二、继承外受遗产分配权

（一）意义

1.定义

是非依继承制度的遗产受分配权。

2.说明

1)属间接权

2)属归属型间接权

3)属受遗产分配权

4)是非依继承条件的受遗产分配权

5)是酌定受遗产分配权

《继承法》第14条规定："对继承人以外的依靠被继承人扶养的缺乏劳动能力又没有生活来源的人，或者继承人以外的对被继承人扶养较多的人，可以分配给他们适当的遗产。"[1]条文中使用了"可以"分给他们适当的遗产的表述，其性质为酌定性裁判规范。

――――――――――

〔1〕　对应《民法典》第1131条："对继承人以外的依靠被继承人扶养的人，或者继承人以外的对被继承人扶养较多的人，可以分给适当的遗产。"该条删除了《继承法》第14条中"缺乏劳动能力又没有生活来源"的限制条件，扩大了酌情分得遗产的适用主体范围，体现了发挥遗产扶养功能的原则。参见最高人民法院民法典贯彻实施工作领导小组主编：《中华人民共和国民法典婚姻家庭编继承编理解与适用》，人民法院出版社2020年版，第546页。

　　6)是属人的受遗产分配权

　(二)再划分

　　1.受被继承人供养的生活无着人的受遗产分配权

　　2.被继承人的无因供养人债权

三、无人继承和无人受遗赠遗产的归属

　　　　　　　　　　　　　　《继承法》第32条规定："无人继承又无人受遗赠的遗产,归国家所有;死者生前是集体所有制组织成员的,归所在集体所有制组织所有。"[1]

──────────

　　〔1〕对应《民法典》第1160条:"无人继承又无人受遗赠的遗产,归国家所有,用于公益事业;死者生前是集体所有制组织成员的,归所在集体所有制组织所有。"该条新增"用于公益事业"的规定,在《继承法》第32条的基础上,明确了无人继承又无人受遗赠的遗产归国家所有后的用途,明确规定归国家所有的无人继承遗产应当用于公益事业。参见最高人民法院民法典贯彻实施工作领导小组主编:《中华人民共和国民法典婚姻家庭编继承编理解与适用》,人民法院出版社2020年版,第696页。

编后记

2022年1月22日，张俊浩教授辞世。翌年4月20日，北京麦读文化有限责任公司曾健总编辑提议再版《民法学原理》，表示不计销量，只为留存经典。得到副主编及主要作者姚新华老师、刘心稳老师、费安玲老师、刘智慧老师支持后，再版校订工作正式启动。

校订期间，我翻检旧书时发现了张老师独著《民法简明教程》。扉页有张老师亲笔题签："小朱存正 你是本书写作中的主要批评者之一，我从中得到了不少教益，特志谢忱。张俊浩 二〇〇二年三月十七日。"本书乃是国务院军队转业干部安置工作小组办公室组织编写的"全国军队转业干部培训教材"，中国人事出版社2001年9月出版，版权页字数340千字。旨在非专业培训的教材，很难让人与学术性联系起来，但本书例外。

本书前身有两个版本。一是国际文化出版公司1988年出版的《民法》。该书由新成立的中国军地两用人才大学教材编审委员会组织编写，版权页字数280千字。张老师主编，鄂一美、姚新华、刘心稳三位老师参与撰写。二是中国农业出版社1995年出版的《民法简明教程》。该书由国务院军队转业干部安置工作小组办公室组织编写，版权页字数370千字。张老师主编，谢明智副主编，此外，作者还包括姚新华、胡彩霄、寇广萍、孙积录、许冰梅和李敏六位老师。

三个版本体例一脉相承，均包括绪论、总论、物权、债权、知识产权、继承权五部分。不同的只是，张老师独著版将主编版位于债权之后、继承权之前的知识产权，调整至物权之后、债权之前，绝对权与相对权分立(物债二分)的线索因此更为清晰——此亦《民法学原理》的体例安排。其时，亲属法因历史原因尚独立于民法之外，故未涉及；知识产权纳入传统民法体系，则是张老师一贯学术主张。张老师虽以传统民法名世，但可称是以研究知识产权出道，硕士论文《论知识产权的一般特征》，并且从未放弃知识产权研究，所主导的教科书，亦均含知识产权内容。

除体例外，三个版本的目标读者亦基本一致。张老师惜墨如金，却愿意数次三番投入时间精力，编写军地教材，我揣测，也许是年轻时在新疆生产建设兵团的经历所形成的情结。收到新版简明教程编写邀请时，《民法学原理》第三版修订甫竣，张老师对体系的雕琢意犹未尽。多年来，张老师一直对未能贯通整个民法体系心有所憾，遂决定趁此机会略作弥补，因此，简明教程虽仅作非专业培训之用，但张老师对其撰写的认真程度丝毫不亚于《民法学原理》。教程不仅体例安排充分贯彻张老师的体系主张，每一个知识细节亦经反复推敲。文字风格上，张老师文笔本就简洁，《民法学原理》修订期间，更是讲究以最少文字传达最大信息量。本书之简明教程定位，恰好为张老师的极简文风追求提供试验场。

张老师作品，无论文字、体例，抑或内容、思路，皆深思熟虑而来，法度谨严而又个性鲜明。如此金石之作，旁人但有任何增削删改，均恐失其原韵。故此，本书校订原则一如《民法学原理》，仅以脚注形式更新法条，间或订正少量手民误植，其余则一概维持原貌。校订分工上，南京大学法学院2023级硕士生张馨予负责第一章、第九章至第二十七章，南京大学法学院2022级博士生朱李圣负责第二章至第八章，张老师指导的中国政法大学2007级博士生、现任中国政法大学教授吴香香则对全书作二次校订。

除原书固有内容外，重排校订时，新增两种文稿。书前一篇学术思想梳理，由张老师指导的中国政法大学2001级硕士生、现任《法学研究》副主编冯珏编审撰写。书后三份张老师未公开发表的讲稿大纲，其中，知识产权导论和著作权由冯珏提供，继承法则从我的电脑寻得。三份大纲均由张馨予校订，并保留张老师独特的排版方式。

谨以本书和《民法学原理》的再版缅怀并致敬张俊浩教授。

朱庆育谨识
2024年7月5日

图书在版编目(CIP)数据

民法简明教程：重排校订版 / 张俊浩编著.
北京：中国民主法制出版社, 2024.9. -- ISBN 978-7
-5162-3750-2

Ⅰ. D923

中国国家版本馆CIP数据核字第2024FE5421号

图书出品人：刘海涛
图书策划：麦　读
责任编辑：庞贺鑫
文字编辑：孙振宇

书名 / 民法简明教程（重排校订版）
作者 / 张俊浩　编著

　　　朱庆育　吴香香　张馨予　朱李圣　校订

出版・发行 / 中国民主法制出版社
地址 / 北京市丰台区右安门外玉林里 7 号（100069）
电话 /（010）63055259（总编室）　63058068　63057714（营销中心）
传真 /（010）63055259
http：//www. npcpub. com
E-mail：mzfz@npcpub. com
经销 / 新华书店
开本 / 16 开　730 毫米 × 1030 毫米
印张 / 31.5　字数 /618 千字
版本 / 2024 年 11 月第 1 版　2024 年 11 月第 1 次印刷
印刷 / 北京天宇万达印刷有限公司

书号 / ISBN 978-7-5162-3750-2
定价 / 99.00 元
出版声明 / 版权所有，侵权必究